INGOMAR WEILER
GRIECHISCHE GESCHICHTE

INGOMAR WEILER

GRIECHISCHE GESCHICHTE

Einführung, Quellenkunde, Bibliographie

Zweite, durchgesehene und erweiterte Auflage

WISSENSCHAFTLICHE BUCHGESELLSCHAFT
DARMSTADT

Die erste Auflage erschien 1976 in der Reihe ›Die Altertumswissenschaft. Einführungen in Gegenstand, Methoden und Ergebnisse ihrer Teildisziplinen und Hilfswissenschaften‹

CIP-Titelaufnahme der Deutschen Bibliothek

Weiler, Ingomar:
Griechische Geschichte: Einf., Quellenkunde, Bibliogr. / Ingomar Weiler. – 2., durchges. u. erw. Aufl. – Darmstadt: Wiss. Buchges., 1988
ISBN 3-534-06358-9

Bestellnummer 06358-9

2., durchgesehene und erweiterte Auflage

Satz: Maschinensetzerei Janß, Pfungstadt
Druck und Einband: Wissenschaftliche Buchgesellschaft, Darmstadt
Printed in Germany
Schrift: Linotype Times, 9,5/11

ISBN 3-534-06358-9

INHALT

VORWORT ZUR ZWEITEN AUFLAGE

Bei der Neubearbeitung der ersten Auflage, die ebenso wie ein unveränderter Nachdruck seit einiger Zeit vergriffen ist, mußte aus der Vielfalt des seit der Mitte der siebziger Jahre erschienenen Schrifttums zur griechischen Geschichte ausgewählt werden. Wie jede Auswahl ist auch diese nicht frei von Subjektivismen. Der Verfasser verweist daher alle diejenigen, die nach einer Einführung in die Welt der alten Hellenen greifen möchten und dabei um eine möglichst multiperspektivische Sicht bemüht sind, zusätzlich auf zwei seit der Erstauflage erschienene Griechische Geschichten, und zwar auf jene von einem Autorenkollektiv unter der Leitung von Heinz Kreißig herausgegebene (^{3}1985) und – mit besonderem Nachdruck – auf Wolfgang Schullers Griechische Geschichte (1980, ^{2}1982), die demnächst unter Mitarbeit von Hans-Joachim Gehrke in zwei Bänden erscheinen soll und zu deren Anliegen es ebenfalls zählt, in den aktuellen Forschungsstand einzuführen.

Aus Gründen des Umfangs, der den Rahmen der Reihe ›Altertumswissenschaft‹ gesprengt hätte, haben Verlag und Autor beschlossen, die zweite Auflage der Einführung außerhalb dieser Reihe als eigenständige Monographie herauszubringen.

Bei der Bearbeitung der vorliegenden Neuauflage haben zwei Mitarbeiterinnen des Instituts für Alte Geschichte und Altertumskunde an der Karl-Franzens-Universität in Graz, Dr. Sabine Schmidt und Dr. Monika Lavrenčič, mit großer Geduld und Sachkenntnis Beistand geleistet. Mit viel Sorgfalt hat Frau Ute Oechs, unterstützt von Frau Helga Hofmann, das Manuskript für den Druck vorbereitet. Herr Dr. Christoph Ulf (Innsbruck) half beim Korrekturlesen. Ihnen allen gebührt ein herzliches Danke. Dankbar ist der Verfasser auch der Wissenschaftlichen Buchgesellschaft für die Einladung, eine neue Auflage vorzubereiten, und für die Geduld beim Warten auf das Manuskript.

Graz, im Dezember 1986

VORWORT ZUR ERSTEN AUFLAGE

Gemäß den Zielen, die die Reihe ›Die Altertumswissenschaft‹ verfolgt, will der vorliegende Band als eine Einführung verstanden werden. Eine solche kann nicht ohne eine überblicksmäßige Behandlung grundlegender Fakten auskommen, zumal sich die Reihe nicht so sehr an den Fachmann im engeren Sinne als vielmehr „an die Studenten und die in der Praxis Stehenden, die den Kontakt mit der lebendigen Forschung nicht verlieren wollen", richtet. Dabei wurden aber die Akzente so gesetzt, daß Fragen der Arbeitsmethoden und Schwerpunkte der Forschung sowie der Quellenkunde besondere Aufmerksamkeit fanden. Für das genaue Studium von Einzelfragen zur Griechischen Geschichte sind bibliographische Abschnitte zu den besprochenen Problemen und im Anhang ein Überblick über das Fachschrifttum beigegeben, wobei in der unumgänglichen Auswahl vor allem auf den Forschungsstand, wie ihn die vierte Auflage von H. Bengtsons Griechischer Geschichte (1969) im ›Handbuch der Altertumswissenschaft‹ repräsentiert, Rücksicht genommen wurde. Neben den notwendigen Hinweisen auf die sogenannte Standardliteratur erschien es also angebracht und vertretbar, insbesondere auch jenes Schrifttum anzuführen, das seit dem Erscheinen des obengenannten Werkes der Fachwelt vorgelegt wurde.

Bengtsons Handbuch ist vorwiegend eine politische Griechische Geschichte. Diese Beschränkung konnte sich die vorliegende Einführung nicht auferlegen aus der Erkenntnis heraus, daß eine Griechische Geschichte, die die Kultur- und Wirtschaftsgeschichte hintansetzt oder gar ausschließt, nicht Anspruch darauf erheben darf, der weltgeschichtlichen Rolle der Griechen des Altertums auch nur annähernd gerecht zu werden. Deshalb wurde angestrebt, auch diesen Aspekten in gebührender Weise Rechnung zu tragen und jene Bereiche, die Jacob Burckhardt als 'historische Potenzen' bezeichnete, nämlich Staat, Religion und Kultur, wozu hier noch die Wirtschaft kommt, in eigenen, der politischen Geschichte gleichrangigen Kapiteln zu behandeln. Dabei wurde so vorgegangen, daß die einzelnen Kapitel Längsschnitte von den Anfängen bis in die Spätzeit darstellen, d. h., es wurde auf eine synchronistische Behandlung nach den traditionellen Epochen (archaisch – klassisch – hellenistisch) verzichtet. Das bedeutet aber anderseits, daß das Ineinandergreifen der kapitelweise behandelten Lebensbereiche, das Zusammenwirken von Politik, Wirtschaft und Kultur, bei einer solchen Betrachtung nur in beschränktem Rahmen berücksichtigt werden konnte. Evident wird diese Beschränkung vor allem im Hinblick auf die gesellschaftlichen Verhältnisse, auf die in mehreren Kapiteln Bezug zu nehmen war. Wenn sich der Verfasser dennoch für die diachronische Vorgangsweise entschieden hat, so deshalb, weil dadurch deutlicher sichtbar gemacht werden konnte, wie sich die Entwicklung in den staatlichen, wirtschaftlichen, religiösen und kulturellen Bereichen kontinuierlich, aber doch in ungleichem Tempo vollzog, wie dadurch 'Phasenverschiebungen' der einzelnen Teilbereiche zueinander auftraten und welche Problematik allein schon deshalb der erwähnten Epochengliederung innewohnt.

Ebenso wesentlich wie die gebührende Beachtung dieser historischen Perspektive erschien der Gesichtspunkt, auch auf die von der Quellenlage aus gesehen ungesicherten Interpretationen, Annahmen und Darstellungen hinzuweisen, die durch gelegentliche Bevorzugung einzelner Theorien oder Hypothesen, durch allzu großes Vertrauen in die antike Überlieferung, durch eine spezifische Einstellung zum Griechentum oder auch aus anderen Gründen entstanden sind und die Forschung belasten, um nicht eine Welt gesicherten Wissens dort darzustellen, wo die Diskussion noch im Gange ist bzw. ein quellenkundlich bedingtes Non liquet seinen Platz hat.

Bei allen Fragen, auch zur Griechischen Geschichte, sollte am Anfang die Skepsis und nicht der Glaube an tradiertes Handbuchwissen stehen, gemäß dem Wort Epicharms: Sei nüchtern und mißtrauisch – das sind die Gelenke des Geistes. Νᾶφε καὶ μέμνασ᾽ ἀπιστεῖν· ἄρθρα ταῦτα τᾶν φρενῶν (Epich. F 13 D).

VERZEICHNIS DER ABKÜRZUNGEN

AA	Archäologischer Anzeiger. Berlin
Abh.	Abhandlung
AJA	American Journal of Archaeology. Princeton
AJPh	American Journal of Philology. Baltimore
AncSoc	Ancient Society. Löwen
AnzAW	Anzeiger für die Altertumswissenschaft. Innsbruck
APF	Archiv für Papyrusforschung. Leipzig
ArchHom	Archaeologia Homerica. Göttingen
AuA	Antike und Abendland. Hamburg
AW	Akademie der Wissenschaften
BAW	Bibliothek der Alten Welt. Zürich
BCH	Bulletin de Correspondance Hellénique. Paris
Bengtson, Einführung	H. Bengtson, Einführung in die Alte Geschichte. ^{8}1979
Bengtson GG	H. Bengtson, Griechische Geschichte von den Anfängen bis in die römische Kaiserzeit (Handbuch der Altertumswissenschaft II 4). ^{5}1977
BKV	Bibliothek der Kirchenväter. Kempten
BSA	Annual of the British School at Athens. London
BT	Bibliotheca Scriptorum Graecorum et Romanorum Teubneriana. Leipzig, seit 1953 auch Stuttgart
CAH	The Cambridge Ancient History. Cambridge
CB	Collection Budé. Paris
CIG	Corpus Inscriptionum Graecarum. Berlin
CJ	Classical Journal. Menasha, Ohio
ClPh	Classical Philology. Chicago
ClQu	Classical Quarterly. Oxford
ClR	Classical Review. Oxford
ClW	Classical World. New York, vor 1956/57 unter dem Titel: Classical Weekly
CSCA	California Studies in Classical Antiquity. Berkeley
CSSH	Comparative Studies in Society and History. Cambridge, Mass.
Diss.	Dissertation
EdF	Erträge der Forschung. Darmstadt

FAS	Frankfurter Althistorische Studien. Kallmünz über Regensburg
FgrH	Die Fragmente der griechischen Historiker. Hrsg. F. Jacoby. Berlin–Leiden
FHG	Fragmenta Historicorum Graecorum. Hrsg. C. und Th. Müller. Paris
GB	Grazer Beiträge. Zeitschrift für die klassische Altertumswissenschaft. Graz
GdA	Ed. Meyer, Geschichte des Altertums. 5 Bde, 1984–1902 (ND ^{9}1952-58)
GGA	Göttingische Gelehrte Anzeigen. Göttingen
GRBS	Greek, Roman and Byzantine Studies. Cambridge, Mass.
GWU	Geschichte in Wissenschaft und Unterricht. Stuttgart
Hb	Handbuch
HdA	Handbuch der Altertumswissenschaft. München
HdArch	Handbuch der Archäologie. München
Hrsg.	Herausgeber, herausgegeben von
HZ	Historische Zeitschrift. München
IBK	Innsbrucker Beiträge zur Kulturwissenschaft. Innsbruck
IdF	Impulse der Forschung. Darmstadt
IG	Inscriptiones Graecae. Berlin
Jb	Jahrbuch
JDAI	Jahrbuch des Deutschen Archäologischen Instituts. Berlin
JHS	Journal of Hellenic Studies. London
LAW	Lexikon der Alten Welt. Zürich
Lesky GGL	A. Lesky, Geschichte der Griechischen Literatur. ^{3}1971
Loeb	Loeb Classical Library. London–Cambridge, Mass.
MBPR	Münchener Beiträge zur Papyrusforschung und antiken Rechtsgeschichte. München
Mus. Helv.	Museum Helveticum. Basel
ND	Neudruck
N.F.	Neue Folge
NGG	Nachrichten von der Gesellschaft der Wissenschaften zu Göttingen. Göttingen
ÖAW	Österreichische Akademie der Wissenschaften. Wien
OCT	Scriptorum Classicorum Bibliotheca Oxoniensis (Oxford Classical Texts). Oxford
OGIS	Orientis Graeci Inscriptiones Selectae. Leipzig
P.	Papyrus
PG	Patrologiae cursus completus . . . Series Graeca. Paris
QUCC	Quaderni Urbinati di Cultura Classica. Roma
RAC	Reallexikon für Antike und Christentum. Stuttgart

RE	Real-Encyclopädie der classischen Altertumswissenschaft. Stuttgart
REG	Revue des Études Grecques. Paris
RhM	Rheinisches Museum für Philologe. Frankfurt a. M.
Riv. Stor.	Rivista Storica dell'Antichità. Bologna
RVV	Religionsgeschichtliche Versuche und Vorarbeiten. Gießen–Berlin
SB	Sitzungsberichte
Schneider KGH	C. Schneider, Kulturgeschichte des Hellenismus. 2 Bde, 1967, 1969.
SEG	Supplementum Epigraphicum Graecum. Leiden
Suppl.	Supplement
SVF	Stoicorum Veterum Fragmenta. Leipzig
Syll.	Sylloge Inscriptionum Graecarum. Leipzig
TAPA	Transactions and Proceedings of the American Philological Association. Ithaca–Oxford
TB	Tusculum-Bücherei. München
WdF	Wege der Forschung. Darmstadt
WZ	Wissenschaftliche Zeitschrift
YCS	Yale Classical Studies. New Haven
ZAGA	Zentralinstitut für Alte Geschichte und Archäologie der Akademie der Wissenschaften der DDR. Berlin
ZPE	Zeitschrift für Papyrologie und Epigraphik. Bonn

Ein ausführliches Abkürzungsverzeichnis der antiken Autoren und ihrer Werke sowie der meisten Standardwerke und Zeitschriften zur Altertumswissenschaft bietet das ›Lexikon der Alten Welt‹ 1965, 3439ff.

I. ZUR EINFÜHRUNG

1. Vorbemerkung

Eingangs ein Wort zum griechischen Menschen, wie ihn die Altertumswissenschaft im Laufe ihrer eigenen Entwicklung, vor allem seit den Tagen Winckelmanns, gezeichnet hat: Immer wieder sind die Bemühungen von Philologen und Historikern zu beobachten, die *Wesenskonstanten des Griechen* in den Griff zu bekommen, weitgehend ungeachtet der historischen Entwicklung vom zweiten vorchristlichen Jahrtausend bis in die hellenistische Zeit. Diesen Bemühungen entsprang ein Bild vom Griechentum, das für weite Kreise der Gebildeten als typisch für die Griechen erachtet wird und das dem Bild vom 'echten' Römertum, dessen Ursprung in römischen Selbsteinschätzungen und modernen Interpretationen zu suchen ist, gegenübergestellt wird. Die Etiketten, mit denen der charakteristische Grieche, der 'echte Hellene', wie ihn Max Pohlenz beispielsweise nennt, versehen wird, sind weithin bekannt, so daß es nicht nötig erscheint, sie hier zu wiederholen. Wichtig, ja entscheidend dagegen ist es, denjenigen, der nach einer in die Grundlagen der Griechischen Geschichte einführenden Darstellung greift, auf einige der methodischen und sachlichen Bedenken aufmerksam zu machen, die diesen Typisierungsversuchen entgegenzuhalten sind. Dazu gehören die grundsätzliche und komplexe Problematik, die mit der Möglichkeit der Bestimmung von National- bzw. Volkscharakteren zusammenhängt, weiters die Frage, inwieweit es der Altertumswissenschaft möglich ist, sich von der Selbstdarstellung der Griechen kritisch zu distanzieren, und ferner Überlegungen geschichtstheoretischer Art, etwa des Inhalts, wie man von Individuen generalisierend auf ein Volk schließen kann. Aufgrund welcher Erkenntnisse können Perikles, Sokrates, Alexander III. oder Panaitios von Rhodos als Repräsentanten 'echten' Griechentums angesehen werden? Wieso soll man, wie einzelne Historiker das wollen, beispielsweise in Cato dem Älteren den 'echten' Römer sehen? Solche zu Grundfragen geschichtlicher Forschung hochstilisierte Überlegungen seien gleich im ersten Abschnitt des vorliegenden Büchleins angeschnitten. Zu ihrer Klärung kann die Wissenschaftsgeschichte wesentlich beitragen, indem sie die Ideologien und geistesgeschichtlichen Zusammenhänge aufzeigt, die zur Konzeption eines angeblich 'echten Griechentums' führen. Ist man sich des wissenschaftsgeschichtlich festlegbaren Ortes eines Autors bewußt, dann wird man z. B. das Griechenbild des Philhellenen Ernst Curtius, die Beurteilung der athenischen Demokratie von George Grote aus dem Lager der Whigs, das Spartabild der NS-Zeit oder die marxistische Auffassung vom griechischen Staat als einem Sklavenhalterstaat richtig einzuschätzen wissen – alles letztlich Versuche, einzelne Phänomene der Griechischen Geschichte als 'typisch' für dieses Volk zu deklarieren.

Zu älteren Versuchen einer Wesensbestimmung der Griechen vgl. das bei G. Billeter, Die Anschauungen vom Wesen des Griechentums. 1911, vorgelegte Material, das nicht nur die deutsche, sondern auch die englische und französische Altertumswissenschaft berücksichtigt. Neuere Arbeiten, die das griechische 'Wesen' darstellen wollen, stammen etwa von M. Pohlenz, Der hellenische Mensch. 1947, R. Harder, Eigenart der Griechen. 1949 (ND 1962); A. Bork, Werden und Wesen des heutigen Griechenbildes, in: Beiträge zur Altertumskunde (Hrsg. G. Radke und A. Bork) 1949, 5ff. Vgl. dazu und zu weiteren vergleichbaren Typisierungsversuchen I. Weiler, Von 'Wesen', 'Geist' und 'Eigenart' der Völker der Alten Welt, in: IBK 18 1974, 243ff. Zur Selbsteinschätzung der Griechen vgl. neben der umfangreichen Literatur zur Hellenen-Barbaren-Antithese H. Strohm, 'Hellenisch' als Wertbegriff. Beobachtungen zum hellenischen Kulturbewußtsein, in: Wiener Humanistische Blätter 24 1982, 1ff.

2. Gesamtdarstellungen, Hilfsmittel, Zeitschriften

Die hier gebotenen bibliographischen Notizen sollen vor allem eine rasche Erstinformation ermöglichen. Zur Einführung in die wichtigsten Sachbereiche der Griechischen Geschichte wird daher auf die entsprechenden Abschnitte in der vorliegenden Publikation verwiesen.

2.1 Gesamtdarstellungen

Eine ausführliche Darstellung der *Griechischen Geschichte,* die vor allem R. von Pöhlmanns gediegene, seit Jahrzehnten vergriffene 5. Auflage der ›Griechischen Geschichte und Quellenkunde‹ (HdA III 4), aber auch das vierbändige Werk von G. Busolt (bis 338 v. Chr.) (Hb der Alten Geschichte II 1) ^{2}1893–1904 (ND 1967) und jenes von K. Beloch (bis zur „griechischen Weltherrschaft") ^{2}1912–1927 (ND 1967) ersetzen sollte, liegt vor in H. Bengtsons ›Griechischer Geschichte von den Anfängen bis in die römische Kaiserzeit‹ (HdA III 4) 1950, ^{5}1977. Das mit knappen Überblicken über den Forschungsstand und die Quellenlage versehene Werk konzentriert sich auf die politischen Ereignisse, wenngleich es kein „'politisches Lesebuch', sondern ein typisches 'Handbuch', ein Arbeitsinstrument" (VII) sein will. Andere, etwas knapper gehaltene ›Griechische Geschichten‹, mit einem wesentlich kleineren wissenschaftlichen Apparat, stammen von U. Wilcken, ^{9}1962 (Hrsg.: G. Klaffenbach), H. Berve, 2 Bde. 1931, ^{2}1951/52 (Herder-Bücherei, 3 Bände, 37, 56, 69 = ^{4}1965, 1963, ^{2}1962). Mit übersichtlicher Darstellung und davon getrennter Einführung in die Fachdiskussion W. Schuller, Griechische Geschichte. 1980, ^{2}1982 (die Neuauflage soll in zwei Bden erscheinen); das Werk bietet dazu noch eine klar disponierte Bibliographie. F. Schachermeyr, 1960, ^{2}1969, der insbesondere die „geistesgeschichtlichen und kulturmorphologischen Zusammenhänge" berücksichtigt (vgl. dazu F. G. Maier, Gnomon 39 1967, 380ff.), und E. Bayer, ^{3}1987. Der Letztgenannte verfaßte auch die ›Grundzüge der Griechischen Geschichte‹ 1964, ^{5}1978, einen Abriß, der nur Fachfremden etwas zu bieten vermag. H. Kreißig (Hrsg.), Griechische Geschichte bis 146 v. u. Z. ^{3}1985. M. I. Finley, Die Griechen. ^{2}1983. J. V. A. Fine, The ancient Greeks. A critical history. 1984. M. Sordi, Storia greca (Scienze umane) 1971. J. B. Bury–R. Meiggs, A history of Greece to the death of Alexander the Great. ^{4}1983. Ch. G. Starr, The ancient Greeks. 1971. Die dtv-›Geschichte der Antike‹ widmet der griechischen Geschichte drei Bände: O. Murray, Das frühe Griechenland. 1982 (engl. 1980). J. K. Davies, Das Klassische Griechenland und die Demokratie. 1983 (engl. 1978). F. W. Walbank, Die hellenistische Welt. 1983 (engl. 1981). Von der sechzehnbändigen neugriechischen Geschichte des hellenischen Volkes (Hrsg. G. Christopoulos–J. C. Bastias mit großem Mitarbeiterstab) 1970–1979, liegen als ›History of the Hellenic world‹ ins Englische übertragen vor: Bd. 1: Prehistory and protohistory (to 1100 B.C.) 1974 (griech. 1970). Bd. 2: Archaic period (1100–479 B.C.) 1975 (griech. 1971).

Im Rahmen der betont *universalhistorisch orientierten Gesamtdarstellungen* der Alten Geschichte oder umfassender mehrbändiger Weltgeschichten ist hier an vorderster Stelle zu nennen Ed. Meyer, Geschichte des Altertums [GdA], 5 Bde. 1884–1902. Zur Geschichte Griechenlands darin I 2 ^{3}1913 (ND ^{8}1965), III ^{2}1937 (ND ^{4}1965), IV 1 ^{3}1939 (ND ^{6}1965), IV 2 ^{4}1956 (ND ^{5}1965), V ^{4}1958 (bis 350 v. Chr.) (ND ^{5}1969). Die Bände III bis V wurden von H. E. Stier betreut bzw. herausgegeben. – Zur Einführung in die *Universalgeschichte* vgl. F. Hampl, Universalhistorische Betrachtungsweise als Problem und Aufgabe. Ihre Bedeutung in Theorie und Praxis der modernen Geschichtswissenschaft; ders., Universalgeschichte am Beispiel der Diffusionstheorie, beide Beiträge in: Geschichte als kritische Wissenschaft. 1975. Bd. 1 132ff. bzw. 182ff.; weiters die Aufsätze in ›Kritische und vergleichende Studien zur Alten Geschichte und Universalgeschichte‹ (IBK 18) 1974 (Hrsg.: F. Hampl–I. Weiler). Siehe auch H. Bengtson, Zum Problem der Universalgeschichte des Altertums, in: Kleine Schriften zur Alten Geschichte. 1973, 45ff. – Weitere *Gesamtdarstellungen:* M. Rostovtzeff, Geschichte der Alten Welt, 2 Bde. (nach der englischen Ausgabe von 1926/27) 1940/41; Bd. 1: Der Orient und Griechenland. ^{4}1962; F. Taeger, Das Altertum. Geschichte und Gestalt der Mittelmeerwelt. 2 Bde. ^{6}1958; U. Kahrstedt, Geschichte des griechisch-römischen Altertums (Weltgeschichte in Einzeldarstellungen 2) ^{2}1952. E. Kornemann, Weltgeschichte des Mittelmeer-Raumes von Philipp II. von Makedonien bis Muhammed. 2 Bde. (Hrsg.: H. Bengtson) 1948/49 Bd. 1 (ND 1967): Bis zur Schlacht bei Actium (31 v. Chr.). M. Grant, Mittelmeerkulturen in der Antike. 1974. Ch. G. Starr, A history of the ancient world. ^{3}1983. N. G. L. Hammond, History of Greece to 322 BC. ^{3}1986. Ein knapper Abriß von S. Lauffer, Kurze Geschichte der antiken Welt. 1971 (ND 1981). Ebenso: H. G. Gundel–H. Callies in: Studienbuch Geschichte. (Hrsg. R. Elze–K. Repgen) 1974, 47ff. H. Pleticha (Hrsg.), Urgeschichte und Altertum. Vom Beginn der Menschheit bis zum Ende Roms (Panorama der Weltgeschichte 2) 1984.

Von den *Weltgeschichten* mit einem größeren Mitarbeiterstab seien hier die wichtigsten Gesamtdarstellungen der Griechischen Geschichte angeführt: Propyläen Weltgeschichte. Eine Universalgeschichte. 10 Bde. (Hrsg.: G. Mann und A. Heuß) Bd. 3 (1962): Griechenland. Die hellenistische Welt. Bearbeitet von F. Schachermeyr, A. Heuß, C. Bradford Welles, O. Gigon (zur Konzeption des Gesamtwerkes vgl. F. Hampl, Gnomon 36 1964, 529ff.). – Historia Mundi. Ein Handbuch der Weltgeschichte in 10 Bänden (Hrsg. F. Valjavec) Bd. 3 1954: Der Aufstieg Europas. Mit Beiträgen zur Geschichte Griechenlands von F. Miltner, F. Schachermeyr, W. Theiler, Garcia y Bellido und in Bd. 4 1956: Römisches Weltreich und Christentum, zum Hellenismus von F. Miltner und A. Aymard/F. Gschnitzer. – Fischer Weltgeschichte: Bd. 3 (Hrsg.: E. Cassin, J. Bottero, J. Vercoutter) 1966; u. a.: M. I. Finley, Die ägäische Welt; Bd. 4 1966, u. a.: M. I. Finley, Die Griechen; Bd. 5 (Hrsg.: H. Bengtson) 1965, H. Bengtson, Griechen und Perser. Die Mittelmeerwelt im Altertum I; Bd. 6 (Hrsg.: P. Grimal) 1965, P. Grimal, H. Bengtson u. a. über den Hellenismus und den Aufstieg Roms. – Vom Standpunkt des Marxismus-Leninismus aus verfaßt wurde die Weltgeschichte in 10 Bänden (Hauptredaktion I. M. Shukow u. a.) Bd. 1 1961 und Bd. 2 1962 zur Geschichte Griechenlands, bearbeitet von einem Autorenkollektiv. I. Sellnow u. a., Weltgeschichte bis zur Herausbildung des Feudalismus. 1977. – Die wohl umfassendste Gesamtdarstellung repräsentiert: The Cambridge Ancient History. 12 Text- und 5 Tafelbände (Hrsg. J. Bury, S. A. Cook, F. E. Adcock, M. P. Charlesworth, N. H. Baynes). 1923–1939 bzw. teilweiser ND 1926–1956. Von der 3. Auflage (Hrsg. I. E. S. Edwards–C. J. Gadd–N. G. L. Hammond–E. Sollberger) liegen vor: I, 1: Prolegomena and prehistory. 1980. I, 2: Early history of the middle East. 1980. II, 1: The middle East and the Aegean region c. 1800–1380 B.C. 1980. II, 2: c. 1380–1000 B.C. 1980. Von der 2. Auflage: III, 1: The prehistory of the Balkans; the middle East and the Aegean world, tenth to eighth centuries B.C. 1982. III, 3 (Hrsg.: J. Boardman–N. G. L. Hammond): The expansion of the Greek world, eighth to sixth centuries B.C. 1982. IV (Hrsg. J. B. Bury–S. A. Cook–F. E. Adcock): The Persian empire and the West. 1969 (ND). VII, 1 (Hrsg.: F. W. Walbank–A. W. Astin–M. W. Frederiksen–R. M. Ogilvie): The hellenistic world. 1984. – Innerhalb der ›Histoire Générale‹ (Hrsg.: Gustave Glotz) sind im Rahmen der ›Histoire ancienne‹ vier Bände der ›Histoire grecque‹ gewidmet. Deuxième partie I–IV 1, bearbeitet von G. Glotz, R. Cohen und R. Roussel. 1925–38, VI 1: ^{2}1945.

2.2 Bibliographien und Forschungsberichte

Wichtige Erstinformationen in bibliographischer Hinsicht liefern die mit ausführlichen Indices versehene ›L'Année philologique‹ (Hrsg.: J. Marouzeau und J. Ernst) 1928ff. und ›Lustrum. Internationale Forschungsberichte aus dem Bereich des Klassischen Altertums‹ 1957ff. Beide Reihenwerke haben Vorläufer, das erstgenannte die Dix Années de Bibliographie classique. 2 Bde. (Hrsg.: J. Marouzeau) 1928, für die Jahre 1914–1924 und Bibliographie de l'antiquité classique (Hrsg.: S. Lambrino) 1951 für 1896–1914. Das ›Lustrum‹ gilt als Fortsetzung der ›Bursians Jahresberichte über die Fortschritte der Klassischen Altertumswissenschaft‹ 1875–1944 und der ›Bibliotheca Philologica Classica‹ (bis 1938). Forschungsberichte zur Griechischen

Geschichte (Frühzeit) sowie Literatur und Philosophie der Griechen auch im ›Anzeiger für die Altertumswissenschaft‹ (Hrsg.: R. Muth; seit 1987 Schriftleitung: S. Posch) 1947ff. Weitere Bibliographien verzeichnen N. Brockmeyer und E. F. Schultheiß, Studienbibliographie Alte Geschichte. 1973, 30ff. – Vgl. auch G. B. A. Fletcher (Hrsg.), The year's work in classical studies. 1939–1945. 1948; M. Platnauer (Hrsg.), The year's work in classical studies 1945–1947. 1950; ders., Fifty years of classical scholarship. 1954; 2. Auflage: Fifty years (and twelve) of classical scholarship. 1968; H. Berve, Literaturberichte zum Altertum, in: GWU 14 1963, 56ff.; 15 1964, 118ff.; 16 1965, 517ff.; 17 1966, 701ff.; 19 1968, 379ff.; 21 1970, 378ff.; 23 1972, 239ff.; 25 1974, 55ff.; H. Braunert, in: GWU 26 1975, 110ff.; 29 1977, 361ff.; D. Timpe, 33 1982, 178ff., 253ff.; 37 1986, 166ff., 247ff., 315ff. Forschungsberichte zur griechischen Geschichte in bestimmten Abständen auch in der ›Revue historique‹ (zuletzt Ed. Will 262 1979, 407ff.) und in G & R (zuletzt N. R. E. Fisher 32 1985, 215ff.).

2.3 Nachschlagewerke (Lexika, Handbücher und Einführungen)

a) Lexika für die gesamte Altertumswissenschaft:

Das Nachschlagewerk ist anerkanntermaßen Pauly's Real-Encyclopädie der classischen Altertumswissenschaft [RE] (Hrsg.: G. Wissowa, später W. Kroll, K. Mittelhaus und K. Ziegler) 1893ff. Das bis auf die Supplemente abgeschlossene Werk besteht aus drei Reihen: 1. A–Q, Bde. I–XXIV 1, 1893–1963; 2. R–Z, Bde. IA 1–XA, 1914–1972; 3. Supplementbände 1–15, 1903–1978. Insgesamt 108746 Spalten. Register der Nachträge und Supplemente von H. Gärtner–A. Wünsch. Mitarbeiterverzeichnis von G. Winkler. 1980. Umfangreiche Artikel erschienen auch als Sonderausgaben der RE: u. a. K. Abel, Zone (über die Biosphäre im geographischen Denken der Antike. 1975. F. Jacoby, Griechische Historiker. 1956. D. Kienast, Presbeia. Griechisches Gesandtschaftswesen. 1974. O. Luschnat, Thukydides der Historiker. 1978. E. Meier, Messenien und die Stadt Messene. 1978. J. Papastavrou–W. Zschietzschmann, Athenai. Geschichte und Topographie. 1974. H. Schwabl–E. Simon–S. Hiller–J. Schindler, Zeus. 1978. H.-R. Schwytzer, Plotinos, 1978. Dazu J. Irmscher, Ein Jahrhundertunternehmen kam zum Abschluß, der Pauly-Wissowa, in: Philologus 129 1985, 133ff. Bei aller Wertschätzung, die dieses monumentale Reallexikon genießt, muß doch auch betont werden, daß die Konzeption, für die G. Wissowa verantwortlich zeichnet, nicht ohne Kritik geblieben ist, da sie weniger von einer historischen als vielmehr einer antiquarischen Perspektive bestimmt wurde. Vgl. dazu etwa schon R. von Pöhlmann, Zur Methodik der Geschichte des Altertums, in: Aus Altertum und Gegenwart. 1911, 52ff., eine Kritik, die insbesondere für die frühen Bände zutrifft. – Auf der Grundlage der RE erschien eine Neubearbeitung als ›Der Kleine Pauly‹ (Hrsg.: K. Ziegler, und H. Gärtner) in 5 Bden. 1964–1975 (ND 1979). W. Sontheimer–F. Lübker, Reallexikon des Klassischen Altertums. [8]1914. – Viel kritisiert, doch viel benutzt auch das ›Lexikon der Alten Welt‹ [LAW] (Hrsg.: C. Andresen, H. Erbse, O. Gigon, K. Schefold, K. F. Stroheker, E. Zinn) 1965. Der Anhang umfaßt zahlreiche wertvolle Verzeichnisse wie z. B. der antiken Bildnisse, der griechischen und lateinischen Handschriften, der Sammlungen griechischer Papyri, der wichtigsten Ausgrabungen, der Maße und Gewichte, der geflügelten Worte, der wichtigsten Abkürzungen sowie der Zeitschriften und Standardwerke. – Nach den Sachgebieten Literatur. 4 Bde., Religion. 2 Bde., Kunst. 2 Bde., Geschichte. 3 Bde., Kulturgeschichte. 2 Bde. erschien das LAW auch als ND: dtv-Lexikon der Antike. 13 Bde. 1969–71. – H. Lamer, P. Kroh, E. Bux, W. Schöne, Wörterbuch der Antike mit Berücksichtigung ihres Fortwirkens. [7]1966. O. Hiltbrunner, Kleines Lexikon der Antike. [4]1964. J. Irmscher, Lexikon der Antike. [9]1987. A dictionary of ancient Greek civilisation (Hrsg.: P. Devambez, R. Flacelière, P.-M. Schul, R. Martin) 1970 (1. 1966), C. Vial, Lexique d'antiquités grecques. 1972. – Als vorzügliches Informationsmittel dient auch ›The Oxford Classical Dictionary‹ (Hrsg.: N. G. L. Hammond und H. H. Scullard) [2]1970. – Allgemein als Einführung in die historischen Fachausdrücke E. Bayer, Wörterbuch der Geschichte. [2]1965, und Historisches Wörterbuch der Philosophie (Hrsg.: J. Ritter), bisher 6 Bde. 1971 ff.

b) Lexika für einzelne altertumswissenschaftliche Teilgebiete:

Autoren: Tusculum-Lexikon griechischer und lateinischer Autoren des Altertums und des Mittelalters (Hrsg.: W. Buchwald, A. Hohlweg, O. Prinz) [3]1982; P. Kroh, Lexikon der antiken Autoren. 1972. G. Strasburger, Lexikon zur frühgriechischen Geschichte. Auf der Grundlage von Herodots Werk. 1984. – D. Bowder (Hrsg.), Who was who in the Greek world, 776 B.C.–30 B.C. 1982.

Altertümer, Archäologie, Kunst und Vorgeschichte: C. Daremberg und E. Saglio, Dictionnaire des antiquités grecques et romaines. 10 Bde. 1877–1919 (ND 1962/63). Enciclopedia dell'arte antica classica orientale. 7 Bde. (Hrsg.: A. Ferrabino und R. Bianchi Bandinelli) 1958–1966. Supplementbde. zu Figuren, Architektur und Keramik sowie Indexbd. 1970–1985. – N. Caffarello, Dizionario archeologico di antichità classiche. 1971. G. Ville, Dictionnaire de l'archéologie. 1968. – Ch. Trent, Terms used in archaeology. A short dictionary. 1959. – M. Ebert, Reallexikon der Vorgeschichte. 15 Bde. 1924–1932. J. Filip, Enzyklopädisches Handbuch zur Ur- und Frühgeschichte Europas. 2 Bde. 1966, 1969. Zusammen mit den Bereichen Urgesellschaft, Alter Orient, Europäischer Feudalismus (bis etwa 1000 n. Chr.) und Ethnologie wurde die griechisch-römische Antike wörterbuchartig aufgearbeitet in: J. Herrmann (Hrsg.) u. a., Lexikon früher Kulturen. 2 Bde. 1984; für die Antike redaktionell verantwortlich: J. Irmscher.

Mythologie, Religion: W. H. Roscher, Ausführliches Lexikon der griechischen und römischen Mythologie. 6 Bde. 1884–1937 (ND 1965). H. Hunger, Lexikon der griechischen und römischen Mythologie mit Hinweisen auf das Fortwirken antiker Stoffe und Motive . . . bis zur Gegenwart. [6]1969. K. Ranke u. a. (Hrsg.), Enzyklopädie des Märchens. Handwörterbuch zur historischen und vergleichenden Erzählforschung. 1977 ff. zahlreiche Bde. M. Grant–J. Hazel, Who's wgo in classical mythology. 1973. D. Coenen (Hrsg.), Herder Lexikon Griechische und Römische Mythologie. 1981. E. Tripp–R. Rauthe, Reclams Lexikon der antiken Mythologie. 1974 (engl. 1970). Auf sieben Doppelbände projektiert der Artemis-Verlag das ›Lexicon Iconographicum Mythologiae Classicae‹ (LIMC). Davon sind bis 1986 erschienen Doppelbd. 1: Aara – Aphlad. 1981. Doppelbd. 2: Aphrodisias – Athena. 1984. Doppelbd. 3: Atherion – Eros. 1986. P. Grimal, The dictionary of classical mythology. 1986. Wissenschaftsgeschichtlich bemerkenswert: B. Hederich, Gründliches mythologisches Lexikon. 1724/1770 (ND 1967). – Zur Erstinformation der religionswissenschaftlichen Fachausdrücke A. Bertholet, Wörterbuch der Religionen. ^{2}1962. Ausführlich informiert: Die Religion in Geschichte und Gegenwart. 6 Bde., 1 Registerband (Hrsg.: K. Galling) ^{3}1957–1965 (ND 1986). Reallexikon für Antike und Christentum [RAC] bisher 13 Bde. (Hrsg.: Th. Klauser u. a.) 1960ff. – Ein religionswissenschaftliches Lexikon für das Altertum fehlt noch.

c) Einführungen und Handbücher:

H. Bengtson, Einführung in die Alte Geschichte. ^{8}1979. J. Irmscher, Praktische Einführung in das Studium der Altertumswissenschaft. 1954. Ders. als Leiter eines Autorenkollektivs, Einleitung in die klassischen Altertumswissenschaften. 1986, mit fünf Abschnitten: 1. Grundlagen der klassischen Altertumswissenschaften. 2. Spezialdisziplinen. 3. Geschichte der antiken Völker und Nachbarkulturen. 4. Geschichte der antiken Kultur. 5. Geschichte des Nachwirkens der Antike. Wie das zuletzt genannte Werk vertritt auch die allgemeine ›Einführung in das Studium der Geschichte‹ (Hrsg.: W. Eckermann und H. Mohr) 1966, den Standpunkt der marxistisch-leninistischen Geschichtswissenschaft. – Immer noch wertvoll, insbesondere für die historiographischen Quellen und die Wissenschaftsgeschichte C. Wachsmuth, Einleitung in das Studium der Alten Geschichte. 1895 (ND 1970). H. P. Kohns–K. H. Schwarte, Anleitung für die Teilnehmer althistorischer Proseminare. 1971. N. Brockmeyer–E. F. Schultheiß, Studienbibliographie Alte Geschichte (Wissenschaftliche Paperbacks. Studienbibliographien) 1973. H. Kloft, Alte Geschichte, in: Geschichte (Böhlau-Studien-Bücher. Grundlagen des Studiums) 1973, 27ff. (vgl. auch ders., Einleitung a. O. 1ff.). Siehe auch unten 11ff. zur Wissenschaftsgeschichte. – Als Einführung in die *Geschichtstheorie* und die *Arbeitsweisen* des Historikers empfehlen sich K. Acham, Grundlagenprobleme der Geschichtswissenschaft, in: Enzyklopädie der geisteswissenschaftlichen Arbeitsmethoden, 10. Lieferung: Methoden der Geschichtswissenschaft und der Archäologie. 1974 3ff.; weiters: ders., Analytische Geschichtsphilosophie. Eine kritische Einführung. 1974; K.-G. Faber, Theorie der Geschichtswissenschaft. ^{3}1974. Zu den Arbeitsmethoden der Altertumswissenschaften und zur Geschichtstheorie aus der Sicht der Altertumswissenschaftler, insbes. der Althistoriker vgl. Ch. Meier, Der Alltag des Historikers und die historische Theorie, in: H. M. Baumgartner–J. Rüsen (Hrsg.), Seminar: Geschichte und Theorie. 1976, Bd. 3; ders., Fragen und Thesen zu einer Theorie historischer Prozesse, in: K.-G. Faber–Ch. Meier, Historische Prozesse (Theorie der Geschichte. Beiträge zur Historik Bd. 2) 1979, 11ff.; ders., Introduction à l'anthropologie politique de l'antiquité classique (Collège de France) 1984. R. Bichler, Wissenschaftstheoretische Probleme der Geschichtswissenschaft, in: J. Speck (Hrsg.), Hb wissenschaftstheoretischer Begriffe. 1980, 254ff. F. Hampl–I. Weiler (Hrsg.), Vergleichende Geschichtswissenschaft (EdF 88) 1978, und die Beiträge von F. Hampl in: F. Hampl, Geschichte als kritische Wissenschaft. Bd. 1: Theorie der Geschichtswissenschaft und Universalgeschichte. 1975. M. I. Finley, Quellen und Modelle in der Alten Geschichte. 1987 (engl. 1985). – F. G. Maier, Altertumswissenschaft und Computer. Vom Nutzen interdisziplinärer Zusammenarbeit (Xenia 3) 1982. B. Hrouda (Hrsg.), Methoden der Archäologie. Eine Einführung in ihre naturwissenschaftlichen Techniken. 1978.

M. Shanks–Ch. Tilley, Archaeology and social theory. 1987. J. Riederer, Archäometrie. Die naturwissenschaftliche Untersuchung kunst- und kulturgeschichtlicher Objekte, in: Antike Welt 15, 3 1984, 45ff. G. Jäger, Einführung in die Klassische Philologie. ^{2}1980.

Zusammenhängende Darstellungen einzelner altertumswissenschaftlicher Sachbereiche liegen vor im ›Handbuch der Altertumswissenschaft‹ (begründet von I. von Müller, erweitert von W. Otto, fortgeführt von H. Bengtson). 1886ff. 12 Abteilungen: 1. Einleitende und Hilfsdisziplinen, 2. Sprache, 3. Geschichte und Landeskunde, 4. Staat und Recht, 5. Philosophie, Wissenschaft, Religion, 6. Archäologie, 7. Griechische Literatur, 8. Römische Literatur, 9. Lateinische Literatur des Mittelalters, 10. Rechtsgeschichte des Altertums, 11. Germanische Altertumskunde, 12. Byzantinistik. Ähnlichen Intentionen dient die dreibändige ›Einleitung in die Altertumswissenschaft‹ (Hrsg. A. Gercke und E. Norden) I ^{3}1927: Literatur, Sprache, Metrik; II ^{4}1933: Privatleben, Münzkunde, Kunst, Religion, exakte Wissenschaften und Philosophie; III ^{3}1933: Griechische und römische Geschichte und Staatsaltertümer.

2.4 Zeitschriften

Als Rezensionszeitschriften sind zu nennen: Gnomon. Kritische Zeitschrift für die gesamte klassische Altertumswissenschaft. 1925–1943, 1949ff. und ›Anzeiger für die Altertumswissenschaft‹ [AnzAW] 1947ff. Classical Review [ClR] 1887ff. – Ancient Society. 1970ff. Die Antike. 1925–1943, fortgeführt durch ›Das Altertum‹ 1955ff. und ›Antike und Abendland‹ [AuA] 1945ff.; Bulletin de la Correspondance Hellénique. 1877ff. California Studies in Classical Antiquity [CSCA] 1968ff. Chiron. 1971ff. Classical Philology [ClPh] 1906ff. Classical Quarterly [ClQ] 1907ff., N. S. 1951ff. Classical Weekly [ClW] (ab 1957: Classical World) 1917ff. Nouvelle Clio. 1949–1962. Hermes. 1866–1943, 1950ff. Hesperia. Journal of the American School of Classical Studies at Athens. 1932ff. Gymnasium (früher auch: Das Humanistische Gymnasium) 1890ff.; Historia. 1950ff.; Historische Zeitschrift [HZ] 1859–1943, 1949ff. Neue Jahrbücher für das Klassische Altertum (ab 1938: . . . für Antike und deutsche Bildung) [NJbb] 1898–1943. Journal of Hellenic Studies [JHS] 1880ff.; Klio. 1901–1944, 1958ff.; Museum Helveticum [Mus. Helv.] 1944ff. Rheinisches Museum [RhM] 1872–1944, 1950ff. Revue des Études Anciennes [REA] 1899ff. Revue des Études Grecques [REG] 1888ff. Rivista storica dell'Antichità [RSA] 1971ff. Opus. Rivista internazionale per la storia economica e sociale dell'antichità. 1982ff. Saeculum. Jahrbuch für Universalgeschichte. 1950ff. Tyche. Beiträge zur Alten Geschichte, Papyrologie und Epigraphik. 1986ff. Welt als Geschichte. 1935–1943, 1950–1963. Wiener Studien. 1879ff. Zeitschrift für Papyrologie und Epigraphik [ZPE] 1967ff. – Weitere Zeitschriften mit altertumswissenschaftlichen Beiträgen zusammengestellt im LAW 3463ff. und Studienbibliographie Alte Geschichte 32ff.

2.5 *Literatur zu den Grundlagen der Griechischen Geschichte*

2.5.1 Geographie

Zu den geographischen Voraussetzungen der Geschichte H. Hassinger, Die geographischen Grundlagen der Geschichte. ²1953. Für Griechenland und Rom im besonderen M. Cary, The geographic background of Greek and Roman history. 1949 (ND 1950). P. Pédech, La géographie des Grecs. 1976. D. Dion, Aspects politiques de la géographie antique. 1977. Eine wertvolle Einführung in die naturräumlichen, wirtschaftlichen und geopolitischen Grundlagen der griechischen Welt bietet H.-J. Gehrke, Jenseits von Athen und Sparta. Das Dritte Griechenland und seine Staatenwelt. 1986; ders., Die griechische Staatenwelt im Blickwinkel einer historischen Landeskunde, in: Frankfurter Althistor. Studien 12 1986, 41 ff. L. Hempel, Klimaveränderungen im Mittelmeerraum, in: Universität 38 1983, 873 ff. – J. Hagedorn, Griechenland, in: W. Sperling–A. Karger (Hrsg.), Fischer Länderkunde. Europa. 1978, 312 ff. P. Horden–N. Purcell, The Mediterranean world. Man and environment in antiquity and the middle ages (in Vorbereitung). A. Philippson, Das Mittelmeergebiet. ⁴1922. O. Maull, Das griechische Mittelmeergebiet. 1922. E. Kirsten, Die Polis als historisch-geographisches Problem des Mittelmeerraumes (Colloquium Geographicum 5) 1956. V. Ehrenberg, Griechisches Land und griechischer Staat, in: Antike 3 1927, 304 ff. = in: Polis und Imperium. 1965, 63 ff. – Für Fragen der griechischen Landeskunde und historischen Geographie ist auszugehen von A. Philippson–E. Kirsten, Die griechischen Landschaften. I–IV. 1950–1959 und L. Robert, Villes d'Asie Mineure. Études de géographie ancienne. ²1962. – Zum wissenschaftsgeschichtlichen Aspekt: H. Berger, Geschichte der wissenschaftlichen Erdkunde der Griechen. ²1903 (ND 1966) und J. O. Thomson, History of ancient geography. 1948 (ND 1965). J. B. Harley–D. Woodward (Hrsg.), The history of Cartography. 1987, Bd. 1: Cartography in prehistoric, ancient, and medieval Europe and the Mediterranean. P. Janni, La mappa e il periplo. Cartografia antica e spazio odologico. 1984. – *Historische Atlanten:* Großer Historischer Weltatlas (Hrsg.: Bayerischer Schulbuch-Verlag), 1. Teil: Vorgeschichte und Altertum, bearbeitet von H. Bengtson und V. Milojčić, mit Beiträgen von G. H. R. von Koenigswald und J. Schröder. ⁵1972. Zu den Karten liegt gesondert vor: Erläuterungen, 1. Teil: Vorgeschichte und Altertum mit Einführung in den Weltatlas und gründlicher Auswertung der einzelnen Karten (Hinweise auf Hypothetisches, Quellen- und Literaturnachweise). Westermanns Atlas zur Weltgeschichte. I (Hrsg.: H. E. Stier–E. Kirsten) 1969. R. J. A. Talbert (Hrsg.), Atlas of classical history. 1985. O. A. W. Dilke, Greek and Roman maps. 1985. P. Levi, Atlas of the Greek world. 1984. N. G. L. Hammond u. a. (Hrsg.), Atlas of the Greek and Roman world in antiquity. 1981 (über griechische Prähistorie und Geschichte, topographische Karten u. a.). J. Seibert, Die Eroberung des Perserreiches durch Alexander den Großen auf kartographischer Grundlage (Beihefte zum Tübinger Atlas des Vorderen Orients. Reihe B. Geisteswissenschaften 68) 1985. F. W. Putzger, Historischer Schulatlas. ⁸⁶1965. H. und R. Kiepert, Formae Orbis Antiqui [FOA] 1893–1914; ders., Atlas Antiquus. ¹²1902. Mit zahlreichen Karten und Bildern ausgestattet: Bildatlas der Klassischen Welt (Hrsg.: A. A. M. van der Heyden, deutsche Ausgabe von H. E. Stier) 1960. H. Kinder–W. Hilgemann, dtv-Atlas zur Weltgeschichte. Karten und chronologischer Abriß. [5]1969. Bd. I: Von den Anfängen bis zur Französischen Revolution (zur Erstinformation). – J. Kromayer–G. Veith, Schlachten-Atlas zur antiken Kriegsgeschichte. 1922.

2.5.2 Ausgrabungen und Topographie

Zu den prähistorischen Stätten Griechenlands J. Filip, Enzyklopädisches Handbuch zur Ur- und Frühgeschichte. 2 Bde. 1966, 1969. H. Müller-Karpe, Handbuch der Vorgeschichte. 4 Bde. 1966–1980 (Altsteinzeit, Jungsteinzeit, Kupferzeit, Bronzezeit). W. Kendrick Pritchett, Studies in ancient Greek topography. 4 Bde. 1965–1985. Zu den einzelnen Ausgrabungen, Museen und archäologischen Instituten der einzelnen Länder in Griechenland und Kleinasien W. Schiering, in: Allgemeine Grundlagen der Archäologie (Hrsg.: U. Hausmann) (Handbuch der Archäologie im Rahmen des HdA) 1969, 11 ff. D. und R. Whitehouse, Lübbes archäologischer Welt-Atlas. 1976 (lexikalisch gegliedert, mit weiterführender Literatur). – R. V. Schoder, Das antike Griechenland aus der Luft. [3]1985. R. Stillwell–W. L. MacDonald–M. H. McAllister (Hrsg.), The Princeton encyclopedia of classical sites. 1976. – Überblicke vermitteln E. Kirsten–W. Kraiker, Griechenlandkunde. 2 Bde. [5]1967. E. Kirsten, Süditalienkunde. 1975. Für Kleinasien: L. Robert, Villes d'Asie Mineure (siehe oben 9); G. M. A. Hanfmann, Archaeology in Homeric Asia Minor, in: AJA 52 1948, 135 ff. R. Hope Simpson, A gazetteer and atlas of Mycenaean sites (Bulletin of the Institute of classical studies. Suppl. 16) 1965. Für Athen: J. Travlos, Bildlexikon zur Topographie des antiken Athen. 1971, und W. Judeich, Topographie von Athen (HdA III 2, 2) [2]1931 (Neubearbeitung von F. G. Maier und H. Kienast in Vorbereitung). D. Müller, Topographischer Bildkommentar zu den Historien Herodots. Griechenland im Umfang des heutigen griechischen Staatsgebiets. 1987. N. A. Papachatze, Pausaniou Hellados Periegesis. 1974–1982 5 Bde. – Ferner: Ancient Greek cities (Hrsg. Athens technological organization. Athens Center of Ekistics) 1971 ff. 1978: 24 Bde. W. Eckschmitt, Fahrten auf dem Peloponnes. 1979. J. M. Fossey, The ancient topography of Eastern Phokis. 1986. S. Simeonoglou, The topography of Thebes from the bronze age to the modern times. 1985. S. Lauffer, Kopais. Untersuchungen zur historischen Landeskunde Mittelgriechenlands I. 1986. E. Manni, Geografia fisica e politica della Sicilia antica (Supplementi a ›Kokalos‹ 4) 1981.

2.5.3 Chronologie

A. E. Samuel, Greek and Roman chronology. Calendars and years in classical antiquity (HdA I 7) 1972. Einen Überblick bietet W. Sontheimer, RE 9 A 1967, 2455 ff. s. v. Zeitrechnung II. Weiters E. Bickerman, Chronology of the ancient world. 1968. Ders., Chronologie. [2]1963. M. P. Nilsson, Die Entstehung und religiöse Bedeutung des griechischen Kalenders. 1963. B. D. Meritt, The Athenian year. 1961. H. W. Parke, Athenische Feste (engl. 1977) 1987. E. Simon, Festivals of Attica. An archaeological commentary. 1983. A. Mosshammer, The chronicle of Eusebius and the Greek chronographic tradition. 1979. Exakte Datumsberechnungen für das Fest in Olympia zwischen 500 v. bis 97 n. Chr. hat durchgeführt S. G. Miller, The date of Olympic festivals, in: MDAI (A) 90 1975, 215ff. – F. K. Ginzel, Handbuch der mathematischen und technischen Chronologie. 3 Bde. 1906–1914 (ND 1958) (Bd. 2 1911: auch über die Griechen). Zur Entwicklung der Astronomie im Altertum vgl. K. von Fritz, Grundprobleme der Geschichte der antiken Wissenschaft. 1971, 132ff.

3. Die Erforschung der Griechischen Geschichte seit der Renaissance

3.1 Ein Überblick vom 16. bis ins 20. Jahrhundert

Während die Römische Geschichte schon vor dem Dänen Barthold Georg Niebuhr (1776–1831) so illustre Darsteller wie Niccolò Machiavelli (1469–1527), Lenain de Tillemont (1637–1698), Montesquieu (1689–1755) und Edward Gibbon (1737–1794) gefunden hat, gehören die Verfasser Griechischer Geschichten, die sich einen Ehrenplatz in der Wissenschaftsgeschichte des Faches gesichert haben, großenteils zu jenen althistorischen Forschern, die erst nach Begründung der Geschichte als kritischer Wissenschaft, an der der dänische Historiker Niebuhr (siehe unten) durch seine quellenkritische Methode und seine universalhistorische Betrachtungsweise wesentlichen Anteil hat, auf den Plan treten. Das bedeutet nun freilich nicht, daß die Griechische Geschichte wie ihr römischer Zwillingspart nicht auch schon seit der Renaissance Gegenstand antiquarischer, im Vertrauen auf die Zuverlässigkeit antiker Historiographie verfaßter Abhandlungen war. Diese wenig kritischen oder schöpferischen Arbeiten bevorzugen als Thema jene Einrichtungen, die früher und auch heute noch gelegentlich als 'Antiquitäten' bzw. 'Staats- oder Privataltertümer' bezeichnet werden. Schriften wie ›De republica Atheniensium‹ des italienischen Geschichtsschreibers und Humanisten Carolus Sigonius (1524–1584), der sich ansonsten vorwiegend mit Fragen zur Römischen Geschichte befaßte, oder ›De archontibus Atheniensium‹ des Holländers Joannes Meursius (1547–1625) repräsentieren die kompilatorische Arbeitsweise humanistischer Gelehrsamkeit und lassen bereits die besondere Reverenz erkennen, die man der Stadt Athen auch in der späteren Forschung bezeugt. In der Folgezeit scheint sich die Aufmerksamkeit der Gelehrten zunächst vom griechischen Altertum abzuwenden, denn erst mit Richard Bentley (1662–1742), Professor in Oxford und Herausgeber mehrerer Texte klassischer Autoren, taucht wieder ein Name auf, der in der Erforschung der griechischen Welt eine bedeutende Rolle spielt. Bentleys textkritischer Methode ist die Entlarvung der sogenannten Phalarisepisteln als Fälschung zu danken. Verdienste um eine Intensivierung der wissenschaftlichen Erforschung der alten Griechen werden auch den Holländern T. Hemsterhuys (1685–1766),

L. K. Valckenaer (1715–1785) und D. Ruhnken (1723–1798) zugeschrieben, die alle in der Gelehrtenstadt Leiden mit ihren berühmten Bibliotheksbeständen wirken, doch ist dazu zu bemerken, daß ihre Werke ebenso wie die Bentleys in erster Linie altphilologisch orientiert sind – Altphilologie hier freilich in einem umfassenderen Sinne als heute verstanden.

Inwieweit Bentley mit seinen bahnbrechenden Arbeiten Einfluß auf die weitere Gestaltung der deutschsprachigen Forschungen zur griechischen Altertumskunde ausübte, ist umstritten. Hingegen stellt Johann Joachim Winckelmanns (1717–1768) ›Geschichte der Kunst des Alterthums‹ unbestreitbar einen entscheidenden Impuls für die folgende Entwicklung in Deutschland dar, da das Werk gegenüber der antiquarisch-statisch gehaltenen Betrachtungsweise bereits eine historische Perspektive, in Ansätzen auch den Entwicklungsgedanken in der Kunstgeschichte berücksichtigt. Denn ungeachtet seiner ästhetisierenden Kunstauffassung setzt sich der Verfasser das Ziel, „keine bloße Erzählung der Zeitfolge und der Veränderung in derselben, sondern . . . das Wort Geschichte in der weiteren Bedeutung, welche dasselbe in der griechischen Sprache hat . . .“ (Phaidon-Ausgabe 1934), zu nehmen und damit den Weg alter und zeitgenössischer ‘Skribenten’ zu verlassen, die sich auf unkritische Beschreibungen der Altertümer beschränkten. Winckelmanns thematische Beschränkung liegt trotz der Mitberücksichtigung des Kunstschaffens anderer Völker in der Konzentration auf die „Geschichte der Kunst im engeren Verstande“ (a. O.), d. h. auf die des Griechentums. In Anlehnung an den bedeutenden französischen Humanisten Joseph Justus Scaliger (1540–1609) gliedert Winckelmann die griechische Kunst in „vier Hauptzeiten und vier Stile“ und spricht von ihrem „Wachstum und Verfall“ (207), womit er eine Geschichtsauffassung vorzubereiten hilft, die mehr oder weniger modifiziert auch heute zahlreichen Darstellungen zugrunde liegt. Ein zweiter Wegbereiter für eine historisch-genetische Betrachtungsweise, die im 19. Jh. die Erkenntnismethoden der sich entwickelnden Geschichtswissenschaft grundlegend mitbestimmt, ist Johann Gottfried Herder (1744–1803). In seinen mehr der Philosophie als der Geschichte zuzuordnenden ›Ideen zur Philosophie der Geschichte der Menschheit‹ gelangen die ältesten Reiche und Staaten der Welt (darunter China, Japan, Tibet, ‘Indostan’, Persien, Israel u. a.) zur Darstellung, wobei die Griechische Geschichte als das Kernstück des Werkes angesprochen werden kann. Im Vergleich zu Voltaires (1694–1778) eine Generation früher erschienenem ›Essay sur l’histoire générale et sur les mœurs et l’esprit des nations‹, einem unkritischen und im Kompilieren antiquarischen Wissens sich erschöpfenden Werk, das die Geschichte der Völker der Alten Welt, darunter die Griechen, ohne erkennbares Konzept aneinanderreiht, ehe der Hauptabschnitt ›*depuis Charlemagne jusqu’à nos jours*‹ beginnt, stellen Herders ›Ideen‹ gewiß einen Fortschritt dar.

Gleichzeitig mit Winckelmann und Herder wird auch von seiten der Altphilologie Wesentliches zum besseren Verständnis des griechischen Altertums beigetragen und der Prozeß der Loslösung der Geschichte als einer Spezialdisziplin der Altertumswissenschaft gefördert. Neben dem Leipziger Professor Johann Friedrich Christ (1700–1756), der den Gepflogenheiten seiner Zeit folgend – wie übrigens später viele andere Altertumsforscher bis ins ausgehende 19. Jh. – Altphilologe, Archäologe, Ästhetiker, Philosophie- und Kunsthistoriker in einer Person war, verdienen seine Schüler G. E. Lessing und Christian Gottlob Heyne (1729–1812), der in Göttingen Vorlesungen über Mythologie, Kunst- und Kulturgeschichte Griechenlands hielt, und dessen Schüler Friedrich August Wolf (1759–1824) genannt zu werden. Des letzteren ›Prolegomena ad Homerum‹ inspirieren die gesamte Homerforschung des 19. Jh. Ein „einsamer Vorläufer der analytischen Bewegung" war Abbé François Hédelin d'Aubignac (1604–1676), auf den gebührend hinzuweisen Wolf nach A. Lesky, GGL 51f., versäumt hat. Die bei Wolf geäußerten methodischen Überlegungen zur Textkritik und die optimistische Auffassung vom geradlinigen Fortschritt der Menschheit sowie der Versuch, die zur Altertumswissenschaft – eine von Wolf geprägte Bezeichnung[1] – ausgeweitete Altphilologie in den Dienst der Menschenbildung zu stellen, charakterisieren die neue Etappe der Wissenschaftsgeschichte in der Zeit der Aufklärung. An den Wechselwirkungen, welche die ›Prolegomena‹ zwischen ihrem Verfasser und den deutschen Philhellenen Schiller und Goethe, Herder, den Brüdern Schlegel und Wilhelm von Humboldt, der durch Wolf zum Studium des Griechentums inspiriert wurde, auslösten, läßt sich die Bedeutung dieses Forschers für die weitere Entwicklung der Altertumswissenschaft, insbesondere auch der Griechischen Geschichte, ermessen.

Als Meilenstein auf dem Wege der Loslösung der Althistorie aus dem Verband der altphilologischen Disziplinen gilt das Gesamtwerk Barthold Georg Niebuhrs (1776–1831), obwohl er selbst, wie auch August Boeckh (1785–1867), „die alte Geschichte hauptsächlich als einen Bestandteil der Philologie, als eine philologische Disziplin, als ein Mittel der Interpretation und der philologischen Kenntnisse"[2] definiert. Mit seiner kritischen Methode, die er in der ›Römischen Geschichte‹ (2 Bände, 1811/12) anwendet, wird Niebuhr zu einem der einflußreichsten Mitgestalter der modernen Historiographie, indem er das Quellenmaterial in einem umfassenden Sinn auf seine Zuverlässigkeit hin überprüft, um so zum Verständnis der histori-

[1] A. Hentschke–U. Muhlack, Einführung in die Geschichte der Klassischen Philologie (Die Altertumswissenschaft) 80ff.

[2] K. Christ, Von Gibbon zu Rostovtzeff. Leben und Werk führender Althistoriker der Neuzeit. ^{2}1979, 40.

schen Realität zu gelangen; diese Methode verlieh nicht zuletzt dem Fach Geschichte seinen wissenschaftlichen Rang. August Boeckh, Schüler und Kollege F. A. Wolfs, widmet sein Hauptwerk ›Staatshaushaltung der Athener‹ (1817) Niebuhr, wobei er, ebenso wie der Däne, die Wechselwirkung zwischen politischer Situation und Gesellschafts- und Wirtschaftsleben in Athen herausstellt. Damals, d. h. im Jahre 1815, faßte Boeckh auch den Entschluß, das griechische Inschriftenmaterial, das in seiner Schilderung des athenischen Finanz- und Wirtschaftssystems die hauptsächliche Erkenntnisquelle darstellt, in einem umfassenden Sammelwerk zu publizieren. Zehn Jahre später – lange bevor die Preußische Akademie Mommsen die Herausgabe des CIL übertrug (1853) – erschien die erste Lieferung des ›Corpus Inscriptionum Graecarum‹; es sollten über 10000 Inschriften werden. Boeckhs Verdienste um die Erforschung des Altertums, insbesondere des griechischen, bleiben nicht allein darauf beschränkt. Mit der postum erschienenen ›Enzyklopädie und Methodenlehre der philologischen Wissenschaften‹, einer „formalen Theorie der philologischen Wissenschaft", steht Boeckh vielfach in Gegensatz zu seinem Lehrer Wolf, der in seiner ›Einleitung in die Altertumswissenschaft‹ (Vorlesungen, die postum 1831 veröffentlicht wurden) den Bildungswert des Altertums, das für ihn, ähnlich wie für Wilhelm von Humboldt, weitgehend mit dem Griechentum identisch ist, hervorhebt und damit am Fundament des Klassizismus und Neoklassizismus mitbaut. Im Unterschied zu Wolfs ästhetisierender Auffassung sucht sein ehemaliger Schüler die historische Dimension in der Alten Welt: „Bei der Betrachtung des Alterthums kann dies nur so geschehen, daß man die Totalität aller seiner Erzeugnisse in formaler und materialer Hinsicht zusammenfaßt und ihre Geltung in der Entwickelungsskala der Menschheit bestimmt" (A. Boeckh, Enzyklopädie, Hrsg. E. Bratuschek, 1966, 257). Nach dem englischen Historiker G. P. Gooch hat Boeckh damit den Schritt „aus der klassischen Philologie" in die „historische Altertumswissenschaft"[3] getan, ein Schritt übrigens, der ihm von den linguistisch orientierten Philologen um Gottfried Hermann manche Kritik eingebracht hat (a. O. 44). Boeckhs bedeutendster Schüler war Karl Otfried Müller (1797–1840), der, wie sein Lehrer, zu den großen Frühbegabungen des Faches zählt. Er erstrebte mit seinen Arbeiten eine Gesamtdarstellung von Geschichte und Politik einschließlich der kulturellen Phänomene, insbesondere der Religion und Mythologie, und schuf vor allem eine breite Basis für die historischen Studien zur griechischen Frühzeit, aber auch zur Welt der Etrusker. Die Art, wie Müller sich der Mythen als Erkenntnisquelle bediente, stieß auf Kritik, nicht zuletzt auch durch seinen Lehrer, und führte zur Konfrontation mit Friedrich Creuzers (1771–1858) symbolistischer

[3] G. P. Gooch, Geschichte und Geschichtsschreibung im 19. Jh. ^{2}1964, 41.

Mythentheorie. Mit seinen Werken ›Geschichte hellenischer Stämme und Städte‹ und ›Die Dorier‹ wendet er sich bereits früh gegen das athenozentrische Geschichtsbild seiner Zeit; er gilt aber auch als moderner Mitbegründer jener lakedaimonophilen Tradition, die uns nicht nur aus dem Altertum, sondern auch aus der jüngsten Vergangenheit bekannt ist. Müllers langgehegter Wunsch, eine umfassende Darstellung der Griechischen Geschichte vorzulegen, wurde durch seinen frühen Tod vereitelt. Sein Schüler Ernst Curtius (1814–1896) hat eine solche in drei Bänden verfaßt, ein Werk, dem nach R. von Pöhlmanns[4] Aussage „in Deutschland der größte äußerliche Erfolg" beschieden war. Darin spielen die Griechen jene herausragende Rolle in der Weltgeschichte, die in der Folgezeit zuweilen mehr dogmatische als wissenschaftlich überprüfbare Formen annahm. Curtius, zuweilen dichtender Philhellene, gelang es, in weiten Kreisen das Griechenbild mitzubestimmen, und es war sein Verdienst, die Grabungen in Olympia in Gang zu bringen; aber seine ›Griechische Geschichte‹ zählt nicht zu jenen epochemachenden Werken wie etwa die gleichzeitig erschienene ›Römische Geschichte‹ aus der Feder Theodor Mommsens. Bezeichnend für Curtius' Geschichtsauffassung ist nicht nur seine ästhetisierende und idealisierende Betrachtungsweise der Griechen, die ihn in die Tradition Winckelmanns und Wilhelm von Humboldts stellt, sondern auch die im Schlußsatz seiner ›Griechischen Geschichte‹ vertretene Lehrmeinung, wonach „die Erhebung Athens unter Demosthenes . . . die letzte, große Tat des unabhängigen Griechenlands (war), und die zusammenhängende Geschichte desselben . . . mit dem Frieden des Demades zu Ende" ging (Griechische Geschichte Bd. 3 ^{6}1889, 730).

Sein etwas älterer Zeitgenosse Johann Gustav Droysen (1808–1884), Schüler von Boeckh, brach mit dieser Tradition, was schon der Beginn der Zweitauflage seines Alexanderbuches unmißverständlich ausdrückt: „Der Name Alexander bezeichnet das Ende einer Weltepoche, den Anfang einer neuen" (Geschichte des Hellenismus Bd. 1 ^{2}1877, 3). Diese „neue" Zeit als „Hellenismus" begrifflich mitgeprägt zu haben, wobei Droysen bekanntlich von einer falschen Interpretation der Stelle in den ›acta Apostolorum‹ (6, 1) ausging, und als ihr Etikett die Mischkultur von Hellas und Orient sowie die Vorbereitung des Christentums bestimmt zu haben, wird als eine Pionierleistung in der Erforschung der griechischen Welt anerkannt. Droysens spekulative Konzeption des Hellenismusbegriffes gehört bis heute zum 'Handbuchwissen' des Althistorikers, obwohl es an Revidierungen und Revidierungsversuchen seiner Vorstellungen nicht gefehlt hat. In seinem ›Grundriß einer Historik‹ (1868) entwirft Droysen auch eine methodisch-systema-

[4] R. von Pöhlmann, Griechische Geschichte und Quellenkunde. ^{5}1914 (HdA III 4), 6.

tische Geschichtstheorie, die das naturwissenschaftliche Erkenntnisprinzip ablehnt und die Eigenständigkeit der Geisteswissenschaften, wie sie später dann Wilhelm Dilthey postuliert, verkündet und theoretisch unterbaut.

Neue Impulse erfuhr die Altertumswissenschaft durch jene Richtung, die sich auf die Erforschung der frühen Welt Griechenlands konzentrierte, vor allem durch Heinrich Schliemanns (1822–1890) Ausgräberaktivitäten. Sein erklärtes Ziel war es, jene Stätten wiederzuentdecken, von denen die Epen Homers handeln, dessen Verse ihm, obgleich er damals kein Wort Griechisch verstand, „heiße Tränen entlockten" und dessen Büste „zu Häupten des Sarges stand" (Selbstbiographie. Bis zu seinem Tod vervollständigt. Hrsg. S. Schliemann, ^{2}1936, 16 und 127). Mit den Grabungen in Troia (ab 1871), Mykene (ab 1871), Tiryns (ab 1884) und Orchomenos (ab 1880) leitete der von der Fachwelt viel kritisierte Autodidakt die Erforschung der mykenischen Kultur ein. Zusammen mit den anderen wichtigen Ausgrabungen und Entdeckungen der griechischen Welt seit der ersten Hälfte des 19. Jh. (1811/12 Bassai, 1829 Epidauros, 1830 Dodona, ab 1835 Akropolis in Athen, 1861/62 Delphi, 1875 Olympia, 1882 Eleusis, ab 1899 Knossos; vgl. dazu insbesondere den Überblick zur Geschichte der Archäologie von W. Schiering[5]) trägt der Spaten der Archäologen wesentlich dazu bei, „das Monopol der Philologie in der Erforschung des Altertums" zu brechen und damit auch den „entscheidenden Anstoß zur Überwindung des Neuhumanismus" zu geben.[6]

Es bedurfte nun eines neuen Gelehrtentyps, der imstande war, die Erkenntnisse der Feldforschung und der literarischen Tradition zu einer Synthese zu bringen; dies war eine Aufgabe, die mit dem sehr rasch anwachsenden Fundmaterial ständig größere Anforderungen stellte, wollte man nicht im Dienste einer Spezialforschung stehenbleiben. Ernst Curtius hat zwar aufgrund seiner Landeskenntnis und seiner Verknüpfung von philologischen und archäologischen Interessen einen Anfang in dieser Richtung gesetzt, doch atmet seine ›Griechische Geschichte‹ noch zu sehr den Geist des Klassizismus. Den Versuch einer Synthese, ein Werk „*für das Ganze,* zum Verständnis des Griechentums überhaupt" zu schaffen, unternimmt Jacob Burckhardt (1818–1897) mit der von ihm nicht zur Publikation vorgesehenen ›Griechischen Kulturgeschichte‹[7], in der er, sich selbst zum „Nichtphilologen" deklarierend, der „enormen allgemeinen Ausweitung der Altertumsforschung" insofern Rechnung trägt, als für ihn „alles aus dem hellenischen Altertum Erhaltene" zur Erkenntnisquelle wird, „nicht

[5] W. Schiering, in: Hb der Archäologie. 1969, 11ff.

[6] H. Bengtson, Einführung in die Alte Geschichte, ^{8}1979, 15f.

[7] Zitiert nach der Erstausgabe von J. Oeri. 1898–1902, (ND ^{2}1982, mit einer umfangreichen Einführung von W. Kaegi) Bd. 1, 3 und 9.

bloß die Schriftwelt, sondern jeder Überrest und vor allem die Bauten und die bildende Kunst". Diese Absicht konnte in der ›Kulturgeschichte‹ nicht realisiert werden. Eduard Meyer[8] hat das Werk, den Basler Gelehrten mit Leopold von Ranke in einen Topf werfend, mit der Bemerkung kritisiert, es sei „unter Ignorierung dieser ganzen Arbeit eines vollen Jahrhunderts" entstanden. Unabhängig von diesem harten Urteil, das viele Fachkollegen teilten, andere ins Gegenteil verkehrten, ist zu bedenken, daß Burckhardts Griechenbild auf die weitere Forschung entscheidenden Einfluß ausgeübt hat. Seine Vorstellungen von der griechischen Polis, vom Pessimismus der Griechen, von der *„Kontinuität der Weltentwicklung"* (J. Burckhardt), vom griechischen Freiheitsbegriff, vom agonalen Prinzip, das auch schon von Ernst Curtius (Der Wettkampf. 1856, in: Altertum und Gegenwart. ^{2}1877, 132ff.), zu dem Burckhardt ansonsten in vielem die 'Antithese' bildet, vertreten wurde – das alles basiert nicht nur auf einem intensiven Quellenstudium (in Burckhardts umfassendem Sinne verstanden) und einem für die Kultur aufgeschlossenen Geschichtsverständnis, es bringt ihn auch vielfach in Gegensatz zum Neuhumanismus. Doch so groß der Einfluß der ›Griechischen Kulturgeschichte‹ auf spätere Forschungen war, so groß war auch die Reserviertheit, mit der die Fachwelt, wie schon bemerkt, die Ergebnisse Burckhardts aufnahm und beurteilte. Ein Verdienst bleibt dem Werk dennoch: Es lenkte die Aufmerksamkeit auf kulturelle Phänomene, ein Verdienst, das in unseren Tagen, wo sich innerhalb der Geschichtswissenschaft ähnliche kulturhistorische Akzentuierungen beobachten lassen, nicht ignoriert werden sollte und das eine Loslösung von der politisch orientierten Historie im Sinne des nüchternen Niebuhr bedeutet.

Zu den Kritikern Burckhardts zählt auch Ulrich von Wilamowitz-Moellendorff (1848–1931), der in Boeckh einen vorbildlichen Historiker sah; doch richtete sich Wilamowitz und mit ihm auch R. v. Pöhlmann, K. J. Beloch und Ed. Meyer in erster Linie gegen den Klassizismus Humboldtscher Prägung. Daß Wilamowitz die Skulpturen vom Ostgiebel in Olympia „ziemlich langweilig" (Pindaros. 1922, 414) fand, mag hier exemplifizierend vermerkt sein. Robert von Pöhlmanns (1852–1914) Werke bezeugen wie Burckhardts ›Kulturgeschichte‹ eine Abkehr von der rein politischen Ereignisgeschichte; selten aber wird der 'Mitredaktor' Zeit so sichtbar wie in seiner ›Geschichte der sozialen Frage und des Sozialismus in der antiken Welt‹, was im übrigen auch von seiner ›Griechischen Geschichte und Quellenkunde im Rahmen des Handbuchs der Altertumswissenschaft‹ behauptet werden kann. Grundsätzlich bekennt sich Pöhlmann zu Niebuhrs universalhistorischem Konzept, wie überhaupt seine programmatischen Erklärungen ›Zur Methodik der Geschichte des Altertums‹ (in: Aus Altertum

[8] Ed. Meyer, Geschichte des Altertums. Bd. 4, 1 ^{5}1954, 273.

und Gegenwart. Gesammelte Abhandlungen. 1911, 52ff.) ein illustratives Dokument für die Emanzipation der Alten Geschichte von der Philologie darstellen. Ziel der Pöhlmannschen Kritik sind dabei in erster Linie Wilamowitz' Auffassung von der Altertumswissenschaft und die unhistorischen „schablonenhaften und mechanischen Vorstellungen" der Forschung, die sich mit dem Sammeln und Beschreiben der sogenannten Antiquitäten zufriedengibt, eine Kritik, die auf eine kühne Ablehnung der von Wissowa konzipierten Organisation der ›Real-Encyclopädie der classischen Altertumswissenschaft‹ hinausläuft. Auch Karl Julius Beloch (1854–1929) bekennt sich zur Wichtigkeit der Erforschung des sozialen und wirtschaftlichen Lebens. Seine davon nicht zu trennenden Bevölkerungsuntersuchungen zählen zu Pionierarbeiten, die in jüngster Zeit, gefördert durch soziologische Fragestellungen, erneut in den Blickpunkt der Geschichtswissenschaft getreten sind. Mit seinem kollektivistischen Geschichtsbild, seiner strengen Handhabung der Quellen (einschließlich der monumentalen), seinem rationalen und nonkonformistischen Herangehen an die Welt der Griechen (und ihre modernen Betrachter) erweist sich Beloch in vielem als einer der entscheidenden Überwinder der klassizistischen Geschichtsschreibung etwa im Sinne des Ernst Curtius, den er von Jugend auf, wie übrigens viele andere, „nicht ausstehen" konnte,[9] auch wenn für ihn die Griechische Geschichte „nun einmal das wichtigste Blatt in der Geschichte der Menschheit" (K. J. Beloch, Griechische Geschichte Bd. 1, 1 [2]1912, 47) bleibt. Nach Eduard Meyers (1855–1930) eigenen Worten (Aus dem Vorwort zur Auflage von 1893, Bd. 3 [3]1954, XIV) ist das Werk seines „Freundes Beloch ... in Zielen und Methoden" mit der Darstellung der griechischen Welt in der ›Geschichte des Altertums‹ „nahe verwandt", ein Kompliment aus dem Munde des universalgeschichtlich orientierten Althistorikers, das um so mehr Gewicht hat, wenn man bedenkt, daß zur gleichen Zeit Busolts ›Griechische Geschichte‹ in zweiter Auflage und Wilamowitz' ›Aristoteles und Athen‹ erschienen waren. Eduard Meyer integrierte die Griechische Geschichte in eine Gesamtdarstellung der Alten Welt und trug damit entscheidend zu ihrer Loslösung aus der Isolation bei, in die sie durch die klassizistische Historiographie gelangt war. Die Vorzüge der ›Geschichte des Altertums‹, die bis in die Mitte des 4. Jh. v. Chr. herunterführt, liegen vor allem darin, daß ihr Verfasser das Wissen nicht aus zweiter oder dritter Hand bezieht, sondern selbst aus den Quellen schöpft, die im 19. Jh. in einem ungeahnten Maße anwachsen; sie liegen aber auch in dem methodisch klar formulierten Standpunkt, wonach „das Objekt der Geschichte ... überall die Erforschung und Darstellung des Einzelvorganges"[10] ist, im Ge-

9 Christ, Gibbon 249.
10 Christ a. O. 296.

gensatz zu den damals aufkommenden kollektivistischen Geschichtsauffassungen, und weiter in der universalhistorischen Perspektive, der jede historische Arbeit unterzuordnen sei. Damit wurde erst jene Folie geschaffen, die es ermöglichte, die Griechische Geschichte mit ihren politischen und kulturellen Erscheinungsformen als Teil der Gesamtentwicklung zu sehen und zu beurteilen.

Nach dem Urteil Eduard Meyers hat in der Entwicklung der modernen Altertumsforschung „Deutschland durchaus die Führung gehabt; grundlegende Werke des Auslandes können daher außer Grote kaum angeführt werden“ (a. O. Bd. 3 228). Auch wenn der Engländer Gooch (a. O. 511) dieser Feststellung zuzustimmen scheint, muß doch ein Blick auf die Erforschung der Griechischen Geschichte außerhalb des deutschsprachigen Raumes geworfen werden, bevor sie ab der Wende vom 19. zum 20. Jh. zusehends die Bahnen rein nationaler Bestrebungen verläßt. Abgesehen von der Bodenforschung in Griechenland, um die sich mit den deutschen vor allem die französischen, aber auch die englischen, amerikanischen, österreichischen und nicht zuletzt griechischen Altertumsforscher des 19. Jh. verdient gemacht und die damit grundlegendes epigraphisches, numismatisches sowie archäologisches Material für den Althistoriker erschlossen haben, reicht auch die historiographische Tradition in den genannten Ländern weit zurück. Bereits 1784 beginnt der Engländer William Mitford (1744–1827) mit der Veröffentlichung seiner ›History of Greece‹, der dann unter dem gleichen Titel eine achtbändige Darstellung von Connop Thirlwall (1797–1875), dessen großes Verdienst nach Gooch darin bestand, daß er die Forschungsergebnisse von Boeckh, Otfried Müller, Droysen, Creuzer u. a. in seiner Griechischen Geschichte mitberücksichtigte, und bald darauf die zwölf Bände von George Grote (1794–1871) folgen. Grote, selbst eine Zeitlang Parlamentarier, setzt mit seinem Werk vor allem der athenischen Demokratie ein vielbeachtetes Monument und ist damit in der Altertumswissenschaft Mitbegründer einer Tradition, die insbesondere im angelsächsischen Schrifttum bis auf den heutigen Tag gepflegt wird. Die in Frankreich etwa gleichzeitig erschienene ›Histoire des Grecs‹ in drei Bänden aus der Feder des Historikers und Politikers Victor Duruy (1811–1894) hat zwar nicht die gleiche Wirkung wie Grotes Werk erzielt, sie wird aber zusammen mit diesem, der ›Griechischen Geschichte‹ von Curtius u. a. zu den «grandes histoires» (G. Glotz) des 19. Jh. gezählt.

Indirekt erkennbar wird die intensive Beschäftigung der Engländer und Franzosen mit der Griechischen Geschichte im 19. Jh. auch an der Zahl gediegener Althistoriker, die sich im 20. Jh. einen Namen machten. Auf sie hier im einzelnen einzugehen, ist nicht möglich und auch gar nicht vonnöten, zumal wissenschaftsgeschichtliche Untersuchungen neueren Datums darüber vorliegen (vgl. unten 23ff.).

Als imponierende Einzelerscheinung der neueren Zeit ist Michael Iwanowitsch Rostovtzeff (1870–1952) hervorzuheben, der sowohl aufgrund seiner zahlreichen Spezialuntersuchungen als auch wegen seiner großen Synthesen, so der dreibändigen Arbeit ›Die hellenistische Welt. Gesellschaft und Wirtschaft‹ (englisch 1941, ²1953; deutsch 1955/56, ND 1984) und der zweibändigen ›Geschichte der Alten Welt‹ (englisch 1926, deutsch 1941/42 und 1955), wohl zu Recht Theodor Mommsen und Eduard Meyer an die Seite gestellt werden darf. Einen bedeutenden Teil seiner Studien widmet Rostovtzeff den Griechen, „den Schrittmachern der europäischen Kultur", die „kraft ihres schöpferischen Geistes" unter allen Völkern der Alten Welt hervorragten (Geschichte der Alten Welt. 1955, Bd. 1 5 und 15), und innerhalb der Griechischen Geschichte vor allem der Erforschung des Hellenismus, wobei er in der Beurteilung dieser Zeitspanne zu von Droysen abweichenden Ergebnissen gelangt.[11] Wenn Rostovtzeff seine Darstellung des Hellenismus auf die gesellschaftlichen und wirtschaftlichen Verhältnisse einschränkte, so geschah das nicht aus einer marxistischen Überschätzung dieser Seiten des Lebens zuungunsten etwa der Kulturgeschichte, die in Carl Schneider (Kulturgeschichte des Hellenismus, 2 Bde. 1967, 1969) ein Vierteljahrhundert später einen Bearbeiter gefunden hat, sondern das hatte einen „rein persönlichen" Grund: „Ich glaube, daß ich hier zuständiger bin, als auf anderen" Forschungsgebieten (M. Rostovtzeff, Die hellenistische Welt. 1955, Bd. 1 VII). Inzwischen haben viele Althistoriker dem exilrussischen Gelehrten diese Zuständigkeit bescheinigt und als besonderen Vorzug seiner Arbeiten herausgestellt, daß hier die Ergebnisse der archäologischen, epigraphischen, papyrologischen und numismatischen Forschung in vorbildlicher Weise mitberücksichtigt wurden, ein Urteil, das in einer Zeit großen Spezialistentums besondere Beachtung verdient.

Rostovtzeff, der Rußland zur Zeit der Revolution verließ und über Oxford 1920 in die Vereinigten Staaten emigrierte, wo er bald darauf an der Yale University ein Zentrum für althistorische Forschungen aufbaute (dem auch die Ausgrabungen in Dura Europos oblagen), hat wesentlichen Anteil an der Entfaltung der amerikanischen Altertumswissenschaft, die im Bereich der Griechischen Geschichte eine Reihe hervorragender Vertreter aufzuweisen hat, so Tenney Frank, J. A. O. Larsen, B. D. Meritt, J. H. Oliver und C. B. Welles (weitere namhafte Gelehrte bei Bengtson[12]). Zu nennen sind hier auch so großzügig ausgestattete Forschungsinstitutionen wie das

[11] Christ a. O. 346.

[12] H. Bengtson, Griechische Geschichte von den Anfängen bis in die römische Kaiserzeit. ⁵1977 (HdA III 4) mit einer Darstellung der ›neueren Forschungen auf dem Gebiet der griechischen Geschichte‹, beginnend mit dem 16. Jh. und heraufführend bis in die Mitte des 20. Jh.

›Institute for Advanced Studies‹ in Princeton und der ›Center for Hellenic Studies‹ in Washington D.C.

Englands Beitrag zur Erforschung der Geschichte Griechenlands in der ersten Hälfte des 20. Jh. wird am besten durch die Mitarbeiter an der ›Cambridge Ancient History‹ repräsentiert, die von J. B. Bury, Regius Professor of Modern History in Cambridge, S. A. Cook und F. E. Adcock, also von im Bereich der Griechischen Geschichte ausgewiesenen Fachmännern in den zwanziger Jahren herausgegeben wurde. Mitgewirkt haben Professoren aus London, Cambridge und Oxford wie A. J. B. Wace, H. T. Wade-Gery, M. Cary, J. L. Myres, J. A. R. Munro, M. N. Tod, W. W. Tarn und Hugh Last, weiters von amerikanischen Universitäten M. Rostovtzeff und W. S. Ferguson (Harvard). Das monumentale Dokument angelsächsischer Geschichtsforschung erscheint seit 1970 in einer Neuauflage, deren erste Bände nun von dem Ägyptologen I. E. S. Edwards, dem Orientalisten C. J. Gadd, dem "Professor of Greek" N. G. L. Hammond und E. Sollberger betreut werden (siehe dazu oben 4). Insgesamt gesehen setzt die CAH würdig jene englischen Traditionen fort, die Grote mit seiner ›History of Greece‹ in weitem Umfang bestimmt hatte. Einen weiteren aus England kommenden entscheidenden Anstoß für die Erforschung der Geschichte Griechenlands stellt die Ausgrabung des Palastes von Knossos durch Sir Arthur Evans (1851–1941) dar, der damit die ersten Zugänge zur minoischen Kultur eröffnete. Sie fand in der Forschung bald ihren Niederschlag in J. B. Burys Zweitauflage der ›History of Greece‹ (1913; erstmals 1900).

Etwa gleichzeitig mit der CAH bringt Frankreich im Rahmen der von Gustave Glotz betreuten ›Histoire Générale‹ als zweite Abteilung der ›Histoire ancienne‹ die insgesamt vier Bände umfassende ›Histoire grecque‹ heraus, in der neben dem Herausgeber, der für die meisten Partien selbst verantwortlich zeichnet, noch Robert Cohen und Pierre Roussel mitarbeiteten. Daneben konzentriert sich der französische Beitrag zur neueren Forschung vor allem auf die Auswertung der traditionsreichen Grabungen von Delphi und Delos sowie die zahlreichen Veröffentlichungen des als Meister seines Faches (der griechischen Epigraphik) allseits anerkannten Louis Robert. Für die Weiterentwicklung der Geschichtswissenschaft und damit auch der Alten Geschichte hat die „Schule der ›Annales‹", benannt nach der von Lucien Fabvre und Marc Bloch, Sohn des Althistorikers Gustave Bloch, gegründeten Zeitschrift (1929), wichtige Impulse geliefert. Das Postulat der Interdisziplinarität mit der Berücksichtigung der systematischen Sozialwissenschaften, der Psychologie, Ökonomik, Geographie, Literaturwissenschaft etc. sowie das Prinzip des Methodenpluralismus fanden in Frankreich und den angelsächsischen Ländern früher und deutlich stärkere Beachtung als im deutschsprachigen Raum. Die strukturgeschichtlichen Perspektiven dieser ›Annales‹-Gruppe haben F. Braudels ›La Méditerranée à l'époque de Philippe II‹ (1949) zu einem Klassiker dieser innovativen Forschungsrichtung gemacht.

In der deutschen Forschung kommt es nach Eduard Meyer, vor allem aber nach Ulrich von Wilamowitz-Moellendorffs überwiegend positivistischem Geschichtsbild zu einer Art Reaktion bzw. zu einem Wiederaufleben älterer humanistischer Bildungstraditionen durch den Altphilologen Werner Jaeger, dessen sogenannter Dritter Humanismus an der Althistorie nicht spurlos vorüberging[13]. Weitgehend unbeeinflußt davon blieben allerdings Walter Otto, Ulrich Wilcken sowie die vorwiegend an der politischen Geschichte interessierten Forscher Hermann Bengtson und Helmut Berve, aus dessen Leipziger Wirkungsstätte eine Reihe von untereinander recht verschiedenen Althistorikern hervorging, darunter Alfred Heuß, Hans Schaefer und Franz Hampl. Für die Entwicklung der Alten Geschichte im Nachkriegs-Deutschland hat K. Christ[14] „drei Faktoren" in Rechnung gestellt, und zwar: „1. die generelle, innerwissenschaftliche Entwicklung, die der Wissenschaftsgeschichte eine größere Aufmerksamkeit und einen neuen Rang verlieh . . . 2. die speziellen Auswirkungen der politischen Ost-West-Beziehungen . . . 3. die Aufnahme von Impulsen der Gesellschaftswissenschaften in der Geschichtswissenschaft, eine Aufnahme, die in solcher Breite ohne die Studentenbewegung der späten sechziger Jahre nicht zu denken wäre."

Im Rahmen der deutschsprachigen Weltgeschichten wurden die Abschnitte zur Griechischen Geschichte und Kultur in der ›Propyläen Weltgeschichte‹ (Hrsg. Golo Mann und Alfred Heuß) von A. Heuß, F. Schachermeyr, C. B. Welles und O. Gigon verfaßt, in der ›Historia Mundi‹ (Hrsg. F. Valjavec) von F. Schachermeyr, W. Theiler, F. Miltner, A. Aymard und F. Gschnitzer, in der ›Fischer Weltgeschichte‹ (Hrsg. u. a. H. Bengtson) von M. I. Finley und H. Bengtson und in der ›Saeculum Weltgeschichte‹ (mit großem Herausgeberstab) von E. Bayer, der auch in Kröners Taschenausgabe (Bd. 362) eine ›Griechische Geschichte‹ (^{3}1987) herausbrachte. Unter der Leitung von I. Sellnow publizierte ein Autorenkollektiv der DDR eine ›Weltgeschichte bis zur Herausbildung des Feudalismus‹ (1977). Einen eigenen Weg ging Hermann Bengtson, ein Schüler Walter Ottos, mit seiner ›Griechischen Geschichte von den Anfängen bis in die römische Kaiserzeit‹ (^{5}1977) im großen ›Handbuch der Altertumswissenschaft‹, die die zuletzt in fünfter Auflage erschienene und vielbeachtete ›Griechische Geschichte und

13 K. Christ, Zur Entwicklung der Alten Geschichte in Deutschland (1971), in: Ders., Römische Geschichte und Wissenschaftsgeschichte. Bd. 3 1983, 196ff.

14 K. Christ, Geschichte des Altertums, Wissenschaftsgeschichte und Ideologiekritik, wie Anm. 13, Bd. 3, 228ff. Siehe auch in: H. Kalcyk–B. Gullath–A. Graeber (Hrsg.), Studien zur Alten Geschichte. FS S. Lauffer. 1986, 3 Bde. Bd. 1, 107ff.

Quellenkunde‹ Robert von Pöhlmanns ablöste. Bengtson, der sich auf die Darstellung der politischen Ereignisse konzentriert, versucht, wie der Titel zeigt, die geschichtliche Entwicklung Griechenlands über den Hellenismus hinaus bis ins byzantinische Kaiserreich des 7. Jh. n. Chr. zu verfolgen, ein Unternehmen, dem aber nicht der gleiche Erfolg beschieden war wie Droysen bei seiner Integration des Hellenismus in den historischen Gesamtablauf. Demgegenüber reicht die von H. Kreißig u. a. bearbeitete ›Griechische Geschichte‹ (^{3}1985) „bis 146 v. u. Z.“.

Neben den hier erwähnten Ländern, den USA, England, Frankreich und Deutschland, die den Löwenanteil an der Erforschung der Griechischen Geschichte auf ihr Konto setzen dürfen, stehen, im engen wissenschaftlichen Kontakt mit den oben genannten, die Forschungsbeiträge anderer Länder, so etwa die Italiens, wo Karl Julius Beloch eine Schule begründete (Gaetano de Sanctis u. a.), oder die Österreichs (A. Wilhelm, A. Lesky, J. Keil, F. Schachermeyr u.a.). Schweden ist vor allem durch die umfangreichen religionshistorischen Forschungen von Martin P. Nilsson im international anerkannten Schrifttum bestens vertreten.

Für die Einsicht in die Wissenschaftsgeschichte der russischen bzw. sowjetischen Altertumswissenschaft ist vor allem H. Heinen zu danken, der in ›Die Geschichte des Altertums im Spiegel der sowjetischen Forschung‹ (EdF 146) 1980, zwei Kapitel der griechischen Antike gewidmet hat: E. D. Frolov, Griechische Geschichte bis zum Zeitalter des Hellenismus, a. O. 69–123; I. S. Svencickaja, Das Zeitalter des Hellenismus, a. O. 124–164. In diesen Abschnitten wird auch die Forschungsarbeit vor der Oktoberrevolution dargestellt.

Daß alle diese Länder Ausgrabungen betreuen, die zum tieferen Eindringen in die Geschichte Griechenlands und seiner Kultur beitragen, scheint dem heutigen Wissenschaftsbetrieb eine Selbstverständlichkeit geworden zu sein.

3.2 Weiterführende Literatur

Da das Fach Alte Geschichte sich im 19. Jh. aus der Klassischen Philologie und einer noch wenig differenziert betriebenen Altertumswissenschaft allmählich emanzipierte, wird im folgenden auf die *Wissenschaftsgeschichte* dieser Bereiche mitzuverweisen sein. – R. Pfeiffer, Geschichte der Klassischen Philologie. Von den Anfängen bis zum Ende des Hellenismus. ^{2}1978 (engl. 1968). Ders., Die Klassische Philologie von Petrarca bis Mommsen. 1982 (engl. 1976). U. von Wilamowitz-Moellendorff, Geschichte der Philologie, in: Einleitung in die Altertumswissenschaft (Hrsg. A. Gercke–E. Norden) Bd. 1 ^{3}1927, 1ff. Zu Wilamowitz-Moellendorffs Anteil an der Erforschung der Griechischen Geschichte vgl. W. M. Calder III–H. Flashar–T. Lindken (Hrsg.), Wilamowitz-Symposion: Wilamowitz nach 50 Jahren. 1985.

Ch. Kirsten (Hrsg.), Die Altertumswissenschaften an der Berliner Akademie. 1985. A. Demandt, Alte Geschichte an der Berliner Universität 1810–1960, in: W. Arenhövel–Ch. Schneider (Hrsg.), Berlin und die Antike. 1979, Bd. 2, 69ff. Zahlreiche Beiträge in der siebenbändigen Aufsatzsammlung von A. Momigliano, Contributi alla storia degli studi classici (del mondo antico) 1955–1984. – A. Grafton, Joseph Scaliger. A study in history of classical scholarship. 1983. F. W. Schlegel, Die alte Griechische Geschichte, in: Ders., Vorlesungen über Universalgeschichte. 1805/6 (Hrsg. J. J. Anstelt. 1960). R. Müller, Die Stellung Griechenlands in Herders Geschichtskonzeption, in: ders., Menschenbild und Humanismus der Antike. 1981, 255ff. W. Binder, Die deutsche Klassik und die Antike, in: U. Hölscher (Hrsg.), Wissenschaft und Existenz. 1985, 59ff. J. Irmscher, Heinrich Schliemann und das moderne Griechenland, in: Klio 52 1970, 311ff. H. Döhl, Heinrich Schliemann. Mythos und Ärgernis. 1981 (ohne Anmerkungen). K. Christ, N. D. Fustel de Coulanges. Eine Einleitung zur neu übersetzten Edition von ›La cité antique‹ (Der antike Staat. Kult, Recht und Institutionen Griechenlands und Roms. 1981) 9ff. G. Zinserling, Winckelmann und die deutsche Klassik, in: Helikon 9/10 1969/70, 765ff. N. Himmelmann, Winckelmanns Hermeneutik, in: Abh. Mainz 12 1971, 591ff. M. Käfer, Winckelmanns hermeneutische Prinzipien (Heidelberger Forschungen 27) 1986. M. I. Finley, The ancient city: From Fustel de Coulanges to Max Weber and beyond, in: CSSH 19 1977, 305ff. Ders., Antike und moderne Demokratie. 1980. Ders., The use and abuse of history. 1975. E. M. Janssen, Jacob Burckhardt und die Griechen. 1979. A. Heuß, Max Webers Bedeutung für die Geschichte des griechisch-römischen Altertums, in: HZ 202 1965, 529ff. – N. Loraux–P. Vidal-Naquet, La formation de l'Athènes bourgeoise: essai d'historiographie 1750–1870, in: R. R. Bolgar (Hrsg.), Classical influences on Western thought A.D. 1650–1870. 1979, 169ff. U. Muhlack, Klassische Philologie zwischen Humanismus und Neuhumanismus, in: R. Vierhaus (Hrsg.), Wissenschaft im Zeitalter der Aufklärung. 1985, 93ff. P. Wülfing, Altertumswissenschaft und Philologie, in: Gymnasium 98 1985, 12ff. Z. Yavetz, Zeitgeist und deutsche Althistoriker in der ersten Hälfte des 19. Jh. in: Jb des Instituts für deutsche Geschichte (Tel Aviv) 7 1978, 255ff. W. M. Calder III, Studies in the modern history of classical scholarship (Antiqua 27) 1984. F. F. Schwarz, Altertum und Gegenwart. Reflexionen zum Bildungswert antiker Kultur (Neue Erwachsenenbildung 9) 1982. W. Schuller (Hrsg.), Antike in der Moderne (Xenia 15) 1985. G. Wirth, Der Weg an die Grenze. Blüte und Schicksal der antiken Bildungstradition, in: L. Kriss-Rettenbeck–M. Liedtke (Hrsg.), Schulgeschichte im Zusammenhang der Kulturentwicklung. 1983, 77ff. M. Fuhrmann, Die Antike und ihre Vermittler. 1969. K. Ziegler, Das Fortwirken der griechischen Antike in unserer Gegenwart (Vortrag zum Artemis-Jubiläum) 1969. M. I. Finley, Aspects of antiquity: discoveries and controversies. 1968/1972. E. Rawson, The Spartan tradition in European thought. 1969. A. Toynbee, The Greeks and their heritages. 1981. R. Weiss, The discovery of the Greek world (und andere Aufsätze) in: The Renaissance discovery of classical antiquity. 1973, 132ff. H. Lloyd-Jones, Classical survivals. The classics in the modern world. 1982. Zahlreiche Aufsätze in: Winckelmann-Gesellschaft, Antikerezeption heute. Protokoll eines Kolloquiums. 1985. – V. Losemann, Nationalsozialismus und Antike. Studien zur Entwicklung des Faches Alte Geschichte 1933–1945. 1977. M. Fuhrmann, Die Querelle des Anciens et des Modernes, der Nationalsozialismus und die deutsche Klassik, in: R. R. Bolgar (Hrsg.), Classical influences on Western thought. A.D. 1650–1870. 1979, 107ff. Ders., Die humanistische Bildungstradition im Dritten Reich, in: E. Olshausen (Hrsg.), Der Mensch in Grenzsituationen. 1984, 139ff. J. Irmscher, Die Antike im Bildungssystem der Weimarer Republik und in der Zeit des Faschismus, in: WZ Jena 18, 4 1969, 17ff. Ders., Die Kommission für griechisch-römische Altertumskunde der Berliner Akademie der Wissenschaften (1921–1955), in: Klio 52 1970, 179ff. L. Canfora, Classicismo e fascismo, in: Quaderni di storia 3 1976, 15ff. – Ch. Segal, Jean-Pierre Vernant and the study of ancient Greece, in: Arethusa 15 1982, 221ff. W. M. Calder III, Die Geschichte der Klassischen Philologie in den Vereinigten Staaten, in: Jb für Amerikanistik 11 1966, 213ff. – H. Lloyd-Jones, Psychoanalysis and the study of the ancient world, in: P. Horden (Hrsg.), Freud and the humanities. 1985, 152ff. – Zur marxistischen Altertumswissenschaft: F. Vittinghoff, Die Theorie des historischen Materialismus über den antiken Sklavenhalterstaat, in: Saeculum 11 1960, 68ff. E. M. Staerman, Die Bedeutung der Werke Lenins für die Erforschung der Antike, in: Klio 53 1971, 5ff. G. E. M. de Ste Croix, Karl Marx in history of classical world, in: Arethusa 8 1975, 7ff. In diesem Sonderheft ›Marxism and the classics‹ findet sich auch eine einschlägige Bibliographie von R. A. Padgug a. O. 199ff. I. Fetscher, Karl Marx und die Antike, in: E. Olshausen (Hrsg.), Humanismus und Politik. 1983, 73ff. R. Günther, Geschichte des Altertums im sozialistischen Geschichtsbild, in: WZ Jena 18, 4 1969, 117ff. J. Irmscher, Die Bedeutung der antiken Kultur für die Allgemeinbildung der sozialistischen Gesellschaft, in: P. Oliva–A. Frolíková, Concilium Eirene XVI 1983, Bd. 3 159ff. V. Riedel, Antikerezeption in der Literatur der DDR. 1984. Vgl. auch das Kapitel ›Nachwirkungen der antiken Kultur‹ in: R. Müller (Hrsg.), Kulturgeschichte der Antike. Bd. 2: Rom (Veröffentlichungen des ZAGA 6, 2) 1978, 563ff.

II. DIE FRÜHGESCHICHTE GRIECHENLANDS. STEINZEIT, BRONZEZEIT, EISENZEIT. VON DEN ANFÄNGEN BIS ZUR 'DORISCHEN WANDERUNG'

1. Quellen und Literatur

Von den Quellen, die für das Verständnis der Alten Welt im allgemeinen zur Verfügung stehen, nämlich schriftliche Überlieferung, archäologisches Material in seinen vielfältigen Formen, die Sprache mit ihren Dialekten, das Namensmaterial und schließlich auch die mythologische Tradition, fällt die für die historische Forschung bedeutendste Quelle, die schriftliche Überlieferung, für die Frühgeschichte Griechenlands und des ägäischen Raumes fast vollständig aus. Grundlegend für die Erforschung und Darstellung dieser Zeitspanne, die hier im wesentlichen mit der Stein-, Bronze- und der frühen Eisenzeit zusammenfällt, sind die Resultate der Ausgrabung frühgeschichtlicher Siedlungen, die, wie erst Untersuchungen der letzten Jahrzehnte gezeigt haben, auf der südlichen Balkanhalbinsel nicht nur ins Präkeramikum (= frühneolithische Stufe), sondern bis ins *Paläolithikum* zurückreichen. Mittel- und spätpaläolithische Faustkeile, Schaber und klingenartige Geräte aus Makedonien, dem Epiros, aus Boiotien und aus der für die folgende noch prähistorische Zeit zur Bedeutung gelangenden Gegend um Larissa (Thessalien) künden vom Leben des altsteinzeitlichen Menschen in Griechenland. Zusammen mit den anderen paläolithischen Funden des Balkanraumes sind diese ersten Zeugen menschlicher Existenz insofern von Wichtigkeit, als sie erkennen lassen, daß in diesem Raum mit verschiedenartigen zivilisatorischen Erscheinungsformen zu rechnen ist, die erste Kulturgüter zwischen dem übrigen Europa und dem an altsteinzeitlichen Erzeugnissen reicheren vorderasiatischen Bereich vermitteln.

Von den griechischen Landschaften der *neolithischen Zeit* (etwa 5.–3. Jt.) ist Thessalien am besten erforscht. Zahlreiche Magulen, das sind aus dem Kulturschutt prähistorischer Siedlungen entstandene flache Hügel (ähnlich den Tellsiedlungen), wurden in den letzten Jahren und Jahrzehnten freigelegt. Dabei hat man ein Bild von den frühesten wirtschaftlichen und sozialen Verhältnissen auf griechischem Boden gewonnen, das wiederum eine Reihe von Vergleichsmöglichkeiten mit asiatischen Fundstätten, insbesondere des anatolischen und syrischen Raumes bietet. Zu den bedeutendsten thessalischen Fundorten der frühesten neolithischen Phase zählen die

Magulen von Argissa, Otzaki und Soufli, zu denen dann im Mittel- und Spätneolithikum vor allem Sesklo bzw. Dimini, beides Orte in der Nähe von Volos, kommen. Seit den Ausgrabungen der fünfziger und sechziger Jahre in Thessalien weiß man, daß hier erstmals auf europäischem Boden Ackerbau betrieben wurde, und zwar in einer Zeit, die möglicherweise noch ins 6. vorchristliche Jahrtausend zurückreicht (Präkeramikum). Funde von Getreidekörnern und Knochen von Haustieren aus den genannten Magulen und den untersten Schichten von Sesklo (Vorsesklo) bezeugen diesen bemerkenswerten Tatbestand. Die zeitlich darauffolgende Sesklo-Kultur (früher Neolithikum A genannt) weist bereits auf einen reichen plastischen und keramischen Formenbestand hin, der eine chronologische Untergliederung dieser prähistorischen Kultur in mehrere Stufen erlaubt. Er unterscheidet sich zwar deutlich von jenem der spätneolithischen Kultur Thessaliens, die nach der Magula von Dimini (Neolithikum B = Subneolithikum, ca. 1. Hälfte 3. Jt.) benannt wurde, doch wird die frühere Annahme, die „Dimini-Gruppe setze plötzlich und unvermittelt mit einer Reihe neuer Kulturelemente ein (Haustypus, Technik der Gefäßbemalung, Ornamentik, Kunststil und -struktur)“, heute von H. Müller-Karpe[1] und anderen in Frage gestellt. Hier in Dimini, wo eine 110 × 90 m große Siedlung freigelegt wurde, fand sich der Bautypus des Megaronhauses, der auch in der Bronzezeit in Griechenland fortbestand; es fand sich aber auch die nach dem Fundort benannte keramische Ware, die besonders an den Farbkombinationen wie schwarz auf weiß, braun auf hell, schwarz auf rot, weiß auf rot und an den Schachbrett-, Mäander-, Spiral- und Rapportmustern erkennbar ist. Außerhalb Thessaliens, im übrigen Mittel- und in Südgriechenland, stellte man eine Reihe von mittel- und spätneolithischen Siedlungen, teils von Dimini beeinflußt, teils davon unabhängig, fest, so vor allem in Boiotien (Chaironeia), Phokis (Elateia) und in der Argolis (Lerna). Auch auf Kreta wurde beobachtet, daß der erste minoische Palast von Knossos auf Kulturschichten errichtet wurde, die bis ins Frühneolithikum zurückreichen.

Zu den *steinzeitlichen Anfängen der griechischen Kultur* vgl. allgemein V. Milojčić, Chronologie der jüngeren Steinzeit Mittel- und Südosteuropas. 1949; H. W. Catling, Cyprus in the Neolithic and Chalcolithic periods, in: CAH I, 1 ³1970, 539ff.; S. S. Weinberg, The Stone Age in the Aegean, in: CAH I, 1 ³1970, 557ff.; F. Schachermeyr, RE 22 1954, 1350ff. Art. Prähistorische Kulturen Griechenlands; zum Paläolithikum 1359–1363, zum Neolithikum 1363–1400; ders., Die ältesten Kulturen Griechenlands. 1955. G. A. Christopoulos (Hrsg.), Prehistory and protohistory. 1974 (bis 1100 v. Chr.). M. B. Sakellariou, Les proto-grecs. 3 Bde. 1980. H. Müller-Karpe, Hb der Vorgeschichte. 1966ff. Bd. 1 329f. zu den paläolithischen Fundorten (mit Literaturangaben); 1968, Bd. 2 444–456 zu den neolithischen Fundorten (mit Literatur-

[1] Hb der Vorgeschichte. 1968 Bd. 2 97.

angaben). Weitere etwas knappere Hinweise bei J. Filip, Enzyklopädisches Hb zur Ur- und Frühgeschichte Europas, 2 Bde. 1966, 1969; Ch. Zervos, Naissance de la civilisation en Grèce, 2 Bde. 1962/63 mit einer umfangreichen Bilddokumentation. N. Platon, La civilisation égéenne. 2 Bde. 1981. – Zu den bedeutenden Ausgrabungen in Thessalien vgl. V. Milojčić, Die neuen mittel- und altpaläolithischen Funde von der Balkanhalbinsel, in: Germania 36 1958 und die Grabungsberichte sowie Artikel in zahlreichen Bden der Reihe ›Beiträge zur ur- und frühgeschichtlichen Archäologie des Mittelmeerraumes‹ (1965ff.). Ferner D. Theocharis, Neolithic Greece. 1973 und Schachermeyr Bd. 1 (siehe unten 30) 101ff.

Um die Mitte des 3. Jt. setzt im griechisch-ägäischen Raum allmählich die Metallzeit ein; dabei von einer 'Chalcolithic Revolution' (so E. Vermeule) oder einem 'Metallschock' (so F. Matz) zu sprechen, mag angesichts des sich nur langsam vollziehenden Wandels leicht zu falschen Vorstellungen führen. Durch Handelsbeziehungen nach Westanatolien werden die damals sicher noch vorindoeuropäischen Bewohner des griechischen Festlandes und der Inseln mit der Verarbeitung des Kupfers und vor allem dann mit der Entdeckung der Bronzelegierung bekannt gemacht, was eine langsame Ablösung der steinzeitlichen Lebensweisen durch die regional unterschiedlich ausgeprägten Kulturkreise der Bronzezeit bewirkt. Die *Bronzezeit,* die im ägäisch-griechischen Raum bis ins ausgehende 2. Jt. reicht, teilten A. Evans und J. Mackenzie zunächst für *Kreta* nach dem Namen des Sagenkönigs Minos in die Triaden Frühminoikum (= FM), Mittelminoikum (= MM) und Spätminoikum (= SM), wobei sie jede dieser Phasen aufgrund stratigraphischer Beobachtungen in drei weitere Stufen untergliederten. In Analogie dazu entstanden auch die Bezeichnungen Frühhelladikum, Mittelhelladikum und Späthelladikum für das griechische *Festland,* für die *Inseln* Frühkykladikum, Mittelkykladikum und Spätkykladikum und ähnliche Periodisierungen für weitere Fundstätten. Obwohl die Unzulänglichkeiten dieses chronologischen Schematismus unschwer erkennbar sind und seine weitere Differenzierung – so spricht man bereits von L(ate) HIIIA2 early (1385–1360) und LHIIIA2 late (1360–1280)[2] – diesem Manko nicht beikommen kann, wird mangels eines besseren Vorschlags zumeist an der triadischen Einteilung der Bronzezeit festgehalten. Nach der absoluten Chronologie setzen die Frühphasen (FM, FH, FK) etwa um die Mitte des 3. Jt. ein, werden um rund 2000 von der mittleren Phase, die bis um 1600 reicht, abgelöst, ehe sie auf Kreta und den anderen Inseln wie auch am Festland im 12. Jh. mit der kretisch-mykenischen Kultur auslaufen.

Die quellenmäßigen Voraussetzungen für dieses Chronologiesystem bietet, wie schon für das Neolithikum, in erster Linie die archäologische Bodenforschung, wobei insbesondere die (Leit-)Keramik und die Kleinplastik

[2] Z. B. S. Simeonoglou, in: AJA 74 1970, 285ff.

als zeitliche Indikatoren herangezogen werden. Die Beobachtung von Keramikstilen führte bereits A. Evans zur Periodisierung der minoischen Kultur, der eine Aufeinanderfolge von bestimmten Typen und Bemalungstechniken bei Vasen zugrunde liegt (etwa FM: Beginn der z. B. geometrisch bemalten Keramik, geflammte Vasen, Barbotine-Technik; MM: Kamaresstil; Übergang von MM III zu SM I: naturalistische Motive). Weiter untermauert wurde sodann das System durch die Mitberücksichtigung von Bau- und Zerstörungsschichten, von Malerei, Relief- und Rundplastik sowie der kretischen Schriften. Das alles zusammen konnte bestenfalls eine relative Chronologie erbringen, die erst durch aus Ägypten importierte und datierbare Funde (so etwa Gefäße mit Kartuschen des Hyksoskönigs Chian und Thutmosis III. sowie Skarabäen von Amenophis III.) sowie durch Exportware aus der Ägäis nach Ägypten in eine absolute umgewandelt werden konnte. Mittels neuerer Methoden der Zeitbestimmung wie etwa der C-14-Methode oder der exakten Datierung des Vulkanausbruchs von Thera, der mit Zerstörungsschichten der kretischen Paläste in Verbindung gebracht wird, versucht man die absolute Chronologie der minoischen Kultur ebenso zu präzisieren wie durch die Auswertung einschlägiger historischer Inschriften Ägyptens.

Für die Erforschung der Frühgeschichte des griechischen Festlandes, das heißt des Helladikums, ist man prinzipiell auf dieselben Methoden und Quellen angewiesen, sieht man vom Sonderfall des Vulkanausbruchs auf Thera hier ab. Auch am Festland registrierte man sogenannte Leitkeramiken, wie die verschieden gemusterte Urfirnisware des FH (nicht zu verwechseln mit einer neolithischen und klassischen Keramik ähnlicher Herstellungsart) oder die 'mattbemalte' und sogenannte 'minyische Ware', die mit ihren verschiedenen Varianten im MH dominierte und daher für diesen Zeitabschnitt kennzeichnend ist, ferner Architekturformen (Megarontypus, Apsidenbauten, Tholosgräber seit FH; seit MH Schachtgräber) und das übrige archäologische Material, um es schließlich über eine relative in eine vieldiskutierte absolute Chronologie überzuführen.

Auf eine ähnliche Quellenlage und Entwicklung stößt man auch im kykladischen Kulturbereich, wo zwar das Neolithikum nur in einem sehr beschränkten Ausmaß erforscht ist, wo aber, was die Forschungsmethoden anlangt, kein anderer Weg als der oben genannte gangbar erscheint. Bei den zahlreichen Grabbeigaben werden hier im FK vor allem zwei regionale Fundgruppen, die Pelos- und Syrosgruppe, unterschieden, und aufs Ganze gesehen ist ein engerer Kontakt zum chalkolithischen Westanatolien festzustellen, als dies etwa für das FH behauptet werden kann. Als repräsentativ für die frühbronzezeitliche Inselkultur werden die sogenannten Kykladenidole und -pfannen sowie die Schnabelkannen und -tassen, welch letztere auch am Festland und auf Kreta weite Verbreitung fanden, angesehen. Das

Fundmaterial des MK scheint einerseits, anders als auf dem Festland, eine bruchlose Kulturkontinuität auf den Inseln nahezulegen, andererseits eine intensivere Einflußnahme der minoischen Kultur vor allem auf Thera, Keos, Melos, Rhodos und Milet evident zu machen.

Für die Spätphase der Bronzezeit im ägäischen Raum (SM, SH, SK) hat es sich längst eingebürgert, von der kretisch-mykenischen Kultur zu sprechen, die in ihrer Ausstrahlung nicht nur die Inselwelt zwischen Griechenland und Kleinasien, sondern auch den weiteren Bereich des westlichen Mittelmeerraumes und Mitteleuropa erreicht. Produkte dieser Kultur finden ihren Weg im Osten bis nach Mesopotamien, im Süden nach Ägypten, wo unter anderem in den Felsgräbern der 18. Dynastie in Theben das Volk der Keftiu, die höchstwahrscheinlich mit den Kretern identisch sind, dargestellt und genannt wird, und im Westen zumindest bis Sizilien und den Liparischen Inseln (vgl. dazu unten 37).

Zur *Bronzezeit im ägäischen Raum allgemein* F. H. Stubbings, Chronology. The Aegean Bronze Age, in: CAH I 1 ³1970, 239ff. (Bibliographie 645f.); P. Åström–L. R. Palmer–L. Pomerance, Studies in Aegean chronology (Studies in Mediterranean archaeology 25) 1984. G. Cadogan, Early Minoan and Middle Minoan chronology, in: AJA 87 1983, 507ff. C. Renfrew, The emergence of civilisation. The Cyclads and the Aegean in the third millenium B.C. 1972. J. D. S. Pendlebury, Aegyptiaca – A catalogue of Egyptian objects in the Aegean area. 1930; J. Vercoutter, L'Égypte et le Monde Égéen Préhellénique – Étude Critique des Sources Égyptiennes. 1956; W. Stevenson-Smith, Interconnections in the Ancient Near East. 1965; P. W. Haider, Griechenland – Nordafrika. Ihre Beziehungen zwischen ca. 1500 und 600 v. Chr. (IdF 53) 1988 ; W. Helck, Die Beziehungen Ägyptens und Vorderasiens zur Ägäis bis ins 7. Jahrhundert v. Chr. (EdF 120) 1979. L. Hellbing, Alasia problems (Studies in Mediterranean archaeology 57) 1979. E. Vermeule, Greece in the Bronze Age. 1964 (mit ausführlicher Bibliographie, auch zu speziellen Fragen); F. Schachermeyr, RE 22 1954, 1400–1475 (Frühe und Mittlere Bronzezeit); J. L. Caskey, Greece, Crete, and the Aegean Islands in the Early Bronze Age, in: CAH I 2 ³1971, 771ff. (mit ausführlicher Bibliographie 982ff.). – Eine umfangreiche Bilddokumentation bei P. Demargne, Die Geburt der griechischen Kunst (Universum der Kunst 6) 1965, und S. Marinatos –M. Hirmer, Kreta, Thera und das mykenische Hellas. ²1973 (Sonderausgabe 1986); A. D. Lacy, Greek pottery in the Bronze Age. 1967; H.-G. Buchholz–V. Karageorghis, Altägäis und Altkypros. 1971 (mit wertvollen Literaturhinweisen) 176ff. – M. P. Nilsson, The Minoan-Mycenaean religion and its survivals in Greek religion. ²1950. G. C. Gesell, Town, palace and house cult in Minoan Crete (Studies in Mediterranean archaeology 67) 1985. – Forschungsberichte von F. Schachermeyr, Die ägäische Frühzeit, in: AnzAW seit 1951ff. Diese Forschungsarbeit wurde von F. Schachermeyr in erweiterter Form fortgesetzt mit der fünfbändigen Ausgabe ›Die ägäische Frühzeit‹ (ÖAW) 1976–1982. Bd. 1: Die vormykenischen Perioden des griech. Festlandes und der Kykladen. Bd. 2: Die mykenische Zeit und die Gesittung von Thera. Bd. 3: Kreta zur Zeit der Wanderungen vom Ausgang der minoischen Ära bis zur Dorisierung der Insel. Bd. 4: Griechenland im

Zeitalter der Wanderungen vom Ende der mykenischen Ära bis auf die Dorier. Bd. 5: Die Levante im Zeitalter der Wanderungen vom 13. bis zum 11. Jh. v. Chr. Dazu noch als „Versuch, frühe Geschichte wenigstens in Umrissen verständlich zu machen“, ders., Griechische Frühgeschichte. 1984, und auf der Grundlage einer extensiven Sagendeutung ders., Die Griechische Rückerinnerung im Lichte neuer Forschung. 1983 (zugleich eine Zusammenfassung der fünf Bände). Weitere Berichte in BCH (G. Daux–V. Karageorghis) und ›Archaeological Reports‹ der JHS (M. S. F. Hood–A. H. S. Megaw); neugriechische Berichte in ›Kretika Chronika‹ (N. Platon) und ›To Ergon tis Archaiologikes Hetaireias‹ (A. K. Orlandos). – Einen informativen Überblick über die monumentale Quellenlage, geordnet nach geographischen Gesichtspunkten (1. Nordgriechenland, 2. Mittelgriechenland, 3. Nordwestgriechenland und Westküste der Peloponnes, 4. Korinth und Umgebung, 5. Die Peloponnes, 6. Die Inseln im Osten von Griechenland, 7. Westkleinasien, 8. Kreta, 9. Östliche Randgebiete), bietet Bengtson GG 25ff. M. I. Finley, Early Greece. The Bronce and Archaic Ages (Ancient culture and society) 1970; A. M. Snodgrass, The dark ages of Greece. An archaeological survey of the eleventh to the eighth centuries B.C. 1971; V. R. d'A. Desborough, The Greek dark ages. 1972 (für die Zeit von etwa 1125–900). J. Delorme, La Grèce primitive et archaique (Histoire ancienne 61) 1969. N. Kontoleon, Aspects de la Grèce préclassique (Leçons faites au Collège de France 1967) 1970.

Zu den kulturellen Schwerpunkten seien zur Einführung und zum Studium genannt: Schuller GG 99ff. (mit gutem Forschungsüberblick) und Kreißig GG 35 (mit Betonung der sozialökonomischen Verhältnisse).

Zur *minoischen Kultur*: A. J. Evans, The palace of Minos at Knossos, 4 Bde. und Indexband. 1921–1936; J. D. S. Pendlebury, The archaeology of Crete. 1939 (ND 1963); S. Hiller, Das minoische Kreta nach den Ausgrabungen des letzten Jahrzehnts (Mykenische Studien 5) 1977. G. A. S. Snyder, Minoische und mykenische Kunst. 1980. Ch. Zervos, L'art de la Crète – Neolithique et minoenne. 1956; R. W. Hutchinson, Prehistoric Crete. 1962; F. Schachermeyr, Die minoische Kultur des alten Kreta. ²1979. S. Alexiou, Minoische Kultur. 1976. P. Faure, Das Leben im Reich des Minos. ²1978. H. Geiß, Reise in das alte Kreta. ²1982. R. Haegg–N. Marinatos (Hrsg.), Minoan thalassocracy. 1984. J. W. Graham, The palaces of Crete. 1962; L. R. Palmer, A new guide to the palace of Knossos. 1969; N. Platon, Kreta (Archaeologia Mundi) 1966; ders., Zakros. The discovery of the last palace of ancient Crete. 1971; K. Branigan, The foundations of the palatial Crete. A survey of Crete in the early Bronce Age (States and cities of ancient Greece) 1970; ders., Minoan colonialism, in: BSA 76 1981, 23ff. L. Pernier (–L. Banti), Il palazzo minoico di Festos, 2 Bde. 1935, 1951; D. Levi, The recent excavations at Phaistos (Studies in Mediterranean archaeology 11) 1964. – Zu den neuen Forschungen auf Thera vgl. nun S. Marinatos, Die Ausgrabungen auf Thera und ihre Probleme (SB Wien Bd. 287, 1 1973). Schachermeyr Bd. 2 (wo vor den übertriebenen Vorstellungen von den Konsequenzen des Vulkanausbruchs für Kreta gewarnt wird). L. Pomerance, The final collaps of Santorini (Thera) 1400 B.C. or 1200 B.C.? (Studies in Mediterranean archaeology 26) 1970. Zum Problem des Zusammenhangs zwischen dem Vulkanausbruch und dem Ende der minoischen Welt sowie zu anderen Zerstörungshorizonten zu Beginn der späten Bronzezeit S. Hiller, Die Explosion des Vulkans von Thera, in: Gymnasium 82 1975,

32ff. H. Pichler–W. Schiering, Der spätbronzezeitliche Ausbruch des Thera-Vulkans und seine Auswirkungen auf Kreta, in: AA 1980, 1ff. – Zu den Entdeckungen von Archanes I. Sakellarakis, Das Kuppelgrab von Archanes und das kretisch-mykenische Tieropferritual, in: Prähistor. Zeitschrift 45 1970, 135ff. Ders., Drama of death in a Minoan temple, in: National Geographic Society, February 1981, 205ff. – R. F. Willetts, Everyday life in ancient Crete. 1969; M. R. Popham, The last of the palace of Knossos (Studies in Mediterranean archaeology 5) 1964; ders. auch, The destruction of the palace of Knossos 12 1970; E. Hallager, The Mycenaean palace at Knossos. 1977. A. Kanta, The Late Minoan III period in Crete (Studies in Mediterranean archaeology 58) 1980. S. Hood, The Minoans. Crete in the Bronze Age. 1971.

Zur *mykenischen Kultur*: Vgl. die Bibliographien von B. E. Moon, Mycenaean civilization (seit 1935, zuletzt bis 1961); H. Schliemann, Mykenae. 1878 (ND 1964); ders., Tiryns. 1886; G. Karo, RE Suppl. 6 1935, 584ff. Art. Mykenische Kultur; ders., Die Schachtgräber von Mykenai. 1930; C. W. Blegen, The Mycenaean age. 1962; O. T. P. Dickinson, The origins of Mycenaean civilisation (Studies in Mediterranean archaeology 49) 1977. J. Chadwick, Die mykenische Welt. 1979 (engl. 1976). J. T. Hooker, Mycenaean Greece. 1976. G. Bockisch–H. Geiß, Beginn und Entwicklung der mykenischen Staaten, in: J. Herrmann–I. Sellnow (Hrsg.), Beiträge zur Entstehung des Staates. 1973, 104ff. F. Gschnitzer, Griechische Sozialgeschichte. Von der mykenischen bis zum Ausgang der klassischen Zeit. 1981. S. Deger–Jalkotzy, E-qe-ta. Zur Rolle des Gefolgschaftswesens in der Sozialstruktur mykenischer Reiche. 1978. M. P. Nilsson, The Mycenaean origin of Greek mythology. 1932; C. W. Blegen–M. Rawson, The palace of Nestor at Pylos in Western Messenia I 1966; A. Furumark, The chronology of Mycenaean pottery. 1941; ders., Mycenaean pottery. 1: Analysis and classification. 2: Chronology. 1972 ([1]1941); V. Hankey, Mycenaean pottery in the Middle East: Notes on finds since 1951, in: BSA 62 1967, 107ff.; F. H. Stubbings, Mycenaean pottery from the Levant. 1951; S. Hood, Date of the 'Reoccupation' pottery from the palace of Minos at Knossos, in: Kadmos 5 1966, 121ff. – W. Taylor, The Mycenaeans. 1964; S. Hood, The home of the heroes. The Aegean before the Greeks. 1967 (vom Paläolithikum bis etwa 1150); ders., The arts in prehistoric Greece. 1978 (bes. für 16.–12. Jh.). G. E. Mylonas, Mycenae and the Mycenaean Age. 1966; A. E. Samuel, The Mycenaeans in history. 1966. A. Heubeck–G. Neumann (Hrsg.), Res Mycenaeae (Colloquium Nürnberg) 1983. Zu Tiryns vgl. die Grabungsberichte von K. Kilian, zuletzt in: AA 1983, Heft 3, 277ff. S. E. Iakovidis, Late Helladic citadels on mainland Greece. 1983.

Zur *Kultur der Kykladen und Zyperns in der Bronzezeit*: H.-G. Buchholz–V. Karageorghis, Altägäis und Altkypros. 1971; Ch. Zervos, L'Art des Cyclades du début à la fin de l'age du bronze, 2500–1100 avant notre ère. 1957; H. W. Catling, Cyprus in the early Bronze Age, in: CAH I 2 [3]1971, 808ff. (Bibliographie zu Cypern 989; zu den Inseln der Ägäis 985ff.). C. Baurain, Chypre et la méditerranée orientale au bronze récent. Synthèse historique (Études chypriotes 6) 1984. Vgl. auch die oben 30f. genannte Literatur und P. Getz-Preziosi, Early Cycladic sculpture. An introduction. 1985.

Neben den zahlreichen Materialfunden und monumentalen Architekturresten mit ihren Zerstörungsschichten spielen für die Erforschung dieser griechischen Frühzeit die *kretischen und kyprischen Schriftsysteme* eine nicht unbedeutende Rolle. Von den drei auf der Insel Kreta bekannten Schriften, einer Hieroglyphenschrift, einer Protolinearschrift und den beiden Silbenschriften Linear A und B, existiert vor allem für die letztgenannte eine Entzifferung, die sich allerdings in der Gelehrtenwelt bis auf den heutigen Tag nicht voll durchzusetzen vermochte. Für diejenigen Forscher, die mit den Entzifferern M. Ventris und J. Chadwick annehmen, die Sprache des Linear B sei altgriechisch, sind die Tausende von Tontafeln, die vor allem in den Archiven von Knossos und Pylos, aber auch in Mykene und Theben zum Vorschein kamen, ein wertvoller Ausgangspunkt für die Erforschung der spätbronzezeitlichen Kultur mit ihren wirtschaftlichen und sozialen Grundlagen. Die Ergebnisse, die aus diesen Untersuchungen resultieren, füllen zahlreiche Bände und begründeten einen neuen Zweig der Altertumswissenschaft, die Mykenologie, ein Feld, auf dem vor allem Linguisten tätig sind. Auf der anderen Seite ist die Zahl jener Althistoriker nicht zu übersehen, die der Entzifferung dieser wohl bis ins 13. Jh. in Gebrauch stehenden Schrift sowie ihrer historischen und linguistischen Auswertung skeptisch oder gar ablehnend gegenüberstehen.

Zur *Einführung in das Schrifttum* vgl. E. Grumach, Bibliographie der kretisch-mykenischen Epigraphik, 1963; Suppl. 1 1962–1965, erschienen 1967; ferner: Kadmos, Zeitschrift für vor- und frühgriechische Epigraphik, 1962ff.; Nestor, Bibliography for Minoan and Mycenaean writing. 1957ff. Vgl. ferner F. Schachermeyr, Die Entzifferung der Mykenischen Schrift, in: Saeculum 10 1959, 370ff., und den ausführlichen Bericht ›Linear B: Fortschritte und Forschungsstand‹ von S. Hiller–O. Panagl, in: Saeculum 22 1971, 123ff. Dies., Die frühgriechischen Texte aus mykenischer Zeit. Zur Erforschung der Linear B-Tafeln. ^{2}1986. A. Morpurgo Davies – Y. Duhoux (Hrsg.), Linear B: a 1984 survey (Colloquium Dublin) 1985. – Weitere Einführungen A. Heubeck, Aus der Welt der frühgriechischen Lineartafeln (Studienhefte zur Altertumswissenschaft 12) 1966; J. Kerschensteiner, Die mykenische Welt in ihren schriftlichen Zeugnissen. 1970; J. Chadwick, Linear B. Die Entzifferung der mykenischen Schrift. 1959; engl. ^{2}1967. Eine Auswertung der Linear B-Texte für die ägäische Frühzeit versucht L. R. Palmer, Mycenaeans and Minoans. 1961. H.-G. Buchholz, Die ägäischen Schriftsysteme und ihre Ausstrahlung in die ostmediterranen Kulturen, in: Frühe Schriftzeugnisse der Menschheit. Tagung der J.-Jungius-Gesellschaft in Hamburg. 1969, 88ff.; St. Dow–J. Chadwick, The Linear scripts and the tablets as historical documents, in: CAH II 1 ^{3}1973, 582ff. S. Hiller, Altägäische Schriftsysteme (außer Linear B), in: AnzAW 31 1978, 1ff. Zu den voralphabetischen Schriftsystemen auf Kreta und Zypern: A. Heubeck, Schrift (ArchHom) 1979, 1ff. – Y. Duhoux, L'étéocrétois. Les textes, la langue. 1982.

Eine allgemeine Einführung in die frühen ägäischen Schriftsysteme wie die hieroglyphisch-piktographische Schrift auf Kreta, Linear A und B, Diskos von Phaistos-Schrift sowie andere kretische Varianten, kyprische Silbenschrift und kypro-minoische Schrift bietet E. Grumach, Die kretischen und kyprischen Schriftsysteme, in: Hb der Archäologie. Allgemeine Grundlagen der Archäologie (Hrsg.

U. Hausmann) 1969, 234ff. – Der Großteil der etwa 4000 Linear B-Tafeln (Linear A etwa 300) liegt in den Editionen vor: A. Evans, Scripta minoa 1 1909; 2. von J. L. Myres. 1952; J. Chadwick–J. T. Killen, The Knossos tablets (Bulletin of the Institute of classical studies of the University of London, Suppl. 15) ^{4}1971; C. Gallavotti–A. Sacconi, Inscriptiones Pyliae ad Mycenaeam aetatem pertinentes (Incunabula Graeca 1) 1961; E. L. Bennett Jr.–J. P. Olivier, The Pylos tablets transcribed. 2 Bde. 1973–76. A. Sacconi, Corpus delle iscrizioni in Linear B di Micene. 1974. M. Ventris–J. Chadwick, Documents in Mycenaean Greek. ^{2}1973. Ders., Linear B tablets from Thebes, in: Minos 10 1970, 115ff. und Thebes tablets II, Suppl. zu Minos 4 1975. L. Godart–A. Sacconi, Les tablettes en linéaire B de Thèbes. 1978.

Eine Zusammenstellung von Argumenten, die gegen die Richtigkeit der Entzifferung sprechen, bei Bengtson (Entzifferungsgegner) GG 23 und W. Ekschmitt (Entzifferungsgegner), Kontroverse um Linear B. 1969, sowie S. Hiller–O. Panagl (Befürworter), Linear B: Fortschritte und Forschungsstand a. O. Zu den Einwänden siehe auch Schuller GG 104f., mit dem Resumee: „Der Historiker, mittlerweile doch wohl ohne Gefahr, einem wishful thinking zu erliegen, wird die gelungene Entzifferung anerkennen.“ Zurückhaltender Kreißig GG 53f., 60f. Vgl. ferner: H. Geiß, Untersuchungen zur Ventrischen Entzifferung, in: Klio 48 1967, 5ff. Ders., 25 Jahre Entzifferung der kretisch-mykenischen Linearschrift B, in: Das Altertum 23 1977, 185ff.

Aber selbst für die Anhänger der Ventrisschen Entzifferung bieten die erhaltenen Archivbestände nur einen recht beschränkten Informationswert, handelt es sich doch bei den Texten um Inventar- und Namenlisten, Abrechnungen und Anweisungen für Opfer, während man nach Schachermeyr im ägäischen Raum alles Wichtigere auf vergängliches Material schrieb und nur die Epik im Zustand des *oral poetry* verharrte (vgl. auch unten 190). So erweist sich auch das kretische Schriftsystem für die späte Bronzezeit, wenn überhaupt, nur in einem sehr beschränkten Rahmen als Quelle für größere historische Zusammenhänge.

Was das *sprachliche und onomastische Quellenmaterial* für die Frühgeschichte des ägäischen Raumes anlangt, so fehlt es nicht an entsprechenden Untersuchungen zur Sprach- und insbesondere zur Dialektgeschichte, deren Resultate keineswegs übereinstimmen. Daß dieser Forschungszweig in seinen Erkenntnissen wesentlich auch von der Beurteilung des Linear B abhängig ist, braucht hier nicht eigens ausgeführt zu werden. Übereinstimmung herrscht allerdings in der Annahme einer oder mehrerer vorgriechischer Sprachen (ägäisches Substrat oder das sogenannte Pelasgische), wobei die Frage, ob es sich dabei um einen indogermanischen oder nichtindogermanischen Dialekt handelt, wiederum unterschiedlich beantwortet wird. Sieht man von den vorgriechischen Sprachresten auf Kreta (Linear A-Texte, eteokretische Inschriften) und an der kleinasiatischen Küste (lydisch, lykisch) hier ab, so konzentriert sich das Interesse der Linguisten vor allem auf Kulturwörter und geographische Namen, die durch eine spezifische Suffixbildung (z. B. -nth-, -ss-, -mn-) einem vorgriechischen Idiom zuzuordnen sind. Dabei wird unter anderem mittels einer kombinatorischen Methode, die vorgriechische Ortsnamen wie Knossos oder Korinthos mit archäologischen Resten in Verbindung bringt, der Versuch unternommen, Aufschlüsse über die Bevölkerung und die Verbreitung der Urbanität bis ins Neolithikum zu gewinnen.[3] Es spricht einiges (so das Vorhandensein des -nd-Suffixes in Westkleinasien) für die These, daß eine Beziehung zwischen dem sogenannten ägäischen Substrat und den Sprachen Anatoliens, möglicherweise der hethitisch-luvischen Sprachgruppe, einem Zweig des Indogermanischen, besteht.

Einführendes Schrifttum zur Sprach- und Dialektforschung: Zu den vorgriechischen Sprachresten und ihren Auswertungen vgl. F. Schachermeyr, RE 22 1954, 1494ff. (mit einer Zusammenstellung der vorgriechischen Suffixbildungen und des einschlägigen Namensschatzes 1500ff.). Pionierarbeit im Bereich der Erforschung der vorgriechischen und frühgriechischen Sprachen und Sprachgeographie leistete vor allem P. Kretschmer, Die vorgriechischen Sprachschichten, in: Glotta 28 1940, 231ff.; 30 1943, 84ff.; die Ansicht, daß das Vorgriechische zur indogermanischen Sprachgruppe zählt, vertritt unter anderen V. Georgiev, Vorgriechische Sprachwissenschaft. 1941–1945. R. Schmitt, Einführung in die griechischen Dialekte (Die Altertumswissenschaft) 1977, bietet eine übersichtliche Behandlung der Dialekte mit Einschluß des Mykenischen. L. Kilian, Zum Ursprung der Indogermanen. 1983. Weitere Literatur: C. D. Buck, The Greek dialects. 1955; A. Heubeck, Zur dialektologischen Einordnung des Mykenischen, in: Glotta 39 1961, 159ff., kommt nach der Analyse von Linear B-Tafeln zum Ergebnis, daß der (später erloschene) Dialekt der Mykenäer dem Arkadisch-Kyprischen sehr nahesteht. J. T. Hooker, Non-Greek elements in the Linear B Tablets, in: Indogermanische Forschungen 73 1968, 67ff.; J. Chadwick, The 'Greekness' of Linear B, in: Indogermanische Forschungen 75 1970, 97ff., V. Georgiev, Das Problem der homerischen Sprache im Lichte der kretisch-mykenischen Texte, in: Minoica und Homer (Hrsg. V. Georgiev–J. Irmscher) 1961, 10ff.; W. C. Cowgill, Ancient Greek dialectology in the light of Mycenaean, in: Ancient Indo-European dialects (Hrsg. H. Birnbaum–J. Puhvel) 1966, 77ff. A. Furumark, Ägäische Texte in griechischer Sprache, in: Eranos 51 1953, 103ff. – Ein knapper Überblick auch bei G. Neumann, Kleiner Pauly 2 1967, 1567ff. Art. Dialekte (Nachträge). – Die frühere Dialektforschung (so P. Kretschmer a. O. und O. Hoffmann, Die griechischen Dialekte in ihrem historischen Zusammenhang. 1891), die neben dem Arkadisch-Kyprischen drei Sprachgruppen kennt, das Ionisch-Attische, das Aiolische und das Dorische mit den nordwestgriechischen Dialekten, glaubte mit diesen Dialektgruppen drei Einwanderungswellen nach Griechenland (um 2000, im 17. Jh. und um 1200) annehmen zu können, eine Annahme, die neuerdings insbesondere durch sprachgeschichtliche und sprachgeographische Untersuchungen von E. Risch (veröffentlicht in: Mus. Helv. 6 1949, 19ff.; 12 1955, 61ff.; 21 1964, 1ff.) in Frage gestellt wurde. Zum Grundsätzlichen auch ders., Historisch-

[3] F. Schachermeyr, RE 22 1954, 1523.

vergleichende Sprachbetrachtung und Dialektgeographie, in: Kratylos 11 1966, 142ff.; vgl. auch unten 49f.

Eine andere Forschungsrichtung, die sich mit der Aufhellung dieses kretisch-mykenischen Zeitraumes befaßt, geht von der Analyse der *frühgriechischen Epik* aus und bemüht sich, vor allem seit M. P. Nilssons Untersuchungen, intensiv um den Nachweis, daß die ›Ilias‹ die mykenischen Verhältnisse widerspiegle, eine Ansicht, die bekanntlich schon H. Schliemann zu seinen Ausgrabungen inspirierte. Auch bei dieser Frage reicht das Spektrum der gegenwärtigen Lehrmeinungen von der Grundthese, wonach die Historizität der (Helden-)Dichtung gegeben sei (so etwa D. L. Page[4]), bis zur von F. Hampl formulierten Antithese: „Die Ilias ist kein Geschichtsbuch“[5], die sich auch gegen Nilssons Ansicht vom mykenischen Ursprung der griechischen Mythologie und im weiteren gegen die Gleichsetzung mykenisch = griechisch wendet. Skeptisch äußert sich zum Informationsgehalt der homerischen Werke für die Zeit der Mykenäer auch M. I. Finley, wenn er bemerkt: “The Homeric World was altogether post-Mycenaean, and the so-called reminiscences and survivals are rare, isolated, and garbled. Hence Homer is not only not a reliable guide to the Mycenaean tablets; he is no guide at all.”[6] In dieser quellenkritisch sehr relevanten Frage des Verhältnisses von Dichtung und Geschichte nimmt A. Lesky insofern eine vermittelnde Haltung ein, als er, auf die ›Ilias‹ Bezug nehmend, betont, daß eine Auseinandersetzung zwischen Mykene und Troia nur „eine der Möglichkeiten“ darstelle, „freilich, wenn sich uns nicht neue Quellen erschließen, nicht mehr als eine solche“[7], womit die Historizität des Kriegsereignisses, wie es der Iliasdichter erzählt, zumindest weiterhin als unbewiesen gelten darf. Wenn die Griechen selbst für lange Zeit die Sage von der Zerstörung Troias und die anderen Traditionen der Heldensagen als historische Ereignisse betrachten, so ist damit über die ‘tatsächliche’ Geschichtlichkeit dieses Erzählgutes noch gar nichts gesagt, es sei denn, man beschränkt sie auf jene Aussagen, die dem sogenannten historischen Hintergrund zuzuordnen sind. Konkret gesprochen ergeben die Sagen, die in Kreta (König Minos, Daidalos, Europa), in der Argolis (Troianischer Krieg, Herakles), in Pylos

[4] History and the Homeric Iliad. 1959. F. Schachermeyr, Griechische Frühgeschichte. 1984, 115ff., datiert „Homers Troianischen Krieg“ auf ca. 1300 und deutet die Erzählung vom Troianischen Pferd als Hinweis auf ein Erdbeben (des Poseidon), das Troia VI zerstört habe. Vgl. auch Bd. 4, 446.

[5] In: F. Hampl, Geschichte als kritische Wissenschaft. 1975 Bd. 2, 51ff. Zum Methodischen auch Schuller GG 109ff. und J. Cobet, Gab es den Trojanischen Krieg?, in: Antike Welt 14, 4 1983, 39ff. (überzeugend gegen die Historizität).

[6] Homer and Mycenae: property and tenure, in: Historia 6 1957, 159.

[7] RE Suppl. 11 1968, 755.

(Nestor), Ithaka (Odysseus), in Korinth (Sisyphos, Bellerophon, Medea), in Boiotien (thebanischer Sagenkreis), in Thessalien (Peleus und Achill, Argonautensage, Lapithen und Kentauren) und auch anderswo, so an der kleinasiatischen und Schwarzmeer-Küste, lokalisiert werden, so gut wie nichts, was für die historische Erforschung der späten Bronzezeit von einiger Relevanz sein könnte.

Sehr skeptisch hinsichtlich der historischen Auswertung auch R. Carpenter, Folktale, fiction and saga in the Homeric epics (Sather classical lectures 20) ^{2}1956. C. W. Blegen, Troy and the Trojans. 1963.

Nicht besser bestellt ist es um die *Schriftdokumente* der dem ägäischen Raum benachbarten Völker des *Alten Orients,* die außer einigen fragwürdigen Namen wie Aqaiwaša oder Ahhijawa (= Achäer?), Milavata (= Milet?), Danuna (= Danaer?) oder Keftiu (Kreter) nur wenig historisch brauchbare Informationen über die Bevölkerung Griechenlands im 2. Jt. liefern; und ebenso trist steht es bisher auch um den Wert der Ergebnisse, zu denen die *anthropologische Forschung* gelangte. Das wenige, vornehmlich in der Argolis gefundene Material reicht noch nicht aus, die Frage der Einwanderung der griechischen Stämme oder der Träger der mykenischen Kultur vom Standpunkt der Rassenkunde aus zu überprüfen.

Vgl. zu den wenigen *nichtgriechischen Schriftquellen* zur Frühgeschichte Bengtson GG 24 (mit entsprechenden Literaturhinweisen). – Zum *anthropologischen Material* ebenfalls Bengtson GG 28 und ferner H.-G. Buchholz–V. Karageorghis, Altägäis und Altkypros. 1971, 179. Eine grundlegende Einführung in die allgemeine historische Anthropologie bietet nach wie vor Ed. Meyer, Elemente der Anthropologie, in: Geschichte des Altertums I 1 ^{3}1910 (ND ^{6}1953).

So bleibt, wenn wir die Quellensituation für die griechische Frühzeit überblicken, nur das umfangreiche und ständig noch weiter anwachsende *archäologische Material,* das ein solides Fundament für die Erforschung dieser Welt liefert. Freilich gilt es dabei zu bedenken, daß Erkenntnisse, die auf dem Wege der Bodenforschung gewonnen werden, in erster Linie Zeugnis ablegen über das zivilisatorische Niveau der materiellen Kultur, so über Gebrauchsgegenstände, Wohn- und Grabbauten, Siedlungsformen, zuweilen auch über das künstlerische Schaffen, daß sie aber niemals eine historiographische Überlieferung gänzlich zu ersetzen vermögen. Angesichts dieser Sachlage gilt es im weiteren auch in Rechnung zu stellen, daß die zahlreichen Versuche, eine Geschichte der Frühzeit Griechenlands zu schreiben, ein großes Wagnis darstellen und ohne mehr oder weniger kühne Hypothesen, die dann in der Altertumswissenschaft nicht selten neben- und gegeneinanderstehen, nicht auskommen. Wie schwankend der Boden in der Forschung hier ist, zeigt allein der Umstand, daß die Auffassungen in wesentlichen Fragen wie bei der Einwanderung der Griechen und der

Zerstörung Troias oder der kretischen Paläste schon in chronologischer Hinsicht sehr häufig differieren. Darüber können auch noch so präzise Datierungen, wie sie von einzelnen Forschern vertreten werden, nicht hinwegtäuschen.

Einige Beispiele der bronzezeitlichen Chronologie, deren scheinbare Präzision diese Unsicherheiten meines Erachtens nur kaschieren, mögen zur Illustration dienen: Beginn des FH um 2650 (V. Milojčić), des MH, mit dem 'schlagartig' die Einwanderung der sogenannten Protogriechen einsetzt, „um die Jahrtausendwende, genauer um etwa 1950 v. Chr." (F. Schachermeyr); Beginn von Troia V: 2025 (V. Milojčić); Übergang von SHIIIA1 zu SHIIIA2: 1400–1375 (M. R. Popham); Zerstörung von Troia VII A: 1250–1240 (Blegen); Zerstörung des späten Palastes von Knossos: um 1500 durch Vulkanausbruch von Thera (S. Marinatos), um 1400 (A. Evans), 1375–50 (S. Hood) bzw. um 1200 (L. R. Palmer u. a.).

Diese Unsicherheit in der Chronologie, die nur die triste Quellenlage widerspiegelt, potenziert sich noch in der Eisenzeit, da mit dem Submykenikum und der Folgezeit die Quellen vorerst noch spärlicher fließen und die Spuren der Invasoren die Chronologie eher noch weiter verunsichern als in der mykenischen Welt. Hand in Hand mit der Ablösung der Bronze durch das Eisen geht trotz einer mancherorts feststellbaren Siedlungskontinuität ein Kulturbruch, von dem unten 49 noch die Rede sein wird. Dieser Ansicht ist unter anderen V. R. d'A. Desborough,[8] der diesen Bruch um 1200, genauer zwischen 1230 und 1185 (SHIIIB–SHIIIC) datiert und sich dabei hauptsächlich auf stilistische Merkmale der Keramik stützt. Wie die meisten Altertumswissenschaftler, die sich mit chronologischen Fragen der Frühzeit Griechenlands befassen, operiert auch Desborough mit der Fiktion, daß stilistische Änderungen in der Keramik eine äußere Ursache haben, oder im konkreten Fall, daß der Wechsel von SHIIIB-Keramik zu jener von SHIIIC ursächlich mit der Zerstörung Mykenes zusammenhängt.[9] Gleitend scheint hingegen der Übergang von der submykenischen zur protogeometrischen und geometrischen Periode gewesen zu sein. So finden sich neben submykenischer Keramik des 11. Jh., einer Fortentwicklung der sogenannten *granary*-Ware (SHIIIC), auch schon Gefäße des protogeometrischen Stils (spätes 11. Jh. bis etwa 900), und zwar vor allem in Attika (Kerameikos), aber auch in Thessalien, auf der Peloponnes, auf Kreta und den Ionischen Inseln. Die bekanntesten Gefäßformen sind schlanke Amphoren mit exakt ausgeführten geometrischen Ornamenten (konzentrische Kreise, Dreieck-, Rhomben-, Schachbrett- und Zickzackmuster).

Neben das archäologische Material, das ungeachtet seiner im Vergleich

[8] The last Mycenaeans and their successors. 1964; dazu die Kritik von Schachermeyr Bd. 4 433ff.

[9] P. A. Ålin, Gnomon 37 1965, 723ff.

zur späten Bronzezeit geringeren Quantität das wichtigste Informationsmittel bleibt, tritt nun auch erstmals eine *historiographische Überlieferung* von freilich recht fragwürdigem geschichtlichem Wert, schon allein deshalb, weil sie aus viel späterer Zeit stammt. Herodot 1, 142ff. erwähnt die Ionische Wanderung, die ihren Ausgang von der Peloponnes und Attika nimmt, und sieht in den attischen Ioniern die autochthonen Pelasger (1, 56), während die Dorier, seiner Ansicht nach, von den Kadmeiern aus ihren Wohnsitzen in Mittel- und Nordgriechenland vertrieben, schließlich auf der Peloponnes seßhaft werden. Auch Thukydides (1, 2f.) erwähnt Wanderungen einzelner Stämme und bemerkt, daß ihre erste gemeinsame Aktion der Troianische Krieg gewesen sei. Andere Streunotizen zur Frühzeit liefern neben der epischen und lyrischen Dichtung noch Pausanias, Strabon, Hellanikos, Pherekydes, doch darf auch ihr historischer Wert nicht überschätzt werden.[10]

In die Eisenzeit einführendes Schrifttum: Desborough, The last Mycenaeans. 1964; ders., Protogeometric pottery. 1952; P. A. Ålin, Das Ende der mykenischen Fundstätten auf dem griechischen Festland (Studies in Mediterranean archaeology 1) 1962; W. Kraiker und K. Kübler, Kerameikos, Ergebnisse der Ausgrabungen 1: Die Nekropolen des 12. bis 10. Jh. 1931; K. Kübler, Kerameikos: Ergebnisse der Ausgrabungen 4: Die Nekropolen des 10. bis 8. Jh. 1943; C. G. Starr, The origins of Greek civilisation. 1962; J. N. Coldstream, Geometric Greece. 1977. J. M. Davison, Attic geometric workshops. 1962; H. Müller-Karpe, Die Metallbeigaben der Kerameikos-Gräber, in: JDAI 77 1962, 59ff.; F. Kiechle, Die Ausprägung der Sage von der Rückkehr der Herakliden, in: Helikon 6 1966, 493ff. F. Prinz, Gründungsmythen und Sagenchronologie (Zetemata 72) 1979. F. Schachermeyr, Die griechische Rückerinnerung im Lichte der neueren Forschung. 1983. Zur Entstehung des griechischen Alphabets vgl. unten 49f.

2. Zur Darstellung

Angesichts dieser oben skizzierten prekären Quellenlage bleiben nahezu alle historischen Aussagen zur Frühgeschichte letztlich problematisch und hypothetisch. Insbesondere ist zu bedenken, daß Grabungsbefunde zwar Katastrophen wie die Zerstörung von Siedlungen oder Palästen bezeugen, daß sie aber „weder über die näheren Umstände Auskunft geben, noch sagen, wer in solche Umwälzungen verwickelt war“ (M. I. Finley). Und doch sind diese Zusammenhänge für das historische Verständnis einer Kultur von entscheidender Wichtigkeit. Wer für das Ende der sogenannten Älteren Paläste auf Kreta verantwortlich zeichnet, ob dieses auf das Konto einer

[10] Zum Problem der literarischen Überlieferung, der *oral tradition* sowie zur Dialektforschung siehe Desborough (wie oben Anm. 8) 244ff.; vgl. ferner auch unten 190ff.

gewaltigen Naturkatastrophe oder auf Eroberungszüge (wobei es an Identifikationsversuchen in der Wissenschaft nicht fehlt) zu setzen ist, bleibt für den Historiker genauso unklar wie die Fragen nach der Datierung des späten Palastes von Knossos oder nach den Ursachen der Ägäischen Wanderung; von nicht verifizierbaren Thesen wie der Identifikation von Troia VI oder Troia VII A mit der in der ›Ilias‹ beschriebenen Stadt soll dabei ganz abgesehen werden. Wie dunkel und farblos diese frühe Phase der Geschichte Griechenlands für den Historiker stets bleiben wird, erhellt auch aus der Tatsache, daß kein Herrscher, kein Priester oder Künstler für diesen lang währenden Zeitraum bezeugt werden kann.

Was die Quellen dennoch vermitteln, beschränkt sich hauptsächlich auf die materielle Kultur und ihren Wandel vom Paläolithikum bis ins ausgehende 2. Jt. v. Chr. Am Anfang stehen dabei die paläolithischen Fischer- und Jägerkulturen Makedoniens, Thessaliens und Boiotiens, auf die dann im Neolithikum und in der Bronzezeit weitere und wesentlich reichhaltigere Kulturzentren auf dem griechischen Festland und auf den Inseln folgen, die wegen ihrer neuen Errungenschaften nicht selten mit Einflüssen von Norden, Osten oder Süden in Zusammenhang gebracht werden. F. Schachermeyr beispielsweise spricht von einer 'Vorderasiatischen' und einer 'Nordafrikanischen Kulturtrift' und führt die Diminikultur zum Teil auf die aus dem Norden und Nordwesten nach Griechenland kommenden Bandkeramiker zurück (sogenannte 'Dimini-Wanderung').

Eine detaillierte Darstellung der Kulturtrift-Theorien Schachermeyrs findet sich in ›Die überseeischen Kulturbeziehungen von Kreta und Mykene mit Ägypten, der Levante und Kleinasien unter besonderer Berücksichtigung des 2. Jt. v. Chr.‹ (Denkschriften ÖAW 93) 1967. Darin (a. O. 12ff.) auch ein Überblick über „die Ära der Kulturtriften des VI., V. und IV. Jahrtausends" (eventuell sogar auch noch des VII. Jt.). Weitere Literatur zu den Kulturbeziehungen Griechenlands zum östlichen und westlichen Mittelmeer und zum übrigen Europa bei H.-G. Buchholz–V. Karageorghis, Altägäis und Altkypros. 1971, 181. A. F. Harding, The Mycenaeans and Europe. 1984 (mit umfangreicher Dokumentation und Interpretation der materiellen Überlieferung auch im nichtmediterranen Europa und Vorschlägen zu einer von der Tradition etwas abweichenden Chronologie; bes. 213ff., 229ff. und 275ff.). Vgl. auch R. Ross, Italy and the Aegean 3000–700 B.C. (Archaeologia transatlantica 1) 1981. J. Bouzek, The Aegean, Anatolia and Europe. Cultural interrelations in the second millenium B.C. (Studies in Mediterranean archaeology 29) 1985.

Zu einer ersten großen kulturellen Blüte gelangt *Kreta,* und zwar in der 1. Hälfte des 2. Jt., in der sogenannten Ersten (MMI-II) und Zweiten Palastzeit (MMIII-SMII), die ihren Namen nach den großartigen Anlagen von Knossos, Phaistos, Hagia Triada, Mallia und Kato Zakros (erst seit 1961 bekannt) führen. Neuere archäologische Forschungen bezeugen auch für Westkreta, so vor allem für Chania und Rethymnon, SM-Besiedlung, die durch ägyptisches Namensmaterial zusätzlich bestätigt zu werden scheint. Kleinere Zentren, Siedlungen wie Gurnia oder Palaikastron, und sogenannte Herrenhäuser vor allem in der Nähe des Palastes von Knossos, aber auch anderswo (Vathypetron, Amnisos, Tylissos, Niru Chani), bestätigen die Ausstrahlungskraft der sogenannten minoischen Kultur, die, wie das Fundmaterial zeigt, das griechische Festland sowie die Kykladeninseln und noch entferntere Gebiete (Ägypten, Kleinasien, Liparische Inseln) erreicht. Umgekehrt läßt sich auch der Einfluß der vorderasiatischen und ägyptischen Kultur, etwas später, ungefähr ab der Mitte des 2. Jt. v. Chr. auch jener des Festlandes, das heißt der mykenischen Welt, in Kreta nachweisen. Die Ausgräber, allen voran A. Evans, vermittelten ein Bild von der minoischen Kultur, das insbesondere Aufschluß gibt über das künstlerische Schaffen in den Bereichen der monumentalen Architektur, der Vasen- und Freskenmalerei, der keramischen Produktion, der Klein- und Reliefplastik, der glyptischen und toreutischen Arbeiten. Der Gesamtcharakter dieser archäologischen Überlieferung weist auf einen feinen höfischen Lebensstil hin, in dem Krieg und Jagd eine untergeordnete, die Frauen hingegen eine recht bedeutende Rolle gespielt haben, was in der Fachwelt nicht selten zum Anlaß genommen wird, eine matriarchalische Gesellschaftsordnung für die kretische Welt anzunehmen. Letzteres scheint auch in Religion und Kult der Kreter eine Stütze zu finden, denn die Funde deuten auf Beziehungen zur Verehrung der Großen Göttin hin, wie sie im östlichen Mittelmeergebiet seit frühester Zeit zu beobachten ist. Allerdings fehlen archäologische Hinweise auf männliche Gottheiten in Kreta keineswegs. Die Bedeutung des Stierkultes, bei dem die Doppeläxte eine nicht näher bestimmbare Rolle gespielt haben dürften, ist im Rahmen der kretischen Religion bis heute ungeklärt; immerhin scheint so viel festzustehen, daß auch hierbei irgendwelche Beziehungen zu kleinasiatischen (hethitischen?) Kulturen bestanden haben dürften. Ansonsten zeigen das Fundmaterial und die Stätten kultischer Verehrung unter freiem Himmel (Baumkult), auf Bergeshöhen (am Juktas und Petsofa) oder in Höhlen (Kamares-, Eileithyiahöhle) Verbundenheit zur Natur, wie sie für primitive Religionen kennzeichnend ist. Schließlich zählt zu den großen Errungenschaften der minoischen Kultur noch die Konzeption von mehreren Schriftsystemen, von denen oben schon kurz die Rede war.

Etwa um die Mitte des 16. Jh. v. Chr. steht die Kultur der Kreter in höchster Blüte, nachdem sie in der Zeit der Älteren Paläste (MMI-II), der sogenannten Kamareszeit, einen ersten Höhepunkt erlebt hat, dem dann gegen Ende des 18. Jh. ein offenbar jähes Ende bereitet wurde. Ob die Ursachen dafür in der Eroberung der Insel durch auswärtige Feinde, in Kriegen einzelner kretischer Staaten untereinander oder in Erdbeben zu suchen sind, läßt sich heute wohl kaum mehr in Erfahrung bringen. An Hypothesen darüber fehlt es jedenfalls nicht: Ed. Meyer[11] führt den Untergang der Paläste auf die Hyksos zurück; der Ausgräber Evans[12] bezweifelt diese These und nimmt selbst ein Erdbeben als Zerstörungsursache an. Nach der etwas später erfolgten Neuerrichtung der Paläste von Knossos und Phaistos erreichte die minoische Kultur ihre schon erwähnte Blütezeit, die sich in den großartigen Fresken (wie dem Krokospflücker) und dem gesamten künstlerischen Schaffen in den Palästen von Knossos, Phaistos, Mallia und Kato Zakros, aber auch in den sog. Herrenhäusern ausdrückt, das durch einen besonders naturalistischen Stil gekennzeichnet ist. In dieser Phase der kretischen Geschichte kommt es vermutlich durch minoische Händler zur kulturellen Beeinflussung insbesondere der Kykladen, von der die Ausgrabungen auf Thera (= Santorin) durch bemerkenswerte Funde Zeugnis ablegen. Der Vulkanausbruch auf dieser Insel, dessen Auswirkungen gelegentlich mit jenen der Krakataukatastrophe von 1883 verglichen werden, soll durch gewaltige Meereswellen (Tsunamis) und möglicherweise damit in Zusammenhang stehende Erdbeben der sogenannten Neopalatialen Phase der minoischen Kultur abermals ein Ende bereitet haben, dem dann nochmals ein in seiner Dauer verschieden angegebenes Aufblühen des knossischen Palastes folgte (SMII-IIIA).[13] In dieser Zeit der 'Nachblüte' bedienen sich die Palastbewohner der Linear B-Schrift.[14]

Die Entwicklung am *griechischen Festland* verläuft in der Bronzezeit keineswegs parallel zu Kreta. So erweisen sich die früh- und mittelhelladische Phase (etwa 1. Hälfte des 2. Jt.) hier als eine Zeit, in der bäuerliche Lebensweisen dominieren, die erst im sogenannten SH von neuen Formen abgelöst werden und in der mykenischen Kultur ihre prägnante Ausgestaltung erfahren. Dieser Wandel schlägt sich auch im Mittelmeerhandel nieder, wo die kulturelle minoische Vorherrschaft den Mykenäern weichen muß, die nun in ihrem Aktionsradius und an Intensität die kretischen Händler noch übertreffen, er drückt sich aber auch in der ab dem 15. Jh. registrierbaren Einflußnahme der Festlandbewohner auf die Palastkultur von Knossos aus. Zu den Zentren der mykenischen Kultur gehören neben den bekannten Burgen der Argolis (Mykene, Tiryns) auch Pylos und andere Orte der westlichen Peloponnes (Peristeria, Guvalari, Kukunara), Lakonien (Kuppelgrab von Vaphio, eine wohl dazugehörige Burg ist noch nicht entdeckt), in der Landschaft Magnesia Iolkos, sodann auch die Bauten in Attika und

[11] GdA II 1 ^{3}1953, 43f. und 146f.

[12] The palace of Minos. 1921 Bd. 1, 300 u. ö.

[13] Mit überzeugenden geowissenschaftlichen und archäologischen Argumenten haben H. Pichler–W. Schiering (vgl. oben 32) die These von S. Marinatos, wonach der Vulkanausbruch von 1500 v. Chr. mit der Zerstörung der kretischen Kultur in unmittelbarem Zusammenhang stehe, zurückgewiesen.

[14] Schachermeyr, Bd. 3 31ff., spricht von drei mykenischen Einwanderungswellen.

Boiotien (Theben, Orchomenos und die ausgedehnte Befestigungsanlage von Gla). Inwieweit Mykene ein Herrschaftssitz war, der über die anderen hier genannten Burgen dieser Zeit gebieten konnte, entzieht sich im einzelnen unserer Kenntnis; daß Pylos, Athen und Gla unabhängige Machtzentren darstellten, gilt als wahrscheinlich.

Die konventionelle Chronologie gliedert das SH in drei Hauptabschnitte (SHI = frühmykenische Zeit, etwa 1600 bis 1500; SHII = mittelmykenische Zeit, etwa 1500 bis 1400, und SHIII = spätmykenische Zeit, etwa 1400 bis 1200/1100), wobei die Periode SHIII noch in A, B und C unterteilt wird; weitere Differenzierungen der Chronologie, die auf Keramikfunden basiert: SHIIIA1: 1410–1385; SHIIIA2 früh: 1385–1360; SHIIIA2 spät: 1360–1280; SHIIIB: 1280–1200; SHIIIC: 1200–1050.[15]

Ab der Mitte des 2. Jt. tritt auf dem griechischen Festland neben den bis dahin in erster Linie von Ackerbauern und Hirten bestimmten Lebensstil eine Welt, die in manchen Punkten angeblich an das mittelalterliche Rittertum erinnern soll. Sie erreicht ihren Kulminationspunkt in der spätmykenischen Periode, als an Stelle der ehemals einfachen Megaronbauten nunmehr jene berühmten Paläste entstanden, wie wir sie heute in ihren Grundrissen noch in Mykene und Tiryns, in Pylos und seit den neuesten Ausgrabungen auch in Theben betrachten können. Während über die mykenische Architektur der vorangehenden Zeit in erster Linie nur Grabbauten wie die Schachtgräber von Mykene, die von Papadimitriou (das ältere Gräberrund B, 1951) und Schliemann (das jüngere Gräberrund A, 1876) entdeckt wurden, und die späteren Kammer- und Tholosgräber, Vorformen der vornehmen Kuppelgräber des 15. bis 13. Jh., Aufschluß geben, steht uns für die spätmykenische Zeit die monumentale Bau- und Befestigungskunst zur Verfügung, die durch die sogenannten kyklopischen Mauern in Tiryns, Mykene, Athen und Gla charakterisiert ist. Im Unterschied zu den kretischen Palästen mit ihren Zentralhöfen und vielgegliederten Grundrissen zeigen die Anlagen von Mykene und Tiryns eine einfachere Anordnung des Gesamtplanes, in dessen Mittelpunkt sich der eigentliche Herrschersitz, das palastartige Megaron, befand. In Pylos und Tiryns findet sich auch eine kleinere Anlage, die als Frauenmegaron bezeichnet wird. In der künstlerischen und technischen Ausstattung dieser gelegentlich auch mehrstöckigen Bauten ist der Einfluß der minoischen Kultur teilweise unverkennbar. Das gilt für die Freskomalerei (in Mykene, Tiryns und Theben) genauso wie für die Keramik, bei der die Bemalung zusehends erstarrt (sogenannte spätmykenische Koine), wobei die Ähnlichkeit der Gefäßtypen und der bildlichen Motivik so weit geht, daß vielfach die Existenz kretischer Künstler am Festland angenommen wird. Aber auch Unterschiede, und zwar nicht nur in der Ge-

[15] So Simeonoglou (wie oben Anm. 2) 286f. – Vgl. auch die oben genannte Arbeit von P. Haider.

samtkonzeption der Bauten, sind feststellbar. So kommt es im Bereich der Reliefkunst und der Malerei auch zu selbständigen mykenischen Schöpfungen (Grabstelen auf den Schachtgräbern, Löwentor; Darstellungen von Menschen auf Vasen, z. B. auf der Kriegervase, sowie Kampf- und Jagdszenen mit bespannten Wagen, oder die Bemalung der Larnakes im Museum von Theben, die berühmten Goldmasken von Mykene, doch können diese den Gesamteindruck nicht entkräften, daß es sich am Festland doch um eine kretische 'Satellitenkultur' handelt, oder nach den Worten M. P. Nilssons: um die „Festlandsformen der minoischen Kultur". Ein Gegensatz zur minoischen Welt spiegelt sich in einzelnen Bereichen der Religion und des Kultes. Vor allem hinsichtlich der Vorstellungen vom Leben nach dem Tode scheint sich ein Unterschied der beiden Welten abzuzeichnen. Was die Interpretation der Linear B-Texte zu Religion und Kult der Mykenäer anlangt, so glaubt beispielsweise A. Heubeck,[16] daß „die Tafeln . . . in allem Grundsätzlichen die Schlüsse, die die Religionshistoriker aus verschiedenen Erwägungen für die Entwicklung des griechischen Götterglaubens gezogen hatten, bestätigt (haben). Der größte Teil der olympischen Götterfamilie Homers taucht – mehr oder minder profiliert – schon in den mykenischen Tafeln von Pylos und Knossos auf." Vgl. dazu auch den Abschnitt über die Religion unten 145f.

Im ganzen betrachtet, kommt es nach der 'Minoisierung' des Festlandes, die mit dem SHI einsetzt und im SHII ihrem Höhepunkt zustrebt, mit der mykenischen Expansion im ägäischen Bereich und auf Kreta (Knossos) zu einer politischen Konstellation, die auch auf die kulturelle Entwicklung abfärbt und die mit dem Auftreten der Dorier nach Auffassung zahlreicher Gelehrter ein gewaltsames Ende findet, wobei diese zunächst den sogenannten Nestorpalast in Pylos zerstören und Mykene so attackieren, daß es seine Befestigung verstärken muß, ehe dann im 12. Jh. auch diese Burg vernichtet wird. Die Eisenzeit, die am Anfang einer kontinuierlichen Entwicklung der griechischen Welt steht, hebt an.

2.1 Die Einwanderungsfrage

Ein Fragenkomplex der bronzezeitlichen Chronologie wurde bisher ausgeklammert: die Einwanderung der sogenannten Griechen auf die südliche Balkanhalbinsel. Die traditionellen Vorstellungen von der Ankunft der Griechen basieren heute vorwiegend auf den dialektgeschichtlichen und -geographischen Untersuchungen P. Kretschmers und O. Hoffmanns (siehe oben 35), wonach die Griechen, getrennt nach drei Hauptstämmen,

[16] Aus der Welt der frühgriechischen Lineartafeln. 1966, 96.

dem attisch-ionischen, dem aiolischen und dem dorischen, zu verschiedenen Zeiten in das Land kamen, das ihren Namen führt. Diese kurz 'Dreiwellentheorie' genannte Ansicht datiert die drei Schübe in die Zeiten um etwa 2000 (Ionier), 17. Jh. (Achäer, wozu die ältere Forschung die Träger der aiolischen bzw. arkado-kyprischen Dialekte rechnet[17]) und um 1200 (Dorier). Zu den zahlreichen Verfechtern dieser Theorie zählt neben anderen F. Schachermeyr, der vom Eindringen eines Protogriechentums um 1950/1900 v. Chr. spricht, dann aber die Dreiwellentheorie insofern modifiziert, als er die Schübe der „urionischen" und „arkadoäolischen" Stämme zwar unterscheidet, aber von einer zeitlichen Fixierung im einzelnen mangels archäologischer Belege abrät.[18] Um 1950 v. Chr., als nach Schachermeyr „der furchtbare Schlag, der die frühbronzezeitliche Kultur (und damit auch die frühhelladische Ära) in Mittel- und Südgriechenland zum Erliegen brachte", erfolgte, sollen im Norden und Nordwesten Griechenlands andere Gruppen dieser Protogriechen zurückgeblieben sein, die dann wesentlich später, im 11. Jh., als Dorier und Nordwestgriechen ihren Stammesverwandten nachfolgten. Mit anderen Worten bedeutet dies, daß die ionischen und arkadoäolischen Stämme, die zusammen mit den Autochthonen nach Schachermeyr im MH eine Mischkultur hervorbrachten, zu den Trägern der mykenischen Kultur würden, eine Ansicht, die heute zwar weit verbreitet ist, die aber nicht unwidersprochen blieb. So vertritt M. I. Finley[19] mit derselben Sicherheit wie Schachermeyr eine These, wonach zwischen FH und MH „kein entscheidender", hingegen zwischen FHII und FHIII ein „augenfälliger Bruch" nachweisbar sei und erst 1000 Jahre später, also zur Zeit der Dorischen Wanderung, „etwas Vergleichbares" zutage trete, woraus Finley schließt, daß indoeuropäisch sprechende Völker schon vor 2000 (was Schachermeyr nicht bezweifelt) in den ägäischen Raum eingewandert seien, die wahrscheinlich erst in Griechenland selbst ihre Sprache bildeten, und zwar spätestens in mykenischer Zeit. Daraus folgt für Finley weiter: „Die Dialektverteilung, wie sie in der klassischen Zeit gegliedert ist (in Ionisch, Äolisch, Dorisch mit ihren Varianten und Unterkategorien wie Attisch), muß dann der Periode nach dem Zusammenbruch der mykenischen Welt, das heißt nach 1200 v. Chr., zugeschrieben werden". Damit wird der ursprünglichen dialekthistorischen und -geographischen Basis für die Einwanderung, die Schachermeyr und andere mit archäologischen Argumenten und Überlegungen zur griechischen Sagentradition zu unterbauen

[17] Zum Verwirrung stiftenden Achäernamen vgl. Schachermeyr Bd. 4 363f. und Bd. 5 189; ferner Kreißig GG 61.

[18] Schachermeyr, RE 22 1954, 1492.

[19] Fischer Weltgeschichte. 1966, 299ff.; vgl. auch die von Hampl (wie oben Anm. 5) 139ff. zitierte Literatur.

suchten, weitgehend der Boden entzogen. Nach einer anderen Theorie kamen im MH zunächst die indoeuropäischen Luvier ('Grey Minyan folk' = 'Parnassos folk') aus dem westanatolischen Raum über die Kykladen (und Kreta) aufs griechische Festland, ehe im SHI die Griechen selbst hier auftreten.[20]

Schon diese wenigen hier genannten Theorien über die Landnahme der Griechen, denen noch eine breite Skala von Modifikationen anzufügen wäre, illustriert die Unsicherheit der Forschung in dieser Frage. Es ist daher verständlich, wenn H. Bengtson[21] skeptisch bemerkt: „Die Datierung dieses für das Schicksal Griechenlands epochemachenden Ereignisses wird solange bis zu einem gewissen Grade unsicher bleiben, als es nicht gelingt, den Vorgang mit Hilfe von außergriechischen Synchronismen einwandfrei festzulegen. Soviel ist jedoch sicher, daß die indogermanische Einwanderung, die erste, die in Hellas festzustellen ist, vor dem Einbruch der Dorer in die Peloponnesos (12. Jh. v. Chr.) und sehr wahrscheinlich noch vor der ersten Blütezeit der mykenischen Kultur (2. Hälfte des 16. Jh. v. Chr.) erfolgt sein muß." Wer seine Hoffnungen für die Lösung des Einwanderungsproblems in zweifelsfreie außergriechische Synchronismen setzt, hat angesichts des Umstandes, daß man für die fragliche Zeit „nicht einen einzigen datierten Gegenstand (kennt), der nicht importiert wäre, und selbst deren gibt es nur wenige" (M. I. Finley), kaum Aussicht, über das gegenwärtige 'Non liquet' hinauszukommen, es sei denn, er geht jenen Weg, den F. Hampl in seiner Untersuchung zur ›Chronologie der Einwanderung der griechischen Stämme und das Problem der Nationalität der Träger der mykenischen Kultur‹ eingeschlagen hat. Der hierin entscheidende Gedanke, daß nämlich die Mykenäer nicht mit den Griechen zu identifizieren seien, eine These, die ihre Vorläufer im 19. Jh. (bei Dümmler, Studniczka und anderen) hat, bringt Hampl zu der gut begründeten Annahme, daß die Brandkatastrophen an der Wende vom 3. zum 2. Jt. mit den Bevölkerungsgruppen (Pelasger, Leleger und Karer, wie sie die Alten nannten) in Verbindung zu bringen seien, deren Sprache man heute als sogenanntes 'ägäisches Substrat' bezeichnet und die auch die mykenische Kultur in Anlehnung an die minoische schufen.

Nach Hampl kamen diese vorgriechischen Stämme über die Inseln aus Kleinasien, was auch aus der Tatsache erhellt, daß Thessalien erst nach den süd- und mittelgriechischen Landschaften von ihnen besiedelt wurde. Griechische Scharen hingegen sind nach Hampl erstmals in den Linear B-Tafeln von Knossos greifbar, von wo sie nach Pylos und Mykene gelangten. Diese

[20] So Palmer (wie oben 31) 26f. und die chronologische Tabelle II 134. Zur Herkunft aus dem Osten vgl. auch J. P. Best–Y. Yadin, The arrival of the Greeks. 1973.

[21] GG 31.

ersten Griechen, die Vorläufer der später folgenden Stämme, waren wie die Indogermanen im Vorderen Orient imstande, einzelne Herrschaften zu übernehmen, aus denen sie dann durch die im 13. und 12. Jh. aus dem Norden kommenden großen Stämme der arkadisch-kyprischen, ionischen und (nord-)äolischen Dialektgruppe verdrängt wurden. Diesen wiederum folgten in knappem zeitlichem Abstand im 12. Jh. die Dorier und Nordwestgriechen. Daß diese Grundthese nicht nur viele offene Fragen der mittel- und späthelladischen kulturellen Hinterlassenschaft, der Dialektforschung (etwa von Risch und Porzig) und der Anthropologie zu lösen vermag, sei hier ebenso hervorgehoben wie der Umstand, daß man damit aus dem Dilemma um die sogenannten 'Dark Ages' und den Beginn der geometrischen Kunst bzw. ihrer Träger herauskommen kann. Der weiteren Klärung der Einwanderungsproblematik dürfte die stärkere Beachtung des Begriffes *Volkwerdung*, also die Entstehung des Griechenvolkes in Griechenland selbst, ebenso förderlich sein wie eine präzisere Beschreibung des Begriffes *Wanderung*.

Weitgehende Übereinstimmung in der Forschung herrscht in der Auffassung, daß die Übergangsphase von der Bronzezeit zur Eisenzeit im ausgehenden 2. Jt. eine Zeit der Unruhen und großen Völkerbewegungen ist. Die Wanderungen der Dorier und Nordwestgriechen, die man nicht unmittelbar mit dem Ende der mykenischen Welt und der Neubesiedlung Griechenlands assoziieren sollte – dieser Wandel währt an die 150 Jahre (von etwa 1200 bis 1050) –, sind nur als eine Erscheinung dieser Völkerbewegung zu sehen, die in der Literatur als Große oder Ägäische Wanderung Eingang gefunden hat. Das auslösende Moment für diese das ganze östliche Mittelmeerbekken erfassenden Bewegungen wird im mitteleuropäischen Raum (in Ungarn?, zwischen Oder und Saale?) vermutet, von wo einzelne Bevölkerungsschübe aus nicht mehr klar erkennbaren Motiven Druck auf die auf der Balkanhalbinsel sitzenden Stämme ausüben, zum einen auf die Illyrier, zum anderen auf die Thraker und Phryger, die einerseits dann für die sogenannte Wanderung der griechischen Stämme, anderseits auch für die Völkerbewegungen im Vorderen Orient verantwortlich gewesen sein dürften. Die offenbar in mehreren Schüben vordringenden Scharen hinterlassen nicht nur in Griechenland, wo sie zum Niedergang der mykenischen Kultur beitragen, ihre Spuren. Sie gelangen über Kleinasien (Zerstörung von Troia VII A) und den syrisch-palästinensischen Raum (Zerstörung von Ugarit) bis Ägypten und werden hier als Eindringlinge und Seevölker, deren sich die Pharaonen erwehren konnten, inschriftlich erwähnt. Im Rahmen dieser Wanderungen großen Stils ändert sich fast die gesamte politische Konstellation im östlichen Mittelmeerbecken. In Griechenland selbst ist sie durch eine partielle Entvölkerung und das vermutlich auch durch innere Streitigkeiten mitbestimmte Ende der mykenischen Machtzentren registrierbar, wobei die Konturen der neuen Herrschaftsformen der Eisenzeit kaum zu erkennen sind. Dafür aber gilt im Bereich der vorderasiatischen Kulturen als erwiesen, daß das im Zuge der Großen Wanderung, des sogenannten Seevölkersturms, herbeigeführte Ende des Hethiterreiches die Bildung des machtvollen mittelassyrischen Reiches und der phönikischen Handelsstädte entscheidend förderte und damit jene politischen Machtverhältnisse geschaffen wurden, mit denen sich die Griechen in den Jahrhunderten nach der Dorischen Wanderung, deren Verlauf, ja selbst deren Existenz im Fachschrifttum nicht unumstritten ist, konfrontiert sahen.[22]

Die Kenntnis vom neuen Stammesgefüge in Hellas am Ende der Dorischen Wanderung danken wir vor allem dialektgeographischen Untersuchungen. Danach zeigte sich eine Konzentration des dorischen Elements vor allem auf der Peloponnes, insbesondere in der Argolis und in Lakonien, auf Kreta und den Inseln der südlichen Ägäis und schließlich im südlichen Abschnitt der kleinasiatischen Küste. Die im Gefolge der Dorier einwandernden Nordwestgriechen setzten sich in den Landschaften Thessalien, Aitolien, Phokis, Elis und Achaia sowie auf Kephallenia und Zakynthos fest. Die Begegnung mit den schon ansässigen griechischen Stämmen, den Ioniern, Aiolern und Arkadern, erfolgte sowohl auf friedlichem – so vermutlich in Boiotien – als auch auf kriegerischem Wege, wie etwa in Thessalien. Vielfach läßt sich der Charakter der Konfrontationen nicht mehr erkennen. Fest steht aber, daß die Dorier auf der Peloponnes die Arkader ins Innere des Landes abdrängten, anderseits Attika unberührt ließen. Hier und auf Euboia, auf den meisten Kykladen und den nördlichen Sporaden sowie an der Westküste Kleinasiens (etwa zwischen Smyrna und Milet) saßen die ionischen Griechen, während in Smyrna und nördlich davon, auf Lesbos und am Festland, vor allem in Thessalien und Boiotien, sich die Aioler ansiedelten. Die früher häufig vertretene Auffassung, die Dorierwande-

[22] Zum Problem der Wanderungen sind neben den umfangreichen Studien von Schachermeyr (siehe oben 30f.), wo vor allem durch die Aufbereitung der archäologischen und sprachwissenschaftlichen Materialien, weniger durch die Sagendeutungen, wichtige Voraussetzungen für die Forschung geschaffen wurden, neuerdings zu nennen: G. A. Lehmann, Die mykenisch-frühgriechische Welt und der östliche Mittelmeerraum in der Zeit der „Seevölker"-Invasionen um 1200 v. Chr. (Rhein.-Westfäl. AW 276) 1985. F. Lochner von Hüttenbach, Hellenen und Athener. Überlegungen zu Sprachwissenschaft und Frühgeschichte, in: GB 12/13 1985/86, 1ff. S. Deger-Jalkotzy (Hrsg.), Griechenland, die Ägäis und die Levante während der 'Dark Ages' (ÖAW) 1983. Dies., Fremde Zuwanderer im spätmykenischen Griechenland. 1977. C. Brillante, L'invasione dorica oggi, in: QUCC 16 1984, 173ff. G. Bockisch, Die Dorier: Autochthone oder Zuwanderer?, in: P. Oliva–A. Frólíková (Hrsg.), Concilium Eirene XVI 1983, Bd. 3, 63ff. P. G. van Soesbergen, The coming of the Dorians, in: Kadmos 20 1981, 38ff.

rung habe auch die griechische Kolonisation Kleinasiens ausgelöst, wird heute kaum noch akzeptiert; Bengtson[23] lehnt diese These als „zu mechanisch-primitiv“ ab. Eine Phase der Beruhigung nach den durch die Ägäische Wanderung ausgelösten Völkerbewegungen und eine Konsolidierung der Verhältnisse fällt wahrscheinlich vor allem in das 2. Jh. des 1. Jt. v. Chr.

Aussagen über politische Konstellationen in diesen Jahrhunderten des Übergangs von der Bronzezeit zur Eisenzeit gehen in der Regel von der Interpretation der homerischen Epen, neuerdings auch des darin anzutreffenden Namensschatzes aus. Dabei machen vor allem die onomastischen Analysen, die F. Gschnitzer[24] durchgeführt hat, die Annahme wahrscheinlich, daß in der Welt, die der homerischen (nicht allzuweit) vorausgeht, und in dieser selbst stammstaatliche Organisationen dominierten. Doch läßt sich eine Kontinuität von den mykenischen zu den griechischen Verhältnissen des frühen ersten Jahrtausends im staatsrechtlichen Bereich ebensowenig nachweisen wie im kulturellen oder hinsichtlich einer Weiterentwicklung der Linear B-Schrift. Die Eisenzeit bringt zugleich mit dem Ende der mykenischen Kultur einen neuen Kunststil, den die Archäologen als den geometrischen, in seinen Anfängen den protogeometrischen bezeichnen und der in den Grundzügen von den Schöpfungen der minoisch-mykenischen Welt so weit entfernt ist, daß mit ihm „die Geburt der griechischen Kunst“ (J. Dörig) schlechthin angesetzt wird. Wenn anderseits die kretische Kunst als die ‘Mutter’ der griechischen (W. Schiering) angesprochen wird und man damit einer kontinuierlichen Entwicklung vom Mykenischen zum Submykenischen und Protogeometrischen das Wort redet, so zeigt das wiederum, daß selbst in so elementaren Forschungsfragen wie der Herkunft der griechischen Kultur verschiedene Meinungen nebeneinanderstehen.

Hinsichtlich der *Entstehung der griechischen Buchstabenschrift* liegen die Dinge klarer. Zwischen dem Linear B der mykenischen Epoche und dem griechischen Alphabet, das auf eine westsemitische Konsonantenschrift zurückgeht, die vermutlich im frühen 1. Jt. die kleinasiatischen (?), nach A. Heubeck[25] die kyprischen Griechen von den Phönikern übernommen und ihrer eigenen Sprache angepaßt haben, bestehen keinerlei Zusammenhänge. Die Abweichungen in der Datierung der Einführung des griechischen Alphabetes sind groß, sie schwankten zwischen ca. 1500 und 750/700 v. Chr. Heubeck meint mit guten Gründen, daß „während der 1. Hälfte des 8. Jhs. v. Chr. die Idee entstanden ist, griechische Wörter und Texte graphisch so zu bewältigen, wie es dann bald darauf bei allen Griechen üblich

23 GG 58; so auch Schuller GG 8.

24 Stadt und Stamm bei Homer, in: Chiron 1 1971, 1ff.

25 Schrift (ArchHom 3, 10) 1979, 87.

geworden ist" (a. O.).[26] Nach der unruhigen Zeit der Wanderungen dachte kaum noch jemand an eine Verwendung der Linear B-Schrift. Lediglich auf Zypern benutzte man bis in hellenistische Zeit ein Silbenschriftsystem, das in seinen Anfängen wahrscheinlich auf die kyprisch-minoische Silbenschrift zurückreicht. Die neue griechische Schrift, „die erste reine Lautschrift in der Geschichte der menschlichen Zivilisation" (H. Bengtson), dokumentieren erstmals eine Dipylonvase (verschiedene Datierungen zwischen spätem 9. und 7. Jh.) und der sogenannte Nestorbecher von Pithekusa auf Ischia (Datierungen zwischen spätem 8. bis frühem 6. Jh.). Die älteste griechische Inschrift auf jener Vase geometrischen Stils besagt in Versform, daß, wer von allen Tänzern am anmutigsten tanze, das Gefäß als Preis erhalten solle. Die neu konzipierte Buchstabenschrift scheint aber nicht nur für kurze Inschriften Verwendung gefunden, sondern sehr bald auch die Abfassung der großen Epen ermöglicht zu haben. Wer im übrigen einen Seitenblick auf die diesbezüglichen Verhältnisse in der römischen Geschichte wirft, wird feststellen, daß dort der Zeitraum zwischen der Konzeption der lateinischen Schrift und dem Entstehen einer lateinischen Literatur ungleich größer ist als bei den Griechen, ein Umstand, der zweifelsohne mit den kulturellen Bedürfnissen jener Menschen bzw. ihrem geistigen Entwicklungsstand zusammenhängt. In den Jahrhunderten nach den Wanderungen scheinen sich in weiten Teilen Griechenlands die Verhältnisse so weit konsolidiert zu haben, daß einzelne Griechen, zunächst wohl an der Westküste Kleinasiens, darangehen konnten, sich Fragen und Aufgaben zuzuwenden, die über die materiellen Bedürfnisse hinauswiesen und somit die Grundlage für die weitere Entwicklung zu schaffen. Nicht mit einem Paukenschlag, sondern allmählich und an verschiedenen Punkten der griechischen Welt zu verschiedenen Zeiten beginnen diese frühen Denkleistungen ihre Früchte bei der Entfaltung des politischen, wirtschaftlichen und kulturellen Lebens zu tragen. Eine zu stark athenozentrische Sicht scheint Schachermeyr[27] zu vertreten. Danach ließe sich der Übergang vom Submykenischen zum Protogeometrischen und 'organisch' zum Geometrischen „primär in Attika", das die Dorier abweisen konnte, lokalisieren, und damit wäre „die Entwicklung des hellenischen Kulturablaufes schon so sehr in Schwung gebracht, daß nun ganz Hellas die weiteren Stufen schöpferisch mitzumachen vermochte."

[26] Vgl. dazu neben Heubeck (mit umfangreicher Bibliographie, bis 1978) noch G. Pfohl, Einleitung, in: Das Alphabet (WdF 88) 1968, XVff. L. H. Jeffery, The local scripts of archaic Greece. 1961.

[27] Schachermeyr Bd. 4 451ff.

III. GRIECHISCHE GESCHICHTE VON DER WELT HOMERS BIS ZUR RÖMISCHEN KAISERZEIT

0. Zur Periodisierung der Griechischen Geschichte

Konnte über die bisher besprochene Frühzeit bestenfalls ein sehr grober Abriß der Geschichte Griechenlands, und zwar im Sinne des von der südlichen Balkanhalbinsel und Kreta ausstrahlenden Kulturraumes geboten werden, so beginnt mit den Jahrhunderten nach der Großen Wanderung die 'eigentliche' Griechische Geschichte, deutlicher: die Geschichte der Griechen. Sie erstreckt sich, was das Altertum betrifft, über ein gutes Millennium, einen Zeitraum also, den moderne Historiker immer wieder in einzelne Epochen aufzugliedern pflegen, wobei sich diese Periodisierungen am ehesten auf ein dreistufiges Schema reduzieren lassen: archaische, klassische und hellenistische Epoche. Diese scheinbare Ordnung, die damit in den Geschichtsablauf gebracht wird, ist kaum mehr als das Ergebnis konventioneller Anstrengungen, unter verschiedenen Aspekten in den Zeitläuften bestimmte Konstanten zu beobachten, die dann, einmal 'gefunden', einer Zeitspanne den Stempel aufdrücken und sie gleichsam mit einem Etikett versehen. Versteht man die Epochenbezeichnung 'archaisch' so, wie sie ursprünglich von klassischen Archäologen, die diesen Ausdruck prägten, verwendet wurde, um die Klassik von der vorangehenden Zeit abzugrenzen, so haftet diesem Wort etwas an, was Assoziationen zu Unfertigem, Altertümlichem, ja Primitivem, eben 'Vorklassischem' hervorruft. Ob man mit diesem „Index des noch nicht" (A. Heuß) jener Zeitspanne gerecht werden kann, die sich nach der *communis opinio* über die 1. Hälfte des 1. Jt. erstreckt, bleibt genauso fraglich wie die Annahme, es bestünden Konstanten, die nur diesen Zeitraum kennzeichneten, was uns berechtigte, von einer 'echten' Epoche zu sprechen. A. Heuß [1] anerkennt zwar einen solchen „Epochencharakter" vor allem für den politisch-sozialen Bereich, insbesondere in der Ausformung der Gesellschaft und des Volkes der Hellenen, klammert aber ausdrücklich den großen Bereich „der Geschichte des griechischen Geistes" aus diesem Fragenkomplex aus. Mit anderen Etiketten versieht J. Burckhardt diese frühen Jahrhunderte, indem er eine 'agonale' und 'koloniale' Komponente herauszustellen versuchte. Wieder andere

[1] Die archaische Zeit Griechenlands als geschichtliche Epoche (1936), jetzt in: F. Gschnitzer (Hrsg.), Zur griechischen Staatskunde (WdF 96) 1969, 36ff., 95f.

Akzente setzen jene Gelehrten, die von einem 'Mittelalter' oder deutlich wertbetont von 'Dark Ages' der Griechischen Geschichte sprechen und damit Assoziationen provozieren, die unweigerlich zum romanisch-germanischen Rittertum und Feudalismus des christlichen Abendlandes hinlenken und die sich obendrein mit der Bedeutung des Wortes 'archaisch' nicht recht vereinen lassen, da der Ausdruck Mittelalter, *media aetas,* in einer Geschichtsperiodisierung gezwungenermaßen nicht eine Anfangsphase, einen Beginn meinen kann. Zur weiteren Verunsicherung sei noch bemerkt, daß auch die Epochenbezeichnungen 'Mittelalter' und 'archaisch' in der Fachwelt keineswegs in einem einheitlichen Sinne verwendet werden, ja daß ihr Gebrauch eine Willkür verrät, die die Fragwürdigkeit des epochalen Charakters zusätzlich unterstreicht. Daß sich das Problem der Periodisierung auch für die folgenden 'Epochen' der klassischen und hellenistischen Zeit stellt, wird schon allein daran erkennbar, daß die genannten Bezeichnungen der drei Phasen Wertungen implizieren, die aus dem Schrifttum nicht wegzudiskutieren sind. Wie nämlich dem Wort 'archaisch' etwas vom Anfänglichen, Nicht- oder Vorklassischen anhaftet, so meinen doch viele, die von 'Klassik' oder 'Hellenismus' sprechen, Höhepunkt und Niedergang einer historischen Entwicklung, und sie bereiten damit einer Auffassung den Boden, der zufolge das politische, kulturelle und wirtschaftliche Leben der Griechen in diesem Rhythmus abläuft. Dieses 'Periodisierungsspiel' wiederholt sich dann zuweilen innerhalb der einzelnen 'Epochen', wenn etwa Kategorien der Archäologen, die in der archaischen Kunst früh-, streng-, reif- und spätarchaische Malerei und Plastik unterscheiden, von einer frühen Klassik des Strengen Stils, von einer Hohen und Späten Klassik sprechen und im Hellenismus früh-, hoch- und späthellenistische Formen auseinanderhalten, zur Grundlage für eine weitere Untergliederung der einzelnen Epochen genommen werden. In Anlehnung an dieses Schema differenziert beispielsweise C. Schneider die Kultur des Hellenismus, wobei er allerdings hinzufügt, daß sich die Kulturgeschichte „nicht auf die gleiche Weise in einem mehr oder weniger geordneten, chronologisch fundierten Entwicklungsschema zeichnen (läßt) wie die politische oder auch die Wirtschaftsgeschichte". Immerhin „lassen sich vier Etappen unterscheiden, die für die politischen, wirtschaftlichen und kulturellen Lebensbereiche annähernd die gleichen sind: der Frühhellenismus . . ., der Hochhellenismus, die Zeit der römischen Eroberung bis zum pergamenischen Testament und der Späthellenismus"[2]. – Diese Entwicklungsschemata, gleichgültig, ob sie nun im großen auf den Gesamtverlauf der Griechischen Geschichte oder im kleinen auf eine einzelne Epoche bezogen werden, bringen nicht nur 'Ordnung' in die große Masse des Stoffes, sie fördern auch das Entstehen von auf bestimmte

[2] Schneider KGH 2, 963.

Zeiträume bezogenen Wertvorstellungen, die auf einer angeblichen Periodizität oder Rhythmik der Geschichte beruhen. Daß dem nicht so ist und es einer differenzierteren Betrachtung der einzelnen Phänomene in Politik, Kultur und Wirtschaft bedarf, wird zwar grundsätzlich kaum in Abrede gestellt, in der Praxis der Geschichtsdarstellung wird aber häufig dagegen verstoßen. R. Bichler hat in seiner vom Hellenismusbegriff ausgehenden Problematisierung der Epochaltypologie auf die 'Binsenweisheit' verwiesen, daß „selbst innerhalb einzelner Bereiche des kulturellen Lebens", selbstverständlich auch in Wirtschaft und Politik, unterschiedliche Entwicklungen und Zäsuren auszumachen sind. Dabei rekurriert Bichler hinsichtlich der theoretischen Grundlagen exemplarisch auf F. Braudels Begriff von der «longue durée», und zur Illustration wird ein Beispiel aus der griechischen Literaturgeschichte angeführt: „Für die Entwicklung der griechischen Tragödie stellte der Tod von Sophokles und Euripides einen tiefen Einschnitt dar; was aber sagt dies für das Feld der Lyrik oder Historiographie?" [3]

Diese auf gedrängtem Raum mehr angedeuteten als ausgeführten Bemerkungen zum Problem der Periodisierung richten sich auf der anderen Seite nicht gegen eine entwicklungsgeschichtliche Betrachtung des Griechentums, im Gegenteil: Sie sollen die Notwendigkeit einer solchen Betrachtungsweise herausstellen, wobei allerdings keinem historischen Evolutionismus mit der Grundauffassung eines kontinuierlichen oder gar gesetzmäßigen Aufstiegs vom Niedrigen, Primitiven zu einem Höheren und Wertvolleren das Wort geredet wird. Aufgrund dieser Überlegungen sollen in der vorliegenden Einführung auch diese traditionellen Bahnen verlassen und einzelne Bereiche wie der staatsrechtliche, der wirtschafts- und gesellschaftspolitische und der kulturgeschichtliche in seinen vielfältigen Ausprägungen, ohne Rücksicht auf Epochen, in Form von Längsschnitten in der oben aufgezählten Reihenfolge dargestellt werden.

1. Die Staatsformen der Griechen von homerischer Zeit bis zur römischen Okkupation (mit Ausblicken auf die gesellschaftlichen Verhältnisse)

1.1 Zur Forschung

Zunächst sollen einige grundsätzliche Gedanken zur Entstehung und Entwicklung der verschiedenen Organisationsformen bei den Griechen und

[3] 'Hellenismus'. Geschichte und Problematik eines Epochenbegriffs (IdF 41) 1983, 151; vgl. auch die oben 7 zitierte Arbeit von Ch. Meier über historische Prozesse.

ihrer Beurteilung in der modernen Forschung angeführt werden. Die älteste politische Ordnung war schon durch die nach Stämmen einwandernden Griechen vorgegeben. Diese frühen stammstaatlichen Verbände (ἔθνη von τὸ ἔθνος) lösen sich einerseits nach der Seßhaftwerdung allmählich auf und verwandeln sich in stadtstaatliche Gebilde, so etwa im Zuge der kleinasiatischen Kolonisationsbewegung, wo an den Stamm der Ionier nur mehr der Ionische Bund um das Panionion erinnert und dafür zahlreiche eigenständige Städte an seine Stelle treten; auf der anderen Seite bestehen Stammstaaten in zahlreichen griechischen Landschaften wie Aitolien, Boiotien und Thessalien zum Teil nach verschiedenen Erneuerungsversuchen in der Form von bundesstaatlich organisierten Verbänden bis in die Ära der römischen Okkupation Griechenlands hinein fort. Zwar hat es innerhalb solcher landschaftlicher Stammstaaten eine Reihe stadt- und dorfähnlicher Siedlungen mit einer beschränkten politischen Handlungsfreiheit in Regionalfragen gegeben, doch lagen die Entscheidungen über Krieg und Frieden, über Vertragsabschlüsse und andere Fragen der 'großen Politik', der Gesetzgebung und des Kultes bei der Stammesversammlung, der in der Regel ein Heereskönig oder ein Beamtenkollegium und ein beratendes Gremium zur Seite standen. Die schon oben 49 erwähnten Untersuchungen des politisch-geographischen Namensschatzes in ›Ilias‹ und ›Odyssee‹ durch F. Gschnitzer haben ergeben, daß das „politische Bild der griechischen Welt noch vom Nebeneinander der Stämme bestimmt war", eine Erkenntnis, die sich gegen die herrschende Lehre wendet, wonach „der politisch selbständigen Stadt eine größere, ja die beherrschende Rolle" in der homerischen Welt und der Zeit davor zufällt.

Über die Entstehungszeit der autonomen griechischen Stadt (πόλις) sowie ihre Priorität gegenüber dem Stammstaat bestehen in Fachkreisen demnach grundsätzlich verschiedene Auffassungen. Einig sind sie allerdings in der Annahme, daß die 'Stammesgemeinden' als politische Organisationsformen noch in die „Zeit vor der Landnahme" zurückreichen und die 'Ortsgemeinden' als „aus nachbarschaftlichen Bindungen hervorgegangene Gemeinwesen" jünger sind.[4] Dazu grundlegend F. Gschnitzer, Stammes- und Ortsgemeinden im Alten Griechenland (1955), jetzt in: Zur griechischen

[4] Dazu grundlegend F. Gschnitzer, Stammes- und Ortsgemeinden im Alten Griechenland (1955), jetzt in: Zur griechischen Staatskunde 271ff. Ders., Vocabulaire et institutions: La continuité historique du deuxième au premier millénaire, in: Colloquium Mycenaeum (Chaumont-sur-Neuchâtel 1975) 1979, 109ff. K.-W. Welwei (wie unten Anm. 7) 30 zeigt am Beispiel Athens, „daß Stammesverfassung und Stammesordnung jedenfalls nicht generell die ältere Grundform des Gemeinschaftslebens des nachmykenischen Griechentums waren". Zum mykenischen Staat vgl. oben 42f. und unten 61.

Staatskunde (WdF 96) 271ff. Ist schon die Frage umstritten, ob bei Homer – unter diesem Namen subsumieren wir die Dichter der ›Ilias‹ und ›Odyssee‹ – die Polis oder das Ethnos dominieren, so gibt es auch recht divergierende Antworten auf V. Ehrenbergs Frage ›When did the polis rise?‹[5]. Die Antwort des Fragestellers selbst: „Etwa im 8. Jahrhundert, wobei wir die leicht verständlichen Unterschiede und die Dauer des graduellen Entwicklungsprozesses außer acht lassen. Vielleicht ist es noch richtiger, die Entstehung der Polis in der ersten Hälfte des Jahrhunderts anzusetzen oder sogar, sagen wir ± 800 v. Chr." Demgegenüber vertritt H. Berve die Auffassung, die Polis habe vor allem im 6. Jh., „um die Wende des 7. zum 6. Jahrhundert", zu ihrer Form gefunden, wobei Berve den Tyrannen einen wesentlichen Einfluß auf die Verwirklichung dieser Staatsform beimißt.[6] Nach K.-W. Welwei entwickelt sich die Polis „in einem langen Formungsprozeß", der sich „etwa 800/750 bis 500" datieren läßt.[7] Einen neuen, nicht ganz unumstrittenen Versuch, das Verständnis für die Herausbildung einer demokratischen Polis zu fördern, für die es noch um 600 v. Chr. „nicht den geringsten Anhaltspunkt" geben soll, hat Ch. Meier mit seinem Buch ›Die Entstehung des Politischen bei den Griechen‹ vorgelegt.[8] Hierin wird die „griechische Soziogenese", ausgehend von dem Fehlen ausgeprägter monarchischer Strukturen im frühen 1. Jt., bis ins 5. Jh. v. Chr. nachgezeichnet und dabei ein „Trend zur Isonomie" registriert, in dem schließlich die Bürger „zu Herren über ihre Ordnungen" werden. Das Entstehen dieser Bewußtheit der Machbarkeit der eigenen Politik wird insbesondere anhand von Analysen der Kleisthenischen Reform sowie der Werke des Aischylos und Herodot vorgeführt. Damit erweitert Meier den traditionellen Ursachenkatalog für die Herausbildung der Demokratie (historische Funktion der Kolonisation, der Tyrannis, der Hoplitenpoliteia, der delphischen Reli-

[5] (1937), jetzt in: Zur griechischen Staatskunde 3ff.

[6] Die Tyrannis bei den Griechen. 1967 Bd. 1, 164ff. Ders., Griechische Geschichte. ³1963 Bd. 1, 178.

[7] Die griechische Polis. Verfassung und Gesellschaft in archaischer und klassischer Zeit. 1983, 9.

[8] 1980 (1983) 80; Zitate 56 und 489; vgl. W. Schuller, Gnomon 53 1981, 769ff. Meiers bewußte Einbindung soziologischer Kategorien hat sich auch in anderen seiner Schriften niedergeschlagen: Die Griechen – die politische Revolution der Weltgeschichte, in: Saeculum 33 1982, 133ff.; ders., Introduction à l'anthropologie politique de l'antiquité classique (Collège de France) 1984; siehe auch den Essay ›Politik und Anmut‹ 1985. Ders. zus. mit P. Veyne, Kannten die Griechen die Demokratie? (Kleine kulturwiss. Bibl. 2) 1988. Ferner: P. Spahn, Mittelschicht und Polisbildung. 1977, und D. Lotze, Die Teilhabe des Bürgers an Regierung und Rechtsprechung in den Organen der direkten Demokratie des klassischen Athen (Schriften zur Geschichte und Kultur der Antike 24) 1985, 52ff.

gion etc.) um wichtige Aspekte, wobei zusätzlich noch auf die Rolle der 'Wieder-ins-Lot-Bringer' (καταρτιστῆρες, vergleichbar den Aisymneten) hingewiesen wird.

Angesichts der von Ehrenberg vertretenen Meinung, daß „das Zeitalter des Perikles . . . die innere Auflösung der Polis einleitete", würde sich bei Berücksichtigung von Berves Datierungsansatz nur eine sehr kurze Lebensdauer der Polis ergeben. Daß das wenig wahrscheinlich ist und derart verschiedene Datierungen auf einer recht unterschiedlichen Definition der Polis basieren, läßt sich leicht zeigen. So sieht Ehrenberg denn auch als „das charakteristische Wesen der Polis" eine „Gemeinschaft von Bürgern", die sich in autonomen Handlungen zu äußern versteht, zum Beispiel in der Art, wie Neubürger aufgenommen werden, während Berve das Funktionieren des Gemeinwesens mehr unter dem Aspekt demokratischer Entscheidungsprinzipien sieht, was ihm von Ehrenberg den Vorwurf eingebracht hat, er verwechsle die Begriffe 'Polis' und 'demokratische Polis', während für ihn selbst die Demokratie 'nur' die „Vollendung der Polis" darstelle. Anders äußert sich wiederum J. Burckhardt in seiner ›Griechischen Kulturgeschichte‹ (der sich die Polis unter dem Vorbild phönikischer Stadtstaaten entstanden denkt), wenn er in der oft als typisch griechisch angesprochenen Staatsform eine „città dolente" sieht, die sich verschiedener 'Zwangsmittel' bedient, um keinen staatsbürgerlichen Individualismus aufkommen zu lassen. Da die Griechen selbst mit Polis sehr verschiedene staatliche Gebilde bezeichneten, der Stadt- oder Gemeindestaat in ihren Augen also nur eine bestimmte Form der Polis war,[9] ist es schwierig, den einzelnen modernen Auffassungen dieses Staatswesens gerecht zu werden bzw. ihnen entgegenzutreten. Als gangbarster Weg erweist sich dabei eine Beschreibung der Bauelemente, die zu dieser bemerkenswerten Herrschaftsform gehören.

Zunächst einmal verfügt die Polis über ähnliche Institutionen wie das Ethnos, und zwar über ein leitendes Beamtenkollegium bzw. ein Oberhaupt (entsprechend dem Heereskönig eines Stammes), einen Rat (entsprechend dem Rat der Stammesältesten) und eine Versammlung der Bürger, der Politen (entsprechend der Stammes- oder Heeresversammlung), alles Einrichtungen, die sich in ihrer politischen Tätigkeit aber allein auf eine Stadt und das nachbarliche Territorium beschränken. Sie ist demnach das Verwaltungszentrum einer einzelnen Gemeinde, das seiner Verfassung nach demokratisch, oligarchisch oder auch monarchisch strukturiert sein kann. Ihren Namen führte diese Staatsform nach außen hin aufgrund der in der Stadt wohnenden Bürger, etwa 'die Athener', 'die Milesier' oder 'die Korinther'.

[9] Dazu W. Gawantka, Die sogenannte Polis. Entstehung, Geschichte und Kritik der modernen althistorischen Grundbegriffe der griechische Staat, die griechische Staatsidee, die Polis. 1985.

In dem Thukydideswort (7, 77, 7) Ἄνδρες γὰρ πόλις drückt sich diese Identität von Staat und Politen deutlich aus. So sah Thukydides die Griechen. Nach moderner Auffassung gehört zum Wesen der Polis aber auch das politische Selbstbestimmungsrecht (αὐτονομία) dieser Politen, das heißt das Recht, nach eigenen Gesetzen (νόμοι) zu leben, also eine Souveränität im staatsrechtlichen Sinne, und die davon nicht zu trennende Freiheit im politischen Denken (ἐλευθερία), sodann die Freiheit nach außen im völkerrechtlichen Sinne, sowie, als Voraussetzung dafür, eine gewisse wirtschaftliche Unabhängigkeit (αὐτάρκεια), die bei den meisten Gemeinden, denen die Umgebung der Stadt eine landwirtschaftliche Ernährungsbasis garantierte, gegeben war. Von diesem idealtypischen Bild ist allerdings die politische Realität vielfach weit entfernt, bedenkt man allein, wie viele griechische Politen etwa eine fremdländische Herrschaft oder einen Tyrannen ertragen mußten (oder wollten), der ein echtes Untertanenverhältnis zu den Bürgern bei gleichzeitigem Fortbestand der Polisverfassung schaffen konnte.

Eine zweite Herrschaftsform, die in der griechischen Welt zuweilen dominierende Züge annimmt, ist die Tyrannis, die man seit über hundert Jahren in eine Ältere, eben der Zeit bis 500 v. Chr., und eine Jüngere Tyrannis unterteilt, die davon durch eine etwa zwei Generationen währende nahezu tyrannenlose Periode im 5. Jh., „die hohe Zeit des griechischen Stadtstaates“[10], getrennt ist. H. Berves großangelegte ›Tyrannis bei den Griechen‹ zieht Bilanz aus den zahlreichen Studien zu dieser Herrschaftsform und stellt für die weiteren Forschungen zweifelsohne einen entscheidenden Ausgangspunkt dar. Für Berve, der mit J. Burckhardt der Ansicht ist, daß in jedem begabten und ehrgeizigen Griechen ein Tyrann wohne, ist Tyrann, „wer ohne Verankerung im Nomos und ohne Bindung an ihn gegen den Willen der Bürger eigenmächtig und zu eigenem Nutzen die Herrschaft ausübt“, eine Definition, die V. Ehrenberg[11] unzureichend auf „gesetzlose Herrschaft“ verkürzt. So gesehen erweisen sich diese Usurpatoren als „Gegenspieler der Polis“, außerhalb oder neben ihr stehend. Auf der anderen Seite sieht Berve die historische Funktion der Älteren Tyrannis mit ihrer Tendenz, die sozialen und wirtschaftlichen Spannungen innerhalb eines Gemeinwesens zu nivellieren und beim Bürger den Wunsch nach einer „gesetzlich fest gefügten Freistadt“ zu provozieren, in der Rolle, gleichsam „wider Willen zur Geburtshelferin der Polis des 5. Jahrhunderts“ zu werden. Im Unterschied dazu greift die Jüngere Tyrannis in einen historischen Prozeß ein, den man mit Berve „als zunehmende Kommunalisierung der Polis bezeichnen darf“. – Berves Tyrannenbegriff blieb nicht in allem unwidersprochen. Abgesehen von seiner Beurteilung der Älteren Tyrannis als einer

[10] Berve, WdF a. O. 164.

[11] Gnomon 41 1969, 48ff.

primär staatsrechtlich-politisch und der Jüngeren als einer überwiegend moralisch akzentuierten Herrschaftsform, die aufgrund der recht unterschiedlichen Quellenlage doch im ganzen problematisch bleibt, konzentrierte sich die Kritik vor allem auf die Auffassung, der Tyrann handle aus egoistischen Motiven und sei „nicht Träger sozialer, politischer, nationaler oder quasireligiöser Ideen, sondern gewissermaßen nur Individuum“ [12]. Dagegen wäre anzuführen, daß die Griechen doch mehrere Städtegründungen, so durch Hieron I., Mikythos, Dionysios I. und II., Agathokles und Phintias, den Tyrannen verdanken, die auch zahlreiche andere Städte mit Tempeln und Bauwerken schmückten, Wasserleitungen errichteten sowie die Steuerlast erleichterten und Neuverteilungen des Landes vornahmen. Auf Ablehnung stieß aber auch Berves Versuch, in der Tyrannis ein typisch griechisches Phänomen zu sehen, hat sich doch der Gelehrte veranlaßt gesehen, Usurpatoren der nichtgriechischen Welt und moderne Diktatoren von den Tyrannen der Griechen wesentlich zu unterscheiden, was kurz heißt: griechische Tyrannis ist „reine Tyrannis“ [13].

Als Herrschaftstyp steht die Tyrannis, die Ältere wie die Jüngere, neben der Polis und dem legitimen Königtum; sie unterscheidet sich durch ihre Illegalität von ihnen. Gegen eine solche Unterscheidung vom Legalitätsprinzip her spricht sich F. Gschnitzer [14] aus, indirekt, indem er als Grundformen griechischer Staatsordnung die Antithese Gemeinde/Herrschaft herausstellt, direkt, wenn er sagt, daß die Griechen der klassischen Zeit bereit waren, die Herrschaft einzelner, also auch der Tyrannen, rechtlich anzuerkennen. Für letzteres spricht übrigens auch der synonyme Wortgebrauch von Tyrann und König bei Herodot, Sophokles, Euripides, etwas später auch noch bei Isokrates (und in der lateinischen Literatur *rex* = *tyrannus*), wobei hinzuzufügen wäre, daß Herodot mehrere nicht- bzw. halbgriechische Herrscher wie Kroisos, Kandaules sowie ägyptische und persische Könige als Tyrannen bezeichnet, also die Tyrannis keineswegs als spezifisch griechische Herrschaftsform auffaßt. Diese Inkonsequenz in der Terminologie der antiken Autoren sollte den modernen Historiker vor allzu exakten Begriffsbestimmungen im Bereich des antiken Staatsrechtes abhalten. Daraus müßte sich auch eine Zurückhaltung in der Aufstellung von entsprechenden Herrschaftstypologien, die *die* Polis, *die* Tyrannis und *das* Königtum bei den Griechen behandeln, ergeben. Hier wie auch bei der Terminologie gilt der Grundsatz, daß die genannten Ausdrücke und der damit assoziierte Inhalt nur so verstanden werden sollten, wie sie die Griechen selbst meinten.

Schon das bisher zu den Staatsformen und Herrschaftstypen insbeson-

[12] Berve (wie oben Anm. 6) Bd. 1 IX.

[13] Berve, WdF a. O. 183.

[14] F. Gschnitzer, Gemeinde und Herrschaft (SB ÖAW 235, 3) 1960.

dere der frühen Zeit Gesagte muß es bedenklich erscheinen lassen, in der Polis *den* Staat der Griechen zu sehen, obwohl dies häufig genug im modernen Schrifttum geschehen ist und Max Webers Idealtypus auch immer wieder für die griechische Polis bemüht wurde. Noch bedenklicher erscheint es aber, wenn darauf aufbauend altgriechische und hellenistische Staatsformen einander in einer Weise gegenübergestellt werden, wie dies etwa bei W. Otto in seiner ›Kulturgeschichte des Altertums‹ (1925) und zahlreichen Forschern, die mit ihm darin einer Meinung sind, nachzulesen ist: „Wie für das altgriechische (scil. Staatsrecht) die Staatsform der Polis, so ist für das hellenistische besonders charakteristisch, wenn auch ebensowenig wie jene überall in Geltung, die der mehr oder weniger absoluten Monarchie, die mit ihrem Geist alle staatlichen Einrichtungen, die allgemeine Staatsverwaltung ebensosehr wie etwa das Recht, erfüllt und darüber hinaus sogar dem ganzen Wesen der Zeit . . . ihren Stempel aufgedrückt hat.“ Mit dieser einseitigen Kennzeichnung nun auch des hellenistischen Staates, die das Weiterbestehen einzelner Poleis vielfach ignoriert, hat sich H. Braunert kritisch beschäftigt. Dabei konnte er darlegen, daß den aristokratischen und demokratischen Elementen neben den monarchischen, kurz: der gemischten Verfassung in den hellenistischen Staatssystemen und Staatstheorien die ihnen gebührende Beachtung eingeräumt wurde und gleichzeitig eine der bisher wesentlichen Prämissen für die ältere Auffassung, daß nämlich „die Identität von König und Staat Grundgesetz des hellenistischen Staatsrechts sei“ [15], in Frage zu stellen ist. Begründet wird die völlig neue Stellung der Monarchen, die das Mitspracherecht von Adel und Heeresversammlung, wie dies in Makedonien etwa immer schon der Fall gewesen war (siehe unten 82), einschränkten, mit dem Aufgeben des Personalitätsprinzips innerhalb der griechischen Staatengebilde und seiner Umformung zu ausgedehnten Flächenstaaten in hellenistischer Zeit, in denen sich die Herrscher mit ganz neuartigen Problemen der Regierung und Administration konfrontiert sahen. „Das Neue“, so betont z. B. E. Meyer, „sind die großen Territorialstaaten von einer Ausdehnung, die mit griechischen Maßstäben überhaupt nicht vergleichbar war.“ An ihrer Spitze standen nun absolute Monarchen, die sich von den alten Stammeskönigen in wesentlichen Punkten unterschieden. Unübersehbarer Ausdruck des neuen Königtums, dessen äußeres Kennzeichen das Diadem war, ist die Vergöttlichung des Herrschers schon zu seinen Lebzeiten, von der einige Gelehrte annehmen, sie sei orientalischer Herkunft (was andere wiederum ablehnen), auf deren griechische Wurzeln aber im neueren Schrifttum mehrfach hingewiesen wurde. Neben dem Königskult liefern auch die Herrscherbeinamen wertvolle Indizien für

[15] H. Braunert, Staatstheorie und Staatsrecht im Hellenismus, in: Saeculum 19 1968, 47ff., 64.

Form und Grad der göttlichen Verehrung. Zur religiösen Verankerung des hellenistischen Königtums kam die philosophische. Die Theorie vom König als dem 'besten Mann' im Staate wird von stoisch-kynischen Philosophen vertreten, die versuchten, seine führende Stellung im Staat zu legitimieren und die gemilderte Form der Monarchie, eine Art 'aufgeklärter Absolutismus', als Ideal des Staates hinzustellen. Nicht zufällig erinnert der Ausspruch des philosophisch gebildeten Antigonos Gonatas, der mit Zenon befreundet war, vom 'ruhmvollen Dienst' des Königs (ἔνδοξος δουλεία) „unmittelbar an das 'aufklärerische' Wort Friedrichs d. Gr. von dem König als dem 'ersten Diener' des Staates" (U. Wilcken). Begründeten griechische Politen der Zeit Pindars (F 169) ihre staatliche Ordnung auf den νόμος ὁ πάντων βασιλεύς – nach anderer Auslegung allerdings: "'The King is the Law', not 'Law is King'" (K. M. T. Chrimes) –, so sprach man nun vom νόμος ἔμψυχος, dem 'lebendigen Gesetz' *(lex animata)*, und meinte damit den König selbst.

Aber auch in der hellenistischen Staatsphilosophie ist es nicht so, als gäbe es die absolute Monarchie als einzige bzw. 'beste' denkbare Herrschaftsform. Bekanntlich hat der wichtigste hellenistische Historiograph, Polybios, im sechsten Buch seiner ›Historien‹ eine Mischverfassung der drei 'guten' Verfassungen Monarchie, Aristokratie und Demokratie vertreten, was deutlich macht, daß die Identität von König und Staat nicht das einzige staatsrechtliche Postulat dieser Zeit war. So ist auch H. Braunert zuzustimmen, wenn er hierzu bemerkt: „Die Theorie der μικτὴ πολιτεία als verbreitetste Staatstheorie in der hellenistischen Zeit entspricht damit . . . den Forderungen, die bei der Suche nach der Grundlage für eine Konzeption des hellenistischen Staatsrechts an leitende Staatsvorstellungen der Zeit gestellt werden müssen." [16]

Aber abgesehen von den staatstheoretischen Vorstellungen, die sich auch in einer Reihe antiker Staatsutopien niederschlagen (etwa bei Hekataios von Abdera, Euhemeros), sollte auch die Realität des Verfassungslebens insbesondere in Griechenland selbst im Auge behalten werden.[17] Die hellenistische Polis läßt sich keineswegs dem neuen territorialstaatlichen Prinzip immer und überall unterordnen. Zum zeitweilig konfliktreichen Verhältnis, das zwischen monarchischem Territorialstaat und Polis bestand, bemerkt V. Ehrenberg, für den die territoriale Monarchie *den* neuen Staatstypus darstellt, daß zwar die hellenistische Polis nicht mehr dieselbe ist wie im alten Hellas, „doch von einem grundsätzlichen Wesensunterschied sollt man nicht reden". Dazu kommt, daß neben diesen mehr oder weniger autonomen Poleis auch noch die alten Stammstaaten, die, seit dem 4. Jh. teilweise

[16] Braunert a. O. 53.
[17] Vgl. dazu die Literatur oben 25 und unten 63f.

neu organisiert, als politisch-militärische Verbände reaktiviert werden, sowie die über die Stammesgrenzen hinausgreifenden Bünde, die wie die ersteren als Koina bzw. Bundesstaaten bezeichnet werden, stehen. Bedenkt man, daß die zwei bedeutendsten Bundesstaaten, das Aitolische und das Achaische Koinon, „die Hauptträger der Geschichte Griechenlands in der hellenistischen Zeit" (E. Meyer) darstellen, so ist dieser Staatsform, deren innerer Aufbau mit Versammlung, Rat und Beamten dem der Polis entspricht, durchaus im Rahmen eines Staatsrechtes des Hellenismus, das in einer umfassenden Form von der Altertumswissenschaft bisher noch nicht dargestellt wurde, zu gedenken.

1.2 Literatur

Im Unterschied zu den Darstellungen der 'Staatsaltertümer', die bis ins 20. Jh. kennzeichnend sind für die Beschäftigung mit dem Staat im Altertum, wird in neueren Arbeiten vor allem die Entwicklung der Verfassungen und damit der einzelnen Staatswesen zum Gegenstand der Forschung. Ein knapper Überblick über die geschichtliche Entwicklung der griechischen Staatsformen und allgemein über das Altertum liegt vor von E. Meyer, Einführung in die antike Staatskunde. [4]1980 (mit Zusammenstellung wichtiger Literatur). – Zur *kretisch-mykenischen* Zeit: Übersichtliche Einführungen bieten H. Geiß, Reise in das alte Knossos. [2]1982, 23ff. sowie J. Chadwick, Die mykenische Welt. 1979, 93ff. Vgl. auch oben 31f. und oben 54, Anm. 4. Ferner G. E. Mylonas, The wanax of the Mycenaean state, in: Classical studies presented to B. E. Perry. 1969, 66ff.; K. Wundsam, Die politische und soziale Struktur in den mykenischen Residenzen nach den Linear B Texten, Diss. Wien 1968 (dazu L. R. Palmer, Gnomon 43 1971, 170ff.). – *Allgemein zur griechischen Staatskunde:* G. Busolt und H. Swoboda, Griechische Staatskunde. 2 Bde. (HdA IV 1) [3]1920–1926. Bd. 1: Allgemeine Darstellung des griechischen Staates (ND 1963). Bd. 2: Darstellung einzelner Staaten und der zwischenstaatlichen Beziehungen (ND 1972). V. Ehrenberg, Der Staat der Griechen. [2]1965. Zu Ehrenbergs wissenschaftsgeschichtlicher Position, die in seiner Untersuchung ›Von den Grundformen griechischer Staatsordnung‹ (SB Heidelberg, 3. Abh. 1961 = in: Polis und Imperium a. O. 105ff.) deutlich und in komprimierter Form zum Ausdruck kommt, vgl. W. Schmitthenner, AnzAW 19 1966, 211ff. Diese Rezension verdient deswegen besondere Beachtung, weil sie die wesentlichen Argumente der Kritiker von Ehrenbergs Poliskonzeption („die eigentliche und entscheidende Staatsform") anführt: Vor allem F. Gschnitzer in ›Gemeinde und Herrschaft‹ (SB Wien Bd. 235 1960, 3. Abh.) mit seinem Hinweis auf das „Nebeneinander von genossenschaftlichen und herrschaftlichen Bindungen, von Gemeinden und einzelnen Machthabern" und ähnlich H. Schaefers ausführliche Rezension (Savigny Zschr. Rom. Abt. 77 1960, 422ff. = Probleme der Alten Welt 1963, 384ff.; hier das folgende Zitat 395 von Ehrenbergs ›Staat der Griechen‹ mit der Betonung des „ewigen Widerstreits zwischen genossenschaftlichem und herrschaftlichem Prinzip") haben der nicht nur von Ehrenberg vertretenen Auffassung von der überragenden Bedeutung der Polis auch für das 6. und

5. Jh. eine Alternative gegenübergestellt. – Eine wissenschaftsgeschichtliche kritische Analyse der modernen althistorischen Terminologie zum Staat liegt vor von W. Gawantka, Die sogenannte Polis. 1985. G. Glotz, La cité grecque (L'évolution de l'humanité) 1928 (ND 1954). H. van Effenterre, La cité grecque. 1985. A. W. H. Adkins–P. White (Hrsg.), The Greek polis. Bd. 1 1986. R. Sealey, A history of the Greek city states. ca. 700–338 B.C. 1976. E. C. L. van der Vliet, The origins of the Greek state. 1987. – E. Ruschenbusch, Untersuchungen zu Staat und Politik in Griechenland vom 7.–4. Jh. v. Chr. 1978. – D. Roussel, Tribu et cité. 1976. F. Steinmetz, Staatengründung – aus Schwäche oder natürlichem Geselligkeitsdrang? Zur Geschichte einer Theorie, in: Politeia und Res Publica (Gedenkschrift für R. Stark) 1969, 181 ff.; ders., Das Erwachen des geschichtlichen Bewußtseins in der Polis a. O. 52 ff. Ch. G. Starr, Political intelligence in classical Greece (Mnemosyne Suppl. 31) 1974. Ders., Individual and community. The rise of the polis. 1986. F. de Polignac, La naissance de la cité grecque. 1984. A. Snodgrass, Archaic Greece. 1980. Ders., Archaeology and the rise of the Greek state. 1977. C. Mossé, La Grèce archaique d'Homère à Eschyle. 1984. M. I. Finley, Das politische Leben in der antiken Welt. 1986 (engl. 1983). Hellenische Poleis. Krise – Wandlung – Wirkung (Hrsg.: E. Ch. Welskopf) 4 Bde. 1974. M. Amit, Great and small poleis (Collection Latomus 134) 1973. Eine umfassende Darstellung über ›Die griechische Polis. Verfassung und Gesellschaft in archaischer und klassischer Zeit‹ (1983) liegt vor von K.-W. Welwei; das Werk hat u. a. den Vorzug, daß zumindest nach „exemplarischer Methode“ neben Athen und Sparta auch „mittlere und kleinere Poleis“ (Korinth, Megara, Mytilene, Chios, Elis) kurz behandelt werden (270–285). Noch weiter entfernt von der traditionellen Perspektive H.-J. Gehrke, Jenseits von Athen und Sparta. Das Dritte Griechenland und seine Staatenwelt. 1986 (zu den politischen und verfassungsrechtlichen Strukturen 31 ff., mit Bibliographie). Ferner: W. Schuller, Zur Entstehung der griechischen Demokratie außerhalb Athens, in: H. Sund–M. Timmermann (Hrsg.), Auf den Weg gebracht. 1980, 433 ff. – Zahlreiche Beiträge zu grundsätzlichen Fragen beinhaltet der von F. Gschnitzer herausgegebene Sammelband ›Zur griechischen Staatskunde‹ (WdF 96) 1969. – F. Tromberg, Polis und Nationalstaat. Eine vergleichende Überbauanalyse im Anschluß an Aristoteles (Sammlung Luchterhand 93) 1973; V. Ehrenberg, Man, state and deity. Essays in ancient history. 1974; M. I. Finley, Antike und moderne Demokratie. 1980 (engl. 1973). W. Nippel, Mischverfassungstheorie und Verfassungsrealität in Antike und früher Neuzeit. 1980. – J. Bleikken, Zur Entstehung der Verfassungstypologie im 5. Jh. v. Chr. (Monarchie, Aristokratie, Demokratie), in: Historia 28 1979, 148 ff. J. Touloumakos, Die theoretische Begründung der Demokratie in der klassischen Zeit Griechenlands. 1985. K. H. Kinzl, Demokratia, in: Gymnasium 85 1978, 117 ff., 312 ff. J. K. Davies, Democracy and classical Greece. 1978. J. de Romilly, Problèmes de la démocratie grecque. 1975. F. Quaß, Nomos und Psephisma (Zetemata 55) 1971. – Vgl. auch die oben 55 genannte Literatur von Ch. Meier u. a. – Weniger vom Verfassungsrecht als vielmehr von der Siedlungsgeographie ausgehend F. Kolb, Die Stadt im Altertum. 1984. – *Spezielle Literatur:* R. Drews, Basileus. The evidence for kingship in geometric Greece. 1983. J. Pečírka, Probleme der Erforschung der frühen Polis, in: Klio 69 1987, 351 ff. W. G. Runciman, Origins of states: The case of archaic Greece, in: CSSH 24 1982, 351 ff. J. V. Andreev, Die politischen Funktionen der Volksversammlung im homeri-

schen Zeitalter, in: Klio 61 1979, 385ff. – Mit der Loslösung von einer allzusehr auf Athen konzentrierten Geschichtsschreibung rücken neben der dominierenden Beschäftigung mit der griechischen Polis auch andere Staats- und Herrschaftsformen ins Blickfeld der Alten Geschichte. Gschnitzers Sammelband (siehe oben) führt in diese Forschungsbereiche ein und stellt zugleich eine wertvolle Ergänzung zu Busolt – Swobodas Handbuch dar. Vgl. vor allem die Beiträge zu Stadt- und Stammstaat von F. Gschnitzer, Stammes- und Ortsgemeinden im alten Griechenland, und J. A. O. Larsen zum ›Achäischen und Boiotischen Bund‹. Von Larsen auch: Greek federal states. 1968; ders., Representative government in Greek and Roman history (Sather classical lectures 28) 1955 (ND 1966). F. Gschnitzer, Stadt und Stamm bei Homer, in: Chiron 1 1971, 1ff. Ders., Gemeinde und Herrschaft. Von den Grundformen griechischer Staatsordnung (SB Wien 235, 3) 1960. A. Giovannini, Untersuchungen über die Natur und die Anfänge der bundesstaatlichen Sympolitie in Griechenland (Hypomnemata 33) 1971. P. Funke, Untersuchungen zur Geschichte und Struktur des Aitolischen Bundes. Habil. Köln 1985. Th. Schwertfeger, Der Achaiische Bund von 146 bis 27 v. Chr. (Vestigia 19) 1974. G. A. Lehmann, Erwägungen zur Struktur des achaiischen Bundesstaates, in: ZPE 51 1983, 237ff. – *Zum hellenistischen Staat* vgl. V. Ehrenberg, Der Staat der Griechen. ²1965, 163ff. und J. Kaerst, Geschichte des Hellenismus. Bd. 1 ³1927, 1ff. (ND 1968); H. Bengtson, Die Strategie in der hellenistischen Zeit. Ein Beitrag zum antiken Staatsrecht. Verbesserter ND 1964 der 1. Auflage von 1937–1952 (MBPR 26, 32, 36). W. Orth, Königlicher Machtanspruch und städtische Freiheit. Untersuchungen zu den politischen Beziehungen zwischen den ersten Seleukidenherrschern und den Städten Kleinasiens. 1977. P. Musiolek, Zur Problematik der Stadt im Hellenismus, in: Klio 60 1978, 95ff. F. Quaß, Zur Verfassung der griechischen Städte im Hellenismus, in: Chiron 9 1979, 37ff. W. Schubart, Das hellenistische Königsideal nach Inschriften und Papyri, in: APF 12 1937, 1ff.; ders., Das Königsbild des Hellenismus, in: Die Antike 13 1937, 272ff.; E. R. Goodenough, The political philosophy of Hellenistic kingship, in: YCS 1 1928, 55ff.; H.-W. Ritter, Diadem und Königsherrschaft (Vestigia 7) 1965; Ch. Habicht, Gottmenschentum und griechische Städte. ²1970. – Ein Überblick über das Schrifttum zu den einzelnen hellenistischen Staaten bei E. Meyer, Einführung in die antike Staatskunde a. O. 306. W. Schmitthenner, Über eine Formveränderung der Monarchie seit Alexander dem Großen, in: Saeculum 19 1968, 31ff. H. Braunert, Theorie, Ideologie und Utopie im griechisch-hellenistischen Staatsdenken, in: GWU 14 1963, 145ff.; zu einzelnen Aspekten der hellenistischen Monarchie: H. Kloft, Ideologie und Herrschaft in der Antike (WdF 528) 1979; ferner H. Braunert, Utopia. Antworten griechischen Denkens auf die Herausforderung durch soziale Verhältnisse (Veröffentlichungen d. Schleswig-Holstein. Univ. Gesell. N. F. 51) 1969; H. Flashar, Formen utopischen Denkens bei den Griechen (IBK. Dies philologici Aenipontani 3) 1974; R. Bichler, Utopie und gesellschaftlicher Wandel, in: K. Acham (Hrsg.), Gesellschaftliche Prozesse. 1983, 15ff.; ders., Zur historischen Beurteilung der griechischen Staatsutopie, in: GB 11 1984, 179ff. Ferner: R. Günther – R. Müller, Das Goldene Zeitalter. Utopien der hellenistisch-römischen Antike. 1988. Vgl. auch unten 88. G. J. D. Aalders, Die Theorie der gemischten Verfassung im Altertum. 1968. – P. Weber-Schäfer, Einführung in die antike politische Theorie. 1976, 2 Teile. Der 1. Teil behandelt das politische („mythopoetische") Denken im Alten Orient und die

Anfänge einer politischen Theorie bis zur Sophistik, der 2. Teil die Konzepte von Platon bis Augustinus. Vgl. auch C. Ampolo, La politica in Grecia. 1981. H. Maier, H. Rausch und H. Denzer (Hrsg.), Klassiker des politischen Denkens. 2 Bde., im Bd. 1 ^{5}1979: Platon und Aristoteles. – Zu den *zwischenstaatlichen Beziehungen* vgl. E. Olshausen (Hrsg.), Antike Diplomatie (WdF 462) 1979; ferner F. E. Adcock–D. J. Mosley, Diplomacy in ancient Greece. 1975. – W. Gawantka, Isopolitie. Ein Beitrag zur Geschichte der zwischenstaatlichen Beziehungen in der griechischen Antike. 1975. P. Karavites, Capitulations and Greek interstate relations (Hypomnemata 71) 1982. E. Bickerman, Bemerkungen über das Völkerrecht im klassischen Griechenland, in: Zur griechischen Staatskunde (WdF 96) 474 ff.; A. Heuß, Stadt und Herrscher des Hellenismus in ihren staats- und völkerrechtlichen Beziehungen, in: Klio Beiheft 39 N. F. 26 1937; F. Hampl, Poleis ohne Territorium (1939), in: Zur griechischen Staatskunde a. O. 403 ff. –

Griechische Staatsverträge liegen gesammelt vor bei R. von Scala, Die Staatsverträge des Altertums. Bd. 1 1898 (ND 1968) (bis 338 v. Chr.), heute ersetzt durch H. Bengtson und R. Werner, Die Staatsverträge des Altertums (Hrsg.: Kommission für Alte Geschichte und Epigraphik des Deutschen Archäologischen Instituts). Bd. 2: Die Verträge der griechisch-römischen Welt von 700 bis 338 v. Chr. ^{2}1975, H. H. Schmitt a. O. Bd. 3: Die Verträge der griechisch-römischen Welt von 338 bis 200 v. Chr. 1969. – F. Hampl, Die griechischen Staatsverträge des IV. Jh. v. Chr. 1938 (ND 1970).

Zur *griechischen Rechtsgeschichte:* Grundlegend dafür E. Wolf, Griechisches Rechtsdenken. Bd. I–IV 2. 1950–1970. ›Zur griechischen Rechtsgeschichte‹ (Hrsg.: E. Bernecker) (WdF 45) 1968 mit einer umfangreichen Bibliographie zum Schrifttum über das klassische griechische Recht (1924 bis 1966). J. Triantaphyllopoulos, Das Rechtsdenken der Griechen (MBPR 78) 1985. A. Biscardi, Diritto greco antico. 1982 (vgl. dazu R. S. Stroud, Gnomon 57 1985, 377 f.). – M. Gagarin, Early Greek law. 1986. – Als Einführung J. W. Jones, The law and legal theory of the Greeks. 1956. J. de Romilly, La loi dans la pensée grecque des origines à Aristote. 1971; A. R. W. Harrison, The law of Athens. 2 Bde. 1968, 1971. D. Mac Dowell, The law in classical Athens. 1978. Weiters V. Ehrenberg, Rechtsidee im frühen Griechentum. Untersuchungen zur Geschichte der werdenden Polis. 1921 (ND 1966); L. Gernet, Droit et société dans la Grèce ancienne. 1955; J. H. Lipsius, Das attische Recht und Rechtsverfahren. 4 Bde. 1905–1915 (ND 1966); R. Bonner–G. Smith, The administration of justice from Homer to Aristotle. 2 Bde. 1930–1938. – H. J. Wolff, Griechische Rechtsgeschichte als Anliegen der Altertumswissenschaft und der Rechtswissenschaft, in: Πρακτικὰ τοῦ α' διεθνοῦς ἀνθρωπιστικοῦ συμποσίου ἐν Δελφοῖς (Ἑλληνικὴ ἀνθρωπιστικὴ ἑταιρεία Serie 2, 20) Bd. 1 1970, 152 ff.; ders., Normenkontrolle und Gesetzesbegriff in der attischen Demokratie (SB Heidelberg 2) 1970; ders., Das Justizwesen der Ptolemäer (MBPR 44) ^{2}1970. A. Kränzlein, Rechtsvorstellungen im altgriechischen und graecoägyptischen Rechtskreis. 1975. H. E. Troje, Europa und griechisches Recht (Wissenschaft und Gegenwart. Juristische Reihe 3) 1971.

Quellen zum griechischen Recht: E. Ruschenbusch, ΣΟΛΩΝΟΣ ΝΟΜΟΙ. Die Fragmente des solonischen Gesetzeswerkes (Historia Einzelschriften 9) 1966; R. Dareste–B. Haussoullier–Th. Reinach, Recueil des inscriptions juridiques grecques. 2 Bde. 1892–1904 (ND 1964); I. v. Prott und L. Ziehen, Leges Graecorum sacrae e titulis collectae. 2 Bde. 1896–1907; F. Sokolowski, Lois sacrées des citées grecques. Supplément (École Française d'Athènes. Travaux et Mémoires des anciens membres étrangers de l'École et de divers savants 11) 1962; P. M. Meyer, Juristische Papyri. 1920.

1.3 Quellen zum griechischen Staatsrecht

Zum nicht geringen Teil trägt die Forschung an jenen oben kritisierten Vorstellungen von der Polis als dem schlechthin griechischen Staat der Zeit vor dem Hellenismus Schuld, da das antike Informationsmaterial sich in erster Linie auf Poleis und hier wiederum auf die keineswegs typischen Formen Athens und Spartas bezieht. Grundsätzlich kommen als Quellen literarische im engeren Sinne (Historiographie und Dichtung), nichtliterarische (Epigraphik, Numismatik, Papyrologie) und archäologische in Betracht. Aus den ältesten literarischen Quellen der Griechen, ›Ilias‹ und ›Odyssee‹, erfährt man bereits von der Art des homerischen Königtums, den Versammlungen der Achäer; Tyrtaios (7. Jh.) und Solon (7./6. Jh.) berichten in ihren Gedichten über Besonderheiten der spartanischen und athenischen Verfassung, und Theognis (6. Jh.) und Pindar (frühes 5. Jh.) verteidigen die aristokratischen Ordnungen ihrer Poleis Megara bzw. Theben gegen die Wünsche einer nachrückenden Bürgerschaft. Im 5. Jh. beginnen dann in Dichtung und Historiographie die ausführlichen Verfassungsdiskussionen, für die Herodot 3, 80–83 und 7, 101–105 berühmte Zeugnisse darstellen. In dieser Zeit setzen auch die zahlreichen politischen Theorien der Sophisten und des Sokrates bzw. seiner Schüler sowie der berühmten Redner des 5. und 4. Jh. ein, denen dann im Hellenismus noch die Staatstheorien vor allem der Kyniker und Stoiker sowie des Polybios' Lehre von der Entstehung und dem Kreislauf der Verfassungen und ihrer besten Form, der μικτὴ πολιτεία, folgen. Eine Anthologie aller hier genannten Quellen mit genauen Stellenangaben hat D. Kagan, Sources in Greek political thought from Homer to Polybius. 1965, vorgelegt. P. J. Rhodes, The Greek city states: A source book, 1986 (u. a. über den homerischen und den archaischen Staat, Tyrannis, Athen, Sparta und andere Städte, Hellenismus). Trotz dieses *prima facie* vermeintlich umfangreichen Schrifttums zum griechischen Staat finden sich darin kaum systematische oder historische Darstellungen einzelner realer Staatsgebilde. „Der erste staatspolitische und soziologische Essay der Weltliteratur" (K. Reinhardt) ist die in den ersten Jahren des Peloponnesischen Krieges entstandene Flugschrift 'Αθηναίων πολιτεία, die zum Corpus der xenophontischen Schriften zählt, deren Verfasser aber anonym geblieben ist. Das Werk behandelt auf knappstem Raum die Verfassung der Athener, die Außenpolitik und insbesondere Athens Seemachtspolitik, kritisiert vor allem die Herrschaft des Demos und lobt die Oligarchie. Eine kommentierte Ausgabe (mit Übersetzung) stammt von E. Kalinka 1913 (ND 1967); weitere Editionen und Literatur dazu bei M. Treu, RE 9 A 1967, 1928ff. Art. Pseudo-Xenophon, und P. Kroh, Lexikon der antiken Autoren. 1972, 98. Etwa hundert Jahre später brachte Aristoteles im Rahmen seiner großen Materialsammlungen ein Werk mit 158 griechischen Verfassungen (πολιτεῖαι) heraus, von denen bis auf eine Ausnahme alle wieder verlorengegangen sind. Die Ausnahme: Die Staatsverfassung der Athener ('Αθηναίων πολιτεία);

Hrsg. H. Oppermann. 1928 (ND 1961); K. von Fritz–E. Kapp, Aristotle's Constitution of Athens and related texts. [3]1964; eine kommentierte deutsche Übersetzung von O. Gigon. [2]1971; siehe auch Aristoteles, Der Staat der Athener; übers. und hrsg. P. Dams (Reclams Universal-Bibliothek 3010) 1970. M. A. Levi, Commento storico alla respublica Atheniensium di Aristotele, 2 Bde. 1968; M. J. Fontana, L'Athenaion politeia del V secolo A.C. 1968; J. Day–M. Chambers, Aristotle's history of Athenian democracy (University of California publications in history 73) 1972 (ND 1967). Die Autorenschaft dieser durch einen Papyrusfund (1891) der Wissenschaft wiedergegebenen Schrift wird gelegentlich, so von C. Hignett, A history of the Athenian constitution. 1952, 29, der dem Autor der ›Politika‹ dieses Werk nicht zutrauen möchte, bezweifelt, doch sind diese Zweifel nach A. Lesky, V. Ehrenberg, H. Berve u. v. a. unbegründet. Die ›Athenaion Politeia‹ umfaßt zwei Teile, einen historischen, in welchem die Entwicklung der Verfassung Athens von etwa Drakon bis nach dem Peloponnesischen Krieg (c. 1–41) mit den darin genannten elf Verfassungsänderungen dargestellt wird, und einen systematischen (c. 42–68), der den damaligen Aufbau des Staates der Athener mit seinen Institutionen beschreibt. Aristoteles dürfte sein Wissen, so wird vielfach zumindest angenommen, insbesondere von den sogenannten Atthidographen bezogen haben, d. s. Autoren, die ab dem 5. Jh. Lokalchroniken Athens mit dem Titel ›Atthis‹ verfaßten, deren historischer Wert jedoch wegen der zahlreichen Geschichtskonstruktionen, insbesondere der Frühzeit, und der Historisierung des Mythos nicht unproblematisch ist. Zum Quellenwert der atthidographischen Tradition vgl. F. Jacoby, Atthis. The local chronicles of ancient Athens. 1949; ders., A commentary on the ancient historians of Athens, in: FgrH IIIb1 und 2 1954. Von den vielen Schriften der Redner und Philosophen, die als Quellen zum griechischen Staatsrecht bedeutungsvoll sind, seien die acht Bücher Πολιτικά des Aristoteles sowie die Νόμοι und die Πολιτεία Platons hervorgehoben. Siehe dazu A. B. Hentschke, Politik und Philosophie bei Plato und Aristoteles. 1971. K. von Fritz, The relevance of ancient social and political philosophy for our times. 1974. M. Dreher, Sophistik und Polisentwicklung. Die sophistischen Staatstheorien des 5. Jh. v. Chr. und ihr Bezug auf Entstehung und Wesen des griechischen, vorrangig athenischen Staates. 1983. R. Müller (–H. Klenner), Gesellschaftstheorien von der Antike bis zur Gegenwart (SB AW DDR) 1985; ders., Die epikureische Gesellschaftstheorie (Schriften zur Geschichte und Kultur der Antike 5) [2]1974. Zur praktischen Tätigkeit der griechischen Philosophen in der Politik vgl. F. L. Vatai, Intellectuals in politics in the Greek world. 1985. – Bis zur Auffindung des oben genannten Papyrus galt die Λακεδαιμονίων πολιτεία des Xenophon als wohl bedeutendste Dokumentation der Verfassung eines griechischen Staates. Der lakedaimonophile Autor beschreibt darin den von Lykurg geschaffenen Staat mit seinen Institutionen und seinem Erziehungsprogramm im Lichte idealstaatlicher Verhältnisse und sokratischer Ethik. „Die Verfassung des Lykurgos und das in ihr verankerte spartanische Königtum sind ihm die historischen Grundlagen der spartanischen Macht“ (A. Lesky). Textausgabe mit französischer Übersetzung von F. Ollier. 1934. Literatur: K. M. T. Chrimes, The Respublica Lacedaemoniorum ascribed to Xenophon (Publications of the University of Manchester 1) 1948. Auf das weitere Schrifttum verweist H. R. Breitenbach, RE 9 A 1967, 1753 Art. Xenophon. Schließlich wäre auch noch auf die ›Hellenica Oxyrhynchia‹ hinzuweisen, die im Anhang (c. 11) Boiotiens „Repräsentativverfassung mit 11 Böotarchen und einem Bundesrat von 660 Mitgliedern" (J. A. O. Larsen) und die politische Organisation der Städte beschreibt. Die Schrift wird u. a. dem Kratippos zugewiesen und ins frühe 4. Jh. datiert. Ediert von V. Bartoletti 1959. Andere Editionen und Schrifttum bei I. A. F. Bruce, An historical commentary on the Hellenica Oxyrhynchia. 1967. Siehe dazu auch J. A. O. Larsen, Orchomenos und die Bildung des Böotischen Bundes im Jahre 447 v. Chr. (1960), in: Zur griechischen Staatskunde a. O. 324ff.

Neben der literarischen Tradition zum griechischen Staatsleben stehen als wichtigste Informationsmittel auch die zahlreichen *Inschriften,* deren Urkundenwert von großer historischer Relevanz ist. Durch die wissenschaftliche Bearbeitung von Gesetzen und Dekreten zu Verfassung und Verwaltung, Friedensschlüssen und Staatsverträgen, Briefen von Herrschern und Schiedssprüchen zwischen einzelnen Städten und vieles mehr trägt die Epigraphik zur Erforschung des Staatsrechtes bei. Vgl. dazu etwa als Einführung L. Robert, Die Epigraphik der klassischen Welt. 1970, 10ff. Ein Überblick zu wichtigen Inschriften bei R. Meiggs–D. Lewis (Hrsg.), A selection of Greek historical inscriptions, Bd. 1 1969 (= um 16 neue Inschriften erweiterte Überarbeitung des 1. Bd. von M. N. Tod): von den Anfängen bis zum Ende des 5. Jh. Bd. 2 1948 (ND 1985) von M. N. Tod: 403 bis 323 v. Chr. (beide Bände beinhalten Textanalysen und historische Kommentare). Ausgewählte Inschriftensammlungen von W. Dittenberger, Sylloge Inscriptionum Graecarum (= ^{3}Syll), 4 Bde. ^{3}1915–1924 (ND ^{4}1960); ders., Orientis Graeci Inscriptiones Selectae (= OGIS), 2 Bde., 1903–1905 (ND 1960); W. Gawantka, Aktualisierende Konkordanzen zu OGIS und Syll.^{3} (Kurztitel!) 1977. C. B. Welles, Royal correspondence in the Hellenistic period. A study of Greek epigraphy. 1934 (ND 1966); R. Cagnat u. a., Inscriptiones Graecae ad res Romanas pertinentes, Bd. 1, 3, 4 1911–1927 (ND 1964); H. Bengtson–R. Werner, Die Staatsverträge des Altertums, Bd. 2: Die Verträge der griechisch-römischen Welt von 700 bis 338 v. Chr. ^{2}1975; H. H. Schmitt, Bd. 3: Von 338 bis 200 v. Chr. 1969; ders. Bd. 4: Von 200 bis 31 v. Chr. in Vorbereitung; diese Sammlungen öffentlicher Urkunden beinhalten neben den Inschriftenfunden auch die literarische Überlieferung. – Das für das Staatsleben relevante inschriftliche Material reicht bis etwa 600 v. Chr. V. Ehrenberg hat beispielsweise für seine Frage "When did the polis rise?" (Zur Staatskunde 3ff.) eine Reihe ältester Urkunden untersucht. – Vgl. zur Epigraphik unten 287ff.

Neben den Inschriften zählen auch die *Münzen* zum primären Quellenmaterial; ihr Aussagewert ist zwar, verglichen mit dem der Epigraphik, geringer zu veranschlagen, doch liegt in dem Umstand, daß jede Polis und die Bünde ihre eigenen Münzen prägten, ein großer urkundlicher Wert dieser Quellengattung. So kann K. Christ, Antike Numismatik. Einführung und Bibliographie. 1967, 27, aufgrund dieses historischen Aussagewertes der Münzen feststellen: „Bundesprägungen, wie diejenigen Arkadiens, Thessaliens, Euboeas, der Chalkidike, Boeotiens und der Peloponnes geben Einblick in die politische Struktur derjenigen Landschaften, in welche Ansätze zur Überwindung der Norm der Polis vorhanden waren oder sie verdeutlichen ganz bestimmte politische Konstellationen." Bei Christ a. O. 28ff. auch die Münzcorpora und Literatur (zum historischen Aussagewert der griechischen Münzbilder 29). – Vgl. zur Numismatik unten 290.

Insbesondere für den Hellenismus treten als weiteres primäres Quellenmaterial von hervorragender Bedeutung die *Papyri* neben Inschrift und Münze. Auf ihren Wert für die Erforschung der hellenistischen Staatsformen weist V. Ehrenberg, Der Staat der Griechen. [2]1965, 325ff., hin; hier auch die wichtigsten Sammelpublikationen und das dazugehörige Schrifttum. Abgesehen von den sogenannten literarischen Papyri wie der ›Athenaion Politeia‹ und den ›Hellenika Oxyrhynchia‹ oder den ›Dikaiomata‹, den Rechtsentscheidungen griechischer Städte, dominieren im papyrologischen Material vor allem die zahlreichen Urkunden und Urkundensammlungen zur Verwaltung Ägyptens, darunter als ausführlichste Dokumentation das sogenannte Archiv des Zenon, eines hohen Beamten der Regierungszeit des Ptolemaios II. Philadelphos. Aus der Masse aller dieser Papyri, die seit dem späten 4. Jh. v. Chr. an Zahl ständig zunehmen, „gewinnt man ein lebensvolles, bis ins einzelne gehendes Bild des hellenistisch-ägyptischen Staats- und Rechtslebens" (G. Busolt a. O. 34). Zum Zenon-Archiv: C. C. Edgar, Zenon Papyri, 1–4 (Catalogue Générale des Antiquités Égyptologiques) 1925–1931; G. Plaumann, Der Idioslogos. Untersuchungen zur Finanzverwaltung Ägyptens in hellenistischer und römischer Zeit (Abh. Berlin. 1918, 18 1919); W. Schubart, Das hellenistische Königsideal nach Inschriften und Papyri, in: APF 12 1937, 1ff. – Vgl. zur Papyrologie unten 290f.

Theorie und Realität des griechischen Verfassungslebens in den einzelnen politischen Verbänden weichen so weit voneinander ab, daß es sinnvoller und weniger problematisch für das Verständnis des griechischen Staatslebens erscheint, einige der lokal sehr unterschiedlich ausgeprägten Herrschaftsformen zumindest im Überblick kennenzulernen, als den Wesensbestimmungen des griechischen Staates bzw. den daraus hervorgegangenen Diskussionen hier weiter nachzugehen. Trotz der Probleme, die eine exemplarische Methode einschließt, seien daher im folgenden vier verschieden strukturierte Staatswesen zur Illustration kurz dargestellt, und zwar Athen, Sparta, Makedonien und Thessalien.

1.4 Athen

Die Verfassungsgeschichte dieser Stadt ist dank des oben 65f. erwähnten Papyrusfundes der ›Athenaion Politeia‹ die bestbekannte aller griechischen Staatsgebilde. Für die früheste Zeit sind Könige bezeugt, deren Namen (Kekrops, Erechtheus, Pandion, Aigeus, Theseus) in die Welt der Sage gehören, was aber nicht zu bedeuten hat, daß die Institution des Königtums als solche auch unhistorisch ist. Nach der ›Athenaion Politeia‹ entwickelte sich aus dem lebenslänglichen (Erb-?)Königtum zunächst ein Staatswesen, an dessen Spitze drei Archonten, und zwar der eponyme, der Polemarch und der Archon Basileus, anfangs anscheinend für zehn Jahre, dann für eines standen; später kamen dann noch sechs weitere Archonten (Thesmotheten) hinzu. Neben dem Archontenkollegium kontrollierte der mächtige Areiopag die Einhaltung der Gesetze und wohl auch die Handlungsweise der Regierung, in der sich die wichtigsten Kompetenzen auf die drei ersten Archonten verteilten: der eponyme Archon, mit Sitz im Prytaneion und ursprünglich wohl mit der Oberleitung der Polis betraut, war in erster Linie für familienrechtliche Fragen und festliche Veranstaltungen zuständig, der Archon Basileus hatte den Vorsitz im Areiopag und bei den Blutgerichten inne, und der Polemarch war Heerführer und Mitverantwortlicher in kultischen Belangen. Dieses Herrschaftssystem, das sich im 8. und 7. Jh. entwickelte – die Zeitangaben wie etwa 754/53 für die Ablösung des Königtums durch das zehnjährige Archontat und 683/82 für die Schaffung der einjährigen Amtsperiode der Archonten sind trotz ihrer 'Exaktheit' nur Richtwerte –, wird durch die Reformen des athenischen Staatsmannes Solon weitgehend umgewandelt. Doch zuvor noch ein Wort zur Stadtwerdung Athens. Wie zahlreiche andere größere griechische Städte entstand Athen durch Synoikismos, d. h. durch 'Zusammensiedlung' und Verschmelzung mehrerer Siedlungen der Umgebung. Thukydides (2, 15, 2), der diese Aktion Theseus zuschreibt, schildert den Vorgang recht anschaulich und, von den erwähnten Sagengestalten abgesehen, als historisch durchaus glaubwürdig: „Schon unter Kekrops und den ersten Königen bis auf Theseus wohnten die Athener in lauter Einzelstädten (κατὰ πόλεις), die alle ihr Ratshaus (Prytaneion) und ihre Beamten (Archonten) hatten, und wenn sie nicht gerade eine Gefahr schreckte, versammelten sie sich nicht zur Beratung beim König, sondern verwalteten und berieten sich für sich selber. Manchmal führten einige sogar Krieg miteinander . . . Als aber Theseus König geworden war, der zu seiner Klugheit auch mächtig war, ordnete er das ganze Land, und indem er Rat und Amtsgewalt in allen Städten aufhob, gab er der jetzigen Stadt, die er zur einzigen Rats- und Amtsstätte (Bouleuterion und Prytaneion) erklärte, allen eine staatliche Mitte, wobei jeder auf seinem Eigentum wohnen blieb wie bisher; er zwang sie nur, ihren Staat in dieser einen Stadt zu sehen, zu der nun alle beisteuerten . . ."

Zu Beginn des 6. Jh., nachdem ein Versuch des Olympioniken Kylon, in dieser durch den Synoikismos mächtig gewordenen Stadt die Tyrannis zu installieren, fehlgeschlagen war (Ereignis des Alkmeonidenfrevels), und Drakon, wie der Putschist aus der führenden athenischen Aristokratie stammend, mit der Kodifizierung des geltenden Rechtes, der sogenannten ϑεσμοί, mehr Rechtssicherheit in Athen zu garantieren versucht hatte (eine Verfassungsänderung war damit nicht verbunden), schuf Solon für das Herrschaftssystem dieser Stadt ein neues Fundament. In seiner Elegie Ἡμετέρα δὲ πόλις hat es der dichtende Staatsmann gleichsam als ein *poète engagé* unternommen, eine Reihe programmatischer Gedanken für das Wohlergehen und die Eunomia im Staat seinen Bürgern verständlich zu machen. Seine Reformen atmen denselben Geist. In mehreren Punkten decken sich hier Theorie und Praxis. Bei der Realisierung seiner Vorstellungen ist Solon gezwungen, unpopuläre Maßnahmen zu setzen. Die Lastenabschüttelung (σεισάχθεια) und die Abschaffung der Schuldknechtschaft treffen die Reichen, während die Armen ihre radikale Forderung nach Neuaufteilung des Bodens (γῆς ἀναδασμός) nicht verwirklicht sehen. Auf diesem Fundament schuf Solon den Staat der Athener: Nach dem Grundsatz 'Geld ist politische Macht' gliederte er die Bürgerschaft der Stadt bekanntlich in die vier Klassen der Pentakosiomedimnoi (dazu gehörte nach der Athenaion Politeia = AP 7, wer auf eigenem Boden 500 Maß an trockener oder feuchter Ernte jährlich einbrachte, d. h. etwa 22500 l Korn oder 18000 l Öl bzw. Wein Jahresproduktion; spätere Umrechnung 1 Scheffel = 1 Schaf = 1 Drachme), der Hippeis (300 Scheffel), der Zeugiten (200 Scheffel) und der Theten. Für die höchsten Ämter, das Archontat und das Schatzmeisteramt, kam nur die erste, für die übrigen Ämter auch die zweite und dritte Klasse in Frage, während die Theten nur für die ebenfalls damals neugeschaffene Volksversammlung (ἐκκλησία) und die Volksgerichte (ἡλιαία) als politisch mündig erachtet wurden. Zu den solonischen Maßnahmen, die die Verfassung betreffen, gehört auch die Einsetzung des Rates der 400 (βουλή): je 100 Vertreter der vier alten Geschlechterphylen stellen die Ratsmitglieder, womit ein Kollegium geschaffen worden war, das an der Spitze der Ekklesia stand und das vor allem den Areiopag etwas von der politischen Bühne abdrängte.

Solons timokratisches Ordnungsprinzip muß vor dem Hintergrund der gesellschaftlichen Veränderungen in Griechenland beurteilt werden. Mit der Ablösung des frühen Ritterheeres durch die Hopliten erlangen die Bürger Einfluß auf politische Entscheidungen, ein Umwandlungsprozeß, der im 7. Jh. vielerorts in Griechenland zu beobachten ist und der in ähnlicher Form auch Roms gesellschaftspolitische Veränderungen im 5. Jh. bestimmt (Zenturienverfassung). Daß das Vierklassensystem eine Schöpfung Solons darstellt, muß nicht unbedingt zutreffen, denn nach AP 7, 3 haben die vier Stände (τέλη) auch schon vorher bestanden (καθάπερ διῄρητο καὶ πρότερον). War Solon also ein eher konservativer Reformer, der die alte Aristokratie wieder ans Ruder bringen wollte? Solche Meinungen fehlten im modernen Schrifttum nicht. So spricht etwa C. Hignett[18] von "the cautious conservative temperament of Solon" und beschreibt dessen Verfassungsreform und Gesetzgebung, die er übrigens "not in his archonship but late in the third decade of the sixth century" datiert, in diesem Sinne. Andererseits gilt Solon als „Vater der Demokratie", so H. Schaefer, und A. Heuß[19] sieht

[18] A history of the Athenian constitution. 1952, 98.

[19] Damit vergleichbar A. Masaracchia, Solone. 1964, und P. Oliva, Solon and the seisachtheia, in: Živa Antika 21 1971, 103 ff. Ders., Solon – Legende und Wirklichkeit (Xenia 20) 1988. Anderen gilt Solon als „Vater der Demokratie", so H. Schaefer, Staatsform und Politik. 1932, 110. A. Heuß, Propyläen Weltgeschichte. 1962 Bd. 3, 175.

in bezug auf die „gesamtgriechische Entwicklung" in Solon den „Repräsentanten schlechthin für ihre bedeutsamsten Strukturelemente". Noch weiter holt H. Bengtson aus, wenn er feststellt: „Solon hat den ersten modernen Staat des griechischen Mutterlandes, der diesen Namen überhaupt verdient, geschaffen, mit Solons Schöpfung beginnt die Geschichte der Staatsidee in Europa."[20] Die πάτριος πολιτεία, ein Schlagwort, das in der Publizistik ab dem ausgehenden 5. Jh. in der Verfassungsdiskussion eine erhebliche Rolle spielt – gemeint ist damit die demokratische Staatsform –, wird vielfach Solon zugeschrieben. Die AP (9, 1) betont auch die drei entscheidenden demokratischen Elemente in Solons Reformwerk, indem sie auf das Verbot der Verpfändung der eigenen Person, das Recht, sich für jedermann, dem Unrecht geschieht, einzusetzen, und vor allem auf das Appellationsrecht an die Heliaia, wo der Demos 'Herr der Abstimmung' ist, verweist. Solons Position kann aufs Ganze gesehen weder als aristokratisch-konservativ noch als demokratisch-progressiv bezeichnet werden. Er war, um die großen, wirtschaftlich bedingten politischen Spannungen in Athen abzubauen, den Aisymneten anderer griechischer Städte vergleichbar, 594/93 zum schlichtenden Schiedsrichter (διαλλακτής) und Archon gewählt worden und empfand seine Rolle offenbar auch so: „Ich aber stand wie ein Grenzstein zwischen beiden" (AP 12, 5). Mit seinen Maßnahmen zur Schlichtung des Parteihaders wollte Solon auch das Aufkommen einer Tyrannis in Athen, die auf diesem Boden gut zu gedeihen schien, verhindern, ein Wunsch, der ihm freilich nicht in Erfüllung gehen sollte. Aber bald nach seinem freiwilligen Rücktritt und einem Intermezzo des Damasias gelang es Peisistratos mit Hilfe der Bergbevölkerung, der Diakrier, wohl einen Streit der beiden anderen Parteien, der Küstenbewohner (Paralier) und der 'Leute aus der Ebene' (Pedier), ausnützend, sich in Athen zum Tyrannen aufzuschwingen und damit die Solonische Verfassung wenn schon nicht gesetzlich, so doch *de facto* außer Kraft zu setzen. Auf das spezifische Verhältnis des Peisistratos zur Polis Athen hat H. Berve hingewiesen. Danach ist es charakterisiert durch den Verzicht auf eine verfassungsmäßige Sonderstellung und die der Polis gegenüber erwiesene Loyalität, wie sie Herodot 1, 60 beschreibt: „Er herrschte über die Athener, aber er schaffte die bestehenden Ämter nicht ab, änderte auch die Gesetze nicht, sondern regierte die Stadt nach der bestehenden Verfassung in trefflicher und guter Ordnung"; oder wie es auch in der AP (14) heißt, Peisistratos, der sehr demokratisch gesinnt zu sein schien (δημοτικώτατος), lenkte den Staat eher als Bürger denn als Tyrann (πολιτικῶς μᾶλλον ἢ τυραννικῶς). Demgegenüber steht in der Literatur vielfach ein Peisistratosbild, das der konventionellen Tyrannentypologie, die Berve in seinem Werk eindrucksvoll aus der antiken

[20] Bengtson GG 126.

Überlieferung herausgelöst hat, eher entspricht, wobei nicht nur der Umstand wesentlich erscheint, daß seine Herrschaft 'ungesetzlich' war, sondern auch, daß er jene attische Expansionspolitik einleitete, die Athen später auf die 'schiefe Bahn' bringen sollte. Nach seinem natürlichen Tod regierten seine beiden Söhne Hipparchos und Hippias in einer Art 'Samtherrschaft', die dann durch das Attentat auf Hipparchos und die Vertreibung seines älteren Bruders ein jähes Ende nahm. Als Reaktion auf die Peisistratidenherrschaft darf man neben den beschlossenen Maßnahmen, die in Hinkunft die Etablierung einer Tyrannis verhindern sollten, und der Ehrung der beiden Tyrannenmörder Harmodios und Aristogeiton vor allem die Verfassungsreform des Kleisthenes ansprechen, in der gerne die Geburtsstunde der attischen Demokratie gesehen wird. Der Alkmeonide Kleisthenes, Führer der Paralier, brach die Macht der vier attischen Geschlechterphylen (oben 70) und teilte die Bevölkerung Attikas anstelle der alten Phylen in zehn territoriale Bezirke; dabei wurden die drei Territorien des attischen Landes, Stadt, Binnenland und Küstenland, in je zehn Teile (Trittyen) zerstückelt und je ein solcher Teil von Stadt, Binnenland und Küste bildete eine neue Phyle. Jede Phyle stellte einen Strategen und entsandte 50 Ratsherren in die von 400 auf 500 Mitglieder erweiterte Boule. Die kleinsten Selbstverwaltungseinheiten bildeten die Demoi, von denen es vor Kleisthenes an die hundert gegeben hatte und deren Zahl nunmehr auf etwa 140 gestiegen war. An ihrer Spitze stand jeweils ein Demarch. Bei aller Kompliziertheit und Reglementiersucht, die diese Reform kennzeichnet, ist es nicht nur erstaunlich, daß das neue System auch funktionierte, sondern auch, daß die moderne Fachliteratur hierüber einigermaßen einhelliger Auffassung ist. Nicht gesagt werden kann das vom Ostrakimos, eine jener politischen Maßnahmen, die es erlaubte, Einzelpersönlichkeiten, die den Bürgern zu mächtig erschienen, also der Tyrannis verdächtigt werden konnten, unter Beibehaltung des Eigenbesitzes und der Bürgerrechte zehn Jahre aus der Stadt zu verbannen. Was die Datierung dieser Einrichtung, die Wilamowitz als „Mißtrauensvotum" bezeichnet, anlangt, so wird schon seit geraumer Zeit darüber debattiert, ob Kleisthenes den Ostrakismos um 508/7 im Rahmen seiner Reformen eingeführt hat oder ob dies erst 20 Jahre später, kurz vor 488/87, geschah, als erstmals ein Athener, nämlich Hipparchos, der Sohn des Charmos, ostrakisiert wurde. K. J. Belochs Wort,[21] „denn man schmiedet eine solche Waffe doch nicht, um sie zwanzig Jahre lang in der Scheide rosten zu lassen", kennzeichnet die Argumentation der Spätdatierer, die sich auf eine Angabe bei Androtion/Harpokration (FgrH 324 F 6) berufen, während diejenigen Gelehrten, die im Ostrakismos ein Gesetz des Kleisthenes sehen, hauptsächlich die AP (22, 1ff.), daneben

[21] Beloch, Griechische Geschichte Bd. 1, 2 332.

aber auch Philochoros (FgrH 328 F 30) und Aelian (var. hist. 13, 24) als Zeugen anrufen.

Eine zusammenhängende Darstellung der Verfassungsgeschichte Athens von ihren Anfängen bis zum Ende des 5. Jh. v. Chr. hat C. Hignett mit seiner ›History of the Athenian constitution‹ vorgelegt. Die kritische Auseinandersetzung H. Berves[22] mit dieser Schrift, die durch ihre hyperkritische Position gegenüber der antiken Überlieferung (zu AP und der sogenannten Atthidographentradition vgl. 252) gekennzeichnet ist, läßt deutlicher als manche andere umfangreiche Untersuchung zum Staat der Athener die Probleme erkennen, die den bisherigen Rekonstruktionsversuchen der großen Verfassungsreformen eines Solon und eines Kleisthenes innewohnen. „Denn mag die Verfassungsgeschichte im ganzen logischer abzulaufen scheinen als die vielfältigen, von zahllosen irrationalen Kräften bewegte politische Geschichte, berechnen lassen sich auch ihre Erscheinungen nicht." Neuerdings hat man aufgrund einer 'semantic method' versucht, die Frage nach dem Zeitpunkt des Entstehens der attischen Demokratie zu beantworten. So hat M. Ostwald eine Analyse verfassungsrechtlich gebrauchter Worte wie νόμος und ϑεσμός bzw. der Verbindungen ἰσονομία, εὐνομία, δυσνομία und ἀνομία durchgeführt, die ergab, daß in der Substitution von 'Nomos' für 'Thesmos', die unmittelbar nach der Reform des Kleisthenes feststellbar zu sein scheint, auch das "establishment of the Athenian democracy in 507 B.C." gegeben ist. Zwei methodische Überlegungen sollen jedoch das Hypothetische dieses anhand der Terminologie-Analyse gewonnenen Resultats herausstellen: Zum einen entstammen die untersuchten Belege oft dem 4. Jh. v. Chr. oder noch späterer Zeit, sie können also durchaus unter dem Eindruck der staatsrechtlichen Terminologie dieser späteren Zeiten stehen, zum anderen wird mit der Fiktion operiert, daß ein Wandel der 'Begriffe' "an important change in thinking" reflektiere, die Verfassungsänderung sich also auch in einem Begriffswechsel ausdrücke. Beide Überlegungen zeigen, daß auch auf diesem neuen Wege keine größere Sicherheit in Fragen der Zäsuren und Kontinuität bei der Entwicklung der athenischen Verfassungen zu gewinnen ist als in der traditionellen Forschung.

Eine entscheidende Verfassungsreform im Jahre 487/86 wandelte das Archontat in ein Amt um, das nun nicht mehr durch Wahl, sondern durch 'Bohnenlos' bekleidet werden konnte (nachdem die Demen 500 Kandidaten vorzuschlagen hatten), eine Maßnahme, die zweifelsohne die neun Archonten – nunmehr konnten sie auch aus dem Ritterstand sein – gegenüber den Strategen abwertete, die seit Kleisthenes die Aufgebote der zehn Phylen anführten und die auch nach der Reform von 487/86 weiterhin gewählt

[22] Berve, Gnomon 27 1955, 225 ff.

wurden; ab etwa 480 übertrugen die Athener einem oder mehreren Strategen den militärischen Oberbefehl, wobei Wiederwahl durchaus gestattet war. Zusammen mit der weiteren Kompetenzbeschränkung des Areiopags durch Ephialtes, der Zulassung der Zeugiten zum Archontenamt (457) und der Einführung der Tagegelder für Bouleuten, Heliasten und die Beamten durch Perikles bilden diese Veränderungen den entscheidenden Anstoß zur Ausbildung der sogenannten radikalen Demokratie der zweiten Hälfte des 5. Jh. In seiner Studie ›The new politicians of fifth-century Athens‹ (1971) hat W. R. Connor aufgrund von historiographischen und prosopographischen Untersuchungen den Nachweis erbringen können, daß – weniger von den Institutionen als von der Machtpolitik her – mit dieser Zeit ein neuer Führungsstil anbricht. Haben Perikles und andere frühere Staatsmänner vor allem mit Unterstützung von Hetairien aufgrund von "political friendships" regiert, so betritt mit Kleon, Kleophon, Hyperbolos u. a. ein neuer Herrschertyp, eben ein 'new politician', die politische Bühne, der eine Massengefolgschaft und den unmittelbar wirksamen Kontakt zum bis dahin unterprivilegierten athenischen Bürger sucht ("mass alliances and direct appeals to many citizens"). In dieser Entwicklung sieht Connor mit Recht, wie mir scheint, "a step forward, toward a higher and clearer ethical standard. They (scil. the new politicians) asserted more clearly than ever before that the first duty of a politician was to the city, not to some small clique within it. They professed civic virtues and civic concerns, and moved beyond the provinciality of family and faction that had so often characterized Greek politics in the past"[23]. Diese Neueinschätzung der Politik für die Zeit nach Perikles bedeutet eine deutliche Abweichung vom Demagogenbild, wie es die Komiker und auch Thukydides etwa von dem Prototyp dieser Politiker, Kleon, gezeichnet haben und wie es auch Eingang in das moderne Schrifttum gefunden hat. Die sogenannte radikale Demokratie des ausgehenden 5. Jh. wird noch zweimal durch Oligarchen außer Kraft gesetzt, und zwar 413/11 nach dem sizilischen Fiasko und nach Aigospotamoi (405), wobei jedesmal versucht wird, die Umwandlung von der einen Herrschaftsform in die andere mit Berufung auf die πάτριος πολιτεία zu motivieren. S. A. Cecchin hat in Πάτριος πολιτεία[24] diese politische (Leer-)Formel vor allem aufgrund des ersten Thrasymachosfragments, aber auch anderer Texte untersucht und dabei festgestellt, daß sie von den gemäßigten Oligarchen als eine „riposta all'*isonomia* dei radicali" aufgefaßt wurde und man die „costituzione degli antenati" als „un tipo di governo in grado di assicurare la pace e la concordia interna, senza distruggere l'eguaglianza" verstand. Das auffallend positive Urteil, das Thukydides (8, 97, 2) über das

[23] Connor a. O. 194f.

[24] Historica – Politica – Philosophica. 1969 1, 7.

erste der beiden oligarchischen Intermezzi sprach, ist Gegenstand der Studie ›La posizione di Tucidide verso il governo dei cinquemila‹ [25]. Überraschend ist das Lob insofern, als seine „tanta ammirazione par l'Atene di Pericle" und der athenischen Demokratie im allgemeinen in deutlichem Widerspruch zur Oligarchie der 5000 steht (siehe unten). Daß der Versuch von G. Donini, diesen Gegensatz letztlich mit der „mentalità di Tucidide" zu erklären, nicht recht zufriedenstellen will, zumal er die Unverträglichkeit der oligarchischen und demokratischen Positionen impliziert, sei hier nur am Rande erwähnt. Einen 'ersten' Untergang der Demokratie, die sich nach den Reformen des Kleisthenes in mancherlei Punkten gewandelt hatte, in ihrer Struktur aber doch an die hundert Jahre hielt, erlebt Athen 413/411, als zunächst eine Zehnerkommission von Proboulen geschaffen und sodann die athenische Bürgerschaft auf 5000 beschränkt wurde, für die der Rat der 400 auf kurze Zeit die Regierungsgeschäfte führte (gemäßigte Oligarchie des Theramenes), ehe 410 die Demokratie wiederhergestellt wurde. Nach Ende des Peloponnesischen Krieges gelang es den radikalen Oligarchen unter dem Demokratiefeind Kritias, mit Hilfe Spartas die Herrschaft der 'Dreißig Tyrannen' (οἱ τριάκοντα) zu errichten, doch schon 403, nach Einsetzen einer Zehnmännerkommission, konnte in Athen neuerlich die Demokratie etabliert werden. In der Folgezeit bleibt dieses Verfassungssystem in Kraft, bis schließlich 322 Antipater der athenischen Demokratie den Todesstoß versetzte und Demosthenes sich nach seinem leidenschaftlich geführten, aber erfolglosen Kampf für die Polis im Poseidontempel auf Kalauria das Leben nahm. Gegen die im Schrifttum vertretene Ansicht, die athenische Demokratie sei letztlich „an innerem Versagen" gescheitert, hat sich H. E. Stier [26] gewandt und die Gegenthese vorgelegt, daß sie – schlicht gesagt – von überlegenen Mächten erschlagen worden ist. Die politischen Aktionen, die Athen im 4. Jh. noch zu setzen imstande war, so 377 (2. Seebund) und 340, als Athen noch erfolgreich gegen Philipp II. agierte, zeigen nach Stier eine erstaunliche, der demokratischen Verfassung innewohnende Vitalität, die eben nur von außen her zu brechen war. Wissenschaftsgeschichtlich bemerkenswert an dieser Schrift ist auch, daß H. E. Stier, der in seiner ›Klassischen Demokratie‹ (1954) noch Wert darauf legte, zwischen der attischen Demokratie des 5. Jh. und der des 4. Jh. eine scharfe Trennungslinie zu ziehen, die die Demokratie des 5. Jh. von der Ochlokratie des 4. Jh. unterscheidet, diese These nun *expressis verbis* zugunsten der oben angeführten fallenläßt.

[25] Historica – Politica – Philosophica. 1969 2, 88.

[26] Der Untergang der klassischen Demokratie. 1971. Vgl. auch J. Rhodes, Athenian democracy after 403. B.C., in: JC 75 1979/80, 305ff. C. Mossé, Der Zerfall der athenischen Demokratie (404–86 B.C.) 1979. J. Pečírka, The crisis of the Athenian polis in the fourth century B.C., in: Eirene 14 1976, 5ff.

In hellenistischer Zeit ist ein autonomes Verfassungsleben in Athen kaum mehr wirksam; zwar bezeugen die Quellen timokratische Elemente neben demokratischen und oligarchischen, ja sogar eine Tyrannis (des Lachares 297/96), doch die Präsenz makedonischer Truppen beschränkt die politische und staatsrechtliche Handlungsfreiheit Athens auf ein Minimum. Als ein Teil Griechenlands 146 v. Chr. zur römischen Provinz wurde, gab man der Stadt den Status einer *civitas foederata.*

Zur oben 61ff. genannten einführenden Literatur und zu den Darstellungen der Verfassungsgeschichte Athens von Welwei a. O. 150–270 sowie von Ch. Meier (beide oben 55, Anm. 7f.) vgl. ferner Busolt – Swoboda, Griechische Staatskunde. 2. Hälfte 758ff. (wo auch die einschlägigen historiographischen und epigraphischen Quellen angegeben sind) und die kleine Auswahl: M. Stahl, Aristokraten und Tyrannen im archaischen Athen. Untersuchungen zur Überlieferung, zur Sozialstruktur und zur Enstehung des Staates. 1987. C. Hignett (wie oben 70, Anm. 18). A. H. M. Jones, Athenian democracy. 1957 (ND 1986). T. Tarkiainen, Die athenische Demokratie. 1966 (ND 1972). W. G. Forrest, Wege zur hellenischen Demokratie. 1966. M. Ostwald, Nomos and the beginning of the Athenian democracy. 1969 (vgl. dazu die Kritik bei H. W. Pleket, Isonomia and Cleisthenes, in: Talanta 4 1972, 63ff. Ferner: R. Turasiewicz, Zur griechischen politischen Terminologie, in: E. Kluwe (Hrsg.), Kultur und Fortschritt, 77ff. siehe unten a. O.). B. Borecký, Die politische Isonomie, in: Eirene 9 1971, 5ff. – M. Ostwald, Autonomia. Its genesis and early history. 1982. – G. Vlastos, ISONOMIA POLITIKE, in: J. Mau–E. G. Schmidt (Hrsg.), Isonomia. Studien zur Gleichheitsvorstellung im griechischen Denken. 1964, 1ff. Ph. B. Manville, The evolution of Athenian citizenship: Individual and society in the archaic age. Diss. Univ. Yale 1979. F. Bourriot, Recherches sur la nature du génos. Étude d'histoire sociale athénienne – périodes archaique et classique. 2 Bde 1976. Ch. W. Hedrick, The Attic phratry. Diss. Univ. Pennsylvania. 1984. M. Gagarin, Drakon and the early Athenian hominicide law. 1981. R. W. Wallace, The date of Solon's reform, in: Journal of Ancient History, 8, 1 1983, 81ff. (datiert "against all ancient sources" 580/570). J. Salmon, Political hoplites?, in: JHS 97 1977, 84ff. J. S. Traill, The political organization of Attica. A study of the demes, trittyes, and phylai, and their representation in the Athenian council (Hesperia Suppl. 14) 1975. Ders., Demos and trittys. 1986. P. Siewert, Die Trittyen Attikas und die Heeresreform des Kleisthenes (Vestigia 23) 1982. G. R. Stanton, The tribal reform of Kleisthenes the Alkmeonid, in: Chiron 14 1984, 1ff. J. Martin, Von Kleisthenes zu Ephialtes, in: Chiron 4 1974, 5ff. U. Kron, Die zehn attischen Phylenheroen. 1976. R. Osborn, Demos: The discovery of classical Attika. 1985 (insbesondere über die Beziehungen der ländlichen Siedlungen Attikas zu Athen). D. Whitehead, The demes of Attica, 508/7 – ca. 250 B.C. 1986. – Zum *Ostrakismos* und seiner Datierung: Gegen die von Beloch (wie oben 72, Anm. 21) u. a. vertretene Spätdatierung vgl. R. Thomsen, The origin of ostracism. 1972, G. A. Lehmann, Der O.-Entscheid in Athen, in: ZPE 41 1981, 85ff. sowie komprimiert und übersichtlich R. Meister, Zum Zeitpunkt der Einführung des O., in: Chiron 1 1971, 85ff. – *Zum 5. und 4. Jh.:* E. Ruschenbusch, Athenische Innenpolitik im 5. Jh. v. Chr. 1979. E. Kluwe (Hrsg.), Kultur und Fortschritt in der Blütezeit der griechischen Polis (Schriften zur Geschichte und Kultur der Antike 24) 1985. D. Lotze, Entwicklungslinien der athenischen Demokratie im 5. Jh. v. u. Z., in: Oikumene 4 1983, 9ff. M. Ostwald, From popular sovereignity to the sovereignity of law. 1986. W. Lengauer, Greek commanders in the 5th and 4th centuries. Politics and ideology: A study of militarism. 1979. C. Patterson, Perikles' citizenship law of 451–50 B.C. 1981. D. Lotze, Zwischen Politen und Metöken. Passivbürger im klassischen Athen?, in: Klio 63 1981, 159ff. S. Whitehead, The ideology of the Athenian metic. 1977. M. B. Walbank, Athenian proxenies in the fifth century B.C. 1978. P. Funke, Homonoia und Arche. Athen und die griechische Staatenwelt vom Ende des Pelop. Krieges bis zum Königsfrieden (403–387/6 v. Chr.) 1980. P. J. Rhodes, Athenian democracy after 403 B.C., in: CJ 75 1979/80, 305ff. C. Mossé, Der Zerfall der athenischen Demokratie (404–86 v. Chr.) 1979. J. Pečírka, The crisis of the Athenian polis in the fourth century B.C., in: Eirene 14 1976, 5ff.; vgl. auch oben 75, Anm. 26. Aus der großen Zahl von verfassungsgeschichtlichen Studien des dänischen Gelehrten M. H. Hansen seien genannt: Initiative und Entscheidung. Überlegungen über die Gewaltenteilung im Athen des 4. Jh. (Xenia 6) 1983. Ders., The Athenian ecclesia. A collection of articles 1976–83 (Opuscula Graecolatina 26) 1983. Ders., Die athenische Volksversammlung im Zeitalter des Demosthenes (Xenia 13) 1985. Vgl. auch G. Thürs Rezension einer dreibändigen Sammlung weiterer Arbeiten von Hansen, in: Gnomon 55 1983, 601ff. Siehe auch die beiden Beiträge von J. A. O. Larsen, Entstehung und Bedeutung der Stimmenzählung (1949) und A. H. M. Jones, Wie funktionierte die athenische Demokratie (1957), im Sammelband ›Zur griechischen Staatskunde‹ (WdF 96). Eine umfangreiche Bibliographie zur athenischen Verfassungsgeschichte findet sich bei P. J. Rhodes, The Athenian Boule. 1972 (ND 1985), siehe auch R. A. de Laix, Probouleusis at Athens. A study of political decisionmaking (California university publications in history 83) 1973, und J. Bleicken, Die athenische Demokratie. 1985, 397ff. (495 Titel).

1.5 Sparta

Zeigt schon die Verfassungsgeschichte Athens eine bunte Palette verschiedener Staatsformen, die es nur in bedingtem Rahmen erlauben, von *einem* Staat der Athener, geschweige denn von *einem* Staat der Griechen zu sprechen, so gilt dies hinsichtlich einer griechischen Staatskonzeption erst recht in bezug auf die Vielfalt im übrigen Hellas. Spartas Staatsordnung weist kaum Züge auf, die man mit der Verfassung Athens oder anderer griechischer Staaten vergleichen könnte. Mit anderen Worten: Die Versuche, Wesenskonstanten des griechischen Staates glaubhaft zu machen, führten in der Forschung bisher noch zu keinem allgemein akzeptierten Resultat (was natürlich nicht als einziges Argument gegen ein einheitliches griechisches Staatsprinzip verstanden werden soll). Zu den Besonderheiten der konstitutionellen Ordnung Spartas zählt das Doppelkönigtum, über dessen Ursprung und Sinn viel gerätselt wurde; Klarheit konnte dabei allerdings noch nicht gefunden werden. V. Ehrenberg meint, diese Sonderform sei „vielleicht aufgrund einer ursprünglichen Vereinigung der drei dorischen Phylenkönige, von denen einer früh verschwunden wäre", entstanden; H. Berve führt sie mit Berufung auf die Verhältnisse im Epiros (wo allerdings beide Könige zur gleichen Familie gehören) auf „die frühe Vereinigung zweier dorischer Gruppen" zurück und hält eine andere Auffassung, wonach die Einbeziehung von Amyklai in den Stammesverband dafür verantwortlich zu machen sei (so C. Wachsmuth), für unwahrscheinlich. Unter den recht zahlreichen älteren Hypothesen, über die R. v. Pöhlmann einen Überblick bietet (neuere Auffassungen zitiert Bengtson[27]), findet sich auch eine, der zufolge die Schaffung dieser 'staatsrechtlichen Anomalie' einen „Kompromiß" der rivalisierenden Adelsgeschlechter, nämlich der Agiaden und Eurypontiden, darstelle (Ed. Meyer, K. J. Beloch), doch scheint das letzte Wort hier noch nicht gesprochen zu sein. Ebenso unsicheren Boden betritt man bei der Beschäftigung mit der ›Großen Rhetra‹, einem bei Plutarch, Lykurg 6 überlieferten 'Dokument', das nach Alter und Bedeutung „an der Spitze der Urkunden aus dem griechischen Verfassungsleben steht"[28] und das den Auftrag an Lykurg enthalten haben soll, den Spartanern eine Verfassung zu geben: „Gründe ein Heiligtum des Zeus Syllanios und der Athena Syllania", so gebot der delphische Apoll (nach Hdt. 1, 65 brachte Lykurg die neue Ordnung aus Kreta), „richte Phylen und Oben, eine Gerusia, die einschließlich der Könige (Archagetai) dreißig Köpfe zählt, ein und veranstalte von Zeit zu Zeit eine Volksversammlung (Apella) zwischen Babyka und Knakion, sodann bringst du Anträge ein und läßt abtreten (abstimmen?). Die Macht der Entscheidung liegt aber beim Volk." Während Busolt-Swoboda „keine zwingenden Gründe für die Streichung der geschichtlichen Persönlichkeit Lykurgs", über die schon die antiken Autoren rätselten, gelten lassen und die Staatsreform „im Anschluß an den Synoikismos um 754"[29] datieren, kann es nach Bengtson, der von „der mythischen Gestalt des Lykurg" spricht, als sicher gelten, „daß die *spartanische Staatsordnung* in ihrer Eigenart allmählich *geworden* ist, sie ist *nicht* das Werk eines einzelnen Gesetzgebers". Anders wieder einige moderne Vertreter der angelsächsischen Forschung, so G. L. Huxley und W. G. Forrest, die für die Historizität Lykurgs und der Rhetra eintreten, im Unterschied zu dem *non liquet* (While we cannot with certainty affirm the historicity of Lycurgus, neither can we deny it) von H. Michell.[30] Sowohl die Historizität der Person

[27] Ehrenberg, Staat der Griechen, 22. Berve, Griechische Geschichte Bd. 1 71. Pöhlmann, Griechische Geschichte, 37f.

[28] Bengtson GG 103. M. Clauss, Sparta. 1983, 117f. nennt weitere religiöse Begründungen.

[29] Busolt – Swoboda, Griechische Staatskunde Bd. 2 651f.

[30] G. L. Huxley, Early Sparta. 1962, 41f. W. G. Forrest, A history of Sparta. 1968, 55ff. – Beide sprechen sich für die Historizität Lykurgs und der Rhetra aus. Im

Lykurgs als auch die Echtheit der ›Großen Rhetra‹ werden in der Fachwelt bezweifelt. Eine Zusammenstellung der Pro und Contra eingestellten Gelehrten findet sich bei Bengtson.[31] J. H. Oliver, der in seiner von der Fachwelt leider zu oft übergangenen Untersuchung der Übergangsphase ›From divinely ordained kingship to civic constitution‹ sich auch mit Ed. Meyers Versuch, die ›Große Rhetra‹ ins 4. Jh. zu datieren, auseinandersetzt, bietet eine ausführliche und originelle Interpretation der Lykurgstelle. Entwicklungsgeschichtlich gesehen gehört die ›Große Rhetra‹ in die Zeit des Aufkommens der Hoplitenarmee, die auch die athenische Verfassung entscheidend mitbeeinflußt hat. Das umstrittene Rechtsdokument bedeutet zweifelsohne einen ersten Schritt auch in der „Entmachtung des spartanischen Doppelkönigtums", einen zweiten Schritt stellt hierbei der Aufstieg der fünf Ephoren dar, die die ›Große Rhetra‹ nicht erwähnt. „Mit der fortschreitenden Demokratisierung des spartanischen Staatswesens sind sie eine 'politische Behörde' geworden"[32], die ab dem 6./5. Jh. als Repräsentanten des Damos zusammen mit Gerusia und Apella die inneren und äußeren Geschicke Spartas weitgehend bestimmten. Dem Konservativismus der Ephoren ist es in erster Linie zuzuschreiben, wenn die spartanischen Institutionen zusehends unbeweglicher wurden und das Verfassungssystem sich nicht mehr weiterentwickelte. Ihre mächtige Position in Lakonien – sie waren mit Polizeigewalt und zusammen mit den Königen und Geronten auch mit Gerichtsgewalt ausgestattet – vereitelte noch im 3. Jh. v. Chr. die Versuche der Spartanerkönige Agis IV. und Kleomenes III., die alte 'lykurgische Verfassung' wiederherzustellen. Die Kontrollfunktion der Ephoren bezog sich neben den Königen, die von den zwei sie begleitenden Ephoren selbst im Felde noch beobachtet wurden und gelegentlich von diesen Beamten sogar abhängig waren, obwohl die Kommandogewalt der letzte Rest ihrer ehemaligen Machtbefugnisse war, den sich die Spartanerkönige aus der Frühzeit bewahren konnten, auch auf die Bürger, wobei das Hauptaugenmerk auf der Einhaltung der strengen Gesetze lag. In ihrer Rivalität mit den Königen hatten die Ephoren wegen der nicht seltenen Uneinigkeit der beiden Könige oft leichtes Spiel, und darin liegt ein entscheidender Grund für den politischen Aufstieg der einen und den Abstieg der anderen Institution. Der große Schlag gegen den spartanischen Staat kam aber nach Arist. Pol.

Unterschied dazu das *non liquet* von H. Michell, Sparta. 1964, 25f. Siehe auch Clauss a. O. 116, wo darauf verwiesen wird, daß die Rhetra, „das meistdiskutierte Dokument der archaischen Zeit Griechenlands", in der Forschung „zwischen dem 9. und 5. Jahrhundert" datiert wird. Dazu ferner J. T. Hooker, Sparta. 1982, 151ff. und J. H. Oliver, Demokratia, the gods and the free world. 1960, 19f.

[31] Bengtson GG 103.

[32] Bengtson GG 117.

II 9, 1270 a nicht von dieser Seite, sondern von der gesellschaftlichen Struktur, genauer: er resultiert aus dem Verhältnis von Spartiaten und Nichtspartiaten im Staate. Zählt man am Ende des Perserkrieges noch etwa 7000 bis 5000 Spartiaten und ebenso viele Perioeken (unten 119), so änderte sich dieser Proporz in knapp hundert Jahren gewaltig: „Etwa 1500 bis 2000 Spartiaten standen damals reichlich 15000 bis 20000 Perioeken und 50000 Heloten gegenüber“ [33]; in hellenistischer Zeit reduzierte sich die Zahl der Spartiaten schließlich gar auf einige hundert. Diese Veränderungen konnten auch auf die ‘lykurgische Verfassung’ nicht ohne Einfluß bleiben. Die Reformen von Agis IV. und Kleomenes III., der die Ephoren ausschaltete, kamen aber zu spät. Tyrannenherrschaften von Machanidas und Nabis, dessen radikales und über Lakonien hinausgreifendes Reformprogramm eine Helotenbefreiung einschloß, und politische Abhängigkeiten, zuerst vom Hellenenbund der Antigoniden, dann vom Achaischen Bund, sind die Schlußetappen auf dem Weg zur *civitas libera,* zu der Rom das einst so mächtige Sparta machte.

Die *gesellschaftliche Gliederung* des spartanischen Staates kennt bekanntlich drei Gruppen, und zwar die Spartiaten, die Perioeken und die Heloten. Die Spartiaten (das ist die staatsrechtliche Bezeichnung, vergleichbar etwa der Kategorie ‘Perioeken’ und ‘Heloten’, im Unterschied zum völkerrechtlichen Terminus ‘Lakedaimonier’; das Verhältnis ist ähnlich wie bei den Bezeichnungen δῆμος und πόλις [34]) sind die adligen Vollbürger des Staates, die als „Gleiche“ (ὅμοιοι) ihre Güter (Klaroi) von den Heloten bearbeiten ließen und einen gemeinsamen Erziehungskanon (Agogé) zu durchlaufen hatten. Die Perioeken, die ‘Umwohner’, hatte man früher für rechtliche Untertanen der Spartiaten gehalten. Dagegen hat F. Hampl herausgestellt, daß die Perioeken als Lakedaimonier den Spartiaten rechtlich gleichgestellt waren und beide zusammen eine „ethnische Einheit, den Stamm der ‘Lakedaimonier’, darstellten“ [35]. Ohne ein rechtliches Abhängigkeitsverhältnis anzunehmen, betont jedoch Hampl „eine gewisse faktische Untertänigkeit“ der Perioeken, die dadurch gegeben war, daß sie sich den Beschlüssen der Apella, wo die „Spartiaten als Gesamtheit der politisch Vollberechtigten abstimmten“, beugen mußten. Ganz anders stand es um die Heloten, die von den Doriern unterworfene achaische Bevölkerung Lakoniens, später auch der Messeniens. In ihrer Stellung zwischen Freien und Sklaven, μεταξὺ ἐλευθέρων καὶ δούλων (Pollux 3, 83), sind diese bäuerlichen Bewirtschafter der Spartiatengüter mit einigen Einschränkungen vergleichbar mit den thessalischen Penesten, den kretischen Klaroten und Mnoiten und anderen abhängigen Bauern, so an der kleinasiatischen Küste.

[33] Busolt – Swoboda a. O. 712, 724.

[34] Dazu J. Keil, in: Einleitung in die Altertumswissenschaft Bd. 3 307.

[35] Hampl, Die Periöken 1ff., 39 (siehe unten 81).

Zur oben 61ff. genannten einführenden Literatur und zur Behandlung der spartanischen Verfassung bei Welwei a. O. 95–150 vgl. noch Busolt–Swoboda, Griechische Staatskunde. 2. Hälfte, 633ff. – A. H. M. Jones, Sparta. 1967. V. Ehrenberg, Neugründer des Staates. Ein Beitrag zur Geschichte Spartas und Athens im 6. Jh. 1925 (vgl. dazu H. Berve, Gnomon 1 1925, 311); U. Kahrstedt, Griechisches Staatsrecht. Bd. 1: Sparta und seine Symmachie. 1922; H. Berve, Sparta. 1937 = in: Gestaltende Kräfte der Antike. ²1966, 58ff.; F. Hampl, Die lakedaimonischen Periöken, in: Hermes 72 1937, 1ff.; V. Ehrenberg, Spartiaten und Lakedaimonier, in: Hermes 59 1924, 22ff. Ders., Der Damos im archaischen Sparta, in: Hermes 68 1933, 288ff. A. Andrewes, The government of classical Sparta, in: Ancient society and institutions. FS V. Ehrenberg. 1966, 1ff.; A. H. M. Jones, The Lycurgian Rhetra, in: Ancient society and institutions a. O. 165ff.; F. W. Walbank, The Spartan ancestral constitution in Polybius, in: Ancient society and institutions a. O. 303ff. W. den Boer, Laconian studies. 1954 (The Spartan gerontarchy 153ff.). P. Cartledge, Sparta and Lakonia. A regional history 1300–362 B.C. J. T. Hooker, Sparta. Geschichte und Kultur. 1982 (engl. 1980). M. Clauss, Sparta. Eine Einführung in seine Geschichte und Zivilisation. 1983 (mit Bibliographie 205ff.). – *Zu speziellen sozialhistorischen Fragen:* F. Gschnitzer, Griechische Sozialgeschichte. 1981, 58ff., 96ff. C. A. Powell, Athens and Sparta: Constructing Greek political and social history B.C. 1987 (Ankündigung). St. Hodkinson, Social order and conflict of values in classical Sparta, in: Chiron 13 1983, 239ff. D. Lotze, Μεταξὺ ἐλευθέρων καὶ δούλων. Studien zur Rechtsstellung unfreier Landbevölkerungen in Griechenland bis zum 4. Jh. v. Chr. 1959 (ND 1979). Lotzes Thesen zur Sozialordnung, im Fachschrifttum vielfach rezipiert, haben in dem Sammelband Niederschlag gefunden: H. Kreißig–F. Kühnert (Hrsg.), Antike Abhängigkeitsformen in den griechischen Gebieten ohne Polisstruktur und den römischen Provinzen (Schriften und Kultur der Antike 25) 1985; darin u. a. G. Bockisch, Die Helotisierung der Messenier 29ff.

1.6 Makedonien

Über das patriarchalische Königtum der Frühzeit, das den Makedonenstaat regierte, der wie die anderen griechischen Staaten kein Territorialstaat war, sondern auf dem Personalitätsprinzip beruhte – daher der 'Staatsname' οἱ Μακεδόνες –, fließen die Quellen recht spärlich. Vermutlich seit Anfang des 7. Jh. herrschen die Könige des Argeadengeschlechtes über das sich rasch ausdehnende Makedonien. Den Königsnamen, die Hdt. 8, 137ff. nennt (Perdikkas, Argaios, Philippos, Aeropos, Alketas, Amyntas, Alexander), stellt M. Errington eine Stammtafel gegenüber, die vor Alexander III. neun Herrscher anführt, deren erster, Amyntas, bis ca. 497/96 regierte.[36] Es handelt sich bei diesen Herrschern noch um Stammeskönige, die in den meisten übrigen Stammstaaten der griechischen Welt in historischer Zeit

[36] Errington, Geschichte Makedoniens. 275 (siehe unten 83).

längst verschwunden sind. Dieses alte Heerkönigtum war angewiesen auf den Adel (Hetairen), der die Reiterei stellte, und nach älteren Forschungsmeinungen eng verbunden mit der Heeresversammlung, einem „Rest der ältesten Staatsform des Landes, der vorgeschichtlichen Wehrgemeinde“ [37]. Arrian anab. 4, 11, 6 nennt die Beschränkung der königlichen Macht: οὐδὲ βίᾳ ἀλλὰ νόμῳ, doch schränkt Errington hinsichtlich der Souveränitätsrechte des Volkes bzw. des Heeres ein, es gebe „außer in anormalen Krisenzeiten keinen Nachweis, daß versammelte Soldaten zu Friedenszeiten irgendwelchen verfassungsmäßigen politischen Einfluß, von Rechten ganz zu schweigen, besaßen. Der gesamte Einfluß im Staate neben dem König lag beim Adel“ [38]. Damit wird der älteren Auffassung, wonach den Wehrfähigen als Trägern des Volkswillens besondere Funktionen, etwa im Gerichtswesen oder bei der Königswahl zukommen, abgeschwächt, mit der Begründung, daß antike Belege hierfür fehlten. Die *hetairoi,* später als *philoi* bezeichnet, assistierten demnach offenbar allein dem König, der vor der Alexanderzeit ohne prunkvolles Zeremoniell und Herrscherkult auch ohne Volksversammlung als ‘volksnah’ (Errington) einzuschätzen sei.

Zur Stellung des Königs formulierte F. Hampl die These, der König stehe neben dem Staat. Das hat eine Diskussion über das makedonische Staatsrecht ausgelöst, die mangels präziser Quellen bis heute kontrovers geblieben ist. Aus diesem Grund ist wohl auch der recht pragmatischen Einschätzung der königlichen Position im Rahmen der unklaren „sozio-politischen Struktur des makedonischen Staates“ zuzustimmen.[39] Die besondere Stellung der makedonischen Könige und „das Fehlen von Poleis“ haben eine Tyrannis, wie sie sonst in griechischen Staaten, selbst in stammstaatlich organisierten wie etwa Thessalien, auftritt, so gut wie nie aufkommen lassen. In der zweiten Hälfte des 5. Jh. schuf Archelaos, der die Hauptstadt von Aigai bei Verghina nach Pella verlegte, insofern das Fundament für den Aufstieg der Makedonen in Hellas, als er dem Adel den Bauernstand, den er bewaffnete und dem der Ehrentitel πεζέταιροι verliehen wurde, gegenüberstellte. Die Gleichberechtigung von Rittern und Bauern bewirkte wohl auch, daß die Heeresversammlung unter Philipp II. und seinem berühmten Sohn, aber auch noch in der Folgezeit bei den weitgehend absolut regierenden hellenistischen Herrschern nicht gänzlich unbedeutend wurde. Das Akklamationsrecht bei der Thronbesteigung konnte sie sich bis zur Umwandlung Makedoniens in eine römische Provinz bewahren.

[37] F. Granier, Die makedonische Heeresversammlung (MBPR 13) 1931, 1.

[38] Errington a. O. 197f.

[39] Errington a. O. 229. F. Hampl, Der König der Makedonen. Diss. Leipzig. 1934. Auf die Reaktionen zu seiner These entgegnete Hampl in den Nachträgen, in: Ders., Die griechischen Staatsverträge des 4. Jh. v. Chr. Geb. 1938, 136ff. Mit Hampl übereinstimmend Berve, Die Tyrannis bei den Griechen Bd. 2, 623.

Literatur (vgl. auch oben 61ff. und unten 254f.): M. Errington, Geschichte Makedoniens. 1986 (zu König und Staat, Verwaltung und Städtewesen 196ff., mit Bibliographie 264ff.). Ders., The nature of the Macedonian state under the monarchy, in: Chiron 8 1978, 77ff. N. G. L. Hammond–G. T. Griffith, A history of Macedonia. 2 Bde. 1972, 1979 (bis 336 v. Chr.). K. Rosen, Die Gründung der makedonischen Herrschaft, in: Chiron 8 1978, 1ff. Ders., King and people in Macedonia. A study of their relations under Philip and Alexander. Diss. Pretoria. 1970. Zu F. Granier und F. Hampl vgl. oben 82 die Anm. 37 und 39.

1.7 Thessalien

Im Zuge der Großen Wanderungen gelang es dem Stamm der Thessaler in offenbar langwierigen Kämpfen, einen Teil der hier schon ansässigen Bevölkerung, die mit den Perrhaibern und Magneten verwandten Penesten, zu unterwerfen und sich in diesen fruchtbaren Ebenen Mittelgriechenlands festzusetzen. Anders als die spartanischen Heloten gehörten diese zu Zinsbauern herabgedrückten älteren Bewohner nicht dem Staat, sondern einzelnen Grundbesitzern. Die recht lockere politische Ordnung der Thessaler der Frühzeit ist als Stammstaat anzusprechen, zu dem zumindest die alte Stammesversammlung und ein Heerführer gehören. Als Staat hat sich dann Thessalien so weit konsolidiert, daß es in den Amphiktyonien von Anthela und später in der von Delphi eine dominierende Rolle spielen konnte. Da jedoch die Quellen ansonsten für die Frühzeit recht wenig hergeben – nach F. Gschnitzer sind die Quellen zur thessalischen Geschichte „nicht viel mehr als zusammenhanglose Fragmente" –, ist es fraglich, ob H. Bengtson[40] mit seiner Feststellung das Richtige trifft, wenn er den Thessalischen Bund als die „bedeutendste Staatenbildung in Hellas neben Sparta um 600 v. Chr." bezeichnet. Unter den zunächst dörflichen Siedlungen hat dann Larissa wohl schon im 6. Jh. eine führende Rolle übernommen, im 5. Jh. gelingt es schließlich einer Reihe anderer Siedlungen, sich aus der alten Ordnung teilweise zu lösen und ein eigenes stadtstaatliches Leben zu entfalten. Diese Entwicklung „zersetzte natürlich den Stammstaat, aber ein Stammesverband bestand weiter fort; regelmäßig bestellte er Hieromnemonen, die den Stamm (ἔθνος) der Thessaler"[41] bei der delphischen Amphiktyonie zu vertreten hatten. Nach der Errichtung der Tyrannis des Gorgiasschülers Iason von Pherai (etwa 380–370), dem es ein letztes Mal gelang, Thessalien zusammenzufassen, erhielt dieser Verband, der sich seit längerer Zeit in einzelne Poleis aufzulösen schien, „nach dem Muster des boiotischen Bundes" eine Bundesverfassung mit einer Bundesversammlung, einem auf Lebens-

[40] Bengtson GG 86. Gschnitzer, Gnomon 32 1960, 168.
[41] Busolt – Swoboda a. O. 1481.

zeit gewählten Archon als höchsten Beamten, der den Tagos verdrängte und dem noch vier Polemarchoi zur Seite standen. Dieser föderativ organisierte Bund führte die Bezeichnung τὸ κοινὸν τῶν Θετταλῶν. Das Koinon geriet daraufhin in makedonische Abhängigkeit (von der Mitte des 4. Jh. bis etwa zum Beginn des 2. Jh. v. Chr.), ehe es nach einer etwa 50 Jahre währenden bundesstaatlichen Eigenständigkeit (196–148) diese an die Römer verlor, die Thessalien zunächst als Provinz Achaia, dann der makedonischen Provinz zuordneten.

Die Versammlung der vollberechtigten Bürger des Stammes wählte einen Führer mit dem Titel 'Tagos' (ταγός), „der nicht nur über die Heeresmacht der Thessaler verfügt, überhaupt als der 'Regent' (ἄρξας) Thessaliens in den Quellen erscheint (Syll. ^{3}274 VI), sondern dem auch die Nachbarstämme gewisse, ein für allemal festgelegte Leistungen an Steuern und Truppen schulden"[42]. Der Vergleich dieses Amtes mit der römischen Diktatur als einer Notstandsmagistratur hat nun im modernen Schrifttum, so etwa im Handbuch von Busolt–Swoboda, die Auffassung begründet, es handle sich auch bei der Tagie nur um ein auf die Dauer des Kriegszustandes befristetes Amt. Dieser These, die von A. Momigliano insofern noch modifiziert wird, als hier eine Entwicklung von einer ursprünglich befristeten zu einer lebenslänglichen Tagie angenommen wird, ist F. Gschnitzer entgegengetreten, indem er von der sicherlich zutreffenden Annahme ausgeht, daß, generell gesehen, der „ursprüngliche Zustand" das nichtbefristete Amt kannte und die Befristung sich bestenfalls im Laufe eines historischen Prozesses einstellte. Anders war es bei den konservativen Thessalern, die den Tagos behielten, „solange man ihn zur Verfügung hat, d. h. solange er lebt" (F. Gschnitzer). Der Autor[43] korrigierte auch noch eine zweite in der modernen Forschung etablierte Vorstellung vom thessalischen Staat: die Ansicht von der Entstehung der Tetraden oder Tetrarchien. Diese vier politischen oder administrativen Bezirke Thessaliens gehen nach K. J. Beloch – „und diese Auffassung hat in neuerer Zeit mehr Glück gemacht" – auf ebenso viele selbständige Völkerschaften zurück, die erst in relativ später Zeit zu einem 'Staat' vereinigt wurden. Onomastische Argumente und solche der allgemeinen Entwicklung stammstaatlicher Gebilde in Griechenland sowie analoge Verhältnisse im europäischen Mittelalter führen F. Gschnitzer zum gegenteiligen Resultat und damit wieder zurück zu den Ansichten, die schon ehedem Ed. Meyer und H. Swoboda[44] vertreten

[42] Gschnitzer, AnzAW 7 1954, 191.

[43] Namen und Wesen der thessalischen Tetraden, in: Hermes 82 1954, 451.

[44] Belege bei Gschnitzer a. O. 453, und Meyer, Staatskunde 113. Siehe auch Ed. Meyer, Theopomps Hellenika. 1909, 227ff. Busolt–Swoboda a. O. 1478ff. Gschnitzer a. O. 464.

haben, nämlich: „Die thessalischen Tetraden oder Tetrarchien sind nichts anderes als Wehrbezirke, das Ergebnis einer künstlichen Einteilung des Stammesgebiets im Rahmen einer alten Zuzugsordnung. Danach ist der thessalische Staat ein Einheitsstaat, eben der ererbte Stammverband der Thessaler."

Literatur zu Thessalien (vgl. auch oben 61ff.): Busolt–Swoboda a. O. 1478ff.; zum thessalischen Stammstaat und seiner weiteren Entwicklung siehe M. Sordi, La lega Tessala. 1958, mit „zahlreichen unsicheren Hypothesen und Kombinationen" (H. Berve). Dazu F. Gschnitzer, Gnomon 32 1960, 167ff., der zwar wie Berve auf das „etwas luftige Hypothesengebäude" von Sordi verweist, aber ihren Ergebnissen in der „für die thessalische Geschichte grundlegenden Frage nach der Entwicklung und geschichtlichen Stellung des griechischen Stammstaates" prinzipiell zustimmt. H. D. Westlake, Thessaly in the 4th century. 1935. Zu Jason und den anderen Tyrannen Thessaliens vgl. H. Berve, Die Tyrannis bei den Griechen Bd. 1 283ff. mit weiterer Literatur zu Thessalien in Bd. 2 667ff. Siehe auch Bengtson GG 275f. sowie H.-J. Gehrke, Stasis. Untersuchungen zu den inneren Kriegen in den griechischen Staaten des 5. und 4. Jhs. v. Chr. (Vestigia 35) 1985, 184ff. und ders., Jenseits von Athen und Sparta. Das Dritte Griechenland und seine Staatenwelt. 1986, 185 (Literatur und Quellen). Ferner H. Kramolisch, Die Strategen des thessalischen Bundes vom Jahre 196 bis zum Ausgang der römischen Republik. Diss. Heidelberg 1972.

2. Wirtschaft und Gesellschaft in der griechischen Welt des 1. Jahrtausends v. Chr.

2.1 Einführende Literatur

Zur antiken Wirtschaftsgeschichte (die teilweise auch die gesellschaftlichen Verhältnisse mitberücksichtigt): F. Heichelheim, Wirtschaftsgeschichte des Altertums vom Paläolithikum bis zur Völkerwanderung der Germanen, Slaven und Araber. 1938 2 Bde. (engl. ^{2}1970 3 Bde.). Ed. Meyer, Die wirtschaftliche Entwicklung des Altertums (wie unten 98, Anm. 45), eine kritische Auseinandersetzung mit den Wirtschaftstheorien des 19. Jh. E. Cavaignac, L'économie grecque. 1951. M. I. Finley, Die antike Wirtschaft. ^{2}1980 (engl. 1973). Siehe dazu die Rez. von A. Momigliano, New York Review of Books 22, 16 1975, 36ff., von H.-P. Kohns, in: GGA 230 1978, 124 und die Kritik von S. Meikle, Aristotle and the political economy of the polis, in: JHS 99 1979, 57ff. M. I. Finley, Economy and society in ancient Greece. 1961. M. Austin–P. Vidal-Naquet, Gesellschaft und Wirtschaft im alten Griechenland. 1984 (frz. 1972, dt. Ausgabe nach ^{2}1973): Im ersten Teil bietet diese Einführung einen Überblick über die wichtigsten Problembereiche der griechischen Wirtschafts- und Sozialgeschichte, ausgenommen den Hellenismus, der zweite Teil bringt übersetzte Texte und Dokumente. Dazu die Rez. von L. Neesen, Gnomon 57 1985, 316ff. D. Musti, L'economia in Grecia. 1981 (behandelt die Zeit von der Palastwirtschaft bis in die hellenistisch-römische Epoche). Th. Pekáry, Die Wirtschaft der griechisch-römischen Antike. ²1979. – Zu den *Produktivkräften und Produktionsweisen, Manufaktur, Bergbau etc.* (zur Technikgeschichte siehe unten 168f.): vgl. J. Herrmann–I. Sellnow (Hrsg.), Produktivkräfte und Gesellschaftsformationen in vorkapitalistischer Zeit (Veröffentlichungen des ZAGA 12) 1982; darin: H. Geiß, Die Einführung des Eisens und seine Auswirkungen auf die Herausbildung der frühen Polis 277ff., E. Kluwe, Die Rolle des Handwerks in der Polis 289ff., G. Bockisch, Zur Entstehung der Produktionssklaverei im alten Griechenland 313ff., D. Lotze, Varianten der Produktionsweise in der griechischen Landwirtschaft der archaischen Periode 303ff., P. Musiolek, Zur Entstehung und Entwicklung der Stadt in Griechenland 327ff. E. Kirsten, Gebirgshirtentum und Seßhaftigkeit, in: S. Deger-Jalkotzy (Hrsg.), Griechenland, die Ägäis und die Levante. 1983, 355ff. H. Graßl, Hirtenkultur in Griechenland, in: Veröffentlichungen des Verbandes österr. Geschichtsvereine 25 1985, 77ff. Ders., Zur Geschichte des Viehhandels im klassischen Griechenland, in: Münstersche Beiträge zur antiken Handelsgeschichte 4, 2 1985, 77ff. – P. Rosumek, Technischer Fortschritt und Rationalisierung im antiken Bergbau. 1982. M. I. Finley, Technical innovation and economic progress in the ancient world, in: Economy and society. 1981. H. Francotte, L'industrie dans la Grèce ancienne. 1900/01 2 Bde. – H. Schulz-Falkenthal, Zu einigen Wesensmerkmalen und Erscheinungsformen der antiken Produktion, in: Jb für Wirtschaftsgeschichte 3, 1973, 191ff. G. Bokkisch, Voraussetzungen und Anfänge der antiken Produktionsweise, in: Ethnographisch-Archäologische Zeitschrift 16 1975, 209ff. P. Musiolek, Zur antiken Produktionsweise im alten Griechenland, in: Ethnographisch-Archäologische Zeitschrift 16, 1975, 301ff. Ed. Will, Die ökonomische Entwicklung und die antike Polis, in: H. G. Kippenberg (Hrsg.), Die Entstehung der antiken Klassengesellschaft. 1977, 100ff. – S. Lauffer, Die Bergwerkssklaven von Laureion. ²1979. G. Heinrich, Das Erzgebirge von Laureion und seine Silberbergwerke, in: H. Kalcyk–B. Gullath–A. Graeber (Hrsg.), Studien zur Alten Geschichte. FS Lauffer. 1986, Bd. 2, 397ff., H. Kalcyk, Untersuchungen zum attischen Silberbergbau. Gebietsstruktur, Geschichte, Technik. 1982. G. Spitzelberger, Das Pangaion und sein Bergbau im Altertum, in: FS Lauffer, Bd. 3, 875ff. Zu *Kolonisation, Seefahrt, Handel:* F. J. Meijer, A history of seafaring in the classical world. 1986. L. Casson, Ancient trade and society. 1984. P. Garnsey–K. Hopkins–C. R. Whittaker (Hrsg.), Trade in ancient economy. 1983 (über Handel und Transportwesen in der archaischen Welt, Seedarlehen, Handelspolitik in Athen und Bevölkerungsrückgang im Hellenismus). O. Höckmann, Antike Seefahrt. 1985. A. Göttlicher, Die Schiffe der Antike. 1985. J. Hausen, Der Schiffbau in der Antike. 1979. J. Rougé, Ships and fleets of the ancient Mediterranean. 1981 (frz. 1975). J. Velissaropoulos, Les nauclères. 1980. – Ch. G. Starr, The economic and social growth of early Greece 800–500 B.C. 1977. P. Faure, Die griechische Welt im Zeitalter der Kolonisation. 1981. C. Mossé, La colonisation dans l'antiquité. 1970. C. Roebuck, Ionian trade and colonization. 1959 (ND 1985). Ph. V. Stanley, Ancient Greek market regulations and controls. Diss. Berkeley 1976. A. J. Graham, Colony and mother city in ancient Greece. ²1984. (Siehe auch unten 111, Anm. 63.) J. Boardman, Kolonien und Handel der Griechen. Vom späten 9. bis zum 6. Jh. v. Chr. 1981. Die gründlich überarbeitete engl. Ausgabe von 1963/1973 behandelt den Materialbefund und die historischen Zusammenhänge nach regionalen und chronologischen Gesichtspunkten (Syrien, Kleinasien, Perser; Ägypten, Italien, Sizilien und der Westen; der Norden und das Schwarze Meer). Ebenfalls sehr übersichtlich und informativ: W. Kimmig, Die griechische Kolonisation im westlichen Mittelmeergebiet und ihre Wirkung auf die Landschaften des westlichen Mitteleuropa, in: Jb des röm.-germ. Zentralmuseums Mainz 30 1983, 3ff. D. Timpe, Griechischer Handel nach dem nördlichen Barbaricum, in: K. Düwel u. a. (Hrsg.), Untersuchungen zu Handel und Verkehr der vor- und frühgeschichtlichen Zeit in Mittel- und Nordeuropa. 1985 Bd. 1, 181ff. R. Rolle, Der griechische Handel der Antike zu den osteuropäischen Reiternomaden, in: Düwel a. O. 460ff. A. X. Kocybala, Greek Colonization on the North shore of the Black Sea in the archaic period. 1981. H. W. Haussig, Die ältesten Nachrichten der griechischen und römischen Quellen über die Routen der Seidenstraße, in: Acta antiqua 28 1980, 9ff. A. Mele, Il commercio greco arcaico. 1979. – G. Nenchi–G. Vallet u. a. (Hrsg.), Bibliografia topografia della colonizzazione greca in Italia . . . 1977–1985, bisher 4 Bde. Zur *Frühzeit:* C. Roebuck, Economy and society in the early Greek world. 1984. D. Hennig, Grundbesitz bei Homer und Hesiod, in: Chiron 10 1980, 35ff. K. Latte, Kollektivbesitz und Staatsschatz in Griechenland, in: NGG 1946/47 64ff. W. Orth, Die Frage einer umfassenden Grundbesitzumverteilung im Meinungsstreit des griechischen Altertums, in: FS Lauffer Bd. 2 717ff. Zum Wirtschaftsleben in ArchHom: D. Gray, Seewesen. 1974. W. Richter, Die Landwirtschaft im homerischen Zeitalter. (Mit einem Beitrag über landwirtschaftliche Geräte von W. Schiering) 1968. H.-G. Buchholz–G. Jöhrens–I. Maull, Jagd und Fischfang. 1973. – R. J. Forbes, Bergbau, Steinbruchtätigkeit und Hüttenwesen. 1967. F. Eckstein, Handwerk I. 1974. – *Mit Schwerpunkt im 5. und 4. Jh.:* R. J. Hopper, Handel und Industrie im klassischen Griechenland. 1982 (engl. 1979). Hierin behandelt der engl. Autor u. a. den griechischen Importhandel (bes. mit Getreide), den Export und die 'industrielle' Produktion, Finanz- und Bankwesen, Handel und Gewerbe, Boden, Landwirtschaft und Bergbau, wobei Athen stets im Zentrum der Betrachtung steht. C. G. Koehler, Corinthian developments in the study of the trade in the fifth century, in: Hesperia 50 1981, 449ff. Sehr wertvoll für das Verständnis der Verhältnisse außerhalb Athens bes. H.-J. Gehrke, Jenseits von Athen und Sparta (dazu auch oben 62) 1986, mit aktueller Bibliographie 197–206. C. A. Burford, The family farm in Greece, in: CJ 73 1977, 162ff. M. H. Jameson, Agriculture and slavery in classical Athens, in: CJ 73 1977, 122ff. H. Bolkestein, Economic life in Greece's golden age. 1958. E. Kluwe, Produktion, Produktionsniveau, Lebensweise, Kunst und Kultur im Griechenland des 5. Jh. v. u. Z., in: Ders. (Hrsg.), Kultur und Fortschritt in der Blütezeit der Polis (Schriften zur Geschichte und Kultur der Antike 24) 1985, 18ff. J. K. Davies, Wealth and the power of wealth in classical Athens. 1981. L. M. Gluskina, Studien zu den sozialökonomischen Verhältnissen in Attika im 4. Jh. v. u. Z., in: Eirene 12 1974, 111ff. C. Mossé, La vie économique d'Athènes au IVe siècle, in: Praelectiones Patavinae 1874, 135ff. S. C. Humphreys, Economy and society in classical Athens (1970), in: Dies., Anthropology and the Greeks. 1978, 136ff. F. Erxleben, Das Verhältnis des Handels zum Produktionsaufkommen im 5. und 4. Jh. v. u. Z., in: Klio 57 1975, 365ff. G. Audring, Über die Stellung der Bauern in der athenischen Demokratie, in: Klio 57 1975, 400ff. A. Burford, Künstler und Handwerker in Griechenland und Rom. 1985 (engl. 1972). J. Scheibler, Formen der Zusammenarbeit in attischen Töpfereien des 6. und 5. Jh. v. Chr., in: FS Lauffer 1986, Bd. 3, 785ff. D. Lau, Schuster und Schusterhandwerk in der griechischen Literatur. Diss. Bonn 1967 (zum Arbeitsleben vgl. auch unten 91). – Zum *Hellenismus:* M. I. Rostovtzeff, Gesellschafts- und Wirtschaftsgeschichte der hellenistischen Welt. 1955/56 3 Bde. (engl. 1941). F. De Martino, Wirtschaftsgeschichte des alten Rom. 1985 (ital. 1979/80), 225ff. (Rom und die hellenistische Welt). H. Kreißig, Wirtschaft und Gesellschaft der Seleukidenzeit: Die Eigentums- und Abhängigkeitsverhältnisse. 1978. I. Hahn, Königsland und königliche Besteuerung im hellenistischen Osten, in: Klio 60 1978, 11ff. (vgl. auch unten 127, Anm. 93). C. Préaux, L'économie royale des Lagides. 1939. A. Fuks, Patterns and types of social-economic revolution in Greece from the fourth to the second century B.C., in: AncSoc 5 1974, 51ff. H. Montgomery, The economic revolution of Philip II – myth or reality, in: SymbOsl 60 1985, 37ff. U. Wilcken, Alexander der Große und die hellenistische Wirtschaft, in: Schmollers Jb 45 1921, 349ff. F. Heichelheim, Wirtschaftliche Schwankungen der Zeit von Alexander bis Augustus. 1930. A. Petropoulou, Beiträge zur Wirtschafts- und Gesellschaftsgeschichte Kretas in hellenistischer Zeit. 1985. – Zur *Sozialgeschichte:* F. Gschnitzer, Griechische Sozialgeschichte. Von der mykenischen bis zum Ausgang der klassischen Zeit. 1981 (mit übersichtlich gegliederter Bibliographie 170–82). H. Strasburger, Zum antiken Gesellschaftsideal (Abh. Heidelberg AW) 1976. M. I. Finley, Soziale Modelle zur antiken Geschichte, in: HZ 239 1984, 265ff. R. von Pöhlmann, Geschichte der sozialen Frage und des Sozialismus in der antiken Welt. [3]1925 (ND 1984, mit einer Einleitung von K. Christ) 2 Bde. G. E. M. Ste Croix, The class struggle in the ancient Greek world. 1981 (zu der auf der Klassenkampftheorie von K. Marx basierenden, überaus quellenreichen Studie vgl. W. Nippel, Gnomon 56 1984, 623ff.). A. W. Lintott, Violence, civil strife and revolution in the classical city 750–330 B.C. 1982. E. M. und N. Wood, Class ideology and ancient political theory. Socrates, Plato, and Aristotle in social context. 1978. A. Fuks, Social conflict in ancient Greece. 1984. P. Oliva, Sparta and her social problems. 1971 (mit umfangreicher Bibliographie 324ff.). H.-J. Diesner, Sparta und das Helotenproblem bis zum Ausgang der klassischen Zeit, in: WZ Greifswald 3 1954/55, 219ff. P. Oliva, Die soziale Frage im hellenistischen Griechenland, in: Eirene 12 1974, 47ff. P. Oliva–J. Burian (Hrsg.), Soziale Probleme im Hellenismus und im römischen Reich (siehe unten 126, Anm. 92). E. Ch. Welskopf (Hrsg.), Soziale Typenbegriffe. 1981–85 7 Bde. (vgl. unten 93). J. Herrmann – I. Sellnow (Hrsg.), Die Rolle der Volksmassen in der Geschichte der vorkapitalistischen Gesellschaftsformationen (Veröffentlichung des ZAGA 7) 1975. Darin u. a. P. Oliva, Die Helotenfrage in der Geschichte Spartas 109ff. A. Mehl, Die antike Sklavenhaltergesellschaft und der Begriff der Volksmassen in neuerer marxistischer Literatur zur Alten Geschichte, in: Gymnasium 84 1977, 444ff. – H. Strasburger, Der soziologische Aspekt der homerischen Epen, in: Gymnasium 60 1953, 97ff. S. Lauffer, Die Bedeutung des Standesunterschiedes im klassischen Altertum, in: HZ 185 1958, 497ff. W. Donlan, The tradition of anti-aristocratic thought in early Greek poetry, in: Historia 22 1973, 145ff. Ders., The aristocratic ideal in ancient Greece. Attitudes of superiority from Homer to the end of the fifth century B.C. 1980. F. Bourriot, Recherches sur la nature du genos. Étude d'histoire sociale athénienne – périodes archaique et classique. 1976 2 Bde. G. C. Vlachos, Les sociétés politiques homériques. 1974. Ch. Ulf, Die homerische Gesellschaft. Analyse und Einordnung im historischen Prozeß. Habil.Schrift Innsbruck. 1987. P. Walcot, Greek peasants, ancient and modern. A comparison of social and moral values. 1970. L. Casson, The Athenian upper-class and New Comedy, in: TAPA 106 1976, 29ff. P. W. Rose, Class ambivalence in the Odyssee, in: Historia 24 1975, 129ff. Ch. Habicht, Die herrschende Gesellschaft in den hellenistischen Monarchien, in: Vierteljahresschrift für Sozial- und Wirtschaftsgeschichte 45 1958, 1ff. J. K. Davies, Athenian citizenship: The descent group and the alternatives, in: CJ 73 1978, 105ff. S. Isager–M. H. Hansen, Aspects of Athenian society in the fourth century B.C. 1975 (auch über die wirtschaftlichen Zustände). E. Kluwe, Die soziale Zusammensetzung der athenischen Ekklesia und ihr Einfluß auf politische Entscheidungen, in: Klio 58 1977, 295ff. (auch 59 1977, 45ff.). E. Ruschenbusch, Die wehrfähige Bevölkerung Athens und ihre Struktur, in: Ders., Athenische Innenpolitik im 5. Jh. v. Chr. 1979, 133ff. (vgl. auch zahlreiche sozialgeschichtliche Studien von Ruschenbusch in ZPE und unten 119, Anm. 79). J. Seibert, Die Bevölkerungsfluktuation in den Griechenstädten Siziliens, in: AncSoc 13/14 1982/83 33ff. – Zur außerhalb der Bürgerschaft stehenden Bevölkerung und zu sozialen Randgruppen vgl. I. Weiler, Zur Geschichte sozialer Randgruppen in der Alten Welt, in: E. Weber–G. Dobesch (Hrsg.), Römische Geschichte, Altertumskunde und Epigraphik. FS A. Betz. 1985, 659ff. R. P. Duncan-Jones, Metic numbers in Periclean Athens, in: Chiron 10 1980, 101ff. D. Whitehead, The ideology of the Athenian metic. 1977. J. Seibert, Die politischen Flüchtlinge und Verbannten in der griechischen Geschichte (IdF 30) 1979, 2 Bde. Zur Verbannung in der griechischen Literatur siehe E. Doblhofer, Exil und Emigration (IdF 51) 1987, 21ff. – P. Guyot, Eunuchen als Sklaven und Freigelassene in der griechisch-römischen Antike. 1980. F. M. Snowden, Blacks in antiquity. 1970. Ders., Before color prejudice. The ancient view of blacks. 1983. M.-F. Baslez, L'étranger dans la Grèce antique. 1984. I. Weiler, Zur Xenophobie und ähnlichen Einstellungen gegenüber den Fremden bei den Völkern der Alten Welt, W. Höflechner u. a. (Hrsg.) in: Domus Austriae, FS H. Wiesflecker. 1983, 426ff. – D. Lotze, Μεταξὺ ἐλευθέρων καί δούλων. Studien zur Rechtsstellung unfreier Landbevölkerungen bis zum 4. Jh. v. Chr. 1959 (ND 1979). Dazu H. Kreißig–F. Kühnert (Hrsg.), Antike Abhängigkeitsformen in den griechischen Gebieten ohne Polisstruktur (wie unten 120, Anm. 82). M. I. Finley, Between slavery and freedom, in: CSSH 6 1954, 233ff. Ders., Die Schuldknechtschaft, in: H. G. Kippenberg (Hrsg.), Die Entstehung der antiken Klassengesellschaft. 1977, 173ff. – Zur *Sklaverei:* J. Vogt–H. Bellen (Hrsg.), Bibliographie zur antiken Sklaverei. 1983 (neu bearbeitet von E. Herrmann in Verbindung mit N. Brockmeyer) 2 Teile. N. Brockmeyer, Antike Sklaverei (EdF 116) 1979. M. I. Finley, Die Sklaverei in der Antike. Geschichte und Probleme. 1981 (engl. 1980). J.-M. Carrié, Esclavage antique et idéologie moderne dans Ancient Slavery and Modern Ideology, in: Opus 1 1982, 161ff. (vgl. auch a. O. 147ff.). Y. Garlan, Les esclaves en Grèce ancienne. 1982. Th. Wiedemann, Greek and Roman slavery. 1981. J. A. Lencman, Die Sklaverei im mykenischen und homerischen Griechenland. 1966. G. Wickert-Micknat, Unfreiheit im Zeitalter der homerischen Epen. 1983. F. Gschnitzer, Studien zur griechischen Terminologie der Sklaverei. 1. Grundzüge des vorhellenistischen Sprachgebrauchs. Ders., 2. Untersuchungen zur älteren, insbesondere homerischen Sklaventerminologie. 1963 bzw. 1976. J. Vogt, Sklaverei und Humanität (Historia Einzelschriften 44) ^{2}1983. M.-M. Mactoux, Douleia. Esclavage et practiques discursives dans l'Athènes classique. 1980. E. M. Wood, Agricultural slavery in classical Athens, in: American Journal of Ancient History 8, 1 1983, 1ff. H. Klees, Herren und Sklaven. Die Sklaverei im ökonomischen und politischen Schrifttum der Griechen in klassischer Zeit. 1975. H. Heinen, Zur Sklaverei in der hellenistischen Welt, in: AncSoc 7 1976, 127ff. und 8 1977, 121ff. T. V. Blavatskaja u. a., Die Sklaverei in den hellenistischen Staaten im 3.–1. Jh. v. u. Z. 1972. K.-W. Welwei, Unfreie im antiken Kriegsdienst. Teil 1: Athen und Sparta. 1974. Teil 2: Die kleineren und mittleren griechischen Staaten und die hellenistischen Reiche. 1977. L. C. Reilly, Slaves in ancient Greece. Slaves from Greek manumission inscriptions. 1978. – Zu *Aspekten des Privat- und Familienlebens:* W. K. Lacey, Die Familie im antiken Griechenland. 1983 (engl. 1968). S. C. Humphreys, The family, women and death. Comparative studies. 1983. W. Erdmann, Die Ehe im alten Griechenland. 1934. J. Martin, Zur Stellung des Vaters in antiken Gesellschaften, in: H. Süßmuth (Hrsg.), Historische Anthropologie. 1984, 90ff. J. Vogt, Von der Gleichwertigkeit der Geschlechter in der bürgerlichen Gesellschaft der Griechen. 1960. M. Karras–J. Wiesehöfer, Kindheit und Jugend in der Antike. 1981 (Bibliographie, mit Hinweisen auch auf die Frauengeschichte). Zur Sozialgeschichte des Kindes im antiken Griechenland siehe M. Deißmann-Merten, in: J. Martin–T. Nipperdey (Hrsg.), Zur Sozialgeschichte der Kindheit. 1986. H. Ruehfel, Das Kind in der griechischen Kunst. 1984. Quellensammlungen zur Frau (in Übersetzung): M. R. Lefkowitz–M. B. Fant, Women's life in Greece and Rome. ^{2}1982. K. Gaiser, Für und wider die Ehe. Antike Stimmen zu einer offenen Frage. 1974. Zu diesem Thema: K. Korus, Über den Einfluß der pädagogischen Ansichten der Sophisten auf Plutarchs pädagogisches System, in: E. Kluwe (Hrsg.), Kultur und Fortschritt (wie oben 76) 197ff. L. Goodwater, Women in antiquity: an annotated bibliography. 1975. S. B. Pomeroy, Selected bibliography on women in antiquity, in: Arethusa 6 1973, 125ff. Dies., Frauenleben im klassischen Altertum. 1985 (engl. 1975) (mit Bibliographie 395–406). W. Schuller, Frauen in der griechischen Geschichte. 1985 (mit Betonung der Veränderung der Stellung der Frau innerhalb der Gesellschaft: „Ihren Tiefpunkt hatte sie in der klassischen Zeit insbesondere in der athenischen Demokratie", a. O. 127). – C. G. Thomas, Matriarchy in early Greece, in: Arethusa 6 1973, 173ff. Zu diesem Fragenbereich U. Wesel, Der Mythos vom Matriarchat. Über Bachofens Mutterrecht und die Stellung von Frauen in frühen Gesellschaften. 1980. C. Mossé, La femme dans la Grèce antique. 1983. J. Peradotto–J. P. Sullivan, Women in the ancient world. Arethusa Papers. 1984. Ed. Lévy (Hrsg.), La femme dans les sociétés antiques. 1983. G. Wickert-Micknat, Die Frau (ArchHom) 1982. E. Cantarella, Pandora's daughters. 1987. A. Cameron–A. Kuhrt (Hrsg.), Images of women in antiquity. 1983. P. Cartledge, Spartan wives: liberation or licence?, in: CQ 31 1981, 84ff. I. van Sertima (Hrsg.), Black women in antiquity. ^{2}1985. H. Kammerer-Grothaus, Frauenleben – Frauenalltag im antiken Griechenland (Antikenmuseum Berlin) 1984. – D. Daube, Gewaltloser Frauenwiderstand im Altertum. 1971. S. B. Pomeroy, Charities for Greek women, in: Mnemosyne 35, 1–2 1982, 115ff. I. Weiler, Zum Schicksal der Witwen und Waisen bei den Völkern der Alten Welt, in: Saeculum 31 1980, 157ff. – H. Herter, Die Soziologie der antiken Prostitution im Lichte des heidnischen und christlichen Schrifttums, in: JbAC 3 1960, 70ff. W. A. Krenkel, Männliche Prostitution der Antike, in: Altertum 24 1978, 49ff. Ders., Sex und politische Biographie, in: WZ Rostock 29 1980, 85ff. K. J. Dover, Homosexualität in der griechischen Antike. 1983 (engl. 1978). E. Fantham, Sex, status and survival in hellenistic Athens: A study of women in New Comedy, in: Phoenix 29 1975, 44ff. – Zum *Arbeitsleben und seiner Einschätzung in der griechischen Antike:* J. Ebert u. a., Die Arbeitswelt der Antike. 1983 (mit einer kurzen Zusammenstellung antiker Urteile über die Arbeit). H. Schulz-Falkenthal, Zum Arbeitsethos der Kyniker, in: WZ Halle 29 1980, 91ff. D. Rössler, Handwerker, in: E. Ch. Welskopf (Hrsg.), Soziale Typenbegriffe. 1981 Bd. 3 193ff. Ders., Handwerk und Lohnarbeit im Athen des 5. und 4. Jh. v. u. Z., in: Jb für Wirtschaftsgeschichte 1985/3, 73ff. A. Dreizehnter, Zur Entstehung der Lohnarbeit und deren Terminologie im Altgriechischen a. O. 269ff. (zum Fortleben des Banausiebegriffs bis in die Gegenwart vgl. M. Simon a. O. Bd. 5 280ff.). R. Stiglitz, Die Einstellung des Griechentums zur ländlichen Arbeit. Diss. Wien 1950. P. Oliva, Formen der Arbeit im antiken Griechenland, in: Eirene 8 1970, 57ff. E. Kluwe, Handwerk und Produktion in der frühgriechischen Polis, in: Jb für Wirtschaftsgeschichte 1978, 4 109ff. P. Garnsey (Hrsg.), Non-slave labour in the Greco-Roman world. 1980. H.-D. Zimmermann, Zur Beurteilung der freien Arbeit im klassischen Griechenland, in: Humanismus und Menschenbild im Orient und in der Antike. 1977, 43ff. Ch. Meier, Arbeit, Politik, Identität. Neue Fragen im alten Athen, in: V. Schubert (Hrsg.), Der Mensch und seine Arbeit. 1986. 47ff. P. Ghiron-Bistagne, Recherches sur les acteurs dans la Grèce antique. 1976. F. Coarelli (Hrsg.), Artisti e artegiani in Grecia. 1980. H. Kalex, Über die Arbeitsbedingungen und den Gesundheitszustand der Arbeiter in der Antike, in: H.-J. Diesner (Hrsg.), Sozialökonomische Verhältnisse im alten Orient und im klassischen Altertum. 1961, 168ff. G. Bodei Giglioni, Lavori pubblici e occupazione nell'antichità classica. 1974. – Zur *Geldwirtschaft:* (vgl. dazu auch die Literatur zur Numismatik unten 290) K. Christ, Die Griechen und das Geld, in: Saeculum 15 1965, 214ff. G. Le Rider, La numismatique grecque comme source d'histoire économique, in: P. Courbin (Hrsg.), Études archéologiques. 1963, 175ff. C. M. Kraay, Archaic and classic Greek coins. 1976. R. Bichler, Herodot und die Macht des Geldes, in: F. Mathis–J. Riedmann (Hrsg.), Exportgewerbe und Außenhandel vor der Industriellen Revolution. 1984, 11ff. A. H. M. Jones, Numismatics and history, in: Ders., The Roman economy. 1974, 61ff. F. H. Heichelheim, Geld- und Münzgeschichte. 1: Anfänge und Antike, in: Handwörterbuch der Sozialgeschichte 4 1965, 273ff. Ders., Die Ausbreitung der Münzgeldwirtschaft und der Wirtschaftsstil im archaischen Griechenland, in: Schmollers Jb 55 1931, 229ff. Ed. Will, Überlegungen und Hypothesen zur Entstehung des Münzgeldes (siehe unten 113, Anm. 66). Ders., Les sources des métaux monnayés dans le monde grec, in: J. M. Dentzer–Ph. Gauthier–T. Hackens (Hrsg.), Numismatique antique. 1974, 97ff. Ders., Fonctions de la monnaie dans les cités grecques de l'époque classique, a. O. 233ff. P. Vidal-Naquet, Fonction de la monnaie dans la Grèce archaique, in: Annales 23 1968, 206ff. H. A. Cahn, Dating the early coinage of Athens, in: Ders., Kleine Schriften zur Münzkunde und Archäologie. 1975, 81ff. K. Kraft, Zur Übersetzung und Interpretation von Aristoteles, Athenaion politeia Kap. 10 (Solonische Münzreform), in: Ders., Gesammelte Aufsätze zur antiken Geldgeschichte und Numismatik. 1978 Bd. 1, 145ff. C. M. Kraay, An interpretation of Ath.Pol.ch. 10, in: Essays in Greek coinage presented to St. Robinson. 1968, 1ff. Gemeinsam ist Kraft und Kraay die Auffassung, daß vor der Reform in Athen das äginäische Gewichtssystem galt. J. G. Milne, The economic policy of Solon, in: Hesperia 14 1945, 230ff.; E. S. G. Robinson, The Athenian currency decree of the coinage of the allies, in: Hesperia Suppl. 8 1949, 324ff.; W. L. Brown, Pheidon's alleged Aeginetan coinage, in: Numismatical Chronicle 1950, 177ff.; J. M. Balcer, The early silver coinage of Teos, in: Schweizerische Numismatische Rundschau 47 1968, 5ff. – Zu den antiken Währungsformen neben den einschlägigen Handbüchern zur Numismatik auch W. Giesecke, Antikes Geldwesen. 1938, 223ff.; weitere Literatur bei K. Christ, Antike Numismatik. Einführung und Bibliographie. ²1972. – Zu den wirtschaftshistorischen Aussagen griechischer Münzbilder L. Lacroix, Les types des monnaies grecques et leurs signification économique, in: VI. Congresso Internacionale di Numismatica 2 1965, 93ff.; wichtig auch: S. P. Noe, A bibliography of Greek coinhoards. ²1937; dazu: ders., Hoard evidence and its importance, in: Hesperia Suppl. 8 1949, 235ff. Zum Hellenismus insbesondere: G. K. Jenkins, The monetary system in the early Hellenistic time, in: Proceedings Intern. Num. Jerusalem 1967, 53ff. M. Rostovtzeff, Some remarks on the monetary and commercial policy of the Seleucids and Attalids, in: Anatolian studies presented to W. H. Buckler. 1939, 277ff. – B. F. Holle, Historical considerations of the origins and the spread of Greek coinage in the archaic age. Diss. Univ. Michigan. 1978. H. Engelmann, Wege griechischer Geldpolitik, in: ZPE 60 1985, 165ff. R. S. Stroud, An Athenian law on silver coinage, in: Hesperia 43 1974, 159ff. – W. E. Thompson, A view of Athenian banking, in: Mus. Helv. 36 1979, 224ff. R. Bogaert. Banques et banquiers dans les cités grecques. 1968. Ders., La banque à Athènes au IVᵉ siècle, in: Mus. Helv. 43 1986, 19ff. Übersichtliche Zusammenfassung: Ders., Grundzüge des Bankwesens im alten Griechenland (Xenia 18) 1986. Ders., in: RAC 9 1975, 816f. Art. Geld (Geldwirtschaft). J. Andreau–M. I. Finley, La banque antique et l'économie moderne, in: Annali della Scuola Normale di Pisa 7 1977, 1129ff. – Literaturüberblick in: Jb für Numismatik und Geldgeschichte (nach regionalen Gesichtspunkten). – *Staat und Finanzwirtschaft:* A. Andreades, Geschichte der griechischen Staatswirtschaft. Von der Heroenzeit bis zur Schlacht bei Chaironeia. 1931 (ND 1965). Knappe Übersicht bei W. Booch, Die Finanzverwaltung im Altertum. 1985, 91ff. – Zur *antiken Sozialpolitik:* H. Bolkestein, Wohltätigkeit und Armenpflege im vorchristlichen Altertum. 1939 (ND 1967). A. R. Hands, Charities and social aid in Greece and Rome. 1968. M. E. Pfeffer, Einrichtungen der sozialen Sicherung in der griechischen und römischen Antike (Versicherungsforschung 5) 1969 (mit umfangreicher Bibliographie und Quellenverzeichnis). Knappe Übersicht auch bei S. Lauffer, LAW 2844, Artikel Sozialpolitik. H. Kloft (Hrsg.), Sozialmaßnahmen und Fürsorge – Zur Eigenart antiker Sozialpolitik (GB Suppl. 3) 1988. L. Foxhall–H. A. Forbes, Σιτομετρεια: The role of grain as a staple food in classical antiquity, in: Chiron 12 1982, 41ff. (mit wichtigen Berechnungen und Tabellen zum Existenzminimum, z. T. nach WHO, FAO-Angaben). P. Garnsey–C. R. Whittaker (Hrsg.), Trade and famine in classical world. 1983. L. Gallo, Alimentazione e demografia della Grecia antica. 1984.

2.2 Quellen

Die *Quellen zur antiken Wirtschafts- und Sozialgeschichte* werden vor allem von den sogenannten 'Grundwissenschaften' der Alten Geschichte, der Epigraphik, der

Numismatik und Papyrologie sowie der Archäologie erschlossen, während die Historiographie und auch die literarische Tradition im weiteren Sinne den sozialökonomischen Fragen gegenüber, von wenigen Ausnahmen abgesehen, eine auffallende Ignoranz an den Tag legen. Als Einführung dient die in Übersetzung vorgelegte Quellensammlung (mit zahlreichen Kommentaren und problemorientierten Übersichtskapiteln, allerdings ohne Berücksichtigung des Hellenismus) von Austin–Vidal-Naquet (wie oben 85). Eine Belegstellensammlung von Homer bis Aristoteles bieten die ersten beiden Bde. (1985) von E. Ch. Welskopf (Hrsg.), Soziale Typenbegriffe im alten Griechenland und ihr Fortleben in den Sprachen der Welt. 7 Bde. 1981–1985. Das *epigraphische Material,* in zahlreichen großen Sammlungen vorliegend (vgl. unten 287ff.), setzt mit dem späten 6. Jh. v. Chr. ein und bietet eine Fülle wirtschafts- und sozialgeschichtlicher Informationen. Insbesondere zu nennen sind Inschriften privatrechtlichen Charakters über Pacht- und Kaufverträge, Schenkungen und Testamente, Freilassungen, Insçhriften über Anleihen und Geldbußen sowie solche auf Grenz- und Meilensteinen. Es existieren auch umfangreiche katalogartige Aufstellungen von Bürgern und Prozessen einzelner Poleis, Tributlisten, Katasterverzeichnisse und Steuertarife sowie Demen- und Tempelgüterlisten, Abrechnungs- und Übergabeurkunden, deren Wert für das Studium der Wirtschafts- und Sozialgeschichte nicht hoch genug zu veranschlagen ist. Zahlreiche Monographien behandeln einzelne dieser epigraphischen Dokumente. Eine Einführung allgemeiner Art: W. Larfeld, Griechische Epigraphik (HdA 1, 5 ³1914; eine Neuauflage ist in Vorbereitung); siehe weiter G. Klaffenbach, Griechische Epigraphik. ²1966; J. J. E. Hondius, Saxa loquuntur. 1938; L. Robert, Die Epigraphik der klassischen Welt. 1970, wo 24f. auf die Rolle dieser Disziplin für die Wirtschaftsgeschichte hingewiesen wird. Schließlich auch Spezialstudien wie H. W. Pleket (Hrsg.), Epigraphica. Bd. 1: Texts on the economic history of the Greek world (Textus minores) 1964. H. Pope, Non-Athenians in Attic inscriptions. Diss. New York 1935; ders., Foreigners in Attic inscriptions. 1947; R. Koerner, Inschriftliche Nachrichten zur Wasserversorgung von Delos, in: Neue Beiträge zur Geschichte der Alten Welt 1 1964, 86ff. – Zur Epigraphik vgl. unten 255ff.

Die *Papyruskunde* stellt „in erster Linie dem antiken Wirtschaftshistoriker ein riesiges Material zur Verfügung, mit dessen Auswertung die Wissenschaft erst begonnen hat" (Bengtson, Einführung 139). Die detaillierte Kenntnis des hellenistischen Wirtschaftslebens und der sozialen Schichtungen in dieser Zeit, insbesondere, aber nicht ausschließlich, in Ägypten, verdankt die Alte Geschichte der großen Fülle urkundlichen Materials zu den verschiedensten Fragen des Finanz- und Steuerwesens, der Organisation von Industrie und Handel, der Monopolwirtschaft, der Bodenbewirtschaftung, zu Frondienst und Liturgien, zum Verpflegungswesen, zu Post und Transport u. a. m. Eine immer noch nicht ersetzbare Bearbeitung und Zusammenstellung einschlägiger Papyri liegt vor durch L. Mitteis–U. Wilcken, Grundzüge und Chrestomathie der Papyruskunde, 2 Bde. in 4 Teilen. 1912. Besonders aufschlußreich auch die sogenannten Zenonpapyri, benannt nach einem Gutsverwalter des Dioiketes Apollonios (1. Hälfte des 3. Jh. v. Chr.), ediert von C. C. Edgar u. a., Zenon Papyri I–V (Catalogue général des antiquités égyptiennes du Musée du Caire. 1925–1940). Zur Landwirtschaft vgl. M. Schnebel, Die Landwirtschaft im hellenistischen Ägypten I (MBPR 7 1925). Zur Wirtschaftsgeschichte F. Preisigke, Girowesen im griechischen Ägypten. 1910. Zur Monopolwirtschaft: F. Heichelheim, RE 16 1933, 147ff. Art. Monopol. A. Andreades, De l'origine des monopoles ptolemaïques, in: Mélanges Maspero 2 1934–1937, 289ff. Zur gesellschaftlichen Situation H. Braunert, Die Binnenwanderung (Bonner Historische Forschungen 26) 1964, mit Bibliographie 353ff.; Literatur zu den Sklaven in der Papyrologie verzeichnen H. Bellen (Hrsg.), neu bearbeitet von E. Herrmann in Verbindung mit N. Brockmeyer, Bibliographie zur antiken Sklaverei. 2 Teile, 1983, 1, 63ff. – Grundlegend neben Rostovtzeffs Standardwerk auch C. Préaux, L'économie royale des Lagides. 1939. – Zur Papyruswissenschaft zählen auch die als Ostraka bezeichneten Tonscherben, die anstelle des teuren Papyrus häufig für Notizen, Steuerquittungen und kleine Urkunden Verwendung fanden. Eine monumentale Sammlung dieses Materials, das einen großen Beitrag zur Sozial- und Wirtschaftsgeschichte Ägyptens zu leisten vermag, hat U. Wilcken mit den ›Griechische Ostraka aus Aegypten und Nubien‹ 2 Bde. 1899, vorgelegt. Sehr instruktive papyrologische Auswahlsammlungen zu den gegenständlichen Fragen bieten F. Preisigke, Antikes Leben nach den ägyptischen Papyri (Aus Natur und Geisteswelt 565) 1916, und H. Thierfelder, Unbekannte antike Welt. Eine Darstellung nach Papyrusurkunden. 1963. – Zur Querverbindung vgl. die ›Zeitschrift für Papyrologie und Epigraphik‹, Hrsg. H. Engelmann, D. Hagedorn, L. Koenen und R. Merkelbach, bis 1974 13 Bde. – Zur Papyrologie vgl. unten 290f.

Wichtige Aufschlüsse für die Wirtschaft und vor allem für den Handel, seine Verbreitung im Laufe der griechischen Geschichte im Mittelmeerbecken und die besonderen Handelsbeziehungen zwischen den griechischen Städten, für Kapitalkonzentrationen und Pauperisierungen in einzelnen Regionen liefert die *Numismatik* (vgl. auch oben 91f. und unten 290). F. Heichelheim hat mit seinem Beitrag über ›Die Ausbreitung der Münzgeldwirtschaft und den Wirtschaftsstil im archaischen Griechenland‹ in: Schmollers Jahrbuch 55 1931, 229ff., als einer der ersten in überzeugender Weise die Möglichkeiten und Grenzen der numismatischen Forschung für die Wirtschaftsgeschichte dargelegt. Weitere wertvolle Analysen: K. Schwarze, Geld und Geldverkehr im Altertum, in: Das Altertum 2 1956, 90ff.; C. Roebuck, Ionian trade and colonization. 1959 (zum Zusammenhang von Münzprägung und Aufkommen des Handels in Kleinasien). H. A. Cahn, Zur frühattischen Münzprägung?, in: Mus. Helv. 3 1946, 133ff. (zu Solons umstrittener Münzpolitik); K. Kraft, Zur solonischen Gewichts- und Münzreform, in: Jahrbuch für Numismatik und Geldgeschichte 19 1969, 7ff. Darin kritische Auseinandersetzung mit C. M. Kraay, An interpretation of Ath. Pol. Ch. 10, in: Essays in Greek coinage presented to St. Robinson. 1968, 1ff. Gemeinsam ist beiden Gelehrten die Ablehnung der älteren Auffassung, „daß vor der Reform in Athen das äginäische Gewichtssystem galt" (a. O. 24). Vgl. auch a. O. die Kritik an der Darstellung der Münzreform in Bengtsons ›Griechischer Geschichte‹ 123f. – R. Bogaert, Epigraphica III. Text on bankers, banking und credit in the Greek world. 1976. – Literaturüberblicke zur griechischen Numismatik in ›Jahrbuch für Numismatik und Geldgeschichte‹: Euboea (H. Chantraine 9 1958, 19ff.), Mysien, Troas, Aiolis, Lesbos (F. Kiechle 10 1959/60, 91ff.), Spanien (G. K. Jenkins 11 1961, 79ff.), Ionien (D. Kienast 12 1962, 113ff.), Mösien (E. Schönert-Geiß 15 1965, 75ff.), Thrakien (E. Schönert-Geiß a. O. 113ff.), Zentralgriechenland: Locris–Phocis–Boeotien (H. Gesche 17 1967, 35ff.), Cypern (H. Gesche 20 1970, 161ff.). – Zur Numismatik vgl. unten 290.

Der Beitrag der *Archäologie* zur Wirtschaftsgeschichte, der erst mit dem Loslösen von einer klassizistischen Betrachtungsweise des Altertums in seinem vollen Umfang erfaßt werden konnte, ist vielfältig und kann heute nicht mehr ignoriert werden. „Wer sich mit antiker Wirtschaftsgeschichte befaßt, für den sind die Reste von antiken Hafenanlagen, von Villen und Gutshöfen, die Grabmonumente und die Werke der Kleinkunst, das irdene Geschirr der ›*Terra sigillata*‹, die antiken Tonlampen, die Wanddekorationen südrussischer Gräber, die Fußbodenmosaiken nordafrikanischer Städte und vieles andere von der gleichen historischen Bedeutung" (siehe H. Bengtson, Einführung 125) wie die Tempelanlagen und die Kunstdenkmäler, denen die bevorzugte Aufmerksamkeit klassischer Archäologen lange galt. Diese neue Form der Archäologie, die nicht mehr gleichbedeutend ist mit einer ausschließlich kunsthistorischen Disziplin, liefert zahlreiche Aufschlüsse über die von Ort zu Ort und Jahrhundert zu Jahrhundert verschiedene materielle Kultur. Mustergültig für die historische Relevanz der archäologischen Forschung sind die Beiträge in der ›Archaeologia Homerica‹ (seit 1967, noch nicht vollständig vorliegend), wo die archäologische Dokumentation der griechischen Baukunst in geometrischer Zeit (H. Drerup), die Landwirtschaft in homerischer Zeit (W. Richter), Bergbau, Steinbruchtätigkeit und Hüttenwesen (R. J. Forbes), Jagd und Fischfang (H.-G. Buchholz, G. Jöhrens, I. Maull), Hausrat (S. Laser), Küchenwesen und Mahlzeiten (G. Bruns), Seewesen (D. Gray), Handwerk, Teil 1 (F. Eckstein) sowie Fahren und Reiten (J. Wiesner) im Lichte der Homerforschung untersucht wird. Entsprechende Beiträge zu landwirtschaftlichen Geräten (W. Schiering) und Handel (G. Kopcke) stehen noch aus. Für die nachhomerische Welt existiert keine ähnlich systematisch konzipierte Erfassung des archäologischen Materials, obwohl neue Methoden der archäologischen Forschung wie Luftbild- und Unterwasserarchäologie und die umfangmäßig stark erweiterte Ausgrabungstätigkeit vieler Länder und Institutionen im Mittelmeergebiet ständig neue Forschungsergebnisse liefern. Übersichten stellen somit ein echtes Desiderat dar. – Zu einzelnen Ausgrabungen vgl. die Zusammenstellungen von W. Schiering, Zur Geschichte der Archäologie (HdArch ^{2}1969) 122ff., und auch Bengtson, Einführung 125ff. – Spezielle Arbeiten: J. Pečirka, Die Landgüter im klassischen und hellenistischen Griechenland, in: Soziale Probleme im Hellenismus und im römischen Reich. Akten der Konferenz von Liblice. 1973, 161ff. B. Döhle, Die Handelspolitik Olbias im Lichte der archäologischen Funde, in: WZ Jena 14 1965, 61ff. Zu Importfunden beispielsweise B. E. Kunze, Etruskische Bronzen in Griechenland, in: Studies presented to D. M. Robinson I 1951, 736ff.; zum Handel: J. Boardman, Kolonien und Handel der Griechen (engl. 1964) 1981. Literatur zur archäologischen Dokumentation der Sklaverei bei Bellen (wie oben), Bibliographie zur antiken Sklaverei. 68ff. Vgl. auch die unten 107, Anm. 60 genannte Untersuchung von Blakeway. Zur Orientierung: H. G. Niemeyer, Einführung in die Archäologie. 1968, wo die wirtschaftsgeschichtliche Bedeutung der Archäologie nur am Rande erwähnt wird, und – überwiegend prähistorisch orientiert – J. A. Potratz, Einführung in die Archäologie. 1962, mit Abschnitten über Siedlungsarchäologie (243ff.) sowie Technologie und Wirtschaftskunde (256ff.). N. Himmelmann, Archäologisches zum Problem der griechischen Sklaverei, in: Abh. Mainz 13 1971, 615ff. Zur Querverbindung Archäologie–Numismatik: K. Regling, Die Münzen als Hilfsmittel der archäologischen Forschung, in: HdArch Bd. 1 1939, 134ff.; C. C. Vermeule, A bibliography of applied numismatics in the field of Greek and Roman archaeology and fine arts. 1956. Zur Querverbindung Archäologie–Epigraphik siehe A. Rehm, Die Inschriften, in: HdArch Bd. 1 182ff. (von G. Klaffenbach überarbeitet in: HdArch Bd. 1 ²1969, 331ff.). – Zur Archäologie vgl. auch unten 165f. und 173ff.

Eine Quelle zur Wirtschafts- und Sozialgeschichte stellen schließlich auch die *Historiographie* und *Dichtkunst* dar, insbesondere die didaktische, die diesem Gegenstand allerdings, wie schon gesagt, nur sehr selten ihre besondere Aufmerksamkeit zuwenden. Eine Fülle von Einzelinformationen über die sozialökonomischen Verhältnisse sind der epischen, lyrischen und dramatischen Dichtkunst entnommen worden, ebenso den Historikern und Rednern, doch liefern sie in der Regel Streunotizen und keine tiefergehenden Reflexionen über wirtschaftstheoretische Fragen. So hat etwa Max Weber zur Erforschung der kapitalistischen Wirtschaftsformen häufig Reden des Demosthenes herangezogen (vgl. etwa Heuß, Max Webers Bedeutung für die Geschichte 541) oder V. Ehrenberg die soziologischen und ökonomischen Verhältnisse im Athen des 5. Jh. v. Chr. anhand der Aristophaneskomödien analysiert; vgl. Aristophanes und das Volk von Athen. 1968; M. I. Finley (siehe unten 103) hat die homerische, A. E. Burn (The world of Hesiod. ²1966, 232ff.) die hesiodische Welt aufgrund der frühen Epen unter dem genannten Aspekt beleuchtet. Erst Thukydides geht über diese spärlichen Ansätze hinaus und entwirft in seiner ›Archäologie‹ ein Bild von der wirtschaftshistorischen Entwicklung in Griechenland, das in seinen Grundzügen „die erste Skizze einer Wirtschaftsstufentheorie“ (L. Beutin–H. Kellenbenz, Grundlagen des Studiums der Wirtschaftsgeschichte. 1973, 125) darstellt. Siehe dazu H.-J. Diesner, Wirtschaft und Gesellschaft bei Thukydides. 1956. Nach Thukydides prägen den wirtschaftlichen Anfang in Griechenland Seeräuber und Hirten, darauf folgt, auf einer zweiten Stufe, die Seßhaftwerdung mit ihrer Agrarstruktur, die aufgrund des bald entstehenden Landmangels die Kolonisationsbewegung einleitet. Schließlich bewirken die Auswanderungen das Aufblühen des Handels (= 3. Stufe). Zeitlich etwas später folgt Xenophon von Athen, der mit seinem ›Oikonomikos‹ ein didaktisches Werk über privatwirtschaftliche Fragen, insbesondere der Haus- und Gutswirtschaft, vorlegt, der aber auch auf die staatliche Finanzpolitik der Athener in einer eigenen Schrift ›Poroi‹ Bezug nimmt. Eine kommentierte Übersetzung zum Oikonomikos hat K. Meyer 1975 vorgelegt. Dazu die zweisprachige Ausgabe von E. Schütrumpf, Xenophon: Vorschläge zur Beschaffung von Geldmitteln oder Über die Staatseinkünfte (Texte der Forschung 38) 1982. Ferner: Ph. Gauthier, Un commentaire historique des poroi de Xénophon. 1976. Im ›Oikonomikos‹ liegt der Schwerpunkt auf der Landwirtschaft; hier werden unter anderem Anregungen zur Bewirtschaftung des Ackerlandes, der Wein- und Baumkulturen gegeben, während Handel und Gewerbe in Xenophons ökonomischen Überlegungen keine besondere Beachtung finden. Vgl. auch A. Fuks, Isocrates and the social-economic situation in Greece, in: AncSoc 3 1972, 17ff. und ders., Patterns and types of social-economic revolution in Greece from the fourth to the second century B.C., in: AncSoc 5 1974, 51ff. Das Vorhandensein einer Literatur zu einer „ersten wissenschaftlichen Ökonomik“ bei den Sophisten im 5. Jh. wird nachgewiesen von P. Spahn, Die Anfänge der antiken Ökonomik, in: Chiron 14 1984, 301ff. – Anderer Art sind Platons wirtschaftstheoretische Reflexionen, die er vor allem in der ›Politeia‹ und in den ›Nomoi‹ fixiert hat. In seiner Staatsutopie, der

Pöhlmann einen großen Teil seiner ›Geschichte der sozialen Frage‹ widmete, soll bekanntlich die Oberschicht von jeder wirtschaftlichen Tätigkeit frei sein, für die Gütererzeugung und den Warenaustausch sollen die Beherrschten aufkommen. A. Rameil, Die Wirtschaftsstabilität und ihre Problematik in Platons Gesetzesstaat. Diss. München 1972. – Die Gütergemeinschaft wird von Aristoteles mit einem Argument abgelehnt, das auch heute noch bei derartigen Projekten zur Diskussion steht: Mit dem Privatbesitz wird sorgfältiger umgegangen als mit dem gemeinsamen Gut. Zu Beginn der ›Politik‹ beschäftigt sich Aristoteles mit den grundlegenden Fragen des sozialökonomischen Fundamentes des Staates und mit den frühen Entwicklungsstufen. Im gesellschaftlichen Aufbau nennt der Platonschüler zwei Elementargemeinschaften (Mann – Frau bzw. Herr – Sklave), die zusammen die Hauswirtschaft bilden und die von der Staatsgemeinschaft durch das Zwischenglied der dörflichen Gesellschaft und Wirtschaftsorganisation getrennt sind (1252a 26ff.). Autarkeia gilt Aristoteles dabei als eines der großen Ziele, die das Staatswesen anstreben soll (1253a 1). Im weiteren liefert die ›Politik‹ (1256a ff.) eine Beschreibung der Entwicklung des Wirtschaftslebens und des Aufkommens der Geldwirtschaft, wobei Grundsatzfragen wie dem von Aristoteles abgelehnten Besitzstreben, Gewinndenken und der Autarkie nicht aus dem Wege gegangen wird. Andere Probleme wirtschaftshistorischer Art behandeln die ›Oikonomika‹, die Aristoteles zugeschrieben werden, aber aus der Feder eines Anonymos stammen. Über ihren Quellenwert für das wirtschaftliche und finanzielle Denken im ausgehenden 4. Jh., und zwar nicht nur in den griechischen Poleis, sondern auch im Orient, hat sich M. Rostovtzeff, Die hellenistische Welt. Bd. 1 57f., sehr positiv geäußert. Dazu auch E. v. Stern, Zur Wertung der pseudo-aristotelischen zweiten Oekonomik, in: Hermes 51 1916, 422ff. Als ein Fortsetzer des aristotelischen Wirtschaftssystems kann Dikaiarch von Messene (um 300 v. Chr.) gelten, dessen Werk ›Bios Hellados‹ nochmals die Entwicklung von Gesellschaft und Wirtschaft in Griechenland nachzuzeichnen versucht; und zwar beschreibt der Autor im Sinne von Hesiods Zeitalterfolge, ausgehend von einer Goldenen Zeit, die verschiedenen Wirtschaftsformen der griechischen Welt vom bedarfslosen Menschen (der Goldenen Zeit) über die Hirten bis zu den Bauern. „Weiter ist das griechische Denken hinsichtlich der wirtschaftlichen Vorgänge nicht gelangt; zu einer konsequenten Ausreifung des der Stufenvorstellung zugrunde liegenden Entwicklungsgedankens ist es nicht gekommen“ (Beutin–Kellenbenz a. O. 129). – Zum Entwicklungsgedanken siehe K. E. Müller, Geschichte der antiken Ethnographie und ethnologischen Theoriebildung. 1972, Bd. 1, 10ff., 89ff. – Daß diese antiken Texte aber dennoch eine wertvolle Ergänzung des Quellenmaterials für die Erforschung der sozialökonomischen Verhältnisse darstellen, kann nicht in Zweifel gezogen werden. Gezeigt hat das insbesondere unter dem wirkungsgeschichtlichen Aspekt (für die römische Kaiserzeit) H. Graßl, Sozialökonomische Vorstellungen in der kaiserzeitlichen griechischen Literatur (1.–3. Jh. n. Chr.) (Historia Einzelschriften 41) 1982.

2.3 Zur Forschung

Wegen der zahlreichen Wechselbeziehungen und kausalen Verknüpfungen von Wirtschaft und Gesellschaft wird es notwendig sein, im folgenden Abschnitt, in welchem Grundfragen zur Entwicklung der ökonomischen Verhältnisse in Griechenland ab der Eisenzeit im Überblick und nach Schwerpunkten behandelt werden, auch die sozialen Schichtungen miteinzubeziehen, da sie einerseits das Ergebnis bestimmter Wirtschaftsformen, anderseits selbst Faktoren ökonomischer Veränderungen sind. Daß ein historisch deutlich greifbarer Prozeß, eine Weiterentwicklung von zunächst recht primitiven, gelegentlich innerhalb einzelner sozialökonomischer Theorien stark idealisierten Wirtschaftsmethoden, aus dem Quellenmaterial sichtbar wird, hat als einer der ersten Ed. Meyer in seinem vor allem gegen einzelne Nationalökonomen wie C. von Rodbertus und K. Bücher gerichteten Vortrag ›Die wirtschaftliche Entwicklung des Altertums‹ dargelegt. Wer demgegenüber die Wirtschaft der „Zeit zwischen Neolithikum und Industrieller Revolution" über einen Kamm schert, indem er sie ihrem Wesen nach von der freien Marktwirtschaft des europäischen Liberalismus abhebt, und somit – universalhistorisch gesehen – eine Zäsur für die gesamte wirtschaftliche Entwicklung für das 18. Jh. n. Chr. annimmt, wie etwa H.-U. Wehler[45], läuft Gefahr, leicht dahingehend mißverstanden zu werden, daß er für Altertum, Mittelalter und die frühe Neuzeit wirtschaftlich ähnliche oder gleiche stagnierende Zustände zu erkennen meint. Doch dieses Pauschalurteil ist nicht neu. Schließlich hat schon mehr als hundert Jahre früher Carl von Rodbertus mit seinen ›Untersuchungen auf dem Gebiete der Nationalökonomie des klassischen Altertums‹[46] für die Alte Welt einschließlich der Naturvölker einen dominierenden, auf dem Sklaventum beruhenden Wirtschaftstypus herausgestellt und als „Oikenwirtschaft" (von οἶκος, das Haus) bezeichnet, eine Ansicht, die von Volkswirtschaftlern, aber auch von zahlreichen Historikern übernommen wurde. Mit Oikenwirtschaft meint Rodbertus eine Wirtschaftsform, die sich die Deckung des Eigenbedarfs einer Hausgemeinschaft zum Ziele setzte und die nicht auf materiellen Gewinn oder Gelderwerb ausgerichtet war, also im Gegensatz zum profitorientierten Kapitalismus steht. Nun hat es unbestritten im Altertum neben den einfachen, zeitlosen Lebensformen fürstliche und grund-

[45] Ed. Meyer, in: Kleine Schriften. 1910, 79ff. (der Vortrag wurde 1895 gehalten). Vgl. dazu M. I. Finley (Hrsg.), The Bücher-Meyer-Controversy. 1979. H.-U. Wehler, Geschichte und Ökonomie, in: Geschichte als Sozialwissenschaft. 1973, 45ff. I. Weiler, Der Vergleich und vergleichende Aspekte in der Wirtschafts- und Sozialgeschichte, in: F. Hampl – I. Weiler (Hrsg.), Vergleichende Geschichtswissenschaft (EdF 88) 1978, 243ff.

[46] C. v. Rodbertus, in: Jb für Nationalökonomie und Statistik 4, 5 1865 und 8 1867.

herrliche Hauswirtschaften dieses Typs gegeben, die eine ökonomische Autarkie anstrebten, und ebenso unbestritten bleibt, daß diese in den archaischen Gesellschaften vorherrschten; daß sie aber die Wirtschaftssysteme des Altertums schlechthin repräsentieren, trifft nicht zu. Ed. Meyers oben zitierter Vortrag hat unter dem historischen, Max Weber unter dem nationalökonomischen Aspekt[47] die Unhaltbarkeit der These von einer das gesamte Altertum kennzeichnenden Wirtschaftsform hervorgehoben. Natürlich bestritt auch Ed. Meyer nicht ihre Berechtigung für die 'homerische Welt', er legte aber im weiteren dar, daß „durch das Eindringen des Geldes und des allgemeinen, alle Staaten und Territorien umschließenden Handelsverkehrs . . . die sozialen und ökonomischen Verhältnisse von Grund auf umgestaltet" wurden.

Auch das nationalökonomische Stufenschema des Marxismus, das mit dem Urkommunismus anhebt und über die Sklavenhaltergesellschaft und das mittelalterliche Feudalsystem schließlich zur kapitalistischen Gesellschaft führt, wobei diese Entwicklung durch revolutionäre Maßnahmen vorangetrieben wird, zeichnet vom frühen Griechentum ein Bild, in dem zwar noch Residuen einer urkommunistischen Phase erkennbar sein sollen, das aber „weit von der ursprünglichen ökonomischen und sozialen Gleichheit der Urgesellschaft entfernt" ist.[48] Der Schritt vom „Kommunismus der Urzeit", wie ihn Pöhlmann – mit starken Einschränkungen – genannt hat, zu einem auf völlig neuer Grundlage organisierten Wirtschaftssystem wurde von Karl Marx und Friedrich Engels als entscheidender Schritt in der sozialökonomischen Entwicklung ausgegeben und seine Folgen für die Veränderung von Wirtschaft und Gesellschaft mehrfach herausgestellt. Hier kann nur angedeutet werden, daß die Darstellung der wirtschaftlichen Verhältnisse im Rahmen des historischen Materialismus im ganzen gesehen ein differenzierteres Bild ergibt als etwa das von Eduard Meyer kritisierte. In unserem Zusammenhang ist in erster Linie auf einige Untersuchungen zu diesem Gegenstande hinzuweisen, die sich mit den Fragen der wirtschaftsgeschichtlichen Entfaltung im Altertum eingehender unter historischem Aspekt beschäftigen.

Die These von urkommunistischen Lebensformen im frühen Griechenland, die in der Folgezeit zerfallen und zu gesellschaftlichen Gliederungen der ansässigen Bevölkerung und somit auch zu einem diesem neuen Sozialgefüge entsprechenden Wirtschaftsleben führen sollen, mag hier im weiteren

[47] M. Weber, Agrarverhältnisse des Altertums, in: Handwörterbuch der Staatswissenschaft. ^{3}1965; dazu A. Heuß, Max Webers Bedeutung für die Geschichte des griechisch-römischen Altertums, in: HZ 201 1965, 529ff.: „die originellste, kühnste und eindringlichste Schilderung, die die Wirtschafts- und Gesellschaftsentwicklung des Altertums je erfahren hat", 538. Zu Meyer a. O. 109.

[48] Autorenkollektiv, Weltgeschichte. 1961, Bd. 1 733.

außer Betracht bleiben, da die Quellen so gut wie nichts Stichhaltiges zu ihrer Verifikation beitragen können.

Ehe wir mit der Besprechung der sozialökonomischen Verhältnisse auf historisch gesicherten Boden gelangen, noch ein Wort zu M. I. Finleys Überlegungen zu Wirtschaft und Gesellschaft bei den Griechen, in denen das Grundproblem der Übertragung moderner nationalwirtschaftlicher Begriffe und Modelle auf das griechisch-römische Altertum behandelt wird, mit dem Resultat, daß diese Vorgangsweise nicht zum richtigen Verständnis der sozialökonomischen Gegebenheiten führe, sondern daß hier vielmehr ein methodischer Anachronismus vorliege. Inzwischen hat sich die Altertumswissenschaft daran gewöhnt, 'modernistische' Terminologien von 'primitivistischen' bzw. 'neoprimitivistischen' zu unterscheiden und je nach Standpunkt den Kategorien und Resultaten der systematischen Sozial- und Wirtschaftswissenschaften mit Skepsis oder Offenheit gegenüberzustehen. Gegen die Skeptiker sei ins Treffen geführt, daß sich Finley selbst – und mit ihm prominente Vertreter der altertumswissenschaftlichen Forschung, insbesondere im angelsächsischen und französischen Bereich (z. B. M. Austin, P. Vidal-Naquet, S. Humphreys), aber auch im deutschsprachigen Raum (vgl. etwa neuerdings W. Nippel) –, durchaus als Rezipient soziologischer und ökonomischer Forschungsergebnisse und Modelle erweist.[49] Max Weber und dessen Schüler J. Hasebroek sowie Karl Polanyi werden bei ihm ebenso häufig zustimmend zitiert wie einzelne Ethnologen und Anthropologen, deren Aussagen manche offene Frage zur griechischen Wirtschaft und Gesellschaft beantworten helfen. Für diese neueren Forschungsansätze mag man nun neben Finley auch auf die Arbeiten von Sally C. Humphreys verweisen, deren komparative Methode und anthropologisch-ethnologische Aspekte sich in ›The family, women and death‹ (1983) und ›Anthropology and the Greeks‹ (1978) niederschlagen.[50]

Die Vorbehalte gegenüber Forschungsrichtungen, die über den Bereich der griechisch-römischen Antike hinausführen, scheinen in der deutschsprachigen Althistorie seit dem 'Lamprechtstreit' Tradition zu besitzen. Das zeigte sich auch in der kritischen Rezeption von R. von Pöhlmanns zweibändiger ›Geschichte der sozialen Frage und des Sozialismus in der antiken Welt‹[51]. Pöhlmann, der zweifelsohne auch den marxistischen Fragestellungen viel verdankt, führt „in einer Eindringlichkeit, wie sie nie zuvor erreicht

[49] Zu Finley vgl. die oben 85 zitierten Rezensionen.

[50] S. Humphreys hat zur deutschen Übersetzung von K. Polanyis ›Ökonomie und Gesellschaft‹ (1979) eine Einleitung verfaßt. Das Schlußkapitel von Polanyis Buch behandelt den ›Stellenwert wirtschaftlicher Institutionen in der Antike am Beispiel Athen, Mykene und Alalakh‹, 387ff.

[51] Erstauflage 1893. Zur 3. Auflage verfaßte F. Oertel einen nicht unkritischen, vielbeachteten Anhang.

worden war, den seit dem 6. Jahrhundert v. Chr. einsetzenden Differenzierungsprozeß vor Augen, jenen Prozeß, der schließlich zur 'Universalherrschaft des Geldes' und zur Auswucherung der Pleonexie als notwendiger 'Begleiterscheinung der kapitalistischen Volkswirtschaft' führen mußte". Im ersten Band, der ausschließlich Hellas gewidmet ist, wird der „Kommunismus älterer Gesellschaftsstufen" behandelt; dabei werden auch manche verklärenden Darstellungen der Frühzeit, die der Marxismus teilweise von L. H. Morgan übernommen hat, kritisiert, ohne selbst einem Anachronismus zu verfallen. Im Anschluß daran beschreibt Pöhlmann den Weg von der Aristokratie zur Plutokratie und die Anfänge eines kapitalistischen Wirtschaftssystems in Griechenland, ein Ereignis, das die „ökonomisch fortgeschrittensten Landschaften der hellenischen Welt" „schon im Laufe des 7. Jahrhunderts" erfaßte. Steht auch im Verlaufe der weiteren Darstellung gemäß der Thematik die Frage der sozialen Ideen und Staatsutopien – etwas überdimensioniert diejenige Platons – im Mittelpunkt der Betrachtung, so schenkt Pöhlmann doch auch den realen wirtschaftlichen Verhältnissen in Griechenland, den Agrarreformen und der Entstehung von Industrie- und Handelsstädten mit ihrem Wirtschaftsleben, dem Gegensatz von arm und reich, seine besondere Aufmerksamkeit.

Hat Pöhlmann in der klaren Erkenntnis der Verschränktheit von Gesellschaft und Wirtschaft in seiner Darstellung den sozialen Aspekt in den Vordergrund gerückt, so setzte Fritz M. Heichelheim mit seiner zweibändigen ›Wirtschaftsgeschichte des Altertums vom Paläolithikum bis zur Völkerwanderung der Germanen, Slaven und Araber‹ (1938; ^{2}1970 in 3 Bdn., englisch) und zahlreichen weiteren Arbeiten die Akzente umgekehrt. Heichelheims umfassende Synthese der wirtschaftlichen Verhältnisse des Mittelmeerraumes im Altertum ordnet die Masse des Materials vor allem nach Kategorien der Nationalökonomie unter den Gesichtspunkten Geld und Kapital, Arbeitsformen des Menschen sowie Staat und Gesellschaft, wobei er auch der Frage der Kontinuität der altorientalischen Oikenwirtschaft und ihrer Folgen für die griechische Welt große Aufmerksamkeit schenkt. Dieser Historiker stellt sein Werk, dessen Neuauflage wohl als die Summe der gegenwärtigen Forschungen im Bereich der Wirtschaftsgeschichte dasteht, damit in die Tradition einer auf historischen Methoden fußenden Nationalökonomie, zu deren hervorragendsten Vertretern Max Weber, der 'bürgerliche Marx', wie er gelegentlich genannt wird, zu zählen ist. Ohne sich in der ›Wirtschaftsgeschichte des Altertums‹ selbst mit den Theorien der Wirtschaftsstufen der diversen nationalökonomischen Schulen und des historischen Materialismus ausführlicher zu befassen, zeigt Heichelheim durch die Darbietung der Fakten die außerordentliche Vielfalt des sozialökonomischen Prozesses im griechischen Wirtschaftsleben, und er läßt dabei nicht außer acht, daß abseits der großen Kulturlandschaften, in einzelnen Randzonen der griechischen und hellenistischen Welt, der wirtschaftliche Alltag unverändert auf dem Niveau geschichtsloser Stämme verharrte. Zur Frage der Entstehung und Weiterentwicklung von Wirtschaftssystemen hat der Gelehrte in ›Welthistorische Gesichtspunkte zu den vormittelalterlichen Wirtschaftsepochen‹[52] Stellung genommen und sich dabei gegen die marxistischen und darwinistischen Thesen einer „ökonomischen Aufwärtsentwicklung der Welt“ ausgesprochen. Heichelheim will in der Wirtschaftsgeschichte vor allem die „Strukturwandlungen der drei ökonomischen Grundfaktoren (siehe oben) und ihres Verhältnisses zueinander“ analysieren und kommt dabei zu dem Schluß, daß nach der „vielleicht ungeheuerlichsten Wirtschaftsrevolution der menschlichen Kulturgeschichte“, die heute gelegentlich als 'neolithische Revolution' angesprochen wird, am Ende des 2. Jt. im Mittelmeergebiet eine „neue Entwicklung“ zu beobachten ist, die die Zeitspanne bis ins 6. Jh. v. Chr. durch gemeinsame Kennzeichen prägt (vgl. dazu unten 115). Darauf folgt die Phase der Poliswirtschaft vom 6. bis zum 4. Jh. v. Chr., für die Heichelheim ein günstigeres Urteil fällt als etwa J. Hasebroek, der der Wirtschaft dieser Zeit recht primitive Merkmale zuspricht, ehe es im Hellenismus nach Heichelheim (und auch Hasebroek) zum höchsten ökonomischen Aufschwung kommt. *In toto* nimmt also auch Heichelheim eine 'Aufwärtsentwicklung' an, wenngleich ohne ideologische Verbrämung, sieht er doch auch im Wirtschaftsleben einen Prozeß der „ständigen Verfeinerung einer einmal gewonnenen ökonomischen Grundlage“ und, seit Entstehen der Agrarwirtschaft, eine zunehmende Differenzierung des „Faktors Kapital“. Soviel zum Entwicklungsgedanken und der Periodisierung der griechischen Wirtschaftsgeschichte.

Die ökonomische Situation des bronzezeitlichen Griechenland, über deren landwirtschaftlichen Charakter einige vorsichtige Aussagen gemacht worden sind, blieb am Beginn des 1. Jt. wohl weitgehend unverändert. Von den Entzifferern des Linear B wurden diese wenigen Erkenntnisse übrigens im grundsätzlichen kaum entkräftet, da ja die Existenz der landwirtschaftlichen Produkte sowie verschiedener Kategorien von Ackerland in der Fachwelt davor feststanden und planwirtschaftliche Maßnahmen sich auch jetzt, d. h. mit Hilfe der Linear B-Texte, nicht mit Sicherheit nachweisen lassen. Weder minoische noch mykenische Zeugnisse sprechen zweifelsfrei für ein Nebeneinander von Staats- und Privatwirtschaft, wie es N. Brockmeyer in seiner ›Sozialgeschichte der Antike‹ (1972) mit Berufung auf K. Wundsams Dissertation ›Die politische und soziale Struktur in den mykenischen Residenzen nach den Linear B-Texten‹ (1967) angenommen hat. Der Vergleich mit den altorientalischen Wirtschaftsformen läßt eher den Schluß zu, daß die minoischen und mykenischen Paläste und Siedlungen während des

[52] In: Schmollers Jb 56, 2 1932, 994ff., 998, 1002, 1014, 1035.

Neolithikums und der Bronzezeit ihre Wirtschaft allmählich von einer landwirtschaftlich orientierten auf eine von den Interessen des entstehenden Gewerbes und Handels bestimmte ausweiteten. Zumindest in der kretischen Palastwirtschaft, die wegen des fehlenden Bewässerungsbodenbaus von anderen geographischen Voraussetzungen als diejenige Mesopotamiens auszugehen hatte, dominierten neben der Agrikultur auch die gewerbliche Produktion und ein überregionaler Tauschhandel.[53] Die wirtschaftlichen Verhältnisse in Griechenland nach der Großen Wanderung lassen eine Fortsetzung dieses Weges nicht erkennen. Wichtigste Erkenntnisquelle für alle Lebensformen dieser Frühphase der griechischen Geschichte bleiben die homerischen und hesiodischen Epen. Das gilt auch für den wirtschafts- und sozialhistorischen Aspekt. Hier finden sich die von Rodbertus als *Oikenwirtschaft* beschriebenen Verhältnisse in recht einprägsamer, aber doch auch schon in etwas weiterentwickelter Form, da die Gewerbetreibenden auch schon für einen Markt arbeiteten. In der ›Welt des Odysseus‹ (deutsch 1968), wie sie M. I. Finley beschreibt, bildet Landbesitz die ökonomische Lebensbasis, wobei Weideland und Ackerboden in ihrer Bedeutung verschieden eingeschätzt werden. Rangiert hier der Herdenbesitzer vor dem Ackerbauern, so verhält es sich in der Welt Hesiods umgekehrt. Das hat seinen Grund freilich darin, daß die homerischen Dichter von der ionischen Adelswelt berichten, Hesiod aber von den Kleinbauern und Hirten Boiotiens erzählt. Schon in diesem Unterschied sollten jene eine Mahnung sehen, die dazu neigen, von einem einheitlichen Charakter dieser frühen Jahrhunderte zu sprechen. Das schließt Gemeinsamkeiten, wie sie archaischen Gesellschaftsformen eignen, freilich nicht aus. In seinen Grundzügen trifft der von Rodbertus beschriebene Hauswirtschaftstypus sowohl auf die homerische als auch auf die hesiodeische Welt zu. Zur Autarkie der Oikenwirtschaft, ihres herausragenden Kennzeichens, schreibt Finley[54]: „Mit ihren Herden und mit ihrer Arbeitskraft, mit einem Überfluß an Steinen zum Bauen und Lehm für die Töpfe konnten die großen Hauswesen ihr Ideal des vollständigen Sichselbstgenügens fast völlig verwirklichen. Der *oikos* war vor allem eine Verbrauchseinheit. Sein Betrieb wurde, insoweit er der Befriedigung materieller Bedürfnisse diente, durch einen einzigen Grundsatz geleitet, nämlich den, die Bedürfnisse des Herrn und seiner Leute zu erfüllen, wenn möglich aus den Erträgnissen des eigenen Besitzes, die noch durch Beute ergänzt wurden.“ Die Norm des Reichtums drückt sich im Viehbestand des Herrn eines Oikos aus, in der Zahl seiner Rinder, Schafe, Ziegen und Schweine, aber auch der Pferde und Maultiere. Zahlreiche Verse der frühen Epen geben diesen Wertmaßstab an.

[53] Dazu R. F. Willetts, Ancient Crete. 1965, 36ff. Kreißig GG 45ff.
[54] Finley a. O. 55f.

Dazu kommt noch der Grundbesitz, wobei neben den Weidegebieten vor allem das Land für den Getreideanbau sowie für die Wein-, Öl- und Obstkulturen, schließlich auch das Gartenland eine wichtige Grundlage für das autarke Wirtschaftssystem bildeten.

Im modernen Schrifttum wird in dieser ökonomischen Autarkie vielfach eine Art Selbstbescheidung, ein Verzicht auf zusätzliche Güter, die über den häuslichen Bedarf hinausgehen, gesehen, eine Auffassung, aus der gewiß nicht ganz unproblematische Konsequenzen gezogen werden. Daß nämlich die Mehrung des Besitzes über den Eigenbedarf hinaus keine Rolle spielte und der homerische Adel „ökonomisches Interesse" so wenig gekannt hat, „daß er nicht einmal den Überschuß seiner landwirtschaftlichen Produktion auf den Markt" gebracht hat, wie Hasebroek es behauptet, oder, anders ausgedrückt, das „Motiv des Profits" tabu war,[55] kann nicht unbesehen akzeptiert werden. Die Beutezüge, der See- und Menschenraub, das Prunken mit eigenem Besitz, der Wunsch, bei Wettkämpfen wertvolle Preise zu gewinnen, das sind klare Indikatoren für ein recht ausgeprägtes Besitzstreben der Menschen dieser frühen Welt, als deren Lebensprinzip oft, gewiß zu oft, der Iliasvers αἰὲν ἀριστεύειν καὶ ὑπείροχον ἔμμεναι ἄλλων (6, 208) zitiert wird. Auch Hesiods Hinweis auf die Eris, Erga 20ff. (übersetzt von Th. v. Scheffer) weist in die entgegengesetzte Richtung, wenn es dazu heißt: „Denn sie (scil. die gute Eris) ermuntert sogar die lässigen Männer zur Arbeit. / Schaut ein solcher auf andre, die reicher, so möchte er stärker / schaffen, er sputet sich dann, den Acker zu pflügen, zu säen, / gut zu richten das Haus: so eifert Nachbar mit Nachbar / um den bessern Ertrag. *Die* Eris ist Sterblichen nützlich; / eifert doch Töpfer mit Töpfer, der Zimmermann mit dem Zimmrer, / und es neidet der Bettler dem Bettler, der Sänger dem Sänger." Daß die darin sich ausdrückende Mentalität aus dem Lebenskreis der boiotischen Bauern einer 'fortschrittlicheren' Gesellschaft angehört als etwa der homerischen Welt, darf mit Recht bezweifelt werden. Zumindest zeigen die Ergaverse, daß ein Teil der griechischen Bevölkerung in wirtschaftlichen Belangen andere Maximen kannte, als sie etwa von Hasebroek und Finley für die homerische Welt angenommen werden.

Für die Bearbeitung des Bodens und die Viehzucht benötigte der Gutsherr entsprechende Arbeitskräfte, deren gesellschaftliche Stellung keineswegs als homogen zu bezeichnen ist. Die sozialen Unterschiede umfassen bereits eine breite Skala zwischen Freiheit und Sklaverei, wenngleich zu bemerken ist, daß vom Elend der Sklaven, das dann zuweilen in späterer Zeit in der industriellen Manufaktur, in Bergwerken und auf den Latifundien herrscht, in den frühen Epen noch nicht die Rede ist. Deswegen bevorzugt es die marxistische Geschichtswissenschaft, hier von patriarchalischer Hausskla-

[55] Finley a. O. 64.

verei zu sprechen, die sich von den im 6./5. Jh. an entwickelnden Formen der kommerziellen Ausbeutung und Massensklaverei deutlich abhebt. Auch H. Strasburgers ›Antikes Gesellschaftsideal‹ sieht den Sklaven in die Geborgenheit der Hausgemeinschaft aufgenommen und in dem Sauhirten Eumaios eine „Symbolfigur für das Idealverhältnis zwischen Herr und Sklave“ [56]. Da die Sklaven mit der Dienerschaft, den θεράποντες, und den zunehmend in Abhängigkeit geratenden Kleinbauern, meist verarmten Stammesgenossen, Teil des Oikos waren und an seiner wirtschaftlichen Prosperität teilhaben konnten, galt ihre Existenz vielfach als gesicherter als die der besitzlosen, aber freien Theten oder die der herumziehenden Handwerker. Beide Stände, Theten wie Handwerker, kommen aus der 'Fremde', arbeiten für den Oikos gegen Entlohnung, und verlassen ihn dann in der Regel wieder. Dafür, daß soziale Spannungen in dieser frühen Welt existierten, legt abermals Hesiod mit seinem Gleichnis vom Habicht und der Nachtigall, der „ersten Fabel der abendländischen Literatur“ (A. Lesky), ein unmißverständliches Zeugnis ab. Der abhängige Bauer (Nachtigall) muß sich vom adligen Herrn (Habicht) hier in der Sprache der Fabel sagen lassen: „Törin, was schreist du denn so? Ein Stärkerer hält dich gefangen. / Gehen muß du, wohin ich will, trotz deinem Gesange. / Fressen tu ich dich, wenn es mir paßt, oder laß dich entwischen. / Sinnlos, wer sich vermißt, mit stärkerem Feinde zu kämpfen. / Sieg ist ihm versagt, er leidet noch neben der Schande“ (Erga 202ff., übersetzt von Th. von Scheffer).

Die Differenzierung des Gewerbes ist in dieser frühen Welt schon relativ weit fortgeschritten. So kennt das Epos den Schmied, Arzt, Sänger, Seher, Zimmermann, Schiffs- und Wagenbauer, Töpfer, Metallarbeiter, Herold, Fährmann, Fischer, Gaukler und Bettler. Ihre gemeinsame Bezeichnung als Demiurgen erklärt Ed. Meyer insofern, als er in ihnen Handwerker sieht, die nicht für sich, sondern für Angehörige der Gemeinden arbeiten und die zwar persönlich frei sind, gesellschaftlich aber eine untergeordnete Rolle spielen.

Daß in einer Zeit, in der die Oikenwirtschaft dominiert, der Handel keine zentrale Stellung im Wirtschaftsleben einnimmt, versteht sich von selbst; das Erbe des minoisch-mykenischen Mittelmeerhandels, sofern es ein solches überhaupt anzutreten galt, übernahmen hauptsächlich wohl die phönikischen Städte. In der Form des Hausierhandels bringen sie allerlei gewerbliche Luxusartikel nach Griechenland, wobei Piraterie und Menschenhandel eine nicht unwesentliche Rolle spielen. Der Gegenwert konnte dabei in Naturalien oder Wertgegenständen abgegolten werden, da das Münzgeld als Zahlungsmittel noch fehlte. Wertmesser blieb bei den Griechen aber vorerst noch das Vieh, wenngleich auch andere „prämone-

[56] H. Strasburger, Zum antiken Gesellschaftsideal (Abh. Heidelberg AW) 1976, 8 und 27ff.

täre Geldformen, Gerätegeld wie Beile, Spieße, Becken und anderes Gerät" (K. Christ) bereits geläufig waren. Die Rolle dieser oft gehorteten Wertgegenstände im frühen Handel ist oft aufgrund der prekären Quellenlage nicht genau bestimmbar.

Im jüngeren der beiden homerischen Epen, der ›Odyssee‹, zeichnet sich allerdings ein Szenenwechsel im Wirtschaftsleben der Griechen ab: Die *griechische Kolonisation* nimmt ihren Anfang. Der „gewaltige Aufschwung" (Ed. Meyer), den der Seehandel im 8. Jh. nimmt, sprengt den Rahmen der geschlossenen Oikenwirtschaft, die ihr Ziel, wie gesagt, vor allem in der Autarkie gesehen hat. Die große griechische Kolonisation der Zeit vom 8. bis etwa zur Mitte des 6. Jh. kann zwar nicht ausschließlich, aber doch in wesentlichen Punkten als ein Ereignis verstanden werden, das Ausfluß ökonomischer und soziologischer Veränderungen ist. Auch wenn Bengtson in der umfangreichen kolonisatorischen Tätigkeit „vor allem den Ausdruck eines elementaren neuen Lebensgefühles, dem die Grenzen der Heimat zu eng geworden sind", also eine starke irrationale Komponente sieht und ähnlich Schachermeyr an „Abenteuer, Gewinnsucht, das Unbekannte lockten hinaus in die Ferne", denkt,[57] so können doch die Triebkräfte dieser griechischen Expansionsbewegung in großen Teilen des Mittelmeerbeckens präziser angegeben werden. Als Hauptmotive hat man die Gründung von Kolonien für den Ackerbau und den Handel genannt, wobei einerseits die Kleinräumigkeit des heimischen Bodens und die aufkommenden klassenkampfartigen Auseinandersetzungen in einzelnen Städten viele Griechen zum Verlassen ihrer Heimat und zur Neugründung einer Stadt zwangen, anderseits auch die Konkurrenz mit den Phönikern die Errichtung von Handelsniederlassungen erforderte.

Über diese wesentlichen Beweggründe für die Kolonisation – Gewinnung von neuem Ackerland und Erschließung zusätzlicher Handelsmärkte – existiert ein recht umfangreiches Schrifttum, in dem die Akzente sehr unterschiedlich gesetzt werden. So hat Hasebroek[58] eine recht klare Position bezogen, wenn er zu den Antriebskräften, die zur kolonisatorischen Bewegung – für ihn das „Ergebnis der überschüssigen Volkskraft" – führten, bemerkt: „Denn nur um die Gewinnung neuen ackerbaufähigen Bodens handelt es sich bei dieser Kolonisation, nicht um eine Handelskolonisation nach Art derjenigen des Merkantilstaates zur beginnenden Neuzeit, wie man angenommen hat und zu der alle Voraussetzungen in dieser Zeit fehlen." Ähnlich äußerte sich auch U. Kahrstedt: „Die Kolonisten suchten Ackerland, keine Häfen." Diese These hat viele Anhänger gefunden. Im

[57] Bengtson GG 91, Schachermeyr GG ^{2}1969, 109.

[58] J. Hasebroek, Staat und Handel im alten Griechenland. 1928, 109. U. Kahrstedt, Geschichte des griechisch-römischen Altertums. 1948, 4.

neueren Schrifttum hat N. Brockmeyer in seiner ›Sozialgeschichte der Antike‹ (mit Angabe weiterer Literatur) die Priorität agrarwirtschaftlicher Überlegungen im Sinne Hasebroeks stark, vielleicht zu stark betont: „Die Suche nach Fruchtland, nicht der Versuch, neue Handelsplätze zu gewinnen, veranlaßte primär die große hellenische Kolonisationsbewegung vom 8.–6. Jh." In diesem Sinne meint F. M. Heichelheim: "The Greek *polis* colonization of the 8th and 7th centuries B.C. developed nevertheless in no way from active trade yet. Rather did it begin, as we can establish with great certainty, from agrarian settlements, fishing stations . . ." Und auch M. Austin–P. Vidal-Naquet, die vor einer simplen Reduktion der Ursachenfrage auf die Alternative Handelsinteressen–Landmangel warnen, weil man präzisieren müsse, „was mit 'Handelsinteressen' gemeint ist, also ob man von der Suche nach Märkten (Export) oder von der Beschaffung lebenswichtiger Güter (Import) spricht oder von Transithandel", haben die gleiche Präferenz wie Brockmeyer und Heichelheim.[59] Das Aufkommen eines griechischen Mittelmeerhandels wird vielfach als eine Folge der neugegründeten Agrarsiedlungen gesehen. H. Berve beruft sich auf das Buch von J. Bérard, L'expansion et la colonisation grecques jusqu'aux guerres médiques. 1960, und postuliert „zwei Wellen" der Kolonisation, und zwar ca. 775–675 und ca. 675–500, wobei in der ersten Periode das „Verlangen nach Ackerland" vorherrscht, „während später das Handelsinteresse immer größere Bedeutung gewinnt . . .". Die Agrar-These Hasebroeks blieb aber nicht unwidersprochen. Was schon die kompromißbereite Interpretation Berves andeutet, wird vor allem bei Alan Blakeway sichtbar, der mit seinen ›Prolegomena to the study of Greek commerce with Italy, Sicily and France in the eighth and seventh centuries B.C.‹ die Antithese formulierte. Gestützt auf seine archäologischen Untersuchungen der Keramikfunde in den Kolonialgebieten, aber auch mit Berufung auf literarische Zeugen, wie Hesiod, der im Handel und nicht in der Emigration die Alternative zum Bauernleben sieht (Erga 618ff.), kommt Blakeway zum Schluß: "Greek commerce with the West preceded Greek colonisation of the West. The flag followed trade."[60] Mit Hasebroeks Hypothese, die Kolonisation schuf den Handel, nicht der Handel die Kolonisation, verhalte es sich demnach gerade umgekehrt. Mit Verve vertritt auch J. Boardman die Auffassung, "daß meist der Handel einer Besitznahme" vorausgegangen sei, der Kaufmann also vor dem Auswanderer rangiere. Blakeway, der wie Ed. Meyer neben dem Handel auch noch 'over-population' und 'land-hunger' als Ursachen gelten läßt, und

[59] Brockmeyer a. O. 27; Heichelheim a. O. 239; M. Austin–P. Vidal-Naquet, Gesellschaft und Wirtschaft im alten Griechenland. 1984, 55f. Berve, Gnomon 36 1964, 96.

[60] Blackway, Prolegomena to the study of Greek commerce . . ., in: BSA 33 1932/33 170ff. J. Boardman, Kolonien und Handel der Griechen. 1981, 192.

Boardman haben für ihre Theorie auch andere Vorläufer. Jacob Burckhardt beispielsweise nannte an erster Stelle die Schaffung „momentaner Ufermärkte“ und dann erst den „Landerwerb bei den Eingeborenen“, daher wohl auch die Bezeichnung des Griechen dieser Zeitspanne als „kolonialen (und agonalen) Menschen“.

Wer aus dem gegenwärtigen Schrifttum im Hinblick auf die Ursachen der Kolonisation Bilanz zieht, wird feststellen, daß es vor allem jene zwei Positionen sind, die vertreten werden. Erstens finden wir die Ansicht vertreten, und zwar von der Mehrzahl der Gelehrten, daß die Schaffung von Handels- *und* Manufakturzentren ausschlaggebend für die Unternehmungen war, und zweitens, daß vor allem die Gewinnung von Ackerboden den Anstoß dazu gab. Einen eigenen Weg in dieser Frage ging Hans Schaefer, der in einem Heidelberger Vortrag (1959) ›Eigenart und Wesenszüge der griechischen Kolonisation‹[61] zwar die traditionellen Argumente nicht außer acht läßt („ohne Zweifel wichtige Voraussetzungen“), allerdings hinzufügt, daß sie „den Vorgang in der Tiefe des historischen Prozesses in keiner Weise“ erklären. Denn „die entscheidende Vorbedingung dieses großen Prozesses ist in einem tiefgreifenden innerpolitischen Wandel zu erkennen: die Ablösung des patriarchalischen, oft inzwischen zu beherrschendem Einfluß gelangten Königtums durch eine mündig gewordene Aristokratie steht am Beginn der Kolonisation“. Damit wird zweifelsohne der Finger auf einen wichtigen Punkt gelegt: auf die tiefgreifenden gesellschaftlichen Veränderungen, die sich jetzt im griechischen Raum vollziehen und die ihre Fortsetzung finden in der Ausbildung des Hoplitenheeres, Umwälzungen, die sich in den Verfassungssystemen der Poleis niederschlagen. Allein, auch Schaefers These vermag nicht alle Kolonisationsvorgänge zu motivieren. Denn alle Versuche, *ein* Argument in den Vordergrund der Diskussion zu stellen oder gar monokausale Erklärungen abzugeben, sind letztlich zum Scheitern verurteilt, da sie immer nur auf einen Teil der Koloniegründungen zutreffen. Sinnvoll wäre nur ein Unternehmen, das Kolonie für Kolonie der griechischen Welt aufgrund des archäologischen Befundes analysiert und deren historische Funktion bestimmt, wobei dieser Weg wegen der Quellenlage auch nur sehr selten zum Ziel führen wird, nicht zuletzt deshalb, weil damit noch keine Aussage über die Gründungs*absichten* gewonnen werden kann. Dafür stehen nur historiographische Überlieferungen zur Verfügung – und diese sind außerordentlich spärlich gesät. Sie gehen hauptsächlich auf das Konto Herodots, der allerdings seine Gründungsberichte mit zahlreichen Legenden ausschmückt.[62]

[61] H. Schaefer, in: Probleme der Alten Geschichte. 1963, 362ff., 377.

[62] Dazu L. Gierth, Griechische Gründungsgeschichten als Zeugnisse historischen Denkens vor dem Einsetzen der Geschichtsschreibung. Diss. Freiburg i. Brsg. 1971.

Präziseres als über die Ursachen der Kolonisation läßt sich über die Zentren, von denen sie ihren Ausgang genommen hat, und über die betroffenen Gebiete sagen. Von den bedeutendsten ionischen Mutterstädten Milet, Phokäa, Chalkis und Eretria kolonisierte die erstgenannte vor allem die Küsten des Schwarzen Meeres und der Propontis, während sich die übrigen nach Westen wandten. Die dorischen einschließlich der korinthischen Kolonisationsstädte traten mit den Ioniern gleichsam in einen Wettbewerb, der einem friedlichen Nebeneinander der Gründungen, der Apoikien, nichts in den Weg stellte. Dies gilt insbesondere von Megara, das in denselben Gebieten wie Milet kolonisierte. Thera hingegen konzentrierte sich auf die Kyrenaika, während Rhodos Gela gründete und sich mit Milet und anderen Städten am Ausbau des ehemals als Stapelplatz für den Ägyptenhandel eingerichteten Wirtschaftshafens Naukratis im Nildelta beteiligte. Ein mächtiges Kolonialreich schuf sich Korinth, das auf den Ionischen Inseln und an der Westküste Griechenlands seine Niederlassungen gründete und das mit der Errichtung der Stadt Syrakus auch den Grundstein für ein späteres politisches Zentrum auf Sizilien legte. In Unteritalien, das ab dem 6. Jh. auch Μεγάλη Ἑλλάς genannt wird, entstanden neben den chalkidischen Stützpunkten in Campanien mit den reichen Städten Sybaris und Kroton achäische Kolonien und mit Tarent, der einzigen Kolonie Spartas, weitere Zentren kulturellen und wirtschaftlichen Lebens, die ihrerseits wiederum Kolonien gründeten, so daß hier eine Dichte an griechischer Bevölkerung zu registrieren ist, wie sie sonst nur noch in Sizilien, am Pontus und in der Gegend um die Phokäergründung Massilia zu beobachten ist. Wer einen Blick auf die Kolonisationslandkarten des Mittelmeerbeckens wirft, wird feststellen, daß im wesentlichen zwei Gegenden von Griechen nicht bzw. kaum kolonisiert wurden, und zwar das syrisch-palästinensische Gebiet, wo allerdings bei Al Mina an der Orontesmündung ein bedeutendes griechisches Handelszentrum entdeckt wurde, und die weiten Küstenstreifen östlich und westlich von Karthago. Das wird seinen Grund vor allem in der phönikischen Handelskonkurrenz haben. Doch davon abgesehen siedelten am Ende dieser großen Expansionsphase, die ohne langen Anlauf sofort kräftig eingesetzt zu haben scheint, die Griechen rund um das Mittelmeer, nach einem bekannten Platonwort, wie die Frösche um den Teich. Deswegen aber „eine förmliche Lenkung der Kolonisation", etwa durch das Orakel von Delphi, anzunehmen, wie dies gelegentlich in der Literatur geschehen ist, geht nicht an.

Literatur zur westgriechischen Kolonisation (eine zusammenfassende Darstellung zur gesamten Mittelmeer- und Schwarzmeerküste bietet das oben 86 genannte Werk von J. Boardman): D. Randall-MacIver, Greek cities in Italy and Sicily. 1931; T. J. Dunbabin, The Western Greeks. 1948; J. Bérard, La colonisation grecque d'Italie méridionale et de la Sicile dans l'antiquité: histoire et légende. ²1957; C. Mossé, La colonisation dans l'antiquité. 1970; Problèmes de la terre en Grèce ancienne (Hrsg. M. I. Finley) 1973; A. G. Woodhead, The Greeks in the West. 1962. K. H. Waters, The rise and decline of some Greek colonies in Sicily, in: AncSoc 5 1974, 1ff. – Zahlreiche Beiträge auch in den Akten der Magna-Graecia-Kongresse in Tarent, insbesondere ›Greci e Italici in Magna Grecia‹. Bd. 1 1961; ›Metropoli e colonie di Magna Grecia‹. Bd. 3 1963; ›La città e il suo territorio‹ Bd. 7 1957; ›La Magna Grecia e Roma nell'età arcaica‹. Bd. 8 1968. Bd. 22 1982: Magna Grecia e mondo micenico. Vgl. weiters E. Wikén, Die Kunde der Hellenen von dem Lande und den Völkern der Apenninenhalbinsel bis 300 v. Chr. 1937, und L. Braccesi. Grecità adriatica. Un capitolo della colonizzazione grece in occidente. 1971. – Zum *Pontusgebiet* vgl. H. Neubauer, Die griechische Schwarzmeerkolonisation in der sowjetischen Geschichtsschreibung, in: Saeculum 11 1960, 132ff.; D. B. Šelov, Der nördliche Schwarzmeerraum in der Antike, in: H. Heinen (Hrsg.), Die Geschichte des Altertums im Spiegel der sowjetischen Forschung (EdF 146) 1980, 341ff. F. Miltner, Die erste milesische Kolonisation im Südpontus, in: Anatolian studies presented to W. Buckler. 1939, 191ff. Ferner: N. Ehrhardt, Milet und seine Kolonien. 1983; V. F. Gajdukevič, Das Bosporanische Reich. 1971, bes. 15ff., mit einer umfangreichen Bibliographie 538ff. (auch zum epigraphischen, numismatischen und archäologischen Material); E. v. Stern, Die griechische Kolonisation am Nordgestade des Schwarzen Meeres im Lichte der archäologischen Forschung, in: Klio 9 1909, 139ff.; K. Hanell, Megarische Studien. 1934. Weiters: E. Belin de Ballu, L'histoire des colonies grecques du littoral nord de la Mer Noire (Bibliographie zum russischen Schrifttum. 1940–1962) 1965, und E. Schönert-Geiss, Die Wirtschafts- und Handelsbeziehungen zwischen Griechenland und der nördlichen Schwarzmeerküste im Spiegel der Münzfunde (6.–1. Jh. v. u. Z.), in: Klio 53 1971, 105ff. – Zur kolonisatorischen Aktivität von Phokaia in *Magna Graecia* (Velia), insbesondere aber in der Gegend von *Marseille* und in *Spanien* vgl. die Literatur bei E. Langlotz, Die kulturelle und künstlerische Hellenisierung der Küsten des Mittelmeers durch die Stadt Phokaia (Arbeitsgemeinschaft für Forschung des Landes Nordrhein-Westfalen. Geisteswissenschaften 130) 1966, 10ff. Langlotz selbst konzentriert sich in dieser Schrift weniger auf die Wirtschaftsgeschichte als vielmehr auf künstlerische Einflüsse. Zu Spanien noch P. Bosch-Gimpera, Les Grecs et les Ibères, in: Le rayonnement des civilisations grecques et romaines sur les cultures des périphériques (Huitième Congrès international d'Archéologie classique, Paris) 1965, 111ff. – Zur Kolonisation der *Kyrenaika* vgl. F. Chamoux, Cyrène sous la monarchie des Battiades. 1953. R. G. Goodchild, Kyrene und Apollonia. 1971 (mit knapper Bibliographie 192f.). – Zu *Naukratis* und den Griechen in *Ägypten* vgl. F. K. Kienitz, Die politische Geschichte Ägyptens vom 7. bis zum 4. Jahrhundert vor der Zeitwende. 1953 (zu den ersten Griechen in Ägypten 35ff.) mit Angabe des Schrifttums zu Naukratis und der Diskussion um dessen Gründung (a. O. 46). M. M. Austin, Greece and Egypt in the archaic age (Proceedings of the Cambridge Philological Society Suppl. 2) 1970. Siehe auch W. Schubart, Die Griechen in Ägypten (Beihefte zum Alten Orient 10) 1927, 5ff., und die wertvolle archäologische Dokumentation von H. Prinz, Funde aus Naukratis (Klio Beihefte 7 1908, 1ff.), sowie E. R. Price, Pottery of Naukratis, in: JHS 44 1924, 180ff. Siehe auch oben 86f. – Zum *Grundsätzlichen* vgl. mit der oben erwähnten Literatur auch R. Martin, L'urbanisme dans la Grèce antique. 1956.

Die Beziehungen zwischen *Mutterstadt* (μητρόπολις) und *Kolonie* (ἀποικία) – lange Zeit von der Forschung hauptsächlich im Sinne eines Pietätsverhältnisses gedeutet – hat J. Seibert[63] eingehender untersucht und dabei die herrschende Meinung zu korrigieren versucht. Die der Untersuchung zugrunde liegende Methode, die jeweils bestehenden Beziehungen von Mutter- und Tochterstadt einzeln zu prüfen, zeigt dabei sehr deutlich, daß diese Beziehungen sich nicht auf eine Formel bringen lassen, sondern von ganz individuell geprägter Art sind. Je nach Ort und Zeit konnten diese Bindungen religiöser, politischer, rechtlicher, kultureller oder wirtschaftlicher Art unterschiedlich ausfallen, ein Resultat, gegen das sich schwerlich etwas wird einwenden lassen. Dieses Resultat hat übrigens Schaefer schon in seiner oben erwähnten Studie vorweggenommen. Ein Beispiel besonderer Art, nämlich Korinths Beziehungen zu seinen Kolonien, wurde von F. Gschnitzer[64] untersucht, in einer Schrift, die ihr Hauptaugenmerk den sogenannten 'Außensiedlungen', etwa den athenischen Kleruchien (auf Samos, Imbros und Delos), sowie den 'Poleis ohne Territorium' zuwendet. Dabei konnte gezeigt werden, daß im Gegensatz zu den älteren Kolonien Korinths, wie Syrakus und Korkyra, die politisch selbständige Gemeinwesen waren, die jüngeren wie Leukas oder Ambrakia „der Grundherrschaft der Mutterstadt unterworfen blieben", woraus auf eine politische Abhängigkeit zu schließen ist.

Ungeachtet aber aller dieser verschiedenen Beziehungen der Kolonien zu ihren Mutterstädten, ungeachtet auch des politischen Status der einzelnen Städte, erweist sich die gesamte als 'Zweite' oder 'Große' Kolonisation bezeichnete Ausbreitung der Griechen im Mittelmeerbecken und am Schwarzen Meer als wichtiger Abschnitt in der Weiterentwicklung der griechischen Wirtschaft (die Besiedlung der kleinasiatischen Westküste während und nach der Ägäischen Wanderung wird im Schrifttum gelegentlich 'Erste' Kolonisation genannt; als 'Dritte' Kolonisation gilt jene der hellenistischen Zeit).

Ein wesentlicher Faktor für den Wandel der sozialökonomischen Verhältnisse in der Spätphase dieser Kolonisation ist die *Erfindung des Münzgeldes,* die vor allem dem zunehmenden Handel entgegenkam. Die antike Überlieferung nennt dafür zwei Entstehungsgebiete, nämlich Lydien (Xenophanes F 4 und Hdt. 1, 94) und das Reich des schwer datierbaren Pheidon von Argos (Pollux 9, 43 und vor allem Strabon 8, 3, 33; 6, 16, der mit Berufung auf Ephoros dem Argiver die Einführung des Silbergeldes zuspricht; vgl. zum König von Argos unten 230. Nach vorsichtigen Datierungen

[63] Metropolis und Apoikie. Diss. Würzburg. 1963. R. Werner, Probleme der Rechtsbeziehungen zwischen Metropolis und Apoikie, in: Chiron 1 1971, 19ff.

[64] Abhängige Orte im griechischen Altertum (Zetemata 17) 1958, 124ff.

gehören die ältesten, in einem Vorläufer des Artemistempels von Ephesos gefundenen lydischen Elektronmünzen in die Zeit nach der Mitte des 7. Jh., die ältesten aus Aigina stammenden griechischen Silberprägungen frühestens ins späte 7. Jh. War der Nennwert dieser frühen Ausprägungen so hoch veranschlagt, daß sich diese Münzen (Statere) nicht für den Kleinhandel und den täglichen Gebrauch eigneten, so änderte sich dies, als man im 6. Jh. kleinere Nominale in Umlauf brachte.

Zur *Entstehung des Geldwesens*: K. Christ, Die Griechen und das Geld, in: Saeculum 15 1964, 214ff.; ders., Antike Numismatik. Einführung und Bibliographie. [2]1972 (vgl. auch oben 91f.). Zur frühen Geldwirtschaft vgl. F. Heichelheim, Die Ausbreitung der Münzgeldwirtschaft und der Wirtschaftsstil im archaischen Griechenland, in: Schmollers Jahrbuch 55 1931, 229ff. Mit zahlreichen Einschränkungen wegen der skeptischen Beurteilung des auf der Münzwirtschaft beruhenden Handels auch J. Hasebroek, Griechische Wirtschafts- und Gesellschaftsgeschichte 284ff. In der Frage nach den Ursprüngen des Münzgeldes und damit seiner anfänglichen Funktionen hat die Altertumswissenschaft im 20. Jh. neue Antworten angeboten. Gegenüber der traditionellen Auffassung, die Münze habe zunächst und vor allem als kommerzielle Wertbasis der Erleichterung bei der technischen Abwicklung der Handelsgeschäfte gedient, werden insbesondere seit Erscheinen des Buches ›Heiliges Geld‹ (1924) von B. Laum „außerökonomische Aspekte" (M. Austin–P. Vidal-Naquet) in den Vordergrund gestellt. Zur Begründung wird dabei u. a. darauf verwiesen, daß die frühesten Münzen mit ihrem großen Nominalwert für den Kleinhandel kaum in Frage kämen und auch die von Polis zu Polis unterschiedlichen Münzsysteme ein höchst kompliziertes Instrument im Außenhandel darstellten. Deshalb sei dieser „handelskapitalistischen Konzeption" der älteren Forschung eine „soziologische" gegenüberzustellen, der zufolge die Primärfunktion des Münzgeldes zunächst in der ethisch-normativen „Regelung . . . der internen Strukturen" der frühen Gesellschaft liege, d. h. im Austausch von Leistungen und in der Schuldentilgung. M. Austin–P. Vidal-Naquet meinen daher zu Recht, wie mir scheint, daß „das Leben der Gemeinschaft . . . nicht vorstellbar (sei) ohne die Existenz und Anwendung von Normen, die allgemein bekannt waren, und in diesen Zusammenhang müßte die Einführung des Münzgeldes sich einfügen"[65]. Damit konveniert auch der Hinweis auf die damals gleichzeitig auftretenden Aisymneten und Nomotheten sowie auf den etymologischen Zusammenhang zwischen *nomos, nomisma* und *nemein*. Beide hier kurz vorgestellten Erklärungsmodelle für die Entstehung des Münzgeldes können sich auf Aristoteles berufen. Denn in ›Politik‹ (1257a und b) wird darauf verwiesen, daß das Geld „aus dem Bedürfnis des Tausches" hervorgegangen war, während in der ›Nikomachischen Ethik‹ (1132b–1133b) dem Geld als Wertmesser eine ausgleichende Funktion in der Gemeinschaft der Bürger zugeordnet wird. In der heutigen Sozial- und Wirtschaftsgeschichte wird eine deutliche Präferenz für diese zweite bei Aristo-

[65] Austin–Vidal-Naquet a. O. 46. Ed. Will, Überlegungen und Hypothesen zur Entstehung des Münzgeldes, in: H. G. Kippenberg (Hrsg.), Die Entstehung der antiken Klassengesellschaft. 1977, 205 und 210.

teles vertretene Auffassung und die Ablehnung der auf kommerzielle Ursachen zurückgeführten Hypothese immer deutlicher sichtbar. Das schließt freilich nicht aus, daß in der weiteren Entwicklung der griechischen Wirtschaft dem Münzgeld bald jene Aufgaben zufielen, die ihm heute noch eigen sind. Da das Recht der Münzprägung in den Autonomiebereich der einzelnen Poleis fällt, steht die „Entwicklung der fiskalischen Funktion des Staates (Geldstrafen, Steuern) oder die Notwendigkeit der Finanzierung von Söldnerheeren . . ., vor allem die Entwicklung eines staatlichen Bewußtseins", in unmittelbarer Verbindung mit der Etablierung einer Münzgeldwirtschaft.[66]

Die weiteren Konsequenzen, zu denen das ins Wirtschafts- und Handelsleben integrierte Geldwesen führte, verdienen nicht nur im Hinblick auf die Veränderungen der sozialökonomischen Verhältnisse des griechischen Altertums, sondern auch unter universalhistorischem Aspekt besondere Beachtung; so führen sie unter anderem vor Augen, daß das oben 98f. kurz angedeutete Pauschalurteil über eine in ihren Grundzügen einheitliche Wirtschaft in der Alten Welt unbegründet ist. K. Christ[67] hebt die welthistorische Bedeutung dieser großen Veränderung, die er mit der Bewahrung des Feuers, der Domestizierung der Tiere und der Erfindung der Schrift vergleicht, nachdrücklich hervor: „Als allgemeine Ergebnisse des Übergangs zur Geldwirtschaft haben zu gelten die Mobilisierung des Kapitals, die Verstärkung des Verkehrs, die Umwandlung der verhältnismäßig in sich abgeschlossenen 'Oikoswirtschaft' und die 'Poliswirtschaft', die Neugruppierung der wirtschaftlichen Machtfaktoren und damit die unaufhaltsame Auflockerung der Grundlagen wie der aristokratischen Formen des archaischen Griechentums. So gesehen ist die Ingebrauchnahme des Geldes eine der wichtigsten Stufen der menschlichen Entwicklung überhaupt."

Einen folgenreichen Umwandlungsprozeß bewirkt die Einführung der Geldwirtschaft vor allem auch für die *griechische Gesellschaftsschichtung.* Pöhlmann spricht von der „Plutokratisierung des Adels" sowie der darauffolgenden „Universalherrschaft des Geldes und der zunehmenden Differenzierung der Gesellschaft"[68] und hebt hervor, auf welche Weise man versuchte, vor allem aus dem Grundbesitz durch Ausbeutung der Pächter und Theten sowie Ankauf der Ländereien kleinerer Bauern finanzielle Profite herauszuwirtschaften, mit dem für die Abhängigen und Kleinbauern fatalen Resultat, daß sie zusehends in den Status von Hörigen absanken, die durch ihre Arbeitsleistungen den Gewinn der adligen Unternehmer erhöhten, selbst dabei aber verarmten oder in arge Verschuldung gerieten. Für ihre Dienstleistungen genossen die Unteren den militärischen Schutz, der in den Hän-

[66] Austin–Vidal-Naquet a. O. 47.
[67] Die Griechen und das Geld, in: Saeculum 15 1965, 218.
[68] Pöhlmann a. O. Bd. 1, 128 und 189.

den jener Bürger lag, die imstande waren, für ihre militärische Ausrüstung selbst aufzukommen (οἱ τὰ ὅπλα παρεχόμενοι) und die in Hinkunft den Grundstock des griechischen Heeres bildeten: die Phalanx.[69] Die Ablösung des Geblütsadels durch den Geld- und Besitzadel in dieser Phase der Griechischen Geschichte steht in der Folge auch in Wechselwirkung mit Verfassungsänderungen, im besonderen zur Herausbildung der sogenannten 'Hoplitenpoliteia', d. h. mit der Entstehung von Herrschaftssystemen, die nach dem timokratischen Prinzip organisiert waren. Theten, Pächter und Kleinbauern besaßen danach praktisch keine politischen Rechte. Die Ansicht, daß diese veränderte gesellschaftliche Lage einen guten Nährboden für die Ausbildung der Älteren Tyrannis (vgl. oben 57ff.) abgegeben hat, soll hier nicht weiter ausgeführt werden. Die attischen 'Hektemoroi' repräsentieren diese verschuldeten, oft leibeigenen Agrarier, die ein Sechstel ihrer Ernte (früher meinte man auch ⅚) an ihre Grundbesitzer jährlich abzuliefern hatten.[70] Solons Reformen brachten hier eine Änderung für die Athener. Die Rechtskodifikationen im übrigen Griechenland stellen ebenfalls in hohem Maße eine Reaktion auf die von den sozial Unterprivilegierten geforderten Änderungen der unzumutbar gewordenen Verhältnisse dar.

Eine weitere Veränderung zur Zeit des Übergangs von der Wirtschaftsform des Oikos zu der der Polis, der sich während der Kolonisationsepoche vollzog, manifestiert sich in der weitgehenden Auflösung der gentilizischen Ordnungen der Gesellschaft und im durch die neuen Produktionsweisen bedingten Anwachsen der Sklavenzahl, ein Vorgang, in dem die marxistische Geschichtsschreibung das Fanal zur Entstehung des Sklavenhalterstaates im Altertum sieht. Gewiß hat es Sklaven auch in der homerischen Welt gegeben, aber „erst die Kommerzialisierung der Unfreiheit seit dem Aufkommen der Geldwirtschaft, die Freiheitsberaubung zum Zweck des Menschenhandels und der Verkauf des Menschen als Marktware (ἀνδράποδον nach τετράποδον) hat die Sklaverei zu einer gesellschaftlichen Institution gemacht“ [71]. Diese Ausweitung des Sklavenstandes auf der einen Seite und anderseits die durch die Umwandlung des Wirtschaftssystems bedingten neuen niedrigen Gesellschaftsschichten, die in zunehmende Abhängigkeit von den Gutsbesitzern und Unternehmern geraten waren, bewirken in Griechenland „die Entstehung einer sozialen Frage schon um die Wende des 7. und 6. Jahrhunderts“ [72].

[69] Dazu M. P. Nilsson, Die Hoplitentaktik und das Staatswesen, in: Klio 22 1929, 240ff. H. L. Lorimer, The Hoplite phalanx, in: BSA 42 1947, 76ff.

[70] Bengtson GG 120. Heichelheim, Kleiner Pauly 2 1967, 986 führt den Namen Hektemoroi auf ein Hohlmaß zurück.

[71] S. Lauffer, LAW 2813. Vgl. auch oben 89f.

[72] Pöhlmann, Geschichte der sozialen Frage. Bd. 1 35. Ganz ähnlich auch Ed. Meyer, Die wirtschaftliche Entwicklung 109.

Wie sieht dieser Übergang von der Oikenwirtschaft zur *Poliswirtschaft* aus? Zunächst ist festzuhalten, daß weite Gebiete der griechischen Welt, insbesondere im Westen sowie in den mittleren und nördlichen Gegenden der Balkanhalbinsel, von diesem Prozeß noch lange Zeit kaum tangiert wurden und gleichsam im Stile der homerischen Welt weiterlebten und 'weiterwirtschafteten'. Landwirtschaft und Handwerk beginnen sich allerdings in anderen, fortschrittlicheren Gebieten auf die Bedürfnisse der Städte einzustellen und ihre Produktion darauf abzustimmen. Dieser Umschwung, der regional und zeitlich großen Schwankungen unterliegt, wurde zum einen in die Zeit etwa des Peisistratos, Kroisos, Amasis, Polykrates und Kyros, also in die zweite Hälfte des 6. Jh. datiert (so etwa F. Heichelheim). Zum anderen (z. B. J. Hasebroek) stellte man sich bewußt gegen jene Ansicht, wonach die entscheidende ökonomische Veränderung in kausalen Zusammenhang mit den Perserkriegen oder mit dem beginnenden Hellenismus gebracht wird. Die Poliswirtschaft, die gegen Ende der Kolonisationsperiode ihre neue Form gefunden hat, gilt ab nun für die Zeit bis zum Hellenismus als die dominierende Wirtschaftsformation des Mittelmeerraumes von den Küsten des Schwarzen Meeres und Kleinasiens bis Spanien. Eine der Grundvoraussetzungen dafür und für das weitere Umsichgreifen des Handels, vor allem des Kleinhandels, lag in dem Übergang zum Kleingeldsilber, wobei sich insbesondere die attische Silberwährung gegenüber den anderen lokalen Währungseinheiten, ausgenommen die korinthische, durchzusetzen vermochte und so die Grundlage für einen überregionalen Handel, für eine Marktwirtschaft im weiteren Sinne des Wortes bildete. Waren in den Zeiten vorher Luxusgegenstände und notwendige Rohmaterialien die bevorzugten Handelsobjekte (siehe oben 105 f.), so sind es nun Massenwaren, die auf den Marktplätzen der Städte angeboten wurden. Zu den meistgehandelten Waren zählten nach den immer noch notwendigen Naturalien wie Baumaterialien, Tierhäute, Getreide, Wein, Olivenöl auch Produkte der Manufaktur, deren Umsatz ständig im Steigen begriffen war. Wichtige Konsequenzen des zunehmenden neuorganisierten Handels, der nicht mehr auf dem Tauschgeschäft beruhte, waren die Ausbildung eines Bankwesens, das für Nah- wie für Fernhandel gleich bedeutend wurde und das seine Anfänge in den vielseitigen Aufgaben der Trapeziten als Geldwechsler und Münzprüfer hat. Im Meinungsspektrum der Forscher lassen sich eine modernistische Richtung, die in den antiken Banken unmittelbare Vorläufer der neuzeitlichen Kreditinstitute sieht, und eine primitivistische ausmachen, wobei die zweitgenannte Auffassung vor allem die prinzipiellen Unterschiede betonen möchte. Einer der führenden Fachmänner für das antike Bankwesen, R. Bogaert, nimmt in dieser Kontroverse eine vermittelnde Position ein, denn seiner Meinung nach waren „die Trapeziten . . . keine großen Geldgeber für Unternehmungen und Handelsgeschäfte, wie es die modernen

Bankiers sind, aber sie waren für den Handel wegen des Geldwechselns und wegen der Zahlungsoperationen unentbehrlich. Außerdem hatten sie großen Anteil am unproduktiven Kredit, der . . . die verbreitetste Kreditform im Altertum und im Mittelalter gewesen ist, der aber eher einen politischen und sozialen Charakter besaß"[73]. Als weitere Folge der veränderten Wirtschaftsbedingungen gelten die Erweiterung und Verbesserung der Verkehrsmittel, so die Errichtung neuer Hafenanlagen und der Ausbau der Handelsflotten, sowie die Differenzierung und Intensivierung der Herstellungsmethoden der nunmehr nach dem Prinzip von Angebot und Nachfrage produzierten Handelswaren. Über diesen Prozeß der 'Industrialisierung' und Spezialisierung, der damals weite Gebiete der griechischen Welt erfaßte, gibt Xenophon (Kyroupaideia 8, 2, 5) Aufschluß: „In kleinen Städten macht derselbe Mann Bett, Tür, Pflug, Tisch, und oft baut er auch noch die Häuser und ist froh, wenn er dadurch Kunden genug hat, um seinen Lebensunterhalt verdienen zu können; es ist aber unmöglich, daß jemand, der viele Gewerbe betreibt, alles gut machen kann. In den großen Städten dagegen genügt infolge des erweiterten Absatzes für jeden Handwerker ein einziges Gewerbe zum Lebensunterhalt, und oft nicht einmal ein ganzes, sondern der eine macht Männer-, der andere Damenschuhe, ja mitunter lebt der eine lediglich vom Zuschneiden des Leders, der andere näht es zusammen, einer schneidet nur die Röcke zu, der andere näht ausschließlich die zugeschnittenen Stücke zusammen. Wer sich so ganz auf einen kleinen Teil eines Handwerks konzentriert, macht das natürlich auch am besten." Und wenn Platons Sokrates dem Hippias von Elis Prahlerei vorwarf, weil dieser von sich behauptete, alles, was er an seinem Leibe trage, selbst angefertigt zu haben, den Stoff für die Kleider selbst gewebt, die Sandalen und den schmucken Ring selbst angefertigt zu haben (Platon Hippias min. 360 D ff.), so zeigt das deutlich, daß Hippias als Outsider verstanden wurde und die Regel jener Zustand war, den Xenophon beschreibt. Wann dieser Prozeß der entstehenden 'Industrialisierung' anzusetzen ist, kann im einzelnen nicht mit Gewißheit gesagt werden. Ein frühes Beispiel dafür liefert jedenfalls die Vasenindustrie, die in Korinth schon im späten 7. und im folgenden Jahrhundert dann vor allem in Athen mit einer Massenproduktion beginnt und auf Vorrat produziert. Die Herstellungswerkstätten (sog. ἐργαστήρια), zeitweise Großmanufakturen mit bis zu 30 beschäftigten Sklaven, aber auch freien Arbeitern, lassen sich nicht mit Fabriken im modernen Sinn vergleichen, da nicht nur die Zahl der Arbeiter erheblich niedriger ist, sondern die technische Ausstattung vergleichsweise sehr primitiv war und sich diese Werkstätten nur durch die Aufteilung der Arbeitsvorgänge von älteren Ein-

[73] Bogaert, Grundzüge des Bankwesens im alten Griechenland (Xenia 18) 1986, 26.

richtungen dieser Art unterscheiden. Das Aufblühen des Handels, das mit der Ausbreitung des Geldverkehrs ab dem 6. Jh. in Verbindung steht, bewirkt die Entstehung von Handelsbörsen und Banken, die als gewerbliche Unternehmungen geführt wurden und die einen wesentlichen Faktor in der Kommerzialisierung des griechischen Wirtschaftslebens darstellen. Im Bereich der Landwirtschaft kommt es insofern auch zu einer Intensivierung der Produktion, als in dieser Periode die Einführung der „dreijährigen Fruchtfolge“ anzusetzen ist und „Düngung, Tierzucht, die Verwendung besonderer Saaten sowie die Wirtschaftsverwaltung größerer landwirtschaftlicher Betriebe“ [74] ständig verbessert werden.

Im Gegensatz zu Heichelheim, vor allem aber zu jenen Gelehrten, die für diesen Umschwung der griechischen Wirtschaft einen noch früheren zeitlichen Ansatz wählten und damit wesentlich zu jenem Bild in der Wissenschaft beitrugen, dem zufolge die ökonomischen Verhältnisse zumindest ab dem 6. Jh. recht modern und fortschrittlich anmuten (so Eduard Meyer, K. J. Beloch und deren Schüler), entschied sich Hasebroek in seinen partienweise recht polemisch gehaltenen Hauptwerken ›Staat und Handel im alten Griechenland‹ (1928, ND 1966) und ›Griechische Wirtschafts- und Gesellschaftsgeschichte bis zur Perserzeit‹ (1931, ND 1966) für eine völlig andere Auffassung. Als Vertreter der Ansichten von Max Weber hat er wirkungsgeschichtlich in der modernen Forschung so bedeutende Nachfolger gefunden wie Karl Polanyi, Michel Austin, Pierre Vidal-Naquet und teilweise auch Moses I. Finley. Hasebroeks Kritik an den modernistischen Interpretationen der griechischen Wirtschaft und seine Verlagerung der „Debatte von der Ebene der Fakten und der abstrakten Vorstellungen von Wirtschaftsformen auf die Erörterung der Beziehungen zwischen Wirtschaft und Institutionen der griechischen *polis*“ haben bei den genannten Wirtschaftshistorikern viel Zustimmung gefunden.[75] Er will vor allem den relativ primitiven Charakter der griechischen Wirtschaft, insbesondere des Handels, in vorhellenistischer Zeit nachweisen und damit für diesen Zeitraum im Grunde der Rodbertus-Bücherschen Oikentheorie mehr Berechtigung zusprechen, als dies Eduard Meyer (siehe oben 98f.) seinerzeit getan hat. Der Übergang von der Oiken- zur Poliswirtschaft in fortschrittlichen Städten wie Athen, Korinth, Aigina, Chalkis, Eretria, Megara, Sikyon, Milet und Syrakus wird dabei nicht in Abrede gestellt. Der Weberschüler betont aber, daß die Produktionsteilung „wenigstens bis an den Anfang des 5. Jh. hinein an die Stadt gebunden (ist), was schon die Isolierung der Polis, der Gewaltzustand, auf dem die griechische Staatenwelt ruht, die rein technische

[74] Heichelheim, Wirtschaftsgeschichte, in: Handwörterbuch der Sozialwissenschaften, Bd. 12 1965, 150.

[75] Austin–Vidal-Naquet a. O. Finley, Antike Wirtschaft 18f.

Unentwickeltheit des interlokalen Verkehrs bedingt, auch die absolute Bedürfnislosigkeit einer Bevölkerung wie dieser, alles Dinge, die im 6. Jh. noch hemmender gewirkt haben müssen als im 5. und 4. Jh."[76] Es bleibt nach Hasebroek bei einer primitiven Wirtschaftsstruktur: „Die Handelspolitik der Polis aber ist eine bloße Nahrungspolitik", heißt es in ›Staat und Handel›, wo auch Max Webers Gegensatz vom *homo politicus* und *homo oeconomicus* zitiert wird (dazu unten 125). Daher auch Hasebroeks radikale Ablehnung der Auffassung, daß gemäß der Terminologie von Büchers Wirtschaftsstufen auf die Poliswirtschaft in Griechenland eine Phase mit volkswirtschaftlicher Kennzeichnung folgt, wie sie etwa Kahrstedt und Pöhlmann hervorheben oder wie sie auch W. Otto vertritt, wenn er betont, daß die Wirtschaft „an den entscheidenden Orten der griechischen Welt bereits im 5. Jahrhundert v. Chr. – an einzelnen wie vor allem in Milet sogar auch schon früher – nicht mehr ein stadtwirtschaftliches, sondern bereits ein volkswirtschaftliches Gepräge getragen" hat.[77] Dieses von Hasebroek angenommene primitive Wirtschaftsstadium habe sich erst spät geändert[78]: „Die große Zäsur ... liegt, wie nie richtig erkannt, auch für die wirtschaftliche Entwicklung des Altertums im Beginn des Hellenismus. Die Zäsur ist eine weit bedeutendere als man bisher anzunehmen geneigt ist, und die hellenistische Entwicklung tritt auch auf wirtschaftlichem Gebiet um so großartiger entgegen, je deutlicher sich ergibt, wie vieles von dem, was sie zeigt, noch dem vierten Jahrhundert fehlt. Eine Anschauung, die schon das siebente und sechste Jahrhundert zu einer mehr oder weniger volkswirtschaftlichen Periode machte, konnte der Bedeutung des Hellenismus auf wirtschaftlichem Gebiet nicht gerecht werden."

Ehe jedoch diese von Hasebroek herausgestellte Zäsur für die Entwicklung von Wirtschaft und Handel anhand des Standardwerkes für den Hellenismus, M. Rostovtzeffs ›Hellenistische Welt. Gesellschaft und Wirtschaft‹ (1955/56, nach der englischen Ausgabe von 1941, ND 1984), geprüft werden soll, einige Bemerkungen zu den *gesellschaftlichen Strukturen* des nur mit großem Vorbehalt als „Zeitalter der Polis" bezeichneten Abschnitts der Griechischen Geschichte. Dem konfliktreichen Prozeß der Umwandlung der alten Aristokratie in die verschiedenen Formen der Hoplitenpoliteia (siehe oben 113f.), der auch an der Entfaltung der Älteren Tyrannis erheblichen Anteil hat, folgt in den fortschrittlichen Poleis eine Welle der Demokratisierung der freien Gesellschaft, die ihre deutlichste Ausprägung in den Isonomieforderungen des Kleisthenes von Athen gefunden hat. Dieses

[76] Hasebroek, Griechische Wirtschafts- und Gesellschaftsgeschichte. 1931, 283f. und X.

[77] W. Otto, Kulturgeschichte des Altertums. 1925, 76.

[78] Hasebroek, Staat und Handel. IX.

Postulat der Rechtsgleichheit und Gleichrangigkeit hat freilich nur für die Vollbürger seine Gültigkeit. Unterprivilegiert blieben vielfach der Stand der Metoiken, dessen Rolle im Wirtschaftsleben dem heutigen Gastarbeiter, der zwar Steuern zahlt, aber nur über eingeschränkte politische Rechte verfügt, vergleichbar ist, und jener der Theten, die wohl ein aktives, aber praktisch kein passives Wahlrecht besaßen. Ähnlich bevormundet wurden die Freigelassenen, die Frauen und Kinder, von den Sklaven, deren Zahl, bedingt durch den Wandel in Wirtschaft und Handel, seit dem 6. Jh. ständig im Steigen begriffen war, einmal ganz abgesehen. Die Einwohnerschaft der griechischen Städte zerfiel demnach in Freie und Unfreie, wobei es unter den Freien Bürger und Nichtbürger (Metoiken), unter den Unfreien Hörige und Sklaven bei fließendem Übergang gab. V. Ehrenberg hat die zahlenmäßigen Anteile dieser Bevölkerungsgruppen untersucht und dabei für Athen (als Typus einer wirtschaftlich fortschrittlichen Polis), für Boiotien (als Typus einer durchaus agrarischen Landschaft) und für Sparta (als oligarchischen Sondertypus) folgende *Richtzahlen* für das frühe 5. Jh. (für Boiotien für das ganze 5. Jh.) gegeben[79]:

	Athen	Boiotien	Sparta
Bürger bzw. vollberechtigte Spartiaten	25–30 000	28–30 000	4–5 000
Bürger bzw. Spartiaten mit Familien	80–100 000	85–90 000	12–15 000
Metoiken	4–5 000	5–10 000	
Metoiken mit Familie	9–12 000		
Perioiken			40–60 000(?)
Sklaven bzw. Heloten	30–40 000	20 000	140–200 000(?)
Gesamtbevölkerung	120–150 000	110–125 000	190–270 000(?)

Diese wohlgemerkt nur als 'Richtzahlen' verstandenen Angaben dienen der groben Orientierung und unterliegen in der Fachliteratur großen Schwankungen. Die 'Mitwohner', die Metoiken, wie sie in Athen hießen, repräsentierten nur einen Teil der Masse der Fremden und waren vor allem in jenen Poleis häufig anzutreffen, wo Handel und Gewerbe einen besonderen Faktor im Wirtschaftsleben darstellten. Als Gewerbe- und Handeltreibenden gelang es diesen Fremden vielfach, ihre Betriebe und Unternehmungen zu

[79] V. Ehrenberg, Der Staat der Griechen. ²1965, 37ff. Etwas davon abweichende Zahlen bei A. W. Gomme, The population of Athens again, in: JHS 79 1959, 61ff. Ferner: A. Dreizehnter, Die Bevölkerungszahl in Attika am Ende des 4. Jh. v. u. Z., in: Klio 54 1972, 147ff. E. Ruschenbusch, Epheben, Bouleuten und die Bürgerzahl von Athen um 330 v. Chr., in: ZPE 41 1981, 103ff. Ders., Die Bevölkerungszahl Griechenlands im 5. und 4. Jh. v. Chr., in: ZPE 56 1984. 55ff.

vergrößern und Großmanufakturen mit einigen Dutzend Arbeitern einzurichten sowie den Groß- und Kleinhandel im Export wie im Import weitgehend zu bestimmen. Großkaufmann (ἔμπορος) und Kleinhändler (κάπηλος) galten vielfach als Fachhändler bestimmter Waren, die sie oft auch in Eigenregie produzierten und für die sie das notwendige Kapital selber vorstrecken konnten.[80] Da die Fremden an Bedeutung und Zahl im Laufe des 4. Jh. zunahmen und die Politen immer stärker von deren Tätigkeiten in Abhängigkeit gerieten, stellt ihre Existenz „eine sozialpolitische Strukturänderung erster Ordnung" (F. Heichelheim) dar. Eine wirtschaftspolitisch ähnlich bedeutsame Veränderung der Gesellschaft wird durch das erwähnte Anwachsen des Sklavenstandes ab dem 6. Jh. sichtbar. Nach M. I. Finley galten damals, d. h. im 6. Jh. zumindest in Athen jene drei Bedingungen als gegeben, die er für die Entstehung einer Sklavenhaltergesellschaft als unbedingt notwendig erachtete, nämlich das Vorhandensein so großen Privatgrundbesitzes, daß er von einer Familie allein nicht voll genutzt werden konnte, ferner die Existenz eines Exportmarktes oder eines nahen städtischen Marktes, für den produziert werden könne, und schließlich – als negative Bedingung – durften „innerhalb der Gesellschaft keine Arbeitskräfte zu bekommen sein, was die Arbeitgeber zwang, Außenstehende heranzuziehen"[81]. Allerdings ist innerhalb des Standes der Unfreien insofern zu differenzieren, als neben der Masse der Sklaven, die in Handel und Gewerbe beschäftigt waren, auch sogenannte Staatssklaven existierten, die gleichsam als Beamte im öffentlichen Dienst fungierten. Für die neuen Formen des Wirtschaftslebens in Handel und Gewerbe war die Existenz von Sklaven ein unbedingtes Erfordernis geworden, weswegen auch vielfach ab dieser Zeit vom sogenannten Sklavenhalterstaat gesprochen wird. Zu den Unfreien der griechischen Welt zählten aber schließlich auch jene Kreise der Bevölkerung, die im Zuge der Eroberung Griechenlands von den Zuwanderern unterworfen und in ein Hörigkeitsverhältnis herabgedrückt, d. h. zu einer Schicht von abgabepflichtigen Bauern degradiert wurden. Die Penesten Thessaliens, die Klaroten Kretas und vor allem Spartas Heloten zählen ebenso zu dieser aus der griechischen Landwirtschaft nicht leicht wegdenkbaren Bauernklasse wie zahlreiche andere abhängige Bevölkerungsschichten, die man auch als *metaxy*-Gruppen bezeichnet hat.[82]

[80] Hasebroek, Die Betriebsformen des griechischen Handels, in: Hermes 58 1923, 394ff.

[81] Finley, Die Sklaverei in der Antike. 1981, 102f.

[82] D. Lotze, Μεταξὺ ἐλευθέρων καὶ δούλων. Studien zur Rechtsstellung unfreier Landbevölkerungen bis zum 4. Jh. v. Chr. (Schriften der Sektion für Altertumswissenschaft 17) 1959 (ND 1979). H. Kreißig–F. Kühnert (Hrsg.), Antike Abhängigkeitsformen in den Gebieten ohne Polisstruktur und den römischen Provinzen (Schriften zur Geschichte und Kultur der Antike 25) 1985.

Was die *ökonomischen Verhältnisse in hellenistischer Zeit* anlangt, so meint Hasebroek, wie oben bereits dargelegt, gegenüber den vorangehenden Jahrhunderten eine deutliche Zäsur erkennen zu können. In den etwa zwanzig Jahre nach Hasebroeks Hauptwerken abgeschlossenen Forschungen M. Rostovtzeffs zu Gesellschaft und Wirtschaft im Hellenismus wird ein etwas anderes Resultat vorgelegt.

Rostovtzeff möchte zwischen den extremen Standpunkten in der Beurteilung der wirtschaftlichen Entwicklung im Altertum, vertreten durch Hasebroek und einige seiner Schüler auf der einen Seite sowie anderseits Ed. Meyer, K. J. Beloch, E. Ziebarth, W. Schwahn u. a., einen Mittelweg einschlagen, der auch von anderen Kennern der Wirtschaftsgeschichte seiner Meinung nach beschritten wird, so von H. Francotte, G. Glotz, F. Oertel und vor allem F. Heichelheim in seinen zahlreichen Publikationen, darunter auch ›Wirtschaftliche Schwankungen der Zeit von Alexander bis Augustus‹ (1930) – die ›Wirtschaftsgeschichte des Altertums‹ (1938) konnte wegen des Erscheinungstermins knapp vor Rostovtzeffs Hauptwerk nicht mehr „gebührend zu Rate gezogen werden“ [83].

Im Unterschied zu Hasebroeks Auffassungen vom großen Umschwung in hellenistischer Zeit versucht Rostovtzeff mit seinem monumentalen Werk u. a. nachzuweisen, daß Wirtschaft, Handel und Bankwesen großenteils in alten Bahnen verliefen und Veränderungen revolutionärer Art kaum zu registrieren seien. Mit Nachdruck wird allerdings dabei herausgestellt, daß die Einheit des hellenistischen Wirtschafts- und Handelsraumes sowie der sich allmählich herausbildende Klassengegensatz zwischen Bourgeoisie und Proletariat (siehe unten 125) in den großen Zentren des Wirtschafts- und Handelslebens zu bestimmenden Faktoren der sozialen, wirtschaftlichen und politischen Entwicklung wurden, was dem russischen Althistoriker vor allem die Kritik M. I. Finleys, der ihn den ‘Modernisten’ zurechnet, eingebracht hat. Diesem Gesichtspunkt der Einheit hat Horst Braunert die Studie ›Das Mittelmeer in Politik und Wirtschaft der hellenistischen Zeit‹ [84] gewidmet und dabei dargelegt, daß mit der Gründung neuer Hauptstädte wie Kassandreia bzw. Thessaloniki, Antigoneia, Lysimacheia und der Verlegung der Ptolemäerresidenz von Memphis nach Alexandreia neue Akzente gesetzt werden: Es erfolgt eine Hinwendung der hellenistischen Staaten zum östlichen Mittelmeer, nachdem anfangs die Makedonenkönige als Vertreter einer ‘Landmacht’ das auf das Meer hin orientierte Handels- und Wirtschaftskonzept der ‘Seemacht Athen’, die die Gesamtentwicklung in ‘klassischer Zeit’ prägte, vernachlässigt hatten. Am Beispiel Ägyptens demon-

[83] Heichelheim, Wirtschaftsgeschichte Bd. 3 1072. Siehe auch oben 117.

[84] Braunert, Veröffentlichungen der Schleswig-Holsteinischen Universitätsgesellschaft 49 1967, 27 und 24.

striert Braunert auch den Grund dieser Neuerung: Der Beamtenapparat und das Heerwesen der Herrscher erforderten zusätzliche Geldmittel, und diese erhoffte man sich aus einem Aktivum der Handelsbilanz – ein Wirtschaftsprinzip, das zutreffend dem Merkantilismus im Zeitalter des Absolutismus zur Seite gestellt wird. Diese Verkettung von Wirtschaft und Politik, in welcher ökonomische und fiskalische Überlegungen von Export und Absatzmarkt, Angebot und Nachfrage – freilich, wie im gesamten Altertum, auf agrarwirtschaftlichem Fundament – zum Teil das politische Handeln mitbestimmten, schuf „in der Blütezeit dieser Staatswesen ein einheitliches Wirtschaftsgebiet, durch dessen enge Verflechtung wenigstens das östliche Becken in der Tat zu einem Mittelmeer für Politik und Wirtschaft dieser Staaten wurde". Anders als Rostovtzeff, der die Ansicht vertrat, daß „die gesellschaftliche und wirtschaftliche Struktur des Westens . . . allmählich eine auffallende Ähnlichkeit mit der des Ostens"[85] annahm, meint Braunert allerdings, daß die Entwicklung im Westen einen anderen Weg einschlug.

Auf Einzelheiten, die Wirtschaft und Handel des Hellenismus kennzeichnen, hier näher einzugehen, verbietet der Rahmen dieser Einführung. Einige Details seien aber wegen ihrer universellen Bedeutung für die Wirtschaftsgeschichte zumindest aufgezählt. Die hellenistische Landwirtschaft gelangt zusehends in den Einfluß agrarwissenschaftlicher Methoden und technischer Verbesserungen, die eine wesentliche Produktionssteigerung bewirken. Dazu zählen neue Kanalanlagen und Bewässerungsmaschinen, Züchtung ertragreicherer Pflanzen und geeigneterer Tierschläge ebenso wie neue, wissenschaftlich geprüfte Bewirtschaftungsmethoden der vornehmlich auf Sklavenarbeit basierenden Plantagenanlagen. Für Handel und Gewerbe gilt dies zumindest in demselben Ausmaß: Technische Verbesserungen auf dem Transportsektor wie neue Hafenanlagen und Schiffskonstruktionen, die Ausnutzung des Monsuns für die Indienseefahrt, alle diese Errungenschaften ermöglichen einen nun in der Tat weltweiten Handel von Zentralasien bis Schottland und Skandinavien, wobei innerhalb des hellenistischen Mittelmeerraumes eine intensive Handelstätigkeit zu registrieren ist und aus diesem Raum heraus auch die Massenprodukte wie Keramik und Metallwaren exportiert werden. Zwar darf die Massenproduktion dieser Zeit nicht an modernen Normen gemessen werden, aber ein Trend in diese Richtung ist schwerlich in Abrede zu stellen.

Daß ein reges Handels- und Wirtschaftsleben, wie es vor allem die beiden ersten Jahrhunderte des Hellenismus kennzeichnet, ein gut funktionierendes Währungssystem und ein entsprechendes Bankwesen voraussetzt, die den Erfordernissen des Nah- und Fernhandels nachzukommen imstande

[85] Rostovtzeff a. O. Bd. 2 1048.

sind, bedarf keiner ausführlichen Begründung. Hatten sich in vorhellenistischer Zeit neben dem dominierenden attischen Silbergeld – um die Mitte des 5. Jh. konnte Athen unter den Bundesgenossen sogar seine Münzprägung für etwa zwei Dezennien monopolisieren – noch die korinthischen Silberprägungen im sizilisch-italischen Raum behaupten können, so bestimmen die Gold- und Silberprägungen Philipps II. und Alexanders III. das Währungssystem zu Beginn des Hellenismus. Alexanders Absicht, seinem Reich eine einheitliche Währung zugrunde zu legen, wozu sich durch die Ausmünzung des Achaimenidenschatzes eine günstige Ausgangsposition anbot, wurde von seinen Nachfolgern nur teilweise realisiert. Abgesehen vom nach wie vor stark wirksamen Partikularismus der griechischen Poleis, die weiterhin ihre Münzhoheit zu wahren versuchten, ohne dabei überregionale Bedeutung zu erlangen, entwickelte sich vor allem die phönikisch-rhodische Währung der Ptolemäer zu einer neuen 'Weltwährung', die stark auf die Bedürfnisse der Handels- und Wirtschaftspolitik der ptolemäischen Herrscher, insbesondere wegen ihres Münzmonopols, wie Rostovtzeff nachweisen konnte, ausgerichtet war und neben der nur noch das auf dem attischen Fuß basierende Währungssystem des Wirtschaftsraumes von Kleinasien und Syrien bis Mesopotamien eine Art internationale Geltung erlangen konnte. Dennoch steht außer Zweifel, daß eine Tendenz zur Vereinheitlichung des Währungssystems vorhanden war und sie eine wesentliche Voraussetzung für die Internationalisierung der hellenistischen Handels- und Wirtschaftspolitik darstellte. Der Ausbau des Bankwesens mit der Verwendung von Wertpapieren (Inhaberpapiere), die Schaffung zahlreicher Bankfirmen und Warenbörsen, die zu großen Geldkonzentrationen in den Zentren der hellenistischen Welt führten, alle diese Neuerungen in der Organisation von Handel und Gewerbe und der Gesamtwirtschaft tendieren nach Rostovtzeffs Auffassung zu einer Art 'Kapitalismus', der zwar für die hellenistische Zeit nicht als völlig neuartig betrachtet wird, dessen auf den Profit orientiertes Denken aber zweifelsohne ein weiteres Abrücken von den früheren Wirtschaftsformen darstellt.[86]

Hierher gehört auch „die geschicktere und systematischere Bewirtschaftung der kleinen und großen Landgüter, die hauptsächlich nicht mit dem Ziel genützt wurden, den Besitzer und seine Familie zu versorgen, sondern den größtmöglichen Ertrag der besten Erzeugnisse zum Verkauf zu erhalten“[87]. Um den größtmöglichen Profit erzielen zu können, mußte – wie in Ägypten – ein totales Kontrollsystem im Staat installiert werden, ein System, das dem Individuum so gut wie keine, dem Herrscher ein Maximum an Eingriffsmöglichkeiten in den Wirtschaftsprozeß gestattete. Verständ-

86 A. O. Bd. 1 311 ff.
87 A. O. Bd. 2 1049.

lich, wenn unter diesen Umständen das Wort geprägt werden konnte: „Niemand hat das Recht zu tun, was er will, sondern alles ist aufs beste geregelt" (The Tebtunis Papyri III 703, 230). Neu im hellenistischen Wirtschaftssystem ist aber nicht das Profitdenken als solches (vgl. oben 104), sondern die durch rationellere Organisation und Verbesserung der Produktionsmethoden gewonnenen Möglichkeiten zur Erzielung eines erhöhten Profits. Im „siegreichen Vordringen der Geldwirtschaft . . . gegenüber einer Naturalwirtschaft, die zum Teil noch von beträchtlicher Bedeutung war"[88], drückt sich diese Entwicklung deutlich aus. Trotz der von Rostovtzeff und anderen erwähnten Einheit von Gesellschaft und Wirtschaft im Hellenismus, die herauszustellen der russische Gelehrte als ein Hauptanliegen seiner monumentalen Darstellung der hellenistischen Welt betrachtet, zeigen sich in den Wirtschaftsstrukturen der einzelnen Großreiche doch erhebliche Unterschiede. Während nämlich die Antigoniden und Seleukiden ihre Reiche zumindest teilweise auf der Basis des Feudalismus organisierten, besaß Ägypten von Anfang an ein bis in die Einzelheiten reichendes, vom Staat kontrolliertes Wirtschaftssystem, das die Ptolemäerkönige zu den zweifelsohne „reichsten Herrschern der hellenistischen Welt" (H. Bengtson) avancieren ließ. Für Rostovtzeff[89] war „ganz Ägypten . . . der οἶκος des Königs, sein privater Haushalt, den er in seiner Eigenschaft als lebendiger Gott besaß". Daher auch der wohl überwiegend historisch bedingte Monopolcharakter der ägyptischen Wirtschaft, der sich in Alleinverkauf und Alleinproduktion für eine Reihe lebensnotwendiger Artikel wie Salz, Fisch, Öl, Textilien, Metall, Papyrus äußert, der aber auch Münzprägung und Bankwesen mit einschloß. Zu den ertragreichen Monopolen kamen noch der nahezu uneingeschränkte Grundbesitz des Herrschers und die Einnahmen aus den verschiedenartigen Steuern wie Umsatz-, Verkehrs-, Kopf- und Grundsteuer. Insofern stellt Ägypten einen Sonderfall in der hellenistischen Welt dar, der vor allem durch das reichhaltige Informationsmaterial vielfach bis in kleinste Einzelheiten von den Papyrologen der Forschung erschlossen werden konnte. Hier liegt ein Zeugnis für das Bestehen einer Staatswirtschaft im Altertum vor, deren Dirigismus weder in den Satrapien des Seleukidenreiches, in Sizilien, im hellenistischen Indien, geschweige denn im Athen des 5. und 4. Jh., dem „ersten antiken Staat, über dessen Staatswirtschaft wir eingehend Auskunft geben können" (F. Heichelheim), Vergleichbares aufweist. Erst viel später, also ohne Zusammenhang mit den hellenistischen Wirtschaftsmethoden insbesondere der Ptolemäer,

[88] Ehrenberg, Staat der Griechen. 284.

[89] Rostovtzeff a. O. Bd. 2 1054ff. Seine Ansicht, es hätte im Ptolemäerreich keinen Privatbesitz gegeben, nennt A. Heuß (wie oben 99, Anm. 47, 551) einen „Irrtum" und verweist dabei auf Webers einschlägige Untersuchungen.

und zwar in der Zeit Diokletians, wurden „Staatskontrolle und Planwirtschaft die Grundlage im Leben des römischen Reiches" (M. I. Rostovtzeff).

Und doch darf, wie bemerkt, nicht außer acht gelassen werden, daß Ägypten eben einen Sonderfall im hellenistischen Wirtschaftsleben darstellt. Die Denkweisen der Menschen dieser Zeit waren sicherlich unterschiedlicher, als sie die Geschichtsdarstellungen mit ihren Neigungen zur Typisierung wiedergeben. Wenn daher Rostovtzeff mit der Behauptung, der *homo politicus* lebe noch in Griechenland, während er in Ägypten dem *homo oeconomicus* und dem *homo technicus* Platz mache, immerhin noch regional differenziert, mag man das als den Versuch, einen Trend anzudeuten, noch gelten lassen. Problematischer wird es allerdings, wenn Ehrenberg mit Blickrichtung auf den gesamten Hellenismus lapidar notiert: „Aus dem ζῷον πολιτικόν wurde wieder ein ζῷον οἰκονομικόν." Die Antithese *homo politicus – homo oeconomicus* geht nach Heuß[90] auf Max Weber zurück. Beide Ausdrücke wurden „prompt mißverstanden und aus ihnen ein psychologischer Typus gemacht". Für Max Weber habe es sich „um einen reinen Normalbegriff (nicht einmal um einen 'Idealtypus')" gehandelt.

Die *sozialen Probleme in der hellenistischen Welt* werden in einem ganz besonderen Maße von der wirtschaftlichen Entwicklung mitbestimmt. Oben (vgl. 121) wurde schon erwähnt, daß in den Städten nunmehr der Prozeß der Polarisierung von arm und reich fortschreitet und schließlich in ein Zweiklassenschema einmündet, das Rostovtzeff auf den Gegensatz Bourgeoisie–Proletariat brachte. Die Übertragung moderner Ausdrücke auf antike Verhältnisse mag im einzelnen gewiß nicht unproblematisch sein, doch hilft sie hier zweifelsohne, das soziale Klima dieser Welt zu erfassen. Rostovtzeff versteht unter Bourgeoisie „eine Klasse, die einen gewissen Grad von Wohlstand aus eigener Kraft erreichte oder von den Eltern ererbte und nicht von dem Einkommen aus ihrer Hände Arbeit lebte, sondern von der Investition ihres angesammelten Kapitals in irgendeinem Zweig wirtschaftlicher Tätigkeit"[91]. Für die Landwirtschaft waren es die Grundbesitzer, für die Industrie die Eigentümer der Ergasterien, für den Handel die Eigentümer und Pächter der Läden, Schiffe und Lagerhäuser sowie die Geldverleiher und Bankiers; „der wichtigste und charakteristischste Zug der *Bourgeoisie*" war demnach ihre gesellschaftliche Stellung als Kapitalbesitzer. Somit setzt sich diese dominierende soziale Schicht auch nicht mehr allein aus Vollbürgern zusammen, sondern auch aus anderen Gruppen, insbesondere auch aus den reichgewordenen Fremden, die in der 'klassischen' Polis doch nur eine Gruppe freier Menschen zweiter Ordnung

[90] Rostovtzeff a. O. Bd. 1 330. Ehrenberg, Staat der Griechen. 288. Heuß a. O. 554. Austin–Vidal-Naquet a. O. 143.

[91] Rostovtzeff a. O. Bd. 3 888 und 898ff.

bildeten. Repräsentanten dieses neuen Bürgertyps sind vor allem jene Charaktere, die Menander, Theophrast, Herondas und Theokrit mit deutlichen Strichen zeichnen. Ihre Traditionsgebundenheit in religiösen und pädagogischen Fragen, ihr Patriotismus, der sich unter anderem in der Verschönerung der Städte ausdrückt, sowie die in der Fachliteratur vielfach bagatellisierte Haltung der Politik gegenüber stellt Rostovtzeff als weitere Kennzeichen dieser Gesellschaftsschicht heraus. Hand in Hand mit der Entstehung dieser neuen Bürgerklasse kommt es zur Verproletarisierung der restlichen Bevölkerung in den Städten. Sie bildete zweifelsohne die große Mehrheit, die in größter Armut lebte und „hauptsächlich aus Lohnempfängern und Sklaven“ bestand, arme Menschen, die man als 'Mietlinge auf Lebenszeit' bezeichnete. Die sozialen Spannungen zwischen diesen Gruppen bewirkten neben einer Reihe von Staatsutopien und anderer Sozialtheorien – vor allem der Kyniker, die sich über die Reichen entrüsteten – auch einzelne konkrete Reformprogramme, an deren Realisierung sich hin und wieder in hellenistischer Zeit einzelne Persönlichkeiten heranwagten. Solche Reformer waren beispielsweise die Spartanerkönige Agis IV. und Kleomenes III., vor allem aber der Tyrann Nabis, der nicht nur den Grund und Boden konfiszierte und neu verteilte, um damit die alten Forderungen nach der χρεῶν ἀποκοπή und dem γῆς ἀναδασμός in die Tat umzusetzen, sondern auch „die äußerste Vorkehrung der sozialen Bewegung, die Freilassung der Sklaven“ realisieren konnte.[92] Doch solche revolutionäre Maßnahmen blieben für die damalige Welt Randerscheinungen. Die Kluft zwischen arm und reich wurde im Verlaufe des Hellenismus zumeist nur tiefer, und wenn es hier Veränderungen zu beobachten gibt, dann vor allem die, daß die Zahl der Armen wuchs und die Zahl der Reichen abnahm, mit dem Ergebnis, daß die wenigen Reichen, die sich halten konnten, stets noch reicher wurden.

Die soziale Situation in den einzelnen hellenistischen Großreichen ergibt ein Spektrum verschiedenster Strukturen. Im Seleukidenreich existierten neben dem König und seiner Familie sowie den Polisbewohnern die weitgehend unabhängige Schicht der Dynasten, ferner die Masse der freien Eingeborenen (sogenannte Ethne), die neben den als Kolonisten und Spezialisten einwandernden Griechen und Makedonen als Bauern oder in Städten lebten, sowie die auf den königlichen Domänen beschäftigten Bauern, die

[92] P. Oliva, Soziale Frage im hellenistischen Griechenland, in: Ders.–J. Burian (Hrsg.), Soziale Probleme im Hellenismus und im römischen Reich. Akten der Konferenz von Liblice. 1973, 63ff., bes. 80. Vgl. auch S. Fuks, Agis, Cleomenes and equality, in: ClPh 57 1962, 161ff. und M. Hadas, The social revolution in the third century Sparta, in: ClW 26 1932/33, 65ff. W. Orth, Die Frage einer umfassenden Grundbesitzumverteilung im Meinungsstreit des griechischen Altertums, in: H. Kalcyk u. a. (Hrsg.), FS S. Lauffer. 1986 Bd. 2 717ff.

an die Scholle gebunden waren und dem Herrscher den meisten Gewinn erarbeiteten. Zu Abgaben waren aber auch die Dynasten, die meisten Poleis und die Völkerschaften verpflichtet.[93] Das Sozialgefüge im Ptolemäerreich ist, abgesehen von der strengen Scheidung von Makedonen und Griechen gegenüber der einheimischen Bevölkerung, geprägt von dem Priester- und Beamtenstand als einer Art Oberschicht, wobei letztere immer mehr von Griechen und Makedonen unterwandert wurde, und der Masse einheimischer Bauern, Händler und Gewerbetreibender. Natürlich existierte auch hier ein Sklavenstand, doch ist über seine Rolle in Gesellschaft und Wirtschaft nur relativ wenig bekannt.[94]

3. Griechische Religion und Mythologie

3.1 Literatur im Überblick

An vorderster Stelle ist hier zu nennen: M. P. Nilsson, Geschichte der griechischen Religion. 2 Bde. (HdA V 2, 1 und 2) Bd. 1 ^{3}1967: Die Religion Griechenlands bis auf die Weltherrschaft. Bd. 2 ^{2}1961: Die hellenistische und römische Zeit. W. Burkert, Griechische Religion der archaischen und klassischen Epoche (Die Religionen der Menschheit 15) 1977, mit den sieben Kapiteln: Vorgeschichte und minoisch-mykenische Epoche, Ritual und Heiligtum, Die gestalteten Götter, Tote, Heroen und chthonische Götter, Polis und Polytheismus, Mysterien und Askese, Philosophische Religion. Eine komprimierte Darstellung bietet auch I. Hahn, Götter und Völker. 1977 (ungarisch 1968) 227ff. U. Bianchi, La religione greca. 1975. – P. E. Easterling–J. V. Muir (Hrsg.), Greek religion and society. 1985. P. Debord, Aspects sociaux et économiques de la vie religieuse dans l'Anatolie grécoromain (Études préliminaires 88) 1982. Grundlegend auch E. R. Dodds, Die Griechen und das Irrationale. 1970 (gekürzte Ausgabe aus dem Englischen 1951); ders., The ancient concept of progress, and other essays on Greek literature and belief. 1973; B. C. Dietrich, The origins of Greek religion. 1973; ders., Tradition in Greek religion. 1986. – J. Harrison, Prolegomena to the study of Greek religion. 1921 (ND 1961); U. von Wilamowitz-Moellendorff, Der Glaube der Hellenen. 2 Bde. 1931/32 (ND ^{3}1959); O. Kern, Die Religion der Griechen. 3 Bde. 1926–1938; W. Nestle, Die griechische Religiosi-

[93] Vgl. dazu E. Bikerman, Institutions des Séleucides. 1939. Rostovtzeff, Seleucid Babylonia, in: YCS 3 1932, 74ff. A. Mittwoch, Tribute and land tax in Seleucid Iudaea, in: Biblica 36 1955, 352ff. H. Kreißig, Wirtschaft und Gesellschaft im Seleukidenreich (Schriften zur Geschichte und Kultur der Antike 16) 1978.

[94] Brockmeyer, Sozialgeschichte 64, mit Berufung auf W. L. Westerman, Upon slavery in Ptolemaic Egypt. 1929. F. von Woess, Schuldknechtschaft und Sklaverei im ptolemäischen Ägypten, in: Zeitschrift der Savigny-Stiftung für Rechtsgeschichte. Romanistische Abteilung 51 1931, 426ff. H. Kalex, Zu einigen Problemen der Sklaverei im ptolemäischen Ägypten. Diss. Leipzig 1960.

tät in ihren Grundzügen. 3 Bde. 1930–1934; W. K. C. Guthrie, The Greeks and their gods. 1950 (als Taschenbuch 1968); K. Kerényi, Die Religion der Griechen und Römer. 1963; ders., Zeus und Hera. Urbild des Vaters, des Gatten und der Frau (Studies in the history of religions. Suppl. to Numen 20) 1972; W. F. Jackson Knight, Elysion. On ancient Greek and Roman beliefs concerning a life after death. 1970; H. Lloyd-Jones, The justice of Zeus (Sather classical lectures 41) ²1984; A. B. Cook, Zeus. 3 Bde. 1914 bis 1940; É. des Places, La religion grecque. Dieux, cultes, rites et sentiment religieux dans la Grèce antique. 1969; L. Séchan–P. Levèque, Les grandes divinités de la Grèce. 1966; Th. H. Price, Hero-cult and Homer, in: Historia 22 1973, 129ff.; R. Lamberton, Homer the theologian. 1986. S. Schein, The mortal hero. 1984 (zur Ilias). M. J. Miller, The Athenian autochthonous heroes from the classical to the hellenistic period. Diss. Univ. Harvard. 1983. – I. Scheibler, Götter des Friedens in Hellas und Rom, in: Antike Welt 51, 1 1984, 39ff. C. Weiß, Griechische Flußgottheiten in vorhellenistischer Zeit. 1984. A. D. Nock, Essays in religion and the ancient world (mit Bibliographie, Hrsg.: Z. Stewart) 1972; A.-J. Festugière, Études de religion grecque et hellénistique. 1972. Zur *Mythologie* (vgl. auch die oben genannten Lexika): Als handliche Einführung, die auch auf die neuzeitlichen Deutungsansätze der Tiefenpsychologie, des Funktionalismus und des Strukturalismus eingeht, ist zu empfehlen: F. Graf, Griechische Mythologie. ²1987 (mit weiterführender Literatur). – L. Preller–C. Robert, Griechische Mythologie. 2 Bde. ⁴1894–1921 (ND 1967). Bd. 1 1894: Theogonie und Götter, Bd. 2 1920/21: Die griechische Heldensage; H. J. Rose, Griechische Mythologie. Ein Handbuch. ⁶1982. R. Häußler, Grundzüge antiker Mythographie, in: W. Killy (Hrsg.), Mythographie der frühen Neuzeit (Wolfenbüttler Forschungen 27) 1984, 1ff. W. Burkert, Griechische Mythologie und die Geistesgeschichte der Moderne, in: W. den Boer (Hrsg.), Entretiens sur l'antiquité classique 26 1980, 159ff. Grundlegend für die Behandlung mythischer Stoffe durch den Historiker F. Hampl, 'Mythos' – 'Sage' – 'Märchen', in: I. Weiler (Hrsg.), Geschichte als kritische Wissenschaft Bd. 2, 1975, 1ff.; ders., Vergleichende Sagenforschung, in: Ders.–I. Weiler (Hrsg.), Vergleichende Geschichtswissenschaft (EdF 88) 1978, 132ff. G. S. Kirk, Griechische Mythen. Ihre Bedeutung und Funktion. 1982 (engl. 1970); ders., Aetiology, ritual, charter: three vocal terms in the study of myth, in: YCS 22 1972, 83ff.; ders., Greek mythology. Some new perspectives, in: JHS 92 1972, 74ff.; J.-P. Vernant, Mythos und Gesellschaft im alten Griechenland (frz. 1974) 1987. P. Veyne, Glaubten die Griechen an ihre Mythen? (frz. 1983) 1987. – H. Dörrie, Der Mythos und seine Funktion in der antiken Philosophie (IBK. Dies philologici Aenipontani 2) 1972. Myth and law among the Indo-Europeans. Studies in Indo-European comparative mythology (Hrsg.: J. Puhvel) 1970 (Aufsatzsammlung). W. Ludwig (Hrsg.), Le sacrifice dans l'antiquité (Entretiens sur l'antiquité classique 27) 1981. M. P. Nilsson, Griechische Feste von religiöser Bedeutung mit Ausschluß der attischen. 1906 (ND 1957); L. Deubner, Attische Feste. 1932 (ND 1969); L. R. Farnell, The cults of the Greek states. 4 Bde. 1896–1909; M. P. Nilsson, Cults, myths, oracles and politics in ancient Greece (Skrivter utgivna av Svenska Institutet i Athen) 1951; P. P. Stengel, Opferbräuche der Griechen. 1910 (ND 1972); B. C. Dietrich, A religious function of the Megaron, in: Riv. Stor. 3 1973, 1ff. W. Burkert, Anthropologie des religiösen Opfers. 1983. M. Andronikos, Totenkult 1968; W. Burkert, Homo Necans. Interpretation altgriechischer Opferriten und Mythen

(RVV 32) 1972; A. Schnaufer, Frühgriechischer Totenglaube. Untersuchungen zum Totenglauben der mykenischen und homerischen Zeit (Spudasmata 20) 1970; P. Haider, Gefolgschaftsbestattungen in universalhistorischer Sicht, in: IBK 18 1974, 89 ff.; G. D. Kurtz–J. Boardmann, Thanatos. Tod und Jenseits bei den Griechen. 1985 (engl. 1971). G. Gnoli–J.-P. Vernant (Hrsg.), La mort, les morts dans les sociétés anciennes. 1982. Ch. W. Clairmont, Patrios Nomos. Public burial in Athens during the fifth and fourth centuries B. C. The archaeological, epigraphic-literary and historical evidence. 2 Teile 1983. S. Humphreys, The family, women and death. 1983 (Kapitel über Familiengräber in Athen, death and time, comparative perspectives on death). C. Vermeule, Greek funerary animals 450–300 B. C., in: AJA 76 1972, 49 ff.; S. Eitrem, Opferritus und Voropfer der Griechen und Römer. 1915; E. Fehrle, Die kultische Keuschheit im Altertum (RVV 6) 1910 (ND 1966); F. Schwenn, Die Menschenopfer bei den Griechen und Römern (RVV 15) 1915 (ND 1966); L. Ziehen, Σφάγια, in: RE3A (1929) 1669 ff. Th. Wächter, Reinheitsvorschriften im griechischen Kult (RVV 9) 1910; M. Blech, Studien zum Kranz (RVV 38) 1982. G. Kipp, Studien zur frühgriechischen Kultpraxis unter besonderer Berücksichtigung methodischer Gesichtspunkte. Diss. Innsbruck 1973; ders., Zum Hera-Kult auf Samos, in: IBK 18 1974, 157 ff. – Weitere Literatur oben 6 f., unten 151 f.; zu den hellenistischen Religionen vgl. unten 156 ff. – Kunsthistorisch-archäologisch einschlägig sind H. Walter, Griechische Götter. Ihr Gestaltwandel aus den Bewußtseinsstufen der Menschen dargestellt an den Bildwerken. 1971, und E. Simon/M. Hirmer, Die Götter der Griechen. [3]1985.

3.2 Quellen

Eine systematische Einführung in die religions- und kulthistorischen Quellen fehlt sowohl in Nilssons ›Geschichte der griechischen Religion‹ als auch in P. Stengels ›Griechische Kultusaltertümer‹ (1920). Ein knapper Überblick bei S. Wide, Die griechische Religion, in: Einleitung in die Altertumswissenschaft Bd. 2 [3]1922, 263 ff.; und W. Burkert, Griechische Religion (wie oben 127) 27–30. Übersichtlich, aber verständlicherweise sehr knapp auch O. Gigon, in: LAW 2580 ff. Art. Griechische Religion. Eine instruktive Anthologie religions- und kulthistorischer Quellen von M. P. Nilsson, Die Religion der Griechen (Religionsgeschichtliches Lesebuch 4 [2]1927). Das umfangreiche Material, das direkten Aussagewert für Religion und Kult der Griechen besitzt, zerfällt in literarische und archäologische Zeugnisse. Gemäß den Intentionen der schriftlichen Aufzeichnung ist ihr religionshistorischer Gehalt recht verschieden zu veranschlagen. Im Vergleich zur Literatur des Alten Orients fällt der Anteil religiöser Texte und Gebete, Hymnen, liturgischer Formulare in der griechischen Literatur eher knapp aus. Heilige Schriften, die der griechischen Religion den Charakter einer Offenbarungs- oder Buchreligion geben könnten, fehlen so gut wie ganz. Der Satz: *vox audita perit, littera scripta manet* scheint für die Griechen nicht gegolten zu haben. Die wenigen Hinweise auf ἱεροὶ λόγοι (Hdt. 2, 81; Plat. ep. 335 a) entkräften diese Aussage natürlich nicht, zumal es sich bei diesen größtenteils verlorengegangenen 'Heiligen Reden' um lokale Traditionen über göttliche Erscheinungen und Machterweise einzelner Kultorte, die eher für die Mythenbildung als für die schriftliche Fixierung religiös-theologischer Gedanken bedeutend waren, handelte. Das vielleicht umfangreichste Werk, das hier anzuführen wäre, sind die 24 Bücher der ›Hieroi Logoi‹, von denen die Platoniker und Neuplatoniker Fragmente überliefern, und die am ehesten den im Späthellenismus auftretenden Offenbarungsreligionen, etwa den theologischen Offenbarungsreden des Hermes Trismegistos, entsprechen. Daß die ›Hieroi Logoi‹ nicht mit kanonischen Schriften späterer Schriftreligionen gleichzusetzen sind, betont Nilsson Bd. 1 680, völlig zu Recht. Die erhaltenen Restbestände in: Orphicorum Fragmenta, Hrsg.: O. Kern, 1922 (ND 1963). Religionshistorisch wertvolle Quellen liefern auch andere der Orphik nahestehende Schriften wie die ›Orphischen Hymnen‹, die ›Argonautika‹ und die ›Lithika‹ (Von Kraft und Wirkung der Steine) sowie die ›Katharmoi‹ (Sühnedichtungen), die vom Gang des Orpheus in den Hades berichten. Zu diesen Texten vgl. K. Ziegler, RE 18 1942, 1321ff. Art. Orphische Dichtung, und Lesky GGL 189ff. (beide mit Quellen- und Literaturhinweisen); zu den Quellen des Orphizismus und verwandter Strömungen ausführlich Nilsson Bd. 1 678ff. Siehe auch die unten 151f. genannte Literatur. Religionshistorisch wertvolle Informationen für das 7. und 6. Jh. bieten neben der frühen Epik und Lyrik, besonders der Chorlyrik (Kultlieder, Prozessions- und Klagelieder, hymnische religiöse Dichtung), auch die ›Homerischen Hymnen‹, sechs längere und 27 kürzere Gedichte, mit zahlreichen Hinweisen auf die von den großen Epen weniger beachteten griechischen Kulte (z. B. Demeterhymnus: eleusinische Mysterien; Apollonhymnus: Kultlegenden zu Delos und Delphi). Zusammen mit den Werken von Hesiod und Empedokles sowie der Pythagoreer liefern sie eine wichtige Grundlage für das Verständnis der frühgriechischen Religion. Wesentlich später, im 3. Jh. v. Chr., verfaßte Kallimachos, einer der führenden Gelehrten des Hellenismus, in teilweiser Anlehnung an die homerischen Gedichte ›Hymnen‹, die zusammen mit seinen ›Aitia‹, einer Sagensammlung, welche zahlreiche Kultaitien überliefert, eine bedeutende literarische Grundlage für das Verständnis der griechischen Religion darstellen; Hrsg. U. von Wilamowitz-Moellendorff, Callimachi hymni et epigrammata. ^{4}1925 (ND ^{6}1962); übersetzt von E. Howald–E. Staiger, Die Dichtungen des Kallimachos. 1955. Schließlich zählen zur religiösen Hymnendichtung noch die 87 ›Hymnen‹ über verschiedene Götter des Proklos (ca. 411–485), des letzten großen Neuplatonikers, der auch einen ›Theologischen Grundriß‹ und eine Schrift ›Zur Theologie Platons‹ verfaßte. Zu den hier genannten und weiteren Schriften „zur Theurgie und Religion" von Proklos vgl. R. Beutler, RE 23 1957, 186ff.; bes. 198ff. und 205ff.; weitere Literatur bei Lesky GGL 942ff.; Nilsson Bd. 2 459ff.

Daneben existiert seit alters her eine sogenannte *Kultpoesie*, deren oft refrainartige Texte, in rhythmischer oder musikalischer Weise gesungen, einen großen Formenreichtum zu erkennen geben. A. Dihle, Griechische Literaturgeschichte, 1967, zählt zu diesen Liedformen, die zweifelsohne auf die Entwicklung der Lyrik einwirkten: „Paiane mit dem Kultruf *iē paian* aus dem Apollon-Kult, Dithyramben nach dem Kultruf *io dithyrambe*, die dem Dionysos gesungen wurden, Hymenaien, die nach dem rituellen Hochzeitsruf benannt sind, oder Ailinoi, die ihren Namen von einer der Totenklage verwandten Formel erhielten. Daneben gibt es Namen wie Partheneion, also das Lied für einen Thiasos von Jungfrauen, oder Prosodeion, Lied für eine Prozession" (59). Daß einzelne dieser gewiß eher primitiven Kultlieder später ein dichterisches Kleid erhielten, wie etwa die Hymnenpoesie Eingang in die Chorlyrik fand, hat die Philologie längst erkannt und besonders an Personen wie Kallimachos oder den Dichterinnen Praxilla von Sikyon und Telesilla von Argos nachgewiesen (vgl. etwa Dihle a. O. 350ff., 109). Zu dieser Kultpoesie tritt ab dem 4. Jh. v. Chr. auch die gelehrte Literatur der sogenannten *Kultschriftsteller*, deren Anliegen es ist, einzelnen Fragen religions- und kultgeschichtlicher Art betreffend Opfer und Feste, Kultorte und Kultsitten mit der Gründlichkeit eines hellenistischen Antiquars nachzugehen und in gelehrter Auseinandersetzung mit der Dichtung, die auf derlei Fakten hinweist, eine Exegetenliteratur zu produzieren. Das recht spärliche Material, das von diesen Kultschriftstellern erhalten blieb, findet sich in: FgrH 352–368 (dazu Kommentar III b 1955, 115ff.); siehe auch A. Tresp, Die Fragmente der griechischen Kultschriftsteller (RVV 15, 1) 1914. Teilweise verdanken spätantike Kommentatoren und Scholiasten ihr Wissen dieser antiquarischen Gelehrsamkeit, teilweise schlägt sie sich in der sogenannten Buntschriftstellerei (ποικίλη ἱστορία), z. B. in den Traktaten Plutarchs (ca. 45–125), im kompilatorischen Werk ›Deipnosophisten‹ (15 Bücher) des Athenaios von Naukratis (2. Jh. n. Chr.), vor allem aber in der ›Beschreibung Griechenlands‹ durch Pausanias (2./3. Jh. n. Chr.) nieder, dessen „Interesse am Kultischen, das sich vor allem auf Primitives und Altertümliches richtet" (so Lesky GGL 956), für ihn und seine Zeit charakteristisch ist. Hierzu vgl. unten 217f. – Ganz im Gegensatz zu dieser Art religions- und kulthistorischer Quellen stehen die *theologisch-philosophischen* und *kosmogonischen Schriften* der Griechen von Hesiod, den Orphikern und Pythagoreern, Xenophanes bis zu Platon und den Platonikern, Aristoteles und den großen Philosophenschulen der Kyniker, Stoiker und Epikureer. Der Aristarchschüler Apollodor (2. Jh. v. Chr.) hat viele dieser theologischen Arbeiten kompilierend mit seinen 24 Büchern ›Über die Götter‹, „das religionsgeschichtliche Hauptwerk der alexandrinischen Gelehrsamkeit", geschaffen, das bis auf wenige Fragmente (FgrH 244) verlorengegangen ist. Eine Summe antiker *Mythographie* liegt in der ›Bibliotheke‹ Apollodors (vermutlich 1. Jh. n. Chr.) vor. Hierher gehören letztlich auch Werke wie der Reiseroman Ἱερὰ ἀναγραφή des Euhemeros von Messene, worin der Versuch unternommen wird, die Götterwelt der Griechen in einer rationalen Weise zu interpretieren, in dem Sinne, daß es sich bei Zeus und vielen anderen Göttern um ehemalige Könige handelte, die nach ihrem Tod wegen ihrer Verdienste göttliche Verehrung fanden. Die ›Oneirokritika‹ des Artemidor von Daldis (2. Jh. n. Chr.) stellen eine fünfbändige Sammlung von Traumdeutungen dar und sind eine wertvolle Quelle für Praktiken im antiken Volksglauben. Kommentierte Übersetzung von K. Brackertz. 1979. – Vgl. auch G. Luck, Arcana mundi. Magic and the occult in the Greek and Roman world. A collection of ancient texts translated, annotated and introduced. 1985. Über alle diese Arten einer theologisch-philosophischen Literatur existiert heute ein reiches Schrifttum. Verwiesen sei hier nur auf E. Caird, Die Entwicklung der Theologie in der griechischen Philosophie. 1909; F. M. Cornford, Greek religious thought from Homer to the age of Alexander. 1923; W. Jaeger, The theology of the early Greek philosophers. 1947; W. Theiler, Forschungen zum Neuplatonismus. 1966; zu den nachplatonischen Theologien vgl. Schneider KGH 2 924ff. (mit weiteren Literaturhinweisen 1105).

Neben diese literarische Tradition, die in der Regel durch das Medium der Dichtung zu uns spricht, tritt die *primäre schriftliche Quelle epigraphischer, papyrologi-*

scher und auch *numismatischer Art*. Für die Verbreitung und zeitliche Einordnung der griechischen Kulte, die Verehrung der einzelnen Gottheiten, die Frömmigkeit der Griechen, für die Totengebräuche und zahlreiche andere Fragen der Religionsgeschichte liefern die *Grab-, Weihe- und Ehreninschriften* hervorragendes Informationsmaterial. Dazu allgemein G. Klaffenbach, Griechische Epigraphik (Studienhefte zur Altertumswissenschaft 6) ²1966, 56ff. Eine wertvolle bibliographische Zusammenstellung bei G. Pfohl (Hrsg.), Inschriften der Griechen. Grab-, Weih- und Ehreninschriften. 1972; ders., Untersuchungen über die attischen Grabinschriften. Diss. Erlangen 1953; ders., Griechische Inschriften als Zeugnisse des privaten und öffentlichen Lebens, griechisch-deutsch. 1966; siehe auch die zweisprachige Ausgabe von W. Peek, Griechische Grabgedichte. 1960. J. Kubińska, Les monuments funéraires dans les inscriptions grecques de l'Asie Mineure. 1968; N. Firatli, Les stèles funéraires de Byzance gréco-romaine (Bibliothèque archéologique et historique de l'institut francais d'archéologie d'Istanbul 15) 1964; J. Thimme, Bilder, Inschriften und Opfer an attischen Gräbern, in: AA 2 1967, 199ff.; Ch. W. Clairmont, Gravestone and epigram. 1970; siehe auch die Innsbrucker Dissertationen: A. Stecher, Der Lobpreis des Toten in den griechischen metrischen Grabinschriften. 1963; E. Griessmair, Das Motiv der mors immatura in den griechischen metrischen Grabinschriften. 1964 (= Commentationes Aenipontanae 17) 1966; P. Siegel, Untersuchungen zu einigen mythologischen und eschatologischen Motiven in den griechisch metrischen Grabinschriften. 1967. Zu den häufig auf Inschriften überlieferten religiösen Gesetzestexten vgl. unten 154f. Zu den Fluchtafeln unten 158f. – Zum *archäologischen Aspekt der Grabmonumente*: K. F. Johansen, The Attic grave-reliefs of the classical period. 1951; G. M. A. Richter, The archaic gravestones of Attica. 1961; F. Eckstein, Anathemata. Studien zu den Weihgeschenken Strengen Stils im Heiligtum von Olympia. 1969. B. Schmaltz, Griechische Grabreliefs (EdF 192) 1983. Vgl. auch die oben 129 genannte Publikation von Ch. W. Clairmont. – Einen Sonderfall epigraphischer Überlieferung stellen die Wunderberichte aus Epidauros dar; R. Herzog (siehe unten 159); ebenso die ›Lindische Tempelchronik‹, die aufgrund eines Volksbeschlusses 99 v. Chr. abgefaßt wurde (Hrsg. Ch. Blinkenberg, Lietzmanns Kleine Texte 131 1915). Eine Zusammenstellung erbaulicher Wundererzählungen nach inschriftlicher wie auch historiographisch-literarischer Überlieferung bei G. Delling, Antike Wundertexte (Lietzmanns Kleine Texte 79) ²1960. Dazu und zu den weiteren epigraphischen Dokumenten zur Sakral- und Kultgeschichte Nilsson Bd. 2 51ff. Zum Verständnis des Sakralrechtes (siehe dazu auch unten 154f.) und zum griechischen Kalender hat die Epigraphik Wesentliches beigetragen. Vgl. dazu etwa K. Latte, Heiliges Recht. 1920 (ND 1964); M. P. Nilsson, Die Entstehung und religiöse Bedeutung des griechischen Kalenders (Scripta minora regiae societatis humaniorum litterarum Lundensis 1960/61) ²1962. Siehe weiters: H. Lietzmann–G. A. Satirion–N. A. Bees, Corpus der griechisch-christlichen Inschriften von Hellas 1,1 (unvollendet) 1941; C. M. Kaufmann, Hb der altchristlichen Epigraphik. 1917. – Auf den großen religionshistorischen Wert des *papyrologischen Materials* wird unten 159 noch hingewiesen (Zauberpapyri). Exemplarische Belege zu Religion und Kultus bei L. Mitteis – U. Wilcken, Grundzüge und Chrestomathie der Papyruskunde Bd. 1,2; 1912, 91ff.; dazu auch den historischen Überblick von U. Wilcken a. O. Bd. 1, 1 92ff. D. Betz, The Greek magical papyri in translation. Bd. 1: Text. 1986 (vom 2. Jh. v. bis zum 5. Jh. n. Chr.). Eine

Auswahl zu Religion und Aberglauben auch bei J. Hengstl u. a. (Hrsg.), Griechische Papyri (wie unten 291) 144ff. Zu den Zauberpapyri vgl. unten 159. Einzelne Papyri zu Tier- und Totenkult, zu Priesterstand, Traumdeutung und Orakelfragen sowie zum Synkretismus bietet in Übersetzung H. Thierfelder, Unbekannte antike Welt. 1963, 152ff. – Sensationell auch der Fund von 13 Papyrusbüchern im Jahre 1945/46 mit Originalschriften der Gnostiker. Vgl. dazu R. Haardt, Die Gnosis. Wesen und Zeugnisse. 1967; W. Foerster (Hrsg.), Die Gnosis. 2. Bd.: Koptische und mandäische Quellen, eingeleitet, übersetzt und erläutert von M. Krause und K. Rudolph. 1971 (Bd. 1: Zeugnisse der Kirchenväter, 1969). K. Rudolph (Hrsg.), Gnosis und Gnostizismus (WdF 262) 1975. – Die *griechische Münze* liefert ebenfalls wichtige Beiträge zu Religion und Kultus, allerdings weniger aufgrund der Münzlegenden, das heißt der Aufschriften, als vielmehr wegen der Bilder und Fundumstände. Die häufige Darstellung von Heiligtümern, einzelnen Göttern und ihrer Attribute, die Hinweise auf lokale Kulte und Mythen, sowie in hellenistischer Zeit die Wiedergabe berühmter Kunstdenkmäler (Zeus von Olympia, Artemis von Ephesos, Aphrodite von Akrokorinth, amykläischer Apoll) und vergöttlichter Herrscher, schließlich die Sitte, dem Toten einen Obolos mitzugeben, haben bisher relativ selten Anlaß zu systematischen religionshistorischen und mythologischen Untersuchungen gegeben. Münzen mit den ›Göttern Griechenlands‹ bei K. Lange, [3]1946; „subjektive mythologische und religionsgeschichtliche Interpretationen griechischer Münzbilder" (so Christ, Antike Numismatik 27) finden sich bei L. und M. Lanckorofiski, Mythen und Münzen. Griechisches Geld im Zeichen griechischen Glaubens. Die Heilung des Profanen. 1958, und K. Kerényi–L. M. Lankoroński, Der Mythos der Hellenen in Meisterwerken der Münzkunst. 1941. Zu Münzbildern mit kultisch-religiöser Thematik vgl. K. Regling, Die Münzen als Hilfsmittel der archäologischen Forschung, in: HdArch 1, 1 1937, 134ff. A. R. Bellinger, Essays on the coinage of Alexander the Great. 1963. – Zum *archäologischen Beitrag zur Religionsgeschichte* (siehe auch oben 131f. zur Epigraphik) vgl. K. Schefold, Griechische Kunst als religiöses Phänomen. 1959, wo der „Stilwandel als Antwort auf immer neue religiöse Erfahrungen" (135) verstanden wird. Siehe auch E. Simon–M. Hirmer, Die Götter der Griechen. 1969/1985 (im religionshistorischen Konzept stark an Nilsson orientiert; es richtet sich gegen die Konzeption von Walter F. Otto); H. Walter, Griechische Götter. Ihr Gestaltwandel aus den Bewußtseinsstufen des Menschen dargestellt an den Bildwerken. 1971; H. P. L'Orange, Apotheosis in ancient portraiture. 1947; H. Berve–G. Gruben, Griechische Tempel und Heiligtümer. [2]1978. Wichtig sind auch die Votivgaben, deren Zahl insbesondere im Hellenismus stark anwächst. Dazu U. Hausmann, Griechische Weihreliefs. 1960 (zum religiösen Aspekt 3ff.). Vgl. auch J. Leipoldt, Umwelt des Urchristentums Bd. 3, 1966 (mit Zusamenstellung des archäologischen Materials). Die Statuen und Statuetten, die Waffen und anderen Votivgaben, die beispielsweise der Boden in Olympia und Delphi freigegeben hat, bezeugen das religiöse Bewußtsein der Griechen. B. Rutkowski, Cult places in the Aegean. 1986. – Ein lexikalisches Verzeichnis der bedeutendsten Kultstätten der griechischen Welt, nach Göttern geordnet, bietet O. Gigon, LAW 1635f.

3.3 Zur religionswissenschaftlichen Forschung

Die umfassendste Darstellung, die heute über die griechische Religionsgeschichte vorliegt, stammt aus der Feder des 1967 im Alter von 92 Jahren verstorbenen schwedischen Forschers Martin P. Nilsson, der neben zahlreichen einschlägigen Schriften u. a. in zwei materialreichen Bänden ›Die Religion Griechenlands bis auf die griechische Weltherrschaft‹ (1940, ^{3}1967) und ›Die hellenistische und römische Zeit‹ (1950, ^{2}1961) für das HdA bearbeitet hat, wobei sein Opus an die Stelle des alten Handbuches von O. Gruppe trat. Der Gegensatz zu diesem älteren, ebenfalls zweibändigen Werk, der ›Griechischen Mythologie und Religionsgeschichte‹, tritt in Titel und Gesamtkonzeption in gleicher Weise zutage und bringt den Wandel der religionsgeschichtlichen Forschungen im 19. und 20. Jh. deutlich zum Ausdruck. Die Mythologie findet in Nilssons Handbuch nur dort Berücksichtigung, wo sie „für die Religion und Religionsgeschichte von Bedeutung" ist, eine Darstellung der Mythen selbst, auch wenn sie, wie bei Gruppe im ersten Band, nach Kultplätzen oder thematisch geordnet wird, erachtet Nilsson für nicht wesentlich. Damit richtet sich Nilsson aber nicht allein gegen Gruppes Einstellung zur Mythologie und ihrem Quellenwert für die Religionsgeschichte, sondern gegen eine bis ins 18. Jh. zurückreichende Wissenschaftstradition, die durch Beschäftigung mit dem mythischen Erzählgut als einer bevorzugten Quellengattung mehr oder weniger die Gesamtheit antiken Lebens und damit auch der religiösen Vorstellungen zu erfassen suchte.

Ein bedeutender Vertreter dieser Richtung, der diesen Forschungen auch ein methodisches Fundament zugrunde legte, Karl Otfried Müller, schrieb in seinen ›Prolegomena zu einer wissenschaftlichen Mythologie‹[95] über die *Mythen*, „daß diese Erzählungen ein Ausdruck des Glaubens an die Götter des Landes, der Religion, sind. . . So ist Religion neben der Geschichte das einzige Element, welches bei der ersten Betrachtung der heroischen und lokalen Mythologie hervortritt. Für den aber, der tiefer einzudringen sucht, gewinnt der Götterglaube in der Mythologie bald immer mehr Raum und Bedeutung. Er entdeckt, daß die Götter sehr oft unter Namen vorkommen, die sie gewöhnlich nicht führen, aber die aus alten Beinamen derselben gebildet sind, und daß der Mythus, wie er uns überliefert ist, ohne es sich deutlich merken zu lassen, daß er von einem Gotte rede, doch oft Spuren enthält, die den Nachsinnenden darauf führen müssen". Der Mythos, der vielfach nur ein „quasi-historisches Interesse am Leben der Götter, ihrer Taten und ihrer Beziehungen untereinander und zu den Menschen vergangener Zeiten" (nach O. Gigon[96]) bekundet, emanzipiert sich vor allem im

[95] (1825) Neuausgabe mit einem Vorwort von K. Kerényi. 1970.

[96] O. Gigon, Die Kultur der Griechen, in: Hb der Kulturgeschichte. 1969, 46.

Munde der Dichter von Religion und Kult, wo er freilich im Aition gelegentlich fortlebt, und wird für das Verständnis der griechischen Religion zwar nicht unbedeutend, aber doch eine Quelle von sekundärem und recht problematischem Wert. Die religiöse Praxis, der Kult, zeigt demgegenüber vielfach ein Bild vom Verhältnis der Menschen zu den Göttern, das recht verschieden ist von jenem der Mythen, die hier freilich nicht mit den 'Hieroi logoi' (siehe oben 129) zu identifizieren sind. Daß der Religionshistoriker dem Mythos, sei es in der schlichten erzählenden Form, sei es im Gewande der Dichtung, zahlreiche Informationen über die Einstellung und das Verhältnis der Menschen zu den Göttern und den Vorstellungen vom Leben nach dem Tode verdankt, ist selbstverständlich auch Nilsson bekannt. Etwa gleichzeitig mit dem Abrücken von den überwiegend mythologischen Forschungen zur griechischen Religion, die insbesondere durch die Schule der vergleichenden Mythologie M. Müllers, A. Kuhns, W. Schwartz' und anderer einen großen Aufschwung nahmen, läßt sich eine Hinwendung zur Ethnologie und Volkskunde beobachten, die für die weitere Religionswissenschaft eine außerordentliche Bereicherung bedeutet. Die Erkenntnis, daß das Studium des Brauchtums der Kulturvölker und vor allem des Verhaltens der Naturvölker in Kult und Sitte zahlreiche Fragen der Religionsgeschichte aufzuhellen und Verständnis für die Anfänge und Entwicklungen der religiösen Phänomene zu wecken vermag, schlug bald in der Griechischen Geschichte zu Buche. Wilhelm Mannhardts ›Wald- und Feldkulte‹ (2 Bde. 1877, ²1905, ND 1963) auf der einen Seite, Edward B. Tylors ›Primitive Culture‹ (1871, deutsch 1873) und James G. Frazers Monumentalwerk ›The Golden Bough‹ (1891 zweibändig, ³1911–18 zwölfbändig; einbändige deutsche Kurzausgabe 1928, ND 1968) stellen Meilensteine dieser neuen Entwicklung dar.[97]

Lange vor Nilsson haben schon Gelehrte versucht, die neuen Erkenntnisse der *Ethnologie*, der Volkskunde, auch der Anthropologie und Völkerpsychologie dem Studium von Kult und Religion bei den Griechen zunutze zu machen, ein Unternehmen, das aufs Ganze gesehen recht erfolgreich verlief, das aber zuweilen auch etwas über die gesteckten Ziele hinausführte. Wenn man sich auch mit Recht über die gelegentlich zu weit hergeholten ethnologischen Parallelen bei der Erklärung der griechischen Phänomene mokierte,[98] so gelang es doch, eine reiche Ernte für die Altertumswissen-

[97] G. Lorenz, Vergleichende Religionsgeschichte, in: F. Hampl – I. Weiler (Hrsg.), Vergleichende Geschichtswissenschaft (EdF 88) 1978, 88ff. Zu den Beiträgen der „Schule von Cambridge", zur griechischen Religionsgeschichte und weiteren Aspekten der Wissenschaftsgeschichte vgl. Burkerts Griechische Religion (wie oben 127) 15ff.

[98] Vgl. etwa G. Wide, Griechische Religion, in: Gercke–Norden (Hrsg.), Einleitung in die Altertumswissenschaft. ²1912, Bd. 2, 234f.

schaft aus den oben genannten Werken, die den Anfang der vergleichenden Religionswissenschaft markieren, einzuholen. Als einer der ersten brachte Erwin Rohde, der Freund Nietzsches, mit seinem Werk ›Psyche. Seelenkult und Unsterblichkeitsglaube der Griechen‹ (1890–94, ²1898, 2 Bde., ND 1980) die Methode der vergleichenden Religionswissenschaft auf die Griechische Geschichte in Anwendung, und er hat damit, nicht zuletzt wegen seiner gelungenen künstlerischen Darstellung des Stoffes, in breiten Kreisen ein positives Echo gefunden. Es lag nicht so sehr in seiner Absicht, die Rolle der homerischen Götter in der griechischen Religion zu untersuchen, als vielmehr die Bedeutung des Kultes der chthonischen Götter darzustellen und dabei zu zeigen, daß dieser den ältesten Schichten der Glaubenswelt der Griechen (und Vorgriechen) entstammt und in vielen Erscheinungsformen der nachhomerischen Religionen weiterwirkt, also keine Schöpfung der nachhomerischen Zeit, etwa im Rahmen der Orphik oder der eleusinischen Mysterien, sein kann. Die chthonischen Gottheiten, „die auch Homer kennt“ (E. Rohde), werden vom Dichter in ein fernes Reich abgeschoben, die olympischen gleichzeitig damit etabliert.[99] Die homerischen Götter wurden den Griechen durch Homer somit gleichsam aufgedrängt, so daß Guthrie mit Recht von ‘imposed gods’ sprechen kann.

Auf Rohde folgten weitere Publikationen zur griechischen Religionsgeschichte, die zahlreiche Anregungen der neuen religions-ethnologischen Schule verdanken: Im deutschen Sprachraum zählen dazu eine Reihe von Studien H. Useners, während sein Hauptwerk ›Götternamen‹ (1896, ³1948), das auf etymologischen und onomastischen Überlegungen beruht, keine ungeteilte Zustimmung fand, ferner U. von Wilamowitz-Moellendorffs ›Glaube der Hellenen‹ (1931/32, ²1955, ND 1984) und das Handbuch von O. Gruppe (siehe oben 134). Besondere Verdienste erwarben sich im Rahmen dieser Forschungen das ›Archiv für Religionswissenschaft‹ und die ›Religionswissenschaftliche Versuche und Vorarbeiten‹, zwei Reihen, die von A. Dieterich und R. Wünsch begründet bzw. herausgegeben wurden. Aus dem angelsächsischen Bereich kommen neben Frazers Schriften, darunter der umfangreiche Pausaniaskommentar, Werke wie L. R. Farnells ›The cults of the Greek states‹ (1896–1909, 5 Bde.) und ›Greek hero cults and ideas of immortality‹ (1921) sowie die ›Prolegomena to the study of the Greek religion‹ (1903, ND 1961) von J. E. Harrison. Epochalen Wert darf hier auch Gilbert Murrays Werk ›Five stages of Greek religion‹ (1925, ³1951 mit einer langen Einleitung) beanspruchen, das den ‘progress of Greek religion’ zunächst in drei Phasen teilt, und zwar “the primitive Euêtheia or Age of Ignorance” (zu deutsch ‘Urdummheit’), “the Olympian or classical stage” und die hellenistische Periode; die letztgenannte Stufe zerfiel sodann

[99] Zu Rohdes Thesen: W. K. C. Guthrie, The Greeks and their gods. 1950, 294 ff.

in eine Phase "movements of the forth century B. C." (= 3. Stufe) und die darauffolgenden drei Jahrhunderte (= 4. Stufe), und schließlich sprach Murray auch noch von einer 5. Stufe zur Zeit der romantischen Wiederbelebungsversuche der alten griechischen Religion durch Kaiser Julian im 4. Jh. n. Chr.

In den genannten Schriften zeigt sich das ganze Gewicht der Akzentverschiebung in der religionshistorischen Wissenschaft. Denn solange es nicht zu einer Einbeziehung von Ethnologie, Volkskunde und Anthropologie gekommen war und die Mythentradition, d. h. in erster Linie die literarische Überlieferung Ausgangspunkt und Fundament der religionshistorischen Forschungen bildete, stand am Anfang der griechischen Religion jenes Bild, wie es ›Ilias‹ und ›Odyssee‹ zeichneten. Das führte zu bedenklichen Vorstellungen über die Anfänge und zugleich die gesamte Entwicklung des Glaubens und Denkens der Hellenen, zu denen Harrison in den ›Prolegomena‹ bemerkt: "For literature Homer is the beginning, though every scholar is aware that he is nowise primitive; for theology, or – if we prefer so to call it – mythology, Homer presents, not a starting-point, but a culmination, a complete achievement, an almost mechanical accomplishment, with scarcely a hint of *origins* an accomplishment moreover, which is essentially literary rather than religious, sceptical and moribund already in its very perfection. The Olympians of Homer are no more primitive than his hexameter."[100] Diese Reaktion auf die Praxis der damaligen Religionswissenschaft lenkte die Aufmerksamkeit auf das Kultische und Rituelle, ja Harrison ging so weit, Religion und Ritual gleichzusetzen. Vgl. dazu Guthrie a. O. IX. Nilsson kommentierte diesen 'Umschwung' in der Wissenschaftsgeschichte mit den Worten: „Statt der Mythen waren die Riten in den Vordergrund getreten" (Bd. 1 3). Der schwedische Gelehrte hat selbst mit seinen ›Griechischen Festen von religiöser Bedeutung mit Ausschluß der attischen‹ (1906, ND 1957), denen 1932 dann die ›Attischen Feste‹ (ND [3]1969) von L. Deubner folgten, an dieser Entwicklung im Rahmen der griechischen Religionsgeschichte teil. Bahnbrechend für die gesamte Religionswissenschaft war schließlich auch A. Dieterichs ›Mutter Erde. Ein Versuch über Volksreligion‹ (1905, ND [3]1967), ein Werk, das ebenfalls dem Ritus und dem Volksbrauch entschiedenen Vorrang gegenüber der mythischen Erzählung dort einräumt, wo es um religionsgeschichtliche Fragen geht.

Welche Einsichten verdankt nun die griechische Religionsgeschichte insbesondere der ab der zweiten Hälfte des 19. Jh wirksam werdenden ethnologisch-anthropologischen und volkskundlichen Betrachtungsweise, wie sie eingangs skizziert wurde? Sie betreffen vor allem den Bereich der Kulte mit ihren rituellen Handlungen wie Opfer, Gebet, Reinigungs-, Geburts-

[100] Harrison (wie oben 136) VII; dazu Guthrie a. O. IX und Nilsson Bd. 1, 3.

und Bestattungszeremonien, das Orakelwesen und die magischen Vorstellungen, also die äußeren Ausdrucksformen der Gläubigkeit, die in ihrer Vielfalt allerdings das innere Verhältnis zu den Göttern oder irgendwelchen Mächten reflektieren. Ab der hellenistischen Zeit berichten mehrere antike Autoren, die sog. Kultschriftsteller (siehe oben 131), über diese Kulthandlungen, sei es im Rahmen der Feste, sei es bei der Beschreibung der Opfer- und Orakelstätten, die allesamt eine Fülle antiquarischer Informationen zu den Kulten der Griechen geliefert haben, zu deren Verständnis und Erhellung die vergleichende Religionswissenschaft außerordentlich viel beizutragen hat. Die Beobachtung, daß die Kulthandlungen in der Regel ein besonderes Beharrungsvermögen kennzeichnet, daß weiters religiös-kultische Handlungen älterer Kulturen im Brauchtum der späteren Zeit in unverstandener Form noch fortleben, wofür E. B. Tylor den Ausdruck 'survival' (= Überlebsel) geprägt hat, und schließlich die vergleichende Methode, die besonders primitive und urtümliche Praktiken von fortschrittlicheren zu scheiden hilft, ermöglichen es, aufgrund überlieferter griechischer Opfer- und Gebetsformen sowie Rituale auf vorhomerische religiöse Vorstellungen zu schließen. Diese Schlüsse bleiben allerdings in vielen Fällen hypothetischer Natur, da die Trennung von echt archaischen und künstlich archaisierenden Kulten, wie sie insbesondere in hellenistischer Zeit Mode werden, nicht immer streng durchzuführen ist. Gestützt auf archäologische Funde konnte auf diesem Weg ein Überblick über die Frühformen der griechischen Glaubenswelt gewonnen und damit auch das Verständnis für die weitere Entfaltung der Religion der Griechen vertieft werden. Soviel also, ohne ins einzelne zu gehen, zum Beitrag der vergleichenden Religionswissenschaft.[101]

In deutlichem und bewußtem Gegensatz zu dieser Richtung steht Walter F. Otto, der sich von der Überlegung leiten ließ, daß ein Volk wie die Griechen, das auf künstlerisch-kulturellem Sektor so Hervorragendes geleistet habe, auch in der Religion zu einer entsprechend hoch über den anderen Völkern stehenden Konzeption gelangt sein müsse. So offenbart sich Otto „in der altgriechischen Gottesverehrung ... eine der größten religiösen Ideen der Menschheit – wir dürfen sagen: *Die religiöse Idee des europäischen Geistes*". Seine 'Schau' der Götter ist von einer subjektiven Wertbetontheit, über die Nilsson verständlicherweise ablehnend urteilt, sie richtet sich aber auch in vollem Bewußtsein gegen jene Forscher der ethnologisch-

[101] Zur Langlebigkeit einzelner Kulte und Mythen sowie ihrem Nachleben: J. K. Kakridis, Die alten Hellenen im neugriechischen Volksglauben. 1967. J. C. Lawson, Modern Greek folklore and ancient Greek religion. A study in survivals. 1910; neu hrsg. mit einem Vorwort von A. N. Oikonomides. 1964. Dazu die starken Einschränkungen von Kakridis, Gnomon 41 1969, 495ff.

volkskundlichen Methoden, die mit dem Entwicklungsbegriff operieren. Für Walter F. Otto, dessen Vorstellungen von den Griechen und ihrer Religion gewiß mehr mit J. W. von Goethe und Friedrich Hölderlin gemeinsam haben als mit einer modernen Religionsgeschichte, wird „griechische Religion die Religion des Geistes", sie ist seiner Auffassung nach also etwas *Statisches*: „Denn der Geist ist klargestaltetes, ganzes, gültiges und ewiges Sein."[102] Walter F. Ottos ablehende Haltung gegenüber der oben erwähnten Richtung, die der griechischen Religion keine außerordentliche Rolle in der großen Reihe der Religionen der Welt zusprach, in ihr „nur eine Spielform des über die ganze Welt verbreiteten Polytheismus" erkennen wollte, fand in ihrer extremen Form nur wenige Nachfolger, wenngleich Zurückhaltung und Skepsis vor allem wegen mancher „Ausschweifungen der ethnologischen Betrachtungsweise", so Nilsson mit Beispielen, in der religionshistorischen Literatur ihren Niederschlag fanden. So will beispielsweise U. von Wilamowitz-Moellendorff in ›Der Glaube der Hellenen‹ zwar nicht bestreiten, daß die Kenntnis über primitive religiöse Verhältnisse „für die Embryologie der griechischen Religion etwas ausgeben können; aber diese hatte ihre Kinderjahre Jahrhunderte hinter sich. . . als sie sich von dem indogermanischen Urvolk absonderte", weshalb es auch ziemlich nebensächlich sei, Tabu und Totem, Mana und Orenda, Wörter, deren Sprache er obendrein nicht verstehe, auf die griechische Welt zu übertragen. Doch abgesehen davon, daß sich Wilamowitz nicht scheut, gelegentlich doch die Forschungsergebnisse der vergleichenden Religionswissenschaft mit zu berücksichtigen, unterscheidet er sich von Otto auch dadurch, daß für ihn eine „Fortentwicklung", ein „Fortschritt in der Religion und auch im Kultus"[103] nachweisbar ist.

Die religionswissenschaftliche Forschung wurde im 20. Jh. noch von zwei anderen, innerlich voneinander abhängigen Strömungen erfaßt, deren Erkenntnisse und Methoden sich in der Fachwelt keineswegs einer ungeteilten Zustimmung erfreuen: der *psychoanalytischen* und der *strukturalistischen* Richtung. Nilsson, der sich eher skeptisch über die Tiefenpsychologen und ihre religionswissenschaftlichen Arbeiten äußert, konzediert ihnen „immerhin Beiträge zu einem tieferen Verständnis" und hebt vor allem die Verdienste von C. G. Jung mit seiner Lehre von den Archetypen und Karl Kerényi hervor, welch letzterer sich bemühe, einen vermittelnden Standpunkt zwischen den konträren Positionen von J. E. Harrison und W. F. Otto einzunehmen.[104] Mit Kerényi zu nennen wäre auch noch P. Diel, Le symbolisme

[102] W. F. Otto, Die Götter Griechenlands. ³1947, 17. Ders., Die altgriechische Gottesidee, in: Die Gestalt und das Sein. 1955, 127 und 117. Dazu die Kritik von Nilsson Bd. 1, 10f., Gnomon 11 1935, 177ff. sowie Burkert a. O. 26f.

[103] Wilamowitz-Moellendorff (wie oben 136) Bd. 1, 10 und 39.

[104] Nilsson Bd. 1, 12; K. Kerényi, Antike Religionen. 1971, 8.

dans la mythologie grecque. Étude psychanalytique. 1952. Eine Art Synthese der ethnologischen und der psychoanalytischen Schule stellt das vielzitierte Werk ›Die Griechen und das Irrationale‹ (1950, deutsch 1971) von E. R. Dodds dar. Darin wird der Daimon des Menschen zu seinem Über-Ich, die Welt Homers zur ‘Schamkultur’ und die darauffolgende Zeit zum Träger einer ‘Schuldkultur’. Der Wert dieser Studie liegt aber nicht in der recht eigenwilligen Begriffsrezeption aus dem Repertoire der amerikanischen Anthropologie, sondern vielmehr darin, daß der Verfasser die Aufmerksamkeit des Lesers auf die vielen von der klassizistischen Geschichtsbetrachtung zumeist ignorierten irrationalen Elemente im religiösen Denken und Fühlen der Griechen hinlenkt, auf deren Hang zu Okkultem, Schamanentum, Astrologie, Daimonischem, Magischem. Ganz neu ist diese Betrachtungsweise freilich auch nicht, denn in ihren Wurzeln finden sich alle diese Phänomene schon in der sog. ‘dionysischen’ Seele der Griechen, die einen gewissen Gegensatz zu ‘apollinischen’, auf den Verstand, das Klare und Reine hin orientierten Menschen bilden soll – eine gewiß nicht unproblematische Antithese, die immerhin schon in der Vorstellungswelt der deutschen Romantik beheimatet ist, wo sie von F. W. J. Schelling vertreten und von F. Nietzsche später vor allem durch die ›Geburt der Tragödie‹ populär gemacht wurde. Der Wert des Werkes von Dodds liegt, wie schon gesagt, vor allem im Aufzeigen irrationaler Elemente des griechischen Geisteslebens, denen die klassische Altertumswissenschaft, vielfach getragen vom Rationalismus des 19. Jh., nicht die gebührende Beachtung schenkte. Es mag bezeichnend für eine Richtung der religionswissenschaftlichen Betrachtungsweise des Griechentums sein, wenn Dodds, der Tylors Animismus, Mannhardts Vegetationszauber, Frazers Jahresgeister, Codringtons Mana genauso in sein Werk miteinbezieht wie die Erkenntnisse der sozialpsychologischen und kulturanthropologischen Forschung, als Reaktion auf seine Resultate mit dem Einwand rechnet: „Die Griechen waren keine Primitiven.“ – Eine Hinwendung von einer humanistischen Betrachtung der griechischen Religion zu einer anthropologischen stellt auch das aus der Feder eines klassischen Philologen stammende Werk ›Homo necans. Interpretation altgriechischer Opferriten und Mythen‹ (RVV 32 1972) von Walter Burkert dar, mit dem der Verfasser, wie Dodds, die traditionellen Bahnen der Interpretation der griechischen Kultur verläßt und dem er die bezeichnende Bemerkung vorausschickt: „Es sind nicht die erbaulichen Aspekte der Religion und des Menschseins, die in dieser Studie (Homo necans!) hervortreten, nicht die idealen und nicht die sympathischsten Züge des Griechentums; doch mag sie sich darauf berufen, daß gerade der Gott von Delphi dem Menschen illusionslose Klarheit über sich selbst abverlangt hat: Γνῶϑι σαυτόν“ (7). ›Homo necans‹ gehört im übrigen auch in jene Wissenschaftstradition, die der Ethnologie die gebührende Aufmerksamkeit erweist und die nicht nur in der jetzt von W. Burkert und C. Colpe herausgegebenen Reihe der ›Religionsgeschichtlichen Versuche und Vorarbeiten‹, sondern auch in Nilssons grundlegendem Konzept wertvolle Vorläufer hat. Hinweise auf psychoanalytische Interpretationen sind zwar nur sporadisch anzutreffen, doch bekennt sich Burkert grundsätzlich zu ihnen.

Nach dem Zweiten Weltkrieg wurde im Zuge ethnologischer und sprachwissenschaftlicher Forschungen eine neue Methodenlehre entwickelt, die hinter den sichtbaren Kulturphänomenen geschichtslose *Strukturen* erkennen will und die in ihrer Grunddisposition den Entwicklungsgedanken, den historischen wie den individuellen, ablehnt. Claude Lévi-Strauss, einer der Begründer des sog. Strukturalismus, hat diese Methode unter anderem auf die Bereiche Religion, Magie und Mythos ausgedehnt, so in ›Anthropologie structurale‹ (1958, deutsch 1967), später auch in ›Totemisme aujourd'hui‹ (1962, deutsch 1965) sowie in dem als dessen Fortsetzung gedachten Werk ›La pensée sauvage‹ (1962, deutsch 1968), und dabei gelegentlich auch auf das Altertum zurückgegriffen. Bekannt ist die Behandlung des Oidipus-Mythos als eines Beispiels für Mythenstrukturen, den Lévi-Strauss (Anthropologie structurale) auf folgende Formel reduziert:

$$F_x (a) : F_y (b) \cong F_x (b) : F_{a-1} (y).$$

Inwieweit die strukturalistische Methode auf die Forschungen über Religion und Mythen noch Einfluß nehmen und ob diese Einflußnahme ähnlich massiv wie etwa im Bereich der Sprachwissenschaft erfolgen wird, kann zum gegenwärtigen Zeitpunkt noch schwer vorausgesagt werden. G. S. Kirk hat jedenfalls mit ›Myth. Its meaning and functions in ancient and other cultures‹ (1970; vgl. auch die deutsche Ausgabe ›Griechische Mythen‹, 1982) dem Strukturalismus insofern schon eine bedeutende Stellung eingeräumt, als er diese Richtung mit den Thesen von Tylor, Frazer, Durkheim und der von Freud zu den "three major developments in the modern study of myths" zählt. Dennoch hat Kirk die grundsätzlichen Schwächen, die in der universalen Ausweitung der strukturalistischen Mytheninterpretation zutage treten, mit Nachdruck herausgestellt und betont, daß "the Lévi-Straussian kind of analysis will only rarely be revealing for Greek myths"[105].

Unabhängig von diesen grundsätzlichen geistigen Strömungen, deren Einfluß auf die religionshistorische Forschung je nach Position der Wissenschaftler verschieden ausfällt, stellt sich auch die Frage, inwieweit von einer *Entwicklung innerhalb der griechischen Religion* von den primitiven Ver-

105 Kirk, Myth 42. Grundsätzlich zur Kritik des Strukturalismus bei Kirk a. O. 42–83; vgl. Burkert, Gnomon 44 1972, 226ff. Ferner: F. Graf, Griechische Mythologie. ^{2}1987, 47ff. H. P. Duerr (Hrsg.), Die wilde Seele. Zur Ethnopsychoanalyse von G. Devereux. 1987.

hältnissen der Frühzeit an gesprochen werden kann, und wenn ja, ob hier einzelne Perioden erkennbar sind. Die Entwicklung etwa im Sinne einer Ethisierung der Religion wird von Gelehrten, die wie W. F. Otto in der „Genialitätsepoche des Griechentums", der homerischen Welt, bereits die voll ausgeformten, unwandelbaren Götter erkennen wollen, geradewegs abgelehnt. In ›Die Götter Griechenlands‹ (^{3}1974) will W. F. Otto demonstrieren, daß die Götter „in ihren Grundzügen das geblieben sind, was sie bei ihm (scil. Homer) waren". Die zahlreichen Hinweise in der Literatur auf das Unmoralische und die primitive Roheit der homerischen Religion, für die die Epen viele Belege liefern, nennt W. F. Otto „das vorwitzige Urteil von Eiferern und Pedanten"[106], der „heute oft wiederholte Vorwurf der Immoralität (ist) viel zu kurzsichtig. . ., um die Größe dieser Götter wirklich zu treffen". Zwar wird für die Zeit, bevor die olympischen Götter von den Griechen auf den Schild gehoben werden, von W. F. Otto eine andere, ältere Göttergeneration angenommen, doch steht diese in keiner Beziehung zu jener der homerischen Welt. Denn: „Das waren keine Himmelsbewohner, sondern geheimnisvolle Geister der Erde", während es für die Olympier zu zeigen galt, „daß diese neuen Gottheiten tatsächlich Ur- und Grundgestalten des Seins sind, daß also ihr Bild nicht, wie die neuere Religionswissenschaft es denkt, im Verlaufe eines komplizierten Prozesses von verschiedenen Seiten her allmählich zusammengesetzt worden ist, sondern sich einem einzigen großen Blick in die Tiefe der Wirklichkeit klar und ganz geoffenbart hat". Gegen diese statische Auffassung von der griechischen Religion, „eine Verherrlichung des griechischen Götterglaubens, welche die geschichtliche Entwicklung preisgibt", wie Nilsson sagte, richtet sich vor allem dessen Gesamtdarstellung, in der eine Entwicklung und Veränderung der Religiosität der Griechen aufgezeigt wird, und zwar nicht nur innerhalb einer intellektuell fortschrittlicheren Schichte, sondern auch im Rahmen der Volksreligion, der Religion des „griechischen Durchschnittsmenschen", die darzustellen Nilsson als eine vorrangige Aufgabe betrachtet.[107] Obgleich mehrfach die Kontinuität hervorgehoben wird, glaubt der schwedische Forscher, einen 'Einschnitt' in diesem Prozeß feststellen zu können, wenn er bemerkt, „daß in der Religionsgeschichte der eigentliche Wendepunkt ... zur Zeit der Machtentfaltung Athens und der Sophisten zu finden" sei, wobei noch ausdrücklich hinzugefügt wird, daß die konventionelle Periodisierung der Griechischen Geschichte mit ihren Zäsuren bei den Perserkriegen und Alexander für die Religion nicht zutrifft. Ähnlich urteilt auch Dodds, der den 'eigentlichen Einschnitt' mit dem Auftreten der Sophi-

[106] Otto, Die Götter Griechenlands 15f.

[107] Otto, Die altgriechische Gottesidee 133, 126, 128. Dazu Nilsson Bd. 1, 66; 847 und Bd. 2, 2. Zur Periodisierung bei Dodds (wie oben 140) 176.

sten in Verbindung bringt und ebenfalls betont, daß für die Geistesgeschichte andere Trennungslinien gelten als für die politische.

Zu einem nicht leicht nachvollziehbaren Mittelweg zwischen den Auffassungen von W. F. Otto und M. P. Nilsson bekennt sich Richard Harder,[108] der einerseits den Weg der griechischen Religion als „Musterfall von Entwicklung überhaupt" verstanden haben will, auf der anderen Seite betont, daß „schon in den ersten erkennbaren Anfängen ... Klarheit und Helle" auftreten, „das Wirre, Verschwimmende, Düstere" gestaltet und geprägt, „der Aufstand der Tiefe" geschlichtet werden. Und in Anlehnung an Nilssons Rationalisierungsprozeß spricht Harder von einem Prozeß der 'Vergeistigung', obzwar auch hier schon am Beginn die Weichen gestellt sind, denn „mehr als andere ist diese Religion von Anfang an geistig und (im wohlverstandenen Sinne des Wortes) vernunftgetragen".

In ›The justice of Zeus‹ hat Hugh Lloyd-Jones neben dem Versuch, im Sinne Nilssons eine Entwicklung in dem wachsenden Rationalismus zu erkennen, der zur Zeit der Sophistik eine größere Breitenwirkung erreicht, noch zwei weitere Möglichkeiten für die Darstellung eines Weges "from primitive beginnings to the climax" aufgezeigt: "For some that climax comes with the imposing constructions of the fourth and the third-century philosophers; for others, with the incorporation of much of their achievement into the doctrines of the Church." Doch Lloyd-Jones zählt diese Thesen zur Entwicklung nur auf, er bekennt sich nicht dazu. Seiner Auffassung nach werde von den Vertretern eines Entwicklungsgedankens nicht gebührend in Rechnung gestellt, daß die frühe griechische Religion ihre eigenen Formen und Prinzipien kennt, welche nicht mit Maßstäben späterer Zeit gemessen werden sollten; man sollte vor allem keine „pejorative terms as 'the Inherited Conglomerate'", eine Wortprägung von Gilbert Murray, dabei verwenden. Dieser Einwand macht auf eine Gefahr der entwicklungsgeschichtlichen Betrachtungsweise und der Neigung mancher Gelehrter zu übertriebenen evolutionistischen Vorstellungen im religiösen Bereich aufmerksam, die Methode als solche trifft er nicht. Der englische Kritiker sieht im erwähnten Zeusbuch seine Aufgabe primär darin zu zeigen, "what has remained static over a long period", und das sei im Falle des griechischen Göttervaters, wohlgemerkt auch schon in der Frühzeit, dessen hohe Moralität (vgl. dazu unten 149f.). Wer mit W. F. Otto so konform geht, kann Nilssons oben 142f. erwähnte Kritik an Ottos Auffassung von der griechischen Götterwelt nur als "total failure to understand Otto's purpose" zurückweisen. Mit diesen Bemerkungen kann freilich das entwicklungsgeschichtliche Konzept von Nilssons Religionsgeschichte kaum ins Wanken gebracht werden. Wenn

[108] Harder, Einführung in die griechische Kultur, in: W. Marg (Hrsg.), Eigenart der Griechen. 1962, 57ff.

auch Nilsson den Einschnitt in der Entwicklung in die Zeit der griechischen Aufklärung datiert, so hat er auf der anderen Seite doch auch nicht versäumt, die vor den Sophisten lebenden Protagonisten einer neuen kritischen Einstellung zu Glaubensfragen und ihre Rolle in diesem geistesgeschichtlich so bedeutenden, ständig weitere Kreise ziehenden Prozeß zu erwähnen. Diese Gedanken der Philosophen, insbesondere der ionischen Naturphilosophen, über die Religion markieren jenen Weg, den Wilhelm Nestle als den Weg vom ›Mythos zum Logos‹ treffend gekennzeichnet hat. In der weiteren Entwicklung der griechischen Religion der nachsophistischen Zeit behandelt Nilsson den Zeitraum „von Alexander dem Großen bis zum Ausgang des Altertums, oder auf religionsgeschichtlichem Gebiet, bis zum Sieg des Christentums", indem er sich, in einer gewissen Inkonsequenz, der konventionellen Terminologie der Geschichte und ihrer Periodisierung anschließt. Auch für diese Zeitspanne lassen sich keine religionsgeschichtlichen Dominanten herausarbeiten. Denn: „In seinem Verlauf hat sich alles gründlich geändert." [109]

Auf einige Fragen der Geschichte von Religion und Kult, die in den letzten Jahrzehnten im Brennpunkt der Forschung standen, soll hier kurz eingegangen werden. Ein Hauptproblem stellt zweifelsohne die Frage nach der *Abhängigkeit der griechischen Glaubenswelt von der minoisch-mykenischen Kultur* dar. Nilsson hat seine bekannte These vom ›Mycenaean origin of Greek mythology‹ (1932, ND 1972 mit Einleitung und Bibliographie von E. Vermeule), die auch die minoische Welt miteinbezieht, aufgrund von Untersuchungen der Sagenstoffe, hauptsächlich der in den homerischen Epen überlieferten, formuliert. Diese These wird in seiner ›Geschichte der griechischen Religion‹ noch weiter ausgebaut, indem er auch das archäologische Material stärker berücksichtigt; vor allem auch die Anhänger der Entzifferung der Linear B-Schrift versuchen mit neuen Belegen Nilssons These zu stützen. „Die Tafeln", so A. Heubeck,[110] „haben in allem Grundsätzlichen die Schlüsse, die die Religionshistoriker aus verschiedenen Erwägungen für die Entwicklung des griechischen Götterglaubens gezogen hatten, bestätigt. Der größere Teil der olympischen Götterfamilie Homers taucht ... schon in den mykenischen Tafeln von Pylos und Knossos auf." Doch angesichts der Tatsache, daß die Linear B-Texte bekanntlich Archivaufzeichnungen wiedergeben, darf deren Ergiebigkeit für den Religionshistoriker nicht zu optimistisch gesehen werden. Außer einigen Götternamen – übereinstimmend werden in Knossos und Pylos nur Zeus, Poseidahōn und Potnija (Herrin der Tiere?) genannt – finden sich in den Texten gelegentlich noch Hinweise auf Kultpersonal und Kultplätze sowie Opfer-

[109] Nilsson Bd. 2, 2.

[110] Heubeck, Aus der Welt der frühgriechischen Lineartafeln. 1966, 96ff.

spenden und Feste, immer die Richtigkeit der Entzifferung vorausgesetzt. Wie wenig berechtigt übertriebener Optimismus bei den religionshistorisch interessierten Mykenologen angebracht erscheint, demonstriert Monique Gérard-Rousseau, die in ›Les mentions religieuses dans les tablettes mycéniennes‹ (1968) eine Synthese der bisherigen mykenologischen Forschungen auf dem Gebiete der Religion vorgelegt hat. Von den darin untersuchten ca. 200 mykenischen Ausdrücken, die in der Literatur bisher mit Kult und Religion in Verbindung gebracht wurden, versieht Gérard-Rousseau nicht weniger als vier Fünftel mit einem Fragezeichen. Unter den restlichen Götternamen, die als akzeptierbar gelten, nennt sie *Are* (= Ares), *Diwo, Diwe* (= Zeus), *Diwonusojo* (= Dionysos), *Era* (= Hera), *Erinu* (= Erinnyen), *Posedao* (= Poseidon), *Potinija* (= πότνια θηρῶν) und *Tiriseroe* (= Tris-heros). Bedenkt man, daß außer den Götternamen nur noch auf ihre Kulte hingewiesen wird, so mag es erstaunen, wenn Gérard-Rousseau, der von Heubeck „radikale Skepsis“ bescheinigt wird, in ihrem Resümee davon spricht, daß in den Linear B-Texten «les grandes lignes directrices de la religion grecque préclassique» trotz der Dürftigkeit des Materials sichtbar werden, und das, obwohl ein Teil der homerischen Götterwelt nicht einmal Erwähnung findet: «Les absents les plus notables sont Athéna, Artémis, Héphaistos, Apollon, Aphrodite, Hermès.»[111] Eine wesentliche Bereicherung für die Religionsgeschichte dürften die Ergebnisse der Mykenologie wohl kaum gebracht haben, denn die Abhängigkeit des homerischen Glaubens und Denkens von den religiösen und kultischen Verhältnissen der Jahrhunderte davor, die Nilsson und andere[112] herausstellten, stand schon vorher fest, wenn man von Gelehrten wie W. F. Otto absieht, die in der homerischen Götterfamilie eine völlig neue Welt zu erkennen geneigt sind (siehe oben 138f.). Doch ein solch radikaler Umbruch auf einem geistesgeschichtlichen Gebiet wie der Religion ist höchst unwahrscheinlich, und wer für diese Jahrhunderte einen Bruch mit der religiösen Tradition annimmt, muß dafür den Nachweis erbringen. Bis dahin gilt aber vorerst noch: “The Greeks had their full share of the religious conservatism which is common to all mankind.”[113] Die griechische Religion lediglich als Ausfluß der minoisch-mykenischen Welt zu sehen, geht aber nicht an. Denn abgesehen von der freien Ausgestaltung und eigenständigen Fortentwicklung erfährt sie wesentliche Impulse aus dem asiatischen und insbesondere vorderasiatischen Raum.

[111] Gérard-Rousseau a. O. 256 und 59. Heubeck, Gnomon 42 1970, 811.

[112] W. K. C. Guthrie, The religion and mythology of the Greeks, in: CAH II 40. 1961, 31ff.: The debt of Greek religion and mythology to their Minoan-Mycenaean predecessors (ohne Berücksichtigung der Linear B-Forschung); dazu ders., Early Greek religion in the light of the decipherment of Linear B, in: Bulletin of the Institute of classical studies 6 1959, 35ff.

[113] Guthrie, The debt 34.

Über die Abhängigkeit, die sich auch in der *Übernahme orientalischer Mythen und Kosmogonien* in die frühgriechische Epik manifestiert, und die *Vorstufen der griechischen Religion* in der *minoisch-mykenischen Welt* entstand ein umfangreiches Schrifttum, auf das beispielsweise A. Lesky, RE Suppl. 11 1968, 730 Art. Homeros, hinweist. – Allgemein grundlegend: M. P. Nilsson, The Minoan-Mycenaean religion and its survival in Greek religion. ²1950 (ND 1968). G. Karo, Die Religion des ägäischen Kreises: Bilderatlas zur Religionsgeschichte (Hrsg. H. Haas) Heft 7 1925; A. W. Persson, The religion of Greece in prehistoric times. 1942; Ch. Picard, Les religions préhelléniques. 1948. F. Matz, Göttererscheinung und Kultbild im minoischen Kreta. 1958; G. C. Gesell, Town, palace, and house cult in Minoan Crete (Studies in Mediterranean archaeology 67) 1985. J. Chadwick, Die mykenische Welt. 1979, 115ff. (vgl. auch oben 42 und oben 145, Anm. 112). Weitere Literatur zur Religion der Minoer und Mykenäer (aufgrund der Linear B-Forschung): L. A. Stella, La religione greca nei testi micenei, in: Numen 5 1958, 18ff.; R. F. Willett, Cretan cults and festivals. 1962; G. Maddoli, Studi sul pantheon miceneo, in: Atti e memorie dell'Accademia Toscana di Scienze e Lettere «La Colombaria» 27 1963, 53ff.; Einzeluntersuchungen: A. Heubeck, Poseidon, in: Indogermanische Forschungen 64 1959, 225ff.; L. R. Palmer, New religious texts from Pylos, in: Transactions of the Philological Society 1958, 1ff.; ders., Dionysos und Apollo, in: Proceedings of the Classical Association 60 1963, 31ff.; W. Pötscher, Hera und Heros, in: RhM 104 1961, 302ff. (siehe auch RhM 108 1965, 317ff.). Ders., Hera. Eine Strukturanalyse im Vergleich mit Athena. 1986 (mit umfangreicher Bibliographie zur griechischen Religionsgeschichte). J. Chadwick, Potnia, in: Minos 5 1957, 117ff.; Ch. Chryssanthos, Potnia theron. Eine Untersuchung über Ursprung, Erscheinungsform und Wandlungen der Gestalt einer Gottheit. Diss. Bonn. 1968. E. L. Bennett Jr., On the use and misuse of the term "Priest-King" in Minoan studies, in: Kritika Khronika 15–16, 1961–62, 327ff. – Vgl. die Bibliographie bei M. Gérard-Rousseau, Les mentions religieuses 12ff., und diese durch religionshistorische Beiträge zum Römischen Kongreß Bd. 2 erweiternd: S. Hiller – O. Panagl, Linear B: Fortschritte und Forschungsstand, in: Saeculum 22 1971, 123ff., bes. 185. Bemerkenswert ist hier die Skepsis, mit der die Verfasser des Forschungsberichtes auf zukünftige religionshistorische Erkenntnisse aufgrund der Linear B-Texte ausblicken: Zwar haben die Texte „Einblick in die frühgriechische Religion gewährt, obschon gerade hier Fortschritte, die über das reine Entzifferungs- und Wortergebnis hinausführen, nur schwerlich erwartet werden können" (188). Noch skeptischer in dieser Hinsicht J. Kerschensteiner, die mykenische Welt in ihren schriftlichen Zeugnissen. 1970, 67 (Zitat bei Hiller – Panagel a. O). – Zu den *Beziehungen zum Osten* W. Burkert, Die orientalisierende Epoche in der griechischen Religion und Literatur (SB AW Heidelberg) 1984 mit einer forschungsgeschichtlichen Einführung. vgl. auch A. Lesky, Hethitische Texte und griechischer Mythos, in: Anzeiger ÖAW phil.-hist. Klasse 9 1950, 137ff.; G. Steiner, Der Sukzessionsmythos in Hesiods Theogonie und ihren orientalischen Parallelen, Diss. Hamburg 1958; P. Walcot, Hesiod and the Near East. 1966; H. Herter, Die Ursprünge des Aphroditekultes, in: Éléments orientaux dans la religion grecque ancienne. 1960, 61ff.; zu Aphrodite und ihrer Beziehung zur Großen Göttin vgl. W. Helck, Betrachtungen zur großen Göttin und den ihr verbundenen Gottheiten (Religion und Kultur der alten Mittelmeerwelt in Parallelforschungen 2) 1971, 230ff.; H. Erbse,

Orientalisches und Griechisches in Hesiods Theogonie, in: Philologus 108 1964, 2ff.; J. Bergmann, Beitrag zur Interpretatio Graeca. Ägyptische Götter in griechischer Übertragung, in: Syncretism (Symposium at Åbo 1966) 1969, 207ff.; Les syncrétisme dans les religions grecque et romaine (Colloque de Strasbourg 1971) 1973. Weitere Beiträge in ›Éléments orientaux dans la religion grecque ancienne‹: R. D. Barnett, Some contacts between Greek and Oriental religions 142ff.; E. Will, Aspects du culte et de la légende de la Grande Mère dans le monde grecque 95ff.; O. Eissfeldt, Phönikische und griechische Kosmogonie 1ff.; H. Schwabl, Die griechischen Theogonien und der Orient 39ff.; zur Kosmogonie siehe auch J. Rudhardt, Le thème de l'eau primordiale dans la mythologie grecque (Schriften, hrsg. von der Schweizerischen geisteswissenschaftlichen Gesellschaft 12) 1971. M. K. Schretter, Alter Orient und Hellas. Fragen der Beeinflussung griechischen Gedankengutes aus altorientalischen Quellen, dargestellt an den Göttern Nergal, Rescheph, Apollon (IBK. Sonderheft 33) 1974; W. Burkert, Rešep-Figuren, Apollon von Amyklai und die 'Erfindung' des Opfers auf Cypern. Zur Religionsgeschichte der „Dunklen Jahrhunderte", in: GB 4 1975, 51ff.; H. Kothe, Apollons ethnokulturelle Herkunft, in: Klio 52 1970, 205ff. – Zu einigen älteren Arbeiten vgl. auch die Hinweise von M. P. Nilsson, in: Einleitung in die Altertumswissenschaft Bd. 2 ^{3}1922, 277. Ausführliche Diskussion der Zusammenhänge der vorgriechischen Welt mit der Religion der Griechen, die bei ihrer Einwanderung „keine persönlichen Götter außer Zeus und den Nothelfern, den Dioskuren" (Nilsson Bd. 1 444), mitbrachten, bei F. Schachermeyr, Poseidon und die Entstehung des griechischen Götterglaubens. 1951 (vgl. dazu die ausführliche Besprechung von B. Schweitzer, Gnomon 24 1952, 385ff.). – Das universalhistorisch-enzyklopädisch konzipierte Werk von F. Heiler, Erscheinungsformen und Wesen der Religion (Ch. M. Schröder, Hrsg., Die Religionen der Menschheit Bd. 1) ^{2}1979, bezieht sich nicht nur an zahlreichen Stellen auf die griechischen Religionen, es bildet auch eine wertvolle Folie für das Verständnis religiöser Phänomene in der griechischen Welt. In der gleichen Reihe erschien als Bd. 15 von W. Burkert, Griechische Religion der archaischen und klassischen Epoche. 1977. Von diesem hervorragenden Kenner der griechischen Religionsgeschichte auch: Anthropologie des religiösen Opfers. Die Sakralisierung der Gewalt. 1984.

Die Einwirkungen von den außergriechischen Bereichen und der minoisch-mykenischen Welt auf die Glaubensvorstellungen der Griechen um die Jahrtausendwende zeigen sich, wie es die Homerexegese umrissen hat, teilweise im *neuen Verhältnis der Menschen zu den Göttern*, doch muß gleich hinzugefügt werden, daß die homerischen Epen ein einseitiges Bild zeichnen, da sie beispielsweise auf die Kultpraxis der damaligen Griechen nur sporadisch eingehen. A. Lesky hat die gegenseitigen Beziehungen zwischen Mensch und Gott auf die drei 'Antinomien': Nähe und Distanz, Huld und Grausamkeit sowie Willkür und Recht zu reduzieren versucht und damit zweifelsohne das Verständnis für die religiösen Gefühle der homerischen Menschen gefördert. Die wesentlichen Akzente dieser frühgriechischen Religion, von der Nilsson sagt, ihr „hervorstechender Zug" sei der „Anthropomorphismus und der Rationalismus"[114], wurden damit aber kaum erfaßt. Sie finden ihren Niederschlag im vielzitierten *Götterapparat*, dem ein hierarchisch-familiär geordnetes, von Dichtern ausgestaltetes System der Götterwelt ein besonderes Gepräge gibt. Im allgemeinen sagt man, „daß es bei Homer drei Klassen von anthropomorphen Wesen gibt, Götter, Fürsten und gemeine Leute" (Nilsson); diese unterscheiden sich voneinander jeweils durch den größeren Machtbesitz und, was die Götter betrifft, durch ihre Unsterblichkeit, nicht aber durch eine besondere Moralität. In dem Umstand, daß Agamemnon für seine Handlungsweise Achill gegenüber nicht selbst verantwortlich ist, sondern die anonyme Macht der ἄτη dafür bemüht, drückt sich exemplarisch aus, wie schwierig es in der Welt der ›Ilias‹ ist, von sittlich richtigem und sittlich falschem Handeln zu sprechen. Die Amoralität der homerischen Götter, die von W. F. Otto beschönigt wird (siehe oben 138f.) und die nach A. Lesky u.a. nicht zur allgemeinen Auffassung des 8. Jh. erhoben werden darf, wird insofern im Schrifttum in einer differenzierteren Form gesehen, als zwischen ›Ilias‹ und ›Odyssee‹ mehr oder weniger starke Unterschiede in der sittlichen Einstellung zur Götterwelt hervorgehoben werden. So formuliert Lesky: „Unverkennbar ist, daß die Vorstellungen von einem ethisch gerichteten Handeln der Götter in der *Odyssee* viel weiter reichen."[115] Dieser Auffassung, die diesen Wandel nur teilweise auf den Faktor Zeit zurückführen kann, trat nun Lloyd-Jones in ›The justice of Zeus‹ entgegen, indem er "this unquestionable difference between the moral climate of the two Homeric poems" nicht so sehr auf die zeitliche Distanz, die zwischen den Abfassungszeiten der beiden Epen besteht, zurückführt als vielmehr auf einen verschiedenen 'point of view' der Dichter, eine Ansicht, die früher schon K. Reinhardt[116] vertreten hat. "The difference in theology and morality between the two poems reflects a difference in style and purpose, and is of no value in fixing their temporal relation to each other." Unbestritten bleibt auch in der Argumentation von Lloyd-Jones die unterschiedliche Auffassung von Sittlichkeit in den homerischen Epen, egal nun, wie sie zu erklären ist. An der Darstellung des englischen Gelehrten ist auch bemerkenswert, daß er – ähnlich wie W. F. Otto – in der Gestalt des Zeus, wie ihn die ›Ilias‹ zeichnet, bereits den Garanten der 'established order' sieht, mit der Begründung, Zeus erscheine hier als Horkios, Xeinios und Hikesios, d. h. als Beschützer der Eide, der Fremden und der Hilfesuchenden, was wohl nichts anderes bedeutet, als daß für die Welt Homers

[114] Lesky GGL 88ff. Nilsson Bd. 1, 368 und 372.

[115] Lesky GGL a. O. M. I. Finley, Die Welt des Odysseus. 1968, 30. Lloyd-Jones (wie oben 128).

[116] Reinhardt, Tradition und Geist im homerischen Epos, in: C. Becker (Hrsg.), Tradition und Geist. 1960, 5ff. bes. 15.

schon jene moralischen Maximen gelten, die ansonsten vielfach erst als Produkt einer längeren Entwicklung gesehen werden. Anders dagegen W. K. C. Guthrie,[117] der meint, daß die δίκη der Götter in den homerischen Werken "no necessary implication of moral righteousness" aufweise und zwischen der δίκη bei Homer und jener bei Aischylos große Unterschiede bestünden. ›Ilias‹ und ›Odyssee‹ stellen bestenfalls eine Vorstufe für das Kommende dar, die für die Ethisierung der griechischen Religion so wichtige δίκη-Konzeption entwickelt sich erst allmählich. Den nächsten großen Schritt nach dem Odysseedichter hat, morphologisch gesehen, zweifelsohne Hesiod, nicht so sehr, indem er mit der ›Theogonie‹ eine erste Systematik, ein erstes theologisches Gebäude für die Griechen schuf, als vielmehr dadurch, daß er die Dike, die Gerechtigkeit, zum tragenden Prinzip der sich zusehends auf Zeus konzentrierenden Glaubensvorstellungen macht. Einen bildlichen Ausdruck finden die gewandelten Vorstellungen in der Tatsache, daß Hesiod, Erga 256, die jungfräuliche Dike, „heilig und hochgeehrt von den göttlichen Himmelsbewohnern", eine Tochter des Zeus nennt[118]. Der Ethisierungsprozeß (dazu unten 151) in der griechischen Religion hat hier zweifelsohne einen entscheidenden Punkt erreicht.

In den *Vorstellungen vom Leben nach dem Tode* wiederholt sich dieser Prozeß. Über das Jenseits bestehen in dieser frühgriechischen Welt verschiedene, zum Teil wiederum divergierende Ansichten. Als dominierend erweist sich dabei der Glaube, daß die Seelen der Toten als Schattenwesen im Hades ein freudloses Dasein führen, unabhängig von ihrem abgelaufenen Leben auf der Erde, während großen Helden, aber auch nicht allen, das Elysium, die Insel der Seligen, offenstand. Rechtschaffenheit ist bei Homer nicht zufällig ein Privileg der Reichen.[119] Auf die Titanen, die sich gegen Zeus auflehnen, wartet der Tartaros, ein Ort, der in der Folge als Teil der Unterwelt auch anderen Frevlern als Sühneplatz dient. Die mythischen Vorstellungen, wonach die gerecht Lebenden von den Totenrichtern Minos, Rhadamanthys und Aiakos auf die Insel der Seligen und die Unfrommen in den Tartaros geschickt werden, gehört bezeichnenderweise erst der nachhomerischen Zeit an, überliefert sind sie gar erst in den platonischen Dialogen.

Eine deutliche Ausprägung fanden diese Gedanken in den im 7. Jh. sichtbar werdenden *Mysterienfesten*, deren bekannteste die eleusinischen, die orphisch-dionysischen und die der Kabiren auf Samothrake sind. In diesen Kultfesten, deren Ursprünge in vorhomerischen Fruchtbarkeitsriten gesucht werden, wird gelegentlich eine Alternative zum 'Götterapparat' in der

[117] Lloyd-Jones a. O. 5. Guthrie, The Greeks and their gods 143.
[118] Finley a. O. 154. Lesky GGL 125f.
[119] Dodds, Das Irrationale 32.

Dichtung Homers gesehen, wozu nicht wenig die Formulierung der Antithese olympische Götter – chthonische Götter durch E. Rohde, Psyche. Seelenkult und Unsterblichkeitsglaube der Griechen (1893) beigetragen hat. Daß darin auch ein soziologischer Gesichtspunkt zum Tragen kommt, wonach der Durchschnittsmensch mehr den chthonischen Kulten zuneigt und die Zeusreligion der aristokratischen Gesellschaft überläßt, mag man zwar als wahrscheinlich ansehen, kann aber aufgrund der Quellenlage für die Frühzeit kaum bewiesen werden. Immerhin hat G. Murray erkannt, daß bei Homer die Reichen oft besonders rechtschaffen sind. Fest steht aber, daß die Mysterien mit ihren Vorstellungen vom Leben nach dem Tode, die ein besseres Jenseits erwarten lassen, und den zahlreichen rituellen Handlungen, mit den besonderen Reinigungs- und Enthaltsamkeitsvorschriften auf das sittliche Verhalten der Mysten, d. h. der Eingeweihten, einwirkten und damit einen Beitrag zur Läuterung des religiösen Weltbildes der Griechen lieferten. Als Kennzeichen dieser von Homer abweichenden Religiosität, die in der Frühphase der Kolonisationsepoche ausgeformt wird und in der sich „eine mächtige Steigerung des Gefühlslebens" bemerkbar macht, nennt W. Nestle die der frühen Epik noch so gut wie unbekannte Kathartik, ferner die ekstatische Mantik, den orgiastischen Dionysoskult, die Seelenwanderungslehre und die Erlösungserwartungen der Orphik, die mit ihrer heiligen Lehre (Ἱερὸς λόγος) Offenbarungscharakter annimmt, sowie die ebenfalls überwiegend orphische Theologie und Kosmogonie. Daß insbesondere die Seelenwanderungslehre und die Heilserwartungen, die auch Eingang in den Pythagoreismus finden, auf die Ausformung einer neuen Ethik Einfluß nehmen, und diese wiederum das soziale Handeln mitbestimmen, mag für die Ethisierung der griechischen Religion genauso entscheidend gewesen sein wie jene Reflexionen, die sich in Hesiods Werken niederschlagen. Für die Göttergestalten des homerischen Epos bleibt diese Entwicklung, die einige Gelehrte schon im 7. Jh. beginnen lassen, andere etwas später, nicht ohne Konsequenzen. Ihre anthropomorphen und individuellen Züge treten in den Hintergrund, die Olympier verwandeln sich in ethische und kosmische Potenzen, so daß es Dichtern wie Archilochos, Simonides und Mimnermos ganz geläufig erscheinen kann, „von den 'Göttern' oder einfach vom 'Gott' als dem Lenker des Schicksals und Schirmer des Sittengesetzes zu reden"[120]. Neben Zeus tritt nunmehr vor allem auch die Gestalt Apollons, die über das Orakel von Delphi nach Ansicht mehrerer Religionshistoriker Einfluß auf die 'Versittlichung der Religion' nimmt, in den Vordergrund religiösen Denkens. Hand in Hand damit geht die Mythenkritik, besser die Mythendeutung, über deren grundverschiedene Formen, die aggressiv-rationalisierende und die apologetisch-allegorisierende, W. Nestle in seinem

[120] Meyer GdA Bd. 3, 552.

lehrreichen Buch ›Vom Mythos zum Logos‹ handelt. Daß die Ethisierung der griechischen Götterwelt, die heute nur in Umrissen greifbar ist und neben der die sogenannte Volksreligion mit ihren vielfältigen Kulten, welche zum Teil nach wie vor jenseits der Wertkategorien von 'Gut' und 'Böse' praktiziert werden, weiterbesteht, kein religionsspezifisches Phänomen darstellt, zeigt die allmähliche Verquickung von Ethik und Politik, wie sie von führenden Staatsmännern und Denkern der vorklassischen Zeit propagiert wird. Die Sieben Weisen, besonders Solon und seine mit großem sozialem Engagement abgefaßten Elegien, bekunden diesen Einfluß sittlicher Postulate auf politisches Handeln. Dieser Prozeß der *Ethisierung* endet natürlich nicht in der Folgezeit. Zeugnisse für das Postulat der Übereinstimmung von Religion und Ethik häufen sich seit den Vorsokratikern und gehören zum Standardrepertoire vieler religiös-philosophischer Schriften der hellenistischen Welt. Im sokratischen Daimonionglauben beispielsweise spiegelt sich dieser Tatbestand in einer ähnlichen Weise wie im ›Zeushymnos‹ des Kleanthes von Assos (ca. 331–232; SVF 1, 103ff.).

Zum *Problem der Ethisierung der Religion*: K. Latte, Schuld und Sühne in der griechischen Religion, in: Archiv für Religionswissenschaft 20 1920/21, 254ff. = Kleine Schriften (Hrsg. O. Gigon, W. Buchwald, W. Kunkel) 1968, 3ff. Knapper Überblick bei Ed. Meyer, GdA ³III 548ff., 673ff.; B. Snell, Die Geburt des griechischen Geistes. ³1955; Dodds, Das Irrationale 17ff. sieht in diesem Prozeß einen Übergang ›Von der Schamkultur zur Schuldkultur‹: am Ende dieses Weges steht für Dodds (25) das berühmte Euripideswort (Or. 1602–04), wonach es nicht genüge, daß die Hände rein seien: Das Herz müsse ebenso rein sein. Von W. Nestle außer ›Vom Mythos zum Logos‹ auch noch ›Griechische Geistesgeschichte von Homer bis Lukian‹ 1944, 33ff. Vgl. auch die oben 127 genannte Studie von I. Hahn. Zum Einfluß der Apollonreligion und der Orphik auf die Ethik des 7. und 6. Jh. vgl. auch E. Howald, Ethik des Altertums (aus dem Handbuch der Philosophie Abt. 3, Beitrag 8, 1931, ND 1971) 10ff. Siehe auch J. Kroymann, Götterneid und Menschenwahn. Zur Deutung des Schicksalsbegriffs im Frühgriechischen Geschichtsdenken, in: Saeculum 21 1970, 166ff.; S. Ranulf, The jealousy of the gods and criminal law at Athens. 1933/34; B. C. Dietrich, Death, fate and the gods. 1965; L. Moulinier, Le pur et l'impur dans la pensée des Grecs d'Homère à Aristote. 1952. R. Parker, Miasma. Pollution and purification in early Greek religion. 1983 (vgl. dazu auch oben 129). – Grundlegend zu den griechischen Vorstellungen über Gerechtigkeit und ihre Verankerung in der Religion immer noch R. Hirzel, Themis, Dike und Verwandtes. 1907, ND 1966; weiters, nach Methode und Resultat von Hirzel abweichend, V. Ehrenberg, Die Rechtsidee im frühen Griechentum. 1921 (ND 1966), der in dieser Schrift, seiner 1920 verfaßten Tübinger Dissertation, den historischen Aspekt hervorhebt und eine allmähliche „Profanierung" in der Einstellung der Griechen zu Recht und Gerechtigkeit erkennen will: „Der Prozeß der Wandlung, den die Idee des Rechts im griechischen Bewußtsein durchlebt, beginnt im Religiösen und endet im Sittlichen" (139). U. Stebler, Entstehung und Entwicklung des Gewissens im Spiegel der griechischen Tragödie (Europäische Hochschulschriften R.15,5) 1971. Andere Wege geht Lloyd-

Jones, The justice of Zeus, dessen Untersuchung dem Standpunkt Walter F. Ottos (siehe oben 142) oft sehr nahekommt. E. Thummer, Die Religiosität Pindars (Commentationes Aenipontanae 13) 1957, 109ff. Vgl. auch oben 138f. – Zur *Orphik*, über die umfangreiche Fragmente kosmogonischen und theogonischen Inhalts erhalten geblieben sind (ediert von O. Kern, Orphicorum fragmenta. 1922, ND 1963): W. K. C. Guthrie, Orpheus and the Greek religion. [2]1953. Zu Lohn und Strafe in der Unterwelt im orphischen Glauben Nilsson Bd. 1 688ff. H. Ehrhardt, Samothrake. 1985. S. G. Cole, Theoi megaloi. The cult of the great gods at Samothrace (Études préliminaires 96) 1984. – Zum *Orakelwesen*, insbesonders im Hinblick auf die Ethisierung, siehe neben Nilsson Bd. 1 647ff. (Delphi und die Sittlichkeit; vgl. dazu auch die Nachträge [865] zu R. Herzog, Das delphische Orakel als ethischer Preisrichter) J. Fontenrose, The Delphic oracle: Its responses and operations. With a catalogue of responses. 1978. H. W. Parke, Greek oracles. 1967, zum 7. Jh.: "In religious and moral questions also a certain tendency can be observed" (152). Siehe auch ders., The oracles of Zeus. Dodona-Olympia-Ammon. 1967. Ders., The oracles of Apollo in Asia Minor. 1985 (über Didyma, Klaros, Gryneion, Patara). Zu "The oracle and moral questions" auch H. W. Parke – D. E. W. Wormell, The Delphic oracle, Bd. 1 379ff. (dazu H. Berve, Gnomon 30 1958, 427). J. Defradas, Les thèmes de la propagande delphique (Coll. d'études anciennes) 1954 (ND 1973). W. Günther, Die Orakel von Didyma in hellenistischer Zeit. Eine Interpretation von Stein-Urkunden (Istanbuler Mitteilungen. Beiheft 4) 1971. – Zur „religiösen Moral" im Hellenismus und in der Kaiserzeit vgl. Nilsson Bd. 2 289ff. und 578ff.; zu den ethischen Forderungen siehe auch A. Dihle, Ethik, in: RAC 6 1966, 646ff. mit Literaturangaben, zu den Mysterienreligionen vgl. auch Schneider KGH 2 879ff.

Besondere Beachtung wird in der griechischen Religionsgeschichte der nachhomerischen Zeit auch der *Beziehung der Götter zum griechischen Staat* gezollt, die entsprechend der vorherrschenden Ausrichtung der staatskundlichen Literatur vor allem dem Verständnis Götter–Polis gilt. Mit Recht wurde lange schon hervorgehoben, daß alle politischen Verbände, ja selbst die gentilizischen, auch durch einen gemeinsamen Kult miteinander verbunden sind, also Familie, Phratrie, Phyle, Stamm, Polis und Staat gleichzeitig auch als autonome Kultgemeinschaften fungieren. Nach V. Ehrenberg [121] übernimmt dabei die Polis die wichtigste Funktion, was damit begründet wird, daß sie „mit allen Organen und Einrichtungen auf religiöser Grundlage ruhte, andrerseits daß der Staat für einen beträchtlichen Teil des Kults sorgte und eine Art Aufsicht ausübte". Diese kultischen Aufgaben der Polis, die sie zusammen mit den rechtlichen, militärischen und wirtschaftlichen Obliegenheiten zu bewältigen hat, betreffen die offiziellen Opfer für die Stadtgötter wie Zeus Polieus und Athene Polias und für andere Gottheiten sowie die Lokalheroen, die genealogisch oftmals auf die Olympier und Stammväter der Adelsfamilien zurückgeführt werden. James H. Oliver hat in ›Demokratia, the gods and the free world‹ (1960) auf die besondere

[121] Ehrenberg, Staat der Griechen 90f.

Bedeutung Aphrodites und der Grazien für die demokratische Verfassung sowie der Nike und der *eleutherioi theoi* für das politisch unabhängige Griechentum insgesamt hingewiesen und damit die Interdependenz von Religion und Politik an bisher wenig beachteten Gottheiten der Griechen sichtbar gemacht. Dazu trat in der Polis der Opferdienst für Hestia, der im Prytaneion von den obersten Beamten der Stadt zu vollziehen war und der bei der Gründung von Kolonien insofern eine wichtige Rolle spielte, als vom heiligen Feuer eine Fackel von den Oikisten mitgeführt wurde, womit die kultisch-religiöse Kontinuität zwischen Metropolis und Tochterstadt einen sichtbaren Ausdruck erfährt (siehe aber dazu einschränkend oben 111). Die engen Beziehungen von Kult und Polis spiegeln sich auch in der Funktion der in der Stadt verehrten Gottheiten als Schwurgötter. Bei den zahlreichen Eidesleistungen, die von den Politen als Beamten und Bürgern abgelegt werden, nicht selten anläßlich wichtiger Verträge und Volksbeschlüsse, rief man diese Götter an, die den Bestand der Polis garantierten. „Der Eid ist es", konstatierte der Redner Lykurg (Leokr. 79), „der die Demokratie zusammenhält." Bedenkt man ferner die Häufigkeit solcher Schwurzeremonien, daß „keine staatliche Handlung von Bedeutung, keine Volksversammlung, keine Sitzung von Behörde oder Gerichtshof (stattfand), ohne daß sie durch Opfer und Gebet eingeleitet war" (Ehrenberg), und bedenkt man schließlich die Vielzahl kultischer Feste, die einzelne Poleis mit großem Aufwand begingen, so erstaunt es, daß der Priesterstand in den meisten Städten eine so inferiore Rolle spielte und in der Regel lediglich als Exekutivorgan fungierte, in deutlichem Gegensatz zu den priesterlichen Kollegien der Römer. Auftraggeber war der Staat, das heißt die höchsten Beamten; ihnen oblag es, darauf zu achten, daß die Kulte κατὰ τὰ πάτρια formgerecht praktiziert wurden. Dieser Formalismus, der auf die ordnungsgemäße Durchführung der vorgeschriebenen Kulthandlungen mehr Rücksicht nahm als auf die Religiosität der Politen, schuf, so heute die *communis opinio*, ein Vakuum, das die Rezeption fremdländischer Religionen und Gottheiten sehr begünstigte. Auf die Verehrung kleinasiatischer, syrischer, nordafrikanischer und nord- und mittelgriechischer Göttergestalten wie Kybele, Hekate, Adonis, Bendis, Sabazios und anderer wird in diesem Rahmen gerne hingewiesen. Dazu gehört auch der aus dem thessalischen Trikka stammende Heilgott Asklepios, dessen Kult, bedingt durch die vielen 'bezeugten' Wunderheilungen seit dem 5. Jh., einen großen Aufschwung nahm und der auch außerhalb des Zentrums Epidauros die Gründung zahlreicher Asklepieien anregte. Die offizielle Polisreligion 'tolerierte' es durchaus, daß die Bürger für ihre privaten Sorgen und Wünsche bei neuen und fremdländischen Kulten Trost suchten, womit sich das wohl zeitlose Phänomen vom Nebeneinander offizieller Religion und persönlicher Frömmigkeit bei den Griechen manifestiert, gleichgültig, ob man dabei an chthonische und olympische Götter, an die Polisreligion oder an die hellenistische Situation denkt, in der neben altem Götterdienst und Herrscherkult die vielfältigen subjektiven Ausdrucksformen religiösen Empfindens stehen.

Die sogenannte *Volksreligion*, um deren Erforschung es Nilsson (siehe oben 142f.) in seiner ›Geschichte der griechischen Religion‹ vor allem geht, wird von der offiziellen Staatsreligion wohl weitgehend unbeeinflußt fortgedauert haben. Auf letztgenannte nimmt Nilsson, Cults, myths, oracles, and politics in ancient Greece [122] Bezug, wenn er feststellt, "State and religion were one". In dieser Schrift wird nicht nur die 'Polisreligion' untersucht, hier werden die Rolle der Kulte bei den Synoikismen, die Bedeutung der Mythen für die Politik und politische Propaganda, auf die auch Jacob Burckhardt wiederholt verwiesen hat, sowie "oracles and politics" behandelt, wobei der Schwede mit Nachdruck herausstellt: "Greek religion was a collective religion, a religion of a like structure to that of the peasantry in olden times." Nach Ansicht Nilssons wurde diesem Sachverhalt in der Forschung bisher zuwenig Beachtung geschenkt. Denn im allgemeinen kümmerte man sich bisher um die Religion der Individuen, und wenn 'collective religion' zur Diskussion stand, meinte man "religion of a group, a sect, which delimits itself from others, or a religion implying mass-hysteria. The former (scil. religion of individuals) does not care for society, the latter (scil. collective religion) spreads like wild-fire and dies out". In diesem Kontext zeigt sich die nur bedingte Richtigkeit der oben erwähnten Identität von Staat und Religion.

Zwischen offiziellem Götterdienst und privatem Glauben bzw. den Anschauungen einzelner Griechen über die Religion bestand, obwohl, wie schon bemerkt, von staatlicher Seite eher Toleranz geübt wurde und die griechische Religion alles andere denn dogmatischen Charakter besaß, kein gänzlich spannungsloses Verhältnis, wie die sogenannten Asebieprozesse gegen Anaxagoras, Protagoras, Diagoras und Sokrates, bezeichnenderweise Männer der Aufklärung, vor Augen führen. Daß diese Religionsprozesse in erster Linie von konservativen Sehern, die im Dienste der Polis standen, ihren Ausgang nahmen, hat Nilsson mehrmals betont.

Zu *Staat und Religion* bei den Griechen vgl. neben den bereits genannten Werken Nilssons, Burkerts, Olivers und Ehrenbergs, der mit Berufung auf Platon, Nomoi 717a, von drei Gruppen griechischer Götter, nämlich olympischen, chthonischen und Polisgöttern spricht und in letzteren ein Produkt der Verschmelzung der beiden anderen Gruppen mit den gentilizischen Göttern und Heroen sieht (a. O. 21): F. Pfister, Der Reliquienkult im Altertum (RVV 5) 1909–1912 (ND 1974); ders., RE 11 (1922) 2106ff. Art. Kultus; P. Stengel, Die griechischen Kultusaltertümer (HdA) ^{3}1920;

122 Nilsson (Acta Instituti Atheniensis Regni Sueciae, series in 8°, 1) 1951, 15ff.

ders., Opferbräuche der Griechen. 1910; vielbenützt auch K. Meuli, Griechische Opferbräuche, in: Phyllobolia für Peter von der Mühll (1946) 185ff. Zu den Festen vgl. die Werke von Deubner und Nilsson sowie oben 128f.; weiters É. des Places, La religion grecque. 1969, bes. 87ff. mit Hinweisen auf neues archäologisch-epigraphisches Material zu den Götterfesten. J. Borimir, Servants of the gods. A study in the religion, history and literature of fifth-century Athens (Hypomnemata 55) 1979. – Zu den kultischen Bindungen an das Kriegswesen vgl. A. Brelich, Guerre, agoni e culti nella Grecia arcaica (Antiquitas 1,7) 1961 (siehe dazu die Einschränkungen von F. Gschnitzer, Gnomon 34 1962, 480ff.). – *Spezielle Untersuchungen und Ausgaben*: L. Ziehen (Hrsg.), Leges Graecorum sacrae e titulis collectae. 2 Bde. 1906; R. Herzog, Heilige Gesetze von Kos (Abh. Akademie Berlin, phil.-hist. Kl 6) 1928; F. Sokolowski, Lois sacrées de l'Asie Mineure. 1955; J. H. Oliver, The Athenian expounders of the sacral and ancestral law. 1950; M. P. Nilsson, Die Entstehung und religiöse Bedeutung des griechischen Kalenders (Scripta minora) ²1962; K. Latte, Heiliges Recht. Untersuchungen zur Geschichte der sakralen Rechtsformen in Griechenland. 1920 (ND 1964). S. Dow, The Athenian calendar of sacrifices, in: Historia 9 1960, 270ff. Zur Funktion der 'Großen Göttinnen' in den arkadischen Siedlungen vgl. R. Stiglitz, Die Großen Göttinnen Arkadiens (Sonderschriften, Hrsg. Österr. Arch. Institut 15) 1967. – Zu den eingewanderten Göttern vgl. Nilsson Bd. 1 722ff. und 831ff. – Zu *Atheismus und Asebieprozessen* siehe A. B. Drachmann, Atheism in pagan antiquity. 1922; H. Kleinknecht, Die Gebetsparodie in der Antike. 1937; H. Ley, Geschichte der Aufklärung und des Atheismus. 1966; E. Sandvoss, Asebie und Atheismus im Klassischen Zeitalter der griechischen Polis, in: Saeculum 19 1968, 312ff.; M. Eisenstadt, Xenophanes' proposed reform of Greek religion, in: Hermes 102 1974, 142ff.; W. Fahr, Θεοὺς νομίζειν. Zum Problem der Anfänge des Atheismus bei den Griechen (Spudasmata 26) 1970. A. Henrichs, The atheism of Prodicus, in: Cronache Ercolanesi 6 1976, 15ff. M. Winiarczyk, Wer galt im Altertum als Atheist?, in: Philologus 128 1984, 157ff. Zur Religionskritik der Sophistik vgl. auch W. K. C. Guthrie, A history of philosophy. 1969 Bd. 3, 226ff.

Die *religionsgeschichtliche Forschung* zum sogenannten Zeitalter des *Hellenismus und der römischen Kaiserzeit* hat wohl nie den Anschein erweckt, daß damals die Tore zu einer völlig neuen Glaubenswelt aufgestoßen worden seien. Im Gegenteil, dem Fortwirken alter religiös-kultischer Traditionen hat stets eine besondere Aufmerksamkeit gegolten. Dennoch zeigen Forschungsschwerpunkte wie Synkretismus, Astrologie und Magie, der Herrscherkult und die Entwicklung des Christentums, dessen 'Sieg' über die antiken Religionen nur als ein äußeres Zeichen für den Abschluß eines Prozesses gewertet werden kann (da zahlreiche Elemente der hellenistischen Glaubenswelt in die christliche Welt Eingang fanden), daß neue Probleme in den Gesichtskreis des Religionshistorikers treten. Mit 'Synkretismus' als religionswissenschaftlichem Terminus ist der Prozeß der Übernahme fremder, meist orientalischer Glaubensvorstellungen in die Religion der Griechen und Römer gemeint. Es erscheint dabei als wesentlich, daß die fremden Götter und Kulte nicht nur auf dem Wege einer *interpretatio Graeca* in ihrer äußeren Erscheinungsform übernommen wurden (das gab es schon seit frühester Zeit), sondern daß „sie auch fremde religiöse Ideen" mit sich brachten – so jedenfalls lautet die Meinung Nilssons.[123] Die zunehmende Formalisierung der offiziellen Kulte und Religionen (siehe oben 153ff.) hat, wie schon zu bemerken war, das Bedürfnis nach neuen Formen religiösen Empfindens gesteigert und in einer 'Religionenmischung', die individuelles Heil und Erlösung erhoffen ließ, ihren Ausdruck gefunden. Was sich in den sogenannten *Mysterienreligionen* für die ägyptischen Götter Isis und Serapis, die syrischen und kleinasiatischen Götter Kybele, Attis, Astarte, Atargatis, den persischen Mithras und Anaitis manifestiert, ist kein religionshistorisches Spezifikum des Hellenismus. Denn in den eleusinischen Kulten für Demeter, im Kabirenkult auf Samothrake und in den orphisch-pythagoreischen Begehungen sowie in der Rezeption fremder Götter der vorhellenistischen Zeit (siehe oben 144ff.) zeigen sich deutliche Ansätze für diese Entwicklung. Freilich ist die größere Breitenwirkung der neuen, an die einzelne Person adressierten Religion aufgrund der vielen Kultdenkmäler und literarischen Zeugnisse der Zeit nach Alexander nicht zu übersehen. Gerade das Anwachsen dieses Quellenmaterials durch die rege Grabungstätigkeit hat zu zahlreichen Arbeiten über die hellenistischen Mysterienreligionen geführt.

Zum *Synkretismus* als einem universalhistorischen Phänomen vgl. G. Mensching, Die Religion in Geschichte und Gegenwart 6 ³1962, 523f.; zum hellenistischen Synkretismus: Nilsson Bd. 2 581ff. Weitere grundlegende Studien: R. Reitzenstein, Studien zum antiken Synkretismus. 1926; ders., Die hellenistischen Mysterienreligionen nach ihren Grundgedanken und Wirkungen. ³1927 (ND 1980); J. Geffcken, Der Ausgang des griechisch-römischen Heidentums. ²1929 (ND 1963); F. C. Grant, Hellenistic religions. The age of syncretism. 1953; G. Lanczkowski, Zur Entstehung des antiken Synkretismus, in: Saeculum 6 1955, 227ff. – Eine umfangreiche Bibliographie zu allen Teilgebieten der hellenistischen Religionsgeschichte liegt vor bei C. Schneider, Kulturgeschichte des Hellenismus [= KGH] Bd. 2 1969, 1096ff.; siehe insbesondere die Abschnitte: Das Fortleben der alten Götter (1096f.), Neue griechische Götter (1097f.), Fremde Götter (1099ff.), Hellenistische Mysterienreligionen (1101f.). U. Bianchi, The Greek mysteries. 1976. Weitere Literatur unten Anm. 132. Siehe auch das Sammelwerk ›Syncretism‹ oben 147.

Einen noch bedeutenderen Aufschwung als die Mysterienreligionen verzeichnet die *Astrologie*, zumal diese Form des Aberglaubens in der vorhellenistischen Zeit nur recht sporadisch dokumentiert ist, sieht man von der Astralmythologie, die Beziehungen zwischen Göttern und Sternen herstellt,

[123] Zum Kontinuitätsproblem vgl. Nilsson Bd. 2, 1ff. Zur *interpretatio Graeca* Nilsson, in: Einleitung in die Altertumswissenschaft 281.

und dem orphisch-pythagoreischen Gedankengut hier einmal ab. Im Unterschied zur Astronomie gelangten Sternenglaube und Sternendeutung erst in hellenistischer Zeit bei den Griechen zu größerer Bedeutung, wobei auffällt, daß vor allem die Stoa den Boden für einen Import der chaldäischen Astrologie bereiten half. Im Gegensatz zur Astrologie der Babylonier, die vor allem auf der Auslegung der Omina, die in großen Sammlungen vorlagen, basiert, hat die astrologische Praxis im Hellenismus einzelne pseudowissenschaftliche Züge angenommen, um nicht mit Nilsson zu sagen: „Griechische Wissenschaft hat der Astrologie ihren wissenschaftlichen Gehalt geschenkt.“ [124] Der Astralfatalismus, dessen geistige Nähe zur stoischen Schicksalsgläubigkeit (Heimarmene) der philosophisch-spekulativen Durchdringung der Astrologie sicherlich entgegenkam, drückt sich kaum sonstwo deutlicher aus als im Horoskop (ὡροσκόπος: der die Geburtsstunde beobachtende Stern), dessen ‘Bedeutung’ der Hellenismus entdeckte.[125] Die Zahl der Kritiker eines solchen Sternen-Determinismus scheint im Verlaufe des Hellenismus und der römischen Kaiserzeit eher rückläufig gewesen zu sein, ein Umstand, der mit dem Einsickern astrologischen Gedankenguts in einzelne orientalische Religionen wie den Mithraskult oder in die Sonnentheologie in Verbindung steht. Immerhin hat man ein Argument des Akademikers Karneades gegen die Horoskopsteller und ihren Schicksalsglauben gelegentlich wiederholt: „Sind alle Menschen, die in einer Schlacht oder bei einem Schiffbruch zusammen umkommen, in demselben Augenblick geboren, weil sie dasselbe Los erteilt hat? Oder umgekehrt: Sehen wir nicht oft, daß Zwillinge, die um dieselbe Zeit zur Welt gekommen sind, die ungleichartigsten Charaktere und die verschiedensten Schicksale haben?“ [126] Die Astrologen der hellenistischen Welt konnten aber dessenungeachtet bei der breiten Masse des Volkes wie auch in weiten Kreisen der Gebildeten mit einer zunehmenden Resonanz rechnen, die in der Kaiserzeit ihren Kulminationspunkt erreichte, als man nicht nur für wichtige Entscheidungen, sondern auch für alltäglichste Lappalien wie, ob man baden oder zum Friseur gehen solle, den Rat des Astrologen einholte. Daß die Astrologie auch für Philosophen und andere Gelehrte durchaus ‘hoffähig’ war, darf angesichts der Tatsache, daß „Tycho Brahe, einer der sorgfältigsten astronomischen Beobachter aller Zeiten . . . sehr ernsthaft an die Astrologie geglaubt“ hat und Johannes Kepler zwar nicht daran glaubte, dafür aber „im Dienste seiner Auftraggeber trotzdem eifrig Horoskope“ erstellte, nicht weiter wundernehmen. An den Höfen der hellenistischen Herrscher konnten sich

[124] Nilsson Bd. 2, 271.

[125] Schneider KGH 2, 909.

[126] F. Cumont, Die orientalischen Religionen im römischen Heidentum. ^{4}1930 (ND 1959) 152ff.

allerdings, soweit bekannt, Hofastrologen nicht etablieren; das blieb den römischen Kaisern vorbehalten.[127]

Ein knapper Überblick über die *Astrologie* in der älteren religionswissenschaftlichen Forschung bei Nilsson in: Einleitung in die Altertumswissenschaft a. O. 281 f. Literaturbericht: W. Gundel, Astralreligion, Astralmythologie und Astrologie, in: Bursians Jahresbericht 243 1934, 1 ff. Standardwerke: A. Bouché-Leclerq, L'astrologie grecque. 1899 (ND 1963) (nach Nilsson Bd. 2 268 ist der historische Teil veraltet, das astrologische System noch sehr brauchbar); F. Cumont, Astrology and religion among the Greeks and Romans. 1912; H. Gressmann, Die hellenistische Gestirnreligion. 1925; W. Gundel, Sternglaube, Sternreligion und Sternorakel. ^{2}1959; ders. (mit H. Gundel), Astrologumena. 1966, eine Auseinandersetzung mit der astrologischen Literatur des Altertums (Kritische Rezension von D. Pingree, Gnomon 40 1968, 276 ff.). W. Knappich, Geschichte der Astrologie. 1967; weitere Literatur bei Schneider KGH 1103; dazu auch noch H. G. Gundel, Weltbild und Astrologie in den griechischen Zauberpapyri (MBPR 53) 1968. – In Vorbereitung: W. Gundel–S. Eitrem, Antike Astrologie, Magie und Mantik (HdA 5,5).

Einen ähnlichen Aufstieg nahmen *Magie und Wunderglauben* in hellenistischer Zeit, wobei auch hier festzuhalten ist, daß verschiedene Zauberpraktiken und der Glaube an die Wunderwirkungen übermenschlicher Kräfte in die älteste Zeit zurückreichen (z. B. Medea, Kirke, Telchinen mit der Macht des 'Bösen Blicks'; Wunder der Heilgötter wie Asklepios; Wundertätigkeit anderer griechischer Götter). Ein Kennzeichen für den verstärkten Glauben an Wunder und Magie im Hellenismus darf im Entstehen eines umfangreichen Schrifttums wie der Mirabilienliteratur und der Zauberpapyri gesehen werden. Durch die Öffnung der griechischen Welt nach dem Osten und Ägypten kam es im Kernland nicht nur zu einer geistigen Horizonterweiterung, sie bewirkte auch einen Prozeß, den E. R. Dodds mit Einschränkungen „die Rückkehr des Irrationalen" nennt. Inspiriert wurde die griechische Magie und Wundergläubigkeit insbesondere von der chaldäischen Astrologie, der alttestamentlichen Dämonen- und Engellehre, den verschiedenen orientalischen Zahlenmagien sowie den traditionsreichen Praktiken ägyptischer Zauberkunst. Als besonders populäre magische Formen der hellenistischen Menschen galten Liebes-, Rache-, Fluch- und Schadenzauber, wofür den Bedrängten eine überreiche Auswahl an Zaubermitteln wie Amulette, Zauberstäbe, -tiere, -getränke und insbesondere die *tabellae defixionum*, die Verfluchungstafeln, zur Verfügung standen. Diese großteils archäologisch und literarisch dokumentierten Zauberriten und die Wundergläubigkeit haben der Altertumswissenschaft insbesondere für die hellenistische und die Kaiserzeit einen in vieler Hinsicht ergiebigen Arbeitsbereich beschert.

[127] K. von Fritz, Grundprobleme der Geschichte der antiken Wissenschaft. 1971, 50. Schneider KGH 2, 912.

Die *wichtigsten Quellen und Literatur zu Magie und Wunderglauben:* A. Audollent. Defixionum tabellae. 1904; R. Wünsch, Antike Fluchtafeln. ²1912; S. Eitrem, Papyri Osloenses 1: Magical papyri. 1925; K. Preisendanz, Papyri graecae magicae 1 1928; 2 1931; 3 1941; C. Bonner, Studies in magical amulets. 1950; R. Herzog, Die Wunderheilungen von Epidauros (Philologus Suppl. 22, 3, 1931); R. Reitzenstein, Hellenistische Wundererzählungen. 1906 (ND 1963); O. Weinreich, Antike Heilungswunder (RVV 8) 1909; F. Pfister, Der antike Reliquienkult (RVV 5, 1 1909, ND 1974). Bibliographien: K. Preisendanz, Die griechischen Zauberpapyri, in: APF 8 1927, 104ff.; Die griechischen und lateinischen Zaubertafeln, in: APF 9 1930, 119ff.; 11 1935, 153ff. Zur Literatur vgl. Nilsson Bd. 2 218ff.; weiters Th. Hopfner, Griechisch-ägyptischer Offenbarungszauber, 2 Bde. 1921–24; J. Bidez–F. Cumont, Les mages hellénisés, 2 Bde. 1938; F. Cumont, Die orientalischen Religionen im römischen Heidentum. ⁴1930 (ND 1959), 166ff.; E. Stemplinger, Antiker Volksglaube. 1948; Schneider KGH 2 916ff., mit Bibliographie 1104; zu Astrologie und Magie siehe auch H. G. Gundel oben 158.

Ein religionsgeschichtliches Problem, dessen Dimension erst in den letzten Jahrzehnten erkannt und zu klären versucht wurde, stellt die *göttliche Verehrung von Herrscherpersönlichkeiten* dar, wobei nicht dichterische Devotion, sondern kultische Verehrung mit Altar und Opfer gemeint ist. Die hellenistische Vergöttlichung von Menschen, die Deklaration eines Königs zu einem θεῖος ἀνήρ, weist nur eine kurze Vorgeschichte auf und steht unter dem Einfluß philosophischer Herrscherideologien, die die Geschwindigkeit, mit welcher der neue Personenkult sich entfaltet, erklären helfen. Im modernen Schrifttum wird nahezu regelmäßig darauf verwiesen, daß in frühgriechischer Zeit ein Herrscherkult nicht existierte und bestenfalls die Heroen- und Totenkulte, die verstorbenen Führern dargebracht wurden, und der Euhemerismus („der älter war als der Mann, der ihm den Namen gegeben hat", so Nilsson) einen möglichen Ansatz zur späteren Entwicklung darstellten. Auch wird darauf verwiesen, daß es Lysander als erstem gelang, die Grenze zwischen Sterblichen und Göttern zu überschreiten, ehe mit Philipp II. und seinem Sohn dieser Prozeß in seinem vollen Umfang einsetzte. Dennoch bleiben die Anfänge des Herrscherkultes vielfach im unklaren, ja für Nilsson ist seine Entstehung „das dunkelste und umstrittenste Problem der griechischen Religion in geschichtlicher Zeit". Wenn Schneider betont, daß nun durch die Forschungen von F. Taeger sowie C. Habicht dieser Fragenkomplex „dem Verständnis erschlossen" wurde, so steht den optimistischen Äußerungen die kritische Einstellung Nilssons [128] zu den genannten Werken klar entgegen. Nilsson konzentriert seine Kritik auf je einen Haupteinwand. Taeger, der im Charisma die wesentliche religionsgeschichtliche Grundlage für den Herrscherkult sieht,

[128] Nilsson Bd. 2, 135. Schneider KGH 2, 888ff. Taeger, Charisma. 2 Bde. 1957 und 1960. Habicht, Gottmenschentum und griechische Städte (Zetemata 14) ²1970.

faßt diesen Begriff so weit, daß er seine Anfänge „in das Dämmerlicht der Frühgeschichte der ersten Hochkulturen im 4. Jahrtausend“ setzen kann. Er vertritt eine Auffassung, wonach das charismatische Herrscherideal in Griechenland im 4. Jh. v. Chr. verschwand und erst auf dem Umweg über das konservative Makedonien wieder aufs Tapet kam. Diese These und den von Taeger stark erweiterten religionsgeschichtlichen Terminus Charisma lehnt Nilsson ab. Demnach sei nämlich, so Nilsson, auch Agamemnon als charismatischer Herrscher anzusprechen, was wohl nicht gut zu vertreten ist. Zu Habicht wird bemerkt, daß er primär die Kulte der hellenistischen Städte und weniger den Königskult untersuche und den Ursprung „allzu einseitig in dem Kult der Ktistai“ sehe. Zu beiden Arbeiten darf aber trotz Nilssons Einwänden festgestellt werden, daß sie, wenn auch von ganz verschiedenen Ansätzen her, einen wesentlichen Beitrag zum Verständnis des Herrscherkultes, seiner Entstehung und seiner Grundlagen liefern. Sehr instruktiv erweist sich auch Schneiders Versuch, verschiedene ‘Typen’ der Herrscherverehrung am Beispiel des Alexanderkultes zu demonstrieren, zumal dadurch nicht nur einzelne Wurzeln dieses Kultes, sondern auch dessen Varianten unter Alexanders Nachfolgern einsichtig gemacht werden können. Dabei lassen sich Formen der Verehrung des toten und des lebenden Alexander unterscheiden. Zur ersten Gruppe zählen die Stiftung eines Totenkultes im Sinne der Heroenverehrung, die durch den Traum des Eumenes von Kardia eine „mystische Prägung“ fand, und die besonderen Vorstellungen von der Unverweslichkeit der Alexanderleiche; zur anderen Gruppe (für den lebenden Alexander) gehören die Einführung des persischen Hofzeremoniells, die Entstehung eines Alexandermythos zu seinen Lebzeiten vor allem hinsichtlich seiner Gottessohnschaft, die Herausstellung göttlicher Tugenden Alexanders, die Legitimation seiner Verehrung durch das Orakel sowie die städtischen Alexanderkulte, deren Motivation freilich recht verschiedenen Ursprungs sein konnte. Diese Faktoren bestimmen den Alexanderkult, der schließlich „zwischen 304 und 289 von Ptolemaios I. für Ägypten“ [129] zum „offiziellen Reichskult“ mit eponymen Priestern erhoben wurde, eine Maßnahme, die freilich politischer Motive nicht gänzlich entbehrte und die durch die lange Tradition ägyptischer Kulte für den lebenden wie den toten Pharao plausibel erscheint. Erleichtert wurde die Institutionalisierung des Herrscherkultes durch die Diadochen, die dessen politische Relevanz genauso schnell wie die Poleis erfaßt hatten, dadurch, daß man den Kult für den lebenden Regenten mit dem Alexanderkult verband. Darin aber einen „politischen Trick *und nicht mehr*“ zu sehen (so E. R. Dodds), ist nicht sehr überzeugend. Die Formalisierung der offiziellen Religion, das Zurückweichen der Olympier, schafft jenes Vakuum

[129] Schneider KGH 2, 891–94.

(siehe oben 152ff.), in das nicht nur die orientalischen Mysterienreligionen mit ihren astrologischen und magischen Ablegern, sondern auch die Herrscherkulte nachstoßen. „Wenn sich die alten Götter zurückziehen, rufen die leeren Throne nach einem Nachfolger", meint Dodds,[130] und daß dabei die Initiative für derartige Inthronisationen nicht immer vom Herrscher selbst, sondern auch von der Bevölkerung ausging, bezeugen zahlreiche antike Texte. Ob dabei echte Frömmigkeit und Dankbarkeit dem Herrscher gegenüber oder vordergründige Motive den Ausschlag gaben, wird sich generell gewiß nicht sagen lassen. Zwei konträre Positionen existieren im Fachschrifttum: Auf Zeugnisse „hellenistischer Frömmigkeit, vor allem im Frühhellenismus", verweist Schneider, der sich auch vehement gegen Nilssons negatives Urteil über den Herrscherkult des Hellenismus, „einer Periode des tiefsten Verfalls der Religion und der schlimmsten Orgien des Menschenkultes", wendet. Nach Nilsson mangelt es dem Herrscherkult „an wirklich religiösem Gehalt". Im Unterschied zu den alten Göttern hat man zu den Herrschern, so Nilsson und auch A. Dihle[131], weder gebetet noch ihnen Weihgeschenke gewidmet, „worin die Frömmigkeit der Alten sich besonders äußerte". Gunstbezeugungen, wie die großen Ehrungen, die Athen für Antigonos und Demetrios Poliorketes beschloß, verraten politische Spekulation und Opportunismus; sie sprechen zweifelsohne für Nilssons These. Auch die vielfach religionsgeschichtlich interpretierten Herrscherepitheta 'Euergetes', 'Epiphanes' und insbesondere 'Soter' lassen sich nach Nilsson „durchaus profan" verstehen. Auf der anderen Seite bleibt zu bedenken, daß der Synkretismus religiöser Ideen der Griechen, Iranier und Ägypter und die Identifikation etwa des Alexander mit Dionysos, Ammon, Artemis, Herakles und anderen die Gestalt des Herrschers in einer Weise über die anderen Menschen hinaushoben, daß sie spontane Verehrung finden konnte. Aus der literarischen Überlieferung des Hellenismus, sei es epigraphische oder die der Dichter, heute *echte* Frömmigkeit ablesen zu wollen, mag genauso berechtigt erscheinen wie für die frühere griechische Zeit. So sind beide Positionen, die hier nur angedeutet werden konnten, bis zu einem gewissen Grade nebeneinander möglich, in ihrer extremen, pauschalen Form aber abzulehnen. Die historische Rolle des hellenistischen Herrscherkultes ist schließlich auch in ihrer Auswirkung auf den Kaiserkult im Imperium Romanum, im östlichen bezeichnenderweise früher als im westlichen, zu sehen, doch bedarf es auch hier noch eines weiten Weges, der von Alexander über Divus Iulius und Caligula schließlich zum orientalisierten Kult der Kaiser des 3. nachchristlichen Jahrhunderts führte, ehe sich

[130] Dodds, Das Irrationale 127ff.

[131] Schneider KGH 2, 888ff. A. Dihle, in: Die Religion in Geschichte und Gegenwart. ^{3}1959 (ND 1986) Bd. 3, 279.

unter christlichem Einfluß das spätantike Gottkaisertum und noch später das Gottesgnadentum der mittelalterlichen Herrscher darüber erhob.

Zum *hellenistischen Herrscherkult* vgl. die umfangreiche Bibliographie (über 1200 Titel) bei L. Cerfaux – J. Trondiau, Un concurrent du christianisme. Le culte des souverains dans la civilisation gréco-romaine (Bibliothèque de théologie 3,5) 1957. Das Werk nennt über 250 vergöttlichte Herrschergestalten und eine ebenso große Zahl von 'Privatpersonen', denen ähnliche Ehrungen zuteil wurden, darunter frühe mythische und historische Gestalten, Heroen, Städtegründer, Athleten, Philosophen, Ärzte, Dichter und Kurtisanen (vgl. dazu J. W. Swain, Gnomon 34 1962, 215ff.). Weitere Literatur bei Schneider KGH 2 1102f. Grundlegend neben den oben schon angeführten Werken L. Bieler, ΘΕΙΟΣ ΑΝΗΡ. Das Bild des göttlichen Menschen. 1935 (ND 1967). H. Brunner, Die Geburt des Gottkönigs. 1964. – Zur Vergöttlichung Alexanders, zu Proskynesis und Gleichsetzung des Makedonen mit Dionysos und Herakles vgl. J. Seibert, Alexander der Große (EdF 10) ²1980, 192ff. und 302ff., wo gemäß dem Titel der Reihe die wissenschaftliche Diskussion über diese Fragen im Schrifttum aufgerollt wird.

Am Ende der Geschichte der griechischen Religion steht der 'Sieg' des *Christentums*. Wie tief die Wurzeln der neuen Religion in die Glaubenswelt der Hellenen, insbesondere in jene der hellenistischen Zeit hineinragen, das darzustellen haben zahlreiche Historiker und Theologen unternommen. 1970 hat A. Momigliano, Hellenismus und Gnosis, in: Saeculum 21 1970, 185ff. auf das „bekannte Pardoxon" hingewiesen, „daß *J. G. Droysen* den Hellenismus als das Zeitalter der Verbreitung des Christentums entdeckte und erklärte, aber nur die politische Geschichte des 3. Jahrhunderts v. Chr. schreiben konnte oder wollte"[132]. Die Aufgabe, die sich Droysen stellte, aber nicht ausführte, blieb anderen vorbehalten. Ein erklärtes Ziel vieler Forscher war dabei die Darstellung der Entwicklung des frühen Christentums auf der Folie hellenistischer Religionen, wobei die gewiß nicht unproblematische Frage nach den Gründen, die für den 'Sieg' des christlichen Glaubens sprechen, nur selten aus dem Auge gelassen wurde. Nilsson erkannte dabei in der Forschung zwei verschiedene Motivationen für das Durchsetzungsvermögen des Christentums, und zwar „1. die Verbindung mit dem Lebenskräftigen in dem allgemeinen Geiste und religiösen Glau-

[132] Momigliano, Hellenismus und Gnosis, in: Saeculum 21 1970, 185ff. Anstelle von Droysen: P. Wendland, Die hellenistisch-römische Kultur in ihren Beziehungen zu Judentum und Christentum. ³1912. M. Hengel, Judentum und Hellenismus (Wissenschaftliche Untersuchungen zum Neuen Testament 10) ²1973 (mit Literaturverzeichnis 580ff.). Cumont (wie Anm. 126). R. Eisler, Orphisch-dionysische Mysteriengedanken in der christlichen Antike. 1925. R. Reitzenstein, Die hellenistischen Mysterienreligionen. ²1927. J. Geffcken, Der Ausgang des griechisch-römischen Heidentums. 1929 (ND 1963). H. Jonas, Gnosis und spätantiker Geist. ²1954. 2 Bde. mit Ergänzungsbd. 1964.

ben der Zeit, 2. die besonderen religiösen Werte des Christentums, wozu 3. die sozialen Beziehungen des Christentums hinzugefügt werden müssen“ [133]. Solche Begründungsversuche für den 'Sieg' des Christentums sind auch in neuerer Zeit nicht unterlassen worden. Allen diesen Versuchen, die christliche Superiorität insbesondere gegenüber den hellenistischen Mysterienreligionen herauszustreichen, sei auch heute noch das zurückhaltende Wort von J. Geffcken gegenübergestellt: „Der Sieg des Christentums bleibt für den, der kein wohl paragraphiertes Handbuch für kompendiumssüchtige Lesermassen schreiben muß, ein ernstes Problem, das nicht durch eine Reihe schnell aufzuzählender Faktoren aufzulösen ist.“ [134] Einen thematischen Schwerpunkt zum Fragenkreis Christentum–Griechentum stellen auch jene Untersuchungen dar, die dem geistesgeschichtlichen 'Nährboden' der christlichen Theologie und Pädagogik ihre Aufmerksamkeit zuwenden. Im Rahmen dieser wirkungsgeschichtlichen Forschungen finden die Fragen nach dem Einfluß der griechischen 'klassischen' Denker wie auch der Neupythagoreer und Neuplatoniker auf das frühe Christentum und den Gnostizismus besondere Beachtung im modernen Schrifttum. Die jahrzehntelange Synkretismusforschung (siehe oben 156) hat hierfür ein solides Fundament geschaffen, das es ermöglicht, einzelne Züge der griechischen Religion und Philosophie im Christentum zu bestimmen und somit das Weiterwirken religiöser und kultischer Formen in der Spätantike und darüber hinaus zu demonstrieren.

Literatur *zum Verhältnis Christentum und Antike*: siehe die Forschungsberichte von J. B. Bauer, Christliche Antike, in: AnzAW ab 1970ff. sowie von H. Rahner, dieselbe Zeitschrift 7 1954, 193ff.; 3 1950, 5ff. – Das ausführlichste Informationsmittel zur Auseinandersetzung des Christentums mit der antiken Welt, das ›Reallexikon für Antike und Christentum‹ [= RAC], umfaßt vorerst 13 Bde. (seit 1950). Ergänzungen dazu im ›Jahrbuch für Antike und Christentum‹, seit 1958 (mit zahlreichen Buchbesprechungen). Weiters F. J. Dölger, Antike und Christentum. Kultur- und religionsgeschichtliche Studien, 6 Bde. 1929–1950. Zu den Einflüssen von Religion und Kultur der Griechen auf das Christentum vgl. C. Schneider, Geistesgeschichte des antiken Christentums, 2 Bde. 1954; die zahlreichen betont negativen Rezensionen (vgl. etwa E. Stommel, in: JbAC 1 1958, 119ff.; weitere zitiert Nilsson Bd. 2 5) sollten nicht davon abhalten, das umfang- und materialreiche Werk mit seiner Fülle verarbeiteter Quellen und Literatur speziell für die hier genannte Fragestellung heranzuziehen. Siehe auch W. Jaeger, Das frühe Christentum und die griechische Bildung. 1963 (dazu A. Stuiber, JbAC 6 1963, 181ff.). A. Momigliano (Hrsg.), The conflict of

[133] Nilsson, in: Einleitung in die Altertumswissenschaft 283f. Vgl. etwa auch in lexikalischer Form H. Dörrie, LAW 613. Mit einem Katalog von Gründen für den Aufstieg des Christentums schließt C. Schneider seine nicht unumstrittene ›Geistesgeschichte des antiken Christentums‹ (1954) Bd. 2, 331ff.

[134] Geffcken a. O. 245.

paganism and Christianity in 4th century. 1963; A. Dempf, Geistesgeschichte der altchristlichen Kultur. 1964; E. Hoffmann, Platonismus und christliche Philosophie. 1960; E. von Ivanka, Plato Christianus. 1964; H. Chadwick, Early Christian thought and the classical tradition. 1966; A Wifstrand, Die Alte Kirche und die griechische Bildung. 1967. R. H. Nash, Christianity and the hellenistic world. 1984. C. Mondésert (Hrsg.), Le monde grec ancien et la bible. 1984.

Zum Abschluß seien zwei Versuche, die *Wesenszüge der hellenistischen Religion* herauszustellen, angeführt, und zwar von Nilsson, und von Schneider,[135] wobei dem Leser vor allem die Verschiedenheit der Aspekte demonstriert werden soll. Nilsson nennt in seiner Charakteristik die Tendenz zum Monotheismus, den Glauben an die Kraft der Götter, wie er sich insbesondere in der Intensität der magischen Vorstellungen und im Dämonen-, Wunder- und Aberglauben ausdrückt, schließlich auch den 'Transzendentismus', d. h. die Herabwürdigung des Materiellen mit dem Endziel eines Aufstiegs in die geistige transzendente Welt. Schneider hingegen kennzeichnet als „eigentliche Wesensmerkmale der hellenistischen Religionswelt . . . vier Grundphänomene", und zwar die Immanenzfrömmigkeit, die sich in den Konzeptionen des sterblichen Leidensgottes und des Gottesmenschen, also in Vermenschlichungs- und Vergöttlichungsvorstellungen äußert, zweitens die Erlösungsfrömmigkeit, die erstmals ein Vers der Neuen Komödie zum Ausdruck bringt: „Die einen Gott verehren, haben schöne Hoffnung auf Erlösung" (Philemon F191); neu bestimmt werde ferner das Wesen der Gottheit und das Verhältnis des Menschen zu ihr. Der Gott wird zum Heiland, Erlöser und Wohltäter, dem der Fromme für seine Hilfe seine Votivgaben darbringt. Schließlich kennzeichnet nach Schneider den Hellenismus auch eine spezifische Relation zwischen Religion und Gemeinschaft. Neben der rein individuellen Frömmigkeit zeigt die Religion einen starken sozialen Bezug, der sich auf drei Ebenen, in der Stadt, im Reich und im Rahmen religiöser Kongregationen bzw. Kultvereinigungen manifestiert. Soweit Schneider. Diese Charakterisierungsversuche haben nur insofern einen Wert, als sie Schwerpunkte und Tendenzen nennen, die freilich in einer ahistorischen, isolierten Form zu einem völlig falschen Verständnis der Schlußphase der griechischen Religion führen würden. Dieser Vorwurf kann allerdings weder Schneider geschweige denn Nilsson gemacht werden, da beide die zahlreichen Vorstufen zu den hellenistischen Ausprägungen betonen.

[135] Nilsson Bd. 2, 723ff. und Schneider KGH 2, 766ff.

4. Die künstlerisch-geistige Kultur

4.1 Vorbemerkung zur Alltagskultur

Selbst wer Kultur begrifflich sehr eng zu fassen geneigt ist, wird nicht umhinkönnen, Religion und Kultus, Staat und Gesellschaft, ja auch die Wirtschaft, also jene Lebensbereiche, von denen hier schon die Rede war, ihr zuzuzählen. Diese Bereiche könnte man auch als elementare Voraussetzungen für die menschliche Existenz bezeichnen, deren Unentbehrlichkeit genauso feststeht wie jene der Ernährung, Behausung, Bekleidung und der Körperpflege, Bereiche, die gelegentlich als 'materielle Kultur', so O. Gigon,[136] oder als 'Zivilisation' schlechthin im Unterschied zur künstlerisch-geistigen Kultur zusammengefaßt werden. Was die beiden ineinander übergehenden Bereiche der materiellen und der künstlerisch-geistigen Kultur anlangt, so ist hier weder ein Gegensatz zu suchen, noch kann im letztgenannten Bereich der gesetzmäßig aus der materiellen Basis abgeleitete 'ideologische Überbau' im Sinne K. Marx' erkannt werden; sie bedingen einander und kennzeichnen in ihrer Relation zueinander den Standort eines Volkes, eines Stammes oder einer Sippe auf dem Wege vom Naturzustand zur Hochkultur. Nicht aus Geringschätzung des Materiellen, sondern weil die Leistungen der Griechen in diesen Bereichen eher durchschnittlich waren und sich der historischen Perspektive weitgehend entziehen, wird auf eine Behandlung der materiellen Kultur im folgenden verzichtet, was um so eher vertretbar ist, als einiges dazu im Rahmen des Kapitels ›Wirtschaft und Gesellschaft‹ zu sagen war.

Zur Einführung in die *materielle Kultur* der Griechen, die in den meisten der unten 167 angeführten deutschsprachigen Kulturgeschichten nur wenig Berücksichtigung findet, vgl. neben älteren Werken, die sich den sog. 'Privataltertümern' widmen, wie K. F. Hermann, Lehrbuch der griechischen Privatalterthümer. ^{3}1882 (bearbeitet von H. Blümner) und I. von Müller–A. Bauer, Die griechischen Privat- und Kriegsalterthümer. Bd 2: Die Privatalterthümer. ^{2}1893 (HdA IV 1, 2. Hälfte) nunmehr H. Blanck, Einführung in das Privatleben der Griechen und Römer. 1976. Eigens verwiesen sei auf R. Flacelière, Griechenland. Leben und Kultur in klassischer Zeit. 1977 (frz. La vie quotidienne en Grèce au siècle de Périclès. 1959). Der Autor a. O. 367f. erklärt programmatisch, „fast nichts ... von der Akropolis und ihren unvergleichlichen Monumenten" sprechen zu wollen, wohl aber „von der athenischen Unterstadt, von ihren übelriechenden, nachts unbeleuchteten winkeligen Gassen", und er fragt, sich gegen kulturgeschichtliche Klischees (auch der französischen Literatur) richtend, provokant: „Sollen wir wirklich, wie man gesagt hat, 'reinen Herzens glauben, daß der Tageslauf eines jeden [Griechen] von der eben-

[136] Die Kultur der Griechen, in: E. Thurnher (Hrsg.), Die Kultur des klassischen Altertums. 1965/69, 137ff.

mäßigen Klarheit eines großen Sophokleischen Dramas geprägt war'? Müssen wir tatsächlich 'ohne Unterschied die hervorragende Sauberkeit und gesunde Kraft eines gesamten Volkes loben, das sich in Wirklichkeit nie die Zähne putzte, keine Taschentücher kannte, sich die schmutzigen Finger in den Haaren abwischte, ohne Bedenken auf den Boden spuckte und selbst in den Jahren ohne schreckenverbreitende Hungersnöte und Pestepidemien an Sumpffieber und Tuberkulose um die Wette starb?" Die Erforschung des Alltagslebens, wie sie hier postuliert und gegenwärtig von der Geschichtswissenschaft für die Neuzeit kultiviert wird, steht in der Altertumswissenschaft immer noch im Schatten der großen kulturgeschichtlichen Darstellungen, wenngleich nicht zuletzt durch Impulse seitens der Papyrologie gerade auf diesem Sektor neuere Untersuchungen vorliegen. Quellen und Literatur zum Alltagsleben, wie es die Papyri beleuchten, vgl. unten 291. – Die oben erwähnte ›Einführung in das Privatleben der Griechen und Römer‹, die Blank mit gutem Grund Athenaios von Naukratis widmet, bietet nach einem quellenkundlichen Kapitel vier Abschnitte zum Wohnhaus und seiner Einrichtung, zu Kleidung, Schmuck, Haartracht, zu Essen und Trinken und zu einigen Aspekten des Familienlebens. Eine übersichtliche, aber manchmal allzusehr systematisierende Zusammenstellung zur Alltagskultur bietet auch W. Krause, Die Griechen von Mykene bis Byzanz. 1969, zu Ehe und Familie 46ff., Haus und Stadt 58ff., Kleidung und Mode 69ff., Ernährung 74ff. (jeweils mit Literatur). M. Cary – T. J. Haarhoff, Life & thought in the Greek & Roman world. 1940 (ND 1968) zum 'material background' 91ff. Als Lexikon hierfür besonders informativ: C. Daremberg–E. Saglio, Dictionnaire des antiquités grecques et romaines. 1877–1918 (ND 1969). – Vgl. dazu auch die Literatur zur antiken Arbeitswelt oben 91. Ferner: R. Hampe – E. Simon, Griechisches Leben im Spiegel der Kunst. 1985. In ArchHom: S. Laser, Hausrat. 1968. E. Bielefeld, Schmuck. 1968. G. Bruns, Küchenwesen und Mahlzeiten. 1970. M. Lavrencic, SYSSITION. Untersuchungen zu den spartanischen Gemeinschaftsmahlen. Diss. Graz 1986 (Drucklegung in Vorbereitung). – P. und D. R. Brothwell, Manna und Hirse. Eine Kulturgeschichte der Ernährung. 1984. W. Krenkel, Vom Korn zum Brot, in: Das Altertum 2 1965, 209ff. G. Berthiaume, Les roles du mageiros. Étude sur la boucherie, la cuisine et la sacrifice dans la Grèce ancienne (Mnemosyne Suppl. 70) 1982. E. Ziebarth, Gasthäuser im alten Griechenland, in: Eis mnemen Spyridonos Lamprou. Athen 1935. 339ff. H. Lauter, Zu Heimstätten und Gutshäusern im klassischen Attika, in: F. Krinzinger – E. Walde (Hrsg.), FS Neutsch 1980, 279ff. – L. Casson, Travel in the ancient world. ²1979. – E. L. Schwandner, Zu technischen und ökonomischen Problemen des griechischen Wohnungsbaus in klassischer Zeit, in: Wohnungsbau im Altertum (Diskussionen zur archäologischen Bauforschung 3) 1979, 105ff. – D. Rößler, Gab es Modetendenzen in der griechischen Tracht am Ende des 5. und 4. Jh. v. u. Z.?, in: E. Ch. Welskopf (Hrsg.), Hellenische Poleis (wie oben 62) Bd. 3, 1539ff. – C. Hagenow, Aus dem Weingarten der Antike. 1982. – J. M. C. Toynbee, Tierwelt der Antike. 1983.

4.2 *Einführende Literatur*

Gesamtdarstellungen zur Kulturgeschichte: Neben den zahlreichen oben 5–8 genannten Standardwerken und Spezialdarstellungen zu einzelnen Kulturphänomenen in den Bereichen Staat und Recht (dazu oben 61 ff.), Wirtschaft und Gesellschaft (dazu oben 85), Wissenschaft und Technik (dazu unten 216ff., 168f.), Religion (dazu oben 127ff.) und Kunst (dazu unten 183, 185f.) gibt es eine Reihe von Publikationen, die vorrangig dem Gesamtbereich der griechischen Kultur gewidmet sind. An der Spitze steht hier immer noch J. Burckhardts vierbändige ›Griechische Kulturgeschichte‹ (vgl. dazu oben 16f.). Ähnlich große Popularität erlangte auch E. Friedell, Kulturgeschichte Griechenlands. 1936 (ND 1985). – H. Stierlin, The cultural history of Greece. 1984. *Weitere Gesamtdarstellungen*: W. Kranz, Die Kultur der Griechen. 1943; Th. von Scheffer, Die Kultur der Griechen. 1955; A. Bonnard, Die Kultur der Griechen. 3 Bde. 1954–1959 (betont antiklassizistisch); P. Warren, The Aegean civilization. 1975. P. Oliva, The birth of Greek civilization. 1981. S. Blundell, The origins of civilization in Greek & Roman thought. 1986. B. W. W. Dombrowski, Der Name Europa auf seinem griechischen und altsyrischen Hintergrund. Ein Beitrag zur ostmediterranen Kultur- und Religionsgeschichte in frühgriechischer Zeit. 1984. R. Hägg, The Greek renaissance of the eight century B. C. (Acta Instituti Atheniensis Regni Sueciae 30) 1983 (über die Wiederentdeckung der mykenischen Kultur). D. Haynes, Griechische Kunst und die Entdeckung der Freiheit (Kulturgeschichte der antiken Welt 13) 1982. J. Bühler, Die Kultur der Antike und die Grundlegung der abendländischen Kultur. 2 Bde. [2]1957. Bd. 1: Das Griechentum; C. M. Bowra, Griechenland. 1960 (eine aus dem Englischen übersetzte Kulturgeschichte von Homer bis 404); E. Chamoux, Griechische Kulturgeschichte. 1966; O. Gigon – A. Wotschitzky. Die Kultur des klassischen Altertums, in: Hb der Kulturgeschichte (Hrsg.: E. Thurnher) 1969; R. Müller (Hrsg.), Kulturgeschichte der Antike. Bd. 1: Griechenland (Veröffentlichungen des ZAGA 6,1) 1977 (sehr übersichtlich disponiert, leider ohne Quellennachweise). Stärker auf das Alltagsleben konzentriert: R. Flacelière, Griechenland. Leben und Kultur in klassischer Zeit. 1977 (frz. 1959). T. B. L. Webster, Athenian culture and society. 1973; M. Simon, La civilisation de l'antiquité et de la Christianisme (Les grandes civilisations 12) 1972; Histoire des civilisations. 1: Les origines de la civilisation occidentale, la Grèce et Rome (Directeur M. Grant) 1970. J. M. Hurwit, The art and culture of early Greece 1100–480 BC. 1985. – *Zum Hellenismus*: C. Schneider, Kulturgeschichte des Hellenismus. 2 Bde. 1967, 1969 (vgl. dazu die kritischen Besprechungen von F. Hampl, AnzAW 22 1969, 183ff.; und G. Dobesch, Gnomon 44 1972, 151 ff.); A. Swiderek, Une conception nouvelle de la culture hellénistique? À propos de C. Schneider, Kulturgeschichte des Hellenismus. 2 Bde. 1967–69, in: Eos 60 1972, 41 ff.; O. Seel, Zum Problem des Hellenismus, in: Zeitschrift für Religions- und Geistesgeschichte 19 1967, 24 1972, 22ff. – W. W. Tarn – G. T. Griffith, Die Kultur der hellenistischen Welt. [3]1966. F. E. Peters, The harvest of Hellenism. A history of the Near East from Alexander the Great to the triumph of christianity. 1970. M. Hadas, Hellenistische Kultur. Werden und Wirkung (englisch 1959) 1963. Zu den Kulturkontakten der Griechen zu Kelten, Römern, Juden und Persern vgl. A. Momigliano, Hochkulturen im Hellenismus. 1979 (engl. 1975). – Ein knapper Überblick liegt vor bei R. Harder, Einführung in die griechische Kultur, in:

Die Eigenart der Griechen (Hrsg.: W. Marg) 1962. – R. Cabellarte, Cultura della guerra e cultura della pace. 1984. – Eine Biographiensammlung mit kulturhistorisch bedeutenden Persönlichkeiten der griechischen Geschichte bietet M. Schmid (Hrsg.), Exempla historica. Epochen der Weltgeschichte in Biographien. Bd. 5: Von den frühen Hochkulturen bis zum Hellenismus. Forscher und Gelehrte. 1971 (ND 1985); darin u. a. Pythagoras, Herodot, Thukydides, Hippokrates, Euklid, Archimedes, Hipparch.

E. Ch. Welskopf, Gedanken über den gesellschaftlichen Fortschritt im Altertum, in: Klio 53 1971, 49ff. E. A. Havelock, Dikaiosyne. An essay in Greek intellectual history, in: Phoenix 23 1969, 49ff.; W. Nestle, Der Friedensgedanke in der Antiken Welt, in: Philologus Suppl. 31 1938, 1ff.; G. Lorenz, Ehrfurcht vor dem Leben der Tiere bei frühen Griechen und Römern und bei den Naturvölkern?, in: IBK 18 1974, 211ff.

Wissenschaft, Medizin, Technik: Grundlegend hierfür nun F. Jürss (Hrsg.), Geschichte des wissenschaftlichen Denkens im Altertum. 1982, und I. Roshanski, Wissenschaften in der Antike. 1980 (dazu unten 215, Anm. 169). K. von Fritz, Grundprobleme der Geschichte der antiken Wissenschaft. 1971, mit einem Überblick über Kosmologie, Mathematik, Philosophie, Logik, Dialektik, Ethik, Astronomie (mit vielen Quellen- und Literaturangaben); R. Taton (Hrsg.), Histoire générale des Sciences. 3 Bde. 1957–1964; Bd. 1 ²1966: La science antique et mediévale, des origines à 1450; O. Neugebauer, The exact sciences in antiquity. ²1957; S. Sambursky, Das physikalische Weltbild der Antike. 1965; J. L. Heiberg, Geschichte der Mathematik und Naturwissenschaften im Altertum (HdA V 2) 1925 (ND 1961). F. Krafft, Geschichte der Naturwissenschaft. 1: Die Begründer einer Wissenschaft von der Natur durch die Griechen (rombach hochschul paperback 23) 1971; G. E. R. Lloyd, Early Greek science. From Thales to Aristotle (Ancient culture and society) 1970; siehe auch ders., Greek science after Aristotle. 1973; ders., Magic, reason and experience. 1979 (zu den Anfängen der griechischen Wissenschaft); ders., Science, folklore and ideology. 1983. E. G. Schmidt, Zur Geschichte des wissenschaftlichen Denkens im Altertum, in: Philologus 128 1984, 276ff. G. Giamantoni – M. Vegetti (Hrsg.), La scienza ellenistica. 1984. F. Krafft, Die Stellung der Technik zur Naturwissenschaft in Antike und Neuzeit, in: Humanismus und Technik 15 1971, 33ff. A. Szabó, Anfänge der griechischen Mathematik. 1969. Ch. H. Kahn, On early Greek astronomy, in: JHS 90 1970, 99ff.

Zur *Technik*: Nach wie vor grundlegend H. Blümner, Technologie und Terminologie der Gewerbe und Künste bei Griechen und Römern. 4 Bde. 1887 (ND 1969); H. Diels, Antike Technik. ³1924 (ND 1965); R. J. Forbes, Studies in ancient technology. 11 Bde. 1954ff. Bde. 1–7: ²1964–1966; J. Gray Landels, Die Technik in der antiken Welt. ³1983; D. Hill, A history of engineering in classical and medieval times. 1984. A. G. Drachmann, The mechanical technology of Greek and Roman antiquity. 1963; L. Sprague de Camp, Ingenieure der Antike. 1964. A. Göttlicher, Die Schiffe der Antike. 1985; I. Scheibler, Griechische Töpferkunst. Herstellung, Handel und Gebrauch der antiken Tongefäße. 1983. W. Treue (Hrsg.), Achse, Rad und Wagen. 5000 Jahre Kultur- und Technikgeschichte. 1986. Anregend, aber wegen der Typisierungen der Griechen und Römer nicht ganz unproblematisch F. Lämmli, Homo

Faber: Triumph, Schuld, Verhängnis? (Schweizerische Beiträge zur Altertumswissenschaft 11) 1968.

Philosophie, Erziehung und Rhetorik: Ein wertvolles bibliographisches Hilfsmittel: W. Totok, Hb der Geschichte der Philosophie. Bd. 1: Altertum. 1964. Noch immer grundlegend E. Zeller, Die Philosophie der Griechen in ihrer geschichtlichen Entwicklung. 6 Bde. ^{7}1923 (ND 1963); W. Ueberweg, Geschichte der Philosophie. Bd. 1 (von K. Prächter) ^{12}1928; O. Gigon, Grundprobleme der antiken Philosophie. 1959; ders., Studien zur antiken Philosophie (Hrsg.: A. Graeser) 1972; ders., Die antike Philosophie als Maßstab und Realität. 1977. F. Wehrli, Hauptrichtungen des griechischen Denkens. 1981. B. Snell, Die Entdeckung des Geistes. Zur Entstehung des europäischen Denkens bei den Griechen. ^{6}1986. W. Jaeger, Paideia. Die Formung des griechischen Menschen. 3 Bde. 1936–1947; W. Kranz, Die griechische Philosophie. ^{2}1950; W. Capelle, Geschichte der Philosophie von Thales bis Cicero. ^{2}1953/54. E. Zeller, Grundriß der Geschichte der griechischen Philosophie (Bearb. von W. Nestle) ^{14}1971. W. Kranz, Die griechische Philosophie. Zugleich Einführung in die Philosophie überhaupt (dtv Wissenschaftliche Reihe 4098) ^{5}1971. F. K. Mayr, Geschichte der Philosophie. 1. Antike (Berckers theologische Grundrisse 5) 1966. J. Speck (Hrsg.), Grundprobleme der großen Philosophen. Philosophie des Altertums und des Mittelalters. ^{3}1983. H.-G. Gadamer, Griechische Philosophie. 1985. 2 Bde. (Ders., Gesammelte Werke 5 und 6). Ch. Werner, La philosophie grecque. 1972. L. Robin, La pensée grecque (L'évolution de l'humanité 35) 1973. J. P. Anton mit G. L. Kustas (Hrsg.), Essays in ancient Greek philosophy. 1971 (Aufsatzsammlung). Mehrbändige neue Darstellungen: W. Röd (Hrsg.), Geschichte der Philosophie. Bd. 1: W. Röd, Philosophie der Antike 1: Von Thales bis Demokrit. 1976. A. Graeser, Bd. 2: Philosophie der Antike 2: Sophistik und Sokratik. Platon und Aristoteles. 1983. Bd. 3: M. Hossenfelder, Die Philosophie der Antike 3: Stoa, Epikuräismus und Skepsis. 1985. Bd. 4: W. Gombocz, Philosophie der ausgehenden Antike und des frühen Mittelalters (noch nicht erschienen). W. K. C. Guthrie, History of Greek philosophy. Bd. 1: The earlier Presocratics and the Pythagoreans. 1962. Bd. 2: The Presocratic tradition from Parmenides to Democritus. 1965. Bd. 3: The fifth-century enlightenment. 1969 (der dritte Band erschien auch in zwei Paperbacks: The Sophists. 1971, und Socrates. 1971). Bd. 4: Plato, the man and his dialogues. 1975. Bd. 5: The later Plato and the Academy. 1978. Bd. 6: Aristotle, an encounter. 1981. ders. auch, Die griechischen Philosophen von Thales bis Aristoteles. ^{2}1963; W. Nestle, Griechische Geistesgeschichte von Homer bis Lukian. 1944; ders., Vom Mythos zum Logos. ^{2}1942 (ND 1966); ders., Die Nachsokratiker in Auswahl übersetzt und herausgegeben. 2 Teile in einem Band. 1922 (ND 1968); J.-P. Vernant, Die Entstehung des griechischen Denkens. 1982 (frz. 1962). F. Wehrli, Hauptrichtungen des griechischen Denkens. 1964; E. Hoffmann, Griechische Philosophie bis Platon. 1951. Zur Platonforschung vgl. die Berichte von H. Cherniss, in: Lustrum 1960 ff. – W. Burkert, Weisheit und Wissenschaft. 1962; H. Gomperz, Sophistik und Rhetorik. 1912 (ND 1965); F. Heinimann, Nomos und Physis. 1945 (ND 1972); M. Untersteiner, I Sofisti. 1954; O. Gigon, Sokrates. 1980; U. von Wilamowitz-Moellendorff, Platon. 2 Bde. 1919, ^{3}1959–1961 (bearbeitet von B. Snell); W. Jaeger, Aristoteles. ^{2}1955. In Vorbereitung ist eine Aristotelesbibliographie (Darmstadt); vorerst hierfür: Aristoteles in der neueren Forschung (Hrsg.: P. Moraux) (WdF 61) 1968. M. Pohlenz, Die Stoa. Geschichte einer geistigen Bewegung. 2 Bde. 1955–1959. E. de Strycker, Einige Betrachtungen über die griechische Philosophie in ihrem Verhältnis zur antiken Kultur und zum modernen Denken, in: AuA 20 1974, 1 ff. –

Neben diesen vielfach auch für die pädagogischen Ideen der Griechen einschlägigen Publikationen vgl. zur *Erziehung* noch insbesondere H.-I. Marrou, Geschichte der Erziehung im klassischen Altertum. ^{7}1977; W. Barclay, Educational ideals in the ancient world. 1959; S. A. G. Beck, Greek education. 1964; H. Weinstock, Antike Bildungsideale. 1955; ders., Realer Humanismus. ^{2}1958; E. Lichtenstein, Der Ursprung der Pädagogik im griechischen Denken (Das Bildungsproblem in der Geschichte des europäischen Erziehungsdenkens I 1) 1970 (mit Bibliographie). M. L. Clarke, Higher education in the ancient world. 1971; Th. Ballauff, Pädagogik. Eine Geschichte der Bildung und Erziehung. 1: Von der Antike bis zum Humanismus (Orbis academicus 1.11) 1969. – J. Christes, Bildung und Gesellschaft. Die Einschätzung der Bildung und ihrer Vermittler in der griechisch-römischen Antike (EdF 37) 1975. Mit zahlreichen Quellenverweisen L. Grasberger, Erziehung und Bildung im klassischen Altertum. 3 Bde. 1864–1881. –

Zur griechischen *Rhetorik* noch P. Wendland, Beiträge zu athenischer Politik und Publizistik des IV. Jh., in: NGG 1 1910, 123 ff.; A. Schaefer, Demosthenes und seine Zeit. 3 Bde. ^{2}1885–1887 (ND 1966); W. Jaeger, Demosthenes. 1939. Zu Aelius Aristides: J. H. Oliver, The ruling power (Transactions of the American philosophical society N. S. 43, 4) 1953 und ders., The civilizing power (a. O. 58, 1) 1968. – R. Volkmann, Die Rhetorik der Griechen und Römer in systematischer Übersicht. ^{2}1885 (ND 1963). J. Martin, Antike Rhetorik. Technik und Methode (HdA II 3) 1974. W. Eisenhut, Einführung in die antike Rhetorik (Die Altertumswissenschaft) ^{3}1982; vgl. auch unten 200. A. Anastassiou – D. Irmer, Kleinere attische Redner (WdF 127) 1977, u. a. über Antiphon, Andokides, Lysias, Isaios, Aischines, Deinarchos und Hypereides.

Literatur: Die umfassendste Darstellung liegt vor von W. Schmid–O. Stählin, Geschichte der griechischen Literatur von den Anfängen bis ins 6. Jh. n. Chr. Bd. I: Die klassische Periode der griechischen Literatur. 5 Bde. 1929–1948 (ND 1959–1964). In Vorbereitung befindet sich VII 1, 6: H. Herter, Die griechische Literatur des 4. Jh. bis auf Alexander d. Gr. Bd. II: Die nachklassische Periode der griechischen Literatur. 2 Bde. ^{6}1920–1924 (ND 1959 bis 1961) (HdA VII 1 und VII 2). Grundlegend auch A. Lesky, Geschichte der griechischen Literatur. ^{3}1971 (mit zahlreichen Hinweisen auf das Schrifttum und neue Texteditionen); A. Dihle, Griechische Literaturgeschichte. 1967. P. E. Easterling–B. M. W. Knox (Hrsg.), Cambridge history of classical literature. Bd. 1: Greek literature. 1985. J. de Romilly, A short history of Greek literature. 1985 (frz. 1980). Eine knappe Darstellung bieten ferner W. Nestle–W. Liebich, Geschichte der griechischen Literatur. 2 Bde. ^{3}1961–1963. – Weitere Darstellungen und Hilfsmittel: H. C. Baldry, Greek literature for the modern reader. 1960; C. M. Bowra, Ancient Greek literature. 1968; W. Kranz, Geschichte der griechischen Literatur. ^{4}1961. – J. H. Mantinbrand, Dictionary of Greek literature. 1962; H. J. Rose, A handbook of Greek literature. ^{6}1964. J. Herington, Poetry into drama. Early tragedy and the Greek poetic tradition. 1985 (zur Dichtung von Homer bis

Euripides). Siehe auch Kindlers nach Werken geordnetes ›Literaturlexikon‹ in 12 Bden. (Hrsg.: V. Bompiani, deutsche Ausgabe begründet von W. von Einsiedel) 1970ff. In Bd. 1 1970, 93ff. ein essayistischer Überblick über die griechische Literatur von W. Jens. C. R. Beye, Ancient Greek literature and society. ²1987. Wichtig auch: H. Hunger–O. Stegmüller–H. Erbse u. a., Geschichte der Textüberlieferung der antiken und mittelalterlichen Literatur. Bd. 1 1961. – Zur *Historiographie* (siehe unten 273ff.): Vgl. die beiden oben 6 genannten Lexika zur antiken Historiographie von P. Kroh und W. Buchwald–A. Hohlweg–O. Prinz, und die Einführungen oben 7f. Zu den einzelnen griechischen Historikern auch die RE-Artikel, zumeist von F. Jacoby und E. Schwartz. – Allgemeine Darstellungen: J. B. Bury, The ancient Greek historians. 1906 (ND 1956); M. I. Finley, The Greek historians (zu Herodot, Thukydides, Xenophon, Polybios) 1959; E. Howald, Vom Geist antiker Geschichtsschreibung. ²1963; M. Grant, Klassiker der antiken Geschichtsschreibung. 1970; K. von Fritz, Die griechische Geschichtsschreibung. Bd. I: Von den Anfängen bis Thukydides. 2 Teile (Text, Anmerkungen) 1967; St. Usher, The historians of Greece and Rome. 1969; H. D. Westlake, Essays on the Greek historians and Greek history. 1969; E. Schwartz, Griechische Geschichtsschreiber. ²1959; F. Jacoby, Griechische Historiker. 1956. A. Momigliano, Greek historiography, in: History and Theory 17 1978, 1ff. (instruktive Synthese mit knappem Forschungsbericht 23ff.). *Zu den Anfängen*: H. Strasburger, Homer und die Geschichtsschreibung (SB Heidelberg 1972); F. Hampl, Die Ilias ist kein Geschichtsbuch, in: Serta philologica Aenipontana 7/8 1961, 37ff.; neu bearbeitet und erweitert in: Geschichte als kritische Wissenschaft. Bd. 2 1975, 51ff.; K. Latte, Die Anfänge der griechischen Geschichtsschreibung, in: Histoire et historiens dans l'antiquité (Entretiens sur l'antiquité classique 4) (Hrsg.: Fondation Hardt) 1956, 3ff. W. Schadewaldt, Die Anfänge der Geschichtsschreibung bei den Griechen. Herodot. Thukydides, in: I. Schudoma (Hrsg.), Tübinger Vorlesungen. 1982. Bd. 2. Siehe auch: Antike Geschichtsschreibung und ihre gesellschaftlichen Grundlagen (Vorträge einer Arbeitstagung in Rostock 1968), in: WZ Rostock 18 1968, 309ff. J. M. Wickersham, Hegemony and Greek historians, Diss. Princeton 1972. – G. T. Griffith, The Greek historians, in: Fifty years (and twelve) of classical scholarship. ²1968, 182ff.; D. Roussel, Les historiens grecs. 1973; F. Sartori, Considerazioni di storiografia antica, in: Historia 22 1973, 379ff.; P. Burde, Untersuchungen zur antiken Universalgeschichte, Diss. Erlangen 1972. – M. I. Finley, The ancient historian and his sources, in: E. Gabba (Hrsg.), Tria corda. FS A. Momigliano. 1983, 201ff. G. Schepens, L'‘autopsie’ dans la méthode des historiens grecs du V siècle avant J.–C. 1980. Ch. W. Fornara, The nature of history in ancient Greece and Rome. 1983. F. W. Walbank, Selected papers. Studies in Greek and Roman history and historiography. 1986. I. S. Moxon–J. D. Smart–A. J. Woodman (Hrsg.), Past perspectives. Studies in Greek and Roman historical writing. 1986. J. W. Eadie–J. Ober (Hrsg.), The craft of the ancient historian. FS Ch. G. Starr. 1985. – Allgemein zur *Literaturkritik*: G. M. A. Grube, The Greek and Roman critics. 1965 (mit Bibliographie). L. P. Wilkinson, Ancient literature and modern literary criticism (Proceedings of the classical association 69) 1972; M. L. West, Textual criticism and editorial technique applicable to Greek and Latin texts (Teubner Studienbücher) 1973.

Kunst: Eine grundlegende Einführung in die Geschichte, Methoden und Formprobleme sowie in die literarische Überlieferung der archäologischen Monumente liegt vor in: Allgemeine Grundlagen der Archäologie (Hrsg.: U. Hausmann im Rahmen des HdA) 1969. Die Archäologie, die bisher als Abt. VI im HdA geführt wurde, wird seit dem Tod R. Herbigs, der das von W. Otto begründete ›Handbuch der Archäologie‹ fortführte, zwar noch im Rahmen des HdA geführt, doch stellt es keine eigene numerierte Abteilung mehr im Gesamtplan dar, so daß die Abt. VI des HdA bis auf weiteres unbesetzt bleibt und künftigen Planungen vorbehalten wird. – Einen knappen Überblick über diesen Fragenkreis bietet H. G. Niemeyer, Einführung in die Archäologie (Die Altertumswissenschaft) ^{3}1983, mit bibliographischen Angaben. Eine Gesamtdarstellung zur griechischen Kunst liegt vor in der reich bebilderten Reihe ›Universum der Kunst‹ (Hrsg.: A. Malraux–G. Salles–A. Parrot; deutsche Ausgabe von K. Martin): P. Demargne, Die Geburt der griechischen Kunst. Die Kunst im ägäischen Raum von vorgeschichtlicher Zeit bis zum Anfang des 6. vorchristlichen Jahrhunderts. 1965 (1975); J. Charbonneaux–R. Martin–F. Villard, Das archaische Griechenland. 620–480 v. Chr. 1969 (1985); dies., Das klassische Griechenland. 480–330 v. Chr. 1971 (1984); dies., Das hellenistische Griechenland. 330–350 v. Chr. (sic!. gemeint: 50 v. Chr.) 1971. – J. Boardman–J. Dörig–W. Fuchs–M. Hirmer, Die griechische Kunst. ^{3}1984. K. Papaioannou, Griechische Kunst (Ars antiqua 4) 1972. Weiters K. Schefold, Die Griechen und ihre Nachbarn (Propyläen Kunstgeschichte Bd. I) 1967. Die Bände der Reihe ›Kunst der Welt. Ihre geschichtlichen, soziologischen und religiösen Grundlagen‹: E. Homann-Wedeking, Archaisches Griechenland. 1966; K. Schefold, Klassisches Griechenland. 1965; F. B. L. Webster, Hellenismus. 1966. – W. Zschietzschmann, Kunstgeschichte der Griechen und Römer. 1955; W. Lübke–E. Pernice–B. Sarne, Die Kunst der Griechen. ^{17}1948; E. Buschor, Von griechischer Kunst. ^{2}1956; G. M. A. Richter, Handbuch der griechischen Kunst. 1966; M. Robertson, A history of Greek art. 1975. E. Akurgal, Griechische und römische Kunst in der Türkei. 1987. – J. J. Pollitt, Art and experience in classical Greece. 1972; W.-H. Schuchardt, Geschichte der griechischen Kunst (Reclam) 1971; J. Boardman, Greek art. ^{2}1973 (1. 1964); N. Himmelmann, Über bildende Kunst in der homerischen Gesellschaft (Abh. Mainz 7) 1969, 177ff.; D. Metzler, Porträt und Gesellschaft. Über die Entstehung des griechischen Porträts in der Klassik. 1971; T. Hölscher, Griechische Historienbilder des 5. und 4. Jh. v. Chr. (Beiträge zur Archäologie 6) 1973; S. Wegener, Funktion und Bedeutung landschaftlicher Elemente in der griechischen Reliefkunst archaischer bis hellenistischer Zeit. 1985. M. Carroll-Spillecke, Landscape depictions in Greek reliefsculpture. 1985. D. Schlumberger, L'Orient hellénisé. L'art grec et ses héritiers dans l'Asie non méditerranéenne (L'art dans le monde) 1970; Ch. Mitchell-Havelock, Hellenistic art. 1971; F. Chamoux, La civilisation hellenistique. 1981. N. Himmelmann, Alexandria und der Realismus in der griechischen Kunst. 1983. E. Langlotz, Griechische Kunst in heutiger Sicht (Das Abendland 3) 1973; W. Fuchs–M. Hirmer, Die Skulptur der Griechen. ^{3}1983; R. Lullies–M. Hirmer, Griechische Plastik. Von den Anfängen bis zum Ausgang des Hellenismus. ^{3}1972; A. W. Lawrence, Greek and Roman sculpture. 1972; ders., Greek architecture. 1957; H. Berve–G. Gruben–M. Hirmer, Griechische Tempel und Heiligtümer. 1961; R. Martin–H. Stierlin, Griechische Welt (Weltkulturen der Baukunst, Hrsg.: H. Stierlin) 1967; H. Knell, Grundzüge der griechischen Architektur. 1980.

Ders., Perileische Baukunst. 1979. F. Brommer, Die Akropolis von Athen. 1985. P. Musiolek–W. Schindler, Klassisches Athen. 1980 (vgl. auch unten 183) – E. Kluwe (Hrsg.), Kultur und Fortschritt in der Blütezeit der griechischen Polis (Schriften zur Geschichte und Kultur der Antike 24) 1985. – W. Eckschmitt, Die sieben Weltwunder. 1984. E. Buschor, Griechische Vasen. 1940; ders., Das hellenistische Bildnis. 1949. ^{2}1971; P. E. Arias–M. Hirmer–B. B. Shefton, A history of Greek vase-painting. 1962. R. M. Cook, Greek painted pottery. 1972. J. Boardman, Schwarzfigurige Vasen aus Athen. 1977 (engl. 1974), Ders., Rotfigurige Vasen aus Athen. 1981 (engl. 1975); F. Brommer, Vasenlisten zur griechischen Heldensage. ^{3}1973. – J. Overbeck, Die antiken Schriftquellen zur Geschichte der bildenden Künste bei den Griechen. 1868 (ND 1959); H. Brunn, Geschichte der griechischen Künstler. 2 Bde. ^{2}1889; K. Fittschen, Untersuchungen zum Beginn der Sagendarstellungen bei den Griechen. 1969; K. Schefold, Frühgriechische Sagenbilder. 1964. Ders. (unter Mitarbeit von F. Jung), Die Göttersage in der klassischen und hellenistischen Kunst. 1981. Ders., Die Bedeutung der griechischen Kunst für das Verständnis des Evangeliums. 1983.

Der folgende Abschnitt zur Kultur soll mit einem Überblick der jeweiligen methodischen Verfahrensweisen von Archäologen und Altphilologen auch eine knappe Einführung in diejenigen Objektivationen griechischen Lebens bieten, die über die elementaren Bedürfnisse des Alltages hinausführen und die dazu berechtigen, die Griechen als eines der bedeutendsten Kulturvölker, nicht nur der Alten Welt, zu bezeichnen. Es sind dies die schöpferischen Leistungen auf dem Gebiete der bildenden Künste und Architektur, des Mythos, der Dichtung und Rhetorik, der Philosophie und der Wissenschaften sowie der Musik und des Sports. Eine Griechische Geschichte, die – und sei sie noch so knapp gehalten – auf eine Behandlung dieser kulturellen Bereiche verzichtet und die sich in einer Darstellung der sog. politischen Ereignisse erschöpft, wird kaum Anspruch darauf erheben dürfen, der Rolle der Griechen in der Weltgeschichte gerecht zu werden.

4.3 Bildende Kunst und Architektur

Die kunsthistorische Betrachtungsweise der Plastik und der Malerei hat zu einer *Periodisierung* der griechischen Kunst im 1. Jt. v. Chr. geführt, die heute so gut wie überall akzeptiert wird und die folgende Hauptperioden unterscheidet: Geometrische (etwa 1100–700) und archaische Kunst (etwa 700–500), die Kunst der Frühen Klassik mit dem Strengen Stil (500–450), der Hohen Klassik (450–400) und der Spätklassik (400–Alexander d. Gr.) sowie des Hellenismus. Weitere Differenzierungen der genannten 'Kunstepochen' wie der geometrischen in eine protogeometrische, frühgeometrische, strenggeometrische, reifgeometrische und spätgeometrische Phase oder der archaischen in eine früharchaische, strengarchaische, reifarchaische und spätarchaische usw. folgten. Einzelbeobachtungen an Denkmälern und Denkmälergruppen und vergleichende Methoden schufen in ihrer Summe diese epochalen Stilbegriffe, nach denen sodann weitere Funde wiederum eingeordnet werden. „Die Methoden der Stilanalyse wechseln also je nach der Aufgabe von der Induktion zur Deduktion und zurück. Das ist nur scheinbar ein Circulus vitiosus; das durch die Interpretation einer Reihe von einzelnen Denkmälern ermittelte Bild hat innerhalb bestimmter allgemeiner Grenzen durchaus den Charakter eines verläßlichen Systems, um so mehr, wenn es durch die Interpretation anderer, aber analoger Reihen gesichert ist" (H. G. Niemeyer [137]). Die Beobachtung der zeitlichen Aufeinanderfolge einzelner Stile bzw. Kunststufen, die schon J. J. Winckelmann (siehe oben 12) in der ›Geschichte der Kunst des Altertums‹ zur Grundlage seiner Darstellung genommen hatte, brachte den Entwicklungsgedanken in die Archäologie, dessen ursprünglich einseitige Orientierung auf die Klassik teilweise verhängnisvolle Folgen für die gesamte historische Betrachtungsweise des Griechentums bewirkte. Die einzelnen Stufen der Kunst wurden nicht in ihrer Eigengesetzlichkeit, sondern als Wertstufen aufgefaßt, wobei der 'archaischen' Periode das Etikett des Noch-Nicht, der Klassik jenes des Vollkommenen und der hellenistischen Zeit jenes des Verfalls, des Schon-Vorbei aufgeklebt wurde. Verhängnisvoll war diese Auffassung für die Alte Geschichte deshalb, weil die kunsthistorischen Kategorien archaisch – klassisch – hellenistisch von den Historikern auch auf die anderen Bereiche des griechischen Lebens übertragen wurden und diese Wertungen somit bis heute nachwirken, indem sie in den Darstellungen der einzelnen Epochen mehr oder weniger stark mitschwingen. Von diesen Vorstellungen einer wertenden, teleologisch ausgerichteten Kunstbetrachtung, wie sie der Klassizismus kannte und die ihr Ziel in der Erfüllung einer Entelechie sieht, rücken einzelne Archäologen allmählich ab. Einerseits haben sie die einzelnen Stilepochen, wie aus den oben erwähnten Differenzierungen der geometrischen und archaischen Zeit hervorgeht, wieder nach dem Dreistufenschema von Beginn, Blüte und Spätzeit unterteilt und damit das Problem der Wertungen zumindest teilweise auf eine zweite Ebene abgeschoben (so etwa H. Wölfflin, wenn er dafür den Ausdruck von der „Periodizität der Entwicklung" prägt [138]); auf der anderen Seite propagierten sie als Folge einer Methodenbesinnung eine Formanalyse, die, unter dem Postulat der Wertfreiheit stehend, die Eigengesetzlichkeit der Kunstwerke und -stile herauszuarbeiten bemüht ist. Die stark auf das *intuitive Schauen* ausgerichtete Methode, wie sie Ernst Buschor [139] forderte und der zufolge es für den

[137] Einführung in die Archäologie (Die Altertumswissenschaft) ^{3}1983, 91.

[138] Niemeyer a. O. 94.

[139] Begriff und Methode der Archäologie (1937), jetzt in: U. Hausmann (Hrsg.), Allgemeine Grundlagen der Archäologie (HdArch) 1969, 3 ff.

Archäologen darauf ankommt, „die richtigen Empfindungen und Vorstellungen zu haben, eine gesunde und klare Gefühls- und Phantasiewelt in sich zu erziehen“, erschwerte gewiß, wenn nicht noch andere Voraussetzungen und Methoden für den Erkenntnisprozeß bereitstünden, die Loslösung vom Klassizismus und die Gewinnung überzeugenderer Kriterien. Zur Illustration einer Haltung, die Kunst unter dem Aspekt dieser intuitiven Methode interpretiert, mag an Buschors Versuch erinnert werden, die einzelnen Kunststufen als 'Ahnungswelt' (= geometrische Zeit), 'Wirklichkeitswelt' (= archaische Zeit), 'Hohe Schicksalswelt' (= Klassik), 'Bild- und Scheinwelt' (= Hellenismus), 'Kunstwelt' (= 1. Jh. v. bis 3. Jh. n. Chr.) und 'Zeichenwelt' (= Spätantike) zu bezeichnen, wie dies in ›Vom Sinn der griechischen Standbilder‹ (1942) geschieht. So wichtig das wissenschaftlich geschulte Sehen für den Archäologen auch ist, es existieren daneben auch andere Möglichkeiten und Methoden der Einordnung und Interpretation eines Kunstwerkes. Die absolute *zeitliche Einordnung* eines Gegenstandes kann aufgrund der Fundumstände, der 'Fundvergesellschaftung' mit anderen, datierten Gegenständen erfolgen, sie kann aus historischen Ereignissen, die damit in Verbindung stehen ('Perserschutt' auf der Akropolis von Athen, Gründung und Zerstörung von Städten, ferner Elementarkatastrophen), resultieren, sie kann aber auch, im günstigsten Fall, aufgrund der inschriftlichen Datierung eines Kunstwerkes vorgenommen werden. Moderne naturwissenschaftliche Methoden der Zeitbestimmung wie die C-14-Analyse, die Jahresring-Chronologie oder die Untersuchung des sog. Archaeomagnetismus und des radioaktiven Zerfalls haben bis heute noch nicht jene Präzision erreicht, um die traditionellen chronologischen Bestimmungsmethoden im Rahmen der Griechischen Geschichte überflüssig zu machen. Neben diesen eher seltenen Möglichkeiten einer absoluten Datierung ist die Praxis auf Methoden der relativen Chronologie angewiesen, wobei es vor allem zwei Wege sind, die dem Archäologen hier offenstehen: die sog. stratigraphische Methode, die ungestörte Siedlungshorizonte analysiert und die Ergebnisse mit anderen Fundorten vergleicht, und die typologische Methode, die den Wandel der Formen betrachtet und dabei zur Erstellung typologischer Reihen gelangt. Diese Arbeitsmethode basiert häufig auf dem biologischen Entwicklungsbegriff, dessen „Denkmodell . . . das Leben eines eigenen Organismus (ist), der beginnt, blüht und verfällt“ [140].

Einen Überblick über die *Wissenschaftsgeschichte der Archäologie*, in dem auch die traditionellen Arbeitsmethoden des Faches dargelegt werden, verfaßte M. Wegner, Geschichte der Archäologie unter dem Gesichtspunkt der Methode, in: Studium Generale 17 1964, 191 ff.; vgl. auch F. Winter, Griechische Kunst, in: Einleitung in die Altertumswissenschaft, Bd. 2 ^{2}1912, 75 ff.; weiters Niemeyer, Einführung 19 ff.

[140] Niemeyer a. O. 93.

(mit Literatur 29f.) und W. Schiering, Zur Geschichte der Archäologie, in: Allgemeine Grundlagen der Archäologie (HdArch) 1969, 11ff.; alle genannten Darstellungen sind stark bzw. ausschließlich auf die Beiträge der deutschen Forschung zur Archäologie konzentriert. R. Bianchi Bandinelli, Klassische Archäologie. Eine kritische Einführung. 1978 (ital. 1976). Zur Rolle der Archäologie im Rahmen der Entwicklung der Altertumswissenschaft insgesamt vgl. auch oben 12f. M. Käfer, Winckelmanns hermeneutische Prinzipien (Heidelberger Forschungen 27) 1986. – Zu den Methoden der Zeitbestimmung in der Archäologie, zur stratigraphischen und typologischen Methode und zur Periodisierung siehe Niemeyer, Einführung 70ff. (mit Literatur), dem hier in vielem gefolgt wird. Vgl. nun auch ders., Methodik der Archäologie, in: Enzyklopädie der geisteswissenschaftlichen Arbeitsmethoden, 10. Lieferung: Methoden der Geschichtswissenschaft und der Archäologie. 1974 217ff. (mit zahlreichen Literaturhinweisen 248ff.); in demselben Band auch W. Müller-Wiener, Archäologische Ausgrabungsmethodik a. O. 253ff. A. M. Snodgrass, The new archaeology and the classical archaeologist, in: AJA 89 1985, 31ff. – Weiters: D. L. Clarke, Analytical archaeology. 1968, und Archaeo-Physika. Technische und naturwissenschaftliche Beiträge zur Feldarchäologie (Beihefte der Bonner Jahrbücher 15) 1965. H. Mommsen, Archäometrie. Neuere naturwissenschaftliche Methoden und Erfolge in der Archäologie (Teubner Studienbücher) 1986. R. Gillespie–J. A. J. Gowlett, Archaeological sampling for the new generation of radiocarbon techniques, in: Oxford Journal Arch 2 1983, 379ff.

Zum Problem gemacht wurde die archäologische Evolutionstheorie u. a. durch die seit dem Ersten Weltkrieg in Anwendung gebrachte und diskutierte *strukturanalytische Methode*, deren Absicht es ist, konstante Züge innerhalb der griechischen Kunst bloßzulegen, die sich sodann nicht ohne Schwierigkeiten mit der Entwicklung, die mit der geometrischen oder für manche gar mit der mykenischen Zeit einsetzt und bis zum Hellenismus führt, in Einklang bringen lassen. Diese gemeinsame Konstante der griechischen Kunst, d. h. ihre Struktur, drückt sich nach F. Matz, Strukturforschung und Archäologie,[141] in der Relation des gestalteten Objekts zu seinem spezifisch künstlerischen Raum aus, oder mit anderen Worten: „Garant der Einheit bleibt aber auch noch in den letzten Vertretern der langen Reihe von Werken, die sich so aufstellen läßt, das statische Gesetz. Die wirkliche Konstante ist also ein Verhältniswert innerhalb der tektonisch modifizierten Statik. So oder so ist er vom Anfang bis zum Ende da.“ Den hier inhaltlich weitgehend schon bestimmten Strukturbegriff hat G. Kaschnitz von Weinberg[142] allgemeiner gefaßt, wenn er ihn als „das Prinzip der inneren Organisation der Form“ definiert, um allerdings dann ebenfalls, wie

[141] In: Studium Generale 17 1964, 203ff., 218, 211.

[142] Kleine Schriften zur Struktur, in: H. von Heintze (Hrsg.), Ausgewählte Schriften. 1965. Bd. 1, 84ff. Siehe auch Niemeyer a. O. 95f. Zu einzelnen Einwänden von G. Lippold, G. Hanfmann und M. J. Mellink gegenüber der Strukturforschung vgl. Matz (wie Anm. 141) 218f.

später Matz, das Spezifische „im Griechischen in der Symbolik des Tektonischen“ offenbart zu sehen. Sie kennzeichnet „den archaischen Bildhauer ebenso ... wie Phidias, Lysipp oder den Schöpfer des pergamenischen Altars“. Das gleiche gilt auch für die griechische Architektur, als deren „Hauptkonstante ... bekanntlich des Tektonische oder besser, der tektonische Konflikt als eigentlicher Träger des symbolischen Sinngehalts der griechischen Kunst“ hervortreten soll. Inwieweit es der intuitiven Methode der Strukturanalyse gelingt, ihre Erkenntnisse so zu spezifizieren, daß sie den Gegensatz zwischen dem durch die Entwicklung bedingten Stilwandel und dem Bleibenden, Konstanten der griechischen Kunst aufheben kann, bleibt noch abzuwarten. Letztlich gehört diese Frage in den viel diskutierten Problemkreis des schöpferischen Individuums, des griechischen Künstlers und seines Standortes in der Tradition, eine Frage, zu der der Historiker Wesentliches zu sagen hat.

Die *Epochenstile* der griechischen Kunst, deren erste begriffliche Fassung, wie bereits erwähnt, ein Verdienst J. J. Winckelmanns ist, basierten zunächst auf der Beobachtung der Skulpturen. Intuition und Formanalyse öffneten den Blick für eine Reihe von Elementen, die durch die oben erwähnten Methoden der Zeitbestimmung in ihrer Summe durch Vergleichung zur Gruppierung des Denkmälerbestandes führten und damit die Schaffung des Stilbegriffs ermöglichten. Der also ursprünglich an der Plastik orientierte Begriff des Epochenstils, der als „die Summe von Eigenschaften, welche eine zusammengehörige Gruppe von Werken unter sich gemeinsam hat“ (B. Schweitzer[143]), verstanden wird, wurde sehr bald auf die gesamte künstlerische Produktion wie Keramik, Malerei, Glyptik, Münzen, Architektur, ja auch, so gut es ging, auf die Dichtung und die Musik übertragen, obwohl die Forschung, wie H. Walter[144] betonte, „diese Einheit nie aufgezeigt“ hat. Die Homogenität der verschiedenen Bereiche künstlerischen Schaffens innerhalb einzelner Stilepochen – mit Beschränkung auf die Kunst der geometrischen Zeit bis ans Ende des 5. Jh. v. Chr. –, aber auch insgesamt gesehen (in Ablösung vom abendländischen Kulturkreis), hat Walter mit seiner auf der Strukturforschung beruhenden vergleichenden Methode darzulegen unternommen. Denn: Die Einheit von Bauwerk und Bildwerk, Dichtung und Musik miteingeschlossen, ist „nur in der Sicht einer gemeinsamen Struktur ... faßbar“.

An diese Bemerkungen zur methodischen Arbeitsweise der Archäologie

[143] Das Problem der Form in der Kunst des Altertums, in: W. Otto (Hrsg.), HdArch 1939. Bd. 1, 2, 373.

[144] Bauwerk und Bildwerk. Zur Einheit von griechischer Architektur und bildender Kunst. 1965, 5. Zu Walters originellem Versuch einer Wesensbestimmung der griechischen Kunst vgl. H. Jucker, Gnomon 40 1968, 220f.

sei eine knappe Einführung in die einzelnen Sparten der bildenden Kunst und Architektur, sodann der Malerei angeschlossen, in der Absicht, einzelne Grundzüge in Verbindung mit den notwendigen lexikalischen Informationen und weiterführender Literatur aufzuzählen.

Zur *Plastik*: Die oben 173 erwähnte Epochengliederung der griechischen Kunst gilt in einem besonderen Maße für die Entwicklung der Plastik, die nur für die geometrische Periode (hier war es die Malerei) nicht als Leitbild diente. Eine zusätzliche Differenzierung ergibt sich aus der Zuordnung einzelner Bildhauer und Bildhauerschulen nach ihren stilistischen Eigenheiten zu bestimmten Landschaften, die ab der archaischen Zeit in ihren Unterschieden hervortreten und sog. 'Kunstlandschaften' bilden. Als bedeutend sind hier Kreta, Argos, Korinth, Inselionien, der griechische Osten, Boiotien, Aigina und vor allem Attika zu nennen. Die landschaftlich bedingten, verschiedenen stilistischen Ausprägungen, die in der Regel auf Stammesverschiedenheiten zurückgeführt werden (ein wohl sehr schwer zu verifizierender Erklärungsversuch), verlieren gegen Ende des 5. und im 4. Jh. v. Chr. weitgehend ihre Individualität und münden in hellenistischer Zeit schließlich in eine Art Künstlerkoiné ein, die zwar Lokaltraditionen zuläßt, aber im großen und ganzen doch zu einem überregionalen Stil findet.

Als einigermaßen stileinheitlich stehen aber auch schon am Beginn der griechischen Plastik die Statuetten der geometrischen Kunst. Die abstrakten geometrischen Formen der plastischen Schöpfungen, die W. Fuchs[145] als 'Kern- und Grenzformen' bezeichnet, verwandeln sich im Laufe des 8. und 7. Jh. „in eine organisch reicher belebte Formenwelt" (R. Lullies) der archaischen Periode, ein Umwandlungsprozeß, der gleichzeitig den Schritt von der geometrischen Kleinplastik zur Monumentalplastik der Folgezeit bedeutet. So groß für den Betrachter der Unterschied zwischen Skulpturen dieser beiden aufeinanderfolgenden Stile auch erscheinen mag, der Archäologe vermag den gemeinsamen spezifisch griechischen Zug, das Tektonische, herauszustellen. K. Schefold[146] bezeichnet als Hauptmerkmal des Geometrischen „die schwebende Tektonik", E. Buschor spricht von „tektonischen Körpern" der 'Ahnungswelt'; Fuchs, für den der lanzenschwingende Krieger von der Akropolis (Ende 8. Jh.) das „Leitbild der geometrischen männlichen Figuren" darstellt, nennt das „Verhältnis der Figur zum Raum bereits als im Kern aktiv". Die archaische Großplastik, zunächst aus Stein,

[145] Die Skulptur der Griechen. 1969, 11f. R. Lullies – M. Hirmer, Griechische Plastik. ³1972, 14f.

[146] Schefold, Die Griechen und ihre Nachbarn (Propyläen Kunstgeschichte 1) 1967 (ND 1984) 53; Buschor, Vom Sinn der griechischen Standbilder. 1942, 10; Fuchs a. O. 11.

ab etwa 550 auch im Bronzehohlgußverfahren hergestellt, nimmt ihren Anfang etwa um die Mitte des 7. Jh. und findet ihre markante Ausformung in den nackten Kouroi und bekleideten Koren, die in großer Zahl in verschiedenen Gegenden der griechischen Welt zutage kamen und regional unterschiedlichen Künstlertraditionen zugeschrieben werden. Berühmt hierfür sind etwa die sog. daidalische Kunst auf Kreta (2. Hälfte 7. Jh.) und die hocharchaischen Bildhauerschulen, die in verschiedenen Landschaften Griechenlands und der Inselwelt lokalisiert werden.[147] Die erst allmählich sich aus einer starken Frontalität lösenden Bildwerke lassen sich durch eine Reihe von Formalkriterien einigermaßen genau beschreiben und kennzeichnen (Fehlen des Kontrapostes, bei Kouroi linkes Bein vorgestellt, archaisches Lächeln, enganliegende Gliedmaßen und Kleider, Haartracht, starke Bemalung etc.), so daß Deutungen der archaischen Plastik als 'Seinsform' (W. Fuchs), 'Wirklichkeitswelt' (E. Buschor) und Bemerkungen wie die, daß nun an die Stelle 'schwebender Tektonik' eine schwere und festgebaute Tektonik tritt (vgl. K. Schefold[148]), in ihrer Präzision und Überprüfbarkeit doch etwas problematisch erscheinen. Zu einer neuen Konzeption gelangt die Plastik um 500. Mit der Erfindung des Kontrapostes durch die Griechen, einem für die Weltgeschichte der Kunst epochemachenden Ereignis, kommt es zur Auflösung des Prinzips der auf beiden Beinen gleich lastenden archaischen Statuen, die sich darin in nichts von ägyptischen und anderen altorientalischen Götter- und Menschendarstellungen unterscheiden, und ferner zur Stand- und Spielbeinkonzeption, die den Figuren der Plastik einen vielbewunderten Gegensatz von Bewegung und Ruhe verleiht, ein Stilmerkmal, das ähnlich wie die 'Tektonik' unter Ignoranz der Vorklassik als für die griechische Kunst wesensbestimmend erachtet wurde[149]. Der Kritiosknabe (kurz vor 480 v. Chr.) aus dem 'Perserschutt' ist das erste erhaltene Beispiel, an dem die Stand-Spielbein-Konzeption mit ihren Konsequenzen für die Darstellung des ganzen Körpers sichtbar wird. In den Skulpturen des Zeustempels von Olympia und der Parthenonzeit, in den Werken von Phidias, Polyklet und Myron (alle ab etwa 460 tätig) und anderer kommt dieses Gestaltungsprinzip zur vollen Entfaltung. Im 4. Jh. v. Chr., als „die Darstellung seelischer Vorgänge in Ausdruck, Haltung und

[147] Dädalische Kunst auf Kreta im 7. Jh. F. Matz zum 80. Geburtstag. P. Demargne, Einleitung, H. Philipp, Daidalos. Zur schriftlichen Überlieferung, J. Boardman, Orientalen auf Kreta. 1970. E. Langlotz, Frühgriechische Bildhauerschulen. 1927; siehe auch U. Jantzen, Bronzewerkstätten in Großgriechenland und Sizilien (JDAI 13. Ergänzungsheft) 1937.

[148] Schefold (wie Anm. 146) 60.

[149] So etwa G. Kantorowicz, in: M. Landmann (Hrsg.), Vom Wesen griechischer Kunst. 1961, 11ff.

Gebärde"[150] zur besonderen Meisterschaft gebracht wird und eine Tendenz zur Vereinheitlichung der Regionalstile (siehe oben 178) vorherrscht, arbeiten Bildhauer wie Skopas, Timotheos, Leochares, Praxiteles und Lysippos; sie gelten als namhafteste Vertreter der sog. Spätklassik. Man hat auch in die Plastik der klassischen wie in jene der früheren Stilepochen einen gemeinsamen Sinn hineingelegt: Fuchs spricht von der 'Daseinsform' des 5. Jh., die in spätklassischer Zeit von der 'Erscheinungsform' abgelöst wird; für Schefold bringt die klassische Kunst eine 'Lockerung bzw. Befreiung von der archaischen Tektonik'. In hellenistischer Zeit, für die zunächst Lysippos ein Leitbild darstellt, dominieren 'barocke' und pathetische Bildwerke, so etwa die Nike von Samothrake, der Altar von Pergamon, der Schlafende Faun aus der Sammlung Barberini, die Laokoongruppe; dazu treten auch die zahlreichen Aphroditedarstellungen, wie die Kauernde Aphrodite von Doidalses (um 250 v. Chr.) oder jene von Melos (2. Hälfte des 2. Jh. v. Chr.) und die Philosophen- und Diadochenbildnisse. In der zweiten Hälfte des Hellenismus, also ab etwa 150 v. Chr., setzt ein Klassizismus ein, der sich an den Werken des 5. und 4. Jh. orientiert und für den die archaische Plastik genausowenig als Vorbild existiert wie die von etwa 300 bis 150 v. Chr. Diese klassizistische Periode, in der zahlreiche Kopistenwerkstätten entstehen, verdient unter zwei Aspekten besondere Beachtung. Einmal vermitteln die geschaffenen Kopien und Umbildungen griechischer Werke eine Vorstellung von der klassischen Kunst, von der nur ein minimaler Bruchteil im Original erhalten geblieben ist, auf der anderen Seite gibt sie dem Historiker Aufschluß über den Kunstsinn und -geschmack, der in der Geschichte großen Schwankungen unterliegt.

Zu *Literatur und Bildmaterial* vgl. oben 172f.; weiters die Bibliographien bei Fuchs a. O. 577ff. und LAW 2357 (hier auch eine übersichtliche Zeittafel zur griechischen Plastik 2343ff.). L. Alscher, Griechische Plastik. 1954–1982, 4 Bde. Neue Deutungsversuche bei I. Kleemann, Frühe Bewegung. Untersuchungen zur archaischen Form bis zum Aufkommen der Ponderation in der griechischen Kunst. 1985 Bd. 1, und B. Fehr, Bewegungsweisen und Verhaltensideale: physiognomische Deutungsmöglichkeiten und Bewegungsdarstellungen an griechischen Statuen des 5. und 4. Jh. v. Chr. 1979. G. M. A. Richter, Kouroi. Archaic Greek youths. A study of the development of the Kouros type in Greek sculpture. [3]1970 ([1]1942). E. Simon – M. Hirmer, Die Götter der Griechen. [3]1985. Literatur für die Giebelkompositionen des Parthenons, die Metopen, Friese, Grab- und Weihreliefs, die ähnlichen Entwicklungstendenzen, wie sie für die Plastik angedeutet wurden, unterliegen, bietet Fuchs, Die Skulptur der Griechen 579f. Vgl. auch unten 185f. – Eine Bildauswahl, die ausschließlich griechische Originale bringt, bei Lullies a. O. – P. C. Bol, Antike Bronzetechnik. Kunst und Handwerk antiker Erzbildner. 1985. C. Rolley, Greek bronzes. 1985. S. Houser, Greek monumental bronze sculpture. 1983. Zur schrift-

[150] Lullies (wie Anm. 145) 24.

lichen Überlieferung: H. Brunn, Geschichte der griechischen Künstler. ²1889; J. Overbeck, Die antiken Schriftquellen zur Geschichte der bildenden Künste bei den Griechen. 1868; E. Loewy, Inschriften griechischer Bildhauer. 1885. – Zur Kunstforschung im Altertum siehe E. Pernice (überarbeitet von W. H. Gross), Die griechischen und lateinischen Zeugnisse, in: Allgemeine Grundlagen der Archäologie (HdArch) 1969, 395ff.; zur Plastik insbes. 430ff. Zur Ästhetik im Altertum siehe E. Grassi, Die Theorie des Schönen in der Antike. 1962, mit einem Überblick und knapper Dokumentation u. a. zum ›Kanon‹ Polyklets, zu Xenophon, Platon und Aristoteles. Dazu auch bes. H. von Steuben, Der Kanon des Polyklet. 1973, und Th. Lorenz, Polyklet. 1972. Ab der Mitte des 3. Jh. erfährt man auch von einer Anzahl von Kunstschriftstellern wie Xenokrates von Athen und Antigonos von Karystos; Plinius der Ältere und Pausanias haben zahlreiche Originale der griechischen Kunst beschrieben, ihre Beschreibungen dienten oft als Grundlage für die Identifizierung antiker Bildwerke. – Zur Kopistentätigkeit vgl. G. Lippold, Kopien und Umbildungen griechischer Statuen. 1923; H. Lauter, Zur Chronologie römischer Kopien nach Originalen des 5. Jahrhunderts. 1968 (= Diss. Bonn), dazu P. Zanker, Gnomon 44 1972, 385ff. J. P. Niemeier, Kopien und Nachahmungen im Hellenismus. Ein Beitrag zum Klassizismus des 2. und frühen 3. Jh. v. Chr. 1985. B. Sismondo Ridgeway, Roman copies of Greek sculpture. The problem of originality (Jerome lectures 15) 1984.

Zur *Architektur*: Die großangelegten Bodenforschungen der letzten Jahrzehnte öffneten den Blick für die Baukunst der geometrischen Zeit, für die lange nur die Interpretation der homerischen Epen ausschlaggebend war, mit dem Ergebnis, daß die bekannte These von der Widerspiegelung der mykenischen Welt in den homerischen Werken auch für die Architektur zutreffe. "The Mycenaean analogy to the Homeric megaron is complete," schreibt F. H. Stubbings im ›Companion to Homer‹ [151]. Daß diese prinzipielle Feststellung vom Denkmälerbestand her nicht länger gestützt werden kann und auch die homerische Dichtkunst auf ihre 'Gegenwartsarchitektur', d. h. auf die geometrische Zeit hinweist, hat H. Drerup in überzeugender Weise herausgestellt. In einer knappen Charakteristik der geometrischen Architektur, für die im Tempelbau die Bauten von Samos und Thermos, in der Anlage von Städten Altsmyrna als bekannte Beispiele gelten dürfen, spricht Drerup von einer schlanken Pfosten- und Fachwerkarchitektur, die schon „Vorformen des dorischen und ionischen Kapitells", den Triglyphenfries und vermutlich die Kannelur aufweist. „Steinhaftigkeit, Monumentalität und Plastizität" der griechischen Baukunst, wie sie für die vielen Bauten ab der archaischen Periode kennzeichnend wird, fehlen noch. In der Weiterentwicklung der geometrischen Bauformen entsteht, wohl auch bedingt durch den Übergang von Holz und Lehm als Baumaterial zum Stein, die archaische Monumentalarchitektur, die durch Bauwerke der sich ab dem

[151] Stubbings, 1962, 494; Drerup, Griechische Baukunst in geometrischer Zeit (ArchHom) 1969; vgl. dazu auch R. Nicholls, Gnomon 44 1972, 698ff.

7. Jh. differenzierenden berühmten Ordnungen des dorischen und ionischen Stils repräsentiert wird. Die kanonische Formensprache der beiden Ordnungen prägt die Bauten in ihren Elementen wie Säulen- und Kapitellformen, in Architrav-, Triglyphen-, Metopen- bzw. Geisonbildung und anderen Einzelheiten ebenso wie in ihrem Gesamteindruck, der häufig auf die Antithese streng, einfach, wuchtig, gedrungen bzw. mannigfaltig, zierlich, dekorativ reduziert und mit Berufung auf die Stammesverschiedenheiten der Dorier und Ionier erklärt wird. Zu den Meisterwerken der archaischen Baukunst, die im Mutterland und in den Kolonien innerhalb ihrer Stile auch gelegentlich eigene Traditionen schaffen (so etwa in Sizilien und Unteritalien bzw. auf den Inseln), zählen als dorische Werke der archaischen Periode die Tempel in Korinth (für Apollon), in Aigina, in Olympia (für Hera), in Paestum (I, für Hera), als ionische Tempel die Riesenbauten von Samos (durch den Architekten Rhoikos), Ephesos und Didyma, die als Dipteroi (mit doppelter Ringhalle) errichtet wurden. Die klassische Baukunst verändert Formen und Proportionen der Bauten zu einem festen Kanon und schafft durch Verschmelzung der attisch-ionischen mit der dorischen Bautradition die Voraussetzung für Werke wie den Parthenon (447–438, Baumeister Iktinos) und die Propyläen (437 bis 431, Baumeister Mnesikles). Ihnen gegenüber stehen die ebenfalls im 5. Jh. errichteten Tempel für Zeus in Olympia (470–456) und Nike (um 420) auf der Akropolis von Athen als Vertreter des dorischen bzw. ionischen Kanons. In der Phase des sog. Reichen Stils an der Wende vom 5. zum 4. Jh. und in der Folgezeit wird mit dem korinthischen Kapitell (zunächst im Innenraum des Apollontempels von Bassae), dem Rundbau, wie der Tholos von Epidauros, Olympia und Delphi, und der sog. ionischen Renaissance, die an Werken wie dem Mausoleum von Halikarnass und dem Artemision in Ephesos sichtbar wird, der Formenreichtum der griechischen Architektur abermals gesteigert. Ein markanter Zug im Hellenismus ist die teilweise Miteinbeziehung größerer landschaftlicher Komplexe in eine einheitlich komponierte Gesamtanlage, wie dies etwa beim Asklepieion von Kos mit seinen ausgreifenden Terrassen und seiner axialen Anordnung oder der großzügigen, mit Freitreppen und Propyläen ausgestatteten Akropolis von Lindos sichtbar wird. Auch in städtebaulicher Hinsicht wird bei der Errichtung der Repräsentativbauten – der Gymnasien und Palästren, Theater- und Bibliotheken, Rathäuser und Marktanlagen – dem Aspekt der Gesamtkomposition vor allem auch bei den vielen Neugründungen besondere Beachtung gezollt. Die Megalomanie, wie sie schon in archaischer Zeit in Sizilien und an der kleinasiatischen Küste, aber auch in Athen (Olympieion), die Architekten faszinierte, kehrt in der hellenistischen Architektur wieder. Auf Anlagen wie den Koloß von Rhodos, den Leuchtturm von Pharos oder den Zeusaltar von Pergamon ist in diesem Zusammenhang zu verweisen.

Zur *Literatur* vgl. oben 172ff. sowie die Bibliographien bei W. B. Dinsmoor, The architecture of the ancient Greece. ³1950, und G. Gruben, Die Tempel der Griechen. ³1980, ein Werk, das eine erweiterte Überarbeitung (mit zusätzlichen Plänen und Abbildungen) des entsprechenden Abschnittes in H. Berve–G. Gruben–M. Hirmer, Griechische Tempel und Heiligtümer. 1961, darstellt. Ein einführender Überblick zur griechischen *Architektur* auch bei J. Boardman, in: J. Boardman–J. Dörig–W. Fuchs–M. Hirmer, Die griechische Kunst. 1966, 7ff. Hier sind neben den Sakralbauten auch Theater, Sportanlagen, Säulenhallen und öffentliche Gebäude, Grabbauten, Häuser, Paläste und ganze Stadtanlagen mitbehandelt. Vgl. auch R. Martin–H. Stierlin, Griechische Welt (Weltkulturen und Baukunst) 1967. Zur Einführung siehe auch Winter, Griechische Kunst a. O. 86ff. – Zum *Theaterbau* als Einführung E. Simon, Das antike Theater (Heidelberger Texte, Didaktische Reihe 5) 1972; zum Theaterwesen M. Bieber, The history of the Greek and Roman theater. 1961. H.-D. Blume, Einführung in das antike Theaterwesen. ²1984. F. Kolb, Agora und Theater, Volks- und Festversammlung (Archäologische Forschungen 9) 1981. Zum Theater auch unten 198. Zu *Sportanlagen:* W. Zschietzschmann, Wettkampf- und Übungsstätten in Griechenland. 1. Das Stadion, 2. Palästra-Gymnasion (Beiträge zur Lehre und Forschung der Leibeserziehung 5 und 8) 1960/61; F. Krinzinger, Untersuchungen zur Entwicklungsgeschichte des griechischen Stadions. Diss. Innsbruck 1968. D. G. Romano, The stadia of the Peloponnesos. Diss. Pennsylvania 1981 (mit umfangreicher Bibliographie 287ff.). Vgl. zum Sport auch unten 219ff. Zum *Haus- und Städtebau*: S. Sinos, Die vorklassischen Hausformen in der Ägäis (Deutsches Archäologisches Institut) 1971. R. E. Wycherley, How the Greeks built cities. ²1962; H. Drerup, Griechische Baukunst in geometrischer Zeit (ArchHom) 1969. H.-D. Heilmeyer, Frühgriechische Kunst. Kunst und Siedlung im geometrischen Griechenland. 1982. J. S. Boersma, Athenian building policy from 561/60 to 405/04 B. C. (Scripta archaeologica Groningana 4) 1970. – M. Coppa, Storia dell'urbanistica dalle origini all'ellenismo (Manuali di arte, architettura e urbanistica) 2 Bde. 1968 (zur Siedlungsgeschichte im Mittelmeerraum ab dem Mesolithikum). R. Martin, L'urbanisme dans la Grèce antique. 1956; A. Kriesis, Greek town building. 1965; F. Glaser, Antike Brunnenbauten (KPHNAI) in Griechenland (Denkschriften der ÖAW) 1983. F. E. Winter, Greek fortifications (Phoenix Suppl. 9) 1971. – Als einzige antike Quelle zum Bauwesen liegt das zehn Bücher umfassende Werk Vitruvs ›De architectura‹ vor (Hrsg. und übersetzt von C. Fensterbusch. 1964). Darin behandelt der Architekt und Ingenieur zahlreiche Fragen zur griechischen Architektur in systematischer und antiquarischer Weise, so u. a. die Baumaterialien, die Tempel, den ionischen, korinthischen und dorischen Stil und die Anlage von Märkten, Theatern, Palästren, Häfen und Wasserbauten. Weiteres zur antiken Fachliteratur, zu Architektur und Technik bei E. Pernice, HdArch 409ff.

Zur *Malerei*: An Werken der griechischen Maler ist anders als bei Bildhauern und Architekten so gut wie nichts auf direktem Wege überliefert worden, wenn hier die Vasenmalerei, von der mit guten Gründen vermutet wird, daß sie Rückschlüsse auf die große Malerei zulasse, einmal beiseite gelassen wird. Daß man sich heute dennoch eine Vorstellung von den Leistungen der griechischen Malerei machen kann, ist einer Reihe von besondern Quellenumständen zu verdanken, auf die unten 185 noch hinzuweisen sein wird. Als Zeugnis früharchaischer Malerei kann die Terrakottametope vom Tempel in Thermos genannt werden, die Perseus mit dem Medusenhaupt darstellt und die zu erkennen gibt, daß der Künstler, der nur wenige Farben benutzt, flächenhaft malt, d. h. keinerlei Tiefenwirkung durch Schatten oder gar Perspektive erreicht; hingegen legt er Wert auf dekorative Ornamentik, die den eigentlichen Reiz des Perseusbildes ausmacht. Diese Intentionen kommen auch in der Architektur- und Stelenmalerei der archaischen Zeit zum Ausdruck. Im Laufe dieser Periode scheint sich in der Malerei der Schwerpunkt von Korinth nach Athen verlagert zu haben. Die flächenhafte Konzeption der archaischen Maler unterliegt im 5. Jh. einem grundlegenden Wandel, indem sich das künstlerische Bemühen auf die dritte Dimension richtet und diese durch Körperperspektive und Schattenmalerei – ersteres soll nach Plinius nat. hist. 35, 54ff. auf Kimon von Kleonai, um 500 v. Chr., letzteres auf Apollodoros von Athen, um 425, zurückgehen – darzustellen versucht. Inwieweit die großen Maler des Strengen Stils (Polygnot und seine Zeitgenossen) bereits eine Tiefenwirkung erzielten, kann nicht mit Gewißheit entschieden werden. Von den Hauptwerken, darunter die Iliupersis in der Lesche der Knidier in Delphi (eine andere in der Stoa Poikile) und die Nekyia (ebenfalls in der Lesche der Knidier), besitzen wir nur Beschreibungen. Die Bedeutung der Werke Polygnots lag, abgesehen von maltechnischen Gesichtspunkten (Vierfarbenmalerei mit Ocker), vor allem in der Bildkomposition, die die einzelnen Gestalten auf verschiedenen Höhenlinien anordnet, was doch eher für eine flächenhafte als eine echte Tiefenwirkung erzielende Darstellung spricht. Erst gegen Ende des 5. Jh., jedenfalls ab Apollodor von Athen, und im 4. Jh. v. Chr. scheint es gelungen zu sein, den dreidimensionalen Effekt in der Malerei zu einer Meisterschaft zu bringen, über die man sich zahlreiche Anekdoten im Altertum erzählte. Zeuxis, der Schüler Apollodors, und Parrhasios (um 420 v. Chr.), jener galt als Begründer der 'Illusionsmalerei', dieser der 'Seelenmalerei', sowie die Vertreter der Malerschule von Sikyon mit Apelles an der Spitze (um 330 v. Chr.), dem es als einzigem Maler erlaubt gewesen sein soll, Alexander zu porträtieren (ein Privileg, das antiker Tradition zufolge Lysippos als Bildhauer für sich beanspruchen durfte), zählen zu den bedeutendsten Repräsentanten der gesamten griechischen Malerei, was nichts anderes besagt, als daß diese Kunstform ihre Blütezeit wesentlich später als die Architektur und die Plastik erreicht hat. Auf ein Gemälde des Philoxenos von Eretria (um 330 v. Chr.) geht vermutlich auch das Alexandermosaik von Pompeji zurück. Die große Malerei des Hellenismus, für die Apelles ähnlich bestimmend war wie für die Plastik Lysippos, zeichnet sich durch die von ihr bevorzugten Themen aus. Neben den mythischen Themen und der Historienmalerei, die weit in die vorhellenistische Zeit hineinreicht und von der Plinius nat. hist. 35, 53ff. einen flüchtigen Eindruck vermittelt, bevorzugten die Maler vor allem Genremotive und Szenen der Theaterwelt (Schauspielerbilder und die betont perspektivisch gehaltene Bühnenmalerei), das Porträt und die Landschaft als Motiv, wobei insbesondere die Bilder der bukolischen Welt jenes Naturempfinden ausgestrahlt haben dürften, das Theokrits ›Idyllen‹ und den zahlreichen Nymphen- und Orpheusreliefs der hellenistischen Zeit eignet.

Zur *Quellenlage*: Die originale griechische Wand- und Tafelmalerei ist bis auf wenige Pinakes gänzlich verlorengegangen. Den unmittelbarsten Zugang zur griechischen Großmalerei eröffnen wohl Grabkammern Lukaniens und Etruriens, deren Fresken z. T. auf griechische Künstler zurückgehen dürften. Ein besonderes Beispiel dieser Art sind die Wandmalereien von Paestum. Vgl. dazu M. Napoli, La tomba del Tuffatore. 1970. – In vielem vermittelt die Vasenmalerei von der geometrischen Zeit bis zum Beginn des Hellenismus Vorstellungen von Bildkomposition, Motivik und Technik, und von der Entwicklung der Malerei in archaischer und klassischer Zeit. Insbesondere die großen Maler der schwarzfigurigen Vasen der streng- und reifarchaischen Zeit (etwa 620–530/20; dazu zählen Klitias, Amasis und Exekias) und der ab etwa 530/20 folgenden rotfigurigen Vasenmalerei, zu der die zuletzt genannten Künstler bereits hinüberleiteten und die im Andokidesmaler, in Euphronios und Euthymides ihre Meister findet, lassen die Leistungen der Großmalerei erahnen. Ebenfalls aufschlußreich dafür sind die nach Gemälden gearbeiteten Mosaiken, die Wandbilder der Vesuvstädte und die Schriftsteller, die griechische Bilder beschreiben wie Lukian, Petronius, Aelian, Pausanias und Philostrat (mit seinen ›Eikones‹) sowie der Abriß einer Geschichte der griechischen Malerei bei Plinius in der ›Naturalis historia‹ (im 35. Buch). Weiteres über antike Fachliteratur zur Malerei bei E. Pernice, HdArch 426ff.

Zur *Literatur*: Zur Einführung vgl. Winter, Griechische Kunst a. O. 145ff.; P. Devambez, Die Malerei im Altertum 1: Griechenland und Kreta (Epochen der Kunst 1) 1963; W. Lepik-Kopaczyńska, Die antike Malerei (Lebendiges Altertum 8) 1963; siehe auch H. B. Siedentopf, Griechische Malerei, in: Kindlers Malereilexikon Bd. 6 1971, 342ff.; dazu auch die Abschnitte zu den einzelnen griechischen Malern in den ersten fünf Bänden. – E. Pfuhl, Malerei und Zeichnung der Griechen, 3 Bde. 1923 (Bd. 3 von K. Schefold 1940 neu herausgegeben); A. Rumpf, Malerei und Zeichnung (HdArch 4, 1) 1953; G. Lippold, Antike Gemäldekopien (Abhandlungen München 33) 1951; W. Kraiker, Die Malerei der Griechen. 1956; M. Robertson, Griechische Malerei. 1959; T. Spiteris, Greek und Etruscan painting. 1965. I. Scheibler, Griechische Töpferkunst. Herstellung, Handel und Gebrauch. 1983. Dies., RE Suppl. 15 (1978) 663ff. W. Schiering, Die griechischen Tongefäße. Gestalt, Bestimmung und Formwandel. 1983. E. Simon–M. und A. Hirmer, Die griechischen Vasen. 1979. – G. Gullini, La pittura greca arcaica (Corsi universitari Torino) 1961; W. Lepik-Kopaczyńska, Apelles, der berühmteste Maler der Antike. 1962. – Zur Vasenmalerei vgl. die Sammelwerke ›Corpus Vasorum Antiquorum‹ [=CVA] 1923ff.; J. D. Beazley, Attic black-figure vase-painters. 1956; ders., Attic red-figure vase-painters. 3 Bde. 1963; P. E. Arias–M. Hirmer, A history of Greek vase painting. 1962. Vgl. auch K. Gschwantler, Zeuxis und Parrhasios. Ein Beitrag zur antiken

Künstlerbiographie (Dissertationen der Universität Graz 29) 1975. – Weiteres Schrifttum zu Malerei und Mosaik, Keramik und Vasenmalerei, auch zur Perspektive bei G. M. A. Richter, Hb der griechischen Kunst. [4]1965, 471 ff. Zur hellenistischen Malerei Schneider KGH 2 729 ff. (mit Literatur 1003 ff.).

Zahlreiche Gebiete der griechischen Kunst wie Gemmen, Münzen, Schmuck, Möbel, Textilien, Glas und Glasur, Ornamentik und Kalligraphie konnten in diesem Überblick nicht einmal Erwähnung finden. Eine einführende Bibliographie dazu bei G. M. A. Richter, Hb der griechischen Kunst 469 ff.

4.4 Literatur und Rhetorik

Die etwa tausendjährige griechische Literatur zwischen dem Iliasdichter und Plotin wird in den meisten Literaturgeschichten nach dem traditionellen *Epochenschema* in die archaische, klassische, hellenistische und kaiserzeitliche Periode gegliedert. Wenn davon abweichend A. Lesky die archaische Zeit mit Hesiod beginnen läßt, das homerische Epos also vorher behandelt, so liegt das nicht in chronologischen Überlegungen begründet, auch kann es „nicht das Ergebnis einer Entwicklung in der Zeit sein“ [152], sondern es liegt darin, daß sich hier sehr verschiedene geistige Welten in den Werken der Dichter ausdrücken. Kaum ein anderer Bereich der griechischen Kultur läßt die Schwierigkeiten, die sich demjenigen entgegenstellen, der mit einem quasi-biologischen Entwicklungsbegriff operieren will, so deutlich werden wie der Bereich der griechischen Dichtung. Zwar zeigen sich in der Verwendung literarischer Formen und Dialekte in der archaischen und klassischen Zeit klare Unterschiede, aber hierin eine Entwicklung etwa von primitiven zu vollendeten Literaturformen sehen zu wollen, wäre verfehlt. Hier Epos, Iambos und Elegie vorwiegend im ionischen Dialekt, die melische Monodie im äolischen, Chorlyrik und die Anfänge der sizilischen Komödie im dorischen Dialekt, dort Drama und Prosaschriftstellerei in attischer Sprache – alle jedoch in ihrer Art formvollendet. Der Hellenismus und die Kaiserzeit pflegen und vermischen einzelne dieser Literaturformen vielfach mit akademischer Akribie und schaffen neue, wie das bukolische Idyll, den Roman und eine Reihe hybrider Gebilde. Als Literatursprache hatte sich das Attische weitgehend durchgesetzt, nicht zuletzt, weil die makedonischen Könige und die Diadochen sie als Amts- und Hochsprache übernahmen. Es entstand die sog. ‘Koine’.

Die *Erschließung und Erforschung von Dichtung und Rhetorik* ist in ihren Anfängen mit der Geschichte der Altertumswissenschaft identisch. Die textkritischen Methoden der modernen Literaturwissenschaft gehen auf die klassische Philologie, vor allem die des 19. Jh. zurück. Sie sind auf das Ziel

[152] Lesky GGL 113.

ausgerichtet, die antiken Texte in möglichst authentischer Form wiederherzustellen und zu edieren. Erst diese Basis, die aufgrund der oft recht verschlungenen Wege der Textüberlieferung nicht immer gleich leicht zu erarbeiten ist, ermöglicht das beste Verständnis der einzelnen Werke und ihre Einordnung in das gesamte Literaturschaffen der Griechen. Das methodische Verfahren, das diesen Zugang zur Literatur eröffnen soll, ist die Hermeneutik, die 'verstehende' Methode des Auslegens und Erklärens von Texten. In seiner ›Enzyklopädie und Methodenlehre der philologischen Wissenschaften‹ [153] entwirft August Boeckh eine Theorie der Hermeneutik, die das Verständnis antiker Texte von vier Arbeitsweisen des Philologen abhängig macht, und zwar von der grammatischen, historischen, individuellen und generischen Interpretation. Gemeint sind damit die Analyse der Sprache, der historischen Bezüge, die im Text selbst liegen, der Individualität des Autors, wie sie sich aus der Konformität seines Gesamtwerkes offenbart, und „des Gattungscharakters aus der Compositionsweise". Mit seiner theoretischen Grundlegung der einzelnen philologischen Verfahrensweisen, die nur in ihrer Kombination miteinander anzuwenden sind, ist Boeckh auch als einer der Wegbereiter der modernen literaturwissenschaftlichen Erkenntnismethoden anzusehen. Wenn R. Wellek–A. Warren, Die Theorie der Literatur. 1971 (engl. 1942), von 'außerliterarischen' und 'innerliterarischen' Arbeitsmethoden der Literaturwissenschaft sprechen und zum erstgenannten Bereich Biographie, Psychologie, Gesellschaft und die leitenden Ideen einer Zeit, zum zweiten Rhythmus und Metrik, Stil, Bildsprache, literarische Form u. a. rechnen, so wird daran sichtbar, wie ausgeprägt das Methodenbewußtsein im 19. Jh. schon sein konnte. Die philologische Praxis konnte mit Boeckhs 'Theorie der Hermeneutik' vielfach nicht Schritt halten. Sie wollte es auch nicht immer, wie etwa die Vertreter des sog. historischen Positivismus, vor allem Ulrich von Wilamowitz-Moellendorff, in mehreren Punkten deutlich erkennen lassen. Bei A. Hentschke–U. Muhlack [154] wird diese Methodenkonfrontation dargelegt und bemerkt, daß die Philologie nach Boeckh ihre Aufgaben wieder „auf recensio, emendatio und interpretatio in literarischen Texten" begrenzt. Darin sieht im wesentlichen auch Kurt von Fritz ›Ziele, Aufgaben und Methoden der klassischen Philologie und Altertumswissenschaft‹, wenn er es als vorrangig erachtet, die „Werke soweit wie irgend möglich in ihrer ursprünglichen Form wiederherzustellen und durch kritische Ausgaben zugänglich zu machen". Als zweite Aufgabe nennt Fritz dann die Interpretation der Texte

[153] Erstmals 1877 postum herausgegeben von E. Bratuschek; Boeckh hat von 1809 bis 1865 darüber Vorlesungen gehalten (ND ^{2}1966).

[154] Wie oben 13 Anm. 1, 97ff. K. von Fritz, in: Deutsche Vierteljahrsschrift für Literaturwissenschaft und Geistesgeschichte 23 1959, 507ff. 528.

in sprachlicher und sachlicher Hinsicht. Der Weg zur richtigen Textrekonstruktion führt über die teilweise nach mechanischen Methoden verfahrende Textkritik, für die P. Maas, Textkritik. 1927 (^{4}1960) die grundlegenden Regeln zusammengestellt hat. „Das A und O der klassischen Philologie und jeder Philologie ist die Interpretation und das dadurch zu erzielende Verständnis der Texte. Dazu können freilich unter gewissen Umständen auch Interpolationskritik, Echtheitskritik, Schichtenanalyse und Entwicklungstheorie sehr wesentlich beitragen“, so Fritz.[155]

Zum Thema Antike – Klassik – Humanismus vgl. die Sammlung von Aufsätzen aus fünf Jahrzehnten (1914–1965) von H. Oppermann, Humanismus (WdF 17) ^{2}1977. – Zu den einzelnen Literaturformen wie Epos, Lehrgedicht, Iambos, Elegie, Epigramm, Tragödie, Komödie, Geschichtsschreibung, Rhetorik und Roman vgl. den Sammelband von E. Vogt (Hrsg.), Griechische Literatur (K. von See, Hrsg., Neues Hb der Literaturwissenschaft. Bd. 2) 1981.

Die gegenwärtige Situation zeigt einen Methodenpluralismus, der nur gelegentlich in seiner prinzipiellen Form einer kritischen Betrachtung unterzogen wird. Die 1970 veröffentlichte Disputation zwischen Manfred Fuhrmann und Hermann Tränkle ›Wie klassisch ist die klassische Antike?‹ beleuchtet den Konflikt zwischen alten und neuen Zielen und Wegen der Altphilologie in exemplarischer Weise. Fuhrmanns Postulat einer „Modernisierung des Methodenrepertoires“ (a. O. 21) sieht u. a. die Übernahme der neuen Ordnungskategorien und Strukturbegriffe der Linguistik vor, weiters intensivere Auseinandersetzungen mit den gesellschaftlichen Bedingungen der Literatur, mit den Gattungsstrukturen, der Rezeptionsästhetik und der antiken Literaturkritik, alles Themen, die nicht nur eine Adaptierung der Methoden der allgemeinen Literaturwissenschaft voraussetzt, sondern auch „die Preisgabe einer veralteten Ästhetik“ (21) und die vor allem die Öffnung hin zur Komparatistik implizieren. Als Forderung findet sich manches, wenn auch in antiquierter Formulierung, bei Boeckh. Anderes wird und wurde bereits in die Tat umgesetzt. So hat B. Snell, abgesehen von den zahlreichen marxistischen Analysen oder M. I. Finleys ›Welt des Odysseus‹ (1968) und V. Ehrenbergs ›Aristophanes und das Volk von Athen. Eine Soziologie der altattischen Komödie‹ (engl. ^{3}1962, deutsch 1968), der soziologischen Methode mit ›Dichtung und Gesellschaft‹ 1965 im Grundsätzlichen Tribut gezollt. Vgl. auch: Die gesellschaftliche Bedeutung des antiken Dramas für seine und unsere Zeit (Protokoll der Karl-Marx-Städter Fachtagung 1969, Hrsg.: W. Hofmann–H. Kuch; Schriften zu Geschichte und Kultur der Antike) 1973. – E. Risch u. a.

155 Vgl. auch K. von Fritz, Philologische und philosophische Interpretation philosophischer Texte, in: W. Schmid (Hrsg.), Die Interpretation in der Altertumswissenschaft. 1971, 55ff. Ferner: K. Büchner, Die philologische Methode, in: Humanitas Romana. 1957, 106ff.; W. Marg, Die Alten und das Neue. Möglichkeiten und Fragwürdigkeiten der klassischen Philologie, in: Τιμητικὸν ἀφιέρωμα Κονσταντίνῳ Ι. Μερεντίτῃ. 1972, 305ff. – Zum Problem der Bewertung der antiken Literatur in der Gegenwart siehe Th. Gelzer, Klassik und Klassizismus, in: Gymnasium 82 1975, 147ff.

haben auf die Bedeutung der Linguistik, des Strukturalismus und der Semantik für die Altphilologie hingewiesen (in: Die Interpretation in der Altertumswissenschaft a. O. 139f.; vgl. auch K. Beyer–D. Cherubin, Linguistik und alte Sprachen, in: Gymnasium 80 1973, 251ff., mit Literatur 275ff.). Ein Beispiel für die Anwendung komparatistischer Methoden durch Altphilologen: C. M. Bowra, Heldendichtung. Eine vergleichende Phänomenologie der heroischen Poesie aller Völker und Zeiten (engl. 1952, deutsch [2]1964). Gegen die biographische Methode als Beitrag zum Verständnis griechischer Literatur, eine häufig angewandte Methode, die das Werk vor allem auf Grund von Persönlichkeit und Leben des Dichters interpretiert und die Wilamowitz mit seinen Werken über einzelne griechische Dichter auf einen Höhepunkt geführt hat, haben sich kritische Stimmen erhoben, so etwa im Rahmen der Altphilologie H. F. Cherniss, The biographical fashion in literary criticism, in: University of California publications in classical philology 12 1933/34, 279ff., und ›Me ex versiculis meis parum pudicum‹, in: Critical essays on Roman literature (Hrsg. J. P. Sullivan) 1962, 15ff. sowie allgemein für die Literaturwissenschaft R. Wellek–A. Warren, Theorie der Literatur. 1971, 73ff. Es versteht sich von selbst, daß bei dieser Deutung auch die Psychoanalyse einen Einstieg findet. Drei Beispiele mögen für die an Zahl ständig zunehmenden tiefenpsychologischen Interpretationen griechischer Dichtung stehen: G. Devereux, The psychotherapy scene in Euripides' *Bacchae*, in: JHS 90 1970, 35ff. mit Hinweisen auf weiteres nach psychoanalytischer Methode verfahrendes Schrifttum. R. S. Caldwell, The psychoanalytic criticism of Aeschylean tragedy. Theory and practice, Diss. University of Minnesota 1972. G. Michenaud–J. Dierksens, Les rêves dans les ›Discours sacrés‹ d'Aelius Aristide. Essai d'analyse psychologique. 1972. Allgemein dazu G. Aigrisse, Psychanalyse de la Grèce antique. 1960 (auch Architektur und Religion miteinschließend). Zur Theorie der Methode: P. von Matt, Literaturwissenschaft und Psychoanalyse. Eine Einführung. 1972. Neue Wege der Erkenntnis insbesondere in formalen Fragen der Metrik und Stilistik, des Wortschatzes und der Grammatik wurden der Philologie auch durch die elektronische Datenverarbeitung eröffnet. Zentren dieser neuen Forschungsmethoden sind vorerst die „International organisation for ancient languages analysis by computer" und das Philologische Seminar der Universität Tübingen, das mit der dortigen Datenverarbeitungsstelle zusammenarbeitet. Beide Institutionen bringen Publikationsreihen heraus.

Im folgenden seien einige *Forschungsschwerpunkte* angeführt, um wichtige Tendenzen bei der Beschäftigung mit der griechischen Literatur in neuester Zeit sichtbar zu machen. Dabei fällt auf, daß im Unterschied zur älteren Forschung, die in überwiegendem Maße auf die klassische Tragödie und das homerische Epos konzentriert war, nunmehr auch die andere archaische Dichtung, so vor allem die Lyrik, durch H. Fränkel (Dichtung und Philosophie des frühen Griechentums, erstmals 1951, [3]1976), die Dichtung der hellenistischen Zeit, die vor allem seit Wilamowitz in die gesamte griechische Literaturbetrachtung miteinbezogen wird, und schließlich als jüngster Sproß auch das literarische Schaffen der römischen Kaiserzeit, stärkere Beachtung in den Arbeiten des Altphilologen und Literaturwissenschaftlers finden. Daß es mit dem allmählichen Miteinbeziehen dieser Bereiche nicht zu einer Vernachlässigung der traditionellen Themen kam, versteht sich wohl von selbst. Was nun die Erforschung der *frühen Epik* anlangt, so hat sie vor allem durch die von Milman Parry aufgestellte These, ›Ilias‹ und ›Odyssee‹ seien als Produkte der *oral poetry* aufzufassen, neue Impulse erhalten. Parry, der als Feldforscher 1934 und 1935 in Jugoslawien dort noch mündlich tradierte Formen der Heldenepik kennenlernte und schon vorher mit seiner Untersuchung ›L'epithète traditionelle dans Homère‹. 1928, neue Wege in der Homeranalyse gegangen war, führte als wichtigstes Argument für die Konzeption der *oral poetry* die ständige Wiederkehr bestimmter Epitheta und Formeln sowie die stereotypen Beschreibungen einzelner Szenen an. Diese Formelhaftigkeit der Sprache sollte dem improvisierenden Vortragenden eine Gedächtnisstütze sein. Daraus folgte die oben genannte Hypothese, die Anhänger und Gegner, aber auch vermittelnde Interpreten gefunden hat. So schreibt A. Lesky[156]: „Seine (scil. Homers) Epen sind ... Großepen, für deren Konzeption bereits die Schrift verwendet wurde, wobei jedoch die von der mündlichen Tradition in dem reichen epischen Formelschatz geschaffenen Ausdrucksmittel durchaus bestimmend blieben. Ob H. das schriftlich konzipierte Großepos als neue Dichtungsform geschaffen hat, was wir gerne glauben möchten, oder ob er hierin bereits Vorgänger hatte, läßt sich nicht entscheiden." Auf die Bedeutung der Frage Schriftlichkeit – Mündlichkeit für die Homerforschung der Gegenwart hat auch A. Dihle hingewiesen. Eine echte Beurteilungsgrundlage für Parrys Hypothesen liegt mit der nun durch seinen Sohn Adam Parry veröffentlichten Sammlung ›The making of Homeric verse. The collected papers of Milman Parry‹ 1971, vor. Milman Parrys Beobachtungen brachten freilich auch keine Antwort auf die 'Homerische Frage', die nach der bereits im Altertum geführten Diskussion vor allem seit F. A. Wolfs ›Prolegomena ad Homerum‹. 1795, die Altertumswissenschaft gleichsam in zwei Lager, in die Analytiker und die Unitarier, teilte. Immerhin zeichnet sich eine gewisse Annäherung der Standpunkte insoweit ab, als die Vertreter der Einheit des homerischen Werkes Einzelpartien wie den 10. Gesang mit der ›Dolonie‹ und zum Teil den ›Schiffskatalog‹ als jüngere Schichten bezeichnen und von 'Ur-Ilias' und 'Ur-Odyssee' sprechen, während die Analytiker ihrerseits den Gesamtplan eines Dichters, dessen redaktionelle Tätigkeit freilich sehr unterschiedlich aufgefaßt wird, nicht grundsätzlich in Abrede stellen. Exemplifizierend für das Abrücken vom streng orthodoxen Standpunkt der Unitarier sind die Bemühungen des so nachdrücklich für die Einheit der

[156] Lesky, RE Suppl 11 1968, 708 Art. Homeros; Dihle, Homer-Probleme (Wissenschaftliche Abhandlungen der Arbeitsgemeinschaft für Forschung des Landes Nordrhein-Westfalen 41) 1970.

›Ilias‹ eintretenden W. Schadewaldt, der im Falle der ›Odyssee‹ zwei Dichter annimmt, wobei der ältere mit dem Iliasdichter gleichzusetzen ist.[157] Den ganzen Konflikt zwischen Analytikern/Neoanalytikern und Unitariern freilich in den Bereich der Terminologie abzuschieben, wie dies bei E. R. Dodds nachzulesen ist, geht wohl nicht an. Dodds schreibt: "What the analysts call nuclei or prototypes, the unitarians call sources, what the analysts call expansions, the unitarians call interpolation." Die Diskrepanz der beiden Positionen sitzt doch tiefer.

Ausführlich zu den hier nur angedeuteten Problemen der Homerforschung A. Lesky, RE Suppl. 11 1968, 687ff. s. v. Homeros; GGL 29ff. und in den Forschungsberichten im AnzAW, die von E. Dönt–O. Panagl–S. Hiller und G. Paserek fortgesetzt werden; siehe auch E. Bielefeld–H. P. Drögelmüller–H. G. Gundel–A. Heubeck–J. Latacz, Neuere Arbeiten zu Homer und Hesiod, in: Gymnasium 76 1969, 54ff., und A. Heubeck, Fachbericht: Zur neueren Homerforschung, in: Gymnasium 78 1971, 98ff., und ders., Die Homerische Frage (EdF 27) 1974. J. Latacz (Hrsg.), Homer. Tradition und Neuerung (WdF 463) 1979. Ders., Homer. 1985. G. Murray, The rise of the Greek epic. [2]1960. G. L. Huxley, Greek epic poetry from Eumelos to Panyassis. 1969. C. O. Pavese, Traditioni e generi poetici della Grecia arcaica (Filologia e critica 12) 1972. T. Krischer, Formale Konventionen der homerischen Epik (Zetemata 56) 1971. G. S. Kirk, Homer and the oral tradition. 1976. F. Eichhorn, Homers Ilias. Ihr allmähliches Werden unter der Hand des Dichters . . . 1971. H. Aigner, Sigeion und die peisistratidische Homerförderung, in: RhM 121 1978, 204ff. H. Eisenberger, Studien zur Odyssee (Palingenesia 7) 1973. J. H. Finley Jr., Homer's Odyssey. 1978. W. Nicolai, Zu den politischen Wirkungsabsichten des Odyssee-Dichters, in: GB 11 1984, 1ff. – Viel benutzt, vor allem in der angelsächsischen Altertumswissenschaft, ist der von einem Autorenkollektiv verfaßte ›Companion to Homer‹ 1962 (Hrsg. A. J. B. Wace–F. H. Stubbings), zu dem Dodds a. O. 38 allerdings bemerkt, "that the views expressed on literary questions reflect almost everywhere a pre-war 'unitarian orthodoxy' rather than a wider spectrum of currant critical opinion: the arguments of 'unorthodox' scholars like Page, Finley and Kirk are in general not answered but ignored". – M. M. Willcock, A companion to the "Iliad". 1976. G. S. Kirk, A commentary on the Iliad. Bd. 1: Iliad 1–4. 1985. – Zu Hesiod vgl. E. Heitsch (WdF 44) 1966. M. L. West, Hesiod, Theogony, with prolegomena and commentary. 1966. Ders., Works and days. 1978. – J.-V. Schmidt, Adressat und Paraineseform. Zur Intention von Hesiods 'Werken und Tagen' (Hypomnemata 86) 1986. Vgl. auch oben 104f. Eine neue Deutung versucht T. Reucher, Die situative Weltsicht Homers. Eine Interpretation der Ilias. 1983.

[157] Schadewaldt, Der Prolog der Odyssee, in: Harvard studies in classical philology 63 1958, 15ff. W. Kullmann, Die Quellen der Ilias (Hermes Einzelschriften 14) 1960. Hier wird die ›Ilias‹ in die 2. Hälfte des 7. Jh. datiert und aus der angeblichen Existenz eines Großepos Kyprien-Amazonie-Aithiopis-Iliupersis abgeleitet. Vgl. dazu U. Hölscher, Gnomon 38 1966, 113ff. 126. – Dodds, Homer, in: Fifty years (and twelve) of classical scholarship. [2]1968, 12.

Im 'Dschungel' der Homerischen Frage sollte die Großleistung der anderen frühgriechischen Dichtung aber nicht aus dem Auge verloren werden. An ihrer Spitze steht, chronologisch gesehen, die *Epik*, eine der drei konventionellen 'Naturformen der Poesie' (Goethe). Neben ›Ilias‹ und ›Odyssee‹, die in einer Zeitraffertechnik Ereignisse um den Troianischen Krieg bzw. die Heimkehr des Odysseus nach Ithaka aufrollen und von denen die ›Ilias‹ zweifelsohne älter ist, stehen Hesiods ›Theogonie‹ und ›Erga‹, die im Unterschied zu den homerischen Epen nicht die griechische Adelswelt Kleinasiens, sondern das Bauerntum Boiotiens widerspiegeln. Versuche, diese Welt Hesiods zeitlich nach der homerischen einzuordnen und „Homers Priorität gegenüber Hesiod – nahezu eine communis opinio –“ [158] nachzuweisen, haben bis heute keine allgemeine Zustimmung gefunden. Die Verschiedenheit der in den Epen behandelten Stoffe und des geistigen Backgrounds der Dichter sowie die Schwierigkeiten bei der Datierung der Textredaktionen für Homer wie für Hesiod stehen dem Erfolg solcher Unternehmen entgegen. Bei einer Beurteilung der frühgriechischen Epik bleibt auch zu bedenken, daß neben den großen homerischen und hesiodischen Gedichten noch andere Werke dieser Dichtungsgattung wie der ›Epische Kyklos‹ (Titanomachie, Epen des thebanischen Sagenkreises, Kyprien etc.) existieren, die nur in Fragmenten erhalten sind. Nach dieser Blütezeit der Epik treten andere Literaturformen in den Vordergrund. Erst in hellenistischer Zeit erlebte das Epos mit den ›Argonautika‹ des Apollonios Rhodios und mit der neuen, von Kallimachos verwendeten Form des Kleinepos, des Epyllion, einen neuen Aufschwung, der sich auf die Ausbildung der römischen Epik auswirkte und schließlich bis in die Spätantike durch den 'Fortsetzer' Homers, Quintus Smyrnaios, durch Nonnos (›Dionysiaka‹) und Musaios (›Hero und Leander‹) anhielt.

Die bedeutendsten *Texteditionen* griechischer Autoren erschienen bzw. erscheinen in den Reihen: Bibliotheca Teubneriana [BT], Leipzig–Stuttgart; Bibliotheca Oxoniensis mit den Oxford Classical Texts [OCT], Oxford; Loeb Classical Library, Cambridge/Mass.–London (mit englischer Übersetzung); Collection Budé [CB], Paris (mit französischer Übersetzung); Tusculum-Bücherei, Heimeran [TB], München (mit deutscher Übersetzung); zur christlichen und sonstigen kaiserzeitlichen griechischen Literatur: Patrologiae cursus, series Graece [PG] (Hrsg. I. P. Migne), Paris; Bibliothek der Kirchenväter [BKV], Kempten. – Die übersichtlichste Edition aller Homer zugeschriebenen Werke einschließlich der Fragmente des ›Epischen Kyklos‹ und der ›Homerischen Hymnen‹ von D. B. Monroe–T. W. Allen, Homeri Opera (OCT) 5 Bde. ^{3}1919 ff.; Bd. 1 und 2: Iliad ^{3}1920; 3. und 4.: Odyssey ^{2}1917, ^{2}1919; Bd. 5: Hymni, Cyclus, Fragmenta, Margites, Batrachomyomachia, Vitae; 1912; die Odysseeausgabe wird von A. Dihle, Griechische Literaturgeschichte. 1967, 426 als „weit überholt“ durch die Ausgabe von P. von der Mühll, 1946, bezeichnet. Als Über-

[158] W. Krafft, Gnomon 36 1964, 544.

setzungen sind neben der berühmten von J. H. Voss (von 1781 und 1793, ND 1971) anzuführen: Ilias (Hrsg. H. Rupé, TB) [8]1983; Odyssee (W. Schadewaldt, 1958 und 1966); Homerische Hymnen (Hrsg. A. Weiher, TB) [4]1979; die Hesiodübersetzung bei Loeb enthält auch die Hymnen, die homerischen Epigramme, die Fragmente des ›Epischen Kyklos‹ und andere Homerica sowie das ›Certamen zwischen Homer und Hesiod‹ (Hrsg. H. G. Evelyn-White) [3]1936. Zu Hesiod: Theogonia, Opera et Dies, Scutum (OCT) (Hrsg. F. Solmsen), Fragmenta Selecta (OCT) (Hrsg. R. Merkelbach–M. L. West) 1970; Fragmenta Hesiodea (Hrsg. R. Merkelbach–M. L. West) 1967; deutsche Übersetzung, auch der Fragmente der Frauen-Kataloge von W. Marg (BAW) [2]1984. Hellenistische und kaiserzeitliche Epik: Apollonius Rhodius (OCT) (Hrsg. H. Fränkel) 1961; übersetzt von Th. von Scheffer 1940; Collectanea Alexandrina. Reliquiae minores poetarum Graecorum aetatis Ptolemaicae 323–146 B. C. Epicorum, Elegiacorum, Lyricorum, Ethicorum (Hrsg. J. V. Powell) 1925 (ND 1970). Zu den späten Epikern vgl. die zitierten Editionen bei A. Lesky GGL a. O.; zum Epyllion: M. M. Crump, Epyllion from Theocritus to Ovid. 1931. Vgl. auch K. Ziegler, Das hellenistische Epos. Ein vergessenes Kapitel griechischer Dichtung. [2]1966. – Die ›Epicorum Graecorum Fragmenta‹ von G. Kinkel, 1877, gelten als veraltet. Seit 1979 erscheint das ›Lexikon des frühgriechischen Epos‹ [LfgrE], begründet von B. Snell, fortgeführt von H. Erbse. Bd. 1: 1979.

Die *griechischen Lyriker* der Frühzeit, zu deren Verständnis und Einschätzung vor allem Hermann Fränkel mit ›Dichtung und Philosophie des frühen Griechentums‹ (1951, [2]1962) [159] Wesentliches beigetragen hat, sind, von Pindar und Bakchylides abgesehen, nur sehr fragmentarisch überliefert. Nach einer von Fränkels wichtigsten Thesen deuten die Gedichte, vor allem jene der älteren Zeit, insofern eine Abwendung von der epischen Welt an, die hier wie bei Lesky von der archaischen Epoche abgetrennt wird, als sie sich vom Heroischen ab- und dem Alltäglichen, dem „Jetzt, Hier und Ich" zuwenden. Die Ursprünge der archaischen Lyrik, die ebenso wie die Epik in vorhomerische Zeit zurückreichen, werden nach A. Lesky in den volkstümlichen Liedern, vor allem in Kult- und Arbeitsliedern gesehen. Die ältesten Zeugnisse griechischer Lyrik aus dem 7. Jh. v. Chr. zählen bereits zu den formvollendeten Schöpfungen der Dichtkunst. Nach antiker Kunsttheorie unterschied man dabei besonders die Chorlyrik von jenen Liedern bzw. Gedichten, die von einzelnen Interpreten zunächst zur Lyra (sog. monodische Lyrik, als deren Hauptrepräsentanten Alkaios und Sappho von Lesbos gelten), dann auch zu anderen Instrumenten vorgetragen wurden. Anders als heute zählte man Iambos und Elegie nicht zur Lyrik, weswegen im antiken Kanon der neun bedeutendsten Lyriker (Sappho, Alkaios, Anakreon, Alkman, Stesichoros, Ibykos, Simonides, Pindar und Bakchylides) Namen wie Archilochos, Solon, Tyrtaios, Mimnermos und Theognis fehlen.

[159] Eine Geschichte der griechischen Literatur von Homer bis Pindar. 1951, [2]1962, 191; Lesky GGL 132f.

Unter den Chorlyrikern finden Pindar und Bakchylides in der Altphilologie größte Beachtung, nicht allein, weil sie zu den herausragenden Erscheinungen dieser ursprünglich durch kultisch-mythischen Charakter ausgezeichneten Dichtungsart gehören, sondern auch, weil von ihren Werken am meisten erhalten blieb. Nach diesen beiden Chorlyrikern nahm die lyrische Produktion in Griechenland zusehends ab und erlangte erst im Hellenismus mit den Gedichten des Kallimachos, ferner mit der bukolischen Dichtung, wie sie sein Zeitgenosse Theokrit mit den ›Idyllen‹ meisterhaft vertritt, und dem Epigramm, als dessen alter Meister schon Simonides (6./5. Jh. v. Chr.) gilt, wieder ihre Bedeutung und ihren Formenreichtum zurück. Freilich stehen in diesen Gedichten zuweilen Akademisches und echtes Dichtererlebnis nebeneinander.

Quellenausgaben: Anthologia Lyrica Graeca (Hrsg. E. Diehl) ²1934–42; Suppl. 1942; Fasz. 1–3: ³1949–52 (alle Lyriker, ausgenommen Pindar und Bakchylides); Poetae Melici Graeci (Hrsg. D. L. Page) 1962 (mit Ausnahme von Alkaios und Sappho, Pindar und Bakchylides); Die lesbischen Dichter: Poetarum Lesbiorum Fragmenta (Hrsg. E. Lobel–D. L. Page) 1955; M. Voigt, Sappho and Alcaeus, Fragmente. 1971. Die wichtigsten Gedichte dieser Sammlungen in ›Lyrica Graeca selecta‹ (OCT) (Hrsg. D. L. Page) 1968. Weitere: Iambi et elegi Graeci (Hrsg. M. L. West) 2 Bde. 1971/72; Bucolici Graeci (OCT) (Hrsg. A. S. F. Gow) 2 Bde. 1950. – Für Pindar und Bakchylides existieren Sonderausgaben, die bei Lesky a. O. leicht nachzuschlagen sind. – Auswahlübersetzungen bzw. zweisprachige Ausgaben: W. Marg, Griechische Lyrik in deutscher Übertragung. 1964 mit Bibliographie; H. Rüdiger, Griechische Lyriker, 1968; Griechische Gedichte. Mit Übertragungen deutscher Dichter (Hrsg. H. Rüdiger) ⁴1972 (1. 1936) (TB); zahlreiche zweisprachige Ausgaben in TB: Anthologia Graeca (Hrsg. H. Beckby) ²1965–67, 4 Bde., eine antike bzw. byzantinische Sammlung griechischer und lateinischer Epigramme. Frühgriechische Lyriker I: Elegiker, II: Iambographen von B. Snell und Z. Franyó (Schriften und Quellen der Alten Welt) 1971ff. Alkaios (Hrsg. M. Treu) ³1980; Archilochos (Hrsg. M. Treu) ²1979; Pindar (Hrsg. O. Werner) 1967; Sappho (Hrsg. M. Treu) ⁷1984; Simonides–Bakchylides (Hrsg. O. Werner) ³1969; Theokrit (Hrsg. E. P. Fritz) 1970. Weiters: Griechische Lyrik von E. Staiger 1961; Kallimachos (Hrsg. E. Howald–E. Staiger) 1955. Bei Loeb: Greek Elegy and Jambus (Hrsg. J. M. Edmonds) 2 Bde. 1931; The Greek bucolic poets (Theocritus, Bion, Moschus) (Hrsg. J. M. Edmonds) ²1928. D. E. Gerber, Euterpe. An anthology of early Greek lyric, elegiac, and iambic poetry. 1970. P. A. Hansen (Hrsg.), Carmina epigraphica Graeca saeculorum VIII–V a. Chr. (Texte und Kommentare 12) 1983. W. Peek, Griechische Grabgedichte. 1960.

Literatur: Grundlegend für die Zeit bis zur Mitte des 5. Jh. das oben zitierte Werk von H. Fränkel ²1962 (besprochen von W. Burkert, Gnomon 35 1963, 827f.). C. M. Bowra, Greek lyric poetry. ²1961; A. W. Adkins, Poetic craft in the early Greek elegists. 1985. Antike Lyrik (Ars interpretandi, Hrsg. W. Eisenhut) 1970. – W. M. Calder III – J. Stern (Hrsg.), Pindarus and Bakchylides (WdF 134) 1970. – U. von Wilamowitz-Moellendorff, Die Textgeschichte der griechischen Lyriker; ders., zum Hellenismus: Hellenistische Dichtung in der Zeit des Kallimachos, 2 Bde. 1924, und

Textgeschichte der griechischen Bukoliker. 1906. – B. Effe (Hrsg.), Theokrit und die griechische Bukolik (WdF 580) 1985; vgl. auch die prägnante Einleitung von Effe, in: ders. (Hrsg.), Hellenismus (H. Görgemanns, Hrsg., Die griechische Literatur in Text und Darstellung Bd. 4) 1985, 9–18; K. Garber (Hrsg.), Europäische Bukolik und Georgik (WdF 355) 1976. – A. Körte und P. Händel, Die Hellenistische Dichtung. ^{2}1969. H. Färber, Die Lyrik in der Kunsttheorie der Antike. 1936. – W. Rösler, Dichter und Gruppe. Eine Untersuchung zu den Bedingungen und zur historischen Funktion früher griechischer Lyrik am Beispiel des Alkaios (Theorie und Geschichte der Literatur und der schönen Künste 50) 1980. Forschungsberichte zu Pindar von E. Thummer, AnzAW zuletzt: 35 1982, 129ff.

Immer schon zählte die *griechische Tragödie* zu den bevorzugten Stoffen der altphilologischen Forschung. Das gilt auch heute noch. A. Lesky[160] schreibt dazu: „Für kein Gebiet – Platon und Aristoteles ausgenommen – ist der Zuwachs an neuerer Literatur so gewaltig wie für die Tragödie." Einen besonderen Forschungsschwerpunkt stellt dabei die Frage nach den Ursprüngen des Dramas dar. Richtungweisend für die Diskussion der einzelnen Entstehungstheorien ist die Aristotelesnotiz in der ›Poetik‹ (1449a), wonach die Tragödie einerseits in Stegreifdarbietungen – in Parenthese wird dabei auf den Dithyrambos, das kultische Chorlied für Dionysos verwiesen –, auf der anderen Seite im Satyrikon, wohl einer „von Satyrn bestrittenen Form chorischer Darbietungen mit dramatischem Einschlag" (so Lesky), ihre Wurzeln hat und einen Prozeß der 'Umwandlung zur erhabenen Gestalt' durchmachte. Diese Auffassung haben vor allem Vertreter der ethnologischen Schule wie M. P. Nilsson verworfen und auf Parallelen im Bereiche der Kulttänze und mimischer Riten bei Naturvölkern verwiesen. Die dabei aufgezeigten Gemeinsamkeiten mit den Vorformen der griechischen Tragödie werden heute nicht mehr in Abrede gestellt, aber einem 'Unterbau des Dramas' zugewiesen, der noch zuwenig Aussagekraft über die griechische Form der Tragödie besitzt. Skepsis gegenüber Aristoteles kennzeichnet auch einige neuere Theorien, so wenn H. Patzer[161] den Hypothesencharakter der Poetiknotiz herausstellt und die Tragödie vor allem „aus der sakralen Chorlyrik als hymnischer Dichtung" ableitet oder W. Burkert sich noch weiter von Aristoteles entfernt, indem er, etymologische Argumente miteinschließend, diese Dichtungsform auf Gesänge und Ritual von maskierten Männern zurückführt, die an einem Bocksopfer teilnehmen. Schließlich geht auch G. F. Else, The origin and early form of Greek tragedy. 1965, einen neuen Weg, wenn er in Thespis den Schöpfer der Tragödie sieht und der aristotelischen These damit jeden Boden entzieht. Gegen diese

[160] Lesky GGL 260. Ders., Die tragische Dichtung der Hellenen. ^{3}1972, 27.

[161] Patzer, Die Anfänge der griechischen Tragödie (Schriften der wissenschaftlichen Gesellschaft Frankfurt) 1962, 51, 173; Burkert, Greek tragedy and sacrificial ritual, in: GRBS 7 1966, 87ff.

Auffassungen stellt sich A. Lesky, der zuletzt in der 3. Auflage der ›Tragischen Dichtung der Hellenen‹ 1972 die „Ursprungsprobleme" ausführlich behandelt und mit guten Gründen den Aussagewert und die Kompetenz des Aristoteles in dieser Frage bekräftigt, womit er sich bewußt in die Wissenschaftstradition von U. von Wilamowitz-Moellendorff, W. Kranz, M. Pohlenz und K. Ziegler stellt.[162] Daß neben der Suche nach den Anfängen auch noch zahlreiche andere Fragen zur Erforschung der griechischen Tragödie, ihrer Stoff- und Formprobleme existieren, erübrigt sich angesichts der Fülle der einschlägigen Literatur hier anzuführen. Die Hinterlassenschaft der drei Tragiker, je sieben Tragödien von Aischylos und Sophokles, achtzehn von Euripides, von insgesamt über 280 Werken, liefert wesentliche Einblicke in das kulturelle Schaffen der sog. Klassik. Das Menschenbild, wie es diese drei Dichter zeichneten, zeigt vor allem den Menschen in seiner 'Vereinzelung und Schuld', einem „Generalthema der griechischen Dichtung", wie W. Jens[163] bemerkt, also den Menschen in seiner Stellung zur Gottheit, die jeder dieser drei Dichter grundverschieden beurteilt. Ihre Tragödien spiegeln, wie die neuen Lehren der Sophistik, den historischen geistigen Umbruch im 5. Jh. v. Chr., der gelegentlich auch als die griechische Aufklärung bezeichnet wird, in vielfältiger Weise wider.

Die Reste der griechischen Tragödiendichtung bei A. Nauck, Tragicorum Graecorum Fragmenta [TGF] ^{2}1889, (ND 1964) mit Suppl. von B. Snell. Von der Neuausgabe der TGF durch Snell sind bisher Bd. 1 1971, Bd. 2 1981 und Bd. 3 1985 erschienen. *Aischylos*ausgaben von D. L. Page (OCT) 1972 und Wilamowitz 1914 (ND 1958); H. J. Mette, Die Fragmente der Tragödien des Aischylos. 1959; zweisprachige Ausgabe mit Fragmenten in TB von O. Werner ^{3}1980; zu *Sophokles*: Ausgabe von A. C. Pearson (OCT) 1924 und 1928; ders. auch die Fragmente in 3 Bden. 1917; dazu: D. L. Page, Literary papyri (Poetry) 1950; TB: W. Willige–K. Bayer ^{2}1985; zu *Euripides*: 3 Bde. von G. Murray (OCT) 1 1902; 2 ^{3}1913; 3 ^{2}1913; die Fragmente bei Nauck TGF und Page, Literary papyri a. O. TB: zweisprachige Gesamtausgabe mit Fragmenten in 6 Bden. nach der Übersetzung von E. Buschor (Hrsg. G. A. Seeck); 1972–1981; zweibändige Übersetzung auch von H. von Arnim 1931. Ferner H. Görgemanns (Hrsg.), Die griechische Literatur in Text und Darstellung. 1986. Bd. 2: Klassische Periode (5. Jh.).

Literatur: Als grundlegende Einführung in die Tragödiendichtung sei auf Leskys zitierte 3. Auflage der ›Tragischen Dichtung der Hellenen‹ 1972 verwiesen, wo auch 1 ff. ein übersichtliches Literaturverzeichnis geboten wird. B. Zimmermann, Die griechische Tragödie. 1986 (mit einer Einleitung u. a. zur Kanonisierung und Überlieferungsgeschichte, zu Kult, Polis und Aufführungsbedingungen). G. A. Seeck, Das griechische Drama (Grundriß der Literaturgeschichten nach Gattungen) 1979. – A. Brown, A new companion to Greek tragedy. 1983. J. C. Hogan, A commentary

[162] Else, The origin and early form of Greek tragedy. 1965. Lesky, Die tragische Dichtung 23.

[163] Die griechische Literatur, in: Kindlers Literaturlexikon. 1970, Bd. 1, 95.

on the complete Greek tragedies. Aeschylus. 1985. J.-P. Vernant–P. Vidal-Naquet, Mythe et tragédie en Grèce ancienne (Aufsatzsammlung 1967–72) 1972. V. Citti, Tragedia e lotta di classe in Grecia. 1978. J. Thomson, Aischylos und Athen. ^{2}1979. H. Kuch, Polisdemokratie und Tragödie, in: J. Herrmann–I. Sellnow (Hrsg.), Rolle der Volksmassen (wie oben 88) 263ff. Vgl. auch R. Müller (Hrsg.), Der Mensch als Maß der Dinge (Veröffentlichungen des ZAGA 8) 1976, zu den Menschenbildern der Tragiker. G. Rachet, La tragédie grecque. Origines, histoire, développement. 1973; H. Gondek, Die Wurzeln des antiken griechischen Dramas in der antiken griechischen Volkskultur. Diss. Wien 1972. W. Jens (Hrsg.), Bauformen der griechischen Tragödie (Poetica Beiheft 6) 1971 (Aufsatzsammlung). H. Strohm, Griechische Tragödie 10. Fortsetzung: in: AnzAW 30 1977, 129ff.; 29 1976, 129ff.; 27 1974, 33ff.; 26 1973, 1ff.; 24 1971, 1ff.; 22 1969, 129ff.; fortgeführt von H. Funke. T. B. L. Webster, Greek tragedy, in: Fifty years (and twelve) of classical scholarship. ^{2}1968, 88ff.

In der fruchtbaren dichterischen Schaffenszeit der 2. Hälfte des 5. Jh. v. Chr. gewann auch die *Komödie*, die in Sizilien schon im 6./5. Jh. v. Chr. von Epicharm besonders als Mythentravestie gepflegt wurde, in Athen zunehmend an Bedeutung. Elemente der dorischen Volksposse und des in Großgriechenland gepflegten Mimos haben zu ihrer Entfaltung entscheidend beigetragen. Von den Forschungen der letzten Zeit zur sog. Alten Komödie seien – wegen ihrer Bedeutung für den Historiker – nur zwei Publikationen angeführt: V. Ehrenberg, The people of Aristophanes. 1962 (deutsch 1968) und J. Schwarze, Die Beurteilung des Perikles durch die attische Komödie (Zetemata 51) 1971. Das erstgenannte Werk stellt den Versuch dar, aufgrund von Aristophanesinterpretationen die athenische Bevölkerung unter soziologischem Aspekt zu analysieren, d. h. die sozialökonomischen Verhältnisse und ihre Entwicklung in dem Zeitraum, in welchem die Komödien abgefaßt wurden, darzulegen. Schwarze hingegen untersucht das Periklesbild der einzelnen Komödienschreiber mit den zahlreichen diskriminierenden Anspielungen auf den athenischen Staatsmann und prüft ihre Bedeutung für die historiographische Überlieferung. Der politisch-gesellschaftliche Akzent ist für die oft recht derben Humor bekundenden Werke des Aristophanes (von seinen 44 Komödien blieb nur ein Viertel erhalten) ebenso kennzeichnend wie die utopischen Gebilde in ›Lysistrata‹ oder den ›Vögeln‹. Davon unterscheiden sich schon die nur aus vielen Titeln und wenigen größeren Fragmenten bekannte Mittlere Komödie und vollends die Neue Komödie (ab etwa 320 v. Chr.), die vor allen anderen Dichtern Menander mit einem vollständigen Werk (von ursprünglich über 100), dem 1959 erstmals veröffentlichten ›Dyskolos‹, den zu zwei Dritteln erhaltenen ›Epitrepontes‹ (›Das Schiedsgericht‹), sowie mehreren längeren Fragmenten (vor allem der Komödien ›Samia‹ und ›Aspis‹) vertritt. In diesen Stücken verrät sich eine philosophisch orientierte Humanität, gepaart mit einer dezenten, kaum verletzenden Ironie, sowie eine meisterhafte Sprachbeherrschung, die der hellenistische Dichtung ein ausgezeichnetes Zeugnis ausstellt. Die neuen Papyrusfunde zu Menander, über die in den wenigen Jahren seit ihrer Entdeckung zahlreiche Abhandlungen verfaßt wurden, sind nicht zuletzt deshalb wichtig, weil Menanders literarische Hinterlassenschaft nachhaltigen Einfluß auf die römische Komödie nahm, insbesondere auf Terenz, den Caesar einen 'halben Menander' nannte.

Quellen: Auf neun Bde. projektiert: R. Kassel–C. Austin, Poetae comici Graeci: Bereits erschienen III 2 (Aristophanes, testimonia et fragmenta) 1984, IV (Aristophon–Crobylos) 1983, V (Damoxenus–Magnes) 1986. Aristophanesedition von V. Coulon, 5 Bde. (CB) 1923–30, ^{6}1958. Zahlreiche Sonderausgaben einzelner Komödien sind bei Lesky GGL 507f. verzeichnet. Als Übersetzung ist neben der von J. G. Droysen ^{3}1881 auch die von L. Seeger, 2 Bde. 1952, anzuführen. Zu Menander: A. Körte–A. Thierfelder, 2 Bde. (BT) 1947–53 (noch ohne Dyskolos); Dyskolos: H. Lloyd-Jones (OCT) 1960, W. Kraus (SB Wien 234, 4) 1960 mit Kommentar; textkritische Ausgabe: Kritische Gesamtausgabe, auch der neuen Funde von F. H. Sandbach (OCT) 1972, dazu der Kommentar von A. W. Gomme und F. H. Sandbach 1973; zweisprachige Ausgabe von M. Treu (TB) 1960. Fragmentensammlungen zur griechischen Komödie: A. Meineke, Fragmenta Comicorum Graecorum [FCG] 5 Bde. 1839–57; Th. Kock, Comicorum Atticorum Fragmenta [CAF] 3 Bde. 1880–88, Supplementum Comicum (Hrsg. J. Demianczuk) 1912; J. M. Edmonds, The fragments of Attic comedy 1–3B, 1957–61 (mit englischer Übersetzung). – Comicorum Graecorum fragmenta in papyris reperta (Hrsg. C. Austin) 1973. Grundlegende Einführung mit *Literatur* in die politische Komödie des 5. und 4. Jh. bei Lesky GGL 471ff. und zur Neuen Komödie 717ff.; knapper Überblick bei A. Dihle, Griechische Literaturgeschichte. 1967, 185ff. und 340ff. W. Kraus, Griechische Komödie, zuletzt in: AnzAW 28 1975, 1ff. K.-J. Dover, Greek comedie, in: Fifty years (and twelve) of classical scholarship. ^{2}1968, 123ff. Ders., Aristophanic comedy. 1972. H.-J. Newiger (Hrsg.), Aristophanes und die Alte Komödie (WdF 265) 1975; E. David, Aristophanes and Athenian society of the early fourth century B. C. 1984 (vgl. auch oben 197 das Buch von V. Ehrenberg). H. J. Tschiedel, Aristophanes und Euripides. Zu Herkunft und Absicht der Weiberkomödien, in: GB 11 1984, 29ff. R. Hošek, Die Mittlere Komödie als Quelle soziologischer Beobachtungen, in: E. Ch. Welskopf, Hellenische Poleis (wie oben 62) Bd. 3 1099ff. R. L. Hunter, The new comedy of Greece and Rome. 1985. H. Reich, Der Mimus. 1903 (ND 1974); H. Wiemken, Der griechische Mimus. Dokumente zur Geschichte des antiken Volkstheaters. 1972. – Siehe auch H. Görgemanns (Hrsg.), Die griechische Literatur in Text und Darstellung. 1987. Bd. 3: Klassische Periode (4. Jh.). Zum Theaterwesen (vgl. auch oben 183): F. Stoessl, Die Vorgeschichte des griechischen Theaters (Beiträge zur Klassischen Philologie 165) 1985. S. Melchinger (Theaterschriftsteller und -kritiker), Das Theater der Tragödie. Aischylos, Sophokles und Euripides auf der Bühne ihrer Zeit. 1974. B. Gentili, Theatrical performances in the ancient world. Hellenistic and early Roman theater (London studies in classical philology 2) 1979. Siehe ferner H. Kindermann, Das Theaterpublikum der Antike. 1979.

Griechische Poesie bleibt natürlich in ihren literarischen Formen nicht auf Epos, Lyrik und Drama beschränkt. Nach antiken Kunstauffassungen unterlagen auch die *Schriften zur Philosophie, Geschichte, Rhetorik, Geographie* und anderen Disziplinen den Gesetzen künstlerischer Gestaltung, wenn sie nicht überhaupt die traditionellen Kunstformen übernahmen, wie Hesiod, der seine Lehren vom Landbau in Hexametern vortrug, oder die Philosophen Xenophanes, Parmenides, Empedokles, aber auch viele andere Vertreter antiker Wissenschaften, die ihre Erkenntnisse in Gedichtform festhielten. Zur Dichtung im weiteren Sinne zählte aber im Altertum auch die nicht streng an Rhythmus und Verse gebundene Fachliteratur der Historiographen wie Herodot, Thukydides, Xenophon und Polybios, der Philosophen, vor allem Platon und Aristoteles, und der Redner Gorgias, Isokrates, Demosthenes u. a. Gerade der Prosastil der letztgenannten mit seinen teils rhythmisierenden Satzperioden, seinem Vokabular und der Prägnanz des Ausdrucks galt späteren Generationen als vorbildlich. Unter dem Einfluß der hellenistischen Rhetorik mit ihrer teilweisen Überbetonung des Formprinzips, die ihren Ausdruck im überladenen Stil des 'Asianismus' fand, kam es allerdings zu einer Gegenbewegung in der im 4. Jh. v. Chr. blühenden Kunstprosa. Auf jenen in Kleinasien ausgebildeten barocken Redestil, der auch die Geschichtsschreibung des Hellenismus beeinflußte, reagierte dann der 'Attizismus' (seit dem 2. Jh. v. Chr.), der sich literarisch wieder an den Werken der attischen Schriftsteller des 5. und 4. Jh., vor allem des Lysias und Demosthenes, orientierte und somit ein erstes Beispiel für eine klassizistische Bewegung in der europäischen Literaturgeschichte darstellt. Weniger unter dem Einfluß der Rhetorik als unter jenem der Geschichtsschreibung, aber auch der Reiseschriftstellerei, zum Teil auch der epischen und dramatischen Dichtung entwickelt sich ab dem 5. Jh. allmählich auch der Roman, für den es allerdings in der antiken Literaturtheorie keinen *terminus technicus* gab. Als Vorstufen werden gerne Herodots Novellistik, Xenophons ›Kyroupaideia‹ und die ›Persika‹ des Ktesias genannt, woraus dann in hellenistischer Zeit Abenteuerromane, teils mit utopischen Gehalten, und Liebesromane entstehen.

Ausgaben der Rhetoren und Oratoren: L. Radermacher, Artium scriptores (SB Wien 227, 3) 1951; L. Spengel–C. Hammer, Rhetores Graeci, 3 Bde. 1854–94. Oratores Attici (Hrsg. J. G. Baiter und H. Sauppe) 1850 (ND 1968). Ausgaben von Isokrates: G. E. Benseler–F. Blaß (BT) 2 Bde. ^{3}1887–93; zu Demosthenes F. Blaß–C. Fuhr–J. Sykutris, 2 Bde. 1914–37; C. Carey–R. A. Reid, Demosthenes: Selected private speeches. 1985 (kommentiert und eingeleitet). H. Wankel, Demosthenes. Rede für Ktesiphon über den Kranz. 2 Halbbde. 1976. Für beide Redner englische Übersetzungen bei Loeb von G. Norlin–La Rue van Hook, 3 Bde. 1928–45 und J. H. Vince–A. T. Murray, 7 Bde. 1926–49; zu Aischines: F. Blaß–U. Schindel (BT) ^{2}1972. Zu Dion Chrysostomos: H. von Arnim, 2 Bde. 1893–96 (ND 1962), kommentierte Übersetzung von W. Ellinger, 1967. Zu Aelius Aristides die Ausgabe von W. Dindorf (BT) 3 Bde. 1829; Bd. 2 von B. Keil 1898 (ND 1958); vgl. auch J. H. Oliver, The civilizing power (Text mit englischer Übersetzung und Kommentar zum

Panathenaikos, Transactions of the American philosophical society. 58, 1) 1968, und The ruling power (Text mit englischer Übersetzung und Kommentar zur ›Rede auf Rom‹, a. O. 43, 4) 1953. Zur Zweiten Sophistik die Philostratausgabe von C. L. Kayser (BT) 2 Bde. 1870/71.

Literatur: Als Einführung empfehlen sich W. Eisenhut, Einführung in die antike Rhetorik und ihre Geschichte (Die Altertumswissenschaft) ^{3}1982, und der übersichtliche Artikel ›Rhetorik‹ in: LAW 2611ff. mit ausführlichen Literaturverweisen. J. Martin, Antike Rhetorik. Technik und Methode (HdA II 3) 1974. M. Fuhrmann, Die antike Rhetorik. Eine Einführung. 1984. H. Lausberg, Elemente der literarischen Rhetorik. ^{8}1984 (1949). K. Heldmann, Antike Theorien über Entwicklung und Verfall der Redekunst (Zetemata 77) 1982 (über römische Redner). Grundlegend noch immer R. Volkmann, Die Rhetorik der Griechen und Römer in systematischer Übersicht. ^{2}1885 (ND 1963); Lesky GGL 654ff. und 926ff.; H. Ll. Hudson-Williams, Orators and rhetoric, in: Fifty years (and twelve) of classical scholarship. ^{2}1968, 242ff. – H. Hunger, Aspekte der griechischen Rhetorik von Gorgias bis zum Untergang von Byzanz (SB Wien phil.-hist. Klasse 277, 3) 1972. – D. Allroggen, Griechische Geschichte im Urteil der attischen Redner des 4. Jh. v. Chr., Diss. Freiburg 1972; A. Raubold, Untersuchungen zur politischen Sprache der Demokraten bei den älteren attischen Rednern. Diss. München 1971. K. Raaflaub, Des freien Bürgers Recht der freien Rede, in: W. Eck–H. Galsterer–H. Wolff (Hrsg.), FS Vittinghoff. 1980, 7ff. Ders., Die Entdeckung der Freiheit (Vestigia 37) 1986, 277ff. (zu 'Redegleichheit' =*isegoria* und 'Redefreiheit' =*parrhesia*). H.-G. Kleinow, Die Überwindung der Polis im frühen 4. Jh. v. Chr. Diss. Erlangen 1981 (zu den panhellenischen Reden bei Lysias, Platon und Isokrates). H. Wankel, Die Korruption in der rednerischen Topik und in der Realität . . ., in: W. Schuller (Hrsg.), Korruption im Altertum. 1982, 29ff. – U. von Wilamowitz-Moellendorff, Asianismus und Attizismus, in: Hermes 35 1900, 1ff. Siehe auch H. Erbse, Untersuchungen zu den attizistischen Lexika (Abh. Dt. Akademie, phil.-hist. Kl. 1949, 2) 1950. Allgemein zur Literatur der nachklassischen Zeit vgl. oben 170f. Der Band ›Die griechische Literatur des 4. Jahrhunderts bis auf Alexander d. Gr.‹ in HdA (7, 1, 6) ist in Vorbereitung; ebenso bereitet für das HdA W. Spoerri eine griechische Literaturgeschichte vom Ausgang des Hellenismus bis zur Spätantike (ca. 100 v. Chr. bis 529 n. Chr.) als Ersatz für den entsprechenden vorliegenden Band (7, 2, 2) ^{6}1924 (ND 1961) vor. Auch A. Dihle beabsichtigt, seine ›Griechische Literaturgeschichte‹ 1967, durch eine Darstellung der zweisprachigen Literatur der römischen Kaiserzeit zu ergänzen (vgl. a. O. 423). Vorerst bleibt jedoch Leskys Literaturgeschichte die einzige zeitgemäße Darstellung, die das Studium der gesamten Entwicklung ermöglicht und durch den vorzüglichen wissenschaftlichen Apparat auch wesentlich erleichtert. – Nicht zu unterschätzen ist auch der sozialkritische Aussagewert der griechischen Fabeldichter. Eine reichhaltige Auswahlsammlung, die vor allem auch Aisopos berücksichtigt, von H. C. Schnur (Hrsg.), Fabeln der Antike. ^{2}1985 (TB). – Zur *Romanliteratur*: als Einführung N. Holzberg, Der antike Roman. 1986. Ferner R. Villgradter–F. Krey (Hrsg.), Der utopische Roman. 1973; O. Weinreich, Der griechische Liebes-Roman. 1962; K. Kerényi, Der antike Roman. 1971; G. Anderson, Ancient fiction. The novel in the Graeco-Roman world. 1985. H. Kuch, Zu den Entstehungsbedingungen des antiken Romans, in: P. Oliva–A. Frolíková

(Hrsg.), Concilium Eirene XVI. 1983, Bd. 1, 320ff. zum Alexanderroman vgl. unten 252f.

4.5 Philosophie

Der kurvenreiche Weg, auf dem einzelne Griechen Schritt für Schritt zu einer Überwindung des mythischen Denkens und zur Erkenntnis gelangen, daß der Kosmos und seine Entstehung auch rational und natürlich erklärt und interpretiert werden könne, markiert das Anfangsstadium der griechischen Philosophie und jenen Prozeß, den Wilhelm Nestle im Vorwort zu seinem schon mehrfach zitierten Buch ›Vom Mythos zum Logos‹ ²1942 (ND 1966) und auch andernorts die „allmähliche Zersetzung der griechischen Religion" nennt. Diese Entwicklung, die sich nach zaghaften Anfängen im 6. und 5. Jh. deutlicher abzuzeichnen beginnt, schafft nach Nestle das Fundament für die weitere Entfaltung des griechischen Denkens auch der Zeit nach 400 bis hin zum 'Sieg' des Christentums. Dieser Weg, der sich hin und wieder auch als Umweg oder gar als 'Holzweg' erwiesen hat, wurde zumeist von einzelnen Persönlichkeiten beschritten, die nur selten größere Gefolgschaften anführen konnten, woraus sich für die Philosophiegeschichte ein besonderes Problem ergibt: Es zeigt sich darin, daß der einzelne und die breite Masse der Bevölkerung sich auf verschiedenen Etappen ihres Marsches befinden, was gewiß kein spezifisch griechisches Phänomen der Geistesgeschichte, sondern eher eine Binsenweisheit darstellt, die aber an der Griechischen Geschichte besonders deutlich demonstriert werden kann. Die Entwicklung vom mythischen zum logischen Denken, wie sie die griechischen Texte offenbaren, leichthin mit einem zielgerichteten Prozeß der Rationalisierung und dem Verdrängen der mythischen Welt bei *den* Griechen gleichzusetzen, wäre ein Mißverständnis, das auf einer groben Simplifizierung von Nestles Grundthese beruhte. Zahlreiche philosophische und theologische Systeme von Pythagoras bis Plotin, um nur zwei markante Namen zu nennen, und die Manifestationen weniger gebildeter Griechen könnten dagegen ins Treffen geführt werden. Einen neuen Versuch, diesen geistigen Wandel zu interpretieren, unternimmt I. Hahn in ›Vom Mythos im Logos‹, eine Studie, deren Titel in bewußtem Gegensatz zu W. Nestle formuliert wurde. Hierin wird der Rationalität und den „logischen Methoden" schon für die Frühzeit ein hoher Stellenwert eingeräumt und die Auffassung vertreten, „daß jene grundlegende Zäsur im griechischen Denken, die W. Nestle zwischen Mythos und Logos, M. Cornford zwischen mythischem und philosophischem Denken, L. Radermacher zwischen Mythos und Sage, M. I. Finley und A. Momigliano zwischen 'Myth and History', zwischen mythischem und historischem Denken postulieren, eigentlich schon innerhalb der mythographischen Literaturgattung und schon im Rahmen des mythologischen Denkens als Zäsur zwischen Einzelmythen und einer mythologischen Systematik entstanden ist“[164]. Ein frühes partielles Abrücken von tradierten mythischen Weltbildern, zumindest für den Bereich der Politik, behauptet J.-P. Vernant, Die Entstehung des griechischen Denkens. 1982 (frz. 1962).

Am *Anfang der griechischen Philosophie* stehen die im Mythos verhafteten Spekulationen kosmogonischen und theogonischen Charakters, wie sie vor allem Hesiod, Pherekydes von Syros und Akusilaos von Argos, aber auch die frühen Orphiker anstellen, alles Männer, die Aristoteles nicht unpassend als „Theologen“ apostrophierte. Von ihren Fragestellungen zu jenen der sog. ionischen Naturphilosophen war es ein kleiner, aber um so bedeutenderer Sprung. Die Frage nach der Entstehung des Kosmos, des Urstoffes der Natur, wird von den Vertretern der milesischen Schule gestellt und erstmals unter Einschluß eigener Erfahrungen rational zu interpretieren versucht. Die obigen Fragestellungen werden zwar von Thales, Anaximander und Anaximenes unterschiedlich und mehr oder weniger spekulativ beantwortet, sie gehören aber in jenen Denkbereich, den die Griechen später selbst als Philosophie bezeichneten und als dessen erste Themen damit auch Kosmogonie, Meteorologie und Physiologie angesprochen werden dürfen. Die Milesier sind die älteste Gruppe einer Reihe von Philosophen, die mit anderen teils vor Sokrates' Tod lebenden Denkern unter dem modernen Sammelnamen als *Vorsokratiker* zusammengefaßt werden. Nach Ansicht späterer Griechen war nämlich Sokrates der erste, der ein System der philosophischen Ethik konzipierte, so daß im Fehlen einer solchen Konzeption das Gemeinsame der Vorsokratiker ausgedrückt werden kann. Das bedeutet aber freilich nicht, daß diesen frühen Philosophen ethische Reflexionen überhaupt unbekannt waren. Von Xenophanes, Pythagoras und auch vom ‘dunklen’ Heraklit beispielsweise sind viele Bruchstücke zur vorsokratischen Ethik überliefert, die in ihre philosophischen Überlegungen auch religiöse und sittliche Vorstellungen miteinschließen. Insgesamt gesehen sind die Vertreter der Vorsokratiker eine sehr heterogene Philosophengruppe. Die Eleaten, an deren Spitze Parmenides steht, wenden sich nicht – wie die Milesier – Fragen der Kosmogonie, sondern solchen der Ontologie zu, mit dem Resultat, daß ein Werden und Vergehen in Abrede gestellt und die Unveränderlichkeit des Seins postuliert wird. Im Gegensatz dazu steht wiederum Heraklit mit seiner Lehre vom ständigen Wechsel (πάντα ῥεῖ), der von einem Weltgesetz, dem Logos, unabänderlich bestimmt ist und den der ‘Dunkle’ mit berühmt gewordenen Metaphern wie dem Feuer oder dem

[164] In: E. Kluwe (Hrsg.), Kultur und Fortschritt (vgl. oben 76) 138. Vgl. dazu auch oben 169.

Fluß verständlicher zu machen versuchte. Der Antagonismus, der sich in den Positionen von Heraklit und Parmenides manifestiert, wird in der Folgezeit ein Generalthema der griechischen Philosophie. Versuche, ihn zu überwinden, haben Empedokles und Anaxagoras unternommen, indem sie durch Einführung von Antriebsprinzipien wie Liebe und Haß bzw. Nous, die die qualitativ unveränderlichen Elemente bewegen und umgruppieren, einen Gegensatz von Geist und Materie aufstellen. Auch die Abderiten Leukippos und Demokritos haben mit ihren Lehren versucht, die gegensätzlichen Ansichten der eleatischen Ontologie und der ionischen Naturphilosophie sowie Heraklits in einer Synthese zusammenzuführen. Das Ergebnis dieser Bemühungen war die Atomtheorie, der zufolge das 'eine Sein' des Parmenides in viele kleine, nicht mehr weiter teilbare Substanzen aufgespalten und dazu auch noch die Existenz eines leeren Raumes postuliert wurde. Es zeigt sich also bei einer Reihe von Vorsokratikern, daß sie ihre Werke in der Konfrontation oder unter Einfluß der eleatischen Schule schufen und Parmenides (etwa 515 bis 445) somit eine zentrale Gestalt der frühgriechischen Philosophie darstellt. Diese Ausstrahlungskraft erfaßte auch jene vorsokratische Gruppe, die seit Platon als *Sophisten* einen gemeinsamen Namen bekommen hat, der freilich kein Stempel der Konformität aufgedrückt wurde, denn im Sprachgebrauch Platons waren damit nur jene Weisheitslehrer gemeint, die ihr Wissen gegen Bezahlung verkauften und dabei nach persönlichem Ruhm strebten. Die naturwissenschaftlichen Fragestellungen traten in den Hintergrund, während dem Menschen selbst als einem erkennenden und handelnden Wesen die besondere Aufmerksamkeit galt. Reflexionen über Sprache, Denken und Erkenntnistheorie, über Ethik, Politik und die Kultur schlechthin dominieren in der sophistischen Gedankenwelt, die viele der damals geltenden gesellschaftlichen, religiösen, moralischen und rechtlichen Maximen in Frage stellte, wenn nicht aufzulösen versuchte. Ihre Auswirkungen wurden nicht nur im erkenntnistheoretischen Relativismus und Subjektivismus, der vielfach den ethischen Nihilismus förderte, sondern auch im politischen Alltag evident.

Textausgaben: H. Diels–W. Kranz, Die Fragmente der Vorsokratiker (erstmals 1903) 3 Bde. [12]1966/67 (Bd. 3: Wortindex, Namen- und Stellenregister). Trotz der Berücksichtigung des biographischen und doxographischen Materials, das vor allem über Theophrasts 18 Bücher von den Theorien der 'Physiker' (= Naturphilosophen) ins spätere Schrifttum Eingang fand, gilt das grundlegende Werk von Diels–Kranz als überholungsbedürftig. Das doxographische Material in: H. Diels, Doxographi Graeci. 1879 (ND 1965). Dazu auch: K. Freeman, The Pre-Socratic philosophers. A companion to Diels. 1953; zweisprachige Auswahl: W. Kranz, Vorsokratische Denker. [3]1959; W. Capelle, Die Vorsokratiker. Die Fragmente und Quellenberichte. [7]1968. W. Rüegg, Philosophen entdecken die Welt. Die Ursprünge des abendländischen Denkens. Auswahl und Einführung. 1983. J. Mansfeld, Vorsokratiker I: Milesier, Pythagoreer, Xenophanes, Heraklit, Parmenides. 1983 II: Zenon, Empedokles, Anaxagoras, Leukipp, Demokrit. 1986 (Reclam). *Literatur*: C.-F. Geyer, Einführung in die Philosophie der Antike. 1978. E. Howald–M. Grünwald, Die Anfänge der abendländischen Philosophie. 1949; E. Hussey, The Presocratics (Classical life and letters) 1972. J. Barnes (Hrsg.), Early Greek philosophy. 1987. M. L. West, Early Greek philosophy and the Orient. 1971. Forschungsberichte und Literatur zu den Vorsokratikern von 1920–1961/62 bei W. Totok, Handbuch der Geschichte der Philosophie. Bd. 1: Altertum 1964, 103ff. Seither erschienen vor allem D. Ross, The Greek philosophers, in: Fifty years (and twelve) of classical scholarship. ^{2}1968, 159ff. Von W. K. C. Guthries ›A history of Greek philosophy‹ (vgl. oben 169) bieten alle sechs Bde. Bibliographien. Vom selben Autor auch eine knappe Darstellung der Anfänge der Philosophie bis Platon und Aristoteles „im Lichte ihrer Vorläufer (und nicht so sehr ihrer Nachfolger)“: Die griechischen Philosophen von Thales bis Aristoteles. ^{2}1963. Als für seine Arbeitsmethode grundlegend erweist sich das von Guthrie, History of Greek philosophy Bd. 2 abgelegte Bekenntnis: “I am more interested in people than in theories, in philosophers than in philosophy. This, I hope, does not mean paying less attention to the development of ideas, but it does mean a preference for presenting the bearers of these ideas as individual characters . . .” (XV). Siehe dazu G. A. Seeck, Gnomon 38 1966, 530. Weiters: H. Seidel, Von Thales bis Platon. 1984 (marxistisch). H.-G. Gadamer (Hrsg.), Um die Begriffswelt der Vorsokratiker (WdF 9) ^{2}1983, darin insbesondere Beiträge der Jahre 1936–1950, neuere Untersuchungen zum selben Thema ebenfalls von Gadamer herausgegeben in: Archiv für Begriffsgeschichte 9 1964. O. Gigon, Der Ursprung der griechischen Philosophie. ^{2}1968. – Zu den zentralen Fragen der Vorsokratikerforschung gehört das Problem der entsprechenden aristotelischen Überlieferung bzw. inwieweit das in Schriften des Aristoteles und seiner Schüler tradierte Material zur Frühgeschichte der griechischen Philosophie authentisch ist oder einer *interpretatio peripatetica* unterliegt. Zu diesem Problem Stellung genommen hat in grundsätzlicher Form U. Hölscher, Anfängliches Fragen. Studien zur frühen griechischen Philosophie. 1968 (Aufsatzsammlung). Ders., Der Sinn von Sein in der älteren griechischen Philosophie. 1977. G. S. Kirk u. a., The presocratic philosophers. ^{2}1983, J. Barnes, The presocratic philosophers. 1979. 2 Bde. – J. Bremmer, The early Greek concept of the soul. 1983. P. F. M. Fontaine, The light and the dark. A cultural history of dualism. 1: Dualism in the archaic and early classical periods of Greek history. 1986. – A. Dihle, Die Vorstellung vom Willen in der Antike. 1985. – Neue Literatur auch im Forschungsbericht zu den Eleaten von H. Schwabl–J. Wiesner, in: AnzAW 25 1972, 1ff. – Zur *Sophistik*: M. Untersteiner, I sofisti. Testimonianze e frammenti. Bd. 1 ^{2}1961, 2 ^{2}1961, 3 1954, 4 1962 (engl. 1967). – A. Graeser, Sophistik und Sokratik, Platon und Aristoteles (= W. Röd, Hrsg., Geschichte der Philosophie Bd. 2) 1983 (mit Bibliographie); C. J. Classen (Hrsg.), Sophistik (WdF 187) 1976; ferner R. Müller, Das Menschenbild der sophistischen Aufklärung, in: ders. (Hrsg.), Der Mensch als Maß der Dinge (Veröffentl. des ZAGA Bd. 8) 1976, 239–268.

Die Begriffsbildung Vorsokratiker und der davon abgeleitete weniger gebrauchte Ausdruck Nachsokratiker bringen bei aller Problematik, die diesen Bezeichnungen innewohnt, die zentrale Stellung des *Sokrates*

(469–399) für die gesamte griechische Philosophie, wie sie ihm von der Fachwelt beigemessen wird, ohne Umschweife zum Ausdruck. Das ist freilich kein Anlaß, diese epochale Gestalt nicht auch in Verbindung mit den philosophischen Traditionen der vorangehenden Zeit und mit den Zeitgenossen zu sehen. Vor allem die fast ausschließliche Hinwendung aller philosophischen Interessen auf den Menschen und das Zurückstellen von Fragen der Naturphilosophie, weswegen er zu den Begründern der philosophischen Anthropologie gezählt wird, teilt der Philosoph mit vielen Sophisten, obgleich er freilich sehr bald in Gegensatz zu ihren Lehren gerät. Seine Nähe zu ihnen und ihren Methoden war immerhin so groß, daß Aristophanes sich in den ›Wolken‹ seiner Gestalt bedienen konnte, um die Sophisten lächerlich zu machen. Von der optimistischen Überzeugung ausgehend, daß das sittliche Verhalten von der richtigen Einsicht des Menschen abhängig sei, Tugend und Tüchtigkeit demnach lehrbar seien, unternimmt es Sokrates, seine Mitmenschen ebenfalls zur Erkenntnis zu führen, daß die Tugend auf wissensmäßigen Voraussetzungen beruhe. Sokrates bediente sich dabei des Dialogs, der zunächst das 'Wissen' des Gesprächspartners als 'Scheinwissen' entlarven sollte, um nach dieser 'Destruktion' auf dem Wege der Induktion, d. h. von der Einzelsituation her, zum Tugendbegriff vorzudringen. Da Sokrates selbst nichts niedergeschrieben und auch kein philosophisches System in Form einer bestimmten Lehre geschaffen hat, ist es nicht leicht, Klarheit über seine Bedeutung für die griechische Philosophie zu gewinnen. Dieser Umstand wird noch dadurch erschwert, daß die Gewährsmänner, die sein Wirken bezeugen, sich in Widersprüche verstricken. Diese Quellenfrage, das sog. sokratische Problem, stellt sich insbesondere bei den divergierenden Berichten Platons und Xenophons; das Spektrum der Meinungen in der Fachwelt reicht vom 'platonischen' oder 'xenophontischen' Sokrates bis zur Ansicht, daß der historische Sokrates aus den Quellen überhaupt nicht mehr wahrheitsgetreu rekonstruierbar sei. Die meiste Zustimmung findet noch die Ansicht, daß seine besondere Form des philosophischen Fragens der hauptsächliche Beitrag des Sokrates zur griechischen Philosophie gewesen sei, er somit zusammen mit den Sophisten die Dialektik konzipiert habe, die Platon schließlich zu einer Erkenntnismethode der Philosophie, der es um richtige Anwendung der Logik geht, ausbaute. Groß war die Zahl jener Denker und Anhänger, die in Sokrates ihren Lehrer und Meister sahen, die seine Gesprächsmethode zu kopieren und den Tugendbegriff näher zu bestimmen suchten. Zu ihnen zählten Xenophon und Aischines, aber auch Antisthenes, Aristippos, Euklid von Megara als die Begründer so verschiedener Richtungen wie der Kyniker, der hedonistischen Kyrenaiker und der Megariker. Sie repräsentieren die 'sokratischen Schulen'. Die herausragende Erscheinung unter den Sokratikern aber war *Platon* (427–347). Sein philosophisches Gebäude ruht nicht allein auf den

Fundamenten der Sokratik, es vereinigt auch zahlreiche Theorien der vorsokratischen Philosophie in sich, so Pythagoreismus und Atomtheorie, eleatisches und heraklitisches Gedankengut; dazu zahlreiche außerhalb des rational Erfaßbaren liegende Ideen der Welt des Mythischen und des Religiösen. Sokrates, genauer der Konflikt zwischen Sokrates und den Sophisten, bildete den entscheidenden Impuls für die Grundlegung seiner Philosophie, die in der Ideenlehre, wie sie vor allem in der ›Politeia‹ dargestellt wird, eine markante Ausformung gefunden hat. Die zentralen Fragen dieser Lehre behandeln Erkenntnistheorie und Ethik. Die Welt der Ideen und das sinnlich Wahrnehmbare, für Platon eine Scheinwelt, stehen auf verschiedenen Ebenen des Erkenntnisprozesses, wie sie das berühmte Höhlengleichnis zu Beginn des 7. Buches der ›Politeia‹ veranschaulichen soll. Die Dialektik, die den Weg zur Erkenntnis der nach Sokrates lehrbaren und damit ewig vorhandenen Tugend weist, führt Platon zum Postulat der Ideen, als deren höchste die Idee des Guten gilt. Gleich dem parmenideischen Sein bleibt sie unveränderlich, und nur in der Anamnesis der Seele (der Wiedererinnerung) kann sie erfaßt werden. Im engen Zusammenhang mit der Ideenlehre Platons steht seine Anthropologie, insbesondere seine Ethik, die in ihrem starken gesellschaftlichen Bezug, wie ihn die Dialoge, die alle erhalten sind, demonstrieren, von den vier Kardinaltugenden (Weisheit, Tapferkeit, Besonnenheit, Gerechtigkeit) ihren Ausgang nimmt. Inwieweit dabei sokratisches Gedankengut mitberücksichtigt ist, bleibt in der Forschung vorerst umstritten.

Entscheidend für die Beurteilung des gesamten Werkes in der Platonforschung ist die Überwindung des einst von F. E. D. Schleiermacher vertretenen Standpunktes, daß die ganze Lehre eine ursprüngliche Einheit darstelle. Demgegenüber wird heute eine biographisch-genetische Beurteilung der Schriften betont, die sich, von form- und strukturanalytischen Problemen abgesehen, mit zwei Hauptfragen zu beschäftigen hat: mit einer genauen Chronologie der einzelnen Werke und mit der Echtheitsfrage. Die Verknüpfung der – keineswegs gesicherten – biographischen Nachrichten mit der Lehre Platons begegnet dabei prinzipieller Kritik. Dazu kommen verschiedene Interpretationswege bei der Beschäftigung mit der platonischen Lehre, so die vorwiegend auf sprachanalytischen und logistischen Methoden beruhende Platonforschung, die vor allem in der angelsächsischen Literatur gepflegt wird, und die Versuche, das Gesamtwerk aus dem spärlichen Überlieferungsmaterial zu Platons esoterischer Philosophie zu beurteilen, wie das K. Gaiser, Platons ungeschriebene Lehre. 1963,[165] unternommen hat. Ausgegangen wird dabei vielfach von dem Standpunkt, daß Platon die eigentlichen Hauptpunkte seiner Philosophie überhaupt nicht

[165] P. Shorey, What Plato said. 1933. K.-H. Ilting, Gnomon 37 1965, 131 ff.

schriftlich fixiert habe. Anders als Sokrates hat Platon eine offizielle Philosophenschule ins Leben gerufen, die Akademie, welche nach seinem Tode seine Lehren, vor allem die der stark mystisch-religiös durchsetzten, pythagoreisierenden Alterswerke, tradierte, und die damit *mutatis mutandis* ein Beispiel für die oben 201 f. erwähnte Auffassung ist, wonach die Geschichte der griechischen Philosophie nicht als 'Einbahn', die vom Mythos zum Logos führt, zu verstehen ist.

Aristoteles (384–322), selbst fast zwanzig Jahre lang an der Akademie lernend und lehrend tätig, kehrte ihr nach Platons Tod den Rücken, nicht nur, indem er seine eigene Schule, das Lykeion, begründete, sondern auch durch die Abwendung von den Lehren und Methoden seines Lehrers, zumal von dessen Ideenlehre. Er stellt die Phänomene der Erfahrungswelt, die für Platon aus der minderwertigen Materie bestand, ins Zentrum seiner Forschungen, sammelt und ordnet sie systematisch in einzelnen Schriften und versucht daraus allgemeine Erkenntnisse abzuleiten. Wo Aristoteles selbst nicht Hand anlegt, setzt der große Systematiker und Organisator wissenschaftlicher Untersuchungen seine zahlreichen Mitarbeiter ein. Zum reinen Empiriker läßt sich Aristoteles damit aber nicht stempeln. Vor allem in seinen metaphysischen Schriften, die sich gegen Platons Ideenlehre richten, zeigt er, daß Idee und Ding bzw. Einzelwesen zusammengehören, für ihn eine Tatsache, die mit Hilfe des Begriffspaares Form und Stoff – das eine besitzt nur die Anlage, das andere ist Verwirklichung und Erfüllung dieser (Entelechie) – erklärt werden kann. Mit dieser für das Verständnis des aristotelischen Systems wesentlichen Einführung eines teleologischen Prinzips entfernt sich der Philosoph vom Boden der Erfahrungswissenschaften. Neben seiner Sammeltätigkeit, als deren eindrucksvollstes Dokument wohl seine ›Tierkunde‹, bei Historikern die ›Athenaion politeia‹, gelten darf, haben auch die Schriften zur Erkenntnistheorie und Logik, die Aristoteles noch Analytik nennt (der heute geläufige Name kommt von den Stoikern), größte Ausstrahlung auf die nacharistotelische Philosophie gehabt. Die darin gebotene Anleitung zum Definieren, zum induktiven Beweisverfahren und Syllogismus, zur Entlarvung von Trugschlüssen, zum Aufstellen von Denkkategorien und Begriffspaaren wie Stoff–Form, Möglichkeit–Wirklichkeit, Ursache–Wirkung, Zweck–Mittel, bilden auch eine Grundlage für seine eigenen Materialsammlungen und ermöglichen im weiteren die Schaffung eines geschlossenen Systems, wie es Platon nicht vorgelegt hat.

Die heutige Aristotelesforschung, die wegen der bedeutenden Rolle, welche der Philosoph im Unterschied zu Platon im Mittelalter spielte, einen außerordentlich großen 'Aktionsradius' besitzt, kennt eine Reihe von Problemen und Schwerpunkten; darunter sind wirkungsgeschichtliche Fragen, die sich auf den Hellenismus, auf die arabische Philosophie und die Scholastik beziehen, das umstrittene Problem, ob Aristoteles jemals 'Platoniker' war, welche Quellen den Peripatetikern bei ihren Sammlungen vorlagen (für den Historiker besonders brisant: Quellen der ›Athenaion politeia‹), in welcher zeitlichen Reihenfolge die einzelnen Schriften anzusetzen sind, um nur einige Themen der Aristoteles-Diskussion anzuführen.

Quellen zu Sokrates und den Sokratikern: Fragmenta philosophorum Graecorum [FPG] (Hrsg. F. W. A. Mullach) 3 Bde. 1860–81 (Bd. 3: Sammlung der Sokratikerfragmente). Fragmente des Aischines von Sphettos von H. Dittmar, Philosophische Untersuchungen 21 1912; B. Ehlers, Eine vorplatonische Deutung des sokratischen Eros. Der Dialog Aspasia des Sokratikers Aischines (Zetemata 41) 1966. Antisthenes von Athen, Hrsg. F. D. Caizzi, 1966 (übersetzt von Nestle, Die Sokratiker in Auswahl. 1922); siehe auch L. Radermacher, Artium Scriptores (SB Wien 227, 3) 1951; G. Giannantoni, I Cirenaici (mit ital. Übersetzung) 1958; Aristippos von Kyrene: E. Mannebach, Aristippi et Cyrenaicorum fragmenta. 1961. Euklid von Megara: FPG Bd. 2 ^{3}1962 (Übersetzung bei Nestle, Sokratiker a. O.); von Phaidon von Elis, dem Platon einen Dialog gewidmet hat, existieren keine direkten Zeugnisse; Hinweise bei Diogenes Laertios 2, 105. – Vgl. auch Griechische Atomisten. Texte und Kommentare zum materialistischen Denken der Antike, übers. und herausgegeben von F. Jürss, R. Müller, E. G. Schmidt (Reclams Universalbibliothek 409) 1973. A. Stückelberger (Hrsg.), Antike Atomphysik. Texte zur antiken Atomlehre und zu ihrer Wiederaufnahme in der Neuzeit. Lat.-griech.-italienisch-deutsch. 1979 (über Heraklit, Parmenides, Empedokles, Leukippos, Demokrit, Aristoteles u. a.). Democritea. Collegit, emendavit, interpretatus est Salomo Luria. 1970. – Die Megariker. Kommentierte Sammlung der Testimonien von K. Döring (Studien zur antiken Philosophie 2) 1972. R. Müller, Les Mégariques. Fragments et témoignages. 1985. – Textauswahl zu Sokrates in Übersetzung von A. Hübscher 1950; siehe auch J. Sykutris, Die Briefe des Sokrates und der Sokratiker. 1933; L. Köhler (Hrsg.), Die Briefe des Sokrates und der Sokratiker, übersetzt und kommentiert (Philologus Suppl. 20, 2) 1928; Xenophons sokratische Schriften: Memorabilien, Symposion, Oikonomikos, Apologie, Hrsg. E. C. Marchant in 5 Bden. 1901–21 (OCT); teilweise auch in der TB-Übersetzung von E. Bux (Kröner Taschenbuch 185) 1956. – Zu *Platon*: Führende Ausgabe von J. Burnet, 5 Bde. 1903–15, Bd. 1 und 2 in zweiter Auflage (OCT); Übersetzung von Schleiermacher 1804–10. Zweisprachige Studienausgabe in zehn Bden.: Hrsg. G. Eigler u. a. 1971–1977. – Zu *Aristoteles*: Gesamtausgabe von J. Bekker, 1831–70 (ND ^{2}1960–63). Zahlreiche Werke in Einzelausgaben in OCT und CB. Übersetzung von P. Gohlke, 9 Bde. 1947–61, und O. Gigon (BAW/Tusculum) 1950 ff.; deutsche Aristoteles-Gesamtausgabe (Hrsg. H. Flashar) auf 20 Bde. projektiert; bis 1986 sind 11 Bde. erschienen. Cairnes Lord, Aristotle. The politics. 1984 (Übersetzung, Einleitung, Kommentar). – Zu den Peripatetikern: F. Wehrli (Hrsg.), Die Schule des Aristoteles. Texte und Kommentare, 10 Hefte, 1944–59, ^{2}1967–1969; 1. Suppl. Bd. 1974 (1. Dikaiarch von Messene, 2. Aristoxenos von Tarent, 3. Klearchos von Soloi, 4. Demetrios von Phaleron, 5. Straton von Lampsakos, 6. Lykon und Ariston von Keos, 7. Herakleides Pontikos, 8. Eudemos von Rhodos, 9. Phainias von Eresos, Chamaileon, Praxiphanes, 10. Hieronymos von Rhodos und seine Schüler). Zu Theophrast: Gesamtausgabe (Hrsg. F. Wimmer) 3 Bde. 1854–62. Übersetzungen: Pflanzenkunde (A. F. Hort, Loeb) 2 Bde. 1916; De lapidibus (D. E. Eichholz) 1965; Charaktere (H. Rüdiger) 1938. Theophrast, Charaktere (griechisch-deutsch). Übers. und herausgegeben von D. Klose (Reclams Universalbibliothek 619/619a) 1970.

Literatur zu Sokrates, Sophistik, Platon und Aristoteles bis 1961/62 bei Totok a. O. 135ff., 147ff., 217ff. mit Berücksichtigung der Bibliographien, Forschungsberichte, Gesamt- und Teilausgaben, Speziallexika und Kommentare. A. Patzer, Bibliographia Socratica. 1985. Eine übersichtliche Zusammenstellung der Quellenprobleme zu Sokrates, insbesondere zur Xenophon- und Platongläubigkeit im modernen Schrifttum bei Lesky GGL 555ff. Graeser (wie oben 204), Sophistik und Sokratik 86ff., Plato 124ff., Aristoteles 192ff. mit ausführlicher Bibliographie. Zu Sokrates grundlegend O. Gigon, Sokrates. Sein Bild in Dichtung und Geschichte. ²1979. E. Callot, La doctrine de Socrates. 1970; L. Strauss, Xenophon's Socrates. 1972. Siehe auch G. Martin, Sokrates in Selbstzeugnissen und Bilddokumenten. 1967. H. D. Rankin, The Sophists, Socratics and Cynics. 1983. F. Solmsen, Intellectual experiments of the Greek enlightenment. 1976. R. Müller (Hrsg.), Der Mensch als Maß der Dinge (wie oben 197). Darin u. a.: I. Nachov, Der Mensch in der Philosophie der Kyniker, 361ff. E. R. Dodds, Die sophistische Bewegung und das Versagen des griechischen Liberalismus, in: Ders., Der Fortschrittsgedanke in der Antike. 1977, 117ff. G. B. Kerferd, The sophistic movement. The sophists and their legacy (Hermes Einzelschriften 44) 1981. F. H. Tenbruck, Zur Soziologie der Sophistik, in: Neue Hefte für Philosophie 10 1976 51ff. H. Flashar (Hrsg.), Grundriß der Geschichte der Philosophie. Die Philosophie der Antike. Bd. 3: Ältere Akademie, Aristoteles–Peripatos. 1983 (neu bearbeitete Auflage der Ausgabe von F. Ueberweg.). Vgl. auch die kritische Auseinandersetzung bei K. R. Popper, Die offene Gesellschaft und ihre Feinde. Bd. 1: Der Zauber Platons. ⁶1980. – Zur neueren Platonliteratur: H. E. Cherniss, Die ältere Akademie. 1966; E. Dönt, Platons Spätphilosophie und die Akademie (SB Wien 251, 3) 1967; K. von Fritz, Platon in Sizilien. 1968; H. Gundert, Der platonische Dialog. 1968; E. A. Wyller, Der späte Platon. 1970. W. Hirsch, Platons Weg zum Mythos. 1971. R. Maurer, Platons ›Staat‹ und die Demokratie. Historisch-systematische Überlegungen zur politischen Ethik. 1970. M. Gottfried, Platons Ideenlehre. 1973. O. Wichmann, Platon. Ideelle Gesamtdarstellung und Studienwerk. 1966. H. J. Krämer, Platonismus und hellenistische Philosophie. 1971. – Zur Aristotelesforschung vgl. die in der Reihe WdF erschienenen Bde.: 61, 1968: Aristoteles in der neueren Forschung (Hrsg. P. Moraux); 208, 1972: Ethik und Politik des Aristoteles (Hrsg. F.-P. Hager); 226, 1972: Logik und Erkenntnislehre des Aristoteles (Hrsg. F.-P. Hager); 206, 1969: Metaphysik und Theologie des Aristoteles (Hrsg. F.-P. Hager); 224, 1975: Frühschriften des Aristoteles (Hrsg. P. Moraux). Weiters: D. J. Allan, The philosophy of Aristotle. 1952, deutsch 1955; I. Düring, Aristoteles. 1965; E. Schütrumpf, Die Analyse der Polis durch Aristoteles. 1980. G. Bien, Die Grundlegung der politischen Philosophie bei Aristoteles. ²1980. R. Zoepffel, Historia und Geschichte bei Aristoteles (Abh. AW Heidelberg) 1975. J. Lukasiewicz, Aristotle's syllogistic from the standpoint of modern formal logic. 1951 (französisch 1972). J. P. Lynch, Aristotle's school. A study of a Greek educational institution. 1972. R. Brandt, Untersuchungen zur politischen Philosophie des Aristoteles, in: Hermes 102 1974, 191ff. F. Jürss–D. Ehlers, Aristoteles. ²1984. H. Seidel, Aristoteles und der Ausgang der antiken Philosophie. 1984 (marxistisch).

Wie schon im 5. Jh. v. Chr. die Veränderungen im politischen Leben sich in den philosophischen Lehren niederschlagen und diese ihrerseits die neue Politik mitgestalten,[166] so verändern sich in der hellenistischen Welt abermals die Philosophie und Politik in ihren Grundzügen, ohne dabei die Bahnen, die das große Philosophen-Dreigestirn vorgezeichnet hat, ganz verlassen zu können. Die beiden nunmehr wirksam werdenden Hauptströmungen, der *Stoizismus* und der *Epikureismus*, rücken den Menschen nicht mehr wie Platon und Aristoteles primär als ζῷον πολιτικόν, also in seinem sozialen Bezug, ins Blickfeld philosophischer Reflexionen, sondern betrachten ihn als Individuum, dessen Ziele und Lebenserwartungen darauf gerichtet sind, persönliche Glückseligkeit zu erlangen, wobei diese freilich sehr verschiedenen Inhaltes sein kann. Epikur, der Begründer der 'Philosophie des Gartens', wie man seine Schule nannte, schuf eine Individualethik, deren herausragender Wert die Eudaimonia ist, womit er allerdings nicht, wie gelegentlich in Vermengung von Hedonismus und Eudaimonismus interpretiert wurde, zum Streben nach Lustgefühlen aufrief, sondern die Befreiung von Unlust, Schmerz und Furcht meinte. Nur auf diesem Wege sei es möglich, jene innere Ruhe (ἀταραξία) zu finden, die auf die Dauer Eudaimonia garantieren könne. Deshalb besteht ein kühles Verhältnis zum Staat, der als Quelle der Unlust angesehen wurde (die einzige soziale Bindung wurde im Freundeskreis gesehen), deshalb beschäftigt man sich auch mit jener (Natur-)Philosophie, die imstande ist, den Menschen von der Furcht vor Göttern und Tod durch die notwendige Einsicht (φρόνησις) zu befreien. Epikur selbst, der mit einer schmerzhaften Krankheit zu kämpfen hatte und dabei große Gemütsruhe bewies, hat dem Idealbild des Weisen, der in Abgeschiedenheit lebt, Glaubwürdigkeit verleihen können. Von der Schultradition, die Epikur begründete und die in Philodemos von Gadara, Hermarchos von Mytilene und dem Römer Lukrez ihre bedeutendsten Repräsentanten aufweist, ist zu sagen, daß sie die Hauptlehre, die ›Kyriai doxai‹, die von Epikurschülern wie ein Katechismus auswendig gelernt werden mußten, bis in die Kaiserzeit hinein weitgehend unverändert bewahren konnte.

Wie beim Epikureismus genießen auch bei den Stoikern die Fragen der praktischen Philosophie gegenüber jenen der Theorie klaren Vorrang, weswegen auch die Ethik vor Physik und Logik rangiert. Das Lebensziel der Stoiker liegt, wie bei Epikur, in der Glückseligkeit des Individuums begründet, doch ist ihr Inhalt die Tugend, als deren wichtigste Eigenschaften sich Gerechtigkeit, Einsicht, Tapferkeit und Besonnenheit erweisen. Aus einer inneren Verpflichtung heraus soll der einzelne Mensch diesen Tugendbegriff

[166] Dazu unter Berücksichtigung auch soziologischer Kategorien F. L. Vatai, Intellectuals in politics in the Greek world. 1984.

auch nach außen hin verwirklichen, wobei nicht so sehr der einzelne, die Familie oder der Staat, sondern die ganze Menschheit Objekt seines Handelns ist. So werden die ersten Kosmopoliten nicht zu Unrecht als erste Verfechter einer Humanitätsidee bezeichnet. Zu einer Aporie führen die stoischen Gedanken insofern, als die Stoiker in ihren naturwissenschaftlichen Theorien eine unbedingte Determiniertheit, die Heimarmene *(fatum)*, des Weltgeschehens postulieren, auf der anderen Seite aber der einzelne für seine sittlichen Entscheidungen verantwortlich gemacht werden kann, obwohl seine Seele als ein Abbild der Allseele aufgefaßt wird und somit dem einheitlichen Weltgesetz, der Vernunft (λόγος), unterliegen müßte. Diese Vorstellungen von der Schicksalsabhängigkeit sind es übrigens auch, die das Vordringen des Astralfatalismus in hellenistischer Zeit fördern. Ein hervorstechender gemeinsamer Zug der Stoa und des Epikureismus ist schließlich auch noch der Materialismus, der zwar verschiedene Auslegungen erfährt, aber in letzter Konsequenz bis zur Ansicht reicht, daß selbst alle Erkenntnisse aus sinnlichen Erlebnissen resultieren, ein Standpunkt, der erkenntnistheoretisch als Sensualismus bezeichnet wird. Somit gibt es neben dem Trennenden auch eine Reihe von Gemeinsamkeiten, auf die sich Epikureer und Stoiker berufen können. Einer echten Konfrontation der beiden Philosophenschulen steht der Umstand entgegen, daß die Stoa, anders als der Epikureismus, eine Entwicklung durchmacht, die mehrere Akzentverschiebungen deutlich erkennen läßt. Der Stoizismus, der in seinen Anfängen stark an der Philosophie des Sokrates und des Kynismus orientiert ist, gliedert sich in drei Phasen, eine ältere, mittlere und neuere Stoa, und feiert als seinen Begründer den Phöniker Zenon und Kition. Als herausragende Fortsetzer seiner Philosophenschule, die ihren Namen nach der Stoa Poikile, dem Versammlungsort in Athen, führt, werden Kleanthes von Assos, Chrysippos von Soloi und Diogenes von Babylon genannt. Die mittlere Stoa repräsentieren die Rhodier Panaitios und Poseidonios, während zur Gruppe der neueren Stoiker die kaiserzeitlichen Philosophen Seneca, Epiktet und Kaiser Mark Aurel zählen. Ein strenges, konservatives Schulbewußtsein haben alle diese Philosophen kaum mehr besessen. Als Eklektiker (Auswähler) prägten sie zahlreiche Sonderformen philosophischen Denkens, so etwa Poseidonios von Rhodos, indem er den Nachweis für die enge Verbindung zwischen religiöser Mystik und Philosophie erbringen wollte.

Andere, wie die *Skeptiker*, die mit Arkesilaos die Akademie übernehmen, oder Pyrrhon von Elis und Karneades, wenden sich gegen die dogmatischen Lehren insbesondere der Stoa, aber auch des Epikureismus, indem sie auf mehr oder weniger radikale Art die Möglichkeit wahrer Erkenntnis grundsätzlich bezweifeln, eben 'skeptisch' beurteilen, oder extremem Agnostizismus huldigen. Auch diese Skeptiker lassen sich in mehrere Gruppen gliedern, von denen die Skepsis der mittleren und neueren Akademie (mit Arkesilaos und Karneades) als die bedeutendste die beiden anderen Gruppen, die ältere (Pyrrhon, Timon von Phleius) und die spätere Skepsis (Ainesidemos, Sextus Empiricus), zeitlich trennt. Mehr als diese vielfach durch ihre scharfe Form der Dialektik gekennzeichnete Philosophengruppe neigen die Neupythagoreer und Neuplatoniker zum Eklektizismus, indem sie Elemente der verschiedensten Strömungen der griechischen Philosophie mit religiös-mystischem, theosophischem und psychosophischem Gedankengut vermengen und zu neuen Systemen formen. Diese Tendenzen bestimmen den Ausgang der antiken Philosophie, die durch das neuplatonische System des Plotin und seines Schülers Porphyrios charakterisiert ist und die in den Schriften des Boethius, in seinem Kommentar zu Porphyrios, vor allem in seiner ›consolatio philosophiae‹, nochmals eine Synthese fand. Boethius wurde im Jahre 524, also wenige Jahre vor Schließung der Akademie in Athen (529), die immerhin auf einen mehr als neunhundertjährigen Bestand zurückblicken konnte, hingerichtet.

Zum *Epikureismus*: Quellen von H. Usener (Hrsg.), Epicurea. 1887 (ND 1966) (mit Zeugnissen und Fragmenten); mit englischer Übersetzung hrsg. C. Bailey, 1926 (ND 1969); mit ital. Übersetzung hrsg. G. Arrighetti, 1960. Auswahlübersetzungen: O. Gigon, Von der Überwindung der Furcht. Katechismus. Lehrbriefe, Spruchsammlung, Fragmente. 1954; J. Mewaldt, Epikur. Philosophie der Freude (Kröner Taschenbuch 198) 1949. Die Papyrusreste einer epikureischen Bibliothek, gefunden in Herkulaneum, von A. Vogliano (Hrsg.), Epicuri et Epicureorum scripta. 1928. Insgesamt erhalten sind von Epikur: Drei Briefe zu Physik, Meteorologie und Ethik; die Bücher 2 und 9 von 37 Büchern ›Über die Natur‹; die ›Kyriai doxai‹ sowie Fragmente. W. J. Oates (Hrsg.), Stoic and Epicurean philosophers. The complete extant writing of Epicurus, Epictetus, Lucretius, Marcus Aurelius. 1957. Zu Philodemos: Ausgabe ›Gegen die Sophisten‹ von F. Sbordone. 1947; zweisprachig von C. Jensen, Philodemus. Über die Gedichte. 1923. Hermarchos: K. Krohn (Hrsg.), Diss. Berlin 1921. Lukrez: H. Diels (Hrsg.), 2 Bde. 1923 (mit Übersetzung); mit Übersetzung und Kommentar C. Bailey, 3 Bde. 1947; K. Büchner, 1956 (mit Übersetzung, nunmehr zweisprachig bei Reclam); wichtige Auswahlübersetzung von W. Nestle, Die Nachsokratiker, Teil 1 (Die Epikureer), 1923 (ND 1968). A. A. Long–D. Sedley, The hellenistic philosophers. 1987 2 Bde. (kommentierte Textauswahl). – *Literatur zur hellenistischen Philosophie* bes. bei Hossenfelder (wie oben 169); ferner A. A. Long, Hellenistic philosophy. Stoics, Epicureans, Sceptics. 1974. H. Flashar–O. Gigon, (Hrsg.), Aspects de la philosophie hellénistique (Entretiens sur l'antiquité classique 32) 1986. H.-J. Krämer, Platonismus und hellenistische Philosophie. 1972. W. Schmid, Studien zur epikureischen Philosophie. 1968. F. Wallner, Demokritische und epikureische Ethik, Diss. Wien 1972. R. Müller, Die epikureische Gesellschaftstheorie (Schriften zu Geschichte und Kultur der Antike) ^{2}1974. D. Lemke, Die Theologie Epikurs (Zetemata 57) 1973. Allgemein zur hellenistischen Philosophie auch Schneider KGH 2 548ff. (mit Literaturhinweisen 1077ff.). – Zur *stoischen Philosophie*: die Fragmentensammlung von H. von Armin, Stoicorum veterum fragmenta

[SVF] 4 Bde. 1921–23 (ND 1968); siehe auch das genannte Werk von W. J. Oates. Auswahlübersetzung von M. Pohlenz, Stoa und Stoiker. Die Gründer. Panaitios, Poseidonios. Selbstzeugnisse und Berichte (BAW) ^{2}1964; ders., Die Stoa, 2 Bde. ^{4}1970–72; wichtig auch W. Nestle, Die Nachsokratiker, Teil 2 (neben Stoikern auch noch Skeptiker, Akademiker, Neupythagoreer und Neuplatoniker) 1923 (ND 1968). E. H. Sandbach, The Stoics. 1975. – *Literatur zur Stoa* bis 1961/62 bei Totok a. O. 273 ff.; J. Rist, Stoic philosophy. 1969. – Zu den *Skeptikern*: K. Deichgräber, Die griechische Empirikerschule. Sammlung der Fragmente und Darstellung der Lehre. 1930. Zu Sextus Empiricus die Ausgabe von H. Mutschmann–J. Mau, 3 Bde. (BT) ^{2}1961/62. – M. Burnyeat (Hrsg.), The skeptical tradition. 1983 (Aufsatzsammlung). – Zum *Neupythagoreismus* vgl. die Textausgabe zu Nigidius Figulus von A. Swoboda 1889; Apollonios von Tyana bei Philostrat von C. L. Kayser (BT) 1870–71; übersetzte Biographie von E. Baltzer 1883; Nikomachos aus Gerasa von R. Hoch, 2 Bde. (BT) 1866, und die Fragmentensammlung zu Hermes Trismegistos ›Hermetica‹ (mit englischer Übersetzung) 4 Bde. 1924–36 von W. Scott–A. S. Ferguson. – Corpus Hermeticum (mit französischer Übersetzung) 2 Bde. 1945 von A. D. Nock–A.-J. Festugière (CB). Eine Fundgrube für die neupythagoreischen Lehrmeinungen stellt auch das Werk des Syrers Jamblichos von Chalkis dar, von dessen 10 Bden. erhalten sind: 1: Lehre des Pythagoras, 2: Aufruf zur Philosophie, 3: Erläuterung der pythagoreischen Zahlenlehre, 4: Einführung in die Arithmetik des Nikomachos von Gerasa, 7: Über Zahlenmystik. Die einzelnen Bücher wurden herausgegeben von L. Deubner 1937; H. Pistelli 1888, 1891; M. von Albrecht (BAW) ^{2}1985; N. Festa 1891; V. de Falco 1922; Übersetzung von Th. Hopfner, Über die Geheimlehre des Jamblichos. 1922. – Eine grundlegende Auseinandersetzung mit dem Pythagoreismus und dem Neuphytagoreismus liegt vor von W. Burkert, Weisheit und Wissenschaft. Studien zu Pythagoras, Philolaos und Platon (Erlanger Beiträge zur Sprach- und Kunstwissenschaft 10) 1962. – Zum *Neuplatonismus und Plotin*: Textausgabe von P. Henry–H. R. Schwyzer, 1951–73. E. Bréhier, 6 Bde. 1924–38, ^{2}1954 ff. (mit französischer Übersetzung). R. Harder–R. Beutler–W. Theiler, 5 Bde. 1956–67 (mit deutscher Übersetzung). – *Literatur*: W. Theiler, Forschungen zum Neuplatonismus. 1966; Ph. Merlan, From Platonism to Neoplatonism. ^{2}1960; V. Schubert, Pronoia und Logos. Die Rechtfertigung der Weltordnung bei Plotin. 1968. C. Zintzen (Hrsg.), Der Mittelplatonismus (WdF 70) 1981; ders. (Hrsg.), Die Philosophie des Neuplatonismus (WdF 436) 1977. Älteres Schrifttum bei Totok a. O. 333 ff.

Wichtige *Quellen zur griechischen Philosophiegeschichte*, nicht nur, aber vor allem der hellenistischen Zeit bieten auch die Schriften Plutarchs, eines vorsichtigen Eklektikers, besonders seine ›Moralia‹, aber auch seine Biographien. Moralia: G. N. Bernardakis (Hrsg.), 7 Bde. 1888–96 (BT), mit verschiedenen Neuauflagen von C. Hubert–M. Pohlenz u. a. seit 1925 ff. (Fragmente von F. H. Sandbach 1967). Beide Werke hrsg. mit engl. Übersetzung bei Loeb, 26 Bde. 1914–67; dt. Übersetzung in 3 Bden. 1925–27 von O. Apelt (BAW); zu den Biographien: Ausgabe von C. Lindskog, K. Ziegler, 4 Bde. 1914–39 (BAW); Übersetzung von K. Ziegler–W. Wuhrmann, Große Griechen und Römer, 6 Bde. 1954–65. Ferner stellt Diogenes Laertios trotz seiner unkritischen Haltung gegenüber dem Legendenhaften eine wichtige Quelle dar; sein Werk über das Leben der Philosophen und ihre Lehren in 10 Büchern erweist sich – mit kritischer Zurückhaltung benützt – als wertvolle biographisch-doxographische Materialsammlung. Zweibändige Ausgabe von H. S. Long (OCT) 1963; Übersetzung von O. Apelt–K. Reich 1921/1967.

4.6 Wissenschaft

Die griechischen Einzelwissenschaften sind zweifelsohne das Produkt des ständigen Differenzierungsprozesses, in welchem sich die Philosophie seit Thales von Milet befand. Schon deshalb ist es sehr problematisch, nach Trennungslinien zwischen Philosophie und Wissenschaft zu suchen. Nicht weniger problematisch scheint aber auch die Frage, ob der Ursprung der Wissenschaften bei den Griechen liege oder ob die babylonischen und ägyptischen Beschäftigungen mit mathematischen, astronomischen, medizinischen oder historischen und literarischen Aufgaben wissenschaftlichen oder, wie man es gelegentlich bezeichnet, 'vorwissenschaftlichen' Charakter tragen. Solange nicht mitgeteilt wird, welche Auffassung von Wissenschaft die einzelnen Fragesteller vertreten oder inwieweit sich ihr Wissenschaftsbegriff – was aus der Tradition heraus leicht verständlich ist – an den Griechen orientiert (woraus dann ein schöner Zirkelschluß entsteht), so lange wird auch die Frage nach dem Ursprung der Wissenschaft sich in endlosen (und sinnlosen) Diskussionen festfahren. K. von Fritz setzt sich in ›Grundprobleme der Geschichte der antiken Wissenschaft‹ 1971, mit den definitorischen Fragen auseinander und kommt nach Erwähnung der orientalischen Bemühungen um „mathematische Techniken und astronomische Konstruktionen", die in der Mathematik mit ihrem Praxisbezug nicht „zwischen approximativen und exakten Lösungen von Aufgaben" unterschieden, auf die griechische Wissenschaft zu sprechen, die sich durch zwei Tendenzen auszeichnete[167]: „Eine Tendenz zu ganz allgemeinen, die gesamte Welt umfassenden Theorien und die Tendenz zur absoluten Exaktheit." Aus dieser Feststellung lassen sich zwar Widersprüchlichkeiten innerhalb einzelner griechischer Wissenschaftssysteme erklären, worauf Fritz mit Recht den Finger legt, aber eine überzeugende allgemeinverbindliche Abhebung der Wissenschaft der Griechen von 'vorwissenschaftlichem' Tun des Orients scheint damit nicht gegeben zu sein, zumal in dieser Charakterisierung der griechischen Wissenschaft die naturwissenschaftliche Komponente doch zu stark durchschlägt. Auch die Ansicht, daß bei den Griechen im Unterschied zu anderen Völkern Wissenschaft nur um ihrer selbst willen betrieben wurde, wie das von der milesischen Naturphilosophie wohl teilweise behauptet werden darf, und daß darin ein echtes Kriterium für die Besonderheit griechischer Forschung liege, hilft nicht recht weiter. Denn der utilitari-

[167] Von Fritz a. O. 11f.

stische Charakter der Medizin der hippokratischen Schule oder die zahlreichen praxisbezogenen Forschungen der Sophisten dürfen wohl als ebenso wissenschaftlich gelten wie das Erkenntnisstreben der Milesier, auch wenn Platon das Nützlichkeitsprinzip der Wissenschaft bekämpft und sein Wissenschaftsideal bis heute stark nachwirkt. Wird Wissenschaft als Summe aller Forschungsbemühungen, der zweckfreien ebenso wie der praxisorientierten, verstanden, so bedeutet das auf der einen Seite, daß die Griechen zwar für eine große Zahl moderner wissenschaftlicher Disziplinen das Fundament errichtet haben, anderseits aber auch, daß hinsichtlich der Ursprungsfrage wegen der Definitionsprobleme nicht so ohne weiteres von einer griechischen Schöpfung gesprochen werden kann. Davon ausgehend, „daß der moderne europäische Wissenschaftstyp bei den Griechen entstanden“ sei, dieser Sachverhalt aber „ohne die altorientalischen Grundlagen, deren Vorstufen wieder in den Resultaten ur- und frühgesellschaftlicher Erfahrungen zu suchen sind“, nicht verständlich erscheine, behandelt die von F. Jürss umsichtig betreute ›Geschichte des wissenschaftlichen Denkens im Altertum‹ [168] zunächst die urgesellschaftlichen Verhältnisse (I), Vorderasien (II) und Ägypten (III), ehe die Vielfältigkeit und das Werden der griechischen Wissenschaftsdisziplin dargestellt werden. Den einzelnen Abschnitten sind dabei jeweils drei Aspekte zugrunde gelegt: „1. historische Einleitung mit sozialökonomischer Entwicklung, 2. weltanschaulich-philosophische Denkformen, 3. Einzelwissenschaften und Technik“. In der ebenfalls von marxistischen Prämissen ausgehenden Monographie ›Wissenschaften in der Antike‹ (1986, russ. 1980) von I. Roshanski wird nach einer Merkmalbestimmung der Wissenschaftsbegriffe (1. kein statisches Wissen, Erkenntniserweiterung, 2. Erkenntnis um der Erkenntnis willen, 3. Rationalität, 4. Systematik) und einem Kapitel über die Quellen der frühgriechischen Wissenschaften ein Überblick über die Entstehung der Einzelwissenschaften und ihre Entwicklung bis in die Spätantike geboten, wobei die frühgriechische hellenistische und kaiserzeitliche Phase der Wissenschaften „wie ein lebender Organismus“, „als Jugend, Reife und Alter“ gedeutet werden. In einem Vergleich der antiken und neuzeitlichen Wissenschaft verweist Roshanski auf zwei wesentliche Unterschiede: 1. gibt es in der Neuzeit anders als in der Antike „nicht die geringsten Anzeichen eines potentiellen Niedergangs oder Verfalls“ der Wissenschaften, und 2. sind die neuzeitlichen Wissenschaften für die Entwicklung der Produktivkräfte von zunehmender Bedeutung, „nichts desgleichen war für die Antike zutreffend“ [169].

Die Auffächerung der Philosophie in einzelne Spezialdisziplinen, ein langwieriger und vielschichtiger Prozeß, der schon sehr früh einsetzt, wird

[168] (Veröffentlichungen des ZAGA 13) 1982, 11.
[169] Roshanski a. O. 192f.

in dem bunten Spektrum der Fachwissenschaften zur Zeit des Hellenismus, der gelegentlich „ein ausgesprochen wissenschaftliches Zeitalter“ [170] genannt wird, deutlich sichtbar. Die sehr verständlichen Einwände gegen eine solche Etikettierung dieses Zeitalters liegen nach C. Schneider vor allem in der räumlichen und zeitlichen Begrenztheit wissenschaftlichen Arbeitens sowie in dem Umstand, „daß genau betrachtet eine völlige Lösung der Wissenschaft von der Philosophie nicht gelang“. Als weniger vertretbar erweist sich dabei allerdings der Hinweis auf „die emotionale Struktur des hellenistischen Menschen, eine Bindung an ästhetische Werte und literarische Überlieferung“, die sich auf die Erforschung der Natur „hemmend“ ausgewirkt haben soll. Immerhin schlug für C. Schneider „trotz aller dieser Umstände im Hellenismus doch die eigentliche Geburtsstunde der europäischen Wissenschaft“, ein Wort, das nach der oben angedeuteten Kritik doch etwas überrascht.

Einige *Quellen* zu den überwiegend naturwissenschaftlichen Forschungen der Griechen. Zur *Mathematik*, wozu im Altertum Arithmetik, Geometrie, Astronomie, aber auch die Musiktheorie zählten: Neben den ionischen Naturphilosophen und der pythagoreischen Schule sind vor allem zu nennen: Eudoxos von Knidos (391–337 v. Chr.), von dessen zahlreichen mathematisch-naturwissenschaftlichen Werken vor allem die ›Phainomena‹ berühmt wurden, da sie Aratos von Soloi in seinem gleichnamigen poetischen Werk als Grundlage dienten. Fragmentenedition von F. Lasserre 1966 (mit Übersetzung); Eukleides (um 300): Sein systematisches Lehrbuch: ›Stoicheia‹ (lateinisch ›Elementa‹) von J. L. Heiberg–H. Menge (Hrsg.), 8 Bde. 1883ff., übersetzt von C. Thaer 1933–37 (ND der 7. Auflage 1980) behandelt Geometrie und Arithmetik und zeichnet sich durch seine wissenschaftliche Fortschrittlichkeit und die klare Ausdrucksfähigkeit aus. In dem von dem Neuplatoniker Proklos (5. Jh. n. Chr.) verfaßten Euklid-Kommentar befindet sich ein Mathematikerverzeichnis, das von Thales bis Euklid reicht. Archimedes (287–212), der seine mathematischen Forschungen auch der Mechanik dienstbar machte, wurde herausgegeben von J. L. Heiberg, 3 Bde. ^{2}1910–15 (Auswahlübersetzung von A. Czwalina 1922–25, ND der 4. Auflage 1983). Wie Euklid hat der im 3. Jh. n. Chr. lebende Diophantos von Alexandreia ebenfalls 13 Bücher ›Arithmetika‹ vorgelegt, P. Tannery (Hrsg.), 2 Bde. 1893–95 (übersetzt von A. Czwalina 1952). – Die *Astronomie*, die ebenfalls schon bei Vorsokratikern und Pythagoreern Gegenstand von Untersuchungen war, hat in Aristarch von Samos (3. Jh. v. Chr.) mit seinem heliozentrischen System (Hrsg. Th. L. Heath. 1913, mit engl. Übersetzung), Apollonios von Perge, „dem Begründer der mathematischen Astronomie“ (um 200 v. Chr., Hsg. J. H. Heiberg, 2 Bde. 1893–95, ND 1969, übersetzt von A. Czwalina 1926, ND 1967) und Hipparchos von Nikaia (2. Jh. v. Chr.; Hrsg. K. Manitius 1894, mit Übersetzung) herausragende wissenschaftliche Vertreter gefunden. Die Summe astronomischer Forschungen des Altertums, verfaßt unter geozentrischem Aspekt, bilden die 13 Bücher ›Mathematike syntaxis‹ des Klaudios Ptolemaios (um 140 n. Chr.), J. L. Heiberg (Hrsg.),

[170] Schneider KGH 2 339–342.

3 Bde. 1898ff. Übersetzung von K. Manitius, 2 Bde. ²1963. Eine Einführung in die Sternenkunde verfaßte der Poseidoniosschüler Geminos von Rhodos, kommentiert und übersetzt von K. Manitius 1898. Zu den Sternbildern vgl. auch die ›Katasterismoi‹ des Eratosthenes von Kyrene (3. Jh. v. Chr.), C. Robert (Hrsg.) 1878 (ND 1963); wichtig auch: Catalogus codicum astrologorum Graecorum [CCAG], 12 Bde. 1898–1953, A. Olivieri (Hrsg.) u. a. *Literatur zur Geschichte der Naturwissenschaften*: O. Neugebauer, The exact sciences in antiquity. ²1957; für Mathematik, Astronomie, Mechanik, Optik, Musik, Geographie, Zoologie, Botanik, Mineralogie und Medizin J. L. Heiberg, Geschichte der Mathematik und Naturwissenschaften im Altertum (HdA 5, 2) 1925 (ND 1960). F. Krafft, Geschichte der Naturwissenschaft I: Die Begründung einer Wissenschaft von der Natur durch die Griechen. K. Gaiser, Theophrast in Assos. Zur Entdeckung der Naturwissenschaft zwischen Akademie und Peripatos (Abh. AW Heidelberg) 1985. – A. Szabó – E. Marila, Enklima. Untersuchungen zur Frühgeschichte der griechischen Astronomie, Geographie und Sehnentafel. 1982. Ch. H. Kahn, On early Greek astronomy, in: JHS 90 1970, 99ff. 1971. – Zum Hellenismus Schneider KGH 2 1969, 339ff. und 1060ff. (Literatur), Lesky GGL 877ff. – Zur *Geographie* (vgl. auch oben 9f.): K. E. Müller, Geschichte der antiken Ethnographie und ethnologischen Theoriebildung. Von den Anfängen bis auf die byzantinischen Historiographen. 1972, 1980. 2 Bde. Seit der Kolonisationsperiode entstehen Sammlungen von zunächst reichlich ausgeschmückten Berichten über fremde Herrscher, Völker und Länder, die teils auf die Seefahrten der Kolonisten und Händler, teils auf reine Spekulationen zurückgehen. Als bedeutendste Vertreter dieser Gruppe der sog. Logographen gelten Hekataios von Milet (etwa 560/50–480) und Hellanikos von Mytilene (etwa 480–400); beider Fragmente in FgrH. Geographie verbindet sich in ihren Schriften mit Historiographie und Mythographie sowie Ethnographie. In dieser Tradition schreibt teilweise auch Herodot (unten 276f.). Mit der Ausweitung des Gesichtskreises besonders in der Zeit Alexanders III. wuchs auch das Interesse an einer wissenschaftlichen Geographie. Aristobulos von Alexandreia und Megasthenes (beide in FgrH) informierten über Indien, Pytheas (Hrsg.: H. J. Mette, 1952, übersetzt von D. Stichtenoth 1959) über seine Nordlandreise (alle 4./3. Jh. v. Chr.). Die mathematische Geographie erreichte mit Eratosthenes (3. Jh. v. Chr.), in dessen ›Geographika‹ sich kritische Forschungen und Berechnungen finden (FgrH), Dikaiarch (um 300 v. Chr.), Hrsg. F. Wehrli ²1967, und dem Schöpfer des ersten Globus, Krates von Mallos (um 150 v. Chr.), Hrsg. H. J. Mette 1936 und 1952, ihren Höhepunkt. Eine umfassende Beschreibung der gesamten in augusteischer Zeit bekannten Ökumene hat Strabon von Amaseia mit seinen großteils erhaltenen ›Geographika‹ in 17 Büchern vorgelegt. Sein eklektisches Werk, das auch die geographischen Studien des Polybios und Poseidonios teilweise überliefert, das aber Homer als eine Autorität betrachtet, beschäftigt sich zunächst mit Fragen der mathematischen Geographie, sodann mit den Ländern Europas, Asiens und Afrikas. Hrsg. G. Kramer, 3 Bde. 1944–52; W. Aly–E. Kirsten–F. Lapp, 2 Bde. 1968 (mit Übersetzung und Karten). Eine Beschreibung Griechenlands mit zahlreichen wertvollen geographischen Informationen verdankt die Altertumswissenschaft Pausanias (2. Jh. n. Chr.), der mit seinem Werk eine Tradition fortsetzt, die Dikaiarch mit seinem ›Βίος τῆς Ἑλλάδος‹ einleitet und in der auch die ›Periegesis‹ Polemons von Ilion (3./2. Jh. v. Chr.) steht. Pausanias der Perieget: Hrsg. J. H. Schubart–C. Walz–

F. Spiro, 3 Bde. 1838–1903 (ND 1959); mit umfangreichem Kommentar: J. G. Frazer, 6 Bde. 1898 (ND 1913); dazu P. Levi, Pausanias. Guide to Greece, 2 Bde. 1971, und die neugriechische, kommentierte Edition von N. D. Papachatze in 5 Bden. 1974–81. Zu Person und Werk, insbesondere zum Quellenwert vgl. Ch. Habicht, Pausanias und seine „Beschreibung Griechenlands". 1985. – Übersetzungen: von J. C. Schubart, 2 Bde. 1857–63; die Übersetzung von E. Meyer ²1967 bietet leider nur eine Auswahl. 3. vollständige Auflage von F. Eckstein, 1 1986, 2 1987; 3 noch nicht erschienen. – Wichtige Fragmentensammlungen: Geographi Graeci minores [GGM], C. Müller (Hrsg.), 3 Bde. 1855–61 (ND 1965) (mit Atlas); Geographi Latini minores [GLM], A. Riese (Hrsg.) 1878 (ND 1964), 3 Bde.; weiters die FgrH, dazu aber auch noch die Fragmenta Historicorum Graecorum [FHG], C. und Th. Müller (Hrsg.), 5 Bde. 1841–70 (ND 1966–67) (mit lateinischer Übersetzung). – *Literatur*: immer noch wichtig H. Berger, Geschichte der wissenschaftlichen Erdkunde der Griechen. ²1903 (ND 1967); zum kartographischen Bild von Europa und Asien vgl. auch H. Aigner, Ein geographischer Traum bei Herodot, in: RhM 117 1974, 215 ff.; M. Cary–E. H. Warmington, Die Entdeckungen der Antike. 1966; zum Hellenismus: Schneider KGH 2 363 ff., 1063 f. (weiteres Schrifttum), Heiberg, HdA 82 ff.

Zur Geschichtsschreibung: siehe unten 273 ff.

Zur *Medizin*: Der bedeutendste Arzt der griechischen Welt, Hippokrates von Kos (460–377), verfaßte mehrere Schriften, die zusammen mit anderen unbekannter Herkunft das sog. ›Corpus Hippocraticum‹ ausmachen, J. L. Heiberg (Hrsg.) u. a. im: Corpus Medicorum Graecorum [CMG], 2 Bde. 1908 ff. und 5 Bde. ²1958–64; H. Diller (Hrsg.), Hippocrates. Über die Umwelt (Corpus Medicorum Graecorum I 1, 2) 1970. Die Werke ›Von der heiligen Krankheit‹, ›Von der Umwelt‹, ›Prognostikon‹, die Bücher 1 und 3 aus den Epidemien sowie den Hippokratischen Eid hat eingeleitet und übertragen W. Capelle, Hippokrates: Fünf auserlesene Schriften. ²1984. – Zur Diskussion um die Überlieferung dieses umstrittenen Sammelwerkes Lesky GGL 545 f.; K. Deichgräber, Die Epidemien und das Corpus Hippocraticum. Voruntersuchungen zu einer Geschichte der Koischen Ärzteschule. 1971 (ursprünglich Habilitationsschrift 1933); ders., Aus der Geschichte der wissenschaftlichen Kritik im Corpus Hippocraticum, in: Medizinhistorisches Journal 6 1971, 97 ff.; ders., Medicus gratiosus. Untersuchungen zu einem griechischen Arztbild (Abh. Mainz 3 1970) 1971. Vgl. auch die zweisprachige Quellensammlung (TB) von W. Müri, Der Arzt im Altertum. ⁴1979. – F. Kudlien, Der griechische Arzt im Zeitalter des Hellenismus (Abh. AW Mainz) 1979. Ders., Die Sklaven in der griechischen Medizin. 1968. J. Mansfeld, The historical Hippocrates and the origins of scientific medicine, in: M. Ruse (Hrsg.), Nature animated. 1983, Bd. 2, 49 ff. K. Deichgräber, Die Patienten des Hippokrates (Abh. AW Mainz) 1982. – J. Jouanna, Hippocrate. Pour une archéologie de l'Ecole de Cnide. 1974 (althippokratische Texte). H. Grensemann, Hippokratische Gynäkologie. 1982 (gynäkologische Texte). Neben der überwiegend induktiv verfahrenden Methode, die Hippokrates geschaffen haben soll und die die koische medizinische Tradition begründete, existierte in Knidos eine Schule, die primär deduktiv verfuhr und die mit dem Namen Euryphon verbunden wird. Die Lehrmeinungen dieser Ärzte sind in dem Sammelwerk ›Knidiai gnomai‹ zusammengefaßt

(Edition wird vorbereitet von K. Deichgräber). Wesentliche Impulse empfing die Medizin durch alexandrinische Forschungen auf dem Gebiete der Anatomie und Physiologie (Herophilos, Erasistratos), doch wurde die Weiterentwicklung durch zahlreiche Schulstreitigkeiten in hellenistischer Zeit gehemmt. Erst Galenos, der neuplatonisch orientierte Gladiatorenarzt aus Pergamon (2. Jh. n. Chr.), versuchte die Kenntnisse der antiken Medizin in einem monumentalen Werk zusammenzufassen, das aus 153 Schriften in über 500 Büchern bestand. Hrsg.: C. G. Kühn, 20 Bde. 1821–33 (ND 1964–65) (übersetzt von E. Beintker und W. Kahlenberg 1939 ff.). H. Flashar (Hrsg.), Antike Medizin (WdF 221) ^{2}1985 (mit Bibliographie); siehe auch H. Leitner, Bibliography to the ancient medical authors. 1973 (mit maßgebenden Editionen und Übersetzungen). Zur *Medizingeschichte* vgl. als neuere Arbeiten: H. M. Koelbing, Die ärztliche Therapie. Grundzüge ihrer Geschichte. 1985. M. D. Grmek, Les maladies à l'aube de la civilisation occidentale. 1983. A. Krug, Heilkunst und Heilkult. 1985. J.-N. Corvisier, Santé et société en Grèce ancienne. 1985. A. Thivel, Cnide et Cos? Essai sur les doctrines médicales dans la Collection Hippocratique. 1981. S. Laser, Medizin und Körperpflege (ArchHom) 1983. G. Lorenz, Antike Krankenbehandlung in historisch-vergleichender Sicht. Studien zum konkret-anschaulichen Denken, Habil. Schrift Innsbruck 1986. – H. Graßl, Der Scheintod. Ein Beitrag zur historischen Verhaltensforschung im Bereich der griechisch-römischen Antike, in: GB 12/13 1985/86, 213. H. Aigner, Der Selbstmord im Mythos. 1982. F. Kudlien, Der Beginn des medizinischen Denkens bei den Griechen. Von Homer bis Hippokrates. 1967; zum ›Corpus Hippocraticum‹ vgl. J. H. Kühn, System- und Methodenprobleme im C. H. (Hermes-Einzelschriften 11 1956). H. Grensemann, Der Arzt Polybos als Verfasser hippokratischer Schriften (Abh. Mainz 1968). Zur hellenistischen Medizin weiters Schneider KGH 2 399 ff., 1066 ff. (Literatur). H. Diller, Kleine Schriften zur antiken Medizin (Hrsg. G. Baader–H. Grensemann) (Ars medica 2, 3) 1973. G. Harig, Zum Problem 'Krankenhaus' in der Antike (mit vielen Hinweisen auf medizin-historische Literatur), in: Klio 53 1971, 179 ff. Siehe auch M. E. Pfeffer, Einrichtungen der sozialen Sicherung in der griechischen und römischen Antike (Versicherungsforschung 5) 1969. Weiteres Schrifttum siehe unten 222 und mit Quellenbesprechungen auch J. H. Heiberg, Exakte Wissenschaften und Medizin, in: Einleitung in die Altertumswissenschaft Bd. 2 ^{2}1912, 383 ff.

Wichtig für die erkenntnistheoretischen Grundlagen der griechischen Wissenschaft, die wissenschaftliche Begriffsbildung, für die axiomatisch-definitorische Grundlegung der Mathematik und andere Fragen K. von Fritz, Grundprobleme der Geschichte der antiken Wissenschaft. 1971.

4.7 Sport

Große Hingabe an sportliche und musikalische Betätigung wird den Griechen bereits in den ältesten Texten, in ›Illias‹ und ›Odyssee‹, bescheinigt. Auch zahlreiche Mythen handeln von Agonen in sportlichen und musikalischen Disziplinen und machen ihr hohes Alter sehr wahrscheinlich. Die Häufigkeit, mit der die griechische Überlieferung auf das Kulturphänomen

Sport insbesondere in den Jahrhunderten von der Dorischen Wanderung bis zum ausgehenden 6. Jh. Bezug nimmt, also jener Zeit, die auch die großen panhellenischen Spiele hervorbrachte, hat Jacob Burckhardt in seiner ›Griechischen Kulturgeschichte‹ (vgl. oben 16f.)[171] veranlaßt, den Griechen dieser Zeitspanne als „agonalen Menschen" zu bezeichnen. Mit der Neuprägung dieser Bezeichnung legte der Basler Gelehrte zusammen mit Ernst Curtius den Grundstein für die heute weitverbreitete Ansicht, der Grieche habe ein besonderes Nahverhältnis zum Wettkampf, der seine gesamte Lebensauffassung kennzeichne und sich auch in den Objektivationen seines Geistes manifestiere. In der Konsequenz dieses Gedankens sprach und spricht man nicht selten vom „agonalen Prinzip" der griechischen Kultur. So hat man in Krieg, Politik, Gerichtswesen, Leibeserziehung, Sprache, Alltag, Kunst und Geistesleben 'agonale Elemente' nachzuweisen versucht, ohne bei einer derartigen Typisierung der Griechen und ihrer Kultur der Frage weiter nachzugehen, ob sich ähnliche Phänomene nicht auch bei nichtgriechischen Völkern beobachten lassen[172].

Zum Verständnis der Frühgeschichte des griechischen Sportes tragen die Erzählungen von den Patroklos- und Phaiakenspielen (Ilias XXIII, Odyssee VIII) Wesentliches bei. Darin werden sowohl die Verwurzelung des Agons im Totenkult (Patroklos) als auch im profanen Bereich deutlich (Phaiaken), wobei für ersteres teilweise die Gründungsmythen von Olympia, Delphi, Korinth und Nemea, für das letztgenannte die zahlreichen Brautagone sprechen. Der Reichtum sportlicher Disziplinen tritt bereits bei den Patroklosagonen zutage, in deren Rahmen Wagenrennen, Boxen, Ringen, Wettlaufen, Hoplomachie, Diskus- und Speerwerfen sowie der Bogenkampf bezeugt sind. Dagegen zeigt die Entwicklung der Olympischen Spiele, die nach antiker, aber nicht gesicherter Überlieferung 776 v. Chr. gegründet worden sein sollen, ein anderes Bild; danach haben sie zunächst nur mit dem einfachen Stadionlauf eingesetzt und erst allmählich ein umfangreicheres Programm erhalten. Das Wagenrennen beispielsweise, das in der ›Ilias‹ die dominierende Rolle spielt, erscheint im olympischen Programm erst ab 680 v. Chr. Unterschiede zwischen diesen beiden Veranstaltungen gibt es auch hinsichtlich der Siegespreise, in Olympia sind es Ölzweige, bei den Patroklosspielen materielle Gegenstände. Über den Ur-

[171] Burckhardt a. O. Bd. 4, 81ff.; Curtius, Der Wettkampf, in: Altertum und Gegenwart. ^{2}1877, 132ff. Dazu I. Weiler, AIEN APICTEYEIN. Ideologiekritische Bemerkungen zu einem vielzitierten Homerwort, in: Stadion 1 1976, 200ff.

[172] Weitere Literatur zum Agonalen: V. Ehrenberg, Das Agonale (Ost und West. Schriften der Philosophischen Fakultät der Deutschen Universität Prag 15) 1935, 63ff. H. Berve, Vom agonalen Geist der Griechen, in: E. Buchner – P. R. Franke (Hrsg.), Gestaltende Kräfte der Antike. ^{2}1966, 1ff.

sprung der Olympischen Spiele existieren verschiedene Hypothesen.[173] Drei von ihnen stehen im Vordergrund der Diskussion: zwei suchen die Wurzeln im Kultischen, indem sie vom Totenkult für Pelops oder von Fruchtbarkeitsriten (Demeter, Oinomaos) ausgehen, eine andere spricht von rein agonistischen Motiven, d. h. von der Freude am Wettkampf. In ihrer Entwicklung gelangten die Olympischen Spiele, aber auch die Pythien, Isthmien und Nemeen zu überregionaler, panhellenischer Bedeutung, und die Siegerlisten, die schon im Altertum angelegt wurden, spiegeln die allgemeine kulturelle Bedeutung der einzelnen Poleis vielfach wider, so etwa, wenn das kulturell aufgeschlossene Sparta vom 8. bis zum 6. Jh. v. Chr., in der Folgezeit dann Athen in Olympia dominieren. In späthellenistischer Zeit verlieren die panhellenischen Spiele ihre Bedeutung, offiziell werden die Olympien angeblich von Theodosius I. im Jahre 393 n. Chr. verboten. Der Hellenismus darf aber damit nicht als ein sportfeindliches Zeitalter, eine Zeit des Verfalls angesehen werden. Das hat C. Schneider[174] hervorgehoben, der zwar in der Professionalisierung eine „Veränderung des *agonalen Wesenszuges*“ sieht, auf der anderen Seite aber die große Zahl sportlicher Veranstaltungen in hellenistischer Zeit hervorhebt, in der neben den großen panhellenischen Agonen eine Unzahl lokaler periodischer und einmaliger Sportfeste hinzukommt. Außerdem nimmt in dieser Zeit das pädagogische, medizinische und wissenschaftliche Interesse an der sportlichen Betätigung zu, was sich in einem umfangreichen, heute aber weitgehend verlorengegangenen Schrifttum kundtut. Zwar steht die Einbeziehung der Agonistik und Gymnastik in die Pädagogik in Athen schon im Zusammenhang mit den Demokratisierungstendenzen des ausgehenden 6. und 5. Jh. v. Chr., doch wird eine Breitenwirkung erst im 4. und 3. Jh. v. Chr. für jedermann sichtbar. Das aristokratische Ideal der Kalokagathia, wie es in der Frühzeit hochgehalten wurde, wandelt sich zwar unter dem Einfluß der Sophistik und Philosophie – die Umwertung führt zu einer neuen ethischen Auffassung vom Kaloskagathos –, aber das Ideal bleibt in dieser neuen Form in der Folgezeit wirksam.

Quellen zum Sport der Griechen liegen in englischen Übersetzungen gesammelt von R. S. Robinson, Sources for the history of Greek athletics. 1955, und S. Miller, Arete. Ancient writers, papyri, and inscriptions on the history and ideals of Greek athletics and games. 1979. Eine kleine Quellenkunde zu Agonistik und Gymnastik bietet I. Weiler, Der Sport bei den Völkern der Alten Welt. ²1988, 277ff. – Zur neueren Forschungssituation siehe D. Kyle, Directions in ancient sport, in: Journal of sport

[173] Ch. Ulf–I. Weiler, Der Ursprung der antiken Olympischen Spiele in der Forschung, in: Stadion 6 1981, 1ff.

[174] KGH 1 55 und 2 190ff. I. Weiler, Der „Niedergang“ und das „Ende“ der antiken Olympischen Spiele in der Forschung, in: GB 12/13 1985/86, 235ff.

history 10 1983, 10ff. – Weitere Quelleneditionen, teilweise mit Kommentaren bzw. Interpretationen: E. Kornexl, Leibesübungen bei Homer und Platon (Studientexte zur Leibeserziehung 5) 1969; siehe auch K. Willimczik, Leibesübungen bei Homer. 1969; zu Pindar und Bakchylides, deren Epinikien wertvolle Informationen liefern. Zu Ikkos von Tarent (5. Jh. v. Chr.), ein Olympionike, der über das Athletentraining geschrieben hat, siehe die Fragmente der Vorsokratiker Bd. 1 Nr. 25. Auf Herodikos von Selymbria (5. Jh. v. Chr.), einen Arzt und Gymnastiklehrer, der als Lehrer des Hippokrates und Begründer der medizinischen Gymnastik und Diätetik gilt, geht die hippokratische Schrift ›Über die Diätetik‹ zurück (siehe Corpus Hippocraticum oben 218). Spezielle Abhandlungen über einzelne Sportarten, und zwar nicht unter medizinischem, sondern unter rein sportlichem Aspekt, haben die gymnastischen Schriftsteller Theon von Alexandreia (etwa 1. Hälfte des 2. Jh. n. Chr.) und ein nicht weiter bekannter Tryphon verfaßt. Diese Werke gingen verloren und sind durch andere Autoren bekannt. Als Quellen wertvoll auch Platon mit zahlreichen Stellungnahmen zur Gymnastik (›Politeia‹, ›Nomoi‹, ›Gorgias‹) und zum Leib-Seele-Problem (›Phaidon‹, ›Phaidros‹, ›Timaios‹) sowie Lukianos von Samosata (2. Jh. n. Chr.), der einen Dialog ›Anacharsis oder über die Leibesübungen‹, Hrsg. E. Steindle 1969 (mit Übersetzung) verfaßte. Vom medizinischen Aspekt aus beschäftigt sich Galenos von Pergamon (2. Jh. n. Chr.) mit dem Sport, und zwar vor allem in seiner ›Hygiene‹, im ›Thrasybulos‹ (zur Frage der Zugehörigkeit der Gesundheitslehre zur Medizin oder Gymnastik, dabei entscheidet sich Galenos für ersteres) und in der Schrift ›Über den kleinen Ball‹; zu Galenos siehe oben 219. Einschlägige Textstellen mit Schrifttum bei F. und L. Fetz, Gymnastik bei Philostrat und Galen (Studientexte zur Leibeserziehung 4) 1969, 41ff. Im 3. Jh. n. Chr. verfaßte Philostrat, ein Vertreter der sog. Zweiten Sophistik (siehe oben 199f.), ein Werk ›Gymnastike‹, das den Versuch unternimmt, die seiner Meinung nach in Verruf geratene Athletik wieder auf den alten Stand zu bringen. Vorzüglich kommentierte Ausgabe von J. Jüthner, 1909 (ND 1969) (mit Übersetzung). – M. Poliakoff, Studies in the terminology of the Greek combat sports (Beiträge zur Klassischen Philologie 146) ^{2}1986. – *Epigraphisches Material* zur Sportgeschichte: L. Moretti, Iscrizioni agonistiche greche. 1953; ders., Olympionikai. I vincitori negli antichi agoni olimpici (Memorie delle classe di science morali e storiche dell'accademia degli lincei 8) 1959, 55ff.; ders., Supplemento al catalogo degli Olympionikai, in: Klio 52 1970, 295ff. Vgl. auch A. Brinkmann, Die olympische Chronik, in: RhM 70 1915, 622ff.; L. Robert, Inscriptions et institutions agonistiques, in: Eos 48, 2 1956 (1957) 229ff. J. Ebert, Griechische Epigramme auf Sieger an gymnischen und hippischen Agonen (Abh. Leipzig 63, 2) 1972. – Die Siegerlisten von Olympia begann Hippias von Elis; Aristoteles, der mit Kallisthenes auch die Pythioniken zusammenstellte, und Eratosthenes setzten sie fort. Von Phlegon aus Tralles und Sextus Iulius Africanus wurden diese Forschungen überliefert. Siehe Phlegon FgrH 275, 415f. und Pap. Ox. 2381; Africanus findet sich bei Eusebius, Chronik (Hrsg.: A. Schöne, 2 Bde. ^{2}1966). Kritisch zu den Siegerlisten A. Körte, Hermes 39 1904, 224ff.; zu den Sportstätten der Griechen siehe auch oben 183; archäologisches Bildmaterial bei C. Blümel, Sport der Hellenen. 1936. S. Laser, Sport und Spiel (ArchHom) 1987. Ethnologisch interessantes Vergleichsmaterial bietet K. Meuli, Der griechische Agon. 1926/1968. Allgemein zu den Quellen zur Sportgeschichte vgl. J. Jüthner, Die athletischen Leibesübungen der Griechen (Hrsg. F. Brein, SB Wien, phil.-hist. Klasse 249, 1) 1965 Bd. 1 21 ff.

Zu den *einzelnen Sportarten* der Griechen siehe Jüthner a. O. Bd. 2, 1 (SB Wien 249, 1) 1968: Die Lauf-, Sprung- und Wurfbewerbe. Der zweite Teil noch nicht erschienen. Dafür: W. Rudolph, Olympischer Kampfsport in der Antike. Faustkampf, Ringkampf und Pankration (Deutsche Akademie Berlin, Schriften der Sektion für Altertumswissenschaft 47) 1965; J. Ebert, Zum Pentathlon in der Antike (Abh. Leipzig 56, 1) 1963. L. Robert, Les gladiateurs dans l'orient grec. 1940 (ND 1971). – Zur Entstehung und Bedeutung bzw. Bedeutungswandel des vielbemühten Ausdrucks 'Kalokagathia' vgl. J. Jüthner, Kalokagathia, in: Charisteria. Alois Rzach zum 80. Geburtstag dargebracht. 1930, 99 ff.

Literatur zur Sportgeschichte: Bibliographien haben vorgelegt E. Maróti, Bibliographie zum antiken Sport und Agonistik (Acta antiqua 22 1980) und Th. F. Scanlon, Greek and Roman athletics. A bibliography 1984. – Als Einführung: I. Weiler, Der Sport bei den Völkern der Alten Welt. ^{2}1988. E. N. Gardiner, Athletics in the ancient world. 1930; ders., Greek athletic sports and festivals. 1910; U. Popplow, Leibesübungen und Leibeserziehung in der griechischen Antike (Beiträge zur Lehre und Forschung der Leibeserziehung 2) ^{3}1961; R. Patrucco, Lo sport nella grecia antica (Arte e archeologia. Studi e documenti 1) 1972; H. A. Harris, Sport in Greece and Rome. 1972; ders., Greek athletes and athletics. 1964. H. Bengtson, Agonistik und Politik im alten Griechenland, in: Kleine Schriften zur Alten Geschichte. 1973, 190 ff. – M. Lämmer, Griechische Wettkämpfe in Jerusalem und ihre politischen Hintergründe, in: Kölner Beiträge zur Sportwissenschaft 2 1973, 182 ff. (mit zahlreichen Angaben über den Sport in hellenistischer Zeit). – Vgl. auch oben 216 f., Anm. 170–174. J. Ebert (Hrsg.), Olympia von den Anfängen bis zu Coubertin. 1980. M. I. Finley – H. W. Pleket, Die olympischen Spiele der Antike. 1976. H. Bengtson, Die olympischen Spiele in der Antike. ^{3}1984. D. C. Young, The myth of Greek amateur athletics. 1984. Weiters: E. N. Gardiner, Olympia. 1910; L. Drees, Olympia. Götter, Künstler und Athleten. 1967; A. Mallwitz, Olympia und seine Bauten. 1972; H.-V. Herrmann, Olympia. Heiligtum und Wettkampfstätte. 1972; ders., Olympia und seine Spiele im Wandel der Zeiten, in: Gymnasium 80 1973, 172 ff. – Zum Fragenkreis Gesundheit und Sport siehe E. Kornexl, Begriff und Einschätzung der Gesundheit des Körpers in der griechischen Literatur von ihren Anfängen bis zum Hellenismus (Commentationes Aenipontanae 21) 1970.

4.8 Musik

In konzertantem Vortrag war Musik erst den Griechen der hellenistischen Zeit geläufig. In früheren Jahrhunderten stand Musik in enger Verbindung zum Tanz und zur Dichtung, insbesondere zur Lyrik, in deren Namen sich noch ihr musikalischer Ursprung spiegelt. In der Form von Kult- und Arbeitsliedern sowie zahlreicher anderer volkstümlicher Gesänge zeigt die Musik ihre Verwurzelung in der Dichtkunst, aus der sie sich erst recht spät, in der Zeit des Euripides, zu lösen vermag. Antike Literaturgeschichte ist von der griechischen Musik nicht zu trennen. Angesichts dieser Verkettung mit anderen Kulturphänomenen und der außerordentlich großen Bedeutung, die der Grieche der Musik beimaß, indem er sie auch in medizinisch-therapeutischen, psychologischen, pädagogischen, sportlichen und militärischen Bereichen anwandte, ist es in höchstem Maße zu bedauern, daß nur ganz geringe Reste, die sich ihrerseits schwer interpretieren lassen, erhalten geblieben sind. Der griechische Mythos, der eine große Zahl von Musikheroen wie Olympos, Orpheus, Linos, Marsyas, Musaios, Thamyris, die Musen u. a. überliefert, spiegelt ebenfalls die wichtige Rolle wider, die der Musik zukam. Aus dem mythischen Erzählgut löst sich die Geschichte der Musik erst mit den bedeutenden Musikern Terpander aus Lesbos (frühes 7. Jh. v. Chr.), dem die Einführung einzelner musikalischer Sätze (dem aiolischen, boiotischen, trochaischen und orthios Nomos) und der siebensaitigen Leier zugeschrieben wird, und Sakadas von Argos (frühes 6. Jh. v. Chr.). Der argivische Aulet schuf den pythischen Nomos. Mit den frühen Lyrikern Archilochos, Sappho und Alkaios, Alkman und Tyrtaios setzt die Blütezeit der griechischen Musik ein, die in den Hymnen und Dithyramben Pindars einen Höhepunkt erreicht. Wenn die zwei heute als lyrisch empfundenen Dichtungsarten Iambos und Elegie nach antiker Auffassung nicht der Lyrik zugeordnet wurden (siehe oben 193 f.), so vermutlich deshalb, weil „in beiden der Gesang früh verstummt war, während Lyrik im antiken Sinne als Melik das Lied voraussetzte“ [175]. Über Pindar und den Sänger und Dithyrambendichter Arion von Lesbos führt die Entwicklung vor allem auch zur dramatischen Dichtung, die im Parodos (Einzugslied), Stasimon (Standlied), Exodos (Auszugslied), Hyporchema (Chortanz) und Kommos (lyrischer Dialog) ihre bedeutendsten musikalischen Ausdrucksformen aufweist. Unter dem Einfluß der Sophistik beginnt sich die Musik allmählich von ihrer Verbindung mit der Dichtung zu lösen und geht eigene Wege, die das Aufkommen großer Musikvirtuosen fördern. Für diese Entwicklung, die sich auch auf Euripides auswirkt, zeichnen in erster Linie die Lyriker Kinesias von Athen (450–390), Timotheos von Milet (ca. 450–360) und der Musiker Philoxenos von Kythera (436/35–380/79) verantwortlich. Als Vertreter einer ‘neuen Musik’ wurden sie von den Anhängern der traditionellen Richtung, die auch in hellenistischer Zeit noch weiter wirkte, gelegentlich scharf verurteilt.

Quellen zur Musikgeschichte: Musici scriptores Graeci [MSG], Hrsg.: C. von Jan 1895–99 (ND 1962), siehe auch R. Westphal, Die Fragmente und Lehrsätze der griechischen Rhythmiker. 1861 (wiederabgedruckt als Anhang zur Metrik. ^{2}1867 Bd. 1); E. Pöhlmann, Griechische Musikfragmente (Erlanger Beiträge 8) 1960; ders., Ein neues griechisches Musikfragment, in: Hermes 94 1966, 501 ff.; ders., Denkmäler alt-

[175] Lesky GGL 133.

griechischer Musik (Erlanger Beiträge zur Sprach- und Kunstwissenschaft 31) 1970. F. Zaminer, Griechische Musikaufzeichnungen, in: Musikwissenschaftliche Arbeiten 23 1971, 1ff. H. Hunger–E. Pöhlmann, Neue griechische Musikfragmente, in: Wiener Studien 75 1962, 51.ff. Eine wichtige kompilatorische Arbeit zur Musikgeschichte, die sich auf Aristoxenos von Tarent, einen Musiktheoretiker des 4. Jh. v. Chr., und Herakleides Pontikos (4. Jh. v. Chr.) stützt, liefert Plutarch mit seiner Schrift ›περὶ μουσικῆς‹, Hrsg.: B. Einarson–Ph. H. de Lacy (Loeb) 1967, mit englischer Übersetzung. D. Paquette, L'instrument de musique dans la céramique de la Grèce antique. 1984. – *Forschungsbericht:* R. P. Wimmington-Ingram, Ancient Greek music. 1932–57, in: Lustrum 1958, 3 (1959) 5ff. *Neueres Schrifttum:* Th. Georgiades, Musik und Rhythmus bei den Griechen. 1958; H. Koller, Musik und Dichtung im alten Griechenland. 1963. C. Sachs, The rise of music in the ancient world. 1943/44 (deutsch 1968); M. Wegner, Das Musikleben der Griechen. 1949; E. A. Lippman, Musical thought in ancient Greece. 1964; W. D. Anderson, Ethos and education in Greek music. 1966; J. Henderson, Ancient Greek music (New Oxford history of music 1) 1957. A. Neubecker, Altgriechische Musik. Eine Einführung (Die Altertumswissenschaft) 1977. A. Barker (Hrsg.), Greek musical writings. Bd. 1: The musician and his art. 1984. J. Lohmann, Musiké und Logos. Aufsätze zur griechischen Philosophie und Musiktheorie (Hrsg.: A. Giannarás) 1970. D. Najock, Drei anonyme griechische Traktate über die Musik. Eine kommentierte Neuausgabe des Bellermannschen Anonymus (Göttinger musikwissenschaftliche Arbeiten 2) 1972. – Zur Frühzeit: M. Wegner, Musik und Tanz (ArchHom) 1968. Zum Hellenismus: Schneider, KGH 2 622ff., 1083f. (Literatur); G. Wille, Musica Romana. 1967. Zu Lyrik und Musik vgl. auch Lesky GGL 132. – Schallplatten: F. A. Kuttner, The theory of classical Greek music (Musurgia Records) 1955; G. Paniagua, Musique de la Grèce antique (Harmonia mundi) 1978, mit kleiner Instrumentenkunde und Papyrusverzeichnis.

5. Politische Geschichte Griechenlands von der homerischen Zeit bis zur Schlacht von Aktium (31 v. Chr.)

5.1 Von Homer bis etwa 500

Nach der einführenden Behandlung der Bereiche Staat, Wirtschaft, Religion und Kultur sollen nun jene Ereignisse der griechischen Geschichte kurz zur Sprache kommen, die recht unzulänglich als die 'eigentliche' (politische) Geschichte bezeichnet werden. Sie sind deshalb an den Schluß dieser Einführung gestellt, weil sie unter wirkungsgeschichtlichem Aspekt wohl eine geringere Rolle spielen als die kulturgeschichtlichen Leistungen der Griechen.[176] Eine Darstellung der Zeit von der Dorischen Wanderung

[176] Zu kontroversiellen Positionen und neuen Ergebnissen in der Althistorie sei vor allem auf das Kapitel ›Grundprobleme und Tendenzen der Forschung‹ in Schullers GG 71–167 verwiesen (eine zweibändige Neuauflage ist in Vorbereitung).

bis ins 7. Jh. v. Chr. vermag sich hinsichtlich der politischen Geschichte nur auf sehr wenige Quellen zu berufen. Die antike Tradition bietet für diesen Zeitraum zahlreiche mythologische und genealogische Spekulationen, deren Informationswert für Historiker nicht niedrig genug zu veranschlagen ist. Nur aufgrund der politischen Konstellationen der griechischen Welt zur Zeit der Kolonisation kann über die Machtverhältnisse und politischen Systeme dieser Jahrhunderte vermutungsweise einiges gesagt werden. Generell läßt sich festhalten, daß der griechische Partikularismus – „der *sacro egoismo* war für die Griechen von überwältigender Attraktivität" – einer gesamtstaatlichen Entwicklung stets im Wege stand, wozu H.-J. Gehrke (vgl. oben 62) ausführlich informiert. „*In politicis* dominierte die Orientierung auf die Polis, das Nationalbewußtsein war im wesentlichen, von Ausnahmen abgesehen, apolitisch."[177] In den nordgriechischen Landschaften Epiros, Makedonien und Thessalien existierten bereits Heereskönigtümer, in Boiotien, Phokis, Lokris und Westgriechenland primitive Bundesorganisationen, die sich in ihrer staatlichen Struktur auch in der Folgezeit nur geringfügig weiterentwickeln (siehe oben 60f.). In Attika und auf der Peloponnes werden die Rechte der damals dort ebenfalls vorhandenen königlichen Gewalt beschnitten, so daß es hier, wie auch bei den Ostgriechen der Ägäis und an der kleinasiatischen Küste um 700 v. Chr. zur allmählichen Ausbildung der griechischen Städte kommt, womit auch die Voraussetzungen für die große griechische Kolonisation geschaffen werden.

Für die ersten militärischen Ereignisse, die in dieser schlecht dokumentierten Zeit über die Bühne gingen, ist Sparta verantwortlich. Im sog. Ersten Messenischen Krieg, der mit der Helotisierung der Bevölkerung westlich des Taygetos endet, erweist sich die Eurotasstadt bereits als eine bedeutende Macht auf der Peloponnes, die sich in dem etwa zwei Generationen später ausgetragenen Zweiten Messenischen Krieg schon einer politisch gewichtigen Koalition unter der Führung des Königs Pheidon von Argos gegenübersieht. Aus der angespannten Lage, die durch eine innerpolitische Krise – damals scheint erstmals der Ruf nach γῆς ἀναδασμός (Arist. Pol. 5, 6, 2) erschollen zu sein – noch erhöht wurde, befreiten sich die Spartaner durch einen Sieg, der die Ausgangsbasis für weitere expansive Aktionen schuf. Die Thyreatis in der nördlichen Kynuria nahm man den Argivern ab. Die langen Kämpfe mit Tegea mündeten in einen Vertrag, der „einen entscheidenden Wendepunkt in Spartas auswärtiger Politik" (H. Bengtson) darstellt. In Mittelgriechenland kam es in der ersten Hälfte des 7. Jh. v. Chr. zum sog. Lelantischen Krieg zwischen den beiden Handelsgroßmächten Eretria und Chalkis, in welchem Milet, Megara, Aigina, Sybaris auf der Seite Eretrias, Thessalien, Korinth, Phokaia, Kroton und Samos beim Riva-

[177] Gehrke, Jenseits von Athen und Sparta, 177 und 12.

len in den Kampf um die fruchtbare Ebene auf Euboia miteingriffen. Auch im sog. Ersten Heiligen Krieg (ca. 600–590), den die delphische Amphiktyonie mit Unterstützung der Athener und des Tyrannen Kleisthenes von Sikyon gegen Phokis, das die Herrschaft über die Orakelstätte beanspruchte, führte, offenbaren sich in den Solidarisierungstendenzen und Koalitionen Ansätze zu einem aufkommenden Zusammengehörigkeitsgefühl der Griechen, Ansätze, die aber ein ausgeprägter Partikularismus nicht zur Entfaltung kommen ließ, wie man der folgenden Entwicklung in Griechenland entnehmen kann. Über weitere innergriechische Auseinandersetzungen fließen die Quellen recht spärlich. Immerhin erwähnen sie einen Feldzug der Athener gegen Salamis (um 630), einen Sieg der Boioter über die Thessaler und Phoker (um 570), die Zerstörung von Sybaris durch das benachbarte Kroton (511/10), die Interventionen des Spartanerkönigs Kleomenes I. in Athen (508 und 506) und die Besiegung der Chalkidier und Boioter (506) durch Athen, das damals mit Persien in einem Schutzbündnis stand. Trotz dieser Kriegshändel, zu denen gewiß noch viele unbezeugte hinzukommen, befinden sich die Griechen in einer entscheidenden Phase der gegenseitigen Annäherung. Als Zeugnisse dieses Zusammengehörigkeitsgefühls werden im neueren Schrifttum gerne die beschränkenden Maßnahmen bei militärischen Konfrontationen unter den Griechen angeführt, die manchen Forscher dazu veranlaßten, von einer 'agonalen' Kriegsführung in archaischer Zeit zu sprechen.[178] Das wohl berühmteste Beispiel dafür sei hier angeführt: der Eid der Mitglieder der Amphiktyonie von Delphi, keine Mitgliedstadt zu zerstören, sie nicht auszuhungern und ihr nicht das Wasser abzuschneiden, und zwar weder im Kriege noch im Frieden (Aischines 2, 115). Das Zusammenwachsen der Stämme und Städte im 7. und 6. Jh. drückt sich daneben noch in der Einrichtung der panhellenischen Spiele und in der Herausbildung des Gesamtnamens 'Hellenen' bzw. der Antithese Hellenen–Barbaren deutlich genug aus.[179] Man hebt sich immer deutlicher von der nichtgriechischen Welt ab, was vor allem im Bereiche des kulturellen Schaffens in Sprachverwandtschaft und Gemeinsamkeit des Kultes sichtbar wird, sich aber auch in militärischen Konfrontationen manifestiert, wobei im Osten die Phöniker als Gegner (besonders auf Zypern), die Kimmerier, die Lyder unter Alyattes und Kroisos, schließlich auch die Perser und im Westen vor allem die Etrusker und Karthager auftreten, die in der Schlacht bei Alalia auf Korsika (540) den Griechen eine entscheidende Niederlage beibringen. Im innerpolitischen Umbildungsprozeß, der in zahlreichen Städten des 7. und 6. Jh. vom Königtum über die Aristo-

[178] Vgl. die unten 230 zitierten Studien von Brelich und Kiechle.

[179] Zur oben genannten Literatur vgl. auch F. Heubner, Studien zum Barbarenbegriff bei Herodot, in: E. Kluwe (Hrsg.), Kultur und Fortschritt (wie oben 76f.).

kratie zu demokratisierenden Herrschaftsformen führt, so daß nur noch vereinzelt Könige an der Macht bleiben, wie das in Sparta und am Rande der griechischen Welt, in Makedonien, Epiros, Kyrene und Zypern der Fall ist, dominiert die Tyrannis als Staatsform. Sie begegnet uns im Mutterland vor allem in Korinth (Kypseliden), Sikyon (Orthagoriden), Megara (Theagenes) und nach dem 'Putschversuch' des Olympioniken Kylon und den Solonischen Reformen auch in Athen (Peisistratiden). Aufs Ganze gesehen kann man vom „ephemeren Charakter" der Tyrannis in Ionien sprechen, wo „Spannungen und Kämpfe zwischen Adel und niederem Volk im allgemeinen eine viel geringere Rolle gespielt haben, als dies im Mutterland der Fall war" [180], wo aber immerhin so markante Erscheinungen wie die Tyrannen Thrasybulos, Aristagoras, Histiaios und Polykrates agierten. Besonders gut geeignet für das Aufkommen der Tyrannis schien, wie schon Diodor 19, 1, 5 und Iustinus 4, 2, 3 bemerkten, der Boden Siziliens. Ausschlaggebend dafür war vor allem die besondere außenpolitische Situation, die durch die Bedrohung seitens der Stämme der Sikeler, Sikaner und Elymer, seit der Mitte des 6. Jh. auch durch die Karthager gegeben war. Hier reichten die Gewaltherrschaften noch weit in das 5. Jh. hinein, während sie andernorts – zuweilen durch die Interventionen Spartas, das seit etwa 550 v. Chr. nicht nur auf der Peloponnes Hegemonialmacht war, sondern auch in auswärtige Angelegenheiten eingriff – mit dem 6. Jh. v. Chr. ausliefen. Diese sog. Ältere Tyrannis schuf, zumindest nach H. Berve, die gesellschaftlichen Voraussetzungen für die Entwicklung der griechischen Gemeinwesen, der Poleis, die sich am Isonomia-Ideal orientierten und mit Maßnahmen wie dem Ostrakismos in Athen einer Wiederkehr der Tyrannis vorbeugten.

5.1.1 Quellen

Zur *Quellenlage* der Griechischen Geschichte bis um 500 v. Chr.: Von den bedeutendsten historiographischen Berichten über die Zeit bis 500, Hekataios von Milet und Hellanikos von Mytilene, sind nur wenige Fragmente erhalten (siehe unten 274f.). Für die Chronologie der griechischen Frühzeit bildeten die Generationsrechnungen des Hekataios und die Chroniken des Hellanikos (von Attika, Sparta und Argos) die Grundlage. Ihre Werke standen zu einem großen Teil noch im Zwielicht von Sage und Geschichte. Das gilt auch von Herodot (siehe unten 276f.), der in den ersten Kapiteln seiner Geschichte zunächst die Griechen und Barbaren in der Sagenwelt behandelt (1, 1–5), ehe er in den folgenden Abschnitten des ersten Buches auf die Beziehungen der Griechen zu den Lydern (besonders 26ff.), die politischen Ereignisse in Athen und Sparta, das Schicksal der Griechenstädte in Kleinasien, die Auswanderung der Phokaier (151ff.) zu sprechen kommt. 3. Buch: Krieg Spartas

[180] Berve, Die Tyrannis bei den Griechen. 1967. Bd. 1, 116.

gegen Samos und Polykrates (39ff.); Dareios erobert Samos (139ff.). 4. Buch: Skythenfeldzug des Dareios. Dazu kommt noch die ›Archaiologia‹ des Thukydides, die ein grobes Gerüst für die Entwicklung und Entstehung der griechischen Staatenwelt liefert (siehe unten 277f.). Die Quellen zur Kolonisation wurden oben 108ff. besprochen; zur Religion oben 129ff., zur Verfassungsgeschichte, insbesondere der Athens und Spartas oben 68ff. und 77ff. Von den Plutarchbiographien (siehe unten 286f.) kommen vorbehaltlich des beschränkten Quellenwertes des kaiserzeitlichen Werkes in Frage: Theseus, Lykurgos, Solon. Von der Frühgeschichte der Westgriechen, die von Antiochos von Syrakus, einem im Stile der Logographen schreibenden Zeitgenossen Herodots, in 9 Büchern ›Sizilische Geschichte‹ und einem Buch ›Über Italien‹ verfaßt wurde (beide Werke sind verloren), handeln Thukydides (im 6. Buch), gelegentlich Herodot und die Fragmente des Timaios von Tauromenion. – Das *primäre Quellenmaterial* des Zeitraumes vor 500 beschränkt sich auf einige für die politische Geschichte relevante Fragmente griechischer Lyriker, besonders des Archilochos, Alkaios von Lesbos, Tyrtaios und Solon, sowie Inschriften, Münzen und archäologische Monumente. – Einige wichtige *Inschriften* des 6. Jh. v. Chr. zur Verfassung von Chios (um 600 v. Chr.); über griechische Händler im ägyptischen Dienst (594–89), das Bündnis zwischen Eleern und Heraiern (6. Jh. v. Chr.), das Salamisdekret der Athener (spätes 6. Jh. v. Chr.) bei Meiggs–Lewis (siehe dazu unten 289). Wichtig für die athenische Außenpolitik im 6. Jh. ist auch die Sigeionstele (Syll. ^{3}I 2). Zu den archaischen *Münzen* oben 94, zur monumentalen archäologischen Überlieferung oben 95f. – Eine Quellenauswahl in Übersetzung bietet C. W. Fornara, Archaic times to the end of the Peloponnesian war (Translated documents of Greece & Rome 1) ^{2}1983. M. H. Crawford–D. Whitehead, Archaic and classical Greece: A selection of ancient sources in translation. 1983.

5.1.2 Literatur

Literatur zur politischen Geschichte sowie eine übersichtliche Einführung bieten die GG von Kreißig und Schuller. Detaillierte Darstellungen für die Zeit bis 500 finden sich bei O. Murray, Das frühe Griechenland. 1982 (engl. 1980). M. I. Finley, Die frühe griechische Welt. 1982 (engl. 1970). A. M. Snodgrass, Archaic Greece. 1980, und insbesondere bei Ed. Meyer, K. J. Beloch, H. Berve, H. Bengtson und in den entsprechenden Abschnitten der Reihenwerke wie CAH, Propyläen-Weltgeschichte, Historia Mundi, Fischer Weltgeschichte u. a., zitiert oben 3f. – A. Heuß, Vom Anfang und Ende 'archaischer' Politik, in: G. Kurz– D. Müller–W. Nicolai (Hrsg.), Gnomosyne. FS W. Marg. 1981, 1ff. – W. K. Pritchett, The Greek state at war (wie unten 270). P. Ducrey, Guerre et guerriers dans la Grèce antique. 1985. L. H. Jeffery, Archaic Greece: The city-states c. 700–500 BC. 1978. K. Adshead, The politics of the archaic Peloponnese. 1986. C. G. Starr, The individual and the community: The rise of the polis 800–500 BC. 1986. M. Grant, The rise of the Greeks. 1987. Spezialliteratur zur Kolonisationsepoche vgl. oben 86f., zu Sparta und Athen in archaischer Zeit oben 68ff. und 77ff. In bewußtem Gegensatz zu athenozentrischen und lakedaimonophilen Darstellungen wählt das oben 62 zitierte Buch von Gehrke „die Perspektive der Mittel- und Kleinstaaten", ein Aspektwandel, der um so bemerkenswerter ist, als neben den politischen auch die sozialökonomischen und geistigen Verhältnisse behandelt werden (dazu eine umfangreiche Bibliographie 197–206). *Zu Einzelereignissen der politischen Geschichte: Messenische Kriege:* F. Kiechle, Messenische Studien, Diss. Erlangen 1957 (mit ausführlicher kritischer Quellendiskussion, vgl. dazu E. Meyer, Gnomon 32 1960, 213ff.; A. Brelich, Guerre, agoni e culti nella Grecia arcaica (Antiquitas 1,7) 1961, 34ff. König *Pheidon* von Argos: Zur umstrittenen Datierung vgl. H. Berve, Die Tyrannis bei den Griechen. 1967, Bd. 2 518 (entscheidet sich für das 8. Jh. v. Chr.); wie Berve auch G. Huxley, Early Sparta. 1962; Bengtson GG 83: „Mitte des 7. Jh. v. Chr.“; so auch V. Ehrenberg, From Solon to Socrates. ^{2}1973, 393f. G. Zörner, Kypselos und Pheidon von Argos. Untersuchungen zur frühen griechischen Tyrannis, Diss. Marburg 1971, Sparta und Argos: Brelich a. O. 22ff. Vertrag zwischen Sparta und Tegea (Herodot 1, 67; Aristot. bei Plutarch Quaest. Graec. 5; Quaest. Rom. 52; dazu H. Bengtson–R. Werner, Die Verträge der griechisch-römischen Welt (Die Staatsverträge des Altertums 2) ^{2}1975, 11 (Nr. 112). F. Kiechle, Lakonien und Sparta (Vestigia 5) 1963. – *Lelantischer Krieg*; Brelich a. O. 9ff.; zur umstrittenen Chronologie Bengtson GG 94. Dazu neue Argumente bei K. Tausend, Der Lelantinische Krieg – ein Mythos, in: Klio 69 1987, 499ff. *Erster Heiliger Krieg:* Bengtson GG 87. Zur Entwicklung eines *gemeinhellenischen Bewußtseins:* Den Ausgangspunkt dazu bildet noch immer J. Jüthner, Hellenen und Barbaren (Das Erbe der Alten NF. 8) 1923; vgl. den Sammelband ›Grecs et barbares‹ der Fondation Hardt (Entretiens 8) 1962; I. Weiler, Greek and non-Greek world in the archaic period, in: GRBS 9 1968, 21ff.; H. E. Stier, Die geschichtliche Bedeutung des Hellenennamens (Arbeitsgemeinschaft für Forschung des Landes Nordrhein-Westfalen 159) 1960. H. Dörrie, Die Wertung der Barbaren im Urteil der Griechen, in: Antike und Universalgeschichte, Festschrift H. E. Stier 1972, 146ff. D. J. Mosley, Greeks, barbarians, language and contact, in: AncSoc 2 1971, 1ff. *Agonale Kriegsführung:* Brelich a. O. besonders 116f.; F. Kiechle, Zur Humanität in der Kriegsführung der griechischen Staaten (1958), jetzt in: Zur griechischen Staatskunde (WdF 96) 1969, 528ff. Allgemein zur Bedeutung des Agonalen H. Schaefer, Staatsform und Politik. 1932. Siehe dazu auch oben 219ff. Zur *Tyrannis* als Herrschaftsform vgl. das Standardwerk von H. Berve, Die Tyrannis bei den Griechen, 2 Bde. 1967; K. H. Kinzl (Hrsg.), Die ältere Tyrannis bis zu den Perserkriegen. Beiträge zur griechischen Tyrannis (WdF 510) 1979, mit einem Originalbeitrag des Herausgebers ›Betrachtungen zur älteren Tyrannis‹ und einer ›Bibliographischen Nachbemerkung‹. R. Drews, The first tyrants in Greece, in: Historia 21 1972, 129ff. Weitere Literatur dazu oben 57ff. Zu den einzelnen Tyrannen: Korinth: Nach dem Sturz der Bakchiadendynastie folgt die Herrschaft der Kypseliden (etwa 657/56–588), Kypselos, Periander, Psammetichos, die im Westen ein ausgedehntes Kolonialreich schufen; dazu gehörten: Ambrakia, Anaktorion, Leukas, Epidamnos, Korkyra, möglicherweise auch Sollion, Molykreion, Herakleia (am Ambrakischen Golf) und Apollonia (vgl. Berve a. O. 2, 528ff.); im Norden noch Poteidaia. Zur Abhängigkeit dieser Orte von Korinth vgl. oben 111f. St. I. Oost, Cypselus the Bacchiad, in: ClPh 67 1972, 10ff. – Sikyon: Kleisthenes (frühes 6. Jh.) aus dem Hause der Orthagoriden trifft innerpolitische Maßnahmen zur Phylenordnung, die die Dorier zurücksetzt. Berve a. O. Bd. 2 533ff. Vom glanzvollen Hofleben dieses Tyrannen zeugt Hdt. 6, 126ff.; dazu nun auch H. Rudolph, Die ältere Tyrannis in Sikyon, in: Chiron 1 1971,

75ff. – Theagenes von Megara, vermutlich ein volkstümlicher Tyrann, unterstützt seinen Schwiegersohn Kylon beim Putschversuch in Athen (630 v. Chr.). Dazu Berve a. O. Bd. 2 536. – Die Peisistratiden in Athen: Nach Kylons mißglücktem Versuch trifft Athen Vorkehrungen gegen die Tyrannis. Gesetzliche Maßnahmen durch Drakon und Solon (Plut. Sol. 19, Andok. 1, 78ff). Nach Berve a. O. Bd. 2 540 „kommt für Bestrafung von Tyrannis am ehesten der Areiopag inbetracht". Zu Solons Ablehnung der Tyrannis G. Ferrara, La politica di Solone. 1964, 107ff. (motiviert nicht nur staatsethisch, sondern auch realpolitisch; vgl. Berve a. O. Bd. 2 541). M. Stahl, Aristokraten und Tyrannen im archaischen Athen. 1987. Zu den drei Parteien in Attika, Pediaker, Paralier, Hyperakrier (= Diakrier = Epakrier), vgl. Bengtson GG 127 und E. Kluwe, Bemerkungen zu den Diskussionen über die drei 'Parteien' in Attika zur Zeit der Machtergreifung des Peisistratos, in: Klio 54 1972, 101ff. Peisistratos als Vorsteher der letztgenannten Gruppe wird 560 Tyrann von Athen. Sehr umstritten ist die Chronologie bzw. die Frage, ob Peisistratos ein- oder zweimal aus der Stadt vertrieben wurde. Dazu Berve a. O. Bd. 2 544; er schließt sich F. Heidelbüchel, Philologus 101 1957, 70ff. an, wonach als gesichert gilt: 556/55 zweite Vertreibung, 546/45 zweite Rückkehr; 511/10 Vertreibung des Hippias. Siehe auch H. Castritius, Die Okkupation Thrakiens durch die Perser und der Sturz des athenischen Tyrannen Hippias, in: Chiron 2 1972, 1ff., und Bengtson GG 136. Zur Außenpolitik, der Ausweitung des Handels und der kolonisatorischen Tätigkeit in Thrakien (Chersones) und in Sigeion, zur Kulturpolitik sowie zur Förderung der städtischen besitzlosen Bevölkerung vgl. Berve a. O. Bd. 2 545ff. Zu den Reformen des Kleisthenes siehe oben 72. – Überragende Gestalt der ostgriechischen Tyrannnen: Polykrates von Samos (538–22), dessen Seeherrschaft ('samische Thalassokratie') sich über weite Teile der Ägäis erstreckte (Rhodos bleibt dabei ungesichert); zu seinen außenpolitischen Beziehungen zu Amasis und Kambyses, den Lydiern und dem Mutterland siehe Berve a. O. Bd. 2 586ff. – Zur Herrschaft des Phalaris (1. Hälfte des 6. Jh. v. Chr.) in Akragas, einem Prototyp des grausamen Tyrannen, und den weiteren Herrschern in Sizilien vor 500 vgl. Berve a. O. Bd. 2 593ff. – M. Zahrnt, Die Entwicklung des Makedonischen Reiches bis zu den Perserkriegen, in: Chiron 14 1984, 325ff.

5.2 Das 5. Jahrhundert

5.2.1 Die Perserkriege

Sieht man von der politischen Nebenbühne der westgriechischen Welt und den ewigen Rivalitäten innerhalb der griechischen Staatengebilde[181] einmal ab, so ist das 5. Jh. geprägt von den Auseinandersetzungen zwischen

[181] Eine Dokumentation der „inneren Kämpfe in den einzelnen Staaten" und eine systematische Analyse dazu bietet H.-J. Gehrke, Stasis. Untersuchungen zu den inneren Kriegen in den griechischen Staaten des 5. und 4. Jh.s v. Chr. (Vestigia 35) 1985. Zum *stasis*-Begriff vgl. auch M. I. Finley, Das politische Leben in der antiken Welt. 1986, 136.

Griechen und Persern mit dem darauf folgenden Aufstieg Athens zur Hegemonialmacht in der sog. Pentekontaëtie, wodurch der verhängnisvolle Dualismus der griechischen Welt provoziert wurde, der in den Peloponnesischen Krieg als Resultat dieser Entwicklung mündete.[182] Die Ouvertüre zu diesen Ereignissen war der Ionische Aufstand (500–494), in welchem sich die kleinasiatischen Griechen gegen ihre persische Oberherrschaft auflehnten. Den Auftakt dazu bildeten die Vertreibung der Tyrannen durch den perserfeindlichen Aristagoras von Milet und ein Vorstoß der Griechen bis Sardes, das, abgesehen von der Burg, auch eingenommen werden konnte. Athen und Eretria unterstützten mit Schiffen diese Erhebung, die auch auf Lykien, Karien und Zypern übergriff. Die Perser gewannen aber bald wieder die Oberhand, und ihrem Sieg in der Seeschlacht bei Lade (494) folgte die völlige Zerstörung von Milet, dessen Bevölkerung nach Mesopotamien deportiert wurde. Der Tragiker Phrynichos von Athen hat mit seinem Werk ›Vom Fall Milets‹ den Bürgern seiner Stadt die Katastrophe drastisch vor Augen geführt. Mit dem Ende des ionischen Intermezzos verlagerte sich der Schwerpunkt der Auseinandersetzung aufs griechische Festland.[183] 493 sicherte Mardonios den persischen Einflußbereich in Thrakien und Makedonien und lud Athen, wo Themistokles als Archon seine Flottenpolitik vorantrieb, und Sparta zur freiwilligen Unterwerfung ein, ein Begehren, das freilich abgewiesen wurde. Als Persiens Antwort darauf erfolgte der Feldzug unter Datis und Artaphernes (490), bei dem zahlreiche ägäische Inseln und Eretria unterworfen wurden. In der Schlacht von Marathon (490) – die Wahl des Schlachtortes geht auf eine Empfehlung des im Perserheer mitreisenden Peisistratossohnes Hippias zurück – wurde jedoch der Vormarsch der Perser von den Athenern unter ihrem Polemarchen Kallimachos, vor allem wohl aufgrund einer Initiative des Miltiades gestoppt, was sowohl in Persien, das sich mit Aufständen in Babylon und Ägypten konfrontiert sah, als auch in Griechenland politische Folgen nach sich zog. Athen, das mit seiner Phalanx ohne die Hilfe Spartas den Sieg errang, legte den Grundstein für seine spätere politische Geltung innerhalb der griechischen Welt. Den Machtkampf in Athen selbst konnte zunächst Themistokles für sich entscheiden. Nach dem Tod des Miltiades, der im Gefängnis starb, und der Ostrakisierung führender Peisistratiden und Alkmeoniden sowie einem erfolglosen Seekrieg zwischen Athen und dem Handelsrivalen Aigina kam es zur

[182] Zum Dualismusproblem in der griechischen Geschichte und zu vertraglichen Absicherungen siehe Th. Pistorius, Hegemoniestreben und Autonomiesicherung in der griechischen Vertragspolitik klassischer und hellenistischer Zeit. 1985, 8ff.

[183] Zu den ideologischen Aspekten eines griechischen Freiheitskampfes gegen die Perser vgl. K. Raaflaub, Die Entdeckung der Freiheit (Vestigia 37) 1985, 71ff. und H. Bellen, Der Rachegedanke in der griechisch-persischen Auseinandersetzung, in: Chiron 4 1974, 43ff.

Realisierung der themistokleischen Flottenpläne. Hand in Hand damit gingen einschneidende Änderungen der athenischen Verfassung durch Umwandlung des Archontats in ein Losamt, womit die Strategie als ein Wahlamt mit der Möglichkeit der Wiederwahl seine eigentliche Bedeutung erlangen konnte. Nach dem Regierungswechsel in Persien (Dareios–Xerxes) im Jahre 485 begannen die Perser wieder mit Vorbereitungen für einen Griechenlandfeldzug. Der athenischen Flottenpolitik, finanziell auf die Ausbeute der Silberminen von Laureion, personell auf die Einbeziehung des niedrigen Demos, der Theten, zum Ruderdienst gestützt, galt bei den griechischen Kriegsvorbereitungen ab 482 das Hauptaugenmerk, nachdem ihr Gegner Aristides durch Ostrakismos in Verbannung geschickt wurde. Das neue Kriegsschiff, die Triere, begründete Athens Vormacht auf der See. Im Jahre 480 brach Xerxes von Kleinasien aus mit einem großen Heer auf und drang bis an die Nordgrenze Mittelgriechenlands weitgehend ungehindert vor. Makedonien, Thessalien und Boiotien leisteten ihm Heeresfolge. Die restlichen Griechen, die sich 481/80 auf einem Kongreß in Korinth zu einer Symmachie zusammengeschlossen hatten, versuchten die Perser nach dem Plane des Themistokles und der spartanischen Ephoren mit der Flotte am Nordkap Artemision auf Euboia bei gleichzeitigem Operieren eines Landheeres unter dem Spartanerkönig Leonidas an den Thermopylen vom Eindringen nach Mittel- und Südgriechenland abzuhalten. Zwar gelang es der griechischen Flotte, den Durchbruch der Perser zu verhindern, doch nur so lange, bis die persische Landmacht die Thermopylen fest in der Hand hatte. Daraufhin zog sich die Flotte der Griechen in die Meerenge bei Salamis zurück, wo sie vor den Augen des Xerxes, der Boiotien mit Ausnahme von Theben und sodann das von den meisten Bewohnern verlassene Attika verwüstete, ihren triumphalen Sieg über die Perserflotte errang. Das persische Landheer zog sich daraufhin unter Mardonios in die Winterquartiere nach Thessalien zurück. Xerxes kehrte nach Susa heim. Nachdem Attika im Jahre 479 ein zweites Mal von den Verwüstungen des Mardonios heimgesucht worden war, wobei es zur völligen Zerstörung der Akropolis von Athen kam, fiel bei Plataiai und Mykale die Entscheidung: Pausanias von Sparta bezwang Mardonios in einer dem Verlaufe nach denkwürdigen Schlacht, während noch im selben Jahr Leotychidas an der kleinasiatischen Küste den Rest der Perserflotte aufrieb. Damit war für die Ionier das Zeichen zum Abfall von der persischen Herrschaft gegeben. In der Frage der Bestrafung der dem Medismos verfallenen Griechen konnten die Siegerparteien keine einheitliche Auffassung erzielen.[184]

Quellen zu den Perserkriegen: Wichtigste historiographische Quelle ist Herodot, der ab 5, 28ff. zunächst den Ionischen Aufstand und sodann die persischen Feldzüge

[184] Literatur zum Medismos: vgl. unten 235.

gegen Griechenland schildert (bis zur Flucht der Perser nach der Schlacht von Mykale und der Einnahme von Sestos durch die Griechen). Zu Herodot und den anderen in den folgenden Quellenabschnitten zur Griechischen Geschichte genannten *Geschichtsschreibern* vgl. unten 276ff. Dazu Fragmente von Hekataios und Dionysios von Milet, Charon von Lampsakos und Ktesias von Knidos sowie Ephoros von Kyme. Von den späteren Historiographen vor allem Diodorus Siculus, der mit dem Xerxeszug im 11. Buch einsetzt, Pompeius Trogus im Auszug des Iustinus und die Biographien von Cornelius Nepos (Miltiades, Aristides, Themistokles) sowie von Plutarch (Aristides, Themistokles). – In den Dichtungen von Simonides von Keos, Phrynichos, Pindar, vor allem aber in den ›Persern‹ des Aischylos spiegeln sich zahlreiche Ereignisse dieser Zeit wider. – *Inschriftliche Überlieferung:* berühmtestes epigraphisches Dokument: die Schlangensäule von Delphi, die die Namen jener griechischen Staaten verzeichnet, die am Krieg gegen die Perser teilnahmen (vgl. Staatsverträge des Altertums 2, 30f.); mehrere Epigramme auf gefallene Griechen, so auf Kallimachos, den Feldherrn von Marathon (IG ^{2}I 609); Athenisches Dankopfer für Marathon (^{3}Syll. 23b), Epitaph für die in Salamis gefallenen Korinthier (IG ^{2}I 927); umstritten bleibt die sog. Themistokles-Inschrift aus Troizen (angeblich von Themistokles veranlaßter Volksbeschluß), die von einzelnen Gelehrten für echt, von anderen für ein „Machwerk aus dem 4. Jh. v. Chr." gehalten wird. Vgl. Bengtson GG 169; M. M. Henderson, The decree of Themistocles, in: Acta Classica 20 1977, 85ff. mit neuer Literatur zum Echtheitsstreit. Zur Inschrift siehe auch SEG 24 1969, 115ff.; 25 1971, 117 (neu ediert SEG 22 1967, 84ff. Nr. 274). Wichtige Verträge: Bündnis zwischen Xerxes und den Karthagern (481) und Symmachie von Korinth (481), behandelt in: Staatsverträge des Altertums 2, 28ff. R. Bichler, Der Synchronismus von Himera und Salamis, in: FS A. Betz. 1985, 59ff. – Zur *Numismatik:* Aufstandsmünzen der Ionier bei P. Gardner, The coinage of the Ionian revolt, in: JHS 31 1911, 151ff.; 33 1913, 105. Ch. G. Starr, Athenian coinage 480–449 B. C. 1970. Einen *Forschungsbericht* zu den *persischen Quellen,* die in den Jahren nach 1948 zum Vorschein kamen, hat W. Hinz, Die Quellen, in: Beiträge zur Achämenidengeschichte (Historia Einzelschriften 18) 1972, 5ff., vorgelegt. Die älteren Quellen bei A. T. Olmstead, History of the Persian empire. 1948; vgl. auch I. Borzsák, Die Achämeniden in der späteren Überlieferung, in: Acta antiqua 19 1971, 41ff. und die Quellenauswahl in Übersetzung von C. W. Fornara (oben 229). A. Bauer–F. J. Frost, Themistokles. Literary, epigraphical and archaeological testimonia. ^{2}1967. F. J. Frost, Plutarch's Themistocles. A historical commentary. 1980.

Literatur zu den Perserkriegen: Siehe besonders Bengtson GG 155ff., wo das Schrifttum zu den Einzelfragen, insbesondere zu den einzelnen Schlachtenhypothesen, im Anmerkungsapparat verarbeitet ist. Eine minuziöse Darstellung der Vorgeschichte und vor allem dann der Ereignisse von den Thermopylen bis Mykale und Sestos, also dem Umfang nach in Anlehnung an Herodot, bietet P. Green, The year of Salamis. 480–479 B. C. Nur in wenigen Punkten weicht Green von den Standardwerken A. R. Burn, Persia and the Greeks. The defense of the West 546–478 B. C. 1962, und C. Hignett, Xerxes' invasion of Greece. 1963, ab. M. Mayrhofer, Xerxes. König der Könige, in: Almanach ÖAW 119 1969, 158ff. Eine Beschreibung der Perserkriege (ohne Angabe von Quellen und Spezialliteratur) auch von H.-J. Diesner, Kriege des Alterstums. ^{3}1985, 9ff. E. Will, Le monde grec et l'orient. 1: Le Ve siècle

(510–403) 1972. *Zu speziellen Fragen:* D. Lateiner, The failure of the Ionian revolt, in: Historia 31 1982, 129ff. P. Tozzi, La rivolta ionic. 1978. Auf wirtschaftliche Ursachen hat Th. Lenschau, Zur Geschichte Ioniens, in: Klio 13 1913, 175ff., den Ionischen Aufstand zurückgeführt. J. Myres, The battle of Lade, in: Greece and Rome 1 1954, 50ff.; P. Herrmann, Zu den Beziehungen zwischen Athen und Milet im 5. Jahrhundert, in: Klio 52 1970, 163ff. H. Berve, Fürstliche Herren zur Zeit der Perserkriege, in: Antike 12 1936, 1ff.; ders., Miltiades (Hermes Einzelschriften 2) 1937. H. Bengtson, Griechische Staatsmänner des 5. und 4. Jh. 1983. – H. R. Simpson, Leonidas' decision, in: Phoenix 26 1972, 1ff.; H. Hörhager, Zu den Flottenoperationen am Kap Artemision, in: Chiron 3 1973, 43ff.; F. Schachermeyr, Athen als Stadt des Großkönigs, in: GB 1 1973, 211ff.; I. S. Papastavrou, Themistokles. Die Geschichte eines Titanen seiner Zeit (EdF 92) 1978 (neugriech. 1970). J. Labarbe, La loi navale de Themistocle. 1957 (nicht nur für das Flottengesetz, sondern für die athenische Geschichte von 510–447 einschlägig). Dazu auch V. Ehrenberg, From Solon to Socrates. 1973, 144ff.; Zweifel am themistokleischen Archontat von 493/92 v. Chr. a. O. 419, Anm. 13; zu den Anekdoten über Themistokles und Aristides vgl. D. W. Knight, Some studies in Athenian politics on the fifth century B. C. (Historia Einzelschriften 13) 1970, 33ff. – J. Wolski, Μηδισμός et son importance en Grèce à l'époque des guerres médiques, in: Historia 22 1973, 3ff. J. Holladay, Medism in Athens 508–480 B. C., in: Greece & Rome 25 1978, 174ff. D. Gillis, Collaboration with the Persians (Historia Einzelschriften 34) 1979. F. Schachermeyr, Die Sieger der Perserkriege (Persönlichkeit und Geschichte 82) 1974. – Zu den Schlachten von Marathon, an den Thermopylen, am Artemision, bei Salamis und Plataiai vgl. J. Kromayer–G. Veith, Schlachten-Atlas zur antiken Kriegsgeschichte. 1922, und dies., Antike Schlachtfelder Bd. 4 1924–31; ergänzend dazu Bengtson GG 156ff. – In der Beurteilung des griechischen Sieges über die Perser unter welthistorischer Perspektive wird die Bedeutung von Marathon, Salamis und Plataiai für die europäische Geschichte zuweilen allzu stark hervorgehoben, so beispielsweise, wenn V. Ehrenberg, From Solon to Socrates XVI mit Berufung auf John Stuart Mill kritiklos feststellt: "The battle of Marathon, even as an event of English history, is more important than the battle of Hastings. If the issue of that day had been different, the Britons and Saxons might still have been wandering in the woods." Zur Betonung der „welthistorischen Perspektiven des griechischen Sieges", die „fast unübersehbar" sind, vgl. P. Green, The year of Salamis (passim) und Bengtson GG 181f., der bezeichnenderweise den Versuch von A. T. Olmstead, Persia and the Greek problem, in: ClPh 34 1939, 305ff., die Ereignisse von persischer Warte aus als "frontier problem" zu betrachten, ablehnt (siehe Bengtson GG 155). In der ›History of the Persian empire‹ nennt Olmstead den Krieg mit den Griechen "problems of the Greek frontier" (151ff.). Zu diesen Gedankenspielen vgl. A. Demandt, Ungeschehene Geschichte. ^{2}1986, 65ff. – Die Berücksichtigung der kulturellen, wirtschaftlichen und anderen Kontakte (neben den militärischen) zwischen Griechen und dem Achämenidenreich im 6. bis 4. Jh. zum Ziele gesetzt hat sich G. Walser, Hellas und Iran. Forschungen zu den griechisch-persischen Beziehungen vor Alexander (EdF 209) 1984. J. M. Balcer, The Greeks and the Persians: the process of acculturation, in: Historia 32 1983, 257ff. – R. N. Frye, The history of ancient Iran (HdA III 7) 1984. J. M. Cook, The Persian empire. 1983. I. Gershevitch (Hrsg.), The Median and

Achaemenidian periods (The Cambridge history of Iran 2) 1985. A. Kuhrt, A brief guide to some recent works on the Achaemenid empire (with bibliography), in: Liverpool classical monthly 8 1983, 146ff.

5.2.2 Die Westgriechen (bis 474 v. Chr.)

Gleichzeitig mit den Perserkriegen ändern sich bei den *Westgriechen,* insbesondere auf Sizilien, die politischen Verhältnisse grundlegend. Nach sozialen Unruhen im mächtigen Syrakus entsteht durch die Machtpolitik des Tyrannengeschlechtes der Deinomeniden, die von Gela aus mehrere Städte der Griechen, so auch Syrakus, ihrem Einfluß unterwerfen, ein Staatsgebilde, das den traditionellen Rahmen einer Polis deutlich sprengt und die Form eines Territorialstaates annimmt. Dem mächtigsten dieser Tyrannen, Gelon, der in Gela von 491–83 regierte und ab 485–78 als Herrscher nach Syrakus ging, gelang es im Verein mit anderen sizilischen Tyrannen, die Karthager in der Schlacht von Himera (480) vernichtend zu schlagen. „Es war kein Zufall, wenn der karthagische Angriff mit der Offensive des Xerxes gegen das griechische Mutterland zeitlich zusammenfiel“ [185], auch wenn einzelne antike Autoren wie Herodot und Aristoteles darin einen solchen sehen wollten. Im Unterschied dazu existierte aber zumindest seit Ephoros von Kyme auch eine Version von einer Verständigung zwischen Xerxes und den Karthagern. Auf den 478 verstorbenen Gelon folgte sein Bruder Hieron (bis 467), der den syrakusanischen Machtbereich auf Unteritalien ausweitete und mit seinem Seesieg über die Etrusker bei Kyme (474) die Position der Westgriechen entscheidend zu stärken vermochte. Seinem Reich allerdings konnte er nicht jene innere Sicherheit verleihen, die einen langen Fortbestand über seinen Tod hinaus garantiert hätte. Verfassungsänderungen, wie sie von Athen bekannt waren, führten schließlich zur Auflösung des syrakusanischen Reiches.

Die *Quellen:* Herodot 7, 166; Thukydides im 6. und 7. Buch; Pindar Pyth. 1, 75; Aristot. Poetik 1459 a 25. Von Ephoros abhängig: Iustinus 19, 1, 10; Diodorus Siculus 11, 1, 4; weitere antike Zeugnisse zur Geschichte der Westgriechen sind einzelne Gedichte von Pindar und Bakchylides sowie Aristoteles' Politika.

Literaturangaben bei Bengtson GG 182; M. I. Finley (Hrsg. C. Duggan), History of Sicily. 1986; dazu H. Berve, Die Tyrannis bei den Griechen, 2 Bde. 1967, Bd. 1 128ff. (mit Literatur- und Quellenangaben Bd. 2 593ff.); J. Irmscher, Das antike Sizilien in der Altertumsforschung der sozialistischen Länder, in: Kokalos 14/15 1968/1969, 262ff.; A. Graf Schenk von Stauffenberg, Trinakria. Sizilien und Großgriechenland in archaischer und frühklassischer Zeit. 1963; ders., Pindar und Sizilien, in:

[185] Bengtson GG 185.

Historisches Jb 74 1955, 12ff.; H. Wentker, Sizilien und Athen. 1956; zu den Kontakten zwischen Persien und Karthago vgl. T. J. Dunbabin, The Western Greeks. 1948, 422f. Siehe auch H. Adamczyk, Phoenicians, Cartaginians and Greeks on Sicily till the battle at Himera (polnisch), in: Eos 60 1972, 355ff. (zu den Westgriechen auch unten 245ff. und 259f. bzw. 269).

5.2.3 Die Pentekontaëtie

Von den 50 Jahren, die zwischen dem Abzug des Xerxes und dem Ausbruch des Peloponnesischen Krieges liegen, meint Thukydides (1, 118, 2), daß damals Athen zu Macht und Herrschaft gelangte, ohne dabei von Sparta rechtzeitig daran gehindert zu werden, mit dem Ergebnis, daß diese Spannungen unerträglich wurden und sich im Bruderkrieg entluden.[186] Die wichtigsten Etappen auf diesem Weg sind die Befreiung Ioniens nach der Schlacht von Mykale und die Gründung des Delisch-Attischen Seebundes (478/77). Unter der Hegemonie Athens verbanden sich damals die Griechen der westkleinasiatischen Küste und der ägäischen Inseln, die sich geweigert hatten, dem spartanischen Oberbefehl im hellenischen Eidgenossenheer Folge zu leisten, um nunmehr den Persern im Angriffsfalle eine organisierte Macht, eine panhellenische Symmachie, entgegenstellen zu können. Von den Bundesgenossen lieferten Naxos, Thasos, Chios, Samos und Lesbos ihren Beitrag durch Bereitstellung von Kriegsschiffen, während die übrigen Mitglieder ihre φόροι in die Bundeskasse nach Delos, wo sie von athenischen Hellenotamiai verwaltet werden sollte, abführten. Themistokles und Aristides galten als die Architekten dieser Organisation, die das Verhältnis zu Sparta schon früh belastete. Eine Ergänzung fand diese Form einer Flottenpolitik durch das von Themistokles inaugurierte, bis in die vierziger Jahre fortgesetzte Fortifikationsprogramm, dem zufolge Athen durch den Bau von Mauern in eine gewaltige Festung verwandelt wurde. Die innerpolitische Lage Athens wird in der Folgezeit von den Gegensätzlichkeiten zwischen dem Miltiadessohn Kimon, einem aristokratisch-konservativen Spartanerfreund, und Themistokles bestimmt. Der Ostrakismos des Letztgenannten (471/70) und seine Fluchtjahre beenden die politische Karriere eines Staatsmannes, der zusammen mit Pausanias, gegen den das Todesurteil ausgesprochen wurde (gest. 467), das Heer des Xerxes zu Wasser und zu Land zu besiegen vermochte. Beiden Feldherren hatte man Perserfreundschaft nachgesagt. Kimon selbst gelangte mit dem Doppelsieg über Flotte und Heer der Perser am Eurymedon (um 466/65) auf den Gipfel

[186] Zum Begriff Pentekontaëtie siehe E. Bayer– J. Heideking, Die Chronologie des Perikleischen Zeitalters (EdF 36) 1975, 3f.

seiner Macht, mußte nach einer erfolgreichen Belagerung von Thasos, das vom Seebund abgefallen war, einige Rückschläge hinnehmen, und zwar beim Versuch, Sparta im 3. Messenischen Krieg zu helfen, und bei der erfolglosen Anklage durch die politischen Gegner, unter denen sich auch Perikles, einer der „Erben und Vollender der Politik“ des Themistokles (Ed. Meyer), befand. Es kommt zu Verfassungsänderungen, die unter der Leitung von Perikles und Ephialtes, seit dem Sturz des Themistokles das Haupt der Demokraten, in Opposition zu Kimon zur Demokratisierung des athenischen Staates führen (vgl. oben 73ff.). Im Jahre 461 wird Kimon ostrakisiert, Ephialtes, der die politischen Befugnisse des Areiopags dem Volk in die Hände, d. h. in die Kompetenz von Boulé, Ekklesia und Heliaia gelegt hatte, fällt im selben Jahr einem Mordanschlag zum Opfer. Perikles setzte das Reformwerk fort und beantragte konsequenterweise als erster die Einführung von Tagegeldern in der Höhe von zwei Obolen, was etwa dem täglichen Verdienst eines Handwerkers entsprach. Athens Machtzuwachs zeigte sich im Ausgreifen nach Ägypten, wo es gegen die Perser kämpfte, und in der Konkurrenzierung des korinthischen Handels. Er zeigte sich aber auch in der Niederschlagung der von Sparta kräftig geschürten boiotischen Opposition, die zunächst bei Tanagra (457) erfolgreich war, die aber noch im selben Jahr nach Abzug der spartanischen Truppen bei Oinophyta in die Knie gezwungen wurde. Daraufhin schlossen sich die Boioter, Phoker und Lokrer den Athenern für etwa zehn Jahre an. Athens politischer Führungsanspruch bewirkte auch die Kapitulation seines mächtigsten Handelsrivalen Aigina (456).

Alle die genannten Ereignisse vertieften die Kluft zu Sparta noch weiter und führten die Athener auf den Gipfel ihrer Macht (im Jahre 455). Die Seebund-Kasse wurde aus Sorge vor einem persischen Angriff auf Antrag von Samos – so zumindest die Version der Athener – von Delos auf die Akropolis in Athen transferiert. Dabei setzte man durch, daß die Mitglieder ein Sechzigstel der Beiträge (ἀπαρχαί) der Stadtgöttin Athens gewährten. Insgesamt sind 341 Mitglieder des Seebundes nachgewiesen, wobei nie mehr als 170 in einem Jahr einen Beitrag von etwa 376–406 Talenten aufbrachten, eine Summe, die dem sog. Aristidesphoros von 460 Talenten nahekommt und die unter Kleon im letzten Drittel des 5. Jh. um mehr als das Dreifache erhöht wurde. Die sog. Tributlisten (von 454–405) geben Aufschluß über diese Zahlungen. Nach einer vorübergehenden Annäherung zwischen Sparta und Athen (kurz vor 450), das seinerseits bald darauf mit Argos einen Frieden schloß, und nach der Rückkehr des ostrakisierten Kimon besiegte dieser mit einem mächtigen Aufgebot bei Salamis (Zypern) im Jahre 450 die Perser, worauf die Feindseligkeiten vorerst einmal ein Ende fanden. Nach außen erwies sich damit der Seebund als höchst erfolgreich. Weniger zufriedenstellend für die Mitglieder verlief seine innere Entwicklung, die sich in einer allmählichen Umwandlung der Symmachie in eine Arché Athens manifestierte. Athen griff ohne Rücksicht auf die Autonomie der Bundesgenossen in deren innere Angelegenheiten ein, forderte die Anerkennung der athenischen Volksbeschlüsse, Vereinheitlichung des Geldwesens sowie des Maß- und Gewichtsystems, brachte Bürger der Bundesgenossen vor attische Gerichte und ließ sich Manipulationen der Bundeskasse zuschulden kommen. Daß diese Maßnahmen, für die das Erythrai-Dekret (zwischen 470 und 60) ein frühes und die Unterwerfung der Samier (441–39) ein drastisches Zeugnis darstellen, einzelne Mitglieder, die immer mehr zu tributpflichtigen Untertanen wurden, zum Abfall animierten, nimmt nicht wunder. Inwieweit derartige außenpolitische Aktivitäten bewußt inszeniert wurden, um auf Athens innere Entwicklung im Bereich sozialer und kultureller Fragen Einfluß nehmen zu können, diese Frage wird im neueren Schrifttum zumeist im Sinne eines Primates der Außenpolitik beantwortet.[187]

Die Entwicklung der äußeren Verhältnisse zeigt im folgenden, daß trotz eines weiteren Friedensschlusses auf 30 Jahre zwischen den rivalisierenden Mächten Sparta und Athen auf Euboia (446/45), dem eine Niederlage (447) der Athener gegen die Boioter bei Koroneia (Bildung des Boiotischen Bundes, siehe oben 66f.) vorausgeht, die Polarisierung der Mächte nicht mehr aufzuhalten war und ein Kraftfeld in Griechenland geschaffen wurde, in dem es nur sehr wenigen gelang, neutral zu bleiben. In Athen herrschte Perikles, nachdem der Aristokratenführer Thukydides, Sohn des Melesias (443), ostrakisiert worden war, fünfzehn Jahre als Stratege geradezu allein, was Thuk. 2, 65 zu dem bekannten Diktum veranlaßte, die Stadt sei zwar „dem Namen nach eine Demokratie“, in Wahrheit werde sie von einem Alleinherrscher regiert. Des Perikles kulturpolitische Leistungen und sein panhellenisches Konzept haben es nicht verhindern können, daß in den letzten Jahren vor dem Ausbruch der Feindseligkeiten mit Sparta sich der Volksführer mit einer immer stärker werdenden Opposition konfrontiert sah, die zunächst Prozesse gegen seine Vertrauten (Phidias, Anaxagoras, Aspasia) anstrengte und schließlich ihn selbst wegen Unterschlagung aus dem Strategenamt entließ, in das er aber bald wieder gewählt wurde.

Quellen: Für die *historiographische Überlieferung* ist die Darstellung des Thukydides (1, 89–138) ausschlaggebend. Wertvolle zeitgenössische Nachrichten auch in dem Pamphlet (um 430/29) ›Über Themistokles, Thukydides (Sohn des Melesias) und Perikles‹ (FgrH Nr. 107) von Stesimbrotos von Thasos (5. Jh.); dazu F. Schachermeyr, Stesimbrotos und seine Schrift über die Staatsmänner (1965), jetzt in: Forschungen und Betrachtungen zur griechischen und römischen Geschichte. 1974, 151ff. Weniges

[187] E. Ruschenbusch, Athenische Außenpolitik im 5. Jh. v. Chr. Ideologie oder Pragmatismus? 1979.

auch in den ›Reiseerinnerungen‹ des Ion von Chios (ca. 490–21). Im Unterschied zur Tragödie liefern die *Komödien* zahlreiche direkt faßbare zeitgeschichtliche Informationen. Vgl. etwa die Arbeit über das Periklesbild in der Komödie und seine historiographische Relevanz von J. Schwarze oben 197. Aus der späteren Geschichtsschreibung des 5. Jh. sind zu nennen: Diodorus Siculus und Iustinus (auf Ephoros zurückgehend), Theopompos von Chios (4. Jh. v. Chr.), dazu W. R. Connor, Theopomp and fifth-century Athens. 1968; Biographien von Cornelius Nepos (Themistokles, Aristides) und Plutarch (Kimon, Perikles). – Sehr reichhaltig das Material in der ›Athenaion politeia‹ des Aristoteles, die auf der verlorengegangenen atthidographischen Literatur fußt. Siehe auch die pseudoxenophontische ›Athenaion politeia‹, zu beiden Werken oben 65f. G. F. Hill–R. Meiggs–A. Andrewes, Sources for Greek history (478–31), C. W. Fornara (wie oben 229) und Bleicken, Die athenische Demokratie 397ff. Neuere Übersichten bieten J. K. Davies, Das Klassische Griechenland und die Demokratie. 1983 (engl. 1978). S. Hornblower, The Greek world 479–323 B. C. 1983. – H. Bengtson, Griechische Staatsmänner des 5. und 4. Jh. v. Chr. 1983.

Epigraphische Zeugnisse: IG ³I (1981) bis 403/02 v. Chr. – R. Meiggs–D. Lewis, A selection of Greek historical inscriptions to the end of the fifth century B. C. ²1975. – Besonders wertvoll für die Geschichte des Seebundes sind die Tributlisten, Hrsg.: B. D. Merrit–H. T. Wade-Gery–M. F. McGregor, The Athenian tribute lists, 4 Bde. 1939–53. Kulturgeschichtlich bemerkenswert das ›Recht von Gortyn‹ (vermutlich aus der 1. Hälfte des 5. Jh.), Hrsg.: F. Bücheler–E. Zitelmann, Das Recht von Gortyn (RhM 40 1885 Ergänzungsheft); J. Kohler–E. Ziebarth, Das Stadtrecht von Gortyn. 1912. R. F. Willetts, The law code of Gortyn (Kadmos Suppl. 1) 1967. – Zu den inschriftlich erhaltenen Epigrammen siehe Bengtson GG 188. – Wichtige Verträge in: Staatsverträge des Altertums 2: Nr. 134: Attischer Volksbeschluß über Erythrai (470–60), Nr. 142: Attischer Volksbeschluß über ein Bündnis mit der delphischen Amphiktyonie (um 457), Nr. 151: Attischer Volksbeschluß über Milet (450/49), Nr. 155: Attischer Volksbeschluß über die Beziehungen zu Chalkis (446/45), Nr. 159: Kapitulationsvertrag zwischen Samos und Athen (439). – T. R. Martin, Sovereignity and coinage in classical Greece. 1985.

Zur grundlegenden *Literatur* für diesen Zeitraum vgl. die Bemerkung zu den Standardwerken oben 229; zur Spezialliteratur siehe Bengtson GG 189f. und Bleicken, Die athenische Demokratie 403ff. (fast 500 Titel!). E. Bayer–J. Heideking, Die Chronologie des perikleischen Zeitalters (Pentekontaëtie) (EdF) 36 1975. E. Ruschenbusch, Athenische Innenpolitik im 5. Jh. v. Chr. Ideologie oder Pragmatismus? 1979 (demnach ist die Innenpolitik nicht von Aspekten der Ideologie, Demokratisierung oder Sozialpolitik, sondern von denen der Außenpolitik bestimmt). Weitere Literatur bei Bleicken, Die athenische Demokratie 376. Zum *Seebund* vgl. H. Nesselhauf, Untersuchungen zur Geschichte der delisch-attischen Symmachie (Klio-Beiheft 30) 1933; Zur darin vertretenen These des Übergangs „von der Symmachie zur Arché" meint M. Steinbrecher, Der delisch-attische Seebund und die athenisch-spartanischen Beziehungen in der Kimonischen Ära (ca. 478–462/1) (Palingenesia 21) 1985, 114f., daß die strukturellen Voraussetzungen dafür im „Gründungsakt . . . bereits angelegt" sind. – J. M. Balcer–H.-J. Gehrke–K. A. Raaflaub–W. Schuller, Studien zum Attischen Seebund (Xenia 8) 1984. A. Giovannini–S. Gottlieb, Thukydides und die Anfänge der athenischen Arche (SB AW Heidelberg) 1980. E. Ruschenbusch,

Das Machtpotential der Bündner im Ersten Athenischen Seebund, in: ZPE 53 1983, 144ff., P. Siewert, Die Entstehung des athenischen Großmachtbewußtseins nach historischen und mythologischen Zeugnissen, in: FS Lauffer (wie oben 126) Bd. 3, 853ff. D. Lotze, Selbstbewußtsein und Machtpolitik. Bemerkungen zur machtpolitischen Interpretation spartanischen Verhaltens in den Jahren 479 bis 477 v. Chr., in: Klio 52 1970, 255ff.; R. Meiggs, The Athenian empire. 1972; M. Amit, Athens and the sea. A study in Athenian seapower (Collection Latomus 74) 1965; ders., Great and small poleis. A study in the relations between the great powers and the small cities in ancient Greece (Collection Latomus 134) 1973; F. J. Brandhofer, Untersuchungen zur athenischen Westpolitik im Zeitalter des Perikles, Diss. München 1971; N. Brockmeyer, Athens maritime Strategie gegenüber dem Peloponnesischen Bund von Themistokles bis Perikles, in: Altsprachlicher Unterricht 14 1971, 37ff.; R. Sealey, The origin of the Delian league, in: Ancient society and institutions (Festschrift V. Ehrenberg) 1966, 233ff.; F. Kiechle, Athens Politik nach der Abwehr der Perser, in: HZ 204 1967, 265ff. Zur Außenpolitik des Perikles zwischen 446 und 431 v. Chr. D. W. Knight, Some studies on Athenian politics in the fifth century B. C. (Historia Einzelschriften 13) 1970, 1ff.; R. L. Fitts, The attack upon the associates of Pericles, Diss. Ohio 1971; A. French, The tribute of the allies, in: Historia 21 1972, 1ff.; J. Balcer, Separatism and anti-separatism in the Athenian empire, in: Historia 23 1974, 21ff. D. Oppermann, Außenpolitik und antike Demokratie. 1985. – Zum Imperialismusproblem siehe auch: J. de Romilly, Thucydide et l'imperialisme Athénien. [2]1951 (englisch 1963); G. Méautis, Thucydide et l'impérialisme Athénien. 1964; A. G. Woodhead, Thucydides and the nature of power. 1970. F. Schachermeyr, Das Perikles-Bild bei Thukydides, in: Antike und Universalgeschichte (Hrsg.: R. Stiehl–G. A. Lehmann) 1972, 176ff. *Weitere Spezialliteratur:* Der sog. Kallias-Friede wird von K. Meister, Die Ungeschichtlichkeit des Kalliasfriedens und deren historische Folgen (Palingenesia 18) 1982 als „propagandistische Konstruktion des Isokrates" (72ff.) erkannt. Bei den von Meister geprüften 151 Gelehrtenmeinungen zur Historizitätsfrage hat sich herausgestellt, daß 114 (ca. 76%) den Frieden für historisch, 29 (ca. 19%) für unhistorisch (halten), während 8 (ca. 5%) die Frage offen lassen (vgl. dazu R. Meiggs' Kritik, in: Gnomon 56 1984, 35ff.); A. Amit, The Boeotian confederation during the Pentekontaetia, in: Riv. Stor. 1 1971, 49ff.; A. J. Podlecki, Cimon, Skyros and 'Theseus' bones', in: JHS 91 1971, 141ff.; M. Sordi, La vittoria dell'Eurimedonte e le due spedizioni di Cimone a Cipro, in: Riv. Stor. 1 1971, 33ff.; J. M. Libourel, The Athenian disaster in Egypt, in: AJPh 92 1971, 605ff. K. Meister, Damon, der politische Berater des Perikles, in: Riv. Stor. 3 1973, 29ff. G. Wirth, Perikles und seine Zeit (WdF 412) 1979. A. E. Raubitschek, Athen unter Perikles, in: FS Lauffer (wie oben 126) Bd. 2, 755ff. – Politische Aspekte zur Kulturgeschichte: F. Schachermeyr, Die frühe Klassik der Griechen. 1966; ders., Geistesgeschichte der perikleischen Zeit. 1971 (mit Literatur); ders., Perikles. 1969; R. Carpenter, Die Erbauer des Parthenon. 1970; C. M. Bowra, Periclean Athens, 1971; F. Brommer, Die Akropolis von Athen. 1985; ders., Die Parthenon-Skulpturen. [2]1982. H. Knell, Perikleische Baukunst. 1979. – Vgl. auch G. Zinserling, Das Akropolisbauprogramm des Perikles. Politische Voraussetzungen und ideologischer Kontext (wie oben 76f.) 206ff. (sieht im Parthenon keinen Tempel, sondern – wieder – ein Schatzhaus). B. Fehr, Zur religionspolitischen Funktion der Athena Parthenos im Rahmen des Delisch-

Attischen Seebundes, in: Hephaistos 1 1979, 71ff. V. Ehrenberg, From Solon to Socrates. ^{2}1973, 192ff.; ders. auch Sophokles und Perikles. 1956, sowie Aristophanes und das Volk von Athen. 1968. Allgemein zur Kulturgeschichte vgl. die entsprechenden Abschnitte 165ff.

5.2.4 Der Peloponnesische Krieg

Der *Peloponnesische Krieg,* nach Auffassung einzelner Komödienschreiber mutwillig von Perikles (und Aspasia) vom Zaun gebrochen,[188] eine Ansicht, der Thukydides entschieden entgegentrat, zerfällt in drei große Phasen, den archidamischen und dekeleisch-ionischen Krieg (431–21 bzw. 414–404) und die dazwischenliegende Zeit des sog. Faulen oder Nikias-Friedens. In seiner mustergültigen Beschreibung dieses Krieges (vgl. dazu unten 277f.) macht Thukydides neben dem im Laufe des 5. Jh. entstehenden Dualismus in der griechischen Welt drei Ereignisse oder Vorwände für den Ausbruch der Feindseligkeiten verantwortlich: den Konflikt zwischen Korinth und Korkyra, in den sich Athen einschaltet, ferner die Aufforderung Athens an Poteidaia, die korinthischen Beamten auszuweisen und schließlich, als besonders gravierend, das sog. megarische Psephisma, das ein Handelsboykott der Athener gegenüber den Megarern, einem korinthischen Bundesgenossen, vorsah. Den letztgenannten Vorwand nennt Aristophanes (Acharner 526ff.) „den kleinen Funken", der das Feuer des Krieges entzündet.[189] Die Kriegspläne der Gegner unterschieden sich wesentlich: Während Perikles unter Aufgabe des attischen Landes – ausgenommen die Festung Athen-Piräus – eine Flottenoffensive gegen die Peloponnes plante und damit den Feind zu ermatten hoffte, verfolgte Sparta das Ziel der Wiederherstellung der Hegemonie und die Auflösung des Seebundes, schließlich noch die Sicherung des Westhandels seines Bündners Korinth. Im archidamischen Krieg operierten beide Mächte zunächst nach ihren Plänen, wobei Athen nach dem Tod des Perikles im Jahre 429 (an einer Seuche) durch Parteienstreitigkeiten zwischen konservativen Vertretern der perikleischen Politik (Nikias) und radikalen Demokraten (Kleon) innerpolitisch erschüttert wurde, allerdings unter Kleon und Demosthenes durch Gefangennahme von 120 Spartiaten einen großen Erfolg buchen konnte (425). Sparta verheerte Attika und kämpfte in der Folgezeit an der thrakischen Küste. Nach dem Flottenzug des Kleon gegen Brasidas, der Amphi-

188 J. Schwarze, Die Beurteilung des Perikles durch die attische Komödie (Zetemata 51) 1971, 170.

189 Ausführlich dazu das unten 244 genannte Werk von Ste. Croix, das viel mehr bietet, als der Titel annehmen läßt.

polis besetzt hielt – ein Entsetzungsversuch des Historikers Thukydides war gescheitert und führte zu dessen Verbannung –, bei dem beide Feldherren fielen, kam der Nikiasfriede im Jahre 421 zustande, den allerdings Korinth, Megara, Elis und Boiotien ignorierten. Den Umschwung dieser versöhnlichen Politik leitete in Athen Alkibiades ein, dessen gegen Sparta gerichtete Aktionen zu Bündnisabschlüssen mit Argos, Mantineia und Elis führten, wodurch die Kompromißbereitschaft, zu der Nikias aufgerufen hatte, verdrängt wurde. Bei Mantineia (418) siegten die Spartaner über die von Athen unterstützten Argiver und stellten damit ihre Hegemonie über die Peloponnes wieder her. Ausdruck der Radikalisierung der Politik Athens war dann die brutale Niederwerfung der kleinen Insel Melos, die Thukydides (5, 85 ff.) im ›Melierdialog‹, einem Stück antiken Machiavellismus', beeindruckend vor Augen führt. Die darauf folgende sizilische Expedition unter Nikias, Lamachos und Demosthenes – Alkibiades wurde wegen des Hermenfrevels abberufen – endete für die Athener in den Latomien von Syrakus, nachdem die Spartaner der bedrohten Stadt mit einem Heer unter dem Feldherrn Gylippos auf Rat des übergelaufenen Alkibiades zu Hilfe gekommen waren. In der Schlußphase des Peloponnesischen Krieges, benannt nach der attischen Kleinstadt Dekeleia, wird der Einfluß der persischen Macht im Bündnis Spartas mit den Satrapen Tissaphernes und Sardes zur Bekämpfung Athens sichtbar (412). Nach der oligarchischen Verfassungskrise im Athen der Jahre 413 bis 411 (siehe oben 74) gelangte Alkibiades nochmals an die Macht, doch trotz seines Seesieges bei Kyzikos (410) und eines weiteren Sieges der Athener bei den Arginusen-Inseln (406) über Kallikratidas gelang es Sparta, das von Dekeleia aus Attika kontrollierte und die Dardanellen besetzt hielt, in der Seeschlacht bei Aigospotamoi (405) das wirtschaftlich bereits weitgehend ruinierte Athen endgültig zu besiegen. Die überragende Gestalt der Schlußphase dieses Bruderkrieges war der spartanische Flottenkommandant Lysander, der auch die für Athen demütigenden Kapitulationsbedingungen festlegte. Athens Seebund hatte aufgehört zu existieren, die Stadt trat als Mitglied dem Peloponnesischen Bund bei, die Festungsmauern wurden geschleift, die restliche Flotte ausgeliefert und nach Abschaffung der Demokratie die Herrschaft der Dreißig Tyrannen installiert.

Quellen: Teilweise wie oben 233 f. Historiographie: Zu Thukydides A. W. Gomme u. a., A historical commentary on Thucydides, 1945–81. 5 Bde. Ausführliche Diskussion des Quellenwertes bei Bengtson GG 222 f. Weitere Historiographie: Die ›Hellenika‹ des Xenophon, eine Fortsetzung des Thukydideischen Werkes; wenige Fragmente von Theopompos von Chios und Kratippos von Athen, den beiden anderen Fortsetzern (siehe unten 278 f.); weiter die Fragmente des Hellanikos von Lesbos, die aristotelische und pseudoxenophontische ›Athenaion politeia‹ sowie die Plutarchviten (Perikles, Nikias, Alkibiades, Lysander). – *Literarische Quellen:* Die aristophanischen Komödien und die Fragmente anderer Komödienschreiber wie Kratinos, Kallias, Hermippos, Eupolis und Platon; dazu Schwarze, Die Beurteilung des Perikles a. O.; einzelne Reden von Antiphon, Andokides und Lysias. – Als wichtig hebt Bengtson GG 221 aus der Masse der *Inschriften* hervor: 1. Tributlisten, 2. Inventare der Tempelgeräte, angelegt von Schatzmeistern der Athena Polias (434/33–407/06), 3. Die Abrechnungen der Schatzmeister der Athena Polias über Zahlungen an Strategen und Hellenotamien: jetzt in IG [3]I., 4. Die Staatsverträge, darunter Nr. 183: Vertrag zwischen Athen und Dareios II. (424/23) zur Erneuerung des Kalliasfriedens (?); Nr. 186: Bündnis zwischen Athen, Perdikkas II. von Makedonien und Arrhabaios dem Lynkesten (423/22); Nr. 193: Hundertjähriges Bündnis zwischen Athen, Argos, Mantineia und Elis (420); Nr. 208: Bündnisverhandlungen zwischen Athen und Karthago (406); Die ›Staatsverträge des Altertums‹ beinhalten daneben auch die historiographisch bezeugten Verträge wie den Nikiasfrieden (421) und das Friedensdiktat Spartas an Athen vom Jahre 404 (Nr. 188 bzw. 211).

Moderne Darstellungen des Peloponnesischen Krieges: siehe die Thukydidesliteratur unten 278; dazu noch F. Adcock, Thucydides and his history. 1963; F. Kiechle, Ursprung und Wirkung der machtpolitischen Theorien im Geschichtswerk des Thukydides, in: Gymnasium 70 1963, 289ff.; K. Reinhardt, Thukydides und Machiavelli, in: Von Werken und Formen. 1948, 237ff.; G. Deininger, Der Melierdialog, Diss. Erlangen 1939. Eine 'Ehrenrettung für Athen' versucht S. Cagnazzi, La spedizione ateniese contro Melo del 416 a. C. 1983. – G. Grossmann, Politische Schlagwörter aus der Zeit des Peloponnesischen Krieges. 1950; P. J. Fliers, Thucydides and the politics of bipolarity. 1966; D. Kagan, The outbreak of the Peloponnesian war. 1969; G. E. M. de Ste. Croix, The origins of the Peloponnesian war. 1972; zur Herausbildung des athenisch-spartanischen Gegensatzes und zum Krieg selbst vgl. H.-J. Diesner, Kriege des Altertums. [3]1985, 41ff. – Zur innerpolitischen Situation Athens vgl. W. R. Connor, New politicians of fifth century Athens. 1971; Bleicken, Die athenische Demokratie 347f. M. L. Lang, Cleon as the Anti-Pericles, in: ClPh 67 1972, 159; P. J. Rhodes, The five thousand in the Athenian revolutions of 411 B. C., in: JHS 92 1972, 115ff., H. Wolff, Die Opposition gegen die radikale Demokratie in Athen bis zum J. 411 v. Chr., in: ZPE 36 1979, 279ff. D. Flach, Der oligarchische Staatsstreich vom J. 411, in: Chiron 7 1977, 9ff. Weiteres zu dieser Frage oben 73f. K.-W. Welwei, Das Problem des 'Präventivkrieges' im politischen Denken des Perikles und des Alkibiades, in: Gymnasium 79 1972, 289ff.; E. Delebecque, Thucydide et Alcibiade. 1965. E. Bloedow, Alcibiades reexamined (Historia Einzelschriften 21) 1973. Zur These vom 'Friedenspolitiker Perikles', die sich insbesondere auf den Plan eines panhellenischen Kongresses stützt, vgl. skeptisch E. Meinhardt, Gnomon 32 1960, 526, in Auseinandersetzung mit K. Dienelt, Die Friedenspolitik des Perikles. 1958. – J. D. Smart, Athens and Egesta, in: JHS 92 1972, 128ff.; H. Meier-Welcker, Athen und Sizilien. Zum Problem der politisch-militärischen Lagebeurteilung nach Thukydides und Clausewitz, in: HZ 215 1972, 1ff.; J.-F. Bommelaer, Lysandre de Sparte. Histoire et tradition. 1981. D. M. Lewis, Sparta and Persia. 1977.

5.2.5 Die Westgriechen (bis etwa 340 v. Chr.)

Über die historisch-politischen Ereignisse bei den *Westgriechen* im 5. Jh. v. Chr., nach dem Seesieg bei Kyme und dem Ende der Deinomenidenherrschaft, die nur von wenigen anderen westgriechischen Tyrannen überdauert wurde – als letzte vertrieb man die Söhne des Anaxilaos von Rhegion-Messana im Jahre 461 –, berichten die Quellen, zumal über die Griechen Süditaliens, relativ wenig. In Sizilien folgen dem kulturellen Aufblühen nach dem Sieg von Himera Freiheitsbewegungen der Griechen gegen die Tyrannen, die in Syrakus zur Einführung des Petalismos, einem dem Ostrakismos analogen Verfahren, führten und die sich auch in der antityrannischen Gesinnung des Empedokles äußerten. Zum anderen fiel in diese Zeit das Erwachen der einheimischen Stämme, die durch die regionale Politik der griechischen Herrscher zu aggressivem Vorgehen provoziert wurden. Die Auseinandersetzungen der Syrakusaner mit dem Sikelerfürsten Duketios, der um die Mitte des 5. Jh. einen unabhängigen Staat zu gründen versuchte, sind für die wachsenden Spannungen zwischen den Griechen und den Stämmen Siziliens und Altitaliens symptomatisch. Die Städte des Mutterlandes begannen sich nun zusehends in die Politik Großgriechenlands einzuschalten, Verträge und Bündnisse abzuschließen, die dann nach dem Hilferuf von Segesta, das sich von Selinus und Syrakus in seiner Existenz bedroht sah, zur verhängnisvollen militärischen Intervention Athens in Sizilien (415–413) führten, mit dem Ergebnis, daß der Peloponnesische Krieg auch diese Gebiete in Mitleidenschaft zog. Schon vorher hatte der syrakusanische Staatsmann Hermokrates die Griechen Siziliens zur Einigkeit aufgerufen (Friedenskongreß in Gela 424). Dieser militärischen Erschütterung folgte für Sizilien die nächste auf dem Fuß: der Karthagerkrieg, der nach 70jähriger Ruhepause wieder aufflammte (410–405). Er endete mit der Anerkennung einer karthagischen Herrschaft in Westsizilien (der sog. Epikratie, mit Himera und Selinus) und der Tyrannis des Dionysios I., der das feindliche Heer vor Syrakus abwehren konnte. Seine Herrschaft (406/05 bis 367), die sich auch auf Gebiete in Unteritalien erstreckte, war nach außen hin durch eine Reihe weiterer Karthagerkriege (398–92, 382 bis 374, 367/66) gekennzeichnet, in deren Folge er als Erretter des Griechentums auf Sizilien gefeiert wurde. Die Tyrannis des Dionysios stellt nach dem Urteil von K. F. Stroheker[190] „den erfolgreichsten Versuch zur Verwirklichung des monarchischen Gedankens in der Staatenwelt des spätklassischen Griechentums dar". Eine lange Lebensdauer blieb diesem sizilischen Reich allerdings nicht beschieden, denn die innerpolitischen Wirren unter seinem Sohn Dionysios II. und Dion, der bekanntlich Platon an den Hof nach Syra-

[190] Stroheker, Dionysios I. 1958, 176.

kus brachte, führten schließlich zum Eingreifen der Metropolis Korinth, die Timoleon mit Hilfstruppen nach Sizilien entsandte (343), der nicht nur in der Stadt des Dionysios, sondern auf ganz Sizilien die Tyrannen vertrieb. Dieser überzeugte Demokrat befreite auch die Städte der Sikelioter und schlug die Karthager am Krimisosbach (341) zurück, ehe der als Retter Siziliens Gefeierte im Jahre 337 nach Sicherung des inneren und äußeren Friedens auf der Insel von der politischen Bühne abtrat.

Großgriechenlands wesentlich weniger bekannte Geschichte für das 5. und 4. Jh. berichtet von einer schweren Niederlage Tarents und Rhegions gegen die Iapyger unmittelbar nach der Seeschlacht von Kyme und vom gewaltsamen Ende der aristokratischen Pythagoreerherrschaften in den Griechenstädten. Auch hier machte das Mutterland, insbesondere die Achäer, politischen Einfluß geltend. Athen gründete die panhellenische Kolonie Thurioi (444–43), eine Aktion, an der sich Männer wie Hippodamos von Milet, der Sophist Protagoras, Herodot und Empedokles von Akragas beteiligten, doch wird die weitere Entwicklung in Süditalien von einer partikularistischen Bündnispolitik bestimmt, die Griechen auch mit Lukanern und Karthagern zusammenführte, um gegen andere Griechen zu kämpfen. Der wohl bald nach 400 gegründete Italiotenbund, zu dem vermutlich u. a. die Städte Kroton, Thurioi, Rhegion, Elea, Metapont und Tarent gehörten und dessen Ziel der Selbstschutz gegenüber den Lukanern gewesen sein sollte, darf nicht die Vorstellung von einer einzigen Magna Graecia erwecken. Persönlichkeiten wie Dionysios I. und Timoleon, denen es gelang, Sizilien jahrzehntelang inneren Frieden zu verschaffen, haben den unteritalischen Griechen zweifellos gefehlt.

Quellen: Von einem der wichtigsten Werke, den sieben Büchern ›Sikelika‹ des Philistos von Syrakus, in der Politik Parteigänger des Dionysios I., als Historiker ein Nacheiferer des Thukydides, ging bis auf Fragmente alles verloren. Diodorus Siculus und Plutarch haben ihn benutzt. Antiochos von Syrakus (5. Jh. v. Chr.) verfaßte eine ›Sizilische Geschichte‹ in 9 Büchern, die bis 424 v. Chr. reichte und von Späteren ebenfalls ausgiebig herangezogen wurde. Weitere Quellen: Thukydides 6. und 7. Buch; Xenophons Dialog über die Monarchie ›Hieron‹ zwischen dem Tyrannen und dem Dichter Simonides sowie der 7. und 8. Brief Platons. Als *Primärquellen* wertvoll auch die zahlreichen Oden der Chorlyriker Pindar und Bakchylides. Von späteren Autoren Diodorus Siculus (11.–16. Buch); von Cornelius Nepos und Plutarch die Dion- und Timoleon-Biographien. Zahlreiche Fragmente auch bei Timaios von Tauromenion (FgrH Nr. 566) und einzelne Notizen bei Polybios in den beiden Anfangsbüchern. – *Inschriften:* Staatsverträge des Altertums 2, Nr. 162: Bündnis zwischen Athen und Rhegion (433/32); Nr. 163: zwischen Athen und Leontinoi (433/32); Nr. 174: zwischen Athen und Halikyai (möglicherweise im Zusammenhang mit der 1. Sizilischen Expedition unter Laches 427); Nr. 280: zwischen Athen und Dionysios (367). – Zur *Münzprägung* in Sizilien und Großgriechenland vgl. K. Christ, Jahrbuch für Numismatik und Geldgeschichte 5/6 1954/55, 181ff.; ders., Historische

Probleme der griechisch-sizilischen Numismatik, in: Historia 3 1955, 385ff.; vgl. auch C. M. Kraay, The Demareteion and Sicilian chronology, in: Greek coins and history. 1969, 19ff. – Vgl. auch M. Sordi, La Sicilia dal 368–7 al 337–6 a. C. (Testimonia Siciliae Antiqua 1, 8) 1983.

Zur *Literatur* siehe die allgemeine Bemerkung oben 229 und Bengtson GG 215ff. bzw. 286ff. Grundlegend: H. Berve, Die Tyrannis bei den Griechen, 2 Bde. 1967 (zur Italiotenpolitik 234 f.); E. P. Rizzo, La repubblica di Siracusa nel momento di Ducezio. 1971; K. F. Stroheker, Dionysios I. Gestalt und Geschichte des Tyrannen von Syrakus. 1958 (ausführlich zu den Quellen und ihren Problemen 11ff.); K. Meister, Die sizilische Geschichte bei Diodor von den Anfängen bis zum Tode des Agathokles, Diss. München 1967; H. Meier-Welcker, Dionysios I. Tyrann von Syrakus (Persönlichkeit und Geschichte 57) 1971; E. D. Frolov, Die ersten Unternehmungen und die Machtergreifung Dionysios' des Älteren, in: Klio 55 1973, 87ff. G. Woodhead, The 'Adriatic empire' of Dionysios I of Syracuse, in: Klio 52 1970, 503ff. L. de Blois, Dionysios II, Dion and Timoleon, in: Mededelingen van het Nederlands Instituut de Rome 40 1978, 113ff. M. Sordi, Timoleonte. 1961. P. Lévêque, De Timoléon à Pyrrhos, in: Kokalos 14/15 1968/69, 135ff. R. J. A. Talbert, Timoleon and the revival of Greek Sicily. 344–317 B. C. (Cambridge classical studies) 1974. – Vgl. auch die Bände zur Magna-Graecia-Forschung oben 110 und die Zeitschrift ›Kokalos. Studi pubblicati dall' Istituto di storia antica dell' Università di Palermo‹. 1955ff. R. van Compernolle, Étude de chronologie et d'historiographie Siciliotes. 1960; E. Bayer, Rom und die Westgriechen bis 280 v. Chr., in: Aufstieg und Niedergang der römischen Welt (hrsg.: H. Temporini) Bd. I 1 1972, 305ff.

5.3 Das 4. Jahrhundert bis Alexander III.

Das Ende des Peloponnesischen Krieges bringt für die griechische Welt eine völlig veränderte Konstellation der politischen Mächte.[191] An die Stelle des spartanisch-athenischen Dualismus treten nun in den folgenden 80 Jahren mehrere griechische Staaten, die einander als Hegemonialmächte ablösen. Kennzeichnend für die neue machtpolitische Situation ist es aber auch, daß als „die größte Gestalt unter den Griechen in dem ersten Menschenalter nach dem Ende des Peloponnesischen Krieges"[192] der Tyrann Dionysios I. von Syrakus angesprochen werden kann und der eigentliche Sieger des Bruderkrieges Artaxerxes II. heißt, dessen Geld nun auch auf der politischen Szene Griechenlands stimulierend wirkt, obwohl auch sein Reich durch die Erhebung Kyros d. Jüngeren von einem Krieg, an dem sich die Zehntausend des Xenophon beteiligten, erschüttert wurde. Somit lagen die neuen Machtzentren zunächst an der Peripherie der griechischen

[191] Bleicken, Die athenische Demokratie. 1985, 287, verwehrt sich allerdings dagegen, im Jahr 404/3 ein „Epochenjahr" der Athener sehen zu wollen.

[192] Bengtson GG 253.

Welt. Athen blieb, durch die Kapitulation und die Tyrannis der Dreißig, aber auch nach der anschließenden Wiedereinführung der Demokratie, politisch vorerst bedeutungslos. Sparta, der militärische Sieger von 404, übernahm die Rolle einer Hegemonialmacht im Mutterland, eine Position, die mit persischer Unterstützung aufgrund des Vertrages von 412 erreicht wurde. Um so bedeutungsvoller war der Krieg, den Sparta bald nach dem Sturz Lysanders (403) nun gegen die hilfreiche persische Hand vom Zaune brach. In einer Militäraktion im westlichen Kleinasien kam es zur direkten Konfrontation der persischen Satrapen mit dem Spartanerkönig Agesilaos, der, als neuer Agamemnon und Protektor der dort lebenden Griechen auftretend, einen panhellenischen Feldzug zu führen vorgab, ohne dabei größere Erfolge verzeichnen zu können. In der Zwischenzeit gelang es den Persern, mit ihrem Gold die Thebaner, Korinther, Argiver und auch die Athener zur Auflehnung gegen Sparta zu mobilisieren, die zum sog. Korinthischen Krieg (395–86) führte, in welchem die Spartaner zwar nach der Niederlage bei Haliartos (Tod des Lysander, 395) am Nemeabach und unter dem zurückgekehrten Agesilaos bei Koroneia (394) siegten, gleichzeitig aber in der Seeschlacht von Knidos eine schwere Schlappe durch die persische Flotte hinnehmen mußten. Verantwortlich für die Aufstellung der kampfstarken Perserflotte war der athenische Admiral Konon, der mit dem Geld seiner neuen Brotgeber die 'Langen Mauern' seiner Heimatstadt wieder aufrichten ließ und den Grundstein zum Wiedererstarken der Seemacht Athens legte. Ein anderer Athener, der Feldherr Iphikrates – sein leichtbewaffnetes Peltastenkorps sieht man als Nachfolger der schwereren Hopliten an (J. Kromayer) –, kämpfte ebenfalls gegen Sparta im Korinthischen Krieg, der sich noch mehrere Jahre hinzog, ehe durch den sog. Königsfrieden, auch Frieden des Antalkidas (387–386) genannt, eine Ruhepause für die Griechen erzwungen wurde. Dieser für die Griechen demütigende Frieden, der zwischen Sparta und Persien vereinbart wurde, kam einem Diktat seitens des Großkönigs gleich, der die Griechenstädte in Kleinasien und Zypern sowie Klazomenai für sich beanspruchte und den übrigen griechischen Städten, kleinen wie großen, ihre Autonomie beließ (Xenophon Hell. 5, 1, 31). Das bedeutete nicht nur die Auflösung von Bünden wie des boiotischen oder attischen, sondern auch, daß der Großkönig als Garant der autonomen Städte und gleichzeitig *de facto* als Garant der spartanischen Hegemonie in Griechenland auftreten konnte. Eine unmittelbare Folge davon war Spartas Gewaltpolitik, die zum Eingreifen in Mittel- und Nordgriechenland (Besetzung der Kadmeia, Olynthischer Krieg), im weiteren als Gegenmaßnahme zur Gründung des Zweiten Attischen Seebundes (378/77) und nach dem Seesieg der athenischen Flotte bei Naxos (376) schließlich zum Rückzug Spartas aus der Ägäis führte. Entscheidend für den Niedergang der von den Persern gestützten Spartanermacht war das Erstarken Thebens, das unter Pelopidas die besetzte Kadmeia befreien (379) und acht Jahre später bei Leuktra durch Epameinondas Sparta vernichtend besiegen konnte.[193] Epameinondas, der die militärische Taktik durch Einführung der 'Schiefen Schlachtordnung' mit der 'Heiligen Schar' am verstärkten linken Flügel reformierte, begründete eine etwa zehn Jahre währende Hegemonie Thebens, die durch mehrere Peloponneszüge und die Schaffung eines autonomen Messenien Spartas politische und wirtschaftliche Stellung auf der Peloponnes so sehr schwächte, daß sich die Stadt auch nach dem Tode des bedeutenden thebanischen Staatsmannes und Feldherrn trotz eines Bündnisses mit Athen nicht mehr zu erholen vermochte. Hatte sich unter Epameinondas das Machtzentrum des griechischen Mutterlandes erstmals in Regionen nördlich von Athen verlagert, so läßt sich diese Verlagerung des politischen Schwerpunktes nach Norden auch in den Jahrzehnten nach Mantineia (362), dem Endpunkt der thebanischen Hegemonie, beobachten.

Diese neue Schwerpunktbildung brachte auch eine andere wesentliche Veränderung der politischen Struktur Griechenlands zum Ausdruck: Die Träger der großen Politik waren nun nicht mehr einzelne Stadtstaaten, sondern größere landschaftliche Bünde wie der boiotische oder thessalische, an dessen Spitze mit Iason und Alexander von Pherai Staatsmänner standen, die mit ihren Bündnissen und Kriegen die gesamtgriechische Politik zwischen etwa 380 und 360 entscheidend mitbestimmten. Zum neuen Machtfaktor in Griechenland entwickelte sich Makedonien unter Philipp II., der die Stellung des Königtums durch auswärtige Erfolge stärkte, so gegen die benachbarten Herrschaften in Illyrien, in Epiros, Thessalien, Thrakien und auf der Chalkidike, die ihm schließlich den Zugang zum Meer auf weite Strecken sicherten, und durch Reformen im Inneren, die zusammen mit dem weiteren Ausbau der Phalanx der Pezhetairen (seit den Heeresreformen des Alexander I. und des Archelaos) den alten makedonischen Feudalstaat strukturell veränderten. Sein Eingreifen in die Kriegsereignisse in Mittelgriechenland, das vom Dritten Heiligen Krieg (356–46) erschüttert wurde, verschaffte ihm schließlich auch jene Ausgangsposition, von der aus es ihm innerhalb kürzester Zeit möglich war, Griechenland zu unterwerfen. Erleichtert wurde Philipp sein Erfolg durch die innere Zerrissenheit Athens, das mit dem sog. Bundesgenossenkrieg (357–355) den Untergang des Seebundes, den es durch imperialistische Tendenzen provoziert hatte, erleben mußte und dessen prekäre innerpolitische Lage durch die Antipoden Demosthenes und Isokrates bzw. die übrigen namhaften Anhänger Philipps bestimmt wurde. Nach dem Friedensschluß zwischen Athen und Philipp (Philokratesfriede von 436), der den *status quo* bestätigte und den Demosthenes nur als eine Zwischenlösung ansah, ging Philipp einen

[193] Gehrke (wie Anm. 181, 173ff.).

Freundschaftsbund mit Persien ein, um bald darauf die von Demosthenes initiierte Kriegserklärung anzunehmen, die dieser nach Konstitutierung eines Hellenenbundes, dem sich unter Athens und Boiotiens Führung fast ganz Griechenland, einige Inseln und peloponnesische Gebiete anschlossen, an den Makedonenkönig ergehen ließ. Philipps militärische Antwort darauf war die Schlacht von Chaironeia (338), in der Alexander die makedonische Reiterei anführte. Mit der totalen Niederlage der demosthenischen Koalition hatte Philipp volle Handlungsfreiheit in Hellas erreicht. Am Isthmos von Korinth wurde ein panhellenischer Bund unter dem Vorsitz des Makedonenkönigs ins Leben gerufen, dessen Ziele die Garantie der Autonomie der Griechenstädte und die Schaffung eines allgemeinen Landfriedens (κοινὴ εἰρήνη) waren, dessen praktische Konsequenzen allerdings in der Heeresfolge der Griechen beim Perserfeldzug, der ein Jahr später beschlossen werden sollte, lagen. Philipp konnte seinen Plan jedoch nicht mehr in die Tat umsetzen, er wurde 336 in Aigai ermordet.

Sein Sohn und Nachfolger Alexander trat den geplanten Perserfeldzug nach kurzer Zeit, die er für die Festigung seiner Herrschaft zunächst in Makedonien und den benachbarten Gebieten, sodann in Griechenland benötigte, wo er mit der Zerstörung von Theben ein abschreckendes Exempel statuierte, mit einem Heer von etwa 30 000 Mann Fußtruppen und 5000 Reitern im Jahre 334 an. Nach den Eroberungen in Kleinasien, die für die Griechenstädte wieder die Autonomie bringen sollten, und in Phoinikien zog der siegreiche König nach Ägypten und in die Oase Siwa, womit er seinem Rivalen Dareios III. eine Atempause gewährte, seine am Granikos und bei Issos schwer angeschlagene Heeresmacht zu erneuern. Zur Entscheidung zwischen den beiden Königen kam es in der Tigrisebene bei Gaugamela (331), wo Alexander mit seiner 'Schiefen Schlachtordnung' den zahlenmäßig überlegenen Dareios III. in die Flucht schlug und dann zum König Asiens ausgerufen wurde. Als solcher zog er in Babylon, Susa, Persepolis und Ekbatana ein, wo er den unter panhellenischen Auspizien geführten Rachefeldzug gegen den Perserkönig offiziell beendete. In den folgenden Jahren sah sich der neue Herr Asiens nach außen hin mit den kriegerischen Stämmen Mediens und der ostiranischen Gebiete, im Innern wegen seiner Orientalisierungstendenzen in Politik und Hofhaltung mit einer wachsenden Opposition seiner ihn begleitenden Makedonen konfrontiert. Eine Erhebung Spartas unter Agis III. hatte Alexanders Statthalter in Griechenland, Antipater, bei Megalopolis (331) niedergeschlagen und die Aufständischen zur Mitgliedschaft im Hellenenbund zwingen können. In Asien wurde der Eroberungszug, nach Ausschaltung der Usurpatoren Bessos und Spitamenes im Zuge der Unterwerfung der östlichen und nördlichen Satrapien des Perserreiches (330 bis 328), in Richtung Indien fortgesetzt, mit den Zielen, den Pandschab, unter Dareios I. die östlichste persische Satrapie, wieder dem Reiche einzugliedern und das 'Ostende der Welt', den Okeanos, zu erreichen. Während das erste der beiden Ziele, die Integration der indischen Gebiete ins Alexanderreich, erreicht werden konnte, wobei der Makedone einen großen Schlachtensieg gegen Poros am Hydaspes (326) errang, scheiterte der Weitermarsch nach Osten an einer Meuterei seiner Truppen, die großteils vor mehr als acht Jahren, in denen sie schätzungsweise an die 18000 km zurückgelegt haben dürften, von zu Hause aufgebrochen waren und die nun zurückkehren wollten. So mußte Alexander unter dem Druck seiner Soldaten seinen Plan aufgeben und die Heimreise antreten. Nach einer eindrucksvoll inszenierten Indusfahrt an die Küsten des südlichen Okeanos schlug er die verlustreiche Marschroute durch die Gedrosische Wüste ein. Mit Nearchos, der eine Flotte vom Indusdelta durch den Persischen Golf führte, traf der König bei Hormuz (325) wieder zusammen, was „praktisch den Abschluß der Eroberung Asiens" (H. Bengtson) bedeutet. In den beiden folgenden Jahren, den letzten des jungen Herrschers, wurden zahlreiche Reformmaßnahmen zur Verwaltung der Satrapien und des Heeres getroffen, für Griechenland die folgenreiche Amnestieerklärung für alle Verbannten erlassen und neue Pläne für die Eingliederung der westlichen Ökumene in das entstandene 'Weltreich' geschmiedet. Während der Vorbereitungen für einen Feldzug gegen Arabien starb Alexander in Babylon (323).

Die Alexanderforschung hat zu stark divergierenden Urteilen über den Makedonenkönig geführt, obzwar ein panegyrischer Grundton den meisten Untersuchungen gemeinsam ist. Neben Fragen von militärgeschichtlicher und strategischer Bedeutung stehen vor allem die Probleme der Verschmelzungspolitik, der Weltherrschaftsgedanke, die Bedeutung des Irrationalen und Rationalen in den Entscheidungen des Herrschers, die Interpretation des Pothosbegriffes sowie die Apotheose Alexanders im Vordergrund der Diskussion.[194]

5.3.1 Quellen

Quellen für die Zeit vom Ende des Peloponnesischen Krieges bis zum Tod Alexanders: Für die 1. Hälfte des 4. Jh. stammt der Großteil der *historiographischen Überlieferung* von Xenophon, dessen ›Hellenika‹ bis zur Schlacht von Mantineia reichen.

[194] Eine Einführung in den Forschungsstand liegt vor bei J. Seibert, Alexander der Große (EdF 10) ²1981, und E. Badian, Alexander the Great. 1948–1967, in: ClW 65 1971, 37ff. bzw. 77ff. sowie R. Andreotti, Il problema di Alessandro Magno nella storiografia dell'ultimo decennio, in: Historia 1 1950, 583ff. J. R. Hamilton, Alexander the Great. 1973. S. Lauffer, Alexander der Große. 1978. N. G. L. Hammond, Alexander the Great. 1982. Vgl. auch unten 253.

Die ›Hellenika von Oxyrhynchos‹ (siehe unten 280), auf Papyrus erhalten, berichten über die Jahre 396/95. Dazu kommen aus dem xenophontischen Corpus noch die ›Anabasis‹ mit der Schilderung des 'Zuges der Zehntausend' und die panegyrische Biographie ›Agesilaos‹. Die sonst noch erhaltenen Geschichtswerke stammen, von Historikerfragmenten (dazu gleich unten 284f.) abgesehen, aus späterer Zeit. Diodors ›Bibliotheke‹ (siehe unten 286), vor allem aus dem Werk des Ephoros exzerpiert, die Biographien von Cornelius Nepos (Lysander, Thrasybulos, Konon, Dion, Iphikrates, Chabrias, Timotheus, Datames, Epameinondas, Pelopidas, Agesilaos, Phokion, Eumenes von Kardia) und Plutarch (Lysander, Artaxerxes II., Agesilaos, Demosthenes, Dion, Pelopidas, Phokion, Timoleon, Alexander, Eumenes von Kardia; die Epameinondas-Vita ging verloren) sowie zahlreiche historische Exkurse in den ›Beschreibungen Griechenlands‹ von Pausanias und ein Abschnitt bei Iustinus, dem Pompeius-Trogus-Exzerptor (›Historiae Philippicae‹ u. a. zur Geschichte Makedoniens), stellen die Masse des zuweilen höchst fragwürdigen historiographischen Materials dar. Zu den wichtigsten Quellen der Historiographie über Makedonien vgl. den knappen Überblick bei Errington (wie unten 254) 227.

Besonders ungünstige Verhältnisse bezüglich der Geschichtsschreibung liegen für die Erforschung der Geschichte Alexanders vor. Zeitgenössische Darstellungen sind nicht erhalten, die spätere historische Überlieferung erweist sich als parteiisch, und zwar existiert eine stark panegyrische Tradition, die auf Kallisthenes zurückgeht und schließlich in die Alexanderlegende und den Alexanderroman einmündet, und „eine vorwiegend durch peripatetischen und stoischen Einfluß gefärbte Tradition, die Alexanders Taten bewußt herabsetzt, indem sie diese auf die Tyche, nicht auf Alexanders Areté zurückführt" (Bengtson GG 329). Zum peripatetischen und panegyrischen Geschichtsbild Alexanders vgl. unten 285, wo auch zur Quellenlage Stellung genommen wird. Von den heute vorliegenden Historiographien zur Alexanderzeit sind anzuführen: Diodor, Curtius Rufus und Iustinus als Vertreter der sog. Alexandervulgata, die auf die Alexandergeschichte (vermutlich 12 Bücher) des Kleitarch von Alexandreia (4.–3. Jh.) zurückgeht. Plutarchs Vita steht in der peripatetischen Tradition: sie besitzt nur geringen historischen Wert. Anders die ›Anabasis Alexanders‹ des Arrian von Nikomedien (etwa 95–175 n. Chr.). Die weitgehend sachliche, auf der Grundlage der verlorenen Alexandergeschichten von Ptolemaios und Aristobulos aus Kassandreia gearbeitete Darstellung des Feldzuges gilt heute als bedeutendste literarische Quelle für diese Zeit. Eine wichtige Ergänzung erfährt sie durch die ›Indike‹, die die Landschaften Indiens und die Seefahrt des Nearchos nach dem Bericht des Admirals selbst sowie nach Megasthenes und Eratosthenes beschreibt. – Von den zahlreichen Historikern, die im 4. Jh. v. Chr. Zeitgeschichte schrieben, ist, von Xenophon abgesehen, bis auf wenige Fragmente (siehe unten 284f.) alles verlorengegangen. Zu ihnen zählen Ktesias, Ephoros, Theopompos, Kratippos, Anaximenes von Lampsakos und die ›Atthis‹ des Isokratesschülers Androtion, die eine Hauptquelle für die ›Athenaion politeia‹ des Aristoteles bildet und die bis in die Mitte des 4. Jh. herabgeführt wurde. – Fonti sull' egemonia tebana nel IV secolo (Nachdrucke von Quellentexten Diodors, Plutarchs, des Cornelius Nepos und von Inschriften) 1972. – Zur Geschichte Siziliens vgl. die Quellenangaben oben 246f.

Neben der historiographischen Tradition existiert wertvolles *literarisches Primärmaterial* in Form politischer *Flugschriften* und vor allem der *Reden* von Isokrates,

Demosthenes, Andokides, Lysias und Aischines, in denen für und gegen die Thebaner und Makedonen, den Attischen Seebund, die panhellenische Idee und den allgemeinen Frieden und zahlreiche andere Fragen der Politik mit allen damaligen Mitteln der Publizistik Propaganda gemacht wurde. Unter diesem publizistischen Material finden sich auch Dokumente von urkundlichem Wert wie Briefe Philipps II. und des Isokrates, deren Echtheit aber nicht generell akzeptiert wird. Als Beispiel für den Aussagewert dieser Quellenkategorie sei auf die Kranzrede des Demosthenes verwiesen: ›Rede für Ktesiphon über den Kranz‹ (Texte zur Forschung 40) von W. Zürcher (Hrsg.) 1983, zweisprachig. – Die späten aristophanischen *Komödien* ›Ekklesiazusai‹ und ›Pluto‹ bieten, wie es für die Alte Komödie im Unterschied zur Neuen kennzeichnend ist, eine Reihe von Anspielungen zur Tagespolitik, auf die Friedenssehnsucht der Menschen und die Formen gesellschaftlicher Ordnung, wie sie auch in den Schriften Platons deutlich werden. – Die Zahl der *Inschriften* ist mächtig angewachsen. Unter den wichtigen epigraphisch bezeugten Staatsverträgen sind für diese Zeit zu nennen (Staatsverträge des Altertums 2): Nr. 213: Schaffung des Sonderstaates Eleusis (403/02); Nr. 223: Bündnis zwischen Athen und Boiotien (395); Nr. 231: zwischen Amyntas III. und den Chalkidiern (393); Nr. 248: zwischen Athen und Chios (384); Nr. 255: zwischen Athen und Theben (378/377); Nr. 257: Dekret des Aristoteles mit Verzeichnis der Mitglieder des 2. Attischen Seebundes (377); Nr. 280: Bündnis zwischen Athen und Dionysios I. (367); Nr. 289: Vertrag zwischen Athen und Keos (362); Nr. 292: Allgemeiner hellenischer Friede (362); Nr. 293: Ewiges Bündnis zwischen Athen und Thessalien (361/60); Nr. 308: Bündnisvertrag zwischen Philipp II. und den Chalkidiern (357/56). Staatsverträge des Altertums 3: Nr. 403: Korinthischer Bund (338/37); Nr. 407: sog. Milesischer Beschluß (um 300, mit Sardes). – Zahlreiche Inschriften auch bei M. N. Tod, A selection of Greek historical inscriptions, Bd. 2: From 403 to 323. 1948 (mit Kommentar); Nr. 145: über Griechenland und die Satrapenrevolution (362/61); Nr. 169: Abrechnungen der Delphischen Naopoioi (= Tempelbauer; 346–44); Nr. 183: Vertrag zwischen Alexander III. und den Griechen (336/35); Nr. 187: Ehreninschrift Delphis für Aristoteles und Kallisthenes (um 344); Nr. 191: Tyrannis von Eresos (332); Nr. 196: Dekret Kyrenes über Getreidelieferungen nach Griechenland (330–26); Nr. 204: Eid der athenischen Epheben und der Eid der Athener für die Schlacht von Plataiai (4. Jh.); Nr. 205: Wiedergabe jenes Teiles des ›Marmor Parium‹ (siehe unten 266), der sich auf die Zeit zwischen 400 und 323 bezieht. A. J. Heisserer, Alexander the great and the Greeks. The epigraphic evidence. 1980.

Das *numismatische Material* gewinnt wegen der anwachsenden Masse zusehends an Bedeutung für die historische, besonders wirtschafts- und religionshistorische Interpretation. Die makedonischen Prägungen spielen hierbei eine wichtige Rolle, denn „in einer sehr zurückhaltenden Weise haben Philipp II. und Alexander III. die Gestaltung ihrer Reichsprägung den traditionellen griechischen Prinzipien angepaßt und diese dennoch zugleich als ein Instrument ihrer Reichspolitik benutzt“; so K. Christ, Antike Numismatik, 34, wo auch auf die entsprechenden Sammelwerke und Einzelpublikationen verwiesen wird. – Eine ins Englische übertragene *Quellensammlung* mit einem Glossar vor allem verfassungsrechtlicher Begriffe hat vorgelegt: Ph. Harding, From the end of the Peloponnesian War to the battle of Ipsus (Translated documents of Greece & Rome 2) 1985. J. Wickersham – G. Verbrugghe, Greek historical documents: the fourth century B. C. 1973.

5.3.2 Literatur

Vgl. die Bemerkungen oben 254 Ch. G. Starr, Greeks and Persians in the fourth century B. C., in: Iranica Antiqua 11 1975, 39ff., 12 1977, 49ff. und Bengtson GG 257ff. und 304ff. (mit übersichtlicher Diskussion des historischen Quellenwertes der attischen Redner a. O. 302). Von den großen Gesamtdarstellungen reicht Ed. Meyers GdA nur bis zum Bundesgenossenkrieg bzw. zur Auflösung des westgriechischen Reiches (Mitte 4. Jh.). Zur Entwicklung Athens nach 404 vgl. Bleicken, Die athenische Demokratie 289ff. und 390ff. sowie oben 75f. A. Lehmann, Die revolutionäre Machtergreifung der 'Dreißig' . . . in: Antike und Universalgeschichte (Festschrift H. E. Stier) 1972, 201ff.; B. S. Strauss, Politics and society in Athens after the Peloponnesian war. 403–386. B. C. 1987. J. Ober, Fortress Attica. Defense of Athenian land frontier. 404–322 B. C. (Mnemosyne Suppl.) 1985. T. T. B. Ryder, Koine Eirene. 1965 (vgl. dazu J. A. O. Larsen, Gnomon 38 1966, 256ff.). H.-J. Gehrke, Phokion (Zetemata 64) 1976. G. Dobesch, Der panhellenische Gedanke im 4. Jh. v. Chr. und der 'Philippos' des Isokrates. Untersuchungen zum Korinthischen Bund. 1968; D. Nellen, Zur Darstellung der Schlacht bei Sardes in den Quellen, in: AncSoc 3 1972, 45ff.; G. A. Lehmann, Spartas Arché und die Vorphase des Korinthischen Krieges . . ., in: ZPE 28 1978, 109ff. und 30 1978, 73ff. R. Seager, The King's peace and the balance of power in Greece 386–362 B. C., in: Athenaeum 52 1974, 36ff. R. K. Sinclair, The King's peace and the employment of military and naval forces, in: Chiron 8 1978, 29ff. Ch. D. Hamilton, The politics of revolution in Corinth 395–386 B. C., in: Historia 21 1972, 21ff.; E. Smith, The opposition to Agesilaos' foreign policy 394–71 B. C., in: Historia 2 1953/54, 274ff.; J. Cargill, The second Athenian league. 1981; G. L. Cawkwell, The foundation of the second Athenian confederacy, in: ClQu 23 1973, 47ff.; *zu Theben:* J. Buckler, The Theban hegemony 371–362 B. C. 1980; H. Beister, Untersuchungen zu der Zeit der Thebanischen Hegemonie. Diss. München 1970, mit ausführlicher Bibliographie 112ff. (ein Abschnitt über den Quellenwert der Münzen für die Chronologie der Thebanischen Hegemonie 1ff.); D. J. Mosley, Theban diplomacy in 371 B. C., in: REG 85 1972, 312ff.; G. L. Cawkwell, Epaminondas and Thebes, in: ClQu 22 1972, 254ff.; J. Wiseman, Epaminondas and the Theban invasion, in: Klio 51 1969, 177ff.; C. M. James, Epaminondas and Philip II: a comparative study of military reorganization. Diss. Kentucky 1980. – G. Roux, L'Amphictionie, Delphes et le temple d'Apollon au IVe siècle. 1979. J. Roy, Arcadia and Boeotia in Peloponnesian affairs 370–362 B. C., in: Historia 20 1971, 569ff.; E. Lanzillotta, La fondazione di Megalopoli, in: Riv. Stor. 5 1975, 25ff. H. D. Westlake, Thessaly in the fourth century B. C. 1935 (siehe auch oben 83ff.); M. Zahrndt, Olynth und die Chalkidier. Untersuchungen zur Staatsbildung auf der chalkidischen Halbinsel im 5. und 4. Jh. (Vestigia 14) 1971; J. R. Ellis, Amyntas Perdikka, Philip II. and Alexander the Great, in: JHS 91 1971, 15ff.; *zu Philipp:* G. Wirth, Philipp II. Geschichte Makedoniens. 1985, Bd. 1; H. Bengtson, Philipp und Alexander der Große. 1985. J. R. Ellis, Philip II and Macedonian imperialism. 1976; M. Errington, Geschichte Makedoniens. 1986, vertritt die These, daß Philipp II. eher an der Bildung eines Großreiches zwischen Donau und nördlicher Ägäis interessiert gewesen sei, seine Griechenlandpolitik habe er „zunächst (als) zweitrangig" (97) erachtet. – Zur Entdeckung der Königsgräber M. Andronikos, Verghina. 1984; D. Kienast, Philipp II.

von Makedonien und das Reich der Achaimeniden. 1973; P, Jouguet, L'impérialisme macédonien et l'hellénisation de l'Orient. 1972; A. B. Bosworth, Philip II. and the upper Macedonia, in: ClQu 21 1971, 93ff. D. B. Schelow, Der Skythen-Makedonier-Konflikt in der Geschichte der Antike, in: Eirene 9 1971, 31ff. (über Philipp II.). – Die *Literatur zu Alexander III.* ist nicht mehr überschaubar, das unten genannte Werk von R. L. Fox nennt 1472 einschlägige Bücher und Artikel allein für die letzten 150 Jahre. Um so dankbarer muß man für das oben 251 zitierte Werk von J. Seibert sein; sehr hilfreich auch seine kartographische Aufarbeitung der Eroberung des Perserreiches (oben 9). Neuere Studien: K. Kraft, Der 'rationale Alexander' (bearbeitet und aus dem Nachlaß herausgegeben H. Gesche) (FAS 5) 1971; H. E. Stier, Welteroberung und Weltfriede im Wirken Alexanders des Großen (Rheinisch-Westfälische Akademie, Vorträge 187), 1973; F. Schachermeyr, Alexander der Große. Das Problem seiner Persönlichkeit und seines Wirkens. 1973. R. L. Fox, Alexander der Große. 1974 (englisch 1973); G. Dobesch, Alexander der Große und der Korinthische Bund, in: GB 3 1975, 73ff. (dieser Bezug stelle einen Schlüssel zum Verständnis des politischen Denkens bei Alexander dar). – Kritisch zur neuesten Alexanderforschung F. Hampl, Alexander der Große, in: Geschichte als kritische Wissenschaft Bd. 2 1975, 202ff. A. Demandt, Politische Aspekte im Alexanderbild der Neuzeit. Ein Beitrag zur historischen Methodenkritik, in: Archiv für Kulturgeschichte 54 1972, 325ff. (über die Zeitbedingtheit diverser Alexanderbilder in der Forschung seit Droysen und Niebuhr); P. Goukowski, Essai sur les origines du mythe d'Alexandre. 1978–1981, 2 Bde.; M. Sordi (Hrsg.), Alessandro Magno tra storia e mito. 1984. A. Heuß, Alexander der Große und das Problem der historischen Urteilsbildung, in: HZ 225 1977, 29ff. – F. F. Schwarz, Invasion und résistance. Darstellungsmöglichkeiten in der Alexanderliteratur, in: GB 9 1980, 79ff.; vgl. auch F. Hampl, Alexander der Große und die Beurteilung geschichtlicher Persönlichkeiten in der modernen Historiographie, in: La Nouvelle Clio 6 1954, 91ff., und Alexanders des Großen Hypomnemata und letzte Pläne, in: Studies presented to D. M. Robinson. 1953, 65ff. Von den reich dokumentierten Biographien ist die von G. Wirth, Alexander der Große in Selbstzeugnissen und Bilddokumenten (rowohlts Monographien) 1973, derjenigen von P. Green, Alexander der Große. Mensch oder Mythos (Ploetz-Bildbiographien) 1974 (englisch 1970) vorzuziehen. *Spezialuntersuchungen:* Zum 'frühen' Alexander, zu Dareios, Nearchos, zu Issos und chronologischen Fragen sowie zur Überlieferungsgeschichte, insbesondere bei Arrian, vgl. den Sammelband von G. Wirth, Studien zur Alexandergeschichte. 1985; I. N. Khlopin, Die Chronologie und Dynamik des Feldzuges Alexanders des Großen nach Mittelasien, in: AncSoc 11/12 1980/81, 151ff. ferner C. L. Murison, Darius III. and the battle of Issus, in: Historia 21 1972, 399ff.; E. N. Borza, Fire from heaven: Alexander at Persepolis, in: ClPh 67 1972, 233ff.; A. B. Bosworth, The death of Alexander the Great: rumour and propaganda, in: ClQu 21 1971, 112ff. W. Heckel, The last days and the testament of Alexander the Great (Historia Einzelschriften 56) 1988. F. Schachermeyr, Alexander in Babylon und die Reichsordnung nach seinem Tod (SB ÖAW) 1970. S. Jaschinsk, Alexander und Griechenland unter dem Eindruck der Flucht des Harpalos. 1981. P. Högemann, Alexander der Große und Arabien (Zetemata 85) 1985. C. B. Welles, Alexander and the Hellenistic world. 1970. A. Daskalakis, The Hellenism of the ancient Macedonians. 1965; ders., Alexander the Great and Hellenism. 1968. Vgl. auch oben 251.

5.4 Die drei Jahrhunderte nach Alexanders III. Tod

Alexanders früher Tod bedeutete zugleich das Ende des von ihm inaugurierten Großreiches. Es kam zu zahlreichen und häufig wechselnden Koalitionen unter den einzelnen Machthabern und zu langwierigen Kriegen. Als Hauptresultat gingen aus den Auseinandersetzungen der einzelnen Nachfolger Alexanders, der Diadochen, dynastische Reiche hervor, und zwar das Herrschaftsgebiet der Ptolemäer in Ägypten, in der Ägäis, auf Zypern und an den Küsten des östlichen Mittelmeeres, ferner das Reich der Seleukiden in Syrien, Vorderasien und in den von Alexander eroberten Gebieten Asiens, und das antigonidische Reich im griechischen Mutterland und Makedonien. Der Prozeß, der zur Konsolidierung dieser drei hellenistischen Großreiche führte, erstreckte sich bis etwa 280 und vollzog sich in mehreren Etappen.[195] Die Ausgangsposition hierfür bildete eine inoffizielle Vormundschaftsregierung von führenden makedonischen Persönlichkeiten, welche die von der Heeresversammlung bestimmten gleichrangigen Nachfolger Philipp III. Arrhidaios und den postumen Alexander IV. vorerst zu vertreten hatten. Perdikkas sollte als Chiliarch die asiatischen Gebiete verwalten, Antipater als Stratege Europa und Krateros als Prostates der Königsherrschaft fungieren. Bei der Neuverteilung der Satrapien wurde dann Ptolemaios mit Ägypten, Eumenes mit Paphlagonien und Kappadokien, Antigonos I. Monophthalmos mit Pamphylien, Lykien und einem Teil Phrygiens (den Rest erhielt Leonnatos), Lysimachos mit Thrakien betraut. In dieser Satrapenordnung drückt sich bereits deutlich die nationalmakedonische Reaktion gegen Alexanders Orientalisierungspolitik aus, die auch in der Folgezeit ein Generalthema der griechischen Politik blieb. Als noch entscheidender für diese Zeit erwiesen sich aber die divergierenden Auffassungen der Diadochen über die Zukunft des Alexanderreiches. War es auf der einen Seite der Wunsch, die Einheit des gesamten Reiches zu wahren (Perdikkas, Eumenes, Antigonos I.), so zeigten sich bald auch separatistische Tendenzen für eine Ausbildung von Territorialherrschaften (Ptolemaios, Lysimachos), die schließlich auch zum Ziele führten. Zusammen mit einer Reihe von Faktoren wie die Vormundschaftspolitik und die Beziehungen zur Familie Alexanders, insbesondere zu Olympias, ferner die Frage der Herrschaft über Griechenland selbst, das sogleich in den Jahren 323 und 322 einen Unabhängigkeitskrieg (den sog. Lamischen Krieg; Ende der demokratischen Verfassung in Athen) inszenierte, endlich das Schicksal des Alexanderheeres, lieferten die nationalmakedonische Bewegung und der

[195] Eine übersichtliche Darstellung der politischen Ereignisgeschichte bietet die Einleitung von Rostovtzeff im 1. Band von ›Die hellenistische Welt. Gesellschaft und Wirtschaft‹ 1 ff.

Streit zwischen Reichsidee und Separatismus die notwendigen Argumente für eine Folge verheerender Koalitionskriege. Mit der Hinrichtung Olympias' (316), die von der Heeresversammlung beschlossen, von Anhängern Kassanders vollstreckt wurde, und der ebenfalls von Kassander veranlaßten Ermordung Roxanes und Alexander IV. sowie mit der offiziellen Annahme des Königstitels durch Antigonos I. und seinen Sohn Demetrios Poliorketes (306) und kurz darauf auch durch Ptolemaios, Kassander, Lysimachos und Seleukos (305) wurde der endgültige Zusammenbruch des Alexanderreiches besiegelt. Das Nebeneinander der Teilstaaten, zu denen noch das von Sizilien ausgreifende Reich des Agathokles hinzutrat, ist in diesem von der Diadochenpolitik bestimmten Zeitalter zwischen 323 und 280 keineswegs im Lichte einer friedlichen Koexistenz zu sehen. Erst nach dem Aussterben der ersten Herrschergeneration mit Antigonos I. (Schlacht bei Ipsos 301), Kassander (um 298), Agathokles (289), Demetrios Poliorketes (seit 286 in der Gefangenschaft des Seleukos I., stirbt 283), Ptolemaios I. (283), Lysimachos (fiel in der Schlacht bei Kurupedion 281) und Seleukos I. (von Ptolemaios Keraunos 281/80 ermordet) festigten sich die Staaten der hellenistischen Welt so weit, daß für etwa 80 Jahre von einem 'Gleichgewicht der Kräfte' (M. Rostovtzeff) gesprochen werden kann, ohne daß dieses vielgebrauchte Wort, wie in der folgenden Skizze noch zu zeigen sein wird, allzusehr strapaziert werden sollte. Von Frieden kann zwar auch jetzt nicht die Rede sein, wohl aber davon, daß sich die Monarchien nach außen wie nach innen soweit konsolidierten, daß die totale Konfrontation in den Hintergrund trat. Seit der Übernahme des makedonischen Reiches durch Antigonos II. Gonatas (nach 280), der erst noch die Kelten bezwingen mußte, standen die drei Großreiche zwar gleichrangig nebeneinander, doch wurden die Machtverhältnisse durch die Kette mehrerer Syrischer Kriege (zwischen 274 und 168), die in der Hauptsache zwischen Ptolemäern und Seleukiden um den Besitz Südsyriens ausgetragen wurden, und die makedonischen Kämpfe um die Beherrschung ganz Griechenlands immer wieder erschüttert. Hier hatten sich vor allem Sparta und die Bünde der Aitoler und Achaier (vgl. dazu oben 60f.) zeitweise eine gewisse politische Handlungsfreiheit bewahren können.

Der *makedonisch-hellenische Gegensatz* bestimmte nach Alexanders Tod und der Niederlage der Unabhängigkeitsbewegung der Jahre 323/22 weiterhin das Geschehen auf der politischen Bühne Griechenlands: Bald nach Polyperchons Erlaß (319), der allen Griechenstädten die Freiheit wiedergeben und einen Abzug der makedonischen Besatzung veranlassen sollte, wandte sich für die Griechen, insbesondere für die Athener, das Blatt abermals, als Kassander in Athen den Aristotelesschüler und Sympathisanten Makedoniens, Demetrios von Phaleron (317–307), einsetzte, der zwar Gesetzgebung, Verwaltung und Finanzgebarung verbesserte, aber nach einer militärischen Intervention der Antigoniden die Stadt verlassen mußte.[196] Unter dem anderen Demetrios, der 293 als König von Makedonien und Thessalien anerkannt wurde und der in Demetrias eine stark befestigte Hauptstadt gründete, wurden Boiotien, Phokis und weitere Gebiete der straffen makedonischen Gewalt unterstellt. Gegen diese, konkret gegen Antigonos II. Gonatas, richtete sich in der Folgezeit eine Koalition von Athen, Sparta, Boiotien und Megara und der Achaische Bund, ungeachtet dessen, daß vorher Antigonos II. in harten Auseinandersetzungen mit dem epirotischen König Pyrrhos, der nach seiner Rückkehr vom Italienfeldzug 275 den Widerstand der Griechen gegen die Makedonenherrschaft schürte, die Wiederherstellung der makedonischen Macht in Griechenland erringen konnte (Tod des Pyrrhos 272 in Argos). Zwischen 267 und 261 bekämpfte sodann eine peloponnesische Koalition gemeinsam mit Athen im sog. Chremonideischen Krieg Antigonos II., jedoch ohne Erfolg. Die einstige Führungsmacht Athen, nach Alexanders Tod Schauplatz von zahlreichen Regimewechseln, allein sieben zwischen 307 und 261, zählte nunmehr „auf Dauer zu den abhängig gewordenen Stadtstaaten, mit rudimentärem politischen Leben, Opfer einer überlegenen fremden Macht"[197]. Die Situation der Griechen verschlimmerte sich in den folgenden Jahrzehnten unter dem Gegensatz der mächtigen Bünde der Achaier und Aitoler, und nach wechselvollen Kämpfen, bei denen es für kurze Zeit zur Koalition der beiden Kontrahenten gegen Makedonien kam, stellte Antigonos Doson, nachdem er erstmals ein Heer in das seit 317 mit Mauern geschützte Sparta hineinführte, die makedonische Vorherrschaft wieder her (Schlacht von Sellasia 222). Die weitere Entwicklung in Griechenland zeigt, daß die Unabhängigkeit der Städte so gut wie für das gesamte Altertum verlorengegangen war, denn obzwar Makedonien in den Kriegen gegen Rom seine Machtstellung einbüßte, trat an seine Stelle der neue Sieger, dem seine Annexionspolitik durch das Andauern der innergriechischen Kämpfe zwischen Aitolern, Achaiern und Spartanern wesentlich erleichtert wurde.

Auch die inneren Verhältnisse des *Seleukidenreiches* waren nicht so stabil, daß seine Herrscher nicht eine Anzahl kleinerer oder größerer Territorien in die Unabhängigkeit entlassen mußten. Bithynien (nach 280), bald darauf Kappadokien und Pontus, Pergamon (263) unter den Attaliden, die seit dem Galater-(Kelten-)Bezwinger Attalos I. den Königstitel führten, endlich auch die Satrapien Parthien sowie Baktrien und Sogdiana machten sich selbständig und schwächten so die Seleukidendynastie, die obendrein von Bruderkriegen erschüttert wurde, so daß die Herrscher sich

[196] H.-J. Gehrke, Das Verhältnis von Politik und Philosophie im Wirken des Demetrios von Phaleron, in: Chiron 8 1979, 149ff.

[197] Finley (wie Anm. 181) 149f.

gezwungen sahen, ein sehr weitgehend föderalistisches Staatensystem zu akzeptieren.

Ganz anders bietet sich das *Ptolemäerreich* dar, wo ein straff organisiertes Regime mit hierarchisch strukturierter Bürokratie die Angelegenheiten des Staates genauso wie die der Wirtschaft (Monopolwirtschaft vgl. oben 123f.) zentralistisch regelte. In der Hand der Ptolemäer befand sich zweifelsohne die stärkste Macht der hellenistischen Welt. In den Syrischen Kriegen und in der Hegemonie zur See, die sich zu einem wesentlichen Teil auf das Protektorat über den um 315/14 gegründeten und zunächst bis 286 unter dem Einfluß der Antigoniden stehenden Nesiotenbund stützte, drückt sich diese Machtstellung deutlich aus.

Im Schatten dieser drei 'Großmächte' und der sich aus dem Seleukidenreich loslösenden 'Mittelmächte' existierten in den der Schlacht bei Kurupedion (281) folgenden Jahrzehnten, die als „der unbestrittene *Höhepunkt der gesamten hellenistischen Geschichte*"[198] apostrophiert wurden, noch einzelne kleinere Griechenstädte in einer *de-facto*-Unabhängigkeit als Tempelstaaten oder Tyrannenherrschaften, so an der kleinasiatischen Küste, auf den Inseln, darunter als eine der führenden Handelsmächte Rhodos, das mit seiner erfolgreichen Abwehr der Belagerung durch Demetrios Poliorketes (305/04) ein kräftiges Lebenszeichen gegeben hatte und das gegen Ende des 3. Jh. als Protektor des Nesiotenbundes und Bündnispartner Roms hervortrat.

Allzu lange waren die Großmächte des östlichen Mittelmeergebietes mit sich selbst beschäftigt gewesen, ohne von den politischen Veränderungen in *Italien* Notiz zu nehmen. Die Ereignisse um den Feldzug des Pyrrhos, der Tarent gegen die Römer unterstützen sollte und der möglicherweise an die Gründung eines westgriechischen Reiches dachte, blieben für die 'Weltpolitik' des Mittelmeergebietes genauso ephemer wie die Versuche des Agathokles, von Sizilien aus ein Großreich zu gründen. Hieron II. von Syrakus (269/68–216) gelang es zwar, die Griechenstädte Siziliens zu einem Reichsterritorium zusammenzufassen, doch führte seine wenig konstante Außenpolitik unter dem Druck des Ersten Punischen Krieges sehr bald dorthin, wo schließlich alle hellenistischen Staaten enden sollten: zur Provinzialisierung, d. h. zur Eingliederung ins Imperium Romanum (Sizilien 241/227 als erste Provinz eingerichtet). Diese Vorgänge im Westen blieben vorerst, wie schon gesagt, ohne weiteren Einfluß auf die hellenistischen Monarchien des östlichen Mittelmeergebietes. Die Folge davon war, daß Rom Aktivitäten im Osten entfaltete und dieses Gebiet in steigendem Maße unter seine Vorherrschaft stellen konnte. Der Niedergang der hellenistischen Staatenwelt vollzog sich in mehreren Etappen und fand sein Ende schließlich mit der

198 Bengtson GG 413.

Annexion Ägyptens nach der Schlacht von Aktium. Den Auftakt dazu bildeten die Makedonischen Kriege Roms, in denen fast ständig auf beiden Seiten Griechen kämpften, bis in der Schlacht bei Pydna (168) die Antigoniden ihre Herrschaft und 20 Jahre später ganz Hellas seine politische Selbständigkeit, die ihm von T. Quinctius Flamininus 196 garantiert worden war, an die Römer verloren. Auch die militärischen Interventionen des Aitolischen Bundes, der mit Antiochos III. ein Bündnis gegen Rom eingegangen war, und die Anti-Rom-Politik des bedeutenden achaischen Staatsmannes Philopoimen, schon gar nicht die Appelle an das Panhellenentum, konnten Rom um seinen Erfolg bringen. Das Kerngebiet der Antigonidenherrschaft Makedonien wurde zunächst in vier selbständige Staaten mit Pella, Pelagonia, Amphipolis und Thessalonike aufgeteilt, ehe es nach dem Aufstand des 'Pseudophilippos' Andriskos zur *provincia Macedonia* degradiert wurde (148). Die Erhebung der Achaier gegen die Römer und Spartaner wurde vom römischen Senat mit der Zerstörung von Korinth (146) und der Angliederung an die makedonische Provinz beantwortet. Unter Mithradates VI. von Pontos, der sich als Vorkämpfer des Griechentums im Kampf gegen Rom ausgegeben hatte, schloß sich Athen auf Rat des Strategen und Philosophen Aristion dem Philhellenen nochmals an, doch wurde es von Sulla erobert (86) und das Opfer von Plünderungen, wie sie die Griechen seit der Einmischung Roms in Griechenland immer mehr über sich ergehen lassen mußten. Den ›Politischen Widerstand gegen Rom in Griechenland‹ 1971, hat Jürgen Deininger für die Jahre von 217 bis zu Sullas Einnahme von Athen analysiert und dabei eine Reihe bemerkenswerter Ergebnisse erzielen können. In Ablehnung älterer, auf Fustel de Coulanges zurückgehender Ansichten, die die griechische Opposition auf einen „Antagonismus von Aristokraten bzw. Oligarchen und Demokraten“ [199] zurückführten, vertritt Deininger die These, daß vielmehr der soziale Gegensatz zwischen der Masse (den πολλοί, wie sie Polybios nennt) und den einzelnen Vertretern der Oberschicht, den *principes*, die pro- und antirömische Politik der Griechen bestimmte. Die Untersuchung dieser beiden Gruppen ergab dabei, „daß die weitaus hartnäckigsten Gegner Roms an sich die πολλοί waren“, auf die sich dann gelegentlich einzelne 'Antirömer' wie Philipp V., Antiochos III., Perseus, Mithradates, Kritolaos und Athenion stützen konnten. Als Ursache für die Erfolglosigkeit der Gegen-Rom-Bewegung wird vor allem auf den Partikularismus bzw. Polyzentrismus in Griechenland hingewiesen, der in der Rivalität zwischen Achaia und Aitolien seine schroffste Ausprägung gefunden hat. Das Fehlen einer 'Supermacht' im griechischen Raum, die die zweifelsohne vorhandenen Widerstandsbewegungen koordiniert hätte, bleibt für Roms Überlegenheit entscheidend. So

[199] Deininger a. O. 264f.

kämpften zwar alle größeren politischen Mächte der Griechen gegen Rom, aber zeitlich zumeist hintereinander, in sehr unterschiedlichen Koalitionen und in verschiedenen Regionen. Deininger verweist dabei auf die Kriege der Aitoler 191–189, Boioter 171/70, Epiroter 171, Rhodier 171, Achaier 146 und Athener 88. Bemerkenswert an dieser griechischen Opposition gegen Rom ist auch, daß sie in der Einsicht der militärischen Unterlegenheit gelegentlich auch Ansätze zu einer Politik des gewaltlosen Widerstandes gegen Rom aufweist, eine Methode, die der achaische Staatsmann Philopoimen offenbar am besten zu praktizieren wußte.

Die beiden übrigen großen hellenistischen Monarchien gingen seit dem späten 3. Jh. den gleichen Weg. Das Andauern der Syrischen Kriege und anderer Auseinandersetzungen zwischen Ptolemäern und Seleukiden, die sich auch mit den Parthern, der neuen Großmacht im Osten, konfrontiert sahen, die Unabhängigkeitsbewegungen der Juden sowie die internen Konflikte, die sowohl die Dynastien als auch die Rivalität zwischen griechischen Einwanderern und Einheimischen betrafen, schwächten diese Großstaaten so sehr, daß Rom leichtes Spiel hatte. Der Umstand, daß kleinere Reiche und Städte wie Pergamon, Pontos und Bithynien oder die Handelsmacht Rhodos bei Streitigkeiten mit den hellenistischen Großmächten zeitweise Rom als politischen Partner zu Hilfe riefen oder überhaupt eine proromische Politik trieben, erleichterte und förderte Roms Engagement im Osten. Dazu trat noch eine wirtschaftliche Regression in diesen Gebieten. Zunächst gelang dem Seleukiden Antiochos III., der ähnlich wie Philipp V. von Makedonien Weltherrschaftspläne im Stile Alexanders III. hegte, sich den Titel eines Großkönigs zuzulegen und schließlich eine Restauration seines Reiches im Zuge der erfolgreichen Feldzüge gegen die Iranier (212–09), Parther und Baktrier (209–05) herbeizuführen. Darauf folgte nach dem Abschluß eines Geheimvertrages mit Philipp V., der die Aufteilung Ägyptens vorsah, der Übergriff auf das Reich der Ptolemäer, die sich einem Zweifrontenkrieg – in Syrien gegen die Seleukiden, am Hellespont und in der Ägäis gegen die Makedonen – gegenübersahen. Mit dem Hilferuf des Ptolemaios V. an Rom, der von Attalos und Rhodos unterstützt wurde, setzte man jenen Mechanismus in Bewegung, der auch Griechenlands Politik seit dem späten 3. Jh. kennzeichnet. Der römische Senat versuchte, obwohl eben erst die Schlacht bei Zama geschlagen worden war, sogleich mit diplomatischen und militärischen Mitteln, sich die neue Lage zunutze zu machen. Der Zweite Makedonische Krieg und die Entsendung einer Gesandtschaft an den Ptolemäerhof sowie (erfolgreiche) Agitationen zur Sprengung der makedonisch-seleukidischen Koalition waren unmittelbare Reaktionen auf die Konzentration dieser politischen Mächte im Osten. Antiochos III., bei dem auch Hannibal Aufnahme gefunden hatte, wurde bei Magnesia am Sipylos (190/89) entscheidend besiegt, seine Flotte von

Rhodiern und Römern gemeinsam nördlich von Ephesos aufgerieben und das Seleukidenreich im Frieden von Apameia (188) durch Gebietsabtretungen in Kleinasien entscheidend geschwächt. Eine weitere römische Intervention gegen die Seleukiden erfolgte in deren sechstem Syrischen Krieg gegen die Ptolemäer, als der römische Gesandte C. Popilius Laenas den nach Ägypten eindringenden Antiochos IV. zum demütigenden Rückzug zwang und die Ptolemäer in ihrer Herrschaft bestätigte (168). Immer stärker wurde daraufhin Roms politischer Druck auf die hellenistischen Reiche und ihre Dynastien.[200] Als nach den Thronwirren zwischen dem von Antiochos IV. bevormundeten Ptolemaios VI. Philometor und dem 'Jüngeren' Ptolemaios (ab 145 als VIII., Euergetes II.), den die Alexandriner zum Gegenkönig ausriefen, der ägyptische Besitz geteilt wurde (163) und dabei Philometor Ägypten und Zypern, seinem Bruder Kyrene und Libyen zufielen, setzte der 'Jüngere' Ptolemaios die Römer testamentarisch als Erben Kyrenes ein. Es war dies das erste Mal, daß Rom aufgrund eines Testamentes zum Erben eines hellenistischen Herrschaftsdistriktes bestimmt wurde (Attalos III. von Pergamon folgte 133 diesem Beispiel). Um 100 wurde das Ptolemäerreich dreigeteilt, worauf Kyrene an die Römer kam (96, Provinz erst 74), unter Ptolemaios IX. konnte das restliche Reich wieder geeint werden, ehe Ptolemaios XII. abermals Zypern an seinen Bruder abtrat. Hinter diese Wirren, in die Rom sich immer wieder einzumischen wußte, so unter Sulla, Caesar, der mit Crassus zusammen bereits die Besetzung Ägyptens plante, und M. Antonius, setzte der ptolemäisch-römische Krieg (32–30) mit der Seeschlacht bei Aktium den Schlußpunkt. Als letzte der hellenistischen Monarchien wurde Ägypten nach dem Tod des M. Antonius und der Kleopatra VII. durch Selbstmord zur Provinz erklärt. Thronstreitigkeiten unter den Seleukiden nach dem Tod Antiochos' IV. erschütterten auch das durch den Makkabäeraufstand und insbesondere durch die Parther, die gleichsam in einer Kettenreaktion durch die innerasiatische Reichsbildung der Hunnen unter Mao-tun um 200 v. Chr. zur Expansion gedrängt wurden, in Gefahr geratene Reich. Aus dieser Bedrängnis konnten sich Demetrios II. Nikator (140) und Antiochos VII. (131 und 130/29) durch ihre Feldzüge gegen die expansive Arsakidendynastie nicht befreien. Der Auflösungsprozeß im Seleukidenreich, ptolemäischerseits und von Rom aus vielfach gefördert, setzte damit ein. Nach einer schier endlosen Kette von Bruderkriegen besetzte der armenische König Tigranes (97–56) das noch übriggebliebene Gebiet, bis es schließlich von Pompeius Magnus als *provincia Syria* (63) eingerichtet wurde. Der Euphrat war nun die Nahtstelle zwischen den Reichen der Römer und Parther, die sehr bald in Gegensatz geraten sollten.

[200] Zu handelspolitischen Faktoren in der römischen Expansionspolitik im Osten vgl. F. De Martino, Wirtschaftsgeschichte des alten Rom. 1985, 233f.

Der letzte politische Widerstand gegen Rom, den ein hellenistischer Monarch zu organisieren vermochte, war der des Mithradates VI., des Königs von Pontos, der es in drei großangelegten Kriegen zwischen 88 und 63 verstand, zahlreiche Städte Griechenlands, Kleinasiens und am Bosporus zu einer Los-von-Rom-Bewegung zu mobilisieren, und der in der Tradition seiner Vorgänger eine Expansionspolitik trieb, die der römische Senat nicht zu akzeptieren bereit war. Auf seinen Eroberungszügen gelang es dem König nicht nur, Bithynien, Mysien, Phrygien, Lykien, Pamphylien, Karien und die römische Provinz Asia zu annektieren, sondern auch eine mächtige Koalition auf die Beine zu stellen, die sich freilich im Ernstfalle nicht bewähren sollte: Tigranes, die Könige der Parther, Syrien und Ägypten sowie die Iberer und in Griechenland Athen, Achaia, Boiotien und Euboia schlossen sich Mithradates an, der seine entscheidenden, zunächst erfolgreichen Aktionen zu einem Zeitpunkt setzte, als Rom im Bundesgenossenkrieg voll engagiert war. Der Römerhaß mag wohl eine Art *consensus omnium* der Verbündeten gebracht haben. Er entlud sich im sog. Blutbad von Ephesos, bei dem angeblich 80 000 Römer und Italiker an einem Tag in Kleinasien ermordet wurden. Unter Sulla, Lucullus und Pompeius wurde dem Vorgehen des sich als Protagonisten des Hellenentums gebärdenden Mithradates Einhalt geboten. Für Kleinasien und die pontischen Gebiete bedeutete dies das Ende einer im großen und ganzen seit 188 bestehenden Ordnung und den Beginn der totalen Provinzialisierung. Mit dem System der Klientelstaaten reichte Roms politischer Einfluß über Kappadokien und Komagene bis weit ins armenische Hochland und schuf hier die Voraussetzungen für einen neuen wirtschaftlichen und kulturellen Aufstieg dieses Gebietes in der Kaiserzeit.

So hat die politische Geschichte der römischen Eroberung der hellenistischen Staatenwelt, die noch im 3. Jh. v. Chr. mit der endgültigen Annexion der Magna Graecia einsetzte, mit dem Sieg Agrippas und Oktavians bei Aktium, bei dem auch das Ptolemäerreich in Roms Hände fiel, einen Abschluß gefunden. Von den römischen Kaisern wurde dann durch die Eingliederung bzw. Provinzialisierung insbesondere asiatischer Territorien wie Palästina, Arabien und Armenien die politische Landkarte des ehemaligen hellenistischen Staatensystems noch mehrmals modifiziert, der endgültige Zusammenbruch war freilich bereits mit Aktium erfolgt.

5.4.1 Quellen

Um die *historiographische Tradition* ist es nach Alexanders Tod bis zum ausgehenden 3. Jh. v. Chr. besonders schlecht bestellt. Nicht nur, daß die zeitgenössischen Berichte zur Gänze verlorengegangen sind, auch so wichtige später verfaßte Darstellungen wie die Arrians (siehe unten 286) und Diodors brechen mit 321 bzw. 302 ab. Erst mit Polybios und der unter römischem Einfluß stehenden Geschichtsschreibung fließen die Quellen wieder reicher. Die nur mehr in den FgrH vorliegenden Geschichtswerke behandelten folgende Abschnitte (vgl. dazu unten 285f.): Hieronymus von Kardia: 323–272; als Repräsentanten des 'tragischen Geschichtsstils': Duris von Samos, makedonische Geschichte bis etwa 281, und Phylarchos von Athen 272–20. Von der ursprünglich sehr ausführlichen ›Atthis‹ des Philochoros von Athen, die vermutlich bis 262/61 reichte, blieb so gut wie nichts übrig, was um so bedauerlicher ist, als der Atthidograph eigene antiquarische und historische Forschungen (so auch zu Fragen des Kultes, der Mantik, der Opfer, der Feste und Agone, der Reinigungszeremonien und der Mysterien) anstellte und seine Ergebnisse ohne viel rhetorischen Aufwand darlegte. Eine Gelehrtennatur war auch der Staatsmann Demetrios von Phaleron, der neben philologisch-philosophischen, politischen und chronologischen Studien (Aufstellung einer athenischen Archontenliste) einen Bericht über seine Regentschaft verfaßte. Der agile Politiker des Achaischen Bundes, Aratos von Sikyon, schrieb ›Hypomnemata‹ in 30 Büchern, die seine Regentschaft, in der er vom Gegner der Makedonen zu deren Freund und Berater wurde, betrafen. Zu nennen sind für die frühe Geschichte der Seleukiden auch die ›Babyloniaka‹ des Berossos und für die der Ptolemäer die ›Aigyptiaka‹ des Manetho, beide Priester im 3. Jh. v. Chr., die in je drei Büchern eine Darstellung von der frühesten (mythischen) Zeit bis ins 3. Jh. verfaßten. Außerhalb Griechenlands entstehen gegen Ende des 3. Jh. auch die Werke der älteren Annalisten in Rom, die sich mit ihren in Griechisch abgefaßten Geschichtsdarstellungen an das Publikum in Griechenland wenden, allerdings nur einen geringen Beitrag zur Kenntnis der hellenistischen Staatenwelt liefern. Wertvoller in dieser Hinsicht sind die ›Makkabäerbücher‹ (hrsg. in der ›Septuaginta‹), die sich auf die Konfrontation zwischen Juden und Seleukiden, insbesondere Antiochos IV. Epiphanes, beziehen (siehe dazu unten 265).

An Bedeutung übertroffen werden diese historiographischen Werke von Polybios aus Megalopolis (vgl. dazu unten 285f.), nicht nur, weil von seiner Geschichte mehr erhalten geblieben ist (obwohl auch hiervon nur ein Bruchteil vorliegt), sondern weil seine Arbeitsmethoden ihm das Zeugnis eines seriösen Historikers ausstellen. Sein Anliegen war kein stilistisches, auch nicht das eines Produzenten von Unterhaltungsliteratur, er wollte sachlich berichten, indem er die Quellen kritisch prüfte, um den Staatsmännern zu zeigen, wie und was es aus der Geschichte zu lernen gilt. In seiner ›Weltgeschichte des Mittelmeerraumes‹ bietet Polybios zunächst einen Überblick über die Jahre 264–220 und anschließend eine ausführliche Schilderung des 2. Punischen Krieges (erhalten bis 216). Von den Partien zu den Syrischen und Makedonischen Kriegen und dem Niedergang der griechischen Welt (bis 144) sind nur Fragmente erhalten. Eine proachaische Tendenz, wie sie sich etwa in der Beschreibung des Philopoimen widerspiegelt, ist trotz seines Realismus und der universalhistorischen Konzeption des Werkes unverkennbar. Wertvoll hierfür der unten 285 zitierte Polybioskommentar von F. W. Walbank. Der Fortsetzer der polybianischen Geschichte, der Universalgelehrte Poseidonios von Apameia, stellte in seinen ›Historiai‹ die Zeit zwischen 145 und Sulla dar. Bei Strabon haben sich zahlreiche Partien aus diesem Werk und dem seines Vorgängers erhalten.

An erhaltenen Quellen sind neben Polybios noch anzuführen: die Biographien von Cornelius Nepos (Eumenes von Kardia, Phokion, ›de regibus‹, Hamilcar, Hannibal) und Plutarch (vor allem Eumenes von Kardia, Demetrios Poliorketes, Pyrrhos, Aratos von Sikyon, Agis-Kleomenes, Fabius Maximus, Marcellus, Flamininus, Philopoimen, Cato Maior, Aemilius Paullus, Marius, Sulla, Lucullus, Pompeius, Caesar, Crassus, Brutus, M. Antonius). Weiters: T. Livius (59 v.–17 n. Chr.), ›Ab urbe condita‹ (hauptsächlich nach Polybios, vgl. dazu: Titus Livius, Der Untergang des makedonischen Reiches. Römische Geschichte Buch 39–45; eingeleitet, übersetzt und erläutert von H. J. Hillen [Nachwort von O. Gigon, BAW] 1972); ferner (z. T. TB) 21–16. ²1986, 31–34, ²1986, 35–38. 1982. Appianos von Alexandreia, der im 2. Jh. n. Chr. u. a. über Makedonien und Illyrien, Griechenland, Kleinasien, Syrien und über Mithradates VI. auf der Grundlage von Polybios, Poseidonios und der römischen Annalisten berichtet; Cassius Dio (3. Jh. n. Chr.), insbesondere für die Zeit seit Pompeius; Übersetzung mit Einleitung von G. Wirth, 1985–87. 5 Bde. Zahlreiche Nachrichten sind auch den Exkursen des Periegeten Pausanias zur Geschichte des Hellenismus, insbesondere zu einzelnen Persönlichkeiten, zu danken. – Vgl. auch die jüdischen Quellen: J. G. Bunge, Untersuchungen zum zweiten Makkabäerbuch. Quellenkritische, literarische, chronologische und historische Untersuchungen zum zweiten Makkabäerbuch als Quelle syrisch-palästinensischer Geschichte im 2. Jh. v. Chr., Diss. Bonn 1971. – Jüdische Schriften aus hellenistisch-römischer Zeit (Hrsg.: W. G. Kümmel), bis 1985 5 Bde.; M. Hengel, Judentum und Hellenismus. Studien zu ihrer Begegnung unter besonderer Berücksichtigung Palästinas bis zur Mitte des 2. Jh. v. Chr. (Wissenschaftliche Untersuchungen zum Neuen Testament 10) ²1973.

Zum archäologischen, epigraphischen, numismatischen und papyrologischen Material ist festzuhalten, daß vor allem das Ptolemäerreich eine ungewöhnlich reichhaltige Dokumentation aufweist, daß aber auch im Seleukidenreich (besonders in Kleinasien) und Makedonien ein Anwachsen des Quellenbestandes zu beobachten ist. Dies ist angesichts des Mangels an erhaltener hellenistischer Historiographie nur begrüßenswert, kann aber andererseits diesen Mangel nicht wettmachen. Eine monumentale Synthese dieser primären Quellen stellt M. Rostovtzeffs ›Gesellschafts- und Wirtschaftsgeschichte der hellenistischen Welt‹ (deutsch 1955/56, ND 1984) in 3 Bdn. dar. Zur *Epigraphik:* Groß ist die Zahl der Verträge und Briefe, Bekanntmachungen, Ehreninschriften und Freilassungsurkunden. Wichtige Verträge (aus: Staatsverträge des Altertums Bd. 3): Nr. 428: Friedensvertrag des Antigonos I. mit Kassander, Lysimachos und Ptolemaios (311); Nr. 446: Begründung eines Hellenenbundes (302); Nr. 470: Rechtssicherheitsvertrag zwischen Athen und dem aitolischen Bund (zwischen 277 und 266/65); Nr. 476: Psephisma des Chremonides (267/65); Nr. 536: zwischen Rom und dem aitolischen Bund (212/11); Bündnis zwischen Philipp V. und der Stadt Lysimacheia (zwischen 202 und 197); für die Staatsverträge zwischen 200 und 31 v. Chr. ist Bd. 4 der ›Staatsverträge des Altertums‹ in Vorbereitung (Bearbeiter H. H. Schmitt). Für die Politik der hellenistischen Monarchen besonders aufschlußreich sind die zumeist an Städte adressierten Briefe, die vor allem auf das Funktionieren der Administration und Diplomatie, aber auch auf die Verwaltungssprache Licht werfen. Gesammelt (75 Briefe) und kommentiert sind diese Dokumente von C. B. Welles, Royal correspondence on the Hellenistic period. A Study in Greek epigraphy. 1934 (ND 1966). Andere aufschlußreiche Inschriften in ³Syll.

Bd. 2, Nr. 642: die athenische Archontenliste (229/28–213/12); Nr. 585: Katalog der Proxenoi der Delphier (197ff.); Nr. 646: die *Senatus consulta de Thisbensibus* (170); Nr. 667: Katalog der Sieger bei den Theseen (161). – L. Moretti, Iscrizioni storiche ellenistiche. 1967. 2 Bde. (Übersetzung 1975). – Eine inschriftliche Chronik, die vor allem die Geschichte Athens behandelt, bietet das ›Marmor Parium‹ (IG XII 5, 444; FgrH 239). Die Chronik behandelt auf der Grundlage verschiedener Geschichtswerke die griechische Welt von Kekrops bis 264/63 v. Chr. (erhalten nur bis 299/98; auch vorher Lücken). Ab 313 bringt die Inschrift zu jedem Jahr einzelne Ereignisse und Nachrichten über die hellenistische Zeit, vor allem zur Geschichte Griechenlands, Siziliens und zum Ptolemäerreich. – Als eine lokalhistorisch bedeutsame Inschrift erweist sich die ›Tempelchronik von Lindos‹, die aufgrund eines Volksbeschlusses (99 v. Chr.) im Athena-Tempel von Lindos aufgestellt wurde und die nach einem Überblick über die Geschichte des Tempels von mythischer bis in die hellenistische Zeit von 'Epiphanien' berichtet, u. a. anläßlich der Belagerungen durch Datis im Jahre 490 und durch Demetrios Poliorketes 305/04. Hinzuweisen ist auch auf die keilschriftliche Überlieferung historiographischer Texte: Bedeutend davon die babylonische ›Diadochenchronik‹, die sich auf die Geschichte zwischen 321–312 bezieht, dazu noch eine Zusammenfassung der Jahre 276–274 aus der Regierungszeit Antiochos' I. Zu beiden fragmentarischen Texten vgl. S. Smith, Babylonian historical texts. 1924, 124ff. und 150ff.

Die *Münzen* in hellenistischer Zeit: Der von Philipp II. und Alexander beschrittene Weg (siehe oben 253) gilt auch für die Diadochen. Vom Alexanderbildnis geht erst Ptolemaios I. ab, indem er ab 306/05 als erster sein eigenes Porträt prägen ließ. Die meisten Herrscher folgten ihm darin. Die Rückseiten bieten Götterbilder und – mit Bezug auf historische Ereignisse – gelegentlich Nikedarstellungen, so auf Münzen von Demetrios Poliorketes, die er anläßlich seines Seesieges bei Zypern (306) prägen ließ; ähnlich war es bei den Antigoniden, Attaliden und bei Agathokles von Syrakus. Vgl. dazu den Überblick bei K. Christ, Antike Numismatik, 35ff. mit Literatur zu den Münzporträts der hellenistischen Herrscher, zu den Prägungen der einzelnen Dynastien, zu den Satrapenmünzen sowie den griechisch-baktrischen und griechisch-indischen Prägungen. – Zu einzelnen hellenistischen Münzproblemen vgl. C. M. Kraay, Historical interpretations, in: Greek coins and history. 1969, 1ff.; N. Davis–C. M. Kraay, The Hellenistic kingdoms. Portrait coins and history. 1973. Ch. Boehringer, Zur Chronologie mittelhellenistischer Münzserien 200 bis 160 v. Chr. Text- und Tafelband (Antike Münzen und geschnittene Steine 5) 1972.

S. M. Burstein, The hellenistic age from the battle of Ipsos to the death of Kleopatra VII (Translated documents of Greece & Rome 3) 1985 (für die Zeit vor Ipsos vgl. die Sammlung von Harding, oben 253). Vgl. auch E. Bayer, das Zeitalter des Hellenismus. Quellen- und Arbeitshefte. ^{3}1966.

Daß die Forschung von allen hellenistischen Staaten am besten über das Ptolemäerreich unterrichtet ist, verdankt sie den *Papyrusfunden,* die insbesondere das 3. Jh. v. Chr. (Ptolemaios II. Philadelphos und Ptolemaios III. Euergetes I.) reich dokumentieren (während die Hauptmasse in die Kaiserzeit gehört). Nur ein geringer Teil der hellenistischen Papyri gewährt Einblick in die großen historischen Zusammenhänge, das weithin meiste Material umfaßt Urkunden, darunter freilich solche, die königliche Verwaltungsmaßnahmen und Gesetze betreffen. Vgl. zu den

Papyrusurkunden unten 240f. Eine der seltenen Ausnahmen ist ein Kriegsbericht vom 3. Syrischen Krieg (um 246 v. Chr.), der Ptolemaios III. auf dem Höhepunkt der Macht seines Hauses zeigt; dazu U. Wilcken, Grundzüge und Chrestomathie der Papyruskunde Bd. 1, 2; 1912, 1ff.; dort auch 7ff. ein Papyrus über die Besteuerung auswärtiger Besitzungen (um 201). Unter den Papyri aus Oxyrhynchos fanden sich auch ›Periochae‹ zu den Büchern 37–40, 48–55 und 87–88 von ›Ab urbe condita‹ des T. Livius. Darin sind die Ereignisse zwischen 189–137 in knappster Form behandelt. Hrsg. von O. Roßbach (BT) 1910.

5.4.2 Literatur

Moderne *Literatur* zur politischen Geschichte des Hellenismus: Pionierarbeit hierfür leistete J. G. Droysen, Geschichte des Hellenismus, 3 Bde. ²1877/78 (neue Ausgabe von E. Bayer 1952/53 mit ausführlichem Nachwort): Bd. 1: Geschichte Alexanders des Großen, Bd. 2: Geschichte der Diadochen (323–277), Bd. 3: Geschichte der Epigonen (280–221). Zu Droysens Geschichtsschreibung vgl. oben 15f. und K. Christ, Von Gibbon zu Rostovtzeff. 1972, 50ff. K. J. Beloch, Griechische Geschichte. Bd. 4 (1925–27) (ND 1967) reicht bis Kleomenes III. und zum Frieden von Naupaktos (217); mit zahlreichen Übersichtstabellen (Regentenlisten und Magistratsverzeichnissen, Stammtafeln, Kalendern und Festen). Nur die Zeit bis zur Schlacht von Ipsos (301) behandelt J. Kaerst, Geschichte des Hellenismus. Bd. 1 ³1927, Bd. 2 ²1926 (ND 1968); M. Cary, A history of the Greek world from 323 to 146 B. C. 1932, ²1963 (mit neuer Bibliographie von V. Ehrenberg) (ND 1972). Eine knappe und einprägsame Zusammenfassung der politischen Geschichte findet sich als Einleitung in M. Rostovtzeffs monumentalem, oben 88 zitiertem Werk. Von neueren Darstellungen seien genannt: F. W. Walbank, Die hellenistische Welt. 1983 (engl. 1981). M. Grant, From Alexander to Cleopatra. The hellenistic world. 1982. H. Kreißig, Geschichte des Hellenismus. ²1984. C. Préaux, Le monde hellénistique. La Grèce et l'orient (323–146 av. J. C.) 1978. 2 Bde. – P. Briant, Colonisation hellénistique et populations indigènes, in: Klio 60 1978, 57ff. – H. Bengtson, Herrschergestalten des Hellenismus. 1975. Ders., Die Diadochen. Die Nachfolger Alexanders (323–281 v. Chr.) 1987. G. H. Macurdy, Hellenistic queens. 1932 (ND 1985). E. Will, Histoire politique du monde hellénistique (323–30 av. J. C.) (Annales de l'Est, Mémoires 30, 32) 2 Bde. ²1979, ²1982; P. Grimal, Der Hellenismus und der Aufstieg Roms (Fischer Weltgeschichte 6) 1965. – B. Gullath – L. Schober, Zur Chronologie der frühen Diadochenzeit, in: FS Lauffer Bd. 1, 329ff. J. Seibert, Historische Beiträge zu den dynastischen Verbindungen in hellenistischer Zeit (Historia Einzelschriften 10) 1967; ders., Das Zeitalter der Diadochen (EdF 185) 1983. P. Klose, Die völkerrechtliche Ordnung der hellenistischen Staatenwelt in der Zeit von 280–168 v. Chr. (MBPR 64) 1972. – Schriften zu den hellenistischen Staatssystemen oben 63f.; zur Sozial- und Wirtschaftsgeschichte oben 121ff.; zur Religion oben 155ff. und Kultur 167ff. Bengtson GG 365 (mit Quellen- und Literaturübersicht). – *Griechenland, Antigonidenherrschaft:* Einen teilweise neuen Weg geht J. Deininger, Der politische Widerstand gegen Rom in Griechenland (217–86 v. Chr.), wenn er im Gegensatz zur älteren Forschung versucht, die Geschichte Griechenlands nicht von der Warte

Roms aus, sondern unter griechischer Perspektive zu schreiben. Vgl. dazu a. O. 1ff. Siehe zu diesem Thema auch E. S. Gruen, The Hellenistic world and the coming of Rome. 1984; F. Münzer, Die politische Vernichtung des Griechentums (Das Erbe der Alten 2, 9) 1925; A. H. McDonald, Rome and Greece 196–146 B.C. (Auckland classical essays, presented to E. M. Blaiklock, Hrsg.: B. F. Harris) 1970, 113ff.; R. Werner, Das Problem des Imperialismus und die römische Ostpolitik im 2. Jahrhundert v. Chr., in: Aufstieg und Niedergang der römischen Welt (Hrsg.: H. Temporini) Bd. I 1 1972, 501ff.; L. Raditsa, Bella Macedonica, in: Aufstieg und Niedergang a. O. 564ff.; Ch. Habicht, Studien zur Geschichte Athens in hellenistischer Zeit (Hypomnemata 73) 1982. T. J. Shear Jr., Kallias of Sphettos and the revolt of Athens in 286 B.C. 1978. – G. Nachtegael, Les Galates en Grèce et les Sôtéria de Delphes. 1977. – J. Touloumakos, Zum Geschichtsbewußtsein der Griechen in der Zeit der römischen Herrschaft. 1971. – P. Lévêque, Pyrrhos (Bibliothèque des Écoles Françaises d'Athènes et de Rome 185) 1957; W. W. Tarn, Antigonos Gonatas. 1913 (ND 1969); F. W. Walbank, Philip V of Macedon. 1940 (ND 1967). O. Müller, Antigonos Monophthalmos und 'Das Jahr der Könige', Diss. Freiburg i. Br. 1973; K. Buraselis, Das hellenistische Makedonien und die Ägäis (MBPR 73) 1982; C. Wehrli, Antigone et Démétrios (Études et Documents, Université de Genève 5) (1969); H. Heinen, Untersuchungen zur hellenistischen Geschichte des 3. Jahrhunderts v. Chr. Zur Geschichte der Zeit des Ptolemaios Keraunos und zum chremonideischen Krieg (Historia Einzelschriften 20) 1972; Ch. Habicht, Untersuchungen zur politischen Geschichte Athens im 3. Jahrhundert v. Chr. (Vestigia 30) 1979; M. Daubies, Cléomène III, les hilotes et Sellasie, in: Historia 20 1971, 665ff. E. S. Gruen, Aratus and the Achaean alliance with Macedonia, in: Historia 21 1972, 609ff.; B. Shimron, Late Sparta. The Spartan revolution 243–146 B.C. 1972; R. M. Errington, Philopoemen. 1969. D. Golan, Aratus' policy between Sicyon and Argos, in: Riv. Stor. 3 1973, 59ff. Th. Schwertfeger, Der Achaische Bund von 146 bis 27 v. Chr. (Vestigia 19) 1973. R. Urban, Wachstum und Krise des Achäischen Bundes (Historia Einzelschriften 35) 1979. – P. Brulé, La piraterie crétoise hellénistique. 1978. – *Ptolemäerdynastie:* A. Bouché-Leclerq, Histoire des Lagides, 4 Bde. 1903–07 (ND 1963); E. Bevan, The house of Ptolemy. 1927 (ND 1968); H. Bengtson, Die ptolemäische Staatsverwaltung im Rahmen der hellenistischen Administration, in: Kleine Schriften zur Alten Geschichte. 1973, 304ff. H. Strasburger, Ptolemaios I. und Alexander. 1934; Th. C. Skeat, The reigns of the Ptolemies (MBPR 39) ^{2}1969 (zur Chronologie der Herrscherdynastie); A. E. Samuel, Ptolemaic chronology (MBPR 43) 1962. Ders., From Athens to Alexandria (Studia Hellenistica 26) 1983. P. M. Fraser, Ptolemaic Alexandria. 1972. 3 Bde. N. Bonacasa – A. di Vita (Hrsg.), Alessandria e il mondo hellenistico-romano (FS A. Adriani) 1983/84, 3 Bde. J. Seibert, Untersuchungen zur Geschichte Ptolemaios' I. (MBPR 56) 1969 (vornehmlich zu Quellenproblemen sowie zur Rolle des Ptolemaios unter Alexander und seine spätere Außenpolitik bis Ipsos; dazu die ausführliche Rezension von G. Wirth, in: Bibliotheca Orientalis 30, 1973, 407–418 = G. Wirth, Studien zur Alexandergeschichte. 1985, 254–275); J. Seibert, Ptolemaios I. und Milet, in: Chiron 1 1971, 159ff.; H. Heinen, Die politischen Beziehungen zwischen Rom und dem Ptolemäerreich von ihren Anfängen bis zum Tag von Eleusis (273–168 v. Chr.), in: Aufstieg und Niedergang a. O. 633ff. Ders., Heer und Gesellschaft im Ptolemäerreich, in: AncSoc 4 1973, 91ff. L. Mooren, La hiérarchie de cour ptolemaique. 1977. W. Peremans–E. van't Dack, Sur les rapports de Rome avec les Lagides, in: Aufstieg und Niedergang a. O. 660ff. – *Seleukidendynastie:* E. Bevan, The house of Seleucus, 2 Bde. 1902 (ND 1966); A. Bouché-Leclerq, Histoire des Séleucides (323–64 av. J. C.) 2 Bde. 1913/14 (ND 1963); G. M. Cohen, The Seleucid colonies. 1978. B. Bar-Kochva, The Seleucid army. 1976. J. Oelsner, Kontinuität und Wandel in Gesellschaft und Kultur Babyloniens in hellenistischer Zeit, in: Klio 60 1978, 101ff.; 61 1978, 203ff.; H. H. Schmitt, Untersuchungen zur Geschichte Antiochos' des Großen (Historia Einzelschriften 6) 1964; G. Mørkholm, Antiochos IV of Syria (Classica et Mediaevalia, Diss. Kopenhagen) 1966; J. R. Bartlett, Jews in the hellenistic world. 1985. A. Kasher, The Jews in hellenistic and Roman Egypt. 1985. M. Hengel, Juden, Griechen und Barbaren. 1976. Th. Fischer, Seleukiden und Makkabaer. 1980. Ders., Untersuchungen zum Partherkrieg Antiochos' VII. im Rahmen der Seleukidengeschichte, Diss. München 1970; J. Wolski, Untersuchungen zur frühen parthischen Geschichte, in: Klio 58 1976, 439ff. H. Bengtson, Das Seleukidenreich, in: Kleine Schriften zur Alten Geschichte. 1973, 334ff. E. Will, Rome et les Seleucides, in: Aufstieg und Niedergang a. O. 590ff.; A. Mastrocinque, Manipolazione della storia in età hellenistica. I Seleucidi e Roma. 1983. W. W. Tarn, The Greeks of Bactria and India. ³1984. F. Altheim–J. Rehork (Hrsg.), Der Hellenismus in Mittelasien (WdF 91) 1969; F. Altheim–R. Stiehl, Geschichte Mittelasiens im Altertum. 1970. F. F. Schwarz, Candragupta-Sandrakottos, in: Das Altertum 18 1972, 85ff. Th. Liebmann-Frankfort, La frontière orientale dans la politique extérieure de la République romaine depuis la traité d'Apamée jusqu' à la fin des conquêtes asiatiques de Pompée (189/88–63) (Acad. royale de Belgique 2, 59) 1969. – *Attaliden:* E. V. Hansen, The Attalides of Pergamum. ²1971; R. B. McShane, The foreign policy of the Attalides of Pergamum (Illinois studies in the social sciences 53) 1964; siehe auch E. Meyer, Die Grenzen der hellenistischen Staaten in Kleinasien. 1925. R. E. Allen, The Attalid kingdom. A constitutional history. 1983. H.-J. Schalles, Untersuchungen zur Kulturpolitik der pergamenischen Herrscher im 3. Jh. v. Chr. (DAI. Istanbuler Forschungen 36) 1985. J. Hopp, Untersuchungen zur Geschichte der letzten Attaliden. 1977. F. Collins III, The revolt of Aristonicus. Diss. Univ. Virginia 1978. – Weiters: H. H. Schmitt, Rom und Rhodos (MBPR 40) 1957. – E. Olshausen, Mithradates VI. und Rom, in: Aufstieg und Niedergang a. O. 806ff.; V. Burr, Rom und Judäa im 1. Jahrhundert v. Chr. (Pompeius und die Juden), in: Aufstieg und Niedergang a. O. 875ff. – *Sizilien:* H. Berve, Hieron (Abh. München N. F. 47) 1959; D. Roussel, Les Siciliens entre les Romains et les Carthaginois à l'époque de la première guerre punique. Essai sur l'histoire de la Sicile de 276 à 241 (Annales Besançon 114, 3) 1970. F. P. Rizzo, La Sicilia e le potenze ellenistiche al tempo delle guerre puniche (Indagine storico-prosopografica) 1: Rapporti con Cos, l'Egitto e l'Etolia (Kokalos Suppl. 3) 1973. – H. Bengtson, Über einige Beziehungen zwischen Sizilien und der hellenistischen Welt, in: Kleine Schriften zur Alten Geschichte. 1973, 367ff. zu Sizilien vgl. auch oben 246f. – Zum Hellenismus-Begriff, der von J. G. Droysen geprägt wurde, und zwar aufgrund einer falschen Interpretation einer Stelle in den ›Acta Apostolorum‹ (6, 1), vgl. H. Bengtson, Wesenszüge der hellenistischen Zivilisation (Mededelingen der Belgischen Akademie 30) 1968, 3, und oben 52. Siehe auch H. Bengtson, Der Hellenismus in alter und neuer Sicht: Von Kaerst zu Rostovtzeff; in: Kleine Schriften zur Alten Geschichte.

1973, 267ff.; ders., Universalhistorische Aspekte der Geschichte des Hellenismus, in: Kleine Schriften zur Alten Geschichte. 1973, 115ff. Zu Bengtsons Interpretationen und zum keineswegs klar vorgegebenen Begriffsverständnis Droysens, das für die umfangreichen Deutungen und Rezeptionsprobleme mitverantwortlich ist, vgl. R. Bichler, 'Hellenismus' (IdF 41) 1983, bes. 169ff.

5.5 Literatur zu Heerwesen und Kriegführung der Griechen

J. Kromayer und G. Veith, Heerwesen und Kriegführung der Griechen und Römer (HdA IV 3, 2) 1928 (ND 1963). Darin der Abschnitt über die Griechen von J. Kromayer (Organisation, Taktik, Strategie); A. Koester (Seekriegswesen) und E. Schramm (Poliorketik); J. Kromayer und G. Veith, Antike Schlachtfelder. 4 Bde. 1903–1931, und dies., Schlachtenatlas zur antiken Kriegsgeschichte. 1922. A. Banks, A world atlas of military history Bd. 1 1973 (zur griechischen Welt die Karten S. 13 bis 44). – A. Ferrill, The origins of war: From the Stone Age to Alexander the Great. 1985. F. Adcock, The Greek and Macedonian art of war. 1962; H. W. Parke, Greek mercenary soldiers from the earliest times to the battle of Issus. 1933 (ND 1970); J. G. P. Best, Thracian peltasts and their influence on Greek warfare (Studies in the Dutch archaeological and historical society 1) 1969. M. Amit, Athens and the sea (Collection Latomus) 1965; A. Alföldi, Die Herrschaft der Reiterei in Griechenland und Rom, in: Gestalt und Geschichte. Festschrift K. Schefold (Antike Kunst, Beiheft 4) 1967; M. Launey, Recherches sur les armées hellenistiques. 2 Bde. (Bibliothèque des Écoles Françaises d'Athènes et de Rome 169) 1949–1950; H. Droysen, Heerwesen und Kriegführung der Griechen (Hermanns Lehrbuch der griechischen Antiquitäten II 2) 1889; H. Liers, Das Kriegswesen der Alten mit besonderer Berücksichtigung der Strategie. 1895; H. Delbrück, Geschichte der Kriegskunst. Bd. 1: Das Altertum, ^{3}1900 (ND 1964); W. W. Tarn, Hellenistic military and naval developments. 1930; A. G. Drachmann, The mechanical technology of Greek and Roman antiquity. 1963; A. M. Snodgrass, Wehr und Waffen im antiken Griechenland. 1984 (engl. 1963). W. Kendrick Pritchett, The Greek state at war. 1971–1985, 4 Bde.; W. K. Pritchett, Ancient Greek military practices (University of California publications in classical studies 10) 1971; E. W. Marsden, Greek and Roman artillery. Historical developments. 2 Bde. 1969, 1971; J. K. Anderson, Military theory and practice in the age of Xenophon. 1970. Y. Garlan, War in the ancient world: A social history. 1975. H.-J. Diesner, Kriege des Altertums. Griechenland und Rom im Kampf um den Mittelmeerraum (Kleine Militärgeschichte. Kriege) ^{3}1985. P. Haupt, Militärpolitische und polizeitaktische Untersuchungen zu Kampfhandlungen der antiken Klassengesellschaft. Die militärische Strategie der herrschenden Klasse. Kriegführung und Klassenkampf im Altertum. Diss. Leipzig 1971. P. A. L. Greenhalgh, Early Greek warfare. Horsemen and chariots in the Homeric and archaic ages. H. Volkmann, Die Waffentechnik in ihrem Einfluß auf das soziale Leben der Antike. 1975. – J. Latacz, Kampfparänese, Kampfdarstellung und Kampfwirklichkeit in der Ilias, bei Kallinos und Tyrtaios. 1977. W. Nowag, Raub und Beute in der archaischen Zeit der Griechen. 1983. G. F. Seibt, Griechische Söldner im Achaimenidenreich. 1977. P. Pédech, Batailles navales dans les historiens grecs, in: REG 1969, 43ff.

L. Casson, Ships and seamanship in the ancient world. 1971. W. L. Rodgers, Greek and Roman naval warfare. A study of strategy, tactics, and ship design from Salamis (480 B.C.) to Actium (31 B.C.) 1937 (ND 1964). M. Wieser, Kleinkriege im Altertum in der Sicht der Vergleichenden Geschichtswissenschaft. Diss. Innsbruck 1976. – J. P. Vernant (Hrsg.), Problèmes de la guerre en Grèce ancienne (Civilisations et sociétés 11) 1968. P. Ducrey, Guerres et guerriers dans la Grèce antique. 1985. R. Louis, Guerre et religion en Grèce à l'époque classique. 1979. – A. Dominique, Guerre et paix dans la poésie grecque. 1981.

IV. QUELLENKUNDE ZUR GRIECHISCHEN GESCHICHTE AB DEM ZEITALTER HOMERS

„Was die *Griechische Geschichte* betrifft, so kranken die üblichen ›Quellenkunden‹ und ›Einführungen‹ an der ungenügenden Unterscheidung zwischen dem primären und dem sonstigen Material“, bemängelt H. Bengtson,[1] der „eine moderne Bearbeitung mit scharfer Scheidung der einzelnen Gattungen“ fordert und darauf verweist, daß im Gegensatz dazu für die Erforschung und das Studium der römischen Geschichte ein entsprechendes Werk (A. Rosenberg, Einleitung und Quellenkunde zur römischen Geschichte. 1921) zur Verfügung stünde. Der folgende Überblick über die Quellensituation zur Griechischen Geschichte wird der erwähnten Forderung nur bedingt nachkommen, da eine systematische Trennung von Primär- und Sekundärquellen wegen der Zufälligkeit der Überlieferung wie auch wegen der sehr unterschiedlichen Dichte der einzelnen Quellengattungen in den jeweiligen Jahrhunderten leicht zu falschen Vorstellungen über die quellenmäßigen Grundlagen der Forschung führen könnte. Dazu kommt, daß der Ausdruck „Sekundärmaterial“, wozu die Historiographie als die Hauptquelle für das Verständnis der großen historischen Zusammenhänge zählt, den Eindruck erwecken könnte, es handle sich dabei um Quellen von geringerem Erkenntniswert im Unterschied zum Primärmaterial, das gleichsam die objektive Forschungsgrundlage bildet. Es darf nicht außer acht gelassen werden, daß das primäre Material, die Urkunden, Briefe, Reden, politischen Flugschriften, die Dichtung und das archäologische bzw. monumentale Material in erster Linie das Füllmaterial darstellen, für das die Historiographie das Gerüst liefert, und daß dort, wo wie in der Frühzeit diese Grundlage fehlt, die Aussagemöglichkeiten des modernen Historikers sehr beschränkt bleiben. So ergänzen einander in der Forschung beide Gattungen, die primären und die sekundären Quellen (wir bedienen uns der etablierten, aber etwas mißverständlichen Terminologie nur mit dem Vorbehalt, daß ungerechtfertigte Wertungen des Überlieferungsgutes ausbleiben), ohne daß von klaren Prioritäten gesprochen werden könnte. Literarische, epigraphische, papyrologische, numismatische und archäologische Quellen stehen nebeneinander. Ihr Informationswert für die historische Forschung hängt von der jeweiligen Fragestellung ab. Zur Kritik an der „Schematisierung Primär--Sekundärmaterial“ vgl. die

[1] Einführung 77.

Ausführungen von M. I. Finley und H. Kloft,[2] wo auch eine knappe Auseinandersetzung mit Bengtsons oben 272 erwähntem Postulat zur Sprache kommt.

1. Geschichtsschreibung

Wenn H. Bengtson[3] feststellt, daß die Historiographie, wie ihr Name anzeige, „eine Schöpfung des griechischen Geistes" sei, weil sich im Griechentum „die Persönlichkeit zuerst ihrer Bedeutung und Eigengesetzlichkeit bewußt geworden" sei, der Alte Orient dagegen eine Geschichtsschreibung nie hervorgebracht habe, so tut der Gelehrte genau das, was es oben herauszustellen galt: Er akzeptiert als Geschichtsschreibung nur das, was er zuvor selbst als solche definiert. Auch wenn keine klaren Traditionslinien von den eindeutig vorhandenen Annalen und Chroniken der Sumerer, Babylonier und Assyrer, Hethiter, Ägypter und Israeliten in die griechische Historiographie nachgewiesen werden können, so sind die Leistungen dieser Völker auf jenem Gebiet durchaus beachtenswert, zumal die orientalischen Archivare und Geschichtsschreiber aus ähnlichen Motiven heraus ihre Werke schufen wie der von Cicero als *pater historiae* bezeichnete Herodot, der schreibt, damit die menschlichen Werke von der Nachwelt nicht vergessen werden (leg. 1, 1, 5).

Literatur zur vorgriechischen Geschichtsschreibung bei H. Freydank, Zur Entwicklung einer Geschichtsschreibung im Alten Vorderen Orient, in: Klio 66 1984, 380ff. Zum Europazentrismus vgl. J. Wolski, Antike Geschichtsschreibung und der Alte Orient im Lichte der Europäisierungstendenz, in: a. O. 436ff. S. N. Kramer, Geschichte beginnt mit Sumer. 1959, 39ff.; H. Schmökel, Kulturgeschichte des Alten Orients. 1961, 182ff.; Texte bei B. Meißner, Babylonien und Assyrien. 1925 Bd. 2 363ff.; E. Hornung, Einführung in die Ägyptologie. 1967, 123ff.; H. Otten, Das Hethiterreich, in: Schmökel, Kulturgeschichte des Alten Orients, 413f.; V. Maag, Syrien–Palästina, in: Schmökel, Kulturgeschichte des Alten Orients, 555ff.; M. Sekine, Geschichtsschreibung, in: Biblisch-historisches Wörterbuch (Hrsg.: B. Reicke und L. Rost) 1962, Bd. 1 556f. Als Quellensammlung zur altorientalischen Ge-

[2] Grundsätzliches zum Umgang mit den einzelnen Quellenkategorien bietet M. I. Finley, Quellen und Modelle in der Alten Geschichte (engl. 1985) 1987, bes. 16ff. und 39ff. Ferner H. Kloft, Alte Geschichte, in: Geschichte (Grundlagen des Studiums) 1973, 31ff.

[3] Bengtson a. O. 86. – In einem differenzierten, entwicklungsgeschichtlich bedingten Verständnis verweist I. Hahn, Der Erkenntnisfortschritt in der antiken Geschichtsschreibung, in: Klio 66 1984, 388ff. auf drei Typen: Geschichtswerke mit wissenschaftlicher und künstlerischer Zielsetzung, antiquarische Sammlungen und Geschichtliche Unterhaltungsliteratur (a. O. 393f.).

schichte ist immer noch informativ C. Wachsmuth, Einleitung in das Studium der Alten Geschichte. 1895 (ND 1970) 325ff. Weitere Literatur zur altorientalischen Geschichtsschreibung bei Bengtson, Einführung 100f. (wie oben 272, Anm. 1), bei N. Brockmeyer–E. F. Schultheiß, Studienbibliographie Alte Geschichte. 1973, 112 und A. Momigliano, Greek historiography, in: History and theory, 17 1978, 26. – Literatur zur griechischen Historiographie oben 171f.

Zu den *Anfängen der griechischen Geschichtsschreibung* haben in neuerer Zeit u. a. zwei nach Umfang und Inhalt sehr verschiedene Untersuchungen Stellung genommen: K. von Fritz, Die Geschichte der Geschichtsschreibung, Bd. 1: Von den Anfängen bis Thukydides. 1967 (zusätzlich ein Anmerkungsband) sieht, von der Rezeption des phönikischen Schriftsystems einmal abgesehen, die wichtigste Voraussetzung für die Entstehung einer kritischen Geschichtsschreibung in der Entwicklung der ionischen Naturwissenschaften.[4] Einen anderen Weg geht H. Strasburger, Homer und die Geschichtsschreibung (SB Heidelberg, philos.-hist. Klasse 1. Abh.) 1972, wenn er die Abhängigkeit der Historiographie von der griechischen Epik, insbesondere der homerischen, betont, und zwar nicht nur im Formalen, sondern auch – und darauf kommt es hierbei an – im Inhalt. Konkret gesprochen, haben danach die Geschichtsbilder der ›Ilias‹ und der ›Odyssee‹ Herodot und Thukydides in ihren historischen, politischen und soziologischen Konzeptionen entscheidend mitgeprägt. Als eine wichtige Zwischenstufe beim allmählichen Übergang der einen Literaturform in die andere bzw. die Loslösung der Geschichtsschreibung aus der Epik hat E. Schwartz[5] den Prozeß der „Historisierung des Epos" genannt. Auch die zahlreichen, ursprünglich mündlich tradierten Gründungsgeschichten, die Hellanikos von Mytilene (FgrH Nr. 4), ein Zeitgenosse Herodots, in seinen ›Ktiseis‹ von Städten und ganzen Völkern gesammelt hat, gehören in diesem Zusammenhang erwähnt. Einen wesentlichen Schritt in der Entwicklung der Geschichtsschreibung stellt dann der Verzicht auf die gebundene Form der Verse und das Aufkommen der Prosaschriftstellerei bei den ionischen Naturphilosophen dar. Die erste greifbare Gestalt, in der diese verschiedenen Überlieferungsströme zusammenfließen, ist wohl Hekataios von Milet (ca. 560/50–480), bekannt durch seine kritisch-rationalisierende „Historisierung der Sagen" (H. Strasburger), bekannt aber auch durch seine Beziehungen zu Anaximander. Als bedeutender Logograph (siehe dazu oben 217) vereinigt er

[4] Vgl. auch K. von Fritz, Der gemeinsame Ursprung der Geschichtsschreibung und der exakten Wissenschaften bei den Griechen, in: Philosophia Naturalis. 1953, Bd. 2, 201ff. und 376ff. – Z. Ritoók, Schriftlichkeit und Geschichtsschreibung, in: Klio 66 1984, 416ff.

[5] Geschichtsschreibung und Geschichte bei den Hellenen, in: Antike 4 1928, 14ff., 16 und 32. H. Schwabl, Zum antiken Zeitaltermythos und seiner Verwendung als historiographisches Modell, in: Klio 66 1984, 405ff.

geographisches, ethnographisches, mythographisches und historisches Wissen in seinen beiden, nur in Fragmenten überlieferten Werken, der ›Periegesis‹, einer überwiegend geographischen Beschreibung der damals bekannten Ökumene (Europa und Asien), die er auch auf einer Erdkarte darstellte, und den ›Genealogiai‹. Die historisch-genealogischen Berichte, die 4 Bücher umfaßten, eröffnete Hekataios mit dem berühmt gewordenen Satz: „Ich schreibe dies, wie es mir wahr zu sein scheint. Denn von den Griechen gibt es viele, und wie mir scheint, lächerliche Erzählungen" (λόγοι γελοῖοι) (FgrH Hekataios F 1). Das darf freilich nicht als völliger Bruch mit der Mythentradition, von der sich auch Thukydides nicht, geschweige denn Herodot lösen konnten, interpretiert werden. Der Eröffnungssatz verrät aber jene kritische Position, die auch seine rationalisierende Mythendeutung aufweist. Sein Versuch, auf der Grundlage von Generationen (zu je vierzig Jahren) ein chronologisches Gerüst für seine Darstellung zu gewinnen, hat zwar in Hesiods Weltalterlehre bereits einen Vorläufer, er ist aber dennoch von außerordentlicher historischer Relevanz, zumal er auch in Herodots Chronologie eine wichtige Rolle übernimmt. Hekataios eine historische Perspektive abzusprechen oder ihn als "would-be-Historiker" (K. von Fritz) zu betiteln, bleibt deshalb problematisch.

Das grundlegende Werk für alle *Historikerfragmente:* F. Jacoby, Die Fragmente der griechischen Historiker [FgrH], in drei Teilen mit jeweils mehreren Bänden angelegt (1923–30, 1940ff.; Teil 1: vermehrter ND 1957–68), dazu ein ausführlicher Kommentar. 1. Teil: Genealogie und Mythographie, Nr. 1–63. 2 Bde. 1957–68; 2. Teil: Zeitgeschichte, Nr. 64–261; 3. Teil: Geschichte von Völkern und Städten (Ethnographie und Horographie), Nr. 262–856; vorgesehen sind weiters die Teile: 4. Antiquarische Geschichte und Biographie, 5. Geographie, 6. Unbestimmte Autoren. Theorie der Geschichtsschreibung. – Das noch nicht abgeschlossene Werk ersetzt die ›Fragmenta Historicorum Graecorum‹ [FHG], Hrsg.: C. und Th. Müller, 5 Bde. 1841–70 (mit lateinischer Übersetzung) (in mehreren Teilen der FgrH finden sich Konkordanzverzeichnisse zu diesem Sammelwerk). Mit etwa 370 Fragmenten eröffnet Hekataios die FgrH. – Neuere Literatur zu *Hekataios* von Milet bei Fritz, Die griechische Geschichtsschreibung Bd. 1 48ff.; vgl. dazu A. Momigliano, Gnomon 44 1972, 205ff. und ders., Greek historiography 1ff. – Neben Hekataios verfaßten noch eine Reihe anderer Autoren Geschichten von Völkern und Ländern, so Charon von Lampsakos eine Persergeschichte und eine Chronik seiner Heimatstadt, Dionysios von Milet ebenfalls eine Persergeschichte, Xanthos von Sardes, ein Kandaulessohn, eine lydische Geschichte. Als Verfasser von Lokalchroniken bilden die sog. Atthidographen eine besondere Gruppe. Ihr vorrangiges Anliegen ist die annalistische Darstellung der athenischen Geschichte, wobei Urgeschichte und Kultusaltertümer eine besondere Beachtung finden. Die Reihe beginnt im 5. Jh. v. Chr. mit Hellanikos, der eine ›Atthis‹ schrieb, und weist im 4. und 3. Jh. noch zahlreiche Autorennamen auf: so Kleidemos, Androtion, Phanodemos, Melanthios, Demon und Philochoros. Alle in den FgrH Nr. 323 a ff. Zur Problematik der Quellenlage der Atthidographen und der Zuverlässigkeit ihrer Überlieferung vgl. F. Jacoby, FgrH III B Suppl. 1954.

Im Unterschied zu Hekataios blieb das Geschichtswerk des ebenfalls aus Kleinasien, und zwar aus Halikarnassos stammenden *Herodot* (ca. 484 bis 430/25) größtenteils, wenn nicht überhaupt vollständig erhalten.[6] Herodot verfolgt mit seinem Werk, wie er im Einleitungssatz programmatisch erklärt, zwei Ziele: die Bewahrung der großen Leistungen (siehe oben 273) und die Darlegung der Ursachen für die Auseinandersetzungen zwischen Griechen und Barbaren (sprich Perser). In der Gesamtkonzeption verfährt der Historiker so, daß er über die Lydergeschichte und Kroisos den Zugang zu den Perserkriegen gewinnt und die Fülle des Stoffes in der Folge der Regentschaften von Kyros, Kambyses, Dareios und Xerxes chronologisch aufrollt. Im Konkreten sieht das folgendermaßen aus. 1. Geschichte der Lyder und Perser bis Kyros d. Gr., ethnographische Darstellung dieser Völker sowie der Babylonier und Massageten. 2. und 3. Ägypten und Thronwechsel Kambyses–Dareios, Satrapenorganisation des Perserreiches. 4. Skythen- und Libyenfeldzüge der Perser, Ethnographie. Im 5. Buch beginnt mit der Beschreibung des Ionischen Aufstandes die Geschichte des Perserkrieges, die mit der Einnahme von Sestos (nach den Schlachten von Plataiai und Mykale) im 9. Buch endet. Herodot schätzte bei seinem methodischen Vorgehen Augenzeugenberichte und Zeugenaussagen ebenso wie Autopsie, was freilich vom Standpunkt moderner Erkenntnistheorie aus nicht allzusehr strapaziert werden darf; er wurzelt in seinen zahlreichen schematisch anmutenden ethnographischen und anderen Exkursen (λόγοι) auch stark in der Tradition der Logographen (siehe oben 217). Daher werden die ›Historien‹ in ihrem Quellenwert unterschiedlich beurteilt. So hat D. Fehling[7] die These aufgestellt bzw. eine alte Auffassung wieder zu Ehren gebracht, wonach Herodots ethnographische Quellen seine eigene literarische Schöpfung seien, was natürlich ihren Wert schmälern würde und „dem Trend der Herodotforschung der letzten Jahrzehnte" entgegensteht. In diesem Zusammenhang ist auch zu verweisen auf J. Cobet, Herodots Exkurse und die Frage der Einheit seines Werkes, wo auch das Problem der Stellung Herodots „zwischen Dichtung und Geschichtsschreibung"[8] diskutiert wird.

Herodotausgabe von K. Hude, 2 Bde. (OCT) Bd. 1 ^{3}1927, 2 ^{2}1927; englischer Kommentar von W. W. How–J. Wells 1918; zweisprachige Ausgabe von J. Feix (TB) 2 Bde. ^{3}1980. Übersetzung, eingeleitet von H.-J. Diesner mit Anmerkungen von

[6] Zu diesem Manko der Quellensituation vgl. vor allem H. Strasburger, Umblick im Trümmerfeld der griechischen Geschichtsschreibung, in: Historiographia Antiqua. FS W. Peremans. 1977, 3 ff.

[7] Die Quellenangaben bei Herodot (Untersuchungen zur antiken Literatur und Geschichte 9) 1971, VII.

[8] (Historia Einzelschriften 17) 1971, 185. R. Bichler, Die ›Reichsträume‹ bei Herodot, in: Chiron 15 1985, 125 ff.

H. Barth, 2 Bde. [2]1985. – Herodotlexikon von J. E. Powell 1938 (ND 1960). – Neuere Literatur zur Forschung bei Cobet a. O. 199ff. (mit Forschungsberichten). G. Strasburger, Lexikon zur frühgriechischen Geschichte. Auf der Grundlage von Herodots Werk. 1984. F. Hampl, Herodot. Ein kritischer Forschungsbericht, in: Ders., Geschichte als kritische Wissenschaft. 1979 Bd. 3, 221ff. Weiters: W. Marg (Hrsg.), Herodot. Die Bemühungen um sein Verständnis (WdF 26) [3]1982; Forschungsbericht (1937–1960) von L. Bergson, in: Lustrum 11 1966, 71ff. K. H. Waters, Herodotus on tyrants and despots (Historia Einzelschriften 15) 1971; J. A. Wilson, Herodotus in Egypt (Scholae Adriani de Buck memoriae dicatae 5) 1970; F. Oertel, Herodots ägyptischer Logos und die Glaubwürdigkeit Herodots (Antiquitas 18) 1970. W. Nicolai, Versuch über Herodots Geschichtsphilosophie (Bibliothek der klassischen Altertumswissenschaften 2. R. 77) 1986. H. Strasburger, Herodot als Geschichtsforscher. 1980 (Einleitung zur Artemis-Ausgabe). J. Hart, Herodotus and Greek history. 1983. K. H. Waters, Herodotus the historian. 1984. M. Lang, Herodotean narrative and discourse. 1984. G. Bockisch, Herodot – Geschichten- und Geschichtsschreiber, in: Klio 66 1984, 488ff.

Einen Höhepunkt in der antiken Historiographie stellt das Werk des Atheners *Thukydides* (etwa 460–400) dar, der den Peloponnesischen Krieg beschrieb und damit zum Begründer der historischen Monographie wie auch der pragmatischen und politischen Geschichtsschreibung avancierte. Ziel seiner Bemühungen war es, mit dem Werk „einen Besitz für immer" (κτῆμά τε ἐς αἰεί) zu schaffen, indem er den von ihm beschriebenen Krieg als Modell für den Krieg schlechthin auffaßt. Mit einer genauen Analyse des Bruderkrieges, seiner Ursachen und konkreten Anlässe, der Ausschaltung überirdischer, aber Miteinbeziehung irrationaler Kräfte in die Geschichtsdarstellung will er – von H. Strasburger als Entdecker der politischen Geschichte angesprochen [9] – dem Politiker ein Lehrbuch in die Hand legen (vgl. oben 243f.). Nach einer Vorgeschichte, der ›Archäologie‹, und grundsätzlichen Bemerkungen zu Methoden und Ziel seiner Arbeit (1, 20–22) behandelt er, nach Sommern und Wintern geordnet, die Ereignisse des Peloponnesischen Krieges, vermag sie aber nicht ganz zu Ende zu führen: Die Darstellung bricht 411/10 ab. Ihre exakte Arbeitsweise, die außerordentliche Objektivität (Thukydides war Athener!), die richtige Einschätzung der historischen Kräfte, der gesellschaftlichen Bedingungen und der Motivierung der politischen Handlungen, die logischen Argumentationen und die stilistisch gediegene Ausführung haben dem gesamten Werk schon im Altertum einen hervorragenden Platz eingeräumt. In der Distanz gegenüber Dichtern und Logographen, zu denen er auch Herodot rechnet (1, 21), drückt sich diese wissenschaftsgeschichtlich bemerkenswerte Position deutlich aus. Biographisches und vor allem Novellistisches – beides fließt in die

[9] H. Strasburger, Die Entdeckung der politischen Geschichte durch Thukydides, in: H. Herter (Hrsg.), Thukydides (WdF 98) 1968, 412ff.

Arbeitsweise Herodots mit ein – tritt hier weniger in Erscheinung. Ein besonderes Stilmittel, dessen sich Thukydides bedient und das bei der Interpretation seines Werkes einige Fragen aufwirft, ist der Einbau von über vierzig Reden in sein Geschichtswerk. Hier, in der Einführung von Reden und Gegenrede, aber auch sonst atmet das Gesamtwerk den Geist der Sophistik, der sich insbesondere in dem berühmt gewordenen ›Melierdialog‹ (5, 84 ff.) deutlich ausdrückt.

Ausgaben von H. Stuart Jones–J. E. Powell, 2 Bde. (OCT) ^{2}1942; übersetzt von G. P. Landmann (BAW) ^{2}1976. Wichtig: A. W. Gomme, A historical commentary on Thucydides, 5 Bde. 1944–1981. Bd. 4 und 5 hrsg. von A. Andrewes und K. J. Dover. Einen guten Überblick über die Thukydidesforschung bietet der von H. Herter herausgegebene Sammelband ›Thukydides‹ (WdF 98) 1968, darin auch H. Strasburger, Die Entdeckung der politischen Geschichte durch Thukydides. 1954; H.-P. Stahl, Thukydides. Die Stellung des Menschen im geschichtlichen Prozeß (Zetemata 40) 1966; G. Howie, Thukydides' Einstellung zur Vergangenheit, in: Klio 66 1984, 502 ff. J. Malitz, Thukydides' Weg zur Geschichtsschreibung, in: Historia 31 1982, 257 ff. übersichtlich auch der materialreiche Thukydidesartikel von O. Luschnat, RE Suppl. 12 1970, 1085 ff. (auch als Sonderdruck; Abschluß des Manuskriptes 1966). A. Parry, Thucydides' historical perspective, in: YCS 22 1972, 47 ff. – Zu Macht und Machtpolitik bei Thukydides: H. Drexler, Thukydides-Studien. 1976. A. Rengakos, Form und Wandel des Machtdenkens der Athener bei Thukydides (Hermes Einzelschriften 48) 1984. A. G. Woodhead, Thucydides on the nature of power (Martin classical lectures 24) 1970. Hier werden drei wichtige Ergebnisse in Thesenform zusammengefaßt: 1. Thukydides glaubt an eine naturrechtliche Verankerung der Macht, 2. Die Macht ist wertneutral und 3. teilt Thukydides nicht die bekannte moralische Doktrin, "doing good to your friends . . . and harm to your enemies" (151); vgl. dazu Ch. Schneider, Gnomon 44 1972, 236 f. In diesem Zusammenhang ist auch auf H. D. Westlake, Individuals in Thucydides. 1968, und H. Erbse, Die politische Lehre des Thukydides, in: Gymnasium 76 1969, 393 ff., zu verweisen. – Zu den Reden vgl. den Sammelband ›The speeches of Thucydides‹ (Hrsg.: Ph. A. Stadter) 1973, mit Bibliographie; F. Egermann, Thukydides über die Art seiner Reden und über seine Darstellung der Kriegsgeschehnisse, in: Historia 21 1972, 575 ff.; R. Leimbach, Militärische Musterrhetorik. Eine Untersuchung zu den Feldherrnreden des Thukydides. 1985. M. Cogan, The human thing. The speeches and principles of Thucydides' history. 1981. Siehe auch Ch. Meyer, Die Urkunden im Geschichtswerk des Thukydides (Zetemata 10) 1970. A. Kirchhoff, Thukydides und sein Urkundenmaterial. 1968. – Eine knappe Zusammenstellung der Literatur zur Entstehungsfrage des thukydideischen Geschichtswerkes auch bei Bengtson, Einführung 102. – P. Huart, Le vocabulaire de l'analyse psychologique dans l'œuvre de Thucydides (Études et commentaires 69) 1968; kritisch dazu Ch. Schneider, Gnomon 42 1970, 529 ff. Ders., Information und Absicht bei Thukydides (Hypomnemata 41) 1974. – N. Marinatos, Thucydides and religion (Beiträge zur klassischen Philologie 129) 1981.

Drei Autoren haben den Versuch unternommen, das von Thukydides als Torso zurückgelassene Werk fortzusetzen und die Ereignisse ab 411 bis zum für die Athener bitteren Ende bzw. darüber hinaus darzustellen. *Xenophon* und *Kratippos* von Athen sowie *Theopompos* von Chios. Xenophon (etwa 430–nach 355), der erste Vielschreiber unter den Historikern, behandelt in seinen 7 Büchern ›Ἑλληνικά‹ die griechische Welt von 411 bis zur Schlacht von Mantineia (362 v. Chr.) und damit jene turbulente Zeit, die von der Schlußphase des Bürgerkrieges, der Herrschaft der Dreißig Tyrannen und den Auseinandersetzungen zwischen Sparta und Theben mit all ihren Koalitionen und Perserbündnissen erschüttert wurde. Der lakedaimonophile Autor konzentriert sich dabei auf die Kriegsgeschichte und reicht weder formal noch inhaltlich an Thukydides heran. Dazu kommt auch eine subjektive Stoffauswahl, die sich im Weglassen so wichtiger Ereignisse wie der Gründung des 2. Attischen Seebundes äußert. Angesichts des Mangels an anderen erhaltenen historiographischen Berichten für diese Zeit besitzen aber die ›Hellenika‹ des Xenophon großen Quellenwert. Weitere historische oder für den Historiker wertvolle Werke Xenophons sind die ›Anabasis‹, in welcher der Autor in 7 Büchern den Marsch der Zehntausend von Sardes zur Schlacht nach Kunaxa und die entsagungsreiche Heimkehr über das armenische Hochland ans Schwarze Meer bis nach Byzantion als Augenzeuge und als einer der Hauptverantwortlichen beschreibt und die sog. ›Kyropädie‹, 8 Bücher über die Erziehung des persischen Prinzen Kyros, in deren teils fiktiven Partien Vorstufen des Romans gesehen werden. In den kleineren Schriften handelt Xenophon über ›Hieron‹ und ›Agesilaos‹, den ›Staat der Ladedaimonier‹ und über die ›Staatliche Finanzpolitik‹. Zum ›Oikonomikos‹ vgl. oben 96, zu den sokratischen Schriften oben 208. Seine Pferdeliebhaberei schlägt sich in den Werken ›Über die Reitkunst‹ und im ›Hipparchikos‹ nieder.

Gesamtausgabe: E. C. Marchant, 5 Bde. (OCT) Bd. 1, 3–5. 1901–20, 2 ²1921; die ›Hellenika‹ zweisprachig von G. Strasburger (TB) 1970; die ›Anabasis‹ von K. Vretska 1958; der ›Staat der Lakedaimonier‹ (mit französischer Übersetzung) von F. Ollier 1934. Xenophontis expeditio Cyri (Anabasis), Hrsg.: C. Hude–J. Peters. ²1972 (¹1931). Zur zweisprachigen Ausgabe der ›Staatseinkünfte‹ vgl. oben 96. – R. Nickel, Xenophon. 1979. W. Higgins, Xenophon the Athenian. 1977, D. Krömer, Xenophons Agesilaos. Untersuchungen zur Komposition, Diss. Berlin 1971; K. Bringmann, Xenophons Hellenika und Agesilaos, in: Gymnasium 78 1971, 224ff. P. J. Rahn, Xenophon's developing historiography, in: TAPA 102 1971, 497ff. – E. M. Soulis, Xenophon and Thucydides. A study of the historical methods of Xenophon in the Hellenica with a special reference to the influence of Thucydides. 1972. – A. H. R. E. Paap, The Xenophon papyri. Anabasis, Cyropaedia, Cynegeticus, De vectigalibus (Papyrologica Lugduno-Batava 18) 1970. Zahlreiche weitere Einzeleditionen bei H. R. Breitenbach, RE 9 A 1967, 1569ff. Art. Xenophon (auch als Sonderdruck); siehe auch P. Kroh, Lexikon der antiken Autoren. 1972, 669; Lexikon zu Xenophon von F. W. Sturz, 1801–04 (ND 1964). – Grundlegend für alle Xenophonstudien ist der oben genannte umfangreiche RE-Artikel, der durch ausführliche Indices und Stellenverzeichnisse (a. O. 1981) leicht zu handhaben ist. Zum historischen Verständnis der ›Hellenika‹ vgl. W. P. Henry, Greek historical writing. A historiographical essay based on Xenophon's Hellenica. 1967, und die ausführliche Stellungnahme dazu durch K. von Fritz, Gnomon 40 1968, 556ff. Zum ›Hieron‹, in welchem ein Dialog über Tyrannis geführt wird, vgl. die Interpretation von L. Strauss, Über Tyrannis (Politica 10) 1963 (mit deutscher Übersetzung). K. Meyer, Xenophons „Oikonomikos". 1975. – W. G. Forrest, The date of the Pseudo-Xenophontic Athenaion Politeia, in: Klio 52 1970, 107ff.; D. Lotze, Marginalien zu einer neuen Datierungsvariante für Ps.-Xenophons Athenaion Politeia, in: Helikon 9/10 1969/70, 701ff.; A. Thierfelder, Pseudo-Xenophon und Kritias, in: Politeia und Res Publica (Palingenesia 4, Hrsg.: P. Steinmetz) 1969.

Die vollständige oder auch annähernd vollständige Überlieferung der Werke von Herodot, Thukydides und Xenophon – Namen, die ansonsten nicht in einem Atemzug genannt werden sollten – steht im Gegensatz zum fragmentarischen Charakter der späteren Geschichtsschreibung. Als Fortsetzer des Thukydides gilt auch sein jüngerer Zeitgenosse Kratippos, auf dessen Konto ›Hellenika‹ (?) gesetzt werden, die wohl bis 394 v. Chr. reichten. Ob diesem Autor auch die ›Hellenika von Oxyrhynchos‹, die sich auf Ereignisse der Jahre 396/95 beziehen und die über die boiotische Verfassung gut Bescheid wissen, zugeschrieben werden können, ist umstritten. Nachdem schon Theopomp, Ephoros von Kyme, Androtion und Daimachos von Plataiai (so F. Jacoby) als Autoren hierfür angesprochen wurden, hat sich I. A. F. Bruce vorsichtig für Kratippos als Autor entschieden. Für A. Lesky[10] bleibt der Verfasser anonym. Vom Werk des Theopomp aus Chios (378/76–etwa 334), Isokratesschüler und Verfasser von 12 Büchern ›Hellenika‹ (von 411–394) und vor allem von den 'universalhistorischen' ›Philippika‹ (58 Bücher) über die Zeit Philipps II., sind nur Bruchstücke erhalten geblieben. Er repräsentiert jene rhetorisch-dramatische Form der Geschichtsschreibung, die unter dem Einfluß von Isokrates und Gorgias für die hellenistische und auch für die römische Welt zum Leitbild wird und die in Polybios (siehe unten 285f.) ihren Antipoden findet. Damals „entwickelte sich jene Geschichtsschreibung, die als Rivalin der Tragödie auf erschütternde Wirkung (ἔκπληξις) aus ist und diese ohne Rücksicht auf die historische Wirklichkeit durch theatralische Ausgestaltung des Stoffes zu erreichen strebt" (A. Lesky). Anfänge dieser auf dramatische Effekte abzielenden Geschichtsschreibung scheinen sich, soweit die Fragmente einen Überblick gewähren, in den 23 Büchern der ›Persika‹ des ab 405 als Leibarzt am Hof des Artaxerxes wirkenden Ktesias von Knidos abzuzeichnen. Seine Persergeschichte, in der er Herodots Darstellung der Zeitgeschichte stark bemängelt und die durch das Werk des Ktesias in den Schatten gestellt werden

[10] I. A. F. Bruce, A historical commentary on the ›Hellenica Oxyrhynchia‹. 1967, 22ff. Lesky GGL 699ff.

konnte, galt späteren Historiographen wie Theopompos, Ephoros, Diodorus Siculus und Plutarch (alle unten 286) als wichtige Unterlage für die altorientalische Geschichte. Ephoros von Kyme (4. Jh. v. Chr.), wie Theopompos Isokratesschüler, verfaßte in der 2. Hälfte des 4. Jh. eine 'Universalgeschichte' mit dem Titel ›Historiai‹ in 30 Büchern. Darin fand sich neben einer Beschreibung der griechischen und persischen Geschichte, die insbesondere für das 4. Jh. sehr breit angelegt ist (bis 341/40), eine geographische Übersicht über die gesamte Ökumene. Sein Werk schöpfte aus Herodot, Thukydides und Hellanikos von Mytilene, aber auch schon aus den ›Hellenika‹ des späteren Hofhistorikers Alexanders III., Kallisthenes von Olynth; die ›Historiai‹ wurden von späteren Autoren viel zitiert.

Für die Zeit von Alexander bis zu den ersten römischen Kaisern existierte im Altertum eine große Zahl von historiographischen Darstellungen – von den über 800 griechisch schreibenden *Historikern* der FgrH gehören etwa 600 *der hellenistischen Zeit* an.[11] Von dieser wahren Flut an ›Hellenika‹, Universalgeschichten, historischer Spezialliteratur und Biographien blieb nur wenig erhalten. Das Interesse der späteren antiken und byzantinischen Historiker hatte sich wohl primär der römischen Geschichte zugewandt. Die prekäre Quellensituation wird schon bei Alexander III. sichtbar. Die Historiographie der Zeitgenossen – wie des Kallisthenes von Olynthos, des Aristobulos von Kassandreia und des Ptolemaios I. –, die sich zum Teil auf amtliche Unterlagen wie die ›Ephemerides‹ stützen konnte, ging zur Gänze verloren. Das gilt weitgehend auch von Chares von Mytilene, Nearchos, Onesikritos und Anaximenes von Lampsakos. Spätere Alexanderdarstellungen wie die bei Diodorus Siculus, Curtius Rufus und Iustinus stehen dann großteils unter dem Einfluß der sog. Alexandervulgata, die von Kleitarchos von Alexandreia (4./3. Jh.) ihren Ausgang nimmt. Im 1. Jh. v. Chr. beginnt schließlich auch eine legendenhafte Ausgestaltung der Alexanderfigur, die die von Anfang an vorhandenen panegyrischen Züge, etwa bei Kallisthenes, weit in den Schatten stellt und die in den sog. Alexanderroman, eine Lieblingslektüre des Mittelalters, die vermutlich auf eine Gesamtredaktion des 3. Jh. n. Chr. zurückgeht, einmündet.

Panegyrik, Rhetorik und Elemente der Tragödie als Stilmittel der Historiographie, wie sie sich im 4. Jh. darbietet, kennzeichnen auch einen Großteil der hellenistischen Geschichtswerke. Autoren wie Duris von Samos (etwa 340–270), die Athener Demochares (4./3. Jh.), Diyllos (4./3. Jh.) und Phylarchos (3. Jh.), und Timaios von Tauromenion (4./3. Jh.) setzen diese Traditionen fort. Unter dem Einfluß der peripatetischen Geschichtstheorie (Theophrast, περὶ ἱστορίας) und pädagogischer Ideen kam es noch zu einer Steigerung affektbetonter Momente in den Darstellungen, die im

[11] Schneider KGH 2, 439.

modernen Schrifttum gelegentlich als „tragisierende oder tragische Geschichtsschreibung" bezeichnet werden.[12] Mit ihr setzt sich Polybios im 12. Buch seiner ›Historiai‹ in scharfer Polemik auseinander. Zweifelsohne stellt eine Geschichtsschreibung, die solchen, von Polybios kritisierten Maximen folgt, eine arge Belastung für die Forschung dar, zumal diese affektgeladene Darstellungsform auch entscheidend auf die römischen Historiker Einfluß nimmt. Die tragische Geschichtsschreibung der Griechen ist aber nur die eine Seite dieser Literaturgattung. Daneben gab es, wie schon bemerkt, eine zweite Richtung, die in Polybios ihren Meister fand. Zu ihr darf aber auch Hieronymus von Kardia (etwa 350–250) gerechnet werden, dessen zeitgeschichtliche Darstellung von 323–272 v. Chr., nach den vorhandenen Fragmenten zu schließen, von großer Sachkenntnis und Objektivität zeugt und die eine wichtige Grundlage für spätere Exzerptoren wie Diodorus Siculus, Arrianos von Nikomedien und Plutarch bot. Der bedeutendste Historiker der hellenistischen Welt bleibt aber *Polybios* aus Megalopolis (200–120), auch deshalb, weil von seinen 40 Büchern ›Historiai‹ wichtige Partien erhalten sind. Ziel seiner universalhistorisch angelegten Geschichte war es, die entscheidenden Phasen des Aufstiegs Roms zur ersten Macht des Mittelmeerraumes darzustellen und zugleich die Gründe für diese 'Wachablöse' aufzuzeigen. Dazu schien es ihm nötig, mit einer knapp gehaltenen Beschreibung des 1. Punischen Krieges einzusetzen, um dann ab der Hannibalischen Zeit die Ereignisse im östlichen und westlichen Mittelmeergebiet ausführlich bis 144 v. Chr., und zwar synchronistisch darzustellen und mit den Augen eines Historikers für Politiker zu analysieren. Dreimal unterbrach Polybios die annalistische, nach Olympiaden konzipierte Darstellung (diese wurden von Timaios in die Historiographie eingeführt), um für den Historiker höchst relevante Fragen zu behandeln: Im 6. Buch wird die Frage nach den Gründen des Aufstiegs der Römer untersucht und der Erfolg auf die besondere Form der römischen Verfassung, die monarchische, aristokratische und demokratische Elemente in sich vereint, zurückgeführt. Buch 12 bringt die bereits erwähnte Kritik an den Arbeitsmethoden zahlreicher hellenistischer Vertreter der tragischen und peripatetischen Historiographie sowie grundsätzliche Bemerkungen zur Geschichtstheorie, und schließlich erörtert Buch 34 geographische Streitfragen. Ziele und Arbeitsmethoden des Polybios und seine nüchterne und sachliche Darstellungsweise haben nicht nur auf andere antike Historiker wie Poseidonios, Diodorus Siculus, Strabon und Plutarch, sondern auch auf Männer wie Machiavelli und Montesquieu nachhaltigen Eindruck gemacht. Erhalten blieben von den ›Historiai‹ die Bücher 1–5, wesentliche Partien zur Verfassungs-

[12] Kritisch zu dieser Terminologie F. W. Walbank, History and tragedy, in: Historia 9 1960, 216ff.

frage (Buch 6) sowie zahlreiche Fragmente und Exzerpte, teilweise auch aus byzantinischer Zeit. Fortgesetzt wurde dieses eindrucksvolle Dokument pragmatischer Geschichtsschreibung von dem berühmten rhodischen Stoiker *Poseidonios* von Apameia (etwa 131–51), von dessen 52 Büchern nur geringfügige Restbestände überlebten. Eine andere, überwiegend kompilatorisch gearbeitete Universalgeschichte in 40 Büchern ist dagegen in entscheidenden Abschnitten (1–5, 11–20) erhalten geblieben: die ›Bibliotheke‹ des *Diodorus Siculus* (1. Jh. v. Chr.). Ihm fehlte zwar ein vertieftes historisches Verständnis, was schon die Auswahl seiner Quellen illustriert, doch bleibt das Werk, das teilweise eine bloße Aneinanderreihung von Exzerpten darstellt, wegen des Verlustes eines Großteils der hellenistischen Historiographie eine wichtige Forschungsgrundlage. Die ›Bibliotheke‹, eine Universalgeschichte von der Entstehung des Menschen bis zu Caesars Gallischem Krieg, behandelt neben der griechisch-römischen Geschichte auch noch die Welt der Ägypter, Babylonier und Assyrer, Meder und Inder; von den die Griechische Geschichte betreffenden Abschnitten ist die Zeit von 480 v. Chr. bis zur Schlacht bei Ipsos (301 v. Chr.) erhalten. Als Verfasser einer Weltgeschichte in augusteischer Zeit ist Pompeius Trogus bekannt, von dessen 44 Büchern *M. Iustinus*, ein römischer Historiker des 3. Jh. n. Chr., eine ›Epitoma historiarum Philippicarum‹ herstellte. Behandelt sind im Auszug des Iustinus zunächst kurz die orientalische Geschichte (Assyrer, Lyder, Perser), dann die Griechische Geschichte, so im 11. und 12. Buch Alexander III., schließlich die Ereignisse der hellenistischen Welt, ehe in den Büchern 43 und 44 noch die Römische Geschichte von der Gründung der Stadt bis Augustus in Riesenschritten durcheilt wird. Mit dem Beginn der römischen Kaiserzeit bessert sich die Quellensituation hinsichtlich der Quantität des Erhaltenen. Zahlreiche Informationen zur Griechischen Geschichte liefern auch die ›Geographika‹ und die Fragmente des Geschichtswerkes von *Strabon* aus Amaseia (etwa 64 v.–19 n. Chr.), die Strategemata-Sammlungen des *Frontinus* (1. Jh. n. Chr.) und *Polyainos* (2. Jh. n. Chr.), die ›Beschreibung Griechenlands‹ mit zahlreichen historischen Exkursen des Periegeten *Pausanias* (2. Jh. n. Chr.), schließlich noch die Werke zur Römischen Geschichte, besonders von *Titus Livius* (59 v.–17 n. Chr.), *Appianos* von Alexandreia (2. Jh. n. Chr.) und *Cassius Dio* (etwa 163 n.–230 n. Chr.). Historisch aufschlußreich sind auch die Biographien, die nach antiker Literaturtheorie allerdings nicht der Historiographie zugerechnet wurden.[13] *Cornelius Nepos* (etwa 100–25 v. Chr.) bringt in seinem ›Liber de excellentibus ducibus‹ zwanzig griechische Kurzviten, die mit Miltiades beginnen und mit Timoleon enden. Bedeutender und wesentlich umfang-

[13] Momigliano, Greek historiography 12f. B. Gentili–G. Cerri, Storia e biografia nel pensiero antico (Biblioteca di cultura moderna 878) 1983.

reicher sind die Parallel-Biographien von *Plutarch* aus Chaironeia (etwa 50–120 n. Chr.), der 23 Paare miteinander vergleicht (verloren nur: Epameinondas–Scipio) und dabei mythische Städtegründer (Theseus–Romulus), Gesetzgeber (Lykurg–Numa Pompilius), soziale Reformer (Kleomenes/Agis–Gracchen), große Feldherren (Alexander–Caesar, Pyrrhos–Marius, Lysander–Sulla, Agesilaos–Pompeius) und andere Staatsmänner (Demosthenes–Cicero, Solon–Valerius Poplicola, Aristeides–Cato Maior, Themistokles–Camillus, Perikles–Fabius Maximus Cunctator, Dion–Brutus) einander gegenüberstellt. Hauptanliegen war dabei weniger, historische Porträts zu zeichen als vielmehr Leitbilder zu produzieren, wobei eine pragmatisch-moralisierende Tendenz nicht in Abrede gestellt werden kann. Plutarch, der sein Wissen hauptsächlich aus den Werken der griechischen Historiker des 5. Jh., aber auch aus Ephoros, Theopompos, Timaios und Polybios schöpfte, hat mit seinen Biographien und den zahlreichen Abhandlungen in den ›Moralia‹ dennoch beachtlichen Wert für das Quellenstudium zur Griechischen Geschichte. – Auf Alexander konzentriert haben sich *Q. Curtius Rufus* (etwa 1. Jh. n. Chr.), der 10 Bücher ›Historiae Alexandri Magni Macedonis‹ (teilweise erhalten) – nach W. W. Tarn in deutlicher Abhängigkeit von der peripatetischen Geschichtsschreibung – verfaßte, und vor allem *Arrianos* von Nikomedien (etwa 95–175 n. Chr.), der sich mit der ›Anabasis‹, einer Beschreibung des Alexanderzuges in 7 Büchern, „das hohe Verdienst erworben (hat), das Alexanderbild vor dem Verschwimmen in romanhaften Nebel zu bewahren“[14]. Er benützte als Quellen vor allem Ptolemaios I. und Aristobulos von Kassandreia (siehe oben 252) und distanzierte sich damit deutlich von der sog. Vulgata. Erhalten hat sich aus seinem umfangreichen historiographischen Opus auch eine ›Indike‹, eine Beschreibung Indiens, für die Nearchos von Kreta, Megasthenes von Olynth und Erastosthenes als Quellen herangezogen wurden. Diese Männer haben zusammen mit anderen Alexanderhistorikern am wissenschaftlichen Ausbau der Ethnographie, die durch Aristoteles und den Peripatos neue Impulse erhielt, als einer eigenen geisteswissenschaftlichen Disziplin mitgewirkt und so die Voraussetzungen für die ethnographischen Studien des Poseidonios von Apameia und des Tacitus geschaffen, wobei die völkeridealisierenden Tendenzen schon mitgeliefert wurden.

Zu *Kratippos* (FgrH Nr. 64) als Verfasser der Hell. Oxyr. siehe oben 243, Anm. 10. Zu *Theopompos* (FgrH Nr. 115): K. von Fritz, Die politische Tendenz in Theopomps Geschichtsschreibung, in: Antike und Abendland 4 1954, 45ff.; A. E. Raubitschek, Theopompus on Thucydides, the son of Melesias, in: Phoenix 14 1960, 81ff.; W. R. Connor, Theopomp and the fifth-century Athens. 1968; siehe auch H. D. Westlake, Essays on the Greek historians and Greek history. 1969, 226ff. Zu *Ktesias* (FgrH

[14] Lesky GGL 948.

Nr. 688) siehe Westlake a. O. 61ff. und A. Momigliano, Studies in historiography. 1966, 132ff. Zu *Ephoros* (FgrH Nr. 70): G. L. Barber, The historian Ephorus. 1935; W. R. Connor, Studies in Ephorus, Diss. Princeton 1961. A. Momigliano, Greek historiography (wie oben 171) 11: "Ephorus ... started the fashion which has lasted into our day of 'books made of books', that is, of compilation." – P. Burde, Untersuchungen zur antiken Universalgeschichte, Diss. Erlangen 1972.

Zu den *Alexanderhistorikern:* Kallisthenes von Olynth (FgrH Nr. 124); Chares von Mytilene (Nr. 125); Nearchos von Kreta (Nr. 133); Onesikritos (Nr. 134); Kleitarch (Nr. 137); Ptolemaios (Nr. 138); Aristobulos von Kassandreia (Nr. 129); Anaximenes von Lampsakos (Nr. 72). Allgemein dazu: L. Pearson, The lost histories of Alexander the Great (Philological monographs, Hrsg.: American philological association 20) 1960. – Eine Neuausgabe des griechischen Alexanderromans (nach der Handschrift L) liegt vor von H. van Thiel, Leben und Taten Alexanders von Makedonien (Texte der Forschung 13) ^{2}1983 (mit Übersetzung, im Anhang: 1. Alexanders Brief an Aristoteles über seinen Feldzug und Indien; 2. Alexanders Gespräch mit den Gymnosophisten; 3. Pseudo-Methodios, Alexander und die unreinen Völker). Dazu: R. Merkelbach, Die Quellen des Alexanderromans (Zetemata 9) 1954; G. Wirth, Ephemeridenspekulationen, in: FS Lauffer. 1986 Bd. 3, 1049ff. – Grundsätzliche Einführung in die Quellensituation zur Geschichte Alexanders bei J. Seibert, Alexander der Große (EdF 10) ^{2}1981 1ff. P. Pédech, Historiens compagnons d'Alexandre. Callisthène. Onésicrite, Néarque, Ptolémée, Aristobule. 1984. – N. G. L. Hammond, Three historians of Alexander the Great. The so-called vulgate authors, Diodorus, Justin and Curtius. 1983. Zur Diskussion der Frage, ob es neben dem Heldenbild auch ein negatives peripatetisches Alexanderporträt (vgl. oben 252) in der Antike gegeben habe – wie es beispielsweise W. W. Tarn, Alexander the Great. 1948, 350 oder Bengtson GG 329, annehmen –, siehe Seibert a. O. 24f., wo weitere Kritiker dieser Position (E. Badian, E. Mensching) zitiert werden. – *Hellenistische Historiographen:* Duris von Samos (FgrH Nr. 76), ›Historiai‹ oder ›Makedonika‹ von Amyntas bis Pyrrhos von Epiros; dazu eine Lokalgeschichte von Samos; Phylarchos (Nr. 81), Fortsetzer des Duris bis 220 v. Chr.; Diyllos (Nr. 73), Fortsetzer und Ergänzer des Ephoros (von 357–297 v. Chr.); Demochares (Nr. 75), Zeitgeschichte. Timaios von Tauromenion (Nr. 566), Titel des Werkes ›Italika‹ oder ›Sikelika‹ oder ›Historiai‹ von den Anfängen bis Agathokles und zum 1. Punischen Krieg; wichtig zur westgriechischen Siedlungsgeschichte. G. Mansuelli, Lo storico Timeo. 1958; T. S. Brown, Timaeus of Tauromenium. 1958; D. Musti, La storiografia sulla Sicilia antica, in: Kokalos 26/27 1980/81, 80ff. – Zu den tragischen Geschichtsschreibern vgl. Schneider, KGH 2 439ff. und Lesky GGL 855ff. Siehe auch M. Grant, Klassiker der antiken Geschichtsschreibung. 1973, 117ff. Wichtig dazu auch die oben 282, Anm 12 genannte Arbeit von Walbank, History and tragedy. – Zu Hieronymus von Kardia (FgrH Nr. 154): J. Hornblower, Hieronymus von Cardia. 1981.

Zu *Polybios*: Hrsg. Th. Büttner-Wobst, 5 Bde. 1889–1904 (ND 1965–67); ausführlicher historischer Kommentar von F. W. Walbank, 3 Bde. 1957–1979. Polybios-Lexikon von A. Mauersberger, seit 1956ff. (in Lieferungen). Übersetzung von H. Drexler (BAW) 2 Bde. 1961, 1963. Grundlegend zur Einführung K. Ziegler, RE 21 1952, 1439ff. Art. Polybios, und F. W. Walbank, Polybius (Sather classical lectures) 1972. – In der Polybiosforschung der letzten Jahrzehnte standen Fragen der Arbeitsmethoden des Historikers, seine Auffassung von pragmatischer Geschichte, die apodeiktische und komparative Methode sowie seine Position im Rahmen der hellenistischen Historiographie und als Universalhistoriker im Vordergrund. Dazu P. Pédech, La méthode historique de Polybe (Collection d'études anciennes) 1964. K. F. Eisen, Polybiosinterpretationen. Beobachtungen zu Prinzipien griechischer und römischer Historiographie bei Polybios (Bibliothek der klassischen Altertumswissenschaft NF 2. Reihe) 1966; H. Labuske, Geschichtsschreibung im Hellenismus: Polybios und seine Konkurrenten, in: Klio 66 1984, 479ff. G. A. Lehmann, Untersuchungen zur historischen Glaubwürdigkeit des Polybios (Fontes et communicationes 5) 1967. Ders., Polybios und die ältere zeitgenössische griechische Geschichtsschreibung (in: Entretien, siehe unten) 145ff. K. Sacks, Polybius on the writing of history. 1981. K. Meister, Historische Kritik bei Polybios. 1975. K.-E. Petzold, Studien zur Methode des Polybios und zu ihrer Auswertung (Vestigia 9) 1969. Ders. auch Gnomon 45 1973, 367ff. (verspätete Pédech-Rezension). Zu Petzold siehe R. Zoepffel, Gnomon 45 1973, 58ff. Vgl. auch den Sammelband ›Polybe‹ (Entretiens sur l'antiquité classique 20) 1974. K. Stiewe – N. Holzberg (Hrsg.), Polybios (WdF 347) 1982. – Zu *Poseidonios* von Apameia (FgrH Nr. 87) W. Theiler (Hrsg.), Poseidonios. Die Fragmente. 1: Texte. 2: Erläuterungen (Texte und Kommentare 10, 1.2) 1982. L. Edelstein – I. G. Kidd, Poseidonius. 1: Fragments. 1972. J. Malitz, Die Historien des Poseidonios (Zetemata 79) 1983; grundlegend noch immer K. Reinhardt, Poseidonios. 1921. Zur Quellenfrage Poseidonios–Diodor G. Pfligersdorffer, Studien zu Poseidonios (SB ÖAW) 1959; J. J. Tirney, The Celtic ethnography of Poseidonios (Proceedings of the Royal Irish Academy 60, 5) 1960. – Zu *Diodorus Siculus* (aus Agyrion), Hrsg.: T. Fischer, 5 Bde. ^{3}1888–1906 (ND 1964) (nur 1–20). Übersetzung von A. Wahrmund, 6 Bde. ^{3}1866–69. – Zu *Plutarch:* siehe oben 284. Umfassend K. Ziegler, RE 21 1951, 636ff. Art. Plutarch; Ph. A. Stadter, Plutarch's historical methods. 1965: R. H. Barrow, Plutarch and his time. 1967; D. A. Russell, Plutarch (Classical life and letters) 1973; G. J. Aalders, Plutarch's political thought. 1982. Zu Pausanias vgl. oben 218. Literatur zur hellenistischen Biographie bei A. Momigliano, The development of Greek biography. 1971, und bei Schneider KGH 2 1070f. – Zu *Arrianos von Nikomedien:* A. G. Roos (Hrsg.), 2 Bde. 1907–28 (neu von G. Wirth 1967/68). B. Bosworth, A historical commentary on Arrian's history of Alexander. 1980; Übersetzungen von W. Capelle, Anabasis und Indike (BAW) 1950, und G. Wirth – O. von Hinüber, Alexanderzug. Indische Geschichte (Tusculum) 1985. H. Montgomery, Gedanke und Tat. Zur Erzähltechnik bei Herodot, Thukydides, Xenophon und Arrian. 1965. – Zu *Iustinus:* Ausgaben von O. Seel, 1935 und 1956; ders., Übersetzung: Pompeius Trogus, Weltgeschichte von den Anfängen bis Augustus im Auszug des Iustin (BAW) 1972; mit Kommentar und ausführlicher Einleitung. – C. R. Holladay, Fragments from hellenistic Jewish authors. 1: Historians. 1983. – Zur *Ethnographie* (Quellen in FgrH III [Horographie und Ethnographie] 1940ff.): grundlegende Einführung von K. Trüdinger, Studien zur Geschichte der griechisch-römischen Ethnographie. 1918. K. Müller, Geschichte der antiken Ethnographie und der ethnologischen Theoriebildung (Studien zur Kulturkunde 29) 1972, 1980, 2 Bde. und knappe Übersicht bei F. Lasserre, LAW 886ff., und Bengtson, Einführung 104. Siehe auch oben zur Geographie 217f. – Allgemeine, wertvolle Übersicht zur hellenistischen Historiographie bei Schneider KGH 2 439ff. (mit Literatur 1069ff.), Momigliano,

Greek historiography 8ff. und Lesky GGL 855ff. und zur kaiserzeitlichen Literatur 945ff.; Bengtson, Einführung 103ff. Siehe auch M. Grant, Klassiker der antiken Geschichtsschreibung. 1973, 117ff.

In einem weiteren Sinne zählen auch die Werke der Dichtung und der übrigen *Fachschriftstellerei* sowie die *rhetorisch-publizistische,* ferner die *Memoiren- und Briefliteratur* zu den Geschichtsquellen, und zwar zum sog. primären Material, von dem oben 199ff. schon zu sprechen war.[15] Dazu gehören neben den Inschriften, Münzen und Papyri auch noch die Monumente, zu denen jenes nichtschriftliche Material gezählt wird, das die archäologische Bodenforschung für die Altertumswissenschaft erschlossen und bereitgestellt hat. Von der historischen Relevanz der monumentalen Überlieferung und der Archäologie war ebenfalls bereits oben 95f. die Rede. Auf die sog. Hilfs- oder Grundwissenschaften der Alten Geschichte, die Epigraphik, Numismatik und Papyrologie, ihre Materialsammlungen und einführenden Werke sei im folgenden kurz hingewiesen.

2. Epigraphik

Vorläufer der umfassendsten Sammlung griechischer Inschriften ist A. Boeckh, Corpus inscriptionum Graecarum [CIG] 4 Bde. 1825–59; Indices. 1877. Seit 1873 grundlegend anstelle des CIG die ebenfalls von der Preußischen Akademie hrsg. ›Inscriptiones Graecae‹ [IG], die heute teilweise in einer 2. (editio minor), IG I schon in 3. Auflage (D. Lewis) 1981 (= die voreuklidischen Inschriften Attikas) vorliegen. Das Gesamtwerk, nach geographischem Gesichtspunkt organisiert, umfaßt 15 Abteilungen, die noch nicht alle bearbeitet sind, so daß für die fehlenden Partien auf einzelne Spezialpublikationen zurückgegriffen werden muß. Insgesamt existiert folgende Dokumentation griechischer Inschriften (nach IG-Abteilungen geordnet):

Attika vor 403/02 v. Chr. (= Archontenjahr des Eukleides; damals trat das ionische Alphabet an die Stelle des altattischen): IG ^{2}I (Hrsg.: F. Hiller von Gaertringen) 1924; IG ^{3}I. nach 403/02 v. Chr.: IG ^{2}II/III (Hrsg.: J. Kirchner) 1913–40 (Indices noch nicht vollständig); Nachträge im ›Supplementum Epigraphicum Graecum‹ [SEG] 10 1949; siehe auch J. Kirchner, Imagines inscriptionum Atticarum. ^{2}1948.

Argolis: IG IV (Hrsg.: M. Fränkel) 1902; die Inschriften von Epidauros in Neuauflage IG ^{2}IV 1 (Hrsg.: F. Hiller von Gaertringen) 1929.

Lakonien, Messenien: IG V 1 (Hrsg.: W. Kolbe) 1913.

Arkadien: IG V 2 (Hrsg.: F. Hiller von Gaertringen) 1913.

[15] H. Strasburger, Aus den Anfängen der griechischen Memoirenkunst, in: W. Schlink–M. Sperlich (Hrsg.), Forma et subtilitas. FS W. Schöne. 1986. 1ff.

Elis und Achaia: IG VI noch nicht erschienen; dafür CIG und W. Dittenberger–K. Purgold, Die Inschriften von Olympia. 1896 (ND 1966).

Megaris und Boiotien: IG VII (Hrsg.: W. Dittenberger) 1892.

Delphi: IG VIII nicht erschienen; dafür E. Bourget–G. Colin–G. Daux–A. Salać–N. Valmin–R. Flacelière, Fouilles de Delphes III, 6 Faszikel (Epigraphik) 1909–54.

Phokis, Lokris, Aitolien, Akarnanien und die Inseln des Ionischen Meeres: IG IX 1 (Hrsg.: W. Dittenberger) 1879. Davon die Inschriften von Aitolien, Akarnanien, westl. Lokris in 2. Auflage (Hrsg.: G. Klaffenbach) 1932–68.

Thessalien: IG IX 2 (Hrsg.: O. Kern) 1908.

Epiros, Makedonien, Thrakien, Skythien: IG X nur z. T. erschienen, dafür CIG; für Thrakien und Skythien W. Latyšev, Inscriptiones antiquae orae septentrionalis Ponti Euxini Graecae et Latinae, Bd. 1, 2, 4. 1885–1901; ^{2}1 1961 (ND 1965). Inscriptiones Graecae in Bulgaria repertae (Hrsg.: G. Mihailov) 4 Bde. 1956–66. ^{2}1975. Inschriften von Thessaloniki: IG X 2, 1 (Hrsg.: C. Edson) 1972.

Delos: nur zum Teil erschienen in IG XI 2 und 4 (Hrsg.: F. Durrbach und P. Roussel) 1912, 1914; A. Plassart–F. Durrbach–P. Roussel–M. Launey, Inscriptions de Délos, 6 Bde. 1926–50.

Von den übrigen Inseln der Ägäis sind bisher erschienen: für Rhodos und Umgebung IG XII 1 (Hrsg.: F. Hiller von Gaertringen) 1895. Dazu: Clara Rhodos. Studi e materiali pubblicati a cura dall' Istituto Storico-Archeologico di Rhodi, 10 Bde. 1928–40. C. Blinkenberg, Lindos: Fouilles et recherches II: Inscriptions, 2 Bde. 1941. – Lesbos und Umgebung: IG XII 2 (Hrsg.: G. R. Paton) 1899. Astypalaia–Thera–Melos u. a. Inseln: IG XII 3 (Hrsg.: F. Hiller von Gaertringen) 1898; Suppl. 1904. – Kos und Kalymnos: IG XII 4 nicht erschienen; dafür: R. Herzog–G. Klaffenbach, Asylieurkunden aus Kos (Abh. Berlin) 1952. Kykladen: IG XII 5 (F. Hiller von Gaertringen) 1903, 1909. Chios und Samos: IG XII 6 nicht erschienen. Amorgos und Umgebung: IG XII 7 nicht erschienen. – Inseln des thrakischen Meeres: IG XII 8 (Hrsg.: C. Fredrich) 1909. Euboia: IG XII 9 (Hrsg.: E. Ziebarth) 1915. – Supplementband IG XII (Hrsg.: F. Hiller von Gaertringen) 1939.

Kreta: IG XIII nicht erschienen; dafür M. Guarducci, Inscriptiones Creticae, 4 Bde. 1935–50.

Sizilien und Italien, mit Gallien, Spanien, Britannien und Germanien: IG XIV (Hrsg.: G. Kaibel–A. Lebègue) 1890.

Zypern: IG XV nicht erschienen. Corpus in Vorbereitung (T. B. Mitford).

Kleinasien, Syrien, Ägypten, Orient: Tituli Asiae Minoris [TAM] (Hrsg.: Akademie Wien) I–III 1, 1901–44; Monumenta Asiae Minoris Antiqua [MAMA] (Hrsg.: W. M. Calder u. a.) 8 Bde. 1928–62; J. und L. Robert, La Carie, Bd. 3 1954. Orientis Graeci Inscriptiones selectae [OGI(S)] (Hrsg.: W. Dittenberger) 2 Bde. 1903–05 (ND 1960). – L. Jalabert–R. Mouterde–C. Mondésert, Inscriptions grecques et latines de la Syrie (1970: 7 Bde.) 1929ff. J. G. Milne, Greek inscriptions (Musée du Caire) 1905; E. Breccia, Iscrizione greche e latine (Musée d'Alexandre) 1911.

Wichtige *Auswahlsammlungen* griechischer Inschriften: Sylloge Inscriptionum Graecarum [SIG oder ^{3}Syll.] (Hrsg.: W. Dittenberger–F. Hiller von Gaertringen) 4 Bde. ^{3}1915–24 (ND ^{4}1960). Vgl. dazu das oben 67 genannte Konkordanzverzeichnis zu OGIS und [3]Syll. – Inschriften griechischer Städte aus Kleinasien (Wien–Köln seit 1972ff.) 1986: 31. – P. Cauer–E. Schwyzer, Dialectorum Graecarum exempla epigraphica potiora. 1923 (ND 1960); R. Cagnat (u. a.), Inscriptiones Graecae ad res Romanas pertinentes [IGRR] Bde. 1, 3, 4 1911–27 (ND 1964); siehe auch: Inscriptiones Graecae urbis Romae (Hrsg. L. Moretti, Studi pubblicati dall'Istituto Italiano per la storia antica 17; 22, 1, 2) 1968–1973; F. Salviat–C. Vatin, Inscriptions de Grèce centrale. 1971; Inscriptiones Graecae in Bulgaria repertae edidit G. Mihailov (Sofia 1956ff.) [IGBR]. [2]1975; A selection of Greek historical inscriptions [GHI] Bd. 1: To the end of the fifth century B. C. (Hrsg.: R. Meiggs–D. Lewis) 1969; Bd. 2: From 403 to 323 B. C. (Hrsg.: M. N. Tod) 1948 (ND in einem Bd. 1985). Für den Historiker besonders wertvoll noch C. B. Welles, Royal correspondence in the Hellenistic period. A study in Greek epigraphy. 1934 (ND 1966); B. D. Meritt–H. T. Wade-Gery and M. F. McGregor, The Athenian tribute lists [ATL] 4 Bde. 1939–53. A. Wilhelm, Akademieschriften zur griechischen Inschriftenkunde (1895–1951). 3 Bde. 1974 (= Opuscula VIII, 1–3). D. M. Robinson, Inscriptions from Macedonia (TAPA 69) 1938. 1986: Bd. 33 1983. *Neufunde* im SEG 1923ff., 1984: 34 Bde. (Die Inschriftenanordnung nach IG). Indices Supplementi Epigraphici Graeci collecti Bd. 11–20, 1950–1964 (Hrsg.: G. Pfohl) 1970. Weiteres Inschriftenmaterial in den Zeitschriften ›Hesperia‹, REG (Bulletin épigraphique), JHS; dazu: Epigraphica (Mailand) 1933ff.; Hellenica (Recueil d'épigraphie, de numismatique et d'antiquités grecques) 1940ff. – G. Pfohl, Die ältesten Inschriften der Griechen, in: QUCC 7 1969, 7ff.; ders., Griechische Inschriften als Zeugnisse des privaten und öffentlichen Lebens. [2]1980 (TB) zweisprachig.

Zur *Einführung in die griechische Epigraphik*: G. Pfohl (Hrsg.), Das Studium der griechischen Epigraphik (Die Altertumswissenschaft) 1977. W. Larfeld, Griechische Epigraphik (HdA 1, 5) [3]1914; A. Rehm (überarbeitet von G. Klaffenbach), Die griechischen und italischen Inschriften, in: HdArch (Hrsg.: U. Hausmann) 1969, 331ff.; A. G. Woodhead, The study of Greek inscriptions. 1959 (mit einem Überblick über "epigraphic publications" 94ff.); G. Klaffenbach, Griechische Epigraphik (Studienhefte zur Altertumswissenschaft 6) [2]1966; L. Robert, Die Epigraphik der klassischen Welt. 1970 (französisch 1961), ders., Opera minora selecta. Épigraphie et antiquités grecques. 4 Bde. 1969–74. A. E. Raubitschek, Inschriften als Hilfsmittel der Geschichtsforschung, in: Riv. Stor. 1 1971, 177ff. J. J. E. Hondius, Saxa loquuntur. 1938 (ND 1976). – Eine umfassende Darstellung mit einführendem Charakter bietet das vierbändige Werk von M. Guarducci, Epigrafia Greca. Es behandelt in Bd. 1 (1967) die Wissenschaftsgeschichte der griechischen Epigraphik und die Entwicklung der Schrift, in Bd. 2 (1969) Inschriften öffentlichen und in Bd. 3 (1974) solche privaten Charakters. Bd. 4 (1978) bringt religiöse Inschriften.

Einen wesentlichen Beitrag leistet die Epigraphik auch zur *Prosopographie,* die sich zum Ziele setzt, ein Verzeichnis aller Personen eines bestimmten Lebenskreises oder Zeitraumes mit Quellenangaben zusammenzustellen. Pionierarbeit auf diesem Gebiet leistete J. Kirchner, Prosopographia Attica [PA] 2 Bde. 1901–03 (ND 1966) (mit Konkordanz zum IG). Dazu die Indices in ›Hesperia‹ 1–9, Suppl. 1–6; 1946; 9–20, Suppl. 7–9, 1968; P. Poralla, Prosopographie der Lakedämonier bis auf die Zeit Alexanders d. Gr. Diss. Breslau 1913; J. K. Davies, Athenian propertied families 600–300 B. C. 1971; H. B. Mattingly, Some problems in second century Attic prosopography, in: Historia 20 1971, 26ff.; M. Woloch, Roman citizenship and the Athenian elite A. D. 96–161. Two prosopographical catalogues. 1973. – Ch. W. Fornara, The Athenian board of generals from 501 to 404 (Historia Einzelschriften 16) 1971; J. Hofstetter, Die Griechen in Persien. Prosopographie der Griechen im persischen Reich vor Alexander. 1978. H. Berve, Das Alexanderreich auf prosopographischer Grundlage, 2 Bde. 1926; W. Peremans–E. van't Dack, Prosopographia Ptolemaica. 1950–1975. 8 Bde. P. Schoch, Prosopographie der militärischen und politischen Funktionäre im hellenistischen Makedonien (323–168 v. Chr.) Diss. Basel 1919; D. Kanatzoulis, Prosopographia Macedonia: From 148 B. C. . . . 1984. F. Sandberger, Prosopographie zur Geschichte der Pyrrhos, Diss. München 1970; Ch. Habicht, Beiträge zur Prosopographie der altgriechischen Welt, in: Chiron 2 1972, 103ff. (mit Literatur). – W. Krenkel, Zur Prosopographie der antiken Pornographie, in: Altertumswissenschaftliche Beiträge aus Rostock und Leningrad, WZ Rostock 19 1970, 615ff.

3. Numismatik

Sammelwerke: B. V. Head, Historia numorum. ^{2}1911 (ND 1963); G. F. Hill, Historical Greek coins. 1906 (ND 1966); Ch. Seltman, Greek coins. ^{2}1955. Ein Corpus der griechischen Münzen fehlt; als großangelegtes, nach geographischem Gesichtspunkt geordnetes Sammelwerk steht dafür: A catalogue of the Greek coins in the British Museum [BMC Greek Coins] 29 Bde. 1873–1927. Das von Th. Mommsen angeregte Corpus aller griechischen Münzen kam nicht hinaus über die Bde. B. Pick–K. Regling, Dacien und Moesien, 2 Bde. 1898–1910; H. Gäbler, Makedonia und Paionia, 2 Bde. 1906–35; M. L. Strack, Thrakien. 1912. – Als *Corpusersatz* dient auch die von der British Academy herausgegebene Publikation der Münzbestände größerer Privat-, Museums- und Universitätssammlungen ›Sylloge Nummorum Graecorum‹ (seit 1931). Als *Einführung:* K. Christ, Antike Numismatik. ^{2}1972. M. Alföldi, Antike Numismatik. 1978. 2 Bde. R. Göbl, Antike Numismatik. 1978. 2 Bde. Ders., Numismatik. Grundriß und wissenschaftliches System. 1987. – R. Plant, Greek coin types and their identification. 1979. Zum Geld der Griechen als historischem wie auch als künstlerischem Dokument vgl. den umfassend kommentierten Bildband von P. R. Franke–M. Hirmer, Die griechische Münze. ^{2}1972, und G. K. Jenkens–H. Küthmann, Münzen der Griechen. 1972. C. M. Kraay, Archaic and Classic Greek coins. 1976. M. J. Price–E. M. Besly–D. W. MacDowall–M. Jones–W. A. Oddy (Hrsg.), Survey of numismatic research 1978–1984. 1986. N. K. Rutter, Greek coins. 1983. Weitere numismatische Literatur oben 94 und 112f.

4. Papyrologie

Sie ist die jüngste der drei 'Grundwissenschaften' der Alten Geschichte. Die Masse der Papyri, die in zwei Kategorien zerfallen, in literarische und urkundliche (weitaus zahlreicher), gehört zwar der römischen Kaiserzeit an, doch ist auch die Ptolemäerzeit sehr gut dokumentiert. Liefern die literarischen Papyri wertvolle

Abschriften griechischer Dichter, besonders der Lyriker, aber auch des Menander (siehe oben 198), und historiographisch so wichtiger Texte wie die ›Athenaion politeia‹ des Aristoteles und die ›Hellenika von Oxyrhynchos‹, so liegt doch der wesentliche Informationswert auf den Urkundenpapyri, die „als unmittelbare und unbefangene Zeugen ihrer Zeit . . . selbst noch die Inschriften (übertreffen), die ja vielfach gerade zur Aufzeichnung und Verewigung von Vorgängen des öffentlichen und privaten Lebens eingegraben worden sind" (Bengtson, Einführung 137).

Texteditionen historiographischer Darstellungen wie ›Athenaion politeia‹ und ›Hellenika von Oxyrhynchos‹ vgl. oben 65 und 66f. Weiteres bei F. Bilabel, Die kleineren Historikerfragmente auf Papyrus (Lietzmanns Kleine Texte 149) 1922. Eine Sammlung der Papyri, ähnlich dem IG, erweist sich heute als nicht realisierbar (siehe Bengtson, Einführung 148f.). – Die Forschung ist auf zahlreiche *Spezialeditionen* angewiesen: U. Wilcken, Urkunden der Ptolemäerzeit [UPZ] 2 Bde. (Oberägypten, Unterägypten) 1927–57; B. P. Grenfell–A. S. Hunt–S. G. Smyly u. a., The Tebtunis papyri [P. Teb] 3 Bde. 1902–38; B. P. Grenfell–A. S. Hunt–H. I. Bell u. a., The Oxyrhynchus papyri [P. Ox(y)] 1898ff., 1986: 53. C. C. Edgar, Zenon papyri [P. Cairo Zen.] 5 Bde. 1925–31; G. Vitelli u. a., Pubblicazioni della Società Italiana par la ricerca dei papiri greci e latini in Egitto [PSI] (Florenz) 1912ff. – H. Engelmann–D. Hagedorn–L. Koenen–R. Merkelbach, Zeitschrift für Papyrologie und Epigraphik. 1987: 70 Bde. Weitere Literatur bei Bengtson, Einführung 147ff. Siehe auch oben 93f. Ein übersichtliches Verzeichnis der wichtigen Sammlungen und Sammelpublikationen griechischer Papyri von M. Maehler, LAW 3389ff. – M. Naoumides, The fragments of Greek lexicography in the papyri, in: Classical studies presented to B. E. Perry, 1969, 181ff.

Als *Standardwerk zur Einführung* L. Mitteis–U. Wilcken, Grundzüge und Chrestomathie der Papyruskunde; 2 Bde. zu 2 Teilen. 1912 (ND 1963). Bd. 1: Historischer Teil (allgemeine historische Grundzüge, Religion und Kultus, Erziehung, Finanz- und Steuerwesen, Industrie- und Handel, Bodenwirtschaft, Fronarbeiten und Liturgien, Verpflegungswesen, Post- und Transportwesen, Militär und Polizei, Volksleben); 1. Hälfte: Grundzüge, 2. Hälfte: Chrestomathie. Bd. 2: Juristischer Teil: 1. Hälfte: Grundzüge, 2. Hälfte: Chrestomathie. Illustrative Auswahlsammlung von H. Thierfelder, Unbekannte antike Welt. 1963. – Als Einführung in die Arbeit mit Papyri E. G. Turner, Greek papyri. 1968; ders., The papyrologist at work (Greek, Roman, and Byzantine monographs 6) 1973; ders., Greek manuscripts of the ancient world. 1971; M. Husein, From papyrus to codex. 1972. N. Lewis (Hrsg.), Papyrology (YCS 28) 1985. – W. Schubart, Einführung in die Papyrusurkunden. 1918. F. Preisigke–F. Bilabel–E. Kießling, Sammelbuch griechischer Urkunden aus Ägypten [SB] 1915–31; 1955ff. (1985: 16). – Eine zweisprachige Auswahl ›Griechische Papyri aus Ägypten als Zeugnisse des öffentlichen und privaten Lebens‹ bietet J. Hengstl unter Mitarbeit von G. Häge und H. Kühnert (TB) 1978. – F. Preisigke–E. Kießling, Wörterbuch der griechischen Papyrusurkunden. Mit Einschluß der griechischen Inschriften, Aufschriften, Ostraka, Mumienschilder usw. aus Ägypten (Hrsg.: E. Kießling) bis 1971 Bd. 4, 4. Lieferung. Weitere Literatur vgl. oben 93f.

Wichtige Hilfsmittel sind auch *Sammlungen von Primär- und Sekundärquellen* (teilweise in Übersetzung) zu bestimmten Sachgebieten oder zur Alten Geschichte im allgemeinen. Zu den Staatsverträgen der Griechischen Geschichte vgl. oben 64,

Rechtsaufzeichnungen oben 64, Griechische Rhetorik oben 199f. Zur griechischen *Briefliteratur*: R. Hercher, Epistolographi Graeci. 1873 (ND 1965). Siehe auch die Verwaltungsschreiben in Briefform bei Welles oben 265. Als Zeugnis einer griechischen *Flugschrift* gilt die pseudoxenophontische ›Athenaion politeia‹ (mit Einleitung, Übersetzung und Erklärung von E. Kalinka) 1913; Weiteres oben 65f. Die Fragmente der griechischen *Memoirenliteratur* (Ion von Chios, Pyrrhos, Aratos von Sikyon) in den FgrH Nr. 392, 229, 231. – Eine für den Schulgebrauch bestimmte allgemeine Quellensammlung in Übersetzung von W. Arend, Altertum. Alter Orient – Hellas – Rom (Geschichte in Quellen Bd. 1) 1965.

Eine Zusammenfassung der grundlegenden primären und Sekundärquellen des historiographischen, epigraphischen, numismatischen, papyrologischen und archäologischen Materials zu einzelnen Zeitabschnitten der Griechischen Geschichte in guter Übersicht bei Bengtson GG, jeweils den einzelnen Kapiteln vorangestellt. In sehr knapper Form auch in K. J. Belochs Abschnitt zur Griechischen Geschichte in: Einleitung in die Altertumswissenschaft Bd. 3. Die Nennung der wichtigsten Stellen der 'original sources' zu den Abschnitten der Griechischen Geschichte auch in der CAH im bibliographischen Teil am Schluß der einzelnen Bände. Eine Zusammenstellung von Quellen über "laws, decrees relating to home and foreign affairs, executive and judicial records, official correspondence, private documents, coins" findet sich auch bei M. Cary, The documentary sources for Greek history. 1927. Vgl. auch die mehrfach zitierten Bände der Reihe ›Translated documents of Greece & Rome‹. M. Crawford (Hrsg.), Sources for ancient history. Studies in the uses of historical evidence. 1983 (mit Beiträgen zur Literatur, Epigraphik, Archäologie und Numismatik).

REGISTER

1. Sachregister

2. Geographisches Register

3. Register antiker Personen und mythischer Gestalten

4. Register moderner Autoren